AF878397

Speth
Hug
Hegewald
Schmidthausen
Kinner
Waltermann

Betriebswirtschaftslehre mit Rechnungswesen

kompetenzorientiert

Klasse 11

Speth
Hug
Hegewald
Schmidthausen
Kinner
Waltermann

Betriebswirtschaftslehre mit Rechnungswesen

kompetenzorientiert

Klasse 11

Merkur
Verlag Rinteln

Wirtschaftswissenschaftliche Bücherei für Schule und Praxis
Begründet von Handelsschul-Direktor Dipl.-Hdl. Friedrich Hutkap †

Verfasser:

Dr. Hermann Speth, Dipl.-Hdl.

Hartmut Hug, Dipl.-Hdl.

Jörg Hegewald, Dipl.-Hdl.

Michael Schmidthausen

Christian Kinner, Master of Education

Aloys Waltermann, Dipl.-Kfm. Dipl.-Hdl.

Für die Überlassung weiterer Bildrechte bedanken wir uns bei
Johann Georg Weber, Stahl- und Metallbau, Argenbühl
Biedenkapp Stahlbau GmbH, Wangen im Allgäu
Grunwald GmbH, Wangen im Allgäu

* * * * *

5. Auflage 2025

Gesamtherstellung:

MERKUR VERLAG RINTELN Hutkap GmbH & Co. KG, 31735 Rinteln

E-Mail: info@merkur-verlag.de
lehrer-service@merkur-verlag.de
Internet: www.merkur-verlag.de

Merkur-Nr. 0620-05
ISBN 978-3-8120-1147-1

Vorwort

Das vorliegende Schulbuch richtet sich **exakt** nach dem aktuellen **Bildungsplan für die Höhere Berufsfachschule („HöHa")**, Bereich Wirtschaft und Verwaltung, Betriebswirtschaftslehre mit Rechnungswesen, in **Nordrhein-Westfalen.**

Das Schulbuch umfasst die **Handlungsfelder 1 bis 4 (Anforderungssituation 4.1)**. Für die Handlungsfelder 4 (Anforderungssituation 4.2) bis 7 wurde ein zweiter Band (Merkurbuch 0621) und ein passgenaues Arbeitsheft (Merkurbuch 1621) herausgebracht.

Für Ihre Arbeit mit dem vorgelegten Schulbuch möchten wir auf Folgendes hinweisen:

- Von den Autoren wurde bewusst darauf geachtet, dass die im Bildungsplan aufgeführten **Kompetenzen** inhaltlich **vollständig und umfassend** thematisiert werden. Zudem gewährleistet das mit dem Schulbuch abgestimmte **Arbeitsheft (Merkurbuch 1620)** weitere Möglichkeiten des Kompetenztrainings.
- Um die **Bearbeitung der Übungsaufgaben** zu erleichtern und die Präsentation von Arbeitsergebnissen methodisch variieren zu können, stehen für die Schülerinnen, Schüler und Lehrkräfte für geeignete Aufgaben **digitale Vorlagen im PDF-Format** bereit (gekennzeichnet mit dem Symbol *Vorlage*). Die Vorlagen finden Sie unter **www.merkur-verlag.de,** Schlagwort „0620", Downloads, Schaltfläche „Vorlagen".
- Um dem **Konzept des kompetenzorientierten Unterrichts** gerecht zu werden, bietet das Schulbuch berufsbezogene Situationen und Aufgaben in vorgegebenen Unternehmen aus verschiedenen Branchen an, die die Schülerinnen und Schüler – nach der Aneignung des entsprechenden Fachwissens – möglichst selbstständig oder in der Gruppe bearbeiten sollen. Die Schülerinnen und Schüler sollen dadurch eine umfassende berufliche, gesellschaftliche und personale Handlungskompetenz erwerben.
- Das Buch orientiert sich **konsequent** an den im Bildungsplan vorgegebenen **Handlungsfeldern** und **Zielen**.
- Die vom Bildungsplan in den einzelnen Handlungsfeldern geforderten umfassenden **Anforderungssituationen (AS)** werden in einzelne Situationen aufgegliedert und wichtigen Themenbereichen vorangestellt. Damit wird den Schülerinnen und Schülern der Einstieg in komplexe Lerninhalte erleichtert. Als Bezugspunkt für die Situationen dienen die **Modellunternehmen** des vorangestellten fiktiven Gewerbeparks. Über **Impulse** wird in problemorientierter Weise in Themen eingeführt. Weiterführende **Handlungsaufträge** gewährleisten den Erwerb von **Handlungskompetenz** am Abschluss der jeweiligen Lerneinheit.
- Die Lerninhalte werden zu Einheiten zusammengefasst, die sich jeweils in die Bereiche **Anforderungssituation** (mit Impulsen und kompetenzorientierten Handlungsaufgaben) – **Stoffinformation – Zusammenfassungen – Übungsaufgaben** aufgliedern. Viele Merksätze, Beispiele und Schaubilder veranschaulichen die praxisbezogenen Lerninhalte.
- **Fachwörter, Fachbegriffe** und **Fremdwörter** werden grundsätzlich im Text oder in Fußnoten erklärt.
- Ein ausführliches **Stichwortverzeichnis** hilft Ihnen dabei, Begriffe und Erläuterungen schnell aufzufinden.
- Wo immer möglich und sinnvoll, werden die Elemente der **Buchführung** in die übrigen BWL-Inhalte **integriert**. Durch die Verbindung von betriebswirtschaftlichen Inhalten und denen des Rechnungswesens wird das Denken in Zusammenhängen geschult. Die Einführungskapitel zur Buchführung sind bewusst in kleinere Lernschritte aufgeteilt worden. So wird erreicht, dass die Schülerinnen und Schüler die Grundzusammenhänge genau erkennen.

  Als **unterstützende Anschauungshilfe** werden in der Einführungsphase im Buchführungsteil bei allen Einführungsbeispielen folgende Farben beim Buchen verwendet: Aktivkonten: grün, Passivkonten: rot, Aufwendungen: violett, Erträge: blau.

Wir wünschen Ihnen einen guten Lehr- und Lernerfolg!

Die Verfasser

Inhaltsverzeichnis

Kurzbeschreibung des Industrie- und Gewerbeparks Soest und seiner Unternehmen

Handlungsfeld 1: Unternehmensstrategien und Management

Anforderungssituation 1.1

Anforderungssituation 1.2

Handlungsfeld 2: Beschaffung

Anforderungssituation 2.1

Anforderungssituation 2.2

Handlungsfeld 3: Leistungserstellung

Anforderungssituation 3.1

Anforderungssituation 3.2

Anforderungssituation 3.3

Kurzbeschreibung des Industrie- und Gewerbeparks Soest und seiner Unternehmen

1 Grundkonzept des Industrie- und Gewerbeparks Soest

Die Stadt Soest hatte zu Beginn des letzten Jahrzehnts einen Industrie- und Gewerbepark erschlossen. Im Südosten des Stadtgebietes gelegen, umfasst er rund 90 ha und liegt in unmittelbarer Nähe eines Autobahnanschlusses. Inzwischen sind die verfügbaren Flächen des Industrie- und Gewerbeparks zu etwa 70 % verkauft. Rund 30 Betriebe unterschiedlicher Art haben sich dort angesiedelt und beschäftigen ca. 1 200 Mitarbeiter.

Der Vorteil für die Unternehmen liegt darin, dass sie viele Dienste wie z. B.

- Notfalldienste (Werkfeuerwehr, ärztliche Versorgung),
- soziale Einrichtungen (Kindertagesstätten, Kantine),
- Logistik innerhalb des Parks sowie
- Ver- und Entsorgungseinrichtungen

vom Parkmanagement in Anspruch nehmen können. Büro- und Gewerbeflächen können mit wachsender Unternehmensgröße hinzugemietet werden.

2 Exemplarisches Unternehmensportrait der dort angesiedelten Weber Metallbau GmbH

Firma und Sitz:
Weber Metallbau GmbH
Alfred-Nobel-Straße 8
59494 Soest

Kontaktdaten:

Telefon: 02921 992-0 (Zentrale)
Fax: 02921 992-1 (Zentrale)
E-Mail: info@weber-metallbau-gmbh.de
Internet: www.weber-metallbau-gmbh.de

Die Weber Metallbau GmbH ist ein größerer, mittelständischer Handwerksbetrieb und hat sich auf die Planung, Fertigung und Montage von Brandschutztüren, auf Fassadenbau aus Stahl und Glas, auf Geländer- und Treppenbau, Wintergärten und diverse Sonderkonstruktionen spezialisiert.

In einem Nebenprogramm produziert sie auch Arbeitstische und Metallzäune, dazu werden aus Blechstanzteilen Büroscheren und Ablage- bzw. Ordnungssysteme für Regale hergestellt.

Außengelände

Fertigungshalle

Firmengeschichte der Weber Metallbau GmbH

Das Unternehmen selbst hat eine lange Tradition, die bis ins 19. Jahrhundert zurückreicht. Johann Georg Weber übernahm 1952 die ehemalige Huf- und Wagenschmiede und machte daraus einen modernen Metallbaubetrieb. Seit 1997 leitet sein Sohn Hans-Jörg, ausgebildeter Metallbauer der Fachrichtung Konstruktionstechnik und Absolvent eines Studiengangs zum Fenster- und Fassadenbau, das Familienunternehmen und hat es seither konsequent zu einem führenden Stahl- und Metallbaubetrieb in der Region weiterentwickelt.

Im Jahre 2015 erfolgte die Ansiedlung im Industrie- und Gewerbepark Soest, weil die ursprüngliche Gewerbefläche in der Zentrumsnähe zu klein geworden war. Der in diesem Zusammenhang erforderliche Kapitalbedarf konnte im gleichen Jahr durch die Gründung einer GmbH und die Aufnahme von Herrn Dr. Klaus Junginger als weiteren Gesellschafter teilweise bewältigt werden.

Dr. Junginger hat ein Studium der Betriebswirtschaft absolviert und ergänzt die Geschäftsführung durch seine betriebswirtschaftlichen Kenntnisse.

Produktprogramm der Weber Metallbau GmbH

Brandschutztüren

Fassade aus Stahl und Glas

Geländer- und Treppenbau

Wintergarten

Geschäftspartner der Weber Metallbau GmbH

Bankverbindungen

Nr.	Name des Kreditinstituts	BIC	IBAN
1	Sparkasse Soest	WELADED1SOS	DE64 4145 0075 0000 6485 54
2	Deutsche Bank Soest	DEUTDE3B414	DE86 4167 0029 0008 7263 39
3	Commerzbank Soest	COBADEFF414	DE52 4144 0018 0003 9936 54

Kunden

Die Auftraggeber kommen aus unterschiedlichen Bereichen. Ihre Ansprüche sind sehr vielfältig. Jeder Auftrag ist individuell und erfordert eine grundlegende Neuplanung und -kalkulation. Die Kostenvorteile durch die Herstellung größerer Stückzahlen eines einheitlichen Produkts können selten genutzt werden. Als Fertigungsorganisation liegt überwiegend Werkbank- und Werkstattfertigung vor.

Bereich	Angebotene Leistungen
Industrie und Gewerbe	Tragwerkskonstruktionen der verschiedensten Art, z. B. für Lagerhallen, Parkgebäude sowie Fassadenverkleidungen, Feuertreppen.
öffentliche Hand (Kommunen, Landkreise)	Fassaden, Brandschutztüren, Treppen für öffentliche Gebäude wie Kindergärten, Schulen, Sportstätten, Fußgängerbrücken u. a.
private Bauträger	Balkone, Unterkonstruktionen für Fotovoltaikanlagen, Treppenkonstruktionen für innen und außen u. a.
Privatpersonen	Balkone, Wintergärten u. a.

Lieferer

Die Anzahl der Lieferer ist aufgrund des abgegrenzten Produktprogramms (Problemtreue) der Weber Metallbau GmbH sehr beschränkt. Die wichtigsten Zulieferer kommen aus folgenden Bereichen:

Bereich	Bezogene Leistungen
Metallgroßhandel	Bleche unterschiedlicher Stärke und Materialart, Stahlbänder, Rund- und Vierkantrohre, Stahlträger verschiedener Profile.
Glashandel	Einscheibensicherheitsglas (Schiebetüren, Trennwände, Duschen), Verbundsicherheitsglas (für erhöhten Sicherheitsbedarf, z. B. als Einbruchschutz), Isolierglas für den Fassadenbereich, Glas mit keramischem Siebdruck ermöglicht hochwertige, repräsentative Raum- und Gebäudegestaltung.
Handel für Werkzeuge, Montage- und Befestigungsmaterial	Beschläge, Schrauben, Werkzeuge, Klebestoffe, Dichtungsmaterial, Schmiermittel, Fette, Reinigungsmaterial usw.

Organigramm der Weber Metallbau GmbH

Weber Metallbau GmbH

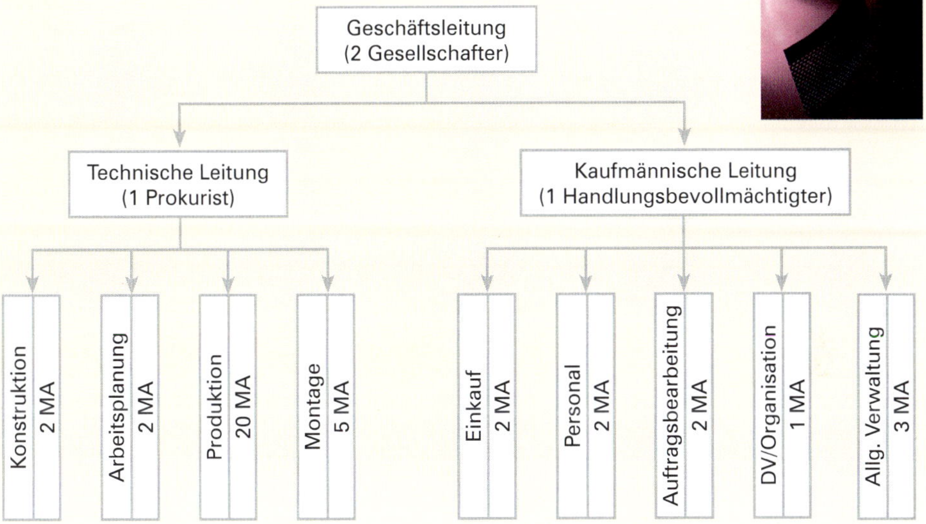

Gesellschaftsvertrag der Weber Metallbau GmbH

§ 1 Firma, Sitz

(1) Die Firma der Gesellschaft lautet: Weber Metallbau GmbH

(2) Sitz der Gesellschaft ist: 59494 Soest, Alfred-Nobel-Str. 8

§ 2 Gegenstand des Unternehmens

(1) Gegenstand des Unternehmens ist die Fertigung und Montage von Brandschutztüren, Fassadenbau aus Stahl und Glas, Geländer- und Treppenbau, Wintergärten und Gewächshäusern sowie Arbeitstischen.

(2) Die Gesellschaft darf Zweigniederlassungen errichten, sich an anderen Unternehmen beteiligen sowie andere Unternehmen gründen.

§ 3 Dauer der Gesellschaft

(1) Die Gesellschaft wird auf unbestimmte Dauer errichtet.

§ 4 Stammkapital, Stammeinlagen

(1) Das Stammkapital der Gesellschaft beträgt 750 000,00 EUR.

(2) Auf das Stammkapital übernehmen als ihre Stammeinlagen:

a) Hans-Jörg Weber: 400 000,00 EUR Nennbetrag
b) Dr. Klaus Junginger: 350 000,00 EUR Nennbetrag

§ 5 Geschäftsführer

(1) Die Gesellschaft hat einen oder mehrere Geschäftsführer.

(2) Die Bestellung und Abberufung von Geschäftsführern sowie deren Befreiung vom Wettbewerbsverbot erfolgt durch Gesellschafterbeschluss.

§ 6 Vertretung der Gesellschaft

(1) Ein alleiniger Geschäftsführer vertritt die Gesellschaft allein.

(2) Sind mehrere Geschäftsführer bestellt, so wird die Gesellschaft durch zwei Geschäftsführer gemeinsam vertreten oder durch einen Geschäftsführer in Gemeinschaft mit einem Prokuristen.

§ 7 Geschäftsführung

(1) Die Führung der Geschäfte der Gesellschaft steht mehreren Geschäftsführern gemeinschaftlich zu, sofern nicht durch Gesellschafterbeschluss etwas anderes bestimmt wird.

(2) Im Verhältnis zur Gesellschaft ist jeder Geschäftsführer verpflichtet, die Geschäftsführungsbeschränkungen einzuhalten, welche durch Gesetz, Gesellschaftsvertrag, Geschäftsführeranstellungsvertrag und Gesellschafterbeschlüsse festgesetzt sind oder werden.

(3) Geschäfte, die über den gewöhnlichen Betrieb der Gesellschaft hinausgehen, bedürfen der vorherigen Zustimmung durch Gesellschafterbeschluss.

§ 8 Gesellschafterbeschlüsse

(1) Jede 50,00 EUR Nennbetrag eines Geschäftsanteils gewähren eine Stimme.

(2) Sämtliche Gesellschafterbeschlüsse sind zu protokollieren.

(3) Das Protokoll ist von den Geschäftsführern zu unterzeichnen.

(4) Die Gesellschafter erhalten Abschriften.

§ 9 Geschäftsjahr und Jahresabschluss

(1) Geschäftsjahr ist das Kalenderjahr.

(2) Der Jahresabschluss ist von den Geschäftsführern in den ersten drei Monaten des Geschäftsjahres für das vergangene Geschäftsjahr aufzustellen.

§ 10 Gesellschafterveränderungen

(1) Das Ausscheiden eines Gesellschafters führt nicht zur Auflösung der Gesellschaft.

(2) Die verbleibenden Gesellschafter haben unverzüglich einen Beschluss zu den Modalitäten der Fortführung zu fassen.

§ 11 Wettbewerbsverbot

(1) Ein Gesellschafter darf ohne vorherigen zustimmenden Gesellschafterbeschluss in dem Geschäftsbereich des Gegenstandes der Gesellschaft keine Geschäfte machen.

(2) Das Verbot umfasst insbesondere auch direkte oder indirekte Beteiligung an Konkurrenzunternehmen oder deren Beratung.

§ 12 Schlussbestimmungen

(1) Bekanntmachungen der Gesellschaft werden im Bundesanzeiger veröffentlicht.

(2) Durch die Unwirksamkeit einzelner Bestimmungen dieses Vertrages wird die Wirksamkeit der übrigen Bestimmungen nicht berührt.

Soest, den 14. Juli 2015

Hans-Jörg Weber

Unterschrift des Gesellschafters

Dr. Klaus Junginger

Unterschrift des Gesellschafters

Den vorstehenden Vertrag beurkundet:

Dr. Wilfried Beißner

Unterschrift des Notars

3 Überblick über weitere im Industrie- und Gewerbepark angesiedelte Unternehmen (Auswahl)

Unternehmen	Unternehmenszweck	Unternehmenstyp
Soester Büromöbel AG Industriepark 5 59494 Soest	Büromöbel, insbesondere ■ Schreibtische, ■ Bürostühle, ■ Büroschränke. **Hinweis:** Weitere Informationen zum Unternehmensprofil finden Sie im Merkur-Arbeitsheft 1620!	Industrie 
Stefan Osann e. Kfm. Industriepark 25 59494 Soest	■ Bürobedarf, ■ Computertechnik, ■ Drucker, ■ Kopiergeräte, ■ Business-Papier, ■ usw.	Handel 
MicroTex Technologies GmbH Alfred-Nobel-Straße 42 59494 Soest	Hersteller technischer Garne.	Industrie 
CLEAN-TEC OHG Alfred-Nobel-Straße 17 59494 Soest	Facility Management, insbesondere ■ Gebäude-, Fassaden- und Fensterreinigung, ■ Grünanlagenpflege, ■ Hausmeisterservice.	Dienstleister 
Kramer GmbH Neuwerk 21 59494 Soest	■ Lagerhaltung, ■ Transport, ■ Logistik.	Dienstleister 

Unternehmen	Unternehmenszweck	Unternehmenstyp
Beauty Moments Emmy Reisacher e. Kfr. Neuwerk 10 59494 Soest 	Kosmetikinstitut für Anti-Aging mit ■ Gesichtsbehandlung, ■ Sauerstofflifting, ■ Körper & Figur, ■ Wellnessmassagen.	Dienstleister 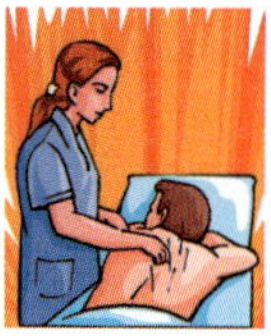
Anton Thomalla Motorenbau e. Kfm. Alfred-Nobel-Straße 24 59494 Soest 	Herstellung von Motoren zum Betrieb von Blockheizkraftwerken.	Industrie 
Stolz & Krug OHG Industriepark 10 59494 Soest 	■ Reparatur, ■ An- und Verkauf von Kraftfahrzeugen samt Zubehör.	Handwerk 
Sport-Burr KG Sportartikelfabrik Neuwerk 15 59494 Soest 	Herstellung von Winter- und Sommersportgeräten: ■ Skier, ■ Snow-Swinger, ■ Skibobs, ■ Tennisschläger, ■ Nordic-Walking-Stöcke.	Industrie 

Hinweis:

Die angeführten Unternehmensdaten beschreiben die Ausgangssituation. Im Laufe der einzelnen Kapitel werden die Unternehmensdaten teilweise geändert, z. B. durch Aufnahme eines weiteren Gesellschafters.

Handlungsfeld 1: Unternehmensstrategien und Management

Anforderungssituation 1.1

AS 1.1 Situation 1: Handels- und Industrieunternehmen anhand ihres Leistungsprozesses und ihrer Verflechtung auf den Märkten gegenüberstellen und in einem Flyer präsentieren

Jährlich findet im Industriepark Soest im November ein Tag der offenen Tür statt, zu welchem die Geschäftspartner, die Bevölkerung, aber auch die Absolventen der umliegenden Schulen, FHs und Hochschulen eingeladen werden.

Der nächste Tag der offenen Tür ist vorzubereiten. Sie sind Assistent in der Geschäftsleitung für das Parkmanagement. Die Besucher sollen über die Leistungsprozesse der im Park angesiedelten Unternehmen informiert werden. Exemplarisch soll dabei der Typ eines Handels- und eines Industrieunternehmens miteinander verglichen werden.

IMPULS:

Ein Tag der offenen Tür hat viele Gewinner: das Parkmanagement, die ansässigen, die potenziellen (möglichen) und weitere lokale Unternehmen, die Bevölkerung, Schüler und Studenten. Nennen und begründen Sie jeweils zwei Vorteile für diese Gruppen!

HANDLUNGSAUFGABEN:

Arbeiten Sie die folgenden Kapitel des Schulbuches durch und verwenden Sie die Aufzeichnungen aus dem Unterricht zur Bearbeitung der Handlungsaufgaben!

1. Bilden Sie in Ihrer Klasse Gruppen und erstellen Sie einen Flyer, in welchem Sie die beiden Typen Handelsunternehmen und Industrieunternehmen einander gegenüberstellen. Heben Sie dabei heraus,
   - worin der jeweilige Leistungserstellungsprozess liegt und
   - auf welche Weise die Unternehmen mit ihren Märkten verflochten sind!
2. Wählen Sie in jeder Gruppe einen Vertreter, der den erstellten Flyer präsentiert und gegebenenfalls auf Anregungen oder Gegenargumenten aus den übrigen Gruppen antwortet!

1 Ein Unternehmen untersuchen, es im gesamtwirtschaftlichen Zusammenhang beschreiben sowie verschiedene Unternehmenstypen beschreiben

1.1 Ein Unternehmen untersuchen und es im gesamtwirtschaftlichen Zusammenhang beschreiben

1.1.1 Begriffe Betriebswirtschaftslehre und Unternehmen

(1) Begriff Betriebswirtschaftslehre

Die **Betriebswirtschaftslehre** hat zwei Schwerpunkte. Zum einen möchte sie die **betrieblichen Abläufe im Unternehmen erklären** und **Empfehlungen für unternehmerisches Handeln** entwickeln. Zum anderen untersucht sie die **Beziehungen zwischen dem Unternehmen und anderen Wirtschaftseinheiten** (z. B. private Haushalte, Banken, Staat).

(2) Begriff Unternehmen

Unternehmen beziehen in aller Regel eine Reihe von **Vorleistungen** (Werkstoffe, Maschinen, Strom, Wasser, Erfindungen, Dienstleistungen). Durch den **Einsatz der eigenen Leistung** verändert das Unternehmen die übernommenen Vorleistungen und schafft **neue Sachgüter** (z. B. Lebensmittel, Kleidung, Fahrzeuge) oder **Dienstleistungen** (z. B. Transporte, Beratung durch einen Rechtsanwalt).

Ein **Unternehmen**[1] ist eine planvoll organisierte Wirtschaftseinheit, in der Sachgüter und Dienstleistungen beschafft, erstellt und verkauft werden.

Die **Grundfunktionen** (Hauptaufgabenbereiche) jedes Unternehmens sind:

- Beschaffung,
- Leistungserstellung,
- Absatz,
- Finanzierung.

Erläuterungen:

Beschaffung. Sind alle Tätigkeiten, die darauf abzielen, die Güter und Dienstleistungen zu erwerben, die notwendig sind, um einen reibungslosen Warenabsatz (beim Handelsunternehmen) bzw. eine reibungslose Produktion (beim Industrieunternehmen) zu garantieren.

Leistungserstellung. Je nach Wirtschaftsbereich hat die Leistungserstellung unterschiedliche Aufgaben. Die Leistungserstellung

- eines **Industriebetriebs** umfasst z. B. die Produktion von Sachgütern.
- eines **Handelsbetriebs** umfasst z. B. die Bereitstellung eines Warensortiments.
- eines **Dienstleistungsbetriebs** umfasst z. B. die Erfüllung der angebotenen Dienstleistungen.

Absatz. Er beinhaltet den Verkauf der Sachgüter und Dienstleistungen und ermöglicht durch den Rückfluss der eingesetzten Geldmittel die Fortsetzung (Finanzierung) der Beschaffung, der Leistungserstellung und des Absatzes.

Finanzierung. Sie hat die Aufgabe, die zur Durchführung der erforderlichen Zahlungen notwendigen Mittel in Form von Eigen- oder Fremdkapital zu beschaffen.

1 Die Begriffe Unternehmen (Unternehmung) und Betrieb werden in diesem Schulbuch gleichbedeutend (synonym) verwendet.

1.1.2 Stellung des Unternehmens im gesamtwirtschaftlichen Zusammenhang am Beispiel des Industriebetriebs beschreiben

(1) Überblick

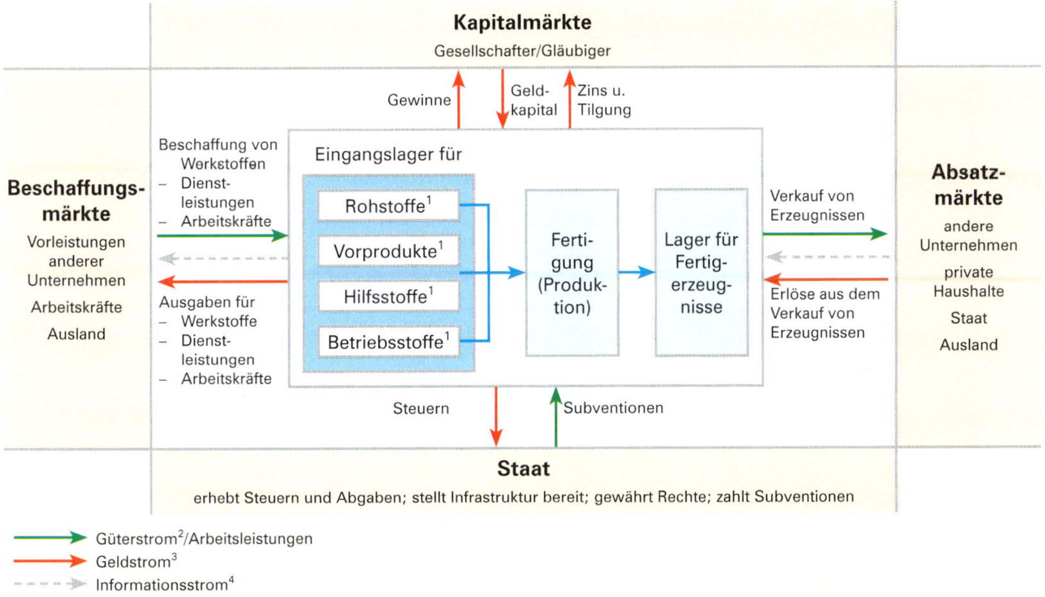

Die Unternehmen sind über die Beschaffungs-, Absatz- und Kapitalmärkte sowie durch Gesetze und Verordnungen des Staates mit der Gesamtwirtschaft verbunden. Welchen Stellenwert die Einbindung des Unternehmens in die Gesamtwirtschaft hat, hängt insbesondere von seiner Größe, der Art der hergestellten Produkte sowie seiner Stellung im Markt ab.

(2) Beschaffungsmärkte

Auf den Beschaffungsmärkten kaufen die Unternehmen Material, Dienstleistungen, Betriebsmittel, Rechte sowie Informationen für den Leistungserstellungsprozess. Außerdem suchen sie auf dem Arbeitsmarkt Mitarbeiter, die dem Anforderungsprofil der jeweiligen Stellen entsprechen und binden sie mit einem Arbeitsvertrag an das Unternehmen.

1 Zur Erläuterung der Begriffe siehe S. 30.

2 **Güterstrom.** Die Lieferung der bestellten Werkstoffe löst einen Güterstrom vom Lieferer zum Kunden aus, denn die bezogenen Werkstoffe wurden zu Produkten verarbeitet und an die Kunden ausgeliefert. Der Güterstrom läuft dem Informationsstrom entgegen.

3 Im Gegenzug für die Lieferung der Erzeugnisse erhält das Unternehmen von den Kunden Geld. Damit finanziert das Unternehmen seine Einkäufe. Es entsteht ein **Geldstrom** vom Kunden zum Lieferer.

4 **Informationsstrom.** Der Industriebetrieb erhält von seinen Kunden Anfragen, gibt Angebote ab und erhält so Aufträge. Damit entsteht ein Informationsstrom vom Kunden über den eigenen Betrieb bis zum Lieferer.

(3) Absatzmärkte

Auf den Absatzmärkten besteht derzeit ein **Käufermarkt,** d.h., das Angebot an Gütern ist größer als die Nachfrage. Dies führt dazu, dass die Unternehmen die Bedürfnisse und Wünsche der Kunden ermitteln müssen, um diese dann wirksamer und wirtschaftlicher zufriedenzustellen als die Mitbewerber. Dazu werden gezielt Informationen beschafft, die im Unternehmen ausgewertet und an die Beschaffungsmärkte weitergegeben werden **(Informationsstrom).**

Durch den Verkauf der Erzeugnisse erhält das Unternehmen Einnahmen. Diese Geldmittel werden benötigt, um die Ausgaben für die Leistungserstellung (z.B. Löhne, Energie, Materialverbrauch, Zinsen) und die Anlagegüter (z.B. Gebäude, Maschinen, Fahrzeuge) zu finanzieren **(Geldstrom).**

(4) Kapitalmärkte

Die Kapitalbeschaffung erfolgt über die Kapitalmärkte. Die Bereitstellung des Kapitals kann entweder durch die **Eigentümer (Eigenkapital)** oder durch **Gläubiger (Fremdkapital)** erfolgen. Für die Kapitalbereitstellung erhalten die Eigentümer einen Gewinnanteil, die Gläubiger Zinsen. Außerdem muss das Fremdkapital zurückgezahlt werden.

Große, weltweit agierende Aktiengesellschaften können sich weltweit Eigen- und Fremdkapital beschaffen. Kleinere Unternehmen beschaffen sich das benötigte Kapital bei ihren Gesellschaftern bzw. durch Aufnahme eines Darlehens bei ihrer Hausbank.

(5) Staat

Der Staat setzt für die Unternehmen den Rechtsrahmen, stellt die Infrastruktur[1] zur Verfügung und greift über wirtschafts- und sozialpolitische Maßnahmen (z.B. Arbeitsschutzgesetz, Sozialgesetzbuch, Kündigungsschutz, Umweltschutzgesetze zum Gewässerschutz oder der Luftreinhaltung und Lärmbekämpfung) in die Entwicklung der Wirtschaft ein.

1 **Infrastruktur**: Ist die Grundausstattung eines Landes mit öffentlichen Einrichtungen, z.B. Straßen, Post, Telefon, Gas, Strom, Eisenbahn, Krankenhäuser, Kindergärten, Schulen, Hochschulen.

1.1.3 Verschiedene Unternehmenstypen vergleichen

Unternehmen können anhand vieler Kriterien unterteilt werden. Im Folgenden werden die Unternehmen nach fünf Kriterien gegliedert.

(1) Gliederung der Unternehmen nach Wirtschaftsbereichen

Unternehmen lassen sich Wirtschaftsbereichen zuordnen. Diese können weiter nach Branchen (Wirtschaftszweigen) unterteilt werden.

Wirtschaftsbereiche	Erläuterungen	Branche (Beispiele)
Erzeugung (primärer Sektor) 	Diese Unternehmen produzieren Rohstoffe.	■ Land- und Forstwirtschaft ■ Fischerei ■ Bergbau ■ Erdöl- und Erdgasförderung
Weiterverarbeitung (sekundärer Sektor) 	Diese Unternehmen verarbeiten die Rohstoffe zu Investitions- und Konsumgütern.	■ Industrie, Handwerk ■ Baugewerbe ■ Energieversorgung ■ Wasserversorgung
Verteilung (tertiärer Sektor) 	Diese Unternehmen übernehmen die Verteilung der Güter vom Produzenten bis zum Endverbraucher. Zu diesem Bereich zählen auch die Dienstleistungsunternehmen.	■ Handel ■ Gastgewerbe ■ Verkehr ■ Banken, Versicherungen ■ Nachrichtentechnik ■ Rechtsanwalt

(2) Gliederung der Unternehmen nach den Eigentumsverhältnissen

Nach den Eigentumsverhältnissen gliedert man die Unternehmen in:

- privatwirtschaftliche Unternehmen,
- öffentliche Unternehmen,
- gemischtwirtschaftliche Unternehmen.

Erläuterungen:

Privatwirtschaftliche Unternehmen. Hier sind allein die Eigentümer zuständig für die Führung des Unternehmens. Sie erhalten den gesamten Gewinn. Sie tragen aber auch das Risiko, ihr eingesetztes Kapital zu verlieren, wenn das Unternehmen Verluste schreibt. Im Rahmen der Gesetze sind die Eigentümer frei in ihrer Unternehmensführung.

Öffentliche Unternehmen. Sie erhalten ihre finanziellen Mittel von der Gemeinde, dem Land oder dem Bund. Ziel dieser Unternehmen ist in der Regel die Versorgung der Bevölkerung mit Dienstleistungen (z.B. Nahverkehr, Energieversorgung, Sparkassen, Schwimmbäder, Schlachthöfe). Eventuelle Verluste werden mit Steuergeldern ausgeglichen.

Gemischtwirtschaftliche Unternehmen. Bei ihnen besteht neben der staatlichen Beteiligung noch ein privater Kapitalanteil. So besitzt der Staat z.B. bedeutende Anteile an den Unternehmen „Deutsche Post AG" und „Deutsche Telekom AG".

(3) Gliederung der Unternehmen nach der Gewinnorientierung

Profit-Unternehmen. Sie haben die Zielsetzung, Gewinne zu erzielen. Sie stehen im marktwirtschaftlichen Wettbewerb und müssen sich **selbst erhalten,** d.h., sie müssen zumindest die Kostendeckung erwirtschaften. Gelingt dies nicht, werden diese Unternehmen vom Markt verdrängt und aufgelöst.

Beispiel:

Der Inhaber Uwe Schneller möchte mit seiner Schreinerei einen Gewinn erzielen, um in den Betrieb investieren zu können sowie ein privates Einkommen zu erwirtschaften.

Profit-Unternehmen wirtschaften nach dem **erwerbswirtschaftlichen Prinzip.** Es besagt, dass diese Unternehmen bestrebt sind, langfristig einen maximalen, zumindest angemessenen Gewinn erzielen zu wollen.

Non-Profit-Organisation (NPO). Das sind gemeinwirtschaftliche Unternehmen bzw. Organisationen, die nicht auf Gewinnerzielung ausgerichtet sind. Sie sind insbesondere im Bildungs- und Erziehungswesen, Sozial- und Gesundheitswesen, als Interessenvertretungen oder zur Unterstützung von sozial Schwachen tätig.

Beispiele:

Vereine, Gewerkschaften, Kirchen, Forschungseinrichtungen, Wohlfahrtsverbände wie z.B. Deutsches Rotes Kreuz, Arbeiterwohlfahrt, Caritasverband, Diakonie.

Non-Profit-Organisationen wirtschaften nach dem **gemeinwirtschaftlichen Prinzip.** Es besagt, dass diese Unternehmen keinen Gewinn erwirtschaften wollen, sondern nur eine Kostendeckung anstreben.

(4) Gliederung der Unternehmen nach der Art der erstellten Leistungen

Sachleistungsunternehmen. Sie produzieren Sachgüter (z.B. Lebensmittel, Kleidung, Fahrzeuge). Werden die Sachgüter von großen Unternehmen maschinell, in hoher Stückzahl, mit vielen Arbeitnehmern und für unterschiedliche Märkte produziert, so spricht man von **Industriebetrieben.**

Beispiele:

Eisenhütten, Chemiefabriken, Kleiderfabriken, Konservenfabriken, Werkzeugfabrik.

Handwerksbetriebe haben wenige, aber qualifizierte Facharbeiter und Meister, fertigen in der Regel erst nach Auftragserteilung und bedienen überwiegend einen regionalen Markt.

Beispiele:

Schreinerei, Flaschnerei, Autowerkstatt, Bäckerei.

Dienstleistungsunternehmen. Das sind Betriebe, die Dienstleistungen erstellen und verkaufen. Sie umfassen eine Vielzahl unterschiedlicher Leistungsarten:

- Handelsbetriebe,
- Transportbetriebe (Waren und Personen),
- Banken, Versicherungen,
- Anwälte, Steuerberater,
- Ärzte, Krankenhäuser.

(5) Gliederung der Unternehmen nach dem Standort

Maßgebende Standortfaktoren[1]	Bezeichnung der Betriebe nach ihrer Standortorientierung	Beispiele
Nähe der Verkehrswege	verkehrsorientierte Unternehmen	Massengüter verarbeitende Industrien (z.B. Kohlekraftwerke), schwere Güter herstellende Betriebe (z.B. Maschinenfabriken, Autofabriken), Transportgesellschaften, Lagerhausgesellschaften.
Nähe des Verbrauchers	absatzorientierte Unternehmen (verbrauchs- oder konsumorientierte Unternehmen)	Getränkeindustrie, Einzelhandelsgeschäfte, Tankstellen, Genussmittelindustrie.
Rohstoffvorkommen	rohstofforientierte Unternehmen	Bergwerke, Erdöl- und Erdgasgewinnung, Steinbrüche, Ziegeleien, Kieswerke sowie Rohstoff verarbeitende Industrien (z.B. Hüttenwerke).
Energievorkommen	energieorientierte Unternehmen	Sägewerke, ehemals wasserkraftgetriebene Mühlen, Elektrizitätswerke an Flüssen und Stauseen, Aluminiumwerke, Atomkraftwerke (Wasser zur Kühlung).
klimatische Bedingungen, Bodenbeschaffenheit, landwirtschaftliche Schönheit	naturorientierte Unternehmen	Landwirtschaft, Forstwirtschaft, Fremdenverkehrswirtschaft, heilklimatisierte Einrichtungen, Brauereien, Hersteller von Heilwasser, Säften.
Nähe der Arbeitskräfte	arbeitsorientierte Unternehmen	Betriebe mit großem Bedarf an Arbeitskräften (lohnintensive Betriebe) wie optische oder feinmechanische Industrien (Bedarf an Fachkräften) oder Betriebe mit hohem Bedarf an Hilfskräften (z.B. Textilindustrie).
staatliche Maßnahmen (Subventionen)[2]	wirtschaftspolitisch beeinflusster Standort	Allgemein: Ansiedlung von Betrieben in wirtschaftlich schwach entwickelten, oft dünn besiedelten Gebieten.

1 Unter einem **Standort** versteht man die örtliche Lage einer Unternehmung.

2 **Subventionen:** Sind Begünstigungen (Geldleistung bzw. Steuerermäßigung), die der Staat bestimmten Empfängern (z.B. einem Unternehmen) ohne Gegenleistung zukommen lässt.

1.1.4 Betriebliche Leistungsfaktoren

Zur Herstellung der vorgegebenen Produkte muss sich zunächst jedes Unternehmen die erforderlichen betriebswirtschaftlichen Produktionsfaktoren beschaffen. Betriebliche Produktionsfaktoren sind:

(1) Menschliche Arbeitskraft

Zur Leistungserstellung bedarf es geistiger und körperlicher Anstrengungen der Menschen. Jedes Unternehmen benötigt somit Mitarbeiter die Maschinen bedienen, Fahrzeuge führen oder Handarbeiten ausführen. Es handelt sich hierbei um **ausführende Arbeiten.**

Daneben bedarf es Mitarbeiter, die die betriebliche Leistungserstellung planen, entscheiden, anordnen, organisieren und kontrollieren. Man bezeichnet diese Form der Arbeit als **dispositive (leitende) Arbeit.**

(2) Betriebsmittel

Darunter werden die Gegenstände erfasst, mit deren Hilfe die Leistungen erstellt werden: Gebäude, Grundstücke, Maschinen, Werkzeuge usw. Neben diesen **materiellen[1] Betriebsmitteln** gibt es auch noch **Rechte (immaterielle[1] Betriebsmittel)** wie z.B. Lizenzen,[2] Markenzeichen, Miet- und Pachtverträge.

(3) Materialien (Werkstoffe)

Rohstoffe	Rohstoffe werden nach der Bearbeitung oder Verarbeitung wesentliche Bestandteile der Fertigerzeugnisse, z.B. Eisen und Stahl im Maschinenbau; Wolle und Baumwolle in der Textilindustrie.	
Fremdbauteile (Vorprodukte)	Fremdbauteile sind zusammengesetzte Produkte von Vorlieferern, die zur Erstellung eigener Produkte benötigt werden, z.B. Schlösser in einer Möbelfabrik, Autositze für die Automobilindustrie, Elektromotoren in der Maschinenindustrie.	
Hilfsstoffe	Dies sind Stoffe, die bei der Bearbeitung verbraucht werden, um das Erzeugnis herzustellen, die aber nicht als wesentliche Bestandteile der Fertigerzeugnisse zu betrachten sind, z.B. Farben in der Tapetenherstellung oder Lacke, Schrauben, Muttern, Nieten in der Automobilindustrie.	
Betriebsstoffe	Sie dienen dazu, die Maschinen zu „betreiben", z.B. Schmierstoffe, Kühlmittel, Reinigungsmittel. Sie gehen nicht in das fertige Produkt ein.	
Handelswaren	Sie sind fertige Waren, die der Industriebetrieb unverändert weiterverkauft, z.B. ein Automobilhersteller führt Dach- und Gepäckträgersysteme in seinem Programm.	

1 **Materiell:** stofflich, körperlich.
Immateriell: unstofflich, geistig.

2 **Lizenz** ist das Recht, ein Patent zu verwerten.

Zusammenfassung

- **Unternehmen** sind Wirtschaftseinheiten, die planvoll organisiert sind. Sie beschaffen Sachgüter und Dienstleistungen, stellen hieraus gegebenenfalls eigene Erzeugnisse her und verkaufen ihre Leistungen.
- **Hauptfunktionsbereiche** der Unternehmen sind:
  - Beschaffung
  - Leistungserstellung
  - Absatz
  - Finanzierung
- Es sind **unterschiedliche Unternehmenstypen** zu unterscheiden:

Einteilungskriterium	Unternehmenstyp	Beispiele
nach **Wirtschaftsbereichen**	Unternehmen der ▪ Erzeugung ▪ Weiterverarbeitung ▪ Verteilung	 Stahlwerke Bochum AG Metallbau Weber GmbH Kramer GmbH
nach den **Eigentumsverhältnissen**	▪ privatwirtschaftliche Unternehmen ▪ öffentliche Unternehmen ▪ gemischtwirtschaftliche Unternehmen	MicroTex Technologies GmbH Deutsche Bahn AG Deutsche Telekom AG
nach der **Gewinnorientierung**	▪ Profit Unternehmen ▪ Non-Profit-Organisation	Beauty Moments Emmy Reisacher e. Kfr. Deutsches Rotes Kreuz (DRK)
nach der **erstellten Leistung**	▪ Sachleistungsunternehmen ▪ Dienstleistungsunternehmen	Sport-Burr KG Kramer GmbH
nach dem **Standort**	siehe Tabelle S. 29	

- **Betriebliche Leistungsfaktoren** sind:
  - menschliche Arbeitskraft
  - Betriebsmittel
  - Materialien
- Die Unternehmen sind über Beschaffungs-, Absatz- und Kapitalmärkte sowie über den Staat mit der Gesamtwirtschaft verbunden.

Übungsaufgaben

1

1. Beantworten Sie die nachfolgenden Fragen zur Weber Metallbau GmbH als Beispiel für eine Unternehmenserkundung!
   1.1 Wie heißen die Gesellschafter der Weber Metallbau GmbH?
   1.2 Seit wann besteht die Weber Metallbau GmbH?
   1.3 Wie groß ist das Stammkapital der Weber Metallbau GmbH und wie hoch sind die Geschäftsanteile der Gesellschafter?

1.4 Wie viele Mitarbeiter hat die Weber Metallbau GmbH?

1.5 Wie viel Prozent der Mitarbeiter arbeiten jeweils im technischen und wie viele im kaufmännischen Bereich?

1.6 Worin liegt die Geschäftstätigkeit der Weber Metallbau GmbH?

1.7 Zu welchem Unternehmenstyp zählt die Weber Metallbau GmbH hinsichtlich

1.7.1 des Wirtschaftsbereichs,

1.7.2 der Eigentümerverhältnisse,

1.7.3 der Gewinnorientierung,

1.7.4 der erstellten Leistungen,

1.7.5 des Standsortes?

1.8 Der Slogan der Weber Metallbau GmbH lautet: *„Wir bringen Metall in Form“.* Inwiefern bringt dieser Slogan die Geschäftstätigkeit dieses Unternehmens auf den Punkt?

1.9 Im Unternehmensportrait ist davon die Rede, dass die Weber Metallbau GmbH in ihrer Geschäftstätigkeit „Problemtreue“ einhält. Was ist damit gemeint und welchen Vorteil hat das Unternehmen davon?

2. Die Aufgabenstellung zur Analyse eines regional ansässigen Unternehmens finden Sie als Projektvorschlag auf S. 202.

2

1. Unternehmen und Industrieunternehmen stehen zueinander im Verhältnis eines Ober- zu einem Unterbegriff. Erläutern Sie, was beide Begriffe gemeinsam haben und worin der Unterschied liegt!

2. Nennen Sie die Hauptaufgaben eines Industrieunternehmens und bilden Sie hierfür jeweils Beispiele aus Ihrer Erfahrungswelt!

3. 3.1 Notieren Sie, ob jeweils ein Sachleistungs- oder ein Dienstleistungsunternehmen vorliegt:

- Forellenzucht,
- landwirtschaftlicher Betrieb,
- Fensterputzunternehmen,
- Autofabrik,
- Reparaturwerkstatt,
- Kieswerk,
- Textilindustrie,
- Rechtsanwaltsbüro,
- Fahrradgeschäft,
- Bäckerei,
- Werbeunternehmen,
- Tankstellen,
- Elektrizitätswerk!

3.2 Ordnen Sie die in 3.1 genannten Unternehmen nach dem maßgebenden Standortfaktor!

4. Erläutern Sie, worin sich die Funktionen eines Industrieunternehmen grundsätzlich von denen eines Kaufhauses unterscheiden!

5. 5.1 Unterscheiden Sie zwischen Hilfsstoffen und Betriebsstoffen und bilden Sie hierzu jeweils ein Beispiel!

5.2 Unterscheiden Sie zwischen Rohstoffen und Fremdbauteilen und bilden Sie hierzu jeweils ein Beispiel!

5.3 Unterscheiden Sie zwischen ausführender und dispositiver Arbeit und bilden Sie hierzu jeweils ein Beispiel!

6. Recherchieren Sie und erläutern Sie, was Non-Profit-Organisationen sind und worin deren Aufgaben bestehen!

7. Erläutern Sie mithilfe eines Beispiels, welcher Zusammenhang zwischen den Beschaffungs- und Absatzmärkten eines Unternehmens und der Entwicklung der Gesamtwirtschaft besteht!

3 Lösen Sie die Handlungsaufgaben aus der Situation 1 auf S. 23!

AS 1.1 Situation 2: Voraussetzungen zum Unternehmer über die Erstellung einer Checkliste prüfen

Der diesjährige Tag der offenen Tür war ein voller Erfolg. Beim Parkmanagement, das die noch verfügbaren Gewerbeflächen verwaltet, stellte sich Sven Wagner als Interessent vor.

Zu seiner Person: Sven Wagner ist in seinem Freundeskreis dafür bekannt, dass er nahezu jede neue Sportart kennt und viele auch aktiv ausübt. Der gelernte Sport- und Fitnesskaufmann möchte sich daher im Gewerbepark mit einem Spezialgeschäft für Trend-, Extrem- und Funsportarten (z. B. Bungeejumping, Freeclimbing, Nordic Walking, Inlineskating oder Zorbing) selbstständig machen. Neben dem Verkauf der Sportartikel will er auch Kurse und Reisen zu entsprechenden Veranstaltungen anbieten.

Leider kann das Parkmanagement ihm an diesem Tag nicht fundiert weiterhelfen. Die Beratungskompetenz soll jedoch verbessert werden. Die Geschäftsleitung des Parkmanagements will, dass in Zukunft Besucher, die sich für eine Unternehmensgründung interessieren, eine Erstberatung erhalten.

Impuls:

Überlegen Sie Maßnahmen, durch die die Beratung von Unternehmensgründern verbessert werden kann!

Handlungsaufgabe:

Arbeiten Sie die folgenden Kapitel des Schulbuches durch und verwenden Sie die Aufzeichnungen aus dem Unterricht zur Bearbeitung der Handlungsaufgabe!

Erstellen Sie eine Checkliste, die im Rahmen eines Selbsttests eine erste Antwort darauf gibt, ob ein Interessent auch das „Zeug zu einem Unternehmer" hat und den Weg in die Selbstständigkeit weiter verfolgen soll!

1.2 Geschäftsidee des Unternehmens nachvollziehen, die persönlichen und sachlichen Voraussetzungen überprüfen und die Chancen und Risiken beurteilen

Viele Arbeitnehmer träumen von der eigenen beruflichen Selbstständigkeit. Sie sehen in der Existenzgründung eine Chance zur Selbstverwirklichung und zur Erlangung eines höheren Einkommens. Bevor die Entscheidung zur Selbstständigkeit fällt, muss der Existenzgründer

- eine Geschäftsidee entwickeln,
- seine persönlichen und fachlichen Fähigkeiten überprüfen,
- die sachlichen Voraussetzungen klären sowie
- die Chancen und Risiken der Selbstständigkeit abwägen.

3 Merkur-Nr. 0620

1.2.1 Eine Geschäftsidee entwickeln

Zu Beginn jeder Geschäftsgründung steht eine Geschäftsidee. Sie knüpft häufig an die bisherige berufliche Fähigkeit bzw. an das Hobby des Existenzgründers an. So hat z. B. Sven Wagner (siehe Situation 2) die Idee

- das geplante Sporthaus auf spezielle Sportarten zu spezialisieren und damit etwas Neues zu schaffen,
- Mitarbeiter zu suchen, die die speziellen Sportarten beherrschen, um dadurch Kunden zu gewinnen,
- einen umfassenden Service aufzubauen, um die Kunden in jeder Situation bestens betreuen zu können,
- eine straffe Organisation zu schaffen, um sein Sportgeschäft kostengünstiger und damit erfolgreicher führen zu können als seine Mitbewerber.

Kurz: Sven Wagner geht davon aus, dass sein neues Sportgeschäft erfolgreich sein wird, weil er gegenüber den bisherigen Sportgeschäften in der Region etwas Neues anbietet und dieses besser und damit erfolgreich führt.

Beispiel: Fortführung der Situation 2 von S. 33

Sven Wagner, der gelernte Sport- und Fitnesskaufmann, hat entschieden, sich mit dem Spezialgeschäft für Trend-, Extrem- und Funsportarten (z. B. Bungeejumping, Freeclimbing, Nordic Walking, Inlineskating oder Zorbing) selbstständig zu machen. Neben den Sportartikeln bietet er auch Kurse und Reisen zu entsprechenden Veranstaltungen an.

1.2.2 Voraussetzungen für eine Unternehmensgründung prüfen

1.2.2.1 Persönliche und fachliche Voraussetzungen

Der Weg zum eigenen Unternehmen ist auch mit Stolpersteinen gepflastert. Sie zu leugnen, ist gefährlich. Wer sie erkennt, kann sich darauf einstellen und ihnen ausweichen. Dabei liegt das größte Risiko in der Person des Gründers selbst, der realistischen Wahrnehmung seiner eigenen Stärken und Schwächen.

(1) Persönliche Voraussetzungen

Wichtige persönliche Voraussetzungen für einen Existenzgründer sind:

- Er muss **selbstständig** und **eigenverantwortlich** arbeiten können und wollen.
- Er hat niemanden, der ihn antreibt und sein **Engagement** unmittelbar kontrolliert.
- Er muss **Verantwortung** übernehmen für sein eigenes Handeln.
- Er muss **Mitarbeiter führen** und **motivieren** können.
- Zumindest in den ersten Jahren ist die zeitliche, physische und psychische **Belastung** enorm.
- Er braucht einen **familiären Rückhalt,** der ihn in seinem Vorhaben unterstützt.
- Folgende **Charaktereigenschaften** sind daher besonders gefordert:
  - Ehrgeiz
  - Einsatzbereitschaft
  - Risikobereitschaft
  - Belastbarkeit
  - berufliche Qualifikationen
  - Kreativität
  - berufliche Erfahrung
  - Verantwortungsbewusstsein
  - Führungserfahrung

(2) Fachliche Voraussetzungen

„Schuster, bleib bei deinen Leisten!" Diese einfache Regel gilt besonders für eine Unternehmensgründung. Der Unternehmensgründer sollte sein „Handwerk" verstehen. Der Erfolg der Unternehmensgründung stützt sich im besonderen Maße auf **zwei Säulen.** Das ist zum einen die berufliche Erfahrung und zum anderen sind es die **kaufmännischen Grundkenntnisse.**

Berufliche Erfahrung	Kaufmännische Grundkenntnisse
Sie ist der Schlüssel zum Erfolg. Wenn der Unternehmensgründer sein Metier[1] beherrscht, mehrere Jahre einschlägige Berufserfahrung hat, die Branche und den Markt kennt, wenn er weiß, wovon er redet, dann ▪ ist er glaubwürdig, ▪ kann seine Kunden überzeugen, ▪ ist Vorbild für seine Mitarbeiter und ▪ gewinnt das Vertrauen seiner Kapitalgeber.	Berufliche Kompetenz ist kein Garantieschein für den unternehmerischen Erfolg. Es bedarf auch betriebswirtschaftlicher Kenntnisse und Fertigkeiten, wie z. B. ▪ die Beherrschung der Kalkulationsverfahren, ▪ der Zins- und Prozentrechnung, ▪ der Buchführung, ▪ des Vertragsrechts.

Beispiel: Fortführung der Situation 2 von S. 33

Sven Wagner, gelernter Sport- und Fitnesskaufmann, kennt die angebotenen Sportarten und besitzt kaufmännische Grundkenntnisse. Es ist daher anzunehmen, dass er die fachlichen Voraussetzungen zur Gründung des Sportgeschäfts mitbringt.

1 **Metier:** bestimmte berufliche Tätigkeit, die der Betreffende durch die Beherrschung der dabei erforderlichen Fertigkeiten kompetent ausführen kann.

1.2.2.2 Sachliche Voraussetzungen

Bei der Prüfung der sachlichen Voraussetzungen hat der Existenzgründer insbesondere folgende Fragen zu klären:

- Marktchancen und Marktpositionierung,
- Standort,
- Personalbedarf,
- gesicherte Finanzierung,
- rechtliche Voraussetzungen.

(1) Marktchancen und Marktpositionierung

Marktchancen

Der Existenzgründer muss überprüfen, ob für seine Geschäftsidee ein entsprechender Bedarf vorhanden ist. Dazu muss er die gegenwärtig vorherrschenden Marktgegebenheiten auf seinem relevanten Markt[1] untersuchen.

Beispiel: Fortführung der Situation 2 von S. 33

Untersuchungsgegenstände für Sven Wagner sind:

- Anzahl der Personen, die als Käufer infrage kommen,
- Einkommens- und Vermögensverhältnisse der möglichen Käufer,
- persönliche Meinung der (möglichen) Käufer zu den angebotenen Sportarten,
- Beschaffung von Daten über konkurrierende Sportgeschäfte, z.B. deren Preise, Lieferungs- und Zahlungsbedingungen, Werbung.

Marktpositionierung

Die Marktpositionierung legt fest, welche Rolle ein Unternehmen auf dem Markt einnehmen möchte. Beispielhaft werden zwei Marktpositionierungen vorgestellt.

Marktführer	Nischenbesetzer
■ Er hat in der Regel den größten Anteil am relevanten Markt. ■ Er ist führend bei Preisänderungen, innovativen Produkten, Werbung. ■ Die Konkurrenz orientiert sich an ihm.	■ Sind kleinere Unternehmen. ■ Beschränken sich auf Teilmärkte. ■ Spezialisieren sich auf Marktnischen, die von größeren Unternehmen vernachlässigt werden.

Beispiel: Fortführung der Situation 2 von S. 33

Sven Wagner entscheidet sich für die Position eines Nischenbesetzers, da er ein Spezialgeschäft für Trend-, Extrem- und Funsportarten eröffnen möchte.

1 Der **relevante Markt (Zielmarkt)** ist die Gesamtheit der möglichen Käufer für ein Produkt.

(2) Standort

Der Standort ist für den Erfolg eines Unternehmens mit entscheidend. Man muss somit einen Standort finden, der die Zielsetzung des Unternehmens unterstützt. Der Standort ist z.B. von Bedeutung für

- die Nähe zu Lieferanten und Kunden,
- die Möglichkeit qualifizierte Mitarbeiter zu bekommen,
- die Höhe der Kosten, z.B. Miete, Pacht, Grundstückspreise, Lohnkosten,
- den Umfang der Umweltauflagen,
- die Güte der Verkehrsanbindung.

Für Existenzgründer besteht ein Spannungsverhältnis zwischen einem kostengünstigen, in der Regel kundenfernen Standort und einem in der Regel teureren kundennahen Standort. Bei der Standortwahl sollten somit immer mehrere Standortalternativen[1] geprüft werden. Die Standortentscheidung stellt immer einen Kompromiss[2] dar.

Beispiel: Fortführung der Situation 2 von S. 33

Sven Wagner entscheidet sich für den Standort in einem Gewerbepark. Dieser etwas kundenferne Standort ist sicher kostengünstiger als ein kundenorientierter Standort in der Stadt. Als ein Unternehmen, das eine Nischensparte bedient, ist diese Entscheidung sinnvoll, da sie die Wettbewerbsfähigkeit des jungen Unternehmens stärkt und die Interessenten solcher Randsportarten den Weg in den Gewerbepark sicher auf sich nehmen.

(3) Personalbedarf

Für die Umsetzung der Geschäftsidee benötigt der Existenzgründer Mitarbeiter. Die Anzahl der Mitarbeiter **(quantitativer Personalbedarf)** muss einerseits so groß sein, dass alle anfallenden Aufgaben erfüllt werden können. Andererseits ist darauf zu achten, dass keine Personalüberbesetzung besteht. Gerade in der Gründungsphase gilt es, die Kosten möglichst niedrig zu halten.

Neben der Anzahl der Mitarbeiter hat der Existenzgründer auf deren Qualifikation zu achten **(qualitativer Personalbedarf)**. Sie muss möglichst deckungsgleich mit dem Anforderungsprofil der zu besetzenden Stelle sein.

Beispiel: Fortführung der Situation 2 von S. 33

Sven Wagner muss Verkäufer für sein Sportgeschäft und erfahrene Sportbegleiter für die Betreuung seiner Veranstaltungen einstellen. Zusätzlich benötigt er Personal, um die anfallenden Büroarbeiten zu erledigen. Schließlich muss er entscheiden, ob er zusätzlich zu der Geschäftsleitung noch Tätigkeiten im Sportgeschäft übernehmen möchte.

(4) Gesicherte Finanzierung

Im Falle einer Neugründung, aber auch bei der Verwirklichung einer neuen Produkt- oder Geschäftsidee in einem bestehenden Unternehmen sind zunächst erhebliche Finanzmittel für die Betriebs- und Geschäftsausstattung (z.B. Maschinen, Büroeinrichtung, Kasse) und

1 **Alternative**: Möglichkeit des Wählens zwischen zwei oder mehreren Dingen.

2 **Kompromiss**: Ausgleich entgegengesetzter Interessen.

die Beschaffung der Waren (z.B. Rohstoffe, Handelswaren) sowie anfallende Gründungskosten notwendig, bevor Geld verdient wird. In der Regel ist eine Anschubfinanzierung durch Eigenkapital und Bankkredite notwendig. Für Existenzgründer stehen oft zinsgünstige Sonderkredite zur Verfügung.

Beispiel: Fortführung der Situation 2 von S. 33

Sven Wagner hat darauf zu achten, dass die Finanzmittel in ausreichendem Umfang zur Verfügung stehen, um unvorhergesehenen Bedarf und die Kosten seiner persönlichen Lebensführung in der Anlaufphase abdecken zu können. Er muss darauf vorbereitet sein, dass er in der ersten Zeit nicht allein von der Selbstständigkeit leben kann. Sven Wagner sollte daher für diese Zeit eine Geldreserve (z.B. Sparguthaben) bereitstellen.

(5) Rechtliche Voraussetzungen

Gewerbefreiheit

In der Bundesrepublik Deutschland besteht Gewerbefreiheit. Damit hat jeder Bürger das Recht, sofern er unbeschränkt geschäftsfähig ist, sich selbstständig zu machen und ein Gewerbe zu betreiben.

> Der Betrieb eines Gewerbes ist jedermann gestattet, soweit nicht durch dieses Gesetz Ausnahmen oder Beschränkungen vorgeschrieben oder zugelassen sind [§ 1 Abs. 1 GewO].

Ausnahmen für die Gewerbefreiheit bestehen insbesondere beim Verkauf bestimmter Arzneimittel, Waffen sowie beim Betreiben überwachungsbedürftiger Anlagen (z.B. Dampfkesselanlagen).

Wahl der Rechtsform

Der Existenzgründer hat sein Unternehmen in einem rechtlichen Rahmen zu führen, d.h., er muss sich für eine Rechtsform[1] entscheiden.

> Die **Rechtsform** stellt die Rechtsverfassung eines Unternehmens dar. Sie regelt die Rechtsbeziehungen innerhalb des Unternehmens und zwischen dem Unternehmen und Dritten.

Der Existenzgründer kann sich prinzipiell zwischen drei Gruppen von Rechtsformen entscheiden:

Einzel-unternehmung	Hier bringt der Einzelunternehmer allein das Kapital auf, führt das Unternehmen in alleiniger Verantwortung, erhält den gesamten Gewinn und trägt für das Scheitern die alleinige Verantwortung.
Personen-gesellschaften	Hier schließen sich mindestens zwei Unternehmer zusammen, von denen mindestens einer die Rolle eines Einzelunternehmers ausübt. Bei den Personengesellschaften steht das Handeln von (natürlichen) Personen im Vordergrund. Beispiele für Personengesellschaften sind die offene Handelsgesellschaft (OHG) und die Kommanditgesellschaft (KG).

1 Zu Einzelheiten siehe Kapitel 3, S. 48ff.

Kapital-gesellschaften	Hier bringen Kapitalanleger mit kleinen und großen Beträgen das Kapital der Gesellschaft auf. Ihr Risiko ist auf den Wert der Kapitaleinlage beschränkt. Die Leitung der Kapitalgesellschaft obliegt angestellten Geschäftsführern. Beispiele für Kapitalgesellschaften sind die Gesellschaft mit beschränkter Haftung (GmbH) und die Aktiengesellschaft (AG).

Beispiel: Fortführung der Situation 2 von S. 33

Sven Wagner möchte sein Sportgeschäft in alleiniger Verantwortung führen. Er wird sich daher für die Rechtsform der Einzelunternehmung entscheiden.

Anmeldung des Unternehmens

Der Gründer **muss** sein neu zu gründendes Unternehmen bei folgenden öffentlichen Stellen anmelden:

Amtsgericht

Eine Anmeldung beim zuständigen **Amtsgericht** zur **Eintragung** in das **Handelsregister** ist erforderlich, sofern ein **Handelsgewerbe** vorliegt.

Gemeindebehörde

Eine Anmeldung ist auch erforderlich bei der für den betreffenden Ort zuständigen Behörde, z. B. beim **Gewerbeamt** der Gemeinde [§ 14 GewO]. Anzugeben sind die persönlichen Daten, die private und betriebliche Adresse, Beginn und Art der Tätigkeit sowie die voraussichtliche Zahl der Mitarbeiter. Die Angaben werden im sogenannten **Gewerbeschein** festgehalten. Er ist der Beleg für die offizielle Anmeldung des Gewerbes.

Die Gewerbeanmeldung (Fachausdruck: Gewerbeanzeige) verfolgt den Zweck, dem Gewerbeamt jederzeit über Zahl und Art der ansässigen Gewerbebetriebe Kenntnis zu geben. Dadurch soll eine wirksame Überwachung der Gewerbebetriebe gewährleistet werden.

Mit der Gewerbeanzeige werden auch die sonstigen Meldeverpflichtungen erfüllt. Die nachfolgend genannten Stellen erhalten je eine **Ausfertigung von der Gewerbeanzeige:**

- das **Finanzamt,** um die Abführung der Steuern zu gewährleisten;
- die **Berufsgenossenschaft** als Träger der gesetzlich vorgeschriebenen Unfallversicherung;
- die **Industrie- und Handelskammer** bzw. die **Handwerkskammer** als berufsständische Vertretung;
- das **Gewerbeaufsichtsamt** als Aufsichtsbehörde für Anlagen, die einer besonderen Überwachung bedürfen.

Die Gewerbeanzeige ist nicht immer ausreichend. Für bestimmte Gewerbezweige ist eine behördliche Genehmigung erforderlich (z. B. für Spielhallen, Makler, Bauträger, Gaststätten, Reisegewerbe).

Sozialversicherungsträger

Werden Arbeitnehmer beschäftigt, so ist eine Anmeldung bei den Sozialversicherungsträgern (gesetzliche Krankenkassen, gesetzliche Pflegekassen, Deutsche Rentenversicherung [gesetzliche Rentenversicherung], Bundesagentur für Arbeit [gesetzliche Arbeitsförderung]) erforderlich, um Versicherungsschutz zu erhalten.

1.2.3 Chancen und Risiken der unternehmerischen Selbstständigkeit beurteilen

Der angehende Unternehmer hat die Chancen und Risiken einer unternehmerischen Selbstständigkeit abzuwägen. Eine Existenzgründung stellt immer eine gewisse Herausforderung dar. Jeder, der seine berufliche Zukunft in die eigenen Hände nimmt, betritt Neuland. Nicht immer verläuft eine Existenzgründung so erfolgreich wie erhofft, denn den Chancen stehen auch entsprechende Risiken gegenüber:

Chancen	Risiken
■ Unabhängigkeit ■ Ansehen in der Öffentlichkeit ■ Höheres Einkommen ■ Selbstverwirklichung ■ Leistungsgerechteres Einkommen	■ Lange und ungeregelte Arbeitszeit ■ Vernachlässigung der Familie ■ Verlust des eingesetzten Kapitals ■ Selbstüberschätzung

Viele Risiken können durch intensives Recherchieren, Planen und vor allem durch Erfüllung bestimmter Gründungsvoraussetzungen verringert werden.

Wie die nachfolgende Grafik zeigt, sind neben einer soliden Finanzierung kaufmännisches Know-how, realistische Umsatzerwartungen, genaue Gedanken zum Kundennutzen der eigenen Geschäftsidee und eine sorgfältige Zielgruppenanalyse sehr bedeutende Einflussfaktoren für einen erfolgreichen Schritt in die Selbstständigkeit.

Hindernisse auf dem Weg in die Selbstständigkeit

Quelle: DIHK-Report Unternehmensgründung 2024, herausgegeben von der Deutsche Industrie- und Handelskammer (DIHK) S. 16.

Beispiel: Fortführung der Situation 2 von S. 33

Da Sven Wagner gegenüber den bisherigen Sportgeschäften in der Region etwas Neues anbietet und gelernter Sport- und Fitnesskaufmann ist, kann angenommen werden, dass die Chance besteht, dass die Existenzgründung erfolgreich verlaufen wird.

Zusammenfassung

- Wichtige Voraussetzungen für eine erfolgreiche Existenzgründung sind neben der **persönlichen** und **fachlichen Kompetenz des Existenzgründers**
  - eine tragfähige **Geschäftsidee,**
  - eine aussagefähige Analyse der **Marktchancen** und eine Strategie zur **Marktpositionierung,**
  - eine **Standortanalyse,**
  - die Festlegung des **Personalbedarfs,**
  - eine **gesicherte Finanzierung** sowie
  - die Einhaltung der **rechtlichen Vorgaben.**
- Dem Unternehmensgründer winken nicht nur **Chancen.** Vielmehr sind damit auch **erhebliche Risiken** verbunden.

Übungsaufgabe

4

1. Erläutern Sie, welche Vorüberlegungen das Vorhaben einer Existenzgründung erfordert!
2. Erkunden Sie in Gruppen bei den am Ort ansässigen Betrieben, auf welche Gründe ihre Standortentscheidung im Wesentlichen zurückzuführen sind und erfragen Sie die Probleme, die mit dem gegenwärtigen jeweiligen Standort verbunden sind.

   Aufgabe:

   Stellen Sie die Gruppenergebnisse im Klassenverband in einer Übersicht zusammen!
3. Die Gewinnlage eines Unternehmens hängt u. a. von der Wahl des optimalen Standorts bei der Gründung ab.

   Aufgaben:

   3.1 Erklären Sie den Begriff Standort und nennen Sie mindestens fünf Standortfaktoren!

   3.2 Stellen Sie dar, warum die Standortwahl für die künftige Entwicklung eines Unternehmens von großer Bedeutung ist!
4. Bewerten Sie die Geschäftsidee von Sven Wagner (siehe Situation 2 auf S. 33) hinsichtlich einer langfristigen Erfolgsaussicht!
5. Ermitteln Sie, bei welchen öffentlichen Stellen Sven Wagner sein neu gegründetes Einzelunternehmen anmelden muss! Geben Sie jeweils den Grund für die Anmeldepflicht an!
6. Begründen Sie, worin Sie die größte Chance sowie das größte Risiko der Existenzgründung durch Sven Wagner sehen!
7. Lösen Sie die Handlungsaufgabe aus der Situation 2 auf S. 33!

2 Handelsrechtliche Grundlagen der Unternehmung beschreiben

2.1 Kaufmann

(1) Begriff Kaufmann

Kaufmann im Sinne des HGB ist, wer ein **Handelsgewerbe** betreibt [§ 1 I HGB].

Ein Handelsgewerbe ist jeder Gewerbebetrieb,[1] wenn er nach Art oder Umfang einen in **kaufmännischer Weise eingerichteten Geschäftsbetrieb** erfordert. Merkmale eines kaufmännisch eingerichteten Geschäftsbetriebs sind z. B.

- doppelte Buchführung,
- Erreichen eines bestimmten Umsatzes,
- mehrere Beschäftigte,
- Produktvielfalt (Sach- und/oder Dienstleistungen),
- Gewinnziel und
- Zahl der Betriebsstätten.

Gewerbetreibende, deren Unternehmen **keinen** nach Art oder Umfang eines in **kaufmännischer Weise eingerichteten Geschäftsbetrieb** erforderlich macht, sind **keine Kaufleute.**

Hierzu gehören vor allem alle **Kleinbetriebe** (z. B. kleine Einzelunternehmen).

Freiberufler (z. B. Rechtsanwälte, Ärzte mit einer eigenen Praxis, Architekten) sind sogenannte **Nichtkaufleute.**

(2) Formen des Kaufmanns

- **Istkaufmann**

Gewerbetreibende, deren Unternehmen nach Art oder Umfang eine **kaufmännische Einrichtung** erforderlich macht, sind **in jedem Fall Kaufmann,** gleichgültig, ob sie bereits im Handelsregister eingetragen sind oder nicht. Man spricht deswegen auch von **Istkaufmann** [§ 1 HGB].

1 Ein **Gewerbebetrieb** liegt vor, wenn die Tätigkeit selbstständig und auf Dauer angelegt ist, planmäßig betrieben wird, auf dem Markt nach außen in Erscheinung tritt, nicht gesetzes- oder sittenwidrig ist und in der Regel eine Gewinnerzielungsabsicht beinhaltet.

Der Istkaufmann ist **verpflichtet,** sich mit seiner Firma und mit sonstigen wichtigen Merkmalen seines Handelsgewerbes (z. B. Niederlassungsort, Zweck des Unternehmens, Gesellschafter) in das Handelsregister eintragen zu lassen. Die Eintragung erklärt dann nur noch nach außen, dass es sich um ein kaufmännisches Unternehmen handelt. Die Eintragung wirkt nur noch **deklaratorisch,**[1] was besagt, dass die Rechtswirkung schon vor der Eintragung in das Handelsregister (siehe S. 44) eingetreten ist.

Kannkaufmann

Ein **Kleinbetrieb** ist **kein Kaufmann.** Er **kann** sich aber in das **Handelsregister eintragen lassen.** Mit der Eintragung erlangt er die Kaufmannseigenschaft. Er wird **Kannkaufmann.**

Auch die Inhaber land- und forstwirtschaftlicher Betriebe und/oder ihrer Nebenbetriebe haben die Möglichkeit, sich ins Handelsregister eintragen zu lassen. Voraussetzung ist, dass diese Betriebe einen nach Art und Umfang in kaufmännischer Weise eingerichteten Geschäftsbetrieb erfordern [§§ 2, 3 II HGB].

Bei einem Kannkaufmann wirkt die Handelsregistereintragung **konstitutiv.**[2] Dies bedeutet, dass die Kaufmannseigenschaft erst mit der Handelsregistereintragung erworben wird.

Kaufmann kraft Rechtsform

Kaufmann kraft Rechtsform **(Formkaufmann)** sind die juristischen Personen[1] des Handelsrechts ohne Rücksicht auf die Art der betriebenen Geschäfte und der Betriebsgröße [§ 6 HGB].

Wichtige Beispiele für einen Kaufmann kraft Rechtsform sind die Gesellschaft mit beschränkter Haftung (GmbH) sowie die Aktiengesellschaft (AG), die mit der Eintragung in das Handelsregister Kaufmann werden. Bei einem Formkaufmann wirkt die Handelsregistereintragung **konstitutiv,** d. h., die Rechtswirkung tritt erst mit der Eintragung in das Handelsregister ein.

Quelle: Bayer AG (Konzernzentrale in Leverkusen)

1 **Deklaratorisch** (lat.): erklärend, rechtserklärend. **Deklaration** (lat).: Erklärung, die etwas Grundlegendes enthält.

2 **Konstitutiv** (lat.): rechtsbegründend, rechtschaffend. **Konstitution** (lat.): Verfassung, Rechtsbestimmung.

1 **Juristische (rechtliche) Personen** sind „künstliche" Personen, denen der Staat die Eigenschaft von Personen kraft Gesetzes verliehen hat. Sie sind damit rechtsfähig, d. h. Träger von Rechten und Pflichten.

2.2 Handelsregister

(1) Begriff Handelsregister

Das **Handelsregister** ist ein amtliches, öffentliches, elektronisch geführtes Verzeichnis aller Kaufleute eines Amtsgerichtsbezirks. Für die Führung des Handelsregisters sind die Amtsgerichte zuständig [§ 8 HGB; § 376 I FamFG].

- Für die **Anmeldungen zur Eintragung** ist eine **öffentliche Beglaubigung**[1] (z. B. durch einen Notar) erforderlich.
- Die für die Anmeldung erforderlichen **Unterlagen** sind **elektronisch einzureichen.**

(2) Aufgabe und Bedeutung des Handelsregisters

Die Aufgabe des Handelsregisters besteht darin, der **Öffentlichkeit** die Rechtsverhältnisse der eingetragenen kaufmännischen Gewerbebetriebe offenzulegen. Das Handelsregister ist frei zugänglich, d. h., jeder Interessierte kann ohne Angabe von Gründen in das Register Einsicht nehmen. Das Handelsregister gibt z. B. Auskunft über

- die Firma,
- die Rechtsform,
- den Gegenstand des Unternehmens,
- den (oder die) Geschäftsinhaber,
- die Haftungsverhältnisse,
- den Ort des Geschäftssitzes,
- die inländische Geschäftsanschrift der Handelsniederlassung,
- die Vertretungsbefugnisse der Vertretungsorgane des Unternehmens und
- den Tag der Handelsregistereintragung.

Die Handelsregistereintragungen werden **elektronisch bekannt gemacht.** Auskünfte über die Eintragungen (z. B. Registerblätter, Gesellschafterlisten und Satzungen) können über das gemeinsame Justizportal aller Bundesländer (www.justiz.de) online eingesehen werden.[2] Zudem kann jeder auf elektronischem Wege (kostenpflichtig) Abschriften und Registerausdrucke erhalten.[3]

Das Handelsregister genießt **öffentlichen Glauben.** Zum Schutz des Vertrauens Dritter auf die bekannt gemachten Handelsregistereintragungen gilt die **Vermutung der Richtigkeit** der Handelsregistereintragungen.

(3) Abteilungen des Handelsregisters

Das Handelsregister besteht aus zwei Abteilungen:

Abteilung A	Abteilung B
Hier werden u. a. eingetragen: ■ Einzelkaufleute, ■ offene Handelsgesellschaft (OHG), ■ Kommanditgesellschaft (KG).	Hier werden u. a. eingetragen: ■ Gesellschaft mit beschränkter Haftung (GmbH), ■ Aktiengesellschaft (AG).

1 **Beglaubigung**: Vom Notar wird die **Echtheit der eigenhändigen Unterschrift** des Erklärenden beglaubigt.
Beurkundung: Hier werden die Willenserklärungen der Beteiligten von einem Notar in eine Urkunde aufgenommen. Der Notar beurkundet dabei die **Unterschrift** und den **Inhalt der Erklärung**.

2 Die Einsichtnahme „vor Ort" ist grundsätzlich bei jedem Amtsgericht über ein Terminal möglich.

3 Außerdem besteht ein Unternehmensregister, das als bündelndes Portal über die Informationen des Handelsregisters hinaus alle wirtschaftlich relevanten Daten über Unternehmen zugänglich macht (www.unternehmensregister.de).

(4) Löschung

Die Löschung der Eintragung erfolgt dadurch, dass die Eintragung rot unterstrichen wird. Auf diese Weise können alle früheren Eintragungen zurückverfolgt werden.

2.3 Firma

(1) Begriff Firma

Die **Firma** ist der im Handelsregister eingetragene Name, unter dem ein Kaufmann sein Handelsgewerbe betreibt und seine Unterschrift abgibt [§ 17 I HGB]. Der Kaufmann kann unter seiner Firma klagen und verklagt werden [§ 17 II HGB].

Das Recht an einer bestimmten Firma ist gesetzlich geschützt. Das Gesetz schützt den Inhaber einer Firma beispielsweise davor, dass ein anderer Kaufmann am selben Ort eine nicht deutlich abweichende Firma annimmt [§ 30 HGB].

(2) Firmenarten

Die einzutragenden Unternehmen können zwischen folgenden Firmenarten wählen:

Firmenart	Erläuterungen	Beispiel aus dem Industrie- und Gewerbepark Soest
Personenfirmen	Die Firmenbezeichnungen enthalten einen oder mehrere Personennamen.	Stefan Osann e. Kfm.
Sachfirmen	Die Firmenbezeichnungen sind dem Zweck des Unternehmens entnommen.	Soester Büromöbel AG
Fantasiefirmen	Die Firmenbezeichnungen sind erdachte Namen.	CLEAN-TEC OHG
gemischte Firmen	Die Firmenbezeichnungen enthalten sowohl einen oder mehrere Personennamen, einen dem Gegenstand (Zweck) des Unternehmens entnommenen Begriff und/oder einen Fantasienamen.	Weber Metallbau GmbH

(3) Rechtsformzusätze

Die Firma muss einen Zusatz enthalten, der die gewählte Rechtsform des Unternehmens erkennen lässt.

Beispiel:

Die Firma der **Einzelunternehmung** muss die Bezeichnung „eingetragener Kaufmann“ bzw. „eingetragene Kauffrau“ enthalten. Allgemein verständliche Abkürzungen dieser Bezeichnungen sind zulässig (z. B. e. K., e. Kfm., e. Kfr.) [§ 19 I, Nr. 1 HGB].

(4) Firmengrundsätze

Firmenwahrheit und -klarheit	Die Firma darf nicht über Art und/oder Umfang des Geschäfts täuschen.
Firmen-öffentlichkeit	■ Jeder Kaufmann ist verpflichtet, seine Firma und den Ort seiner Handelsniederlassung und deren spätere Änderungen zur Eintragung in das zuständige Handelsregister anzumelden. ■ Damit erfährt die Öffentlichkeit (also Kunden, Lieferanten, Banken, Behörden usw.), unter welcher Firma Geschäftsvorgänge abgewickelt werden.
Firmen-ausschließlichkeit	■ Jede neue Firma muss sich von anderen an demselben Ort oder in derselben Gemeinde bereits bestehenden und in das Handelsregister eingetragenen Firmen deutlich unterscheiden. ■ Bei gleichen Familiennamen der Inhaber muss ein Firmenzusatz eine eindeutige Unterscheidung ermöglichen.
Firmen-beständigkeit	■ Die bisherige Firma kann beibehalten werden, wenn sich der Name des Inhabers ändert (z. B. bei Heirat), das Unternehmen durch einen neuen Inhaber fortgeführt wird (z. B. bei Verkauf oder Erbschaft) oder bei Eintritt eines zusätzlichen Mitinhabers (Gesellschafters). ■ Voraussetzung für die Weiterführung der Firma ist die ausdrückliche Einwilligung des bisherigen Inhabers oder dessen Erben. Ein Zusatz, der auf das Nachfolgeverhältnis hinweist, ist möglich.

Zusammenfassung

■

Formen des Kaufmanns		
Istkaufmann	**Kannkaufmann**	**Kaufmann kraft Rechtsform (Formkaufmann)**
Alle Gewerbebetriebe, die einen in kaufmännischer Weise eingerichteten Geschäftsbetrieb benötigen	■ Kleinbetriebe ■ Land- und forstwirtschaftliche Betriebe, die nach Art und Umfang eine kaufmännische Einrichtung benötigen	Juristische Personen des Handelsrechts
Die Eintragung ins Handelsregister ist Pflicht	Die Eintragung ins Handelsregister ist freiwillig	Die Eintragung ins Handelsregister ist Pflicht
Eintragung wirkt deklaratorisch	Eintragung wirkt konstitutiv	

- Die **Firma** eines Kaufmanns ist sein im Handelsregister eingetragener Name, unter dem er seine Geschäfte betreibt und seine Unterschrift abgibt.
- Man unterscheidet **Personen-, Sach-, Fantasie-** und **gemischte Firmen.**

Übungsaufgabe

5 1. Lena Stehlin übernimmt für verschiedene Verlage die Mediengestaltung. Sie hat zwei Teilzeitangestellte beschäftigt. Ihr Gewerbebetrieb erfordert keinen nach Art oder Umfang in kaufmännischer Weise eingerichteten Geschäftsbetrieb. Dennoch möchte sich Lena Stehlin ins Handelsregister eintragen lassen. Sie sollen Lena Stehlin im Rahmen der Handelsregistereintragung beraten.

Aufgaben:

1.1 Unterbreiten Sie drei Vorschläge für einen Firmennamen!

1.2 Erläutern Sie, was unter dem Begriff Firma zu verstehen ist!

1.3 Lena Stehlin möchte wie folgt firmieren:

Die Mediengestaltung e. K.

Beurteilen Sie, ob diese Firma zulässig ist!

1.4 Auf Ihren Rat hin meldet Lena Stehlin beim Amtsgericht folgende Firma an:

Die Mediengestaltung
Inh. Lena Stehlin e. K.

Die Eintragung erfolgt am 24. Mai 20..

Zeigen Sie auf, welche rechtliche Wirkung die Handelsregistereintragung für Lena Stehlin hat!

2. Der Installateurmeister Emil Kopf hat vor Jahren einen kleinen Reparaturbetrieb gegründet, der sich gut entwickelte. Heute beschäftigt er fünf Gesellen und zwei Angestellte. Sein Betrieb ist kaufmännisch voll durchorganisiert. Im Handelsregister ist Emil Kopf nicht eingetragen.

Aufgaben:

2.1 Beurteilen Sie, ob Emil Kopf Kaufmann ist!

2.2 Der Steuerberaterin Carola Klug macht Emil Kopf darauf aufmerksam, dass er seinen Gewerbebetrieb ins Handelsregister eintragen lassen muss.

Unterbreiten Sie einen Vorschlag, wie die Firma lauten könnte!

2.3 Emil Kopf lässt sich am 15. Februar 20.. unter der Firma „Emil Kopf e. K. – Installateurfachbetrieb" ins Handelsregister eintragen.

Erläutern Sie, welche rechtliche Wirkung die Handelsregistereintragung hat!

3. Die Wirkung von Handelsregistereintragungen kann deklaratorisch oder konstitutiv sein.

Aufgaben:

3.1 Erklären Sie, was jeweils hierunter zu verstehen ist!

3.2 Ermitteln Sie, bei welchem Kaufmann die Handelsregistereintragung deklaratorisch, bei welchen sie konstitutiv ist!

3 Wahl der Rechtsform als eine wesentliche Gründungsentscheidung nachvollziehen

3.1 Einzelunternehmung

(1) Begriff Einzelunternehmer

Einzelunternehmer ist, wer es selbst „unternimmt", Geschäfte in **eigenem Namen** und auf **eigene Rechnung** mit **vollem Risiko** zu tätigen und hierzu sein **eigenes Geld- und Sachkapital** einsetzt.

(2) Firma

Die Firma der Einzelunternehmung richtet sich i.d.R. nach dem Vor- und Zunamen des Einzelunternehmers. Sie muss die Bezeichnung „eingetragener Kaufmann" bzw. „eingetragene Kauffrau" oder eine allgemein verständliche Abkürzung dieser Bezeichnung enthalten [§ 19 I, Nr. 1 HGB].

Beispiel:

Beauty Moments Emmy Reisacher e.Kfr.

(3) Merkmale der Einzelunternehmung

Personenzahl	Der Einzelunternehmer ist **alleiniger Inhaber** der Einzelunternehmung.
Geschäftsführung	Die Geschäftsführung, d.h. die Leitung der Einzelunternehmung, obliegt dem Einzelunternehmer allein. Er trifft alle Anordnungen in seinem Betrieb (im **Innenverhältnis**) allein, ohne andere anhören zu müssen.
Vertretung	Das Recht auf Vertretung der Einzelunternehmung gegenüber Dritten (im **Außenverhältnis**) hat der Einzelunternehmer. Er schließt für die Einzelunternehmung alle erforderlichen Rechtsgeschäfte mit Dritten ab (z.B. Kaufverträge, Mietverträge, Kreditverträge).
Haftungsverhältnisse[1]	Der Einzelunternehmer haftet für alle Verbindlichkeiten der Einzelunternehmung mit seinem Geschäfts- und sonstigen Privatvermögen **unbeschränkt** und **unmittelbar** (direkt).
Eigenkapitalaufbringung	Das Eigenkapital stellt der Einzelunternehmer zur Verfügung. Über die **Höhe des aufzubringenden Eigenkapitals** gibt es **keine gesetzliche Vorschrift**.
Gewinn- und Verlustverteilung	Der Einzelunternehmer hat das Recht auf den gesamten **Gewinn**. Andererseits hat er den **Verlust** ebenfalls allein zu tragen.
Gründung	■ Für die Gründung der Einzelunternehmung bestehen **keine gesetzlichen Formvorschriften**. Erfordert die Einzelunternehmung eine kaufmännische Einrichtung, ist eine Eintragung ins Handelsregister erforderlich. ■ Werden in die Einzelunternehmung **Grundstücke** eingebracht, ist die **Schriftform** mit **notarieller Beurkundung**[2] erforderlich [§ 311b I, S. 1 BGB].

1 Die **Haftung** betrifft die Rechtsbeziehung des Unternehmens mit außenstehenden Dritten und damit das **Außenverhältnis**.

2 Siehe Fußnote 1, S. 44.

(4) Vor- und Nachteile der Einzelunternehmung

Für den **Einzelunternehmer** hat diese Unternehmensform Vor- und Nachteile:

Vorteile (Gründungsmotive)	Nachteile
■ Keine Abstimmung der Entscheidungen mit anderen (Ausnahme: Mitbestimmung der Arbeitnehmer). ■ Schnelle Entscheidungsmöglichkeit. ■ Rasche Anpassung an veränderte wirtschaftliche Verhältnisse (z. B. Aufnahme neuer Produkte). ■ Klarheit und Eindeutigkeit der Unternehmensführung. ■ Großes Eigeninteresse des Inhabers an der Arbeit, da ihm der Gewinn allein zusteht (Gewinn als Leistungsanreiz).	■ Bei falschen Entscheidungen trägt der Inhaber das Risiko allein. ■ Der Erfolg des Unternehmens hängt untrennbar an der Person des Inhabers, seinen fachlichen Fähigkeiten, seinem Charakter und seiner Gesundheit. ■ In der Regel geringe Eigenkapitalkraft und beschränkte Kreditbeschaffungsmöglichkeiten. ■ Großes Haftungsrisiko.

Zusammenfassung

- Bei einer **Einzelunternehmung** werden alle wichtigen Unternehmerfunktionen und Risiken vom Einzelunternehmer wahrgenommen, dem auch der Gewinn allein zusteht und der auch entstehende Verluste allein zu tragen hat.
- Wichtige **wirtschaftliche Voraussetzungen** sind, dass bei der Gründung und für die laufende Geschäftstätigkeit der Einzelunternehmung (z. B. für den Einkauf, die Lagerhaltung, die Leistungserstellung und den Verkauf) ausreichend Finanzmittel vorhanden sind und die Einzelunternehmung ihre Leistungen auch langfristig mit Gewinn verkaufen kann.
- Das **Haftungsrisiko** ist aufgrund der unbeschränkten und unmittelbaren alleinigen Haftung des Einzelunternehmers für die Geschäftsverbindlichkeiten hoch.

Übungsaufgabe

6 Jonas Augustin, Angestellter eines Softwareunternehmens, möchte sich als Softwareentwickler selbstständig machen und hierzu eine Einzelunternehmung innerhalb des Industrie- und Gewerbeparks in Soest gründen.

Aufgaben:

1. 1.1 Nennen Sie drei persönliche Voraussetzungen, die Jonas Augustin mitbringen sollte, um das Softwareunternehmen erfolgreich führen zu können!

   1.2 Geben Sie drei Gründe wieder, die Jonas Augustin zur Wahl dieser Rechtsform veranlasst haben könnten!

   1.3 Nennen Sie die Abteilung des Handelsregisters, in welche die Firma „Jonas Augustin e. Kfm., Softwareentwicklung" eingetragen wird!

2. Nennen und beurteilen Sie je drei Vor- und Nachteile der Einzelunternehmung

   2.1 aus der Sicht der Arbeitnehmer,

   2.2 aus der Sicht des Einzelunternehmers!

4 Merkur-Nr. 0620

AS 1.1 Situation 3: Personengesellschaft gründen

Stefan Osann e. Kfm. betreibt im Industrie- und Gewerbepark Soest einen Handel mit Bürobedarf, Computertechnik, Kopiergeräten usw.

Das Unternehmen hat sich in den letzten Jahren sehr erfolgreich entwickelt. Insbesondere der Bereich der Computertechnik hat einen rasanten Aufschwung genommen. Immer mehr – insbesondere kleine – Unternehmen wünschen sich allerdings eine Lösung „aus einer Hand", das heißt, sie wollen nicht nur die Hardware kaufen, sondern komplette Systemlösungen mit lokalem Netzwerk, Internetanbindung, Virenschutz, Datensicherung und laufender Wartung.

Stefan Osann ist inzwischen Mitte 50 und diesen Herausforderungen nicht mehr gewachsen. In Horst Wiedenmann, ausgebildeter IT-Systemelektroniker, hat er einen Partner gefunden, der bereit wäre, mit ihm zusammen eine Gesellschaft zu gründen. Aus seinem Privatvermögen könnte Horst Wiedenmann 150 000,00 EUR in die Gesellschaft einbringen. Stefan Osann brächte das bereits bestehende Grundstück mit dem Betriebsgebäude, den Fahrzeugen und den kompletten Einrichtungen im Wert von 450 000,00 EUR in das Unternehmen ein.

Sowohl Stefan Osann als auch Horst Wiedenmann sind nicht allzu fit in den Vorschriften des Gesellschaftsrechts. Sie sind Mitarbeiter von Stefan Osann e. Kfm., haben vor Kurzem eine kaufmännische Ausbildung abgeschlossen und sind daher mit den Vorschriften des Handelsgesetzbuches vertraut.

Stefan Osann und Horst Wiedenmann möchten eine Personengesellschaft gründen. Aber ob es eine offene Handelsgesellschaft (OHG) oder eine Kommanditgesellschaft (KG) werden soll, das wissen sie noch nicht so recht. Stefan Osann bittet Sie um Unterstützung.

Impuls:

Welche Vor- und Nachteile ergeben sich für Stefan Osann und Horst Wiedenmann daraus, dass Wiedenmann als Partner in das Unternehmen einsteigt?

Handlungsaufgaben:

Arbeiten Sie die folgenden Kapitel des Schulbuches durch und verwenden Sie die Aufzeichnungen aus dem Unterricht zur Bearbeitung der Handlungsaufgaben!

1. Die beiden künftigen Gesellschafter bitten um eine klar strukturierte Gegenüberstellung der beiden Gesellschaftsformen OHG und KG. Dabei sollen Sie folgende Vergleichsmerkmale berücksichtigen:
   - Gründung
   - Firma
   - Geschäftsführung
   - Vertretung
   - Haftungsrisiko der Gesellschafter

2. Abschließend erwarten sie von Ihnen eine Abwägung von Pro- und Contra-Argumenten zu den beiden Unternehmensformen und einen Vorschlag zur Entscheidung!

3.2 Offene Handelsgesellschaft (OHG) anhand ausgewählter Merkmale erklären[1]

3.2.1 Begriff, Gründung und Firma

(1) Begriff [§ 105 HGB]

- Die **offene Handelsgesellschaft (OHG)**
  - ist eine **Gesellschaft** mit mindestens zwei Personen,
  - deren Zweck auf den Betrieb eines **Handelsgewerbes** unter **gemeinschaftlicher Firma** gerichtet ist und
  - bei der die **Haftung der Gesellschafter uneingeschränkt ist** [§ 105 I HGB].
- Die offene Handelsgesellschaft kann Rechte erwerben und Verbindlichkeiten eingehen [§ 105 II HGB]. Sie ist eine **Personengesellschaft** [§ 105 II HGB].

(2) Gründung

Zur Gründung der OHG sind **zwei Voraussetzungen** erforderlich:

- Abschluss eines Gesellschaftsvertrags,
- Eintragung der OHG ins Handelsregister.

Im Innenverhältnis entsteht die OHG durch den Abschluss des Gesellschaftsvertrags zwischen den Gesellschaftern bzw. zu dem im Gesellschaftsvertrag festgelegten Termin.

Im Außenverhältnis (im Verhältnis zu Dritten) entsteht die Gesellschaft, sobald sie ins **Handelsregister eingetragen** ist. Tätigt die Gesellschaft **vor der Eintragung ins Handelsregister** mit Zustimmung aller Gesellschafter **Rechtsgeschäfte,** ist sie auch **ohne Eintragung** entstanden (§ 123 I HGB).

(3) Firma

Die Firma, unter der die OHG ihre Rechtsgeschäfte abschließt (z.B. Kauf-, Miet-, Arbeitsverträge), muss die Bezeichnung „offene Handelsgesellschaft" oder eine allgemein verständliche Abkürzung dieser Bezeichnung enthalten [§ 19 I, Nr. 2 HGB].

Beispiele:

- Kony Wagner OHG;
- Wagner & Wunsch – offene Handelsgesellschaft;
- Wunsch OHG, Kfz-Handel und -reparaturen;
- Solinger Kfz-Handel und -reparaturen OHG.

1 In den Text sind die Gesetzesänderungen durch das „Gesetz zur Modernisierung des Personengesellschaftsrechts" [MoPeG] eingearbeitet. Das Gesetz trat zum Januar 2024 in Kraft.

3.2.2 Eigenkapitalaufbringung, Geschäftsführung, Vertretung, Haftung, Gewinn- und Verlustbeteiligung

(1) Eigenkapitalaufbringung

Die Aufbringung des Eigenkapitals der OHG erfolgt durch die Leistung von **Beiträgen (Kapitaleinlagen)** der Gesellschafter. Die Höhe der Beiträge wird von den Gesellschaftern in der Regel im Gesellschaftvertrag bestimmt. Erfolgt **keine Regelung im Gesellschaftsvertrag,** sind die Gesellschafter zu **gleichen Beiträgen** verpflichtet [§ 709 BGB]. Die Beiträge der Gesellschafter sowie die durch die Gesellschaft erworbenen Rechte und die eingegangenen Verbindlichkeiten sind **Vermögen der Gesellschaft** [§ 713 BGB].

Beachte:

Auf die offene Handelsgesellschaft finden, **soweit im HGB nichts anderes vorgeschrieben** ist, die **Vorschriften des BGB** über die Gesellschaft **entsprechend** Anwendung [§ 105 III HBG].

(2) Geschäftsführung [§ 116 I, II HGB]

Die Geschäftsführung regelt die **Rechtsbeziehungen zwischen den Gesellschaftern (Innenverhältnis).**

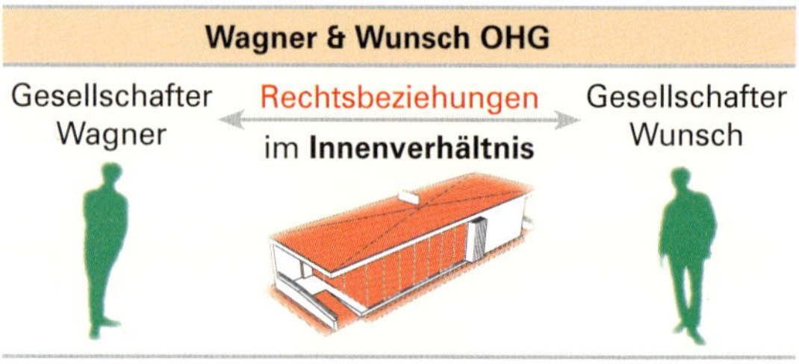

- **Gewöhnliche Geschäfte**

Zur **Geschäftsführung,** die der **gewöhnliche Betrieb der OHG** mit sich bringt, ist jeder Gesellschafter berechtigt und verpflichtet. Er ist berechtigt, **allein zu handeln (Einzelgeschäftsführungsrecht).** Widerspricht ein geschäftsführungsbefugter Gesellschafter der Vornahme des Geschäfts, muss dieses unterbleiben. Ist im Gesellschaftsvertrag vereinbart, dass die Gesellschafter nur **gemeinsam** zu handeln berechtigt sind **(Gesamtgeschäftsführungsrecht),** bedarf es für **jedes Geschäft** der Zustimmung aller Gesellschafter.

- **Außergewöhnliche Geschäfte**

Werden Geschäfte getätigt, die über den gewöhnlichen Betrieb der OHG hinausgehen (z.B. Grundstückskäufe, Aufnahme eines Gesellschafters), müssen **alle Gesellschafter zustimmen.**

(3) Vertretung [§ 124 HGB]

Die Vertretung regelt die **Rechtsbeziehungen der Gesellschafter mit Dritten (Außenverhältnis).** Zur **Vertretung** der OHG ist der Gesellschafter befugt, sofern er nicht durch den Gesellschaftsvertrag ausgeschlossen ist. Die Vertretungsbefugnis[1] erstreckt sich auf **alle Geschäfte der Gesellschaft (Einzelvertretungsbefugnis).** Eine **Beschränkung des Umfangs** der Vertretungsbefugnis ist gegenüber Dritten unwirksam. Die Vertretungsbefugnis kann einem Gesellschafter entzogen werden, wenn ein wichtiger Grund vorliegt [§ 124 V HGB i.V.m. § 116 V HGB].

---

1 Man spricht auch von **Vertretungsmacht**.

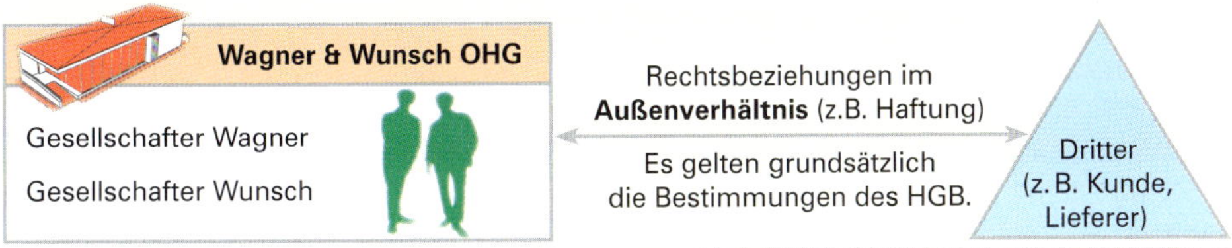

(4) Haftung

Die Gesellschafter haften für die Gesellschaft den Gläubigern gegenüber als **Gesamtschuldner persönlich** [§ 126 HGB].

- Jeder Gesellschafter haftet **persönlich** (allein) für die gesamten Schulden der Gesellschaft (auch mit seinem Privatvermögen).
- Die Gläubiger (z. B. die Lieferanten) können die Forderungen nicht nur der OHG gegenüber, sondern zugleich unmittelbar (direkt) gegenüber **jedem OHG-Gesellschafter** geltend machen. Dies bedeutet, dass jeder einzelne Gesellschafter durch die Gesellschaftsgläubiger verklagt werden kann. Der Gesellschafter kann nicht verlangen, dass der Gläubiger zuerst gegen die OHG klagt. Eine „Einrede der Vorausklage" steht dem Gesellschafter nicht zu.

Tritt ein Gesellschafter in eine bereits bestehende OHG **ein,** haftet er auch für die vor seinem Eintritt bestehenden Verbindlichkeiten der OHG. Eine entgegengesetzte Vereinbarung ist Dritten gegenüber unwirksam [§ 127 HGB].

Tritt ein Gesellschafter aus, haftet er für die bis dahin begründeten Verbindlichkeiten der OHG, wenn sie vor Ablauf von fünf Jahren nach seinem Ausscheiden fällig sind [§ 137 I HGB].

(5) Gewinn- und Verlustbeteiligung[1]

Die geschäftsführenden Gesellschafter sind verpflichtet den Anteil am Gewinn bzw. Verlust für jeden Gesellschafter nach Aufstellung des Jahresabschlusses zu ermitteln [§ 120 I HGB]. Jeder Gesellschafter hat Anspruch auf einen Anteil am Jahresgewinn.

Die Verteilung des Gewinns bzw. Verlusts richtet sich gesetzlich nach § 709 III BGB. Danach gilt:

Prüfschema: Gewinn- und Verlustverteilung nach gesetzlichen Vorgaben [§ 709 III BGB]

Wurden Beteiligungsverhältnisse in Form einer **Anteilsquote** (z. B. 40 % : 30 % : 15 % :15 %) vereinbart? — ja → Verteilung nach Anteilen

↓ nein

Wurden Werte der Beiträge in Form von **Beitragsquoten** (z. B. 400 000,00 EUR : 300 000,00 EUR : 150 000,00 EUR : 150 000,00 EUR) vereinbart? — ja → Verteilung nach Beitragswerten

↓ nein

Gewinn- und Verlustverteilung nach **Kopfquote** (z. B. 25 % : 25 % : 25 % : 25 %)

1 Die Darstellung entspricht den gesetzlichen Vorgaben, die seit dem 1. Januar 2024 gelten.

Beispiel: Gewinnverteilung nach § 709 III BGB

Der Gewinn der Wärmepumpen Heinzelmann OHG für das vergangene Geschäftsjahr beträgt 240 000,00 EUR.

- **Annahme 1:** Im Gesellschaftsvertrag wurden Anteilsquoten vereinbart:

Gesellschafter	Beteiligungsverhältnis (Anteilsquote)	Gewinnanteil in EUR
Cedric Heinzel	40 %	96 000,00
Pauline Mann	30 %	72 000,00
Zilan Heinzel	20 %	48 000,00
Luca Mann	10 %	24 000,00
Gesamt	100 %	240 000,00

- **Annahme 2:** Im Gesellschaftsvertrag wurden Beitragsquoten vereinbart:

Gesellschafter	Werte der Beiträge in EUR	Beitragsquote	Gewinnanteil in EUR	neue Werte der Beiträge in EUR
Cedric Heinzel	350 000,00	35 %	84 000,00	434 000,00
Pauline Mann	280 000,00	28 %	67 200,00	347 200,00
Zilan Heinzel	220 000,00	22 %	52 800,00	272 800,00
Luca Mann	150 000,00	15 %	36 000,00	186 000,00
Gesamt	1 000 000,00	100 %	240 000,00	1 240 000,00

- **Annahme 3:** Im Gesellschaftsvertrag gibt es keine Vorgaben. Die Verteilung erfolgt somit nach Kopfquoten:

Gesellschafter	Kopfquote	Gewinnanteil in EUR
Cedric Heinzel	25 %	60 000,00
Pauline Mann	25 %	60 000,00
Zilan Heinzel	25 %	60 000,00
Luca Mann	25 %	60 000,00
Gesamt	100 %	240 000,00

Der einem Gesellschafter zukommende **Gewinn** wird zunächst dem **Kapitalanteil** des Gesellschafters **zugeschrieben,** ein **Verlust** wird davon **abgezogen** [§ 120 II HGB]. Den Anspruch des Gesellschafters auf Auszahlung des Gewinns kann der Gesellschafter nicht geltend machen, soweit die Auszahlung des Gewinns zum **Schaden der Gesellschaft** gereicht oder der Gesellschafter seinen vereinbarten **Beitrag trotz Fälligkeit nicht** geleistet hat [§ 122 HGB].

3.2.3 Vor- und Nachteile der OHG

Vorteile (Gründungsmotive)	Nachteile
■ Ausnutzung unterschiedlicher Kenntnisse und Fähigkeiten der Gesellschafter verbessert die Geschäftsführung. ■ Umwandlung einer Einzelunternehmung in eine OHG vergrößert die Eigenkapitalbasis.	■ Persönliche Meinungsverschiedenheiten zwischen den Gesellschaftern können den Bestand des Unternehmens gefährden. ■ Das Eigenkapital der Gesellschafter reicht zur Finanzierung großer Investitionen häufig nicht aus.

Vorteile (Gründungsmotive)	Nachteile
■ Bei guten privaten Vermögensverhältnissen ist die Kreditwürdigkeit der OHG größer als die der Einzelunternehmung. ■ Da das Eigenkapital und die Unternehmensführung in einer Hand sind, ist das Interesse der Gesellschafter an der Geschäftsführung groß. ■ Verteilung des Unternehmerrisikos.	■ Fremdkapital kann nur in begrenztem Maße aufgenommen werden. ■ Es fehlen Kontrollorgane. ■ Persönliche Haftung der Gesellschafter.

3.2.4 Bedeutung der OHG

Die OHG ist der Modellfall (Prototyp) einer Personengesellschaft. Innerhalb der OHG kooperieren zwei oder mehrere Gesellschafter, die persönlich und unbeschränkt haften. Die OHG-Gesellschafter sind daher **Unternehmer im ursprünglichen Sinne,** die

- das **Eigenkapital selbst aufbringen,**
- die **Geschäfte persönlich führen,**
- das **Unternehmen vertreten** und
- das **Risiko auf sich nehmen.**

Deshalb ist das Interesse der Gesellschafter am Wohlergehen des Unternehmens und an der Unternehmensführung normalerweise sehr groß. Die OHG ist die geeignete Unternehmensform für mittelgroße Unternehmen, die keinen allzu großen Bedarf an finanziellen Mitteln haben.

Zusammenfassung

- Die **OHG** ist u.a. durch folgende **Merkmale** charakterisiert: (1) Zusammenschluss von mindestens zwei Personen; (2) Handelsgewerbe; (3) gemeinschaftliche Firma; (4) unbeschränkte, unmittelbare und gesamtschuldnerische Haftung aller Gesellschafter.

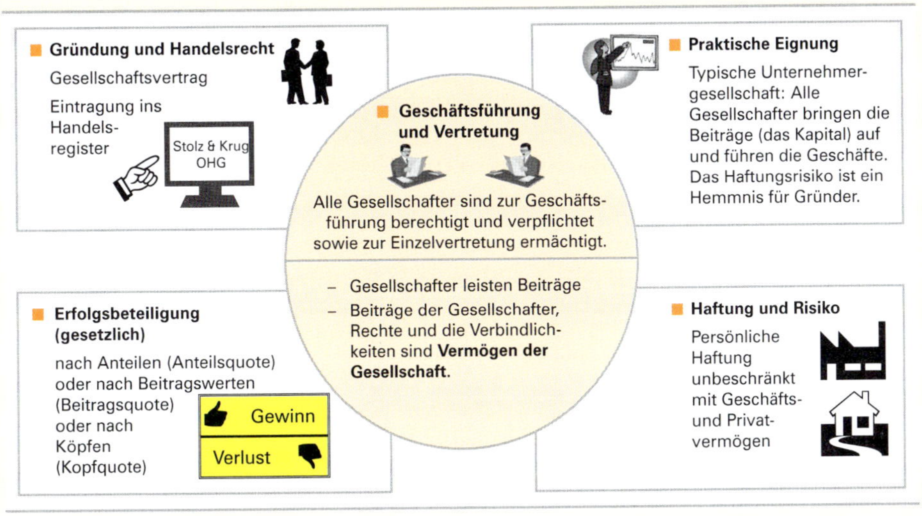

Übungsaufgaben

7 Der Stolz & Krug OHG geht es sehr gut. Es ist daher notwendig, das bisherige Betriebsgelände um einen Parkplatz für Gebrauchtwagen zu erweitern. Sebastian Strobel ist Eigentümer des Nachbargrundstücks. Dieses hat einen Wert von 310 000,00 EUR. Sebastian Strobel hat eine kaufmännische Ausbildung und ist nur dann bereit, das Grundstück an die Stolz & Krug OHG zu verkaufen, wenn er als gleichberechtigter Partner mitarbeiten und volle Verantwortung mitübernehmen kann. Stolz und Krug beschließen, Sebastian Strobel als weiteren Gesellschafter in die OHG aufzunehmen.

Ihre Aufgabe ist es, die drei Gesellschafter im Zusammenhang mit der Gründung und einiger Geschäftsvorfälle rechtlich zu beraten.

Aufgaben:

1. Prüfen Sie, ob die bisherige Firma „Stolz & Krug OHG" fortgeführt werden kann!
2. Stolz möchte am 30. November zwei Kfz-Mechaniker einstellen. Prüfen Sie rechtlich, ob Stolz dazu berechtigt ist!
3. Erläutern Sie, wodurch sich die Vertretungsbefugnis von der Geschäftsführungsbefugnis unterscheidet!
4. Am 20. November 20.. wendet sich die Langinger KG, Lieferer für Autozubehör, mit einer Forderung über 9 700,00 EUR direkt an Sebastian Strobel. Die Verbindlichkeit stammt noch vom Juli, demnach aus einem Zeitraum, in welchem Strobel noch nicht Gesellschafter der OHG gewesen ist. Strobel lehnt daher die Zahlung ab.

   Beurteilen Sie seine folgenden Argumente und begründen Sie Ihre Antwort:

   4.1 Die Langinger KG soll sich bitte direkt an die OHG wenden.

   4.2 Die Verbindlichkeit sei von Stolz eingegangen worden, also müsse im Zweifel dieser bezahlen.

8 Aniela Majewski, Thea Schmidt und Rouven Kunz betreiben gemeinsam eine Möbelfabrik als OHG.

Aufgaben:

1. Nennen Sie zwei Gründe, die die Gesellschafter veranlasst haben könnten, die Gesellschaftsform der OHG zu wählen!
2. Nennen Sie vier Beispiele, wie die Firma lauten könnte!
3. Aniela Majewski und Thea Schmidt kaufen am 24. November 20.. gegen den Willen von Rouven Kunz ein zusätzliches Lagergebäude.

   3.1 Klären Sie, ob die OHG an diesen Vertrag rechtlich gebunden ist!

   3.2 Der Verkäufer des Lagergebäudes verlangt am 25. November 20.. von Rouven Kunz die Bezahlung der gesamten Kaufsumme. Dieser lehnt entschieden ab. Er glaubt, ausreichende Gründe zu haben. Erstens war er gegen diesen Kauf. Zweitens müsse sich der Gläubiger doch erst einmal an die OHG wenden und, wenn diese nicht zahle, an die Gesellschafter, die den Kaufvertrag unterzeichnet haben. Drittens sehe er gar nicht ein, dass er alles zahlen solle. Wenn überhaupt, so zahle er höchstens den ihn betreffenden Anteil an der Kaufsumme, nämlich ein Drittel. Nehmen Sie zu diesen Aussagen Stellung!

   3.3 Am 30. Juni des folgenden Jahres scheidet Rouven Kunz wegen bestehender Differenzen aus der Gesellschaft aus. Am 30. September des folgenden Jahres wendet sich der Verkäufer des Lagergebäudes erneut an ihn und fordert ihn auf, den noch offenen Restbetrag von 12 000,00 EUR zu bezahlen. Prüfen Sie die Rechtslage!

9

1. Bernhard Kern und Jürgen Engel sind an der Engel & Kern OHG mit einer Anteilsquote von 70 % (Bernhard Kern) bzw. 30 % (Jürgen Engel) beteiligt. Der Gewinn der OHG beträgt 151 710,00 EUR.

   Aufgabe:

   Erstellen Sie die Gewinnverteilungstabelle der Engel & Kern OHG!

2. **Variante zu Aufgabe 1:**

   Angenommen, Bernhard Kern und Jürgen Engel sind an der OHG mit 950 000,00 EUR bzw. 430 000,00 EUR beteiligt.

   Aufgabe:

   Führen Sie die Gewinnverteilung nach den gesetzlichen Bestimmungen durch, wobei die oben angeführten Einlagen als vereinbarte Werte der Beiträge gelten!

3. **Variante zu Aufgabe 1 und 2:**

   Angenommen, Bernhard Kern und Jürgen Engel hätten in dem Gesellschaftsvertrag keinerlei Regelungen zur Gewinnverteilung getroffen. Sie haben keinerlei Beteiligungsverhältnisse und Beitragsquoten vereinbart.

   Aufgabe:

   Führen Sie die Gewinnverteilung nach den gesetzlichen Bestimmungen durch!

3.3 Kommanditgesellschaft (KG) anhand verschiedener Kriterien erklären und von der OHG abgrenzen

3.3.1 Begriff, Gründung und Firma

(1) Begriff [§ 161 HGB]

- Die **Kommanditgesellschaft (KG)** ist eine Gesellschaft mit mindestens zwei Personen,
  - die ein **Handelsgewerbe** unter **gemeinschaftlicher Firma** betreibt, wobei
  - mindestens ein Gesellschafter **unbeschränkt haftet (Komplementär)** und die Haftung bei mindestens einem Gesellschafter auf einen **bestimmten Betrag (Haftsumme)** beschränkt ist **(Kommanditist).**[1]
- Die Kommanditgesellschaft ist eine **Personengesellschaft.**

In der Praxis macht der Vorteil der Haftungsbeschränkung für die Kommanditisten die große Attraktivität der KG aus.

1 Die KG muss mindestens einen Komplementär aufweisen. Tritt der einzige (letzte) Komplementär aus der KG aus, so führt dies zur Auflösung der KG. Führen die Kommanditisten die Gesellschaft ohne (neuen) Komplementär fort, dann wird die KG grundsätzlich zu einer OHG, d. h., die Kommanditisten haften unbeschränkt.

(2) Gründung

Zur Gründung der KG sind **zwei Voraussetzungen** erforderlich:

- Abschluss eines Gesellschaftsvertrages,
- Eintragung der KG ins Handelsregister.

Die Anmeldung der KG ins Handelsregister hat die **Bezeichnung der Kommanditisten** und die **Haftsumme** eines jeden von ihnen zu enthalten.

Betreibt die KG ein Handelsgewerbe, ist sie nach § 1 I HGB auch ohne Eintragung Kaufmann. In diesem Fall ist die KG im **Außenverhältnis** entstanden, sobald ein Komplementär im Namen der KG Geschäfte tätigt, z. B. einen Kaufvertrag abschließt **(deklaratorische Wirkung der Handelsregistereintragung).**

(3) Firma

Die Firma der KG muss die Bezeichnung „Kommanditgesellschaft“ oder eine allgemein verständliche Abkürzung dieser Bezeichnung (z. B. KG) enthalten [§ 19 I, Nr. 3 HGB].

Beispiele:

Müller und Moser sind Vollhafter (Komplementäre), Krause ist Teilhafter (Kommanditist). Mögliche Firmen sind z. B.: Müller & Moser KG; Müller Kommanditgesellschaft; Ratinger Import KG; Ratinger Import-Export KG.

3.3.2 Pflichten und Rechte der Komplementäre

Beachte:

Für die Komplementäre gelten die gleichen Bestimmungen wie für die persönlich haftenden Gesellschafter einer OHG, d. h., es werden die für die OHG geltenden gesetzlichen Vorschriften angewendet [§ 161 II HGB]. Die eigenständige Regelung der KG in den §§ 162 ff. HGB befasst sich nur mit der Sonderstellung des Kommanditisten.

3.3.3 Pflichten und Rechte der Kommanditisten

Beachte:

Zunächst gelten immer die Vereinbarungen zwischen den Gesellschaftern im Gesellschaftsvertrag und erst dann ersatzweise die gesetzlichen Bestimmungen des HGB.

(1) Eigenkapitalaufbringung

Der Kommanditist ist verpflichtet, die im Gesellschaftsvertrag übernommene Kapitaleinlage **(Haftsumme)** bereitzustellen.

(2) Geschäftsführung

Generell gilt: Der Kommanditist ist von der Geschäftsführung ausgeschlossen [§ 164 HGB]. Eine Ausnahme hiervon ist: Gehen die Geschäfte über den gewöhnlichen Betrieb, den die KG mit sich bringt, hinaus, ist ein Beschluss aller Gesellschafter – also auch unter Mitwirkung des Kommanditisten – erforderlich [§ 116 II, S. 1 HGB].

Daneben steht dem Kommanditisten noch ein **Informationsrecht** zu [§ 166 I HGB]:

- Der Kommanditist kann von der Gesellschaft eine **Abschrift des Jahresabschlusses** verlangen und **Einsicht in die zugehörigen Geschäftsunterlagen** nehmen.
- Daneben kann er von der Gesellschaft **Auskunft über die Gesellschaftsangelegenheiten** verlangen, soweit das zur **Wahrnehmung seiner Mitgliedschaftsrechte erforderlich** ist.

Im Gesellschaftsvertrag kann dieses Recht nicht ausgeschlossen werden [§ 166 II HGB].

(3) Vertretung

Der Kommanditist ist **nicht befugt,** die Gesellschaft zu **vertreten** [§ 170 I HGB].

(4) Haftung

Haftung nach Eintragung der KG ins Handelsregister [§§ 171, 172 HGB]	■ Zur Anmeldung beim Handelsregister werden die Namen der Kommanditisten und deren jeweilige **Haftsumme** angegeben. ■ Der Kommanditist haftet den Gläubigern gegenüber bis zur Höhe der Haftsumme, sofern er seine **Einlage nach der Eintragung noch nicht geleistet** hat. ■ Die **Haftung ist ausgeschlossen,** soweit die **Einlage geleistet** ist.[1]
Haftung vor Eintragung der KG ins Handelsregister [§ 176 HGB]	■ Hat die KG **Rechtsgeschäfte vor der Eintragung** in das Handelsregister getätigt, haftet jeder **Kommanditist, der hierzu zugestimmt hat,** gleich dem Komplementär. ■ Dies trifft **nicht** zu, wenn dem Gläubiger die Beteiligung als Kommanditist bekannt war.
Haftung bei Eintritt als Kommanditist [§ 173 HGB]	Wer in eine bestehende Handelsgesellschaft als Kommanditist eintritt, **haftet** (unter Berücksichtigung von § 171 I HGB) **für die vor seinem Eintritt begründeten Verbindlichkeiten** der Gesellschaft.

(5) Gewinn- und Verlustbeteiligung

Gesetzlich richtet sich die Gewinn- und Verlustbeteiligung nach den Bestimmungen der OHG (siehe S. 53f.).

Der **Gewinnanteil des Kommanditisten** wird jeweils **ausbezahlt.**

Der Kommanditist kann die Auszahlung des Gewinns **nicht fordern,** soweit sein Kapitalanteil

- durch den ihm zugewiesenen Verlust unter den auf die vereinbarte Einlage geleisteten Betrag herabgemindert ist oder
- durch die Auszahlung des Gewinns unter diesen Betrag herabgemindert werden würde [§ 169 I HGB].

Der Kommanditist ist nicht verpflichtet, den bezogenen Gewinn wegen späterer Verluste zurückzuzahlen [§ 169 II HGB].

1 Mit **Leistung der Kapitaleinlage** (Haftsumme) hat der Kommanditist seinen Beitrag zum Gesellschaftsvermögen erbracht. Das einzige Risiko, das der Kommanditist eingeht, ist, dass er den Wert seiner Kapitaleinlage teilweise oder ganz verliert **(Risikohaftung).**

3.3.4 Vor- und Nachteile der KG

Vorteile	Nachteile
■ Ausnutzung unterschiedlicher Kenntnisse und Fähigkeiten der Gesellschafter verbessert die Geschäftsführung. ■ Da das Eigenkapital und die Unternehmensführung in einer Hand sind, ist das Interesse der Gesellschafter an der Geschäftsführung groß. ■ Verteilung des Unternehmerrisikos.	■ Unbeschränkte, direkte, gesamtschuldnerische Haftung der Komplementäre. ■ Persönliche Meinungsverschiedenheiten zwischen den Gesellschaftern können den Bestand des Unternehmens gefährden (siehe Kündigungsrecht!). ■ Dem Wachstum des Unternehmens sind häufig finanzielle Grenzen gesetzt, weil das Eigenkapital der Gesellschafter zur Finanzierung großer Investitionen nicht ausreicht. Fremdkapital kann nur in begrenztem Maße aufgenommen werden.

Zusammenfassung

- Die **Kommanditgesellschaft (KG)** ist durch folgende **Merkmale** charakterisiert:
  - Zusammenschluss von mindestens zwei Personen,
  - Handelsgesellschaft,
  - gemeinschaftliche Firma,
  - mindestens ein Vollhafter (Komplementär) und mindestens ein Teilhafter (Kommanditist).

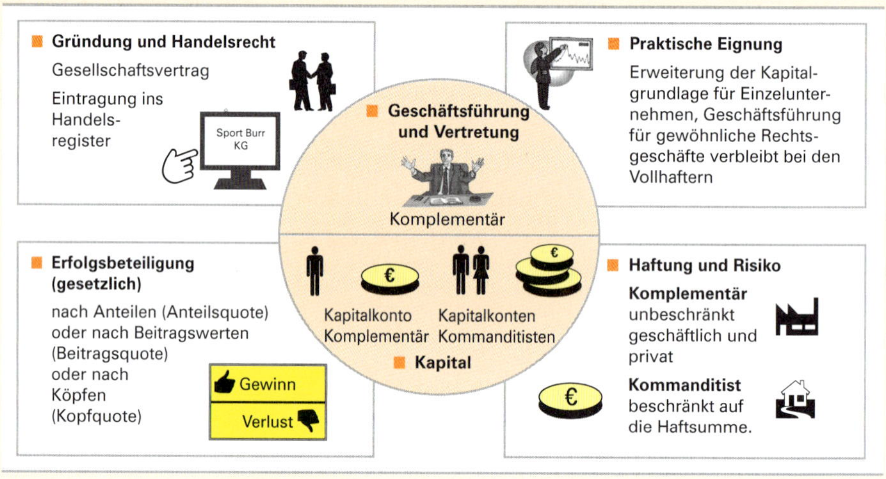

Übungsaufgaben

10 1. Der bisherige Einzelunternehmer Fritz Irmler e.Kfm. möchte sich aus Altersgründen aus der Unternehmensführung zurückziehen. Zusammen mit seinen beiden Söhnen Lars und Hendrik gründet er eine KG. Kapitalmäßig möchte Fritz Irmler noch im Unternehmen verbleiben.

Aufgaben:

1.1 Erklären Sie, welche Gründe Fritz Irmler dazu bewogen haben könnten, eine KG zu gründen!

1.2 Erklären Sie anhand der angeführten Personen, wie man die Gesellschafter bei dieser Rechtsform bezeichnet und beschreiben Sie kurz deren Aufgaben!

1.3 Bilden Sie ein Beispiel dafür, wie die Firma der KG lauten könnte!

1.4 Um die Liquidität der KG zu stärken, wollen die Söhne Lars und Hendrik ein Betriebsgrundstück verkaufen. Der Vater Fritz widerspricht dem Geschäft. Erläutern Sie die Rechtslage!

2. Kommanditgesellschaften sind oft „Familiengesellschaften“, d.h., die Gesellschafter sind miteinander verwandt. Begründen Sie diese Tatsache!

3. An der Yusuf Yilmaz KG ist Yusuf Yilmaz mit einem Beitragswert von 350000,00 EUR als Komplementär und Rico Leberer als Kommanditist mit einem Beitragswert von 175000,00 EUR beteiligt. Im abgelaufenen Geschäftsjahr wurde ein Gewinn in Höhe von 57990,00 EUR erzielt. Für die Gewinnverteilung wurden im Gesellschaftsvertrag Beitragsquoten vereinbart. Entnahmen der Gesellschafter während des Geschäftsjahres sind im Gesellschaftsvertrag ausgeschlossen.

   Aufgabe:

   Ermitteln Sie die Gewinnauszahlung für beide Gesellschafter!

11 Eva Schrade betreibt die sich seit mehreren Generationen in Familienbesitz befindliche Maschinenfabrik A. Schrade e.Kfr. Vor allem mit ihren Wärmepumpen hatte sie einen beachtlichen Geschäftserfolg.

Der ständige Zwang zu Neuerungen und der harte Preiskampf ließen Eva Schrade wenig Spielraum zur Finanzierung mit Eigenkapital. Deshalb musste sie verstärkt auf Fremdkapital ausweichen. Um weitere Investitionen vorrangig mit Eigenkapital durchführen zu können, entschließt sie sich dazu, eine Kommanditgesellschaft zu gründen. Von den von ihr angesprochenen Personen sind ihrer Ansicht nach der langjährige und erfolgreiche Vertreter Heinz Mann und dessen Frau Doris Waggis-Mann die geeignetsten Partner. Heinz Mann will als Komplementär, Doris Waggis-Mann als Kommanditistin in die Maschinenfabrik A. Schrade e.Kfr. eintreten.

Im Gesellschaftsvertrag vom 31. März 20.. wird unter anderem Folgendes vereinbart:

§ 1 Eva Schrade bringt ihr Unternehmen in die KG ein. Das Eigenkapital der Maschinenfabrik A. Schrade e. Kfr. beträgt 3 600 000,00 EUR. Heinz Mann leistet 800 000,00 EUR in bar und bringt ein unbebautes Grundstück im Wert von 1 000 000,00 EUR ein. Die Einzahlung auf das Geschäftsbankkonto und die Übereignung des Grundstücks auf die KG erfolgt zum 30. April 20..

§ 2 Doris Waggis-Mann übernimmt eine Kommanditeinlage in Höhe von 500 000,00 EUR. Am 30. April 20.. zahlt sie 300 000,00 EUR auf das Geschäftsbankkonto ein. Den Restbetrag will sie am 30. Mai überweisen.

§ 3 Die Verteilung von Gewinn und Verlust erfolgt nach Beitragsquoten.

§ 4 Die Gesellschaft beginnt am 30. April 20..

Die Eintragung der KG ins Handelsregister erfolgt am 14. Mai 20..

Aufgaben:

1. Ermitteln Sie, welche Rechtsform das Unternehmen von Eva Schrade aufweist!
2. Nennen Sie fünf wesentliche Merkmale der von Eva Schrade bisher betriebenen Unternehmensform!
3. Erläutern Sie, welche Vorteile Eva Schrade durch die Gründung der KG hat!
4. Beschreiben Sie, welche Nachteile Eva Schrade durch die Gründung der KG auf sich nimmt!

5. Nennen Sie Gründe, die Doris Waggis-Mann und Heinz Mann bewogen haben können, als Gesellschafter in das Unternehmen von Eva Schrade einzutreten!
6. Nennen Sie zwei Beispiele, wie die Firma der neu gegründeten KG lauten kann!
7. Erklären Sie die Geschäftsführungs- und Vertretungsbefugnisse der Komplementäre Eva Schrade und Heinz Mann, wenn der Gesellschaftsvertrag hierzu keine Regelungen enthält.
8. Die Kommanditistin Doris Waggis-Mann wird vom Finanzamt am 20. Mai 20.. aufgefordert, die für die KG fällige Umsatzsteuerschuld in Höhe von 210 000,00 EUR zu überweisen. Prüfen Sie rechtlich, ob Doris Waggis-Mann zahlen muss!
9. Eva Schrade und Heinz Mann haben in Verhandlungen mit der Deutschen Bank AG die Zusage für einen Investitionskredit in Höhe von 250 000,00 EUR erhalten. Kreditlaufzeit 8 Jahre, Festzinssatz 4,8 % p.a.[1] Mit diesem Kredit und eigenen Mitteln der KG soll das Unternehmen eines Elektromotorenherstellers übernommen werden.

   Die Kommanditistin Doris Waggis-Mann widerspricht. Die Kreditkonditionen der Deutschen Bank AG seien ungünstig und die Eingliederung eines neuen Produktes in das Herstellungsprogramm der KG sei nicht sinnvoll. Sie habe ihrerseits aber ein sehr günstiges Kreditangebot der Kreissparkasse für die KG angenommen, das einen Vorzugszinssatz von 4,4 % gewähre.

   Beurteilen Sie die Handlungsweise der Kommanditistin

   9.1 im Hinblick auf den Kreditantrag;

   9.2 im Hinblick auf die Übernahme des Betriebs des Elektromotorenherstellers;

   9.3 im Hinblick auf den Kreditvertrag mit der Kreissparkasse!

Vorlage

mvurl.de/t9iy

12 Lösen Sie die Handlungsaufgaben aus der Situation 3 auf S. 50!

AS 1.1 Situation 4: Kapitalgesellschaft gründen

Häufig, insbesondere an Tagen der offenen Tür, wird das Parkmanagement des Industrie- und Gewerbeparks Soest von den dort angesiedelten oder interessierten Unternehmen um eine Beratung gebeten hinsichtlich der Wahl einer optimalen Unternehmensform.

Eine Nachbetrachtung vom letzten Tag der offenen Tür ergab, dass es zumeist die gleichen Standardfragen sind, über welche das Parkmanagement Auskunft geben muss. Die Beantwortung dieser Standardfragen raubt viel kostbare Zeit, sodass wenig Raum bleibt für eine wünschenswerte und vertiefende individuelle Beratung.

1 Die Abkürzung p.a. bedeutet per annum (lat.): das Jahr hindurch.

Im Rahmen dieser Nachbetrachtung macht Peter Steffens, Leiter der Unternehmensakquisition[1], folgenden Vorschlag: Er möchte, dass ein Informationsblatt zur Verfügung gestellt wird, das einen kompakten Überblick gibt über die Gesellschaft mit beschränkter Haftung (GmbH) und die Aktiengesellschaft (AG) als typische Beispiele einer Kapitalgesellschaft.

Diese beiden Unternehmensformen sollten anhand folgender **Merkmale** einander gegenübergestellt werden:

- Rechtsgrundlagen
- Gründung, Firma, HR-Eintragung
- Kapitalausstattung
- Rechtsfähigkeit
- Haftung
- Organe
- Geschäftsführung
- Vertretung

Insbesondere die Komplexität der Aktiengesellschaft als Unternehmensform sorgt für viel Unsicherheit und kritische Fragen. Die Interessenten wollen wissen, worin eigentlich die Vor- und die Nachteile großer Aktiengesellschaften liegen.

IMPULS:

Woraus ergibt sich die Notwendigkeit von Kapitalgesellschaften?

HANDLUNGSAUFGABEN:

Arbeiten Sie die folgenden Kapitel des Schulbuches durch und verwenden Sie die Aufzeichnungen aus dem Unterricht zur Bearbeitung der Handlungsaufgaben!

1. Stellen Sie die Unternehmensform der GmbH und der AG einander gegenüber und gehen Sie dabei auf die oben genannten Merkmale ein!
2. Arbeiten Sie die grundsätzlichen Unterschiede zwischen Personen- und Kapitalgesellschaften heraus!

3.4 Gesellschaft mit beschränkter Haftung (GmbH)

3.4.1 Begriff, Gründung und Firma

(1) Begriff GmbH

- Die **Gesellschaft mit beschränkter Haftung** (GmbH) ist eine **Handelsgesellschaft** mit **eigener Rechtspersönlichkeit (juristische Person[2]).**
- Die Gesellschafter sind mit ihren Geschäftsanteilen an der Gesellschaft beteiligt, **ohne persönlich** für die Verbindlichkeiten der Gesellschaft **zu haften.**
- Die GmbH ist eine **Kapitalgesellschaft.**

Die **GmbH** hat **selbstständige Rechte und Pflichten.** Mithilfe ihrer Organe ist es möglich, Rechtsgeschäfte abzuschließen. Sie kann z. B. Eigentum an Grundstücken erwerben und vor Gericht klagen und verklagt werden. Die GmbH ist Gläubiger und Schuldner, nicht etwa die GmbH-Gesellschafter.

1 **Unternehmensakquisition.** Hier: Gewinnung von Unternehmen zur Ansiedlung im Industrie- und Gewerbepark.

2 **Zur Erinnerung: Juristische (rechtliche) Personen** sind „künstliche" Personen, denen der Staat die Eigenschaft von Personen kraft Gesetzes verliehen hat. Sie sind damit rechtsfähig, d. h. Träger von Rechten und Pflichten.

Die **GmbH-Gesellschafter** statten die GmbH lediglich mit **Eigenkapital** aus.

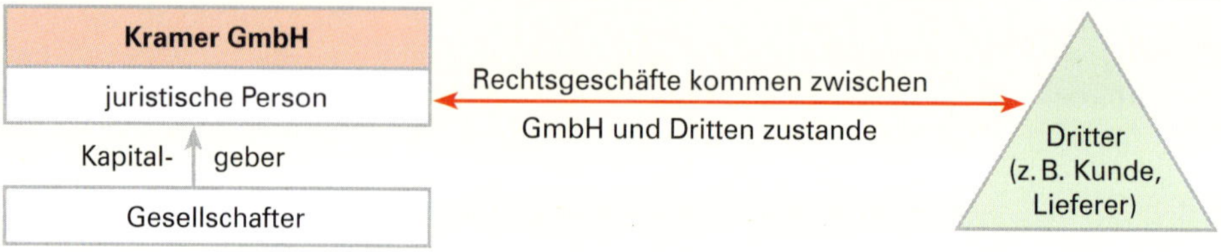

(2) Gründung

Voraussetzungen zur Gründung einer GmbH sind:

- ein notariell beurkundeter Gesellschaftsvertrag (Satzung),
- eine Person oder mehrere Personen,
- Mindesteinzahlung 12500,00 EUR bzw. $^1/_4$ aller Geschäftsanteile,
- Sacheinlagen müssen vor der Eintragung in das Handelsregister in vollem Umfang geleistet sein.
- Eintragung ins Handelsregister.

Für unkomplizierte Standardgründungen steht den Gründern ein **Mustervertrag (Musterprotokoll)** und ein **Muster für die Handelsregistereintragung** als Anlage zum GmbHG zur Verfügung.

Die GmbH als juristische Person entsteht erst durch die Eintragung der GmbH ins Handelsregister **(konstitutive Wirkung der Eintragung).** Schließen die Gesellschafter **vor der Handelsregistereintragung** im Namen der Gesellschaft Rechtsgeschäfte ab, so haften die Handelnden persönlich und solidarisch.

(3) Firma

Die **Firma** der GmbH muss die Bezeichnung **„Gesellschaft mit beschränkter Haftung"** oder eine allgemein verständliche Abkürzung dieser Bezeichnung (z. B. GmbH) enthalten [§ 4 GmbHG].

Beispiele:

Albrecht Büller GmbH; Kramer GmbH; Weber Metallbau GmbH.

3.4.2 Eigenkapitalaufbringung

Geschäftsanteil	Ist die auf den einzelnen Gesellschafter entfallende Beteiligung am **Stammkapital** der GmbH.
Stammeinlage	Ist der Nennbetrag eines Geschäftsanteils. Die Stammeinlage ist die Zahlungsverpflichtung des einzelnen Gesellschafters. Die **Summe der Stammeinlage** muss mit dem **Stammkapital** übereinstimmen.
Stammkapital	■ Ist der in der Satzung festgelegte **Gesamtbetrag der Nennwerte aller Geschäftsanteile bzw. Stammeinlagen.** ■ Das Stammkapital muss mindestens 25000,00 EUR betragen [§ 5 I GmbHG]. ■ Das Stammkapital wird in der offenzulegenden Bilanz als „gezeichnetes Kapital" ausgewiesen [§§ 266 III, 272 I HGB].

Beispiel:

Flora Habel, Konstantin Schopel und Lasse Landmann wollen eine GmbH gründen. In dem Gesellschaftsvertrag setzen sie das Stammkapital auf 25000,00 EUR fest. Flora Habel, die auch zur Geschäftsführerin der GmbH bestimmt wird, übernimmt ihren Geschäftsanteil mit einem Nennbetrag (Stammeinlage) in Höhe von 15000,00 EUR. Die beiden anderen Gesellschafter übernehmen jeweils einen Geschäftsanteil mit einem Nennbetrag (Stammeinlage) in Höhe von 5000,00 EUR.

Existenzgründer mit wenig Eigenkapital können eine **Unternehmergesellschaft (UG)** mit einem geringeren Stammkapital als 25000,00 EUR gründen. Das Stammkapital kann somit zwischen 1,00 EUR und 24999,00 EUR liegen. Die Gewinne der UG dürfen solange nicht voll ausgeschüttet werden, bis das Mindestkapital von 25000,00 EUR erreicht ist. Wenn das Mindestkapital von 25000,00 EUR erreicht ist, kann die Unternehmergesellschaft in eine „gewöhnliche" GmbH umgewandelt werden.

3.4.3 Haftung

Die **Gesellschafter** der GmbH **haften nicht** für die Verbindlichkeiten der Gesellschaft. Als **juristische Person** haftet die **GmbH selbst** [§ 13 I, II GmbHG]. Das einzige Risiko, das der GmbH-Gesellschafter eingeht, ist, dass er den Wert seines Geschäftsanteils teilweise oder ganz verliert **(Risikohaftung)**.

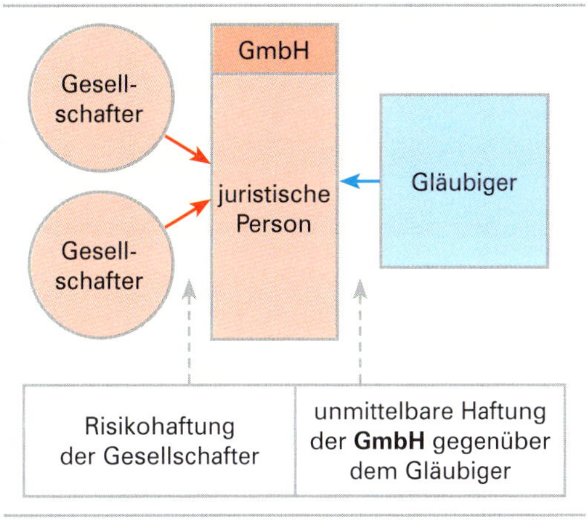

3.4.4 Gewinn- und Verlustbeteiligung

(1) Gewinnbeteiligung

Jeder Gesellschafter hat einen Anspruch auf den im Geschäftsjahr erwirtschafteten Gewinn. Die Verteilung des Gewinns erfolgt nach dem **Verhältnis der Geschäftsanteile.** Im Gesellschaftsvertrag kann eine andere Gewinnverteilung vereinbart sein.

(2) Verlustbeteiligung

Verluste werden im **Verhältnis der Geschäftsanteile** verteilt, wobei die Verlustbeteiligung jedes Gesellschafters auf die Höhe seines Geschäftsanteils beschränkt ist.

3.4.5 Organe der GmbH

Die Leitung und Kontrolle der Geschäftsführung übernehmen die dafür vorgesehenen Organe.

Geschäftsführer	Gesellschafterversammlung	Aufsichtsrat
■ Er leitet die GmbH (Geschäftsführungsrecht).[1] ■ Er muss bei der Geschäftsführung die Weisungen der Gesellschafter unmittelbar befolgen. ■ Geschäftsführer können auch die Gesellschafter sein. ■ Er vertritt die GmbH nach außen (Vertretungsbefugnis).[1]	■ Hier nehmen die Gesellschafter ihre Rechte (z. B. Gewinnverwendung) wahr. ■ Jeder Euro des Geschäftsanteils ist eine Stimme. ■ Beschlussfassungen mit der Mehrheit der abgegebenen Stimmen. ■ Satzungsänderungen benötigen eine $^3/_4$ Mehrheit der abgegebenen Stimmen.	■ Bei mehr als 500 Arbeitnehmern muss ein Aufsichtsrat gewählt werden. ■ Überwacht die Geschäftsführung. ■ Besteht aus Arbeitgebern und Arbeitnehmern.

3.4.6 Bedeutung der GmbH

Die Gesellschaft mit beschränkter Haftung ist vor allem bei Familienunternehmen und bei Unternehmen mittlerer Größe anzutreffen, weil für die

- Gründung ein sehr niedriges Anfangskapital (Eigenkapital) vorgeschrieben ist,
- die Haftung der Gesellschafter begrenzt ist,
- ein enges Verhältnis zwischen Gesellschaftern und Geschäftsführern besteht (die Gesellschafter häufig selbst Geschäftsführer sind) und
- die Gründung verhältnismäßig unkompliziert und kostengünstig ist.

Zusammenfassung

- Die **GmbH** ist durch folgende **Merkmale** charakterisiert: (1) juristische Person; (2) Handelsgesellschaft; (3) Gesellschafter sind mit Geschäftsanteilen am Stammkapital beteiligt; (4) keine persönliche Haftung der Gesellschafter.
- Das **Stammkapital** beträgt mindestens 25 000,00 EUR. Es ergibt sich aus der **Summe aller Geschäftsanteile**.
- Die **Unternehmergesellschaft** – eine Sonderform der GmbH – kann auch mit einem geringeren Stammkapital als das Mindeststammkapital von 25 000,00 EUR gegründet werden.
- Jeder Gesellschafter übernimmt eine bestimmte Zahl an **Geschäftsanteilen**. Jeder Geschäftsanteil ist wiederum mit einem **Nennbetrag** versehen. Der Nennbetrag jedes Geschäftsanteils muss auf volle EUR lauten. Die Summe der Nennbeträge aller Geschäftsanteile muss mit dem Stammkapital übereinstimmen.

1 Hat die GmbH mehrere Geschäftsführer, müssen bei wichtigen Entscheidungen jeweils alle Geschäftsführer zustimmen (**Gesamtgeschäftsführungsbefugnis, Gesamtvertretungsvollmacht**).

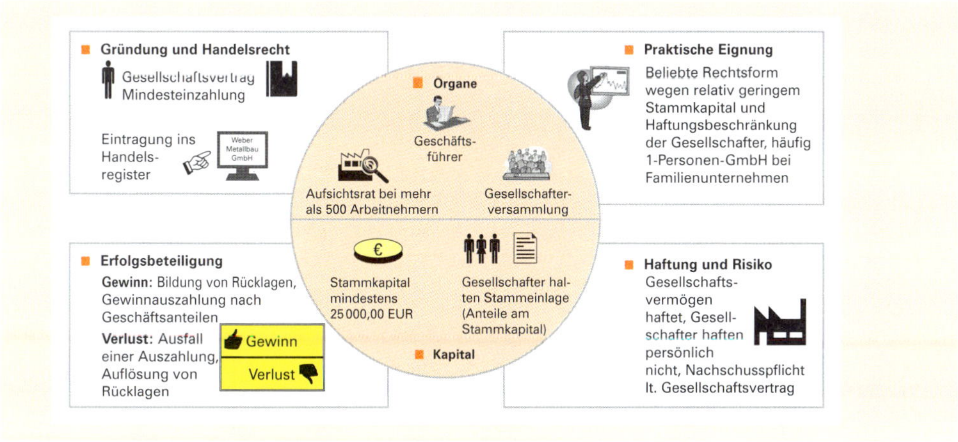

Übungsaufgabe

13 1. Die Helene Kern OHG betreibt eine Großhandlung für Medizintechnik. Sie soll in eine GmbH umgewandelt werden. Gleichzeitig soll der bisherige Verkaufsleiter Alexander Dick als Gesellschafter in die neue GmbH aufgenommen werden.

Aufgaben:

1.1 Ermitteln Sie, wodurch sich die Personengesellschaft von der Kapitalgesellschaft unterscheidet!

1.2 Nennen Sie zwei Gründe, die für die Wahl der Gesellschaftsform GmbH sprechen!

1.3 Erklären Sie, aus welchem Grund der Gesetzgeber eine notarielle Beurkundung eines Gesellschaftsvertrags bzw. eines Musterprotokolls bei der Gründung einer GmbH festgelegt hat!

1.4 Bilden Sie zwei Beispiele, wie die Firma der neuen GmbH lauten könnte!

1.5 Stellen Sie dar, wie die Haftungsverhältnisse bei der GmbH und der OHG geregelt sind!

1.6 Erläutern Sie, wie sich die Vertretung der GmbH von der der OHG unterscheidet!

2. Unterscheiden Sie zwischen Stammkapital, Geschäftsanteil und Stammeinlage!

3. Bernd Roßdeutscher, Diplom-Ingenieur, und Hans-Joachim Gommeringer, Industriekaufmann, sind Gesellschafter der Klimatechnik Roßdeutscher OHG, die Messinstrumente und automatische Regler für Klimaanlagen produziert und vertreibt.

Bernd Roßdeutscher muss zu Beginn des Jahres 20.. seine Berufstätigkeit wegen Krankheit aufgeben. Da Hans-Joachim Gommeringer inzwischen das Seniorenalter erreicht hat, beschließen die Gesellschafter, die Klimatechnik Roßdeutscher OHG zum 31.03.20.. in eine GmbH umzuwandeln.

Aufgaben:

3.1 Bernd Roßdeutscher und Hans-Joachim Gommeringer behaupten, die Umwandlung bringe Vorteile hinsichtlich ihrer Haftung und Geschäftsführungspflicht.

Erläutern Sie diese Aussage!

3.2 Die Gesellschafter beabsichtigen die bisherige Firmenbezeichnung beizubehalten.

Prüfen Sie dieses Vorhaben aus juristischer und wirtschaftlicher Sicht!

3.5 Aktiengesellschaft (AG)

3.5.1 Begriff, Gründung und Firma

(1) Begriff

- Die **Aktiengesellschaft** ist eine **Handelsgesellschaft mit eigener Rechtspersönlichkeit (juristische Person),** deren Gesellschafter (Aktionäre) **mit Einlagen an dem in Aktien** zerlegten **Grundkapital** beteiligt sind, **ohne persönlich für die Verbindlichkeiten** der Gesellschaft zu **haften.**
- Die Aktiengesellschaft ist eine **Kapitalgesellschaft.**

Die Aktiengesellschaft ist die geeignete Unternehmungsform zur Sammlung kleinerer Kapitalien. Dazu gibt die AG Aktien aus. Die **Aktionäre** statten mit dem Kauf der Aktien die AG mit Eigenkapital aus. Sie beteiligen sich mit ihrer **Einlage (Aktie)** am Grundkapital der AG. Die Beteiligung an einer AG wird von einem Großteil der Aktionäre als eine (zeitweilige) Kapitalanlage angesehen, mit der Aussicht, einen Anteil am Gewinn der AG zu erhalten bzw. einen Kursgewinn zu erzielen. Kauf und Verkauf der Aktien erfolgen in der Regel über die Börse.

(2) Gründung

Voraussetzungen zur Gründung einer AG sind:

- ein notariell beurkundeter Gesellschaftsvertrag (Satzung),
- eine oder mehrere Personen,
- Übernahme der Aktien durch die Gründer,
- Mindestnennbetrag des Grundkapitals 50000,00 EUR,
- Wahl von Aufsichtsrat, Vorstand, Prüfung des Gründungsberichts,
- Eintragung ins Handelsregister.

Mit der Eintragung ins Handelsregister ist die AG entstanden **(konstitutive Wirkung der Eintragung).**

(3) Firma

Die Firma der AG muss die Bezeichnung Aktiengesellschaft oder eine allgemein verständliche Abkürzung dieser Bezeichnung (z.B. AG) enthalten [§ 4 AktG].

Beispiele:

Soester Büromöbel AG; Jenaer Spiegelglas Aktiengesellschaft; Volkswagenwerk Aktiengesellschaft; Mitter & Töchter AG; Spielwarenfabrik Spiwa AG.

3.5.2 Eigenkapitalaufbringung, Haftung, Gewinn- und Verlustbeteiligung

(1) Eigenkapitalaufbringung

Gesetzlich ist ein Mindestnennbetrag des Grundkapitals von 50 000,00 EUR vorgeschrieben. Das Grundkapital wird in Aktien verbrieft. Eine **Aktie** ist eine Urkunde über die Beteiligung an einer AG.

Zu unterscheiden sind zwei Formen von Aktien:

- Bei der **Nennbetragsaktie** lautet der aufgedruckte Nennwert mindestens 1,00 EUR.
- Der auf der **Stückaktie** (Aktie ohne Nennbetrag) entfallende anteilige Betrag des Grundkapitals darf 1,00 EUR nicht unterschreiten (siehe Beispiel S. 68).

(2) Haftung

Wer Aktien bei einer Gründung übernimmt oder über die Wertpapierbörse kauft, haftet nicht für die Verbindlichkeiten der Gesellschaft. Als juristische Person haftet die Aktiengesellschaft selbst. Das einzige Risiko, das der Aktionär eingeht, ist, dass er einen Kursverlust erleidet oder dass er im Extremfall den Wert der gesamten Aktien verliert. Das Letztere ist der Fall, wenn die Aktiengesellschaft z. B. wegen Überschuldung aufgelöst wird, also kein Eigenkapital mehr übrig bleibt. Man sagt daher, dass die Aktionäre lediglich eine **Risikohaftung** übernehmen.

(3) Gewinn- und Verlustbeteiligung

Gewinn. Die Aktionäre haben – im Verhältnis zu ihrem Anteil am Grundkapital – einen Gewinnanspruch. Der Gewinnanteil je Aktie wird **Dividende** genannt.

Verlust. Die Verluste werden von der Aktiengesellschaft als juristische Person getragen. Ist das Kapital der AG aufgebraucht, wird die AG aufgelöst (liquidiert). In diesem Fall verliert der Aktionär sein eingesetztes Kapital.

3.5.3 Organe der AG

Die Leitung und Kontrolle der Geschäftsführung übernehmen die dafür vorgesehenen Organe.

Vorstand	Hauptversammlung	Aufsichtsrat
■ Vorstand einer AG sind in der Regel angestellte Fachleute (Manager). ■ Übernimmt die Geschäftsführung nach innen und die Vertretung nach außen.[1] ■ Unterrichtet regelmäßig den Aufsichtsrat über die Geschäftslage. ■ Beruft die ordentliche Hauptversammlung ein.	■ Beschließt über Grundfragen der AG. ■ Beschließt über die Verwendung des Gewinns. ■ Wählt den Aufsichtsrat. ■ Entlastet den Aufsichtsrat.[2]	■ Bestellung des Vorstands. ■ Einberufung einer außerordentlichen Hauptversammlung, wenn das Wohl der AG dies erfordert. ■ Prüft den Jahresabschluss.

1 Besteht der Vorstand aus mehreren Mitgliedern, müssen bei wichtigen Entscheidungen jeweils alle Vorstandsmitglieder zustimmen (**Gesamtgeschäftsführungsbefugnis bzw. Gesamtvertretungsmacht**).

2 **Entlastung**: nachträgliche Billigung der Tätigkeit des Vorstands und des Aufsichtsrats.

3.5.4 Bedeutung der AG

- Durch die Aufteilung des Grundkapitals in viele kleine Kapitalanteile sind die Aktiengesellschaften in der Lage, große Kapitalbeträge anzusammeln und zu investieren.
- Die großen Unternehmen sind aufgrund ihrer Kapitalkraft in der Lage, kostspielige Forschungsvorhaben zu finanzieren und durchzuführen (z. B. Auffinden neuer Rohstoffquellen, Entwicklung neuer Technologien).
- Die Führung der Aktiengesellschaft kann besonders geeigneten und tüchtigen Fachkräften übertragen werden.
- Die Gefahr für eine marktwirtschaftlich orientierte Wirtschaftsordnung besteht allerdings darin, dass die Möglichkeit, jederzeit Aktien anderer Unternehmen aufkaufen zu können, die Konzentration (z. B. die Machtzusammenballung durch Konzernbildung) erleichtert.
- Durch Beteiligungen kann mit verhältnismäßig geringem Kapital eine Gruppe von Manager-Unternehmern (denen kein „Cent" an den beherrschten Unternehmen „gehören" muss) eine Vielzahl von Unternehmen beherrschen.

Zusammenfassung

- Die **AG** ist vor allem durch folgende **Merkmale** charakterisiert: (1) juristische Person; (2) Handelsgesellschaft; (3) Aktionäre sind mit Einlagen am Grundkapital beteiligt; (4) keine persönliche Haftung der Aktionäre.
- Die **Firma** der AG muss die Bezeichnung „Aktiengesellschaft" oder eine allgemein verständliche Abkürzung dieser Bezeichnung enthalten.
- Das **Grundkapital** ist in **Nennbetragsaktien** oder **Stückaktien** (nennwertlose Aktien) zerlegt. Diese Aktien verbriefen z. B. **ein Anteilsrecht am Eigenkapital der AG** und **Mitgliedschaftsrechte** (z. B. Stimmrecht in der Hauptversammlung).
- Zur **Gründung** der AG sind erforderlich: (1) ein oder mehrere Gründer; (2) Satzung; (3) Mindestnennbetrag des Grundkapitals 50 000,00 EUR; (4) Übernahme der Aktien durch die Gründer; (5) Eintragung ins Handelsregister.
- Organe der AG
  - **Hauptversammlung:** beschließendes Organ
  - **Vorstand:** ausführendes Organ
  - **Aufsichtsrat:** kontrollierendes Organ

Übungsaufgaben

14 Peter Kaiser, alleiniger Inhaber (Gesellschafter) einer Maschinenfabrik, hat ein neues patentiertes Verfahren zur Wiederaufbereitung (Recycling) von Kunststoffen entwickelt und möchte zur Auswertung seiner Erfindung eine Aktiengesellschaft gründen.

Aufgaben:

1. Nennen Sie zwei wichtige wirtschaftliche Entscheidungen, die bei der Gründung dieser AG außer der Wahl der Rechtsform getroffen werden müssen!
2. Stellen Sie dar, wie viel Personen zur Gründung einer Aktiengesellschaft erforderlich sind und wie viel Euro das Grundkapital mindestens betragen muss, das die Gesellschafter aufzubringen haben!

3. Bei der Gründerversammlung wird auch über die Firma der zu gründenden AG gesprochen.

   Nennen Sie einen Firmenvorschlag und erklären Sie kurz drei Grundsätze, die bei der Wahl der Firma berücksichtigt werden müssen!

4. Nachdem die Gründervoraussetzungen erfüllt sind, wird die Satzung am 28. Juli 20.. unterschrieben und die Aktiengesellschaft am 14. August 20.. beim Handelsregister angemeldet. Am 8. Oktober 20.. erfolgt die Handelsregistereintragung.

   4.1 Beschreiben Sie, in welcher Form der Gesellschaftsvertrag abgeschlossen werden muss und warum!

   4.2 Nennen Sie die Stelle, bei der die neu gegründete AG angemeldet werden muss, damit sie rechtlich entstanden ist und ihre Geschäfte rechtswirksam abschließen kann! Begründen Sie kurz diese Anmeldepflicht!

   4.3 Nennen Sie die Aufgabe, die das Handelsregister hat und geben Sie an, wo es geführt wird! Erläutern Sie, welche Rechtswirkung die erfolgte Handelsregistereintragung für die AG hat!

   4.4 Ermitteln Sie, an welchem Tag die AG als juristische Person entstanden ist!

   4.5 Erläutern Sie, warum eine AG sogenannte Organe haben muss! Nennen Sie die Organe und jeweils zwei ihrer Aufgaben!

15 Die Peter Böhm KG soll als Folge des gestiegenen Kapitalbedarfs in eine Aktiengesellschaft umgewandelt werden. Die Komplementäre Peter Böhm und Rudolf Wetzel, die jeweils 5 Mio. EUR halten, sowie die Kommanditistin Anne Kraft, deren Einlage 2 Mio. EUR beträgt, sollen in Höhe der bisherigen Kapitalanteile Aktien zum Nennwert von je fünf Euro übernehmen. Zusätzlich sollen 20 Mio. EUR Grundkapital neu geschaffen und dem Publikum zur Zeichnung angeboten werden. Einzelheiten sind noch festzulegen.

Im Zusammenhang mit der Idee der Umwandlung der KG in eine AG diskutieren die bisherigen Gesellschafter u. a. folgende Fragen:

Aufgaben:

1. Nennen Sie drei Gründe, die für die geplante Umwandlung in die Rechtsform der AG sprechen!

2. Die Kommanditistin Anne Kraft hat Bedenken gegen die Umwandlung der KG in eine AG.

   Beurteilen Sie, ob sie die geplante Umwandlung verhindern kann!

3. Ein Vorteil der AG besteht darin, dass das Aktienkapital seitens der Gesellschafter unkündbar ist.

   Erläutern Sie diese Aussage!

4. Erklären Sie, warum es für eine AG leichter ist als für Personengesellschaften und Gesellschaften mit beschränkter Haftung, größere Kapitalbeträge aufzubringen!

5. Erläutern Sie, wo und wie die Aktionäre Einfluss auf die Entscheidungen der AG nehmen können!

6. Überprüfen Sie, ob ein Lieferer von einem Aktionär, der 10000 Aktien zu je 5,00 EUR besitzt, den Rechnungsbetrag in Höhe von 2000,00 EUR verlangen kann!

   Begründen Sie Ihre Meinung!

7. Stellen Sie dar, auf welche Gründe es zurückzuführen ist, dass die meisten großen Unternehmen die Rechtsform der Aktiengesellschaft (AG) aufweisen!

8. In der Hauptversammlung einer AG ist die Mehrheit der Anwesenden der Meinung, dass der Vorstand den Umsatzrückgang des vergangenen Jahres durch leichtsinnige Geschäftsführung verschuldet habe. Man verlangt die Absetzung des Vorstands.

Aufgaben:

8.1 Nennen Sie den Personenkreis, der in der Hauptversammlung vertreten ist!

8.2 Begründen Sie, ob die Hauptversammlung den Vorstand absetzen kann!

8.3 Überprüfen Sie, ob die Hauptversammlung überhaupt einen Einfluss darauf hat, wer Vorstand einer AG wird!

Vorlage

mvurl.de/opz4

16 Lösen Sie die Handlungsaufgaben aus der Situation 4 auf S. 63!

AS 1.1 Situation 5: Rechtsform auswählen

Moritz Müller arbeitet als angestellter Bäckermeister in einer Brotfabrik. Sein großer Wunsch ist, selbst eine eigene Bäckerei zu haben und zu leiten. Aus einer unerwarteten Erbschaft stehen ihm 130 000,00 EUR zur freien Verfügung. Soweit Kredite erforderlich sind, ist Moritz Müller bereit, mit seinem gesamten Privatvermögen unbeschränkt zu haften.

Impulse:

1. Welche Rechtsform wäre in diesem Fall für Moritz Müller geeignet?
2. Nennen Sie zwei Vorteile und zwei Nachteile, die mit der von Ihnen gewählten Rechtsform verbunden sind!

Handlungsaufgaben:

Arbeiten Sie die folgenden Kapitel des Schulbuches durch und verwenden Sie die Aufzeichnungen aus dem Unterricht zur Bearbeitung der Handlungsaufgaben!

Weil die eigenen Finanzmittel nicht ausreichen und um sich nicht zu stark zu verschulden, sucht Moritz Müller einen weiteren Gesellschafter, der sich an der Finanzierung der Bäckerei beteiligt.

1. Sein Schwager Thorsten Thein ist bereit, sich mit 100 000,00 EUR zu beteiligen, hat jedoch kein Interesse an der Geschäftsführung und möchte außerdem nur bis zur Höhe seiner Einlage für die Verbindlichkeiten des zu gründenden Unternehmens haften.

   Welche Rechtsform könnten Moritz Müller und sein Schwager Thorsten Thein wählen? Begründen Sie Ihre Entscheidung!

2. Enrico Garcia ist ebenfalls bereit, sich mit 100 000,00 EUR zu beteiligen. Er möchte (wie Moritz Müller) das Geschäftsführungs- und Vertretungsrecht haben, ohne jedoch den Gläubigern des Unternehmens gegenüber unbeschränkt haften zu müssen.

   Welche Rechtsform werden Moritz Müller und Enrico Garcia wählen? Begründen Sie Ihre Entscheidung!

3.6 Rechtsformwahl und -umwandlung als Entscheidungsproblem

Die Tabelle auf S. 73 gibt einen zusammenfassenden Überblick über wesentliche rechtliche und wirtschaftliche (finanzielle) Entscheidungskriterien mit den jeweils am besten geeigneten betrieblichen Rechtsformen.

Mögliche rechtliche und wirtschaftliche (finanzielle) Entscheidungsmerkmale	Geeignete betriebliche Rechtsformen
Keine oder nur eine beschränkte Haftung aller Gesellschafter oder mindestens eines Gesellschafters	■ Bei der AG und der GmbH haften **alle Gesellschafter** nur beschränkt mit ihren Anteilen ■ Bei der KG haftet **nur der Kommanditist** beschränkt mit seinem eingezahlten Anteil
Unabhängigkeit des Unternehmens vom Wechsel seiner Gesellschafter	Aktiengesellschaft (AG)
Verteilung der persönlichen Haftungsrisiken und persönlichen Arbeitslast (Geschäftsführungs- und Vertretungsbefugnisse) auf mehrere Gesellschafter (Personen)	Offene Handelsgesellschaft, Kommanditgesellschaft
Geschäftsführung und Vertretung durch Managerunternehmer (Gesellschafter wollen lediglich ihr Kapital in einem Unternehmen anlegen)	Aktiengesellschaft (AG) und Gesellschaft mit beschränkter Haftung (GmbH)
Geschäftsführungs- und Vertretungsrecht bzw. -pflicht der Gesellschafter (Geschäftsinhaber)	Einzelunternehmen, offene Handelsgesellschaft (OHG), Kommanditgesellschaft (KG) bezüglich des Vollhafters (Komplementärs) sowie Gesellschaft mit beschränkter Haftung (GmbH-Gesellschafter: Geschäftsführer)
Höhe des Eigenkapitalbedarfs	Aktiengesellschaft (AG) bei hohem Kapitalbedarf; Einzelunternehmen, Personengesellschaften (OHG, KG) sowie Gesellschaften mit beschränkter Haftung (GmbH) bei (relativ) niedrigem Kapitalbedarf
Möglichst unkomplizierte und Aufwendungen sparende Unternehmensgründung	Vor allem Einzelunternehmen und Personengesellschaften (OHG, KG)

Übungsaufgaben

17 Die bisherigen Einzelunternehmer Yvonne Lang und Carsten Lehmann planen gemeinsam die Gründung eines Gesellschaftsunternehmens zur Herstellung von Büromöbeln.

Aufgaben:

1. Nennen Sie zwei Gründe, warum Yvonne Lang und Carsten Lehmann ihre Unternehmen zunächst als Einzelunternehmen betrieben haben!
2. Beide Gesellschafter möchten das Geschäftsführungs- und Vertretungsrecht haben.

   Ermitteln Sie, bei welchen Unternehmensformen ihnen dies (gesetzlich) möglich ist!
3. Yvonne Lang ist bereit, auch persönlich und unbeschränkt zu haften, Carsten Lehmann möchte jedoch nur mit seiner Kapitaleinlage und nicht direkt haften.

   Welche Unternehmensform werden beide Gründer wählen? Begründen Sie Ihre Entscheidung!

4. Erläutern Sie, welche Gründe Yvonne Lang und Carsten Lehmann veranlasst haben können, einen weiteren Gesellschafter als Voll- oder Teilhafter aufzunehmen!
5. Nach der Abwägung aller möglichen Vor- und Nachteile der verschiedenen Rechtsformen gründen Yvonne Lang und Carsten Lehmann eine GmbH.

   Nennen Sie zwei mögliche Gründe für die Wahl dieser Rechtsform!
6. Nach sechs Jahren sehr erfolgreicher Geschäftstätigkeit soll die GmbH in eine AG umgewandelt werden.

   Nennen Sie zwei Gründe, die die Gesellschafter zur Wahl dieser Rechtsform veranlasst haben könnten!

18 Anton Thomalla ist Inhaber eines kleinen Unternehmens, welches Dieselmotoren von Lkw-Herstellern so umrüstet, dass damit – angetrieben durch Biogas – ein kleineres Blockheizkraftwerk betrieben werden kann. Aufgrund der energiepolitischen Sensibilisierung der Bevölkerung ist die Nachfrage sprunghaft gestiegen. Anton Thomalla sieht sehr optimistisch in die Zukunft. Kunden, seine Bank und die Familie drängen ihn zur Expansion. Da er sich als Einzelunternehmer und Spezialist für die Technik von der zunehmenden Komplexität überfordert fühlt, möchte er die Einzelunternehmung in ein Gesellschaftsunternehmen umwandeln. Einen Partner hätte er bereits gefunden in Jens Nowottny, einem Freund aus Jugendtagen. Dieser wäre bereit, die kaufmännische Seite der Unternehmensführung zu übernehmen.

Noch sind sich die beiden nicht schlüssig, welche Rechtsform sie wählen sollen. Daher werden Sie um Ihren Rat gebeten.

Aufgaben:

1. Anton Thomalla und Jens Nowottny haben Fragen zur Kommanditgesellschaft, um deren Beantwortung sie Sie bitten. Erläutern Sie jeweils Ihre Antworten!
   - 1.1 „Wie unterscheiden sich grundsätzlich die beiden Positionen des Komplementärs und des Kommanditisten?"
   - 1.2 „Worin unterscheiden sich Geschäftsführungsbefugnis von Vertretungsmacht?"
   - 1.3 „Wie lassen sich gewöhnliche von außergewöhnlichen Rechtsgeschäften abgrenzen?"
   - 1.4 Jens Nowottny, für den die Position des Kommanditisten vorgesehen ist, will wissen, ob er wirklich nur mit seiner Einlage haftet.
2. Nach eingehenden Überlegungen entscheiden sich die beiden doch, eine GmbH als Gesellschaftsform zu wählen. Die Firma lautet „Motorenwerke Anton Thomalla GmbH". Dazu müssen sie die GmbH ins Handelsregister eintragen lassen. Arbeiten Sie heraus,
   - 2.1 welche Vorteile sich aus der Gründung der GmbH im Vergleich zur KG ergeben!
   - 2.2 welche rechtliche Wirkung die Eintragung ins Handelsregister hat!
   - 2.3 welche Abteilung des Handelsregisters zuständig ist!
   - 2.4 welche Eintragungen das Handelsregister (3 Nennungen) enthält!
3. Die beiden Gesellschafter bestimmen Anton Thomalla zum alleinigen Geschäftsführer. Da sich die Geschäfte der „Motorenwerke Anton Thomalla GmbH" erfreulich gut entwickeln, entscheidet sich Anton Thomalla, einen Firmenwagen für 53000,00 EUR zu kaufen.

   Erläutern Sie die Rechtslage!
4. Ein Gläubiger der GmbH verlangt vom Gesellschafter Jens Nowottny die Zahlung einer Rechnung in Höhe von 13500,00 EUR.

   Erläutern Sie die Rechtslage!

5. Füllen Sie nachfolgende Tabelle aus, indem Sie „ja“ oder „nein“ eintragen. Wenn es nicht Ihr eigenes Buch ist, übertragen Sie bitte zuvor die Tabelle in Ihr Hausheft!

Vorlage

mvurl.de/cnkl

	Einzelunternehmen	OHG	KG	GmbH	AG
Mindestkapital nötig					
Haftungsbeschränkung					
breiter Entscheidungsspielraum					
wenige Formalitäten					
Eintragung ins Handelsregister					
hohes Ansehen, Kreditwürdigkeit durch persönliche Haftung					

19 Lösen Sie die Handlungsaufgaben zu der Situation 5 auf S. 72!

AS 1.1 Situation 6: Geschäftsprozesse modellieren

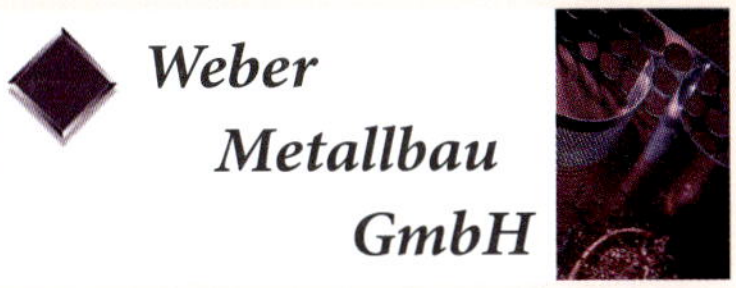

Die Weber Metallbau GmbH ist ein mittelständisches Unternehmen im Industrie- und Gewerbepark Soest. Sie beschäftigt 41 Mitarbeiter und hat sich auf den Bereich der Bautechnik spezialisiert, insbesondere auf die Herstellung von Brandschutztüren, Fassaden-, Geländer- und Treppenbau. Aufgrund der hohen fachlichen Anforderungen wird ein aufwendiges Bewerbungsverfahren durchgeführt. Dessen Einhaltung wird durch einen definierten Geschäftsprozess sichergestellt.

Impulse:

1. Geschäftsprozesse werden unter Verwendung von bestimmten Symbolen dargestellt. Das ist die kürzeste Möglichkeit, um mitzuteilen: *„Wer macht wann was womit?“* Zeigen Sie an anderen (alltäglichen) Lebensbereichen auf, wo ebenfalls Symbole zur Kommunikation verwendet werden!
2. Welche Vorteile bringt es, Symbole zur Kommunikation zu verwenden?

Handlungsaufgabe:

Arbeiten Sie die folgenden Kapitel des Schulbuches durch und verwenden Sie die Aufzeichnungen aus dem Unterricht zur Bearbeitung der Handlungsaufgabe!

Mit dem Leiter der Personalabteilung, Jupp Weiss, werden die Geschäftsprozesse, insbesondere jene im Personalbereich, besprochen. Beispielhaft greifen wir aus diesem Gespräch den Serviceprozess „Personal beschaffen“ heraus und hier wiederum den Teilprozess „Auswerten der schriftlichen Bewerbung“.

Untersuchen Sie den nachfolgend dargestellten Geschäftsprozess und wandeln Sie diese Darstellung um in eine verbale Beschreibung der Abläufe!

Teilprozess: „Schriftliche Bewerbung auswerten"

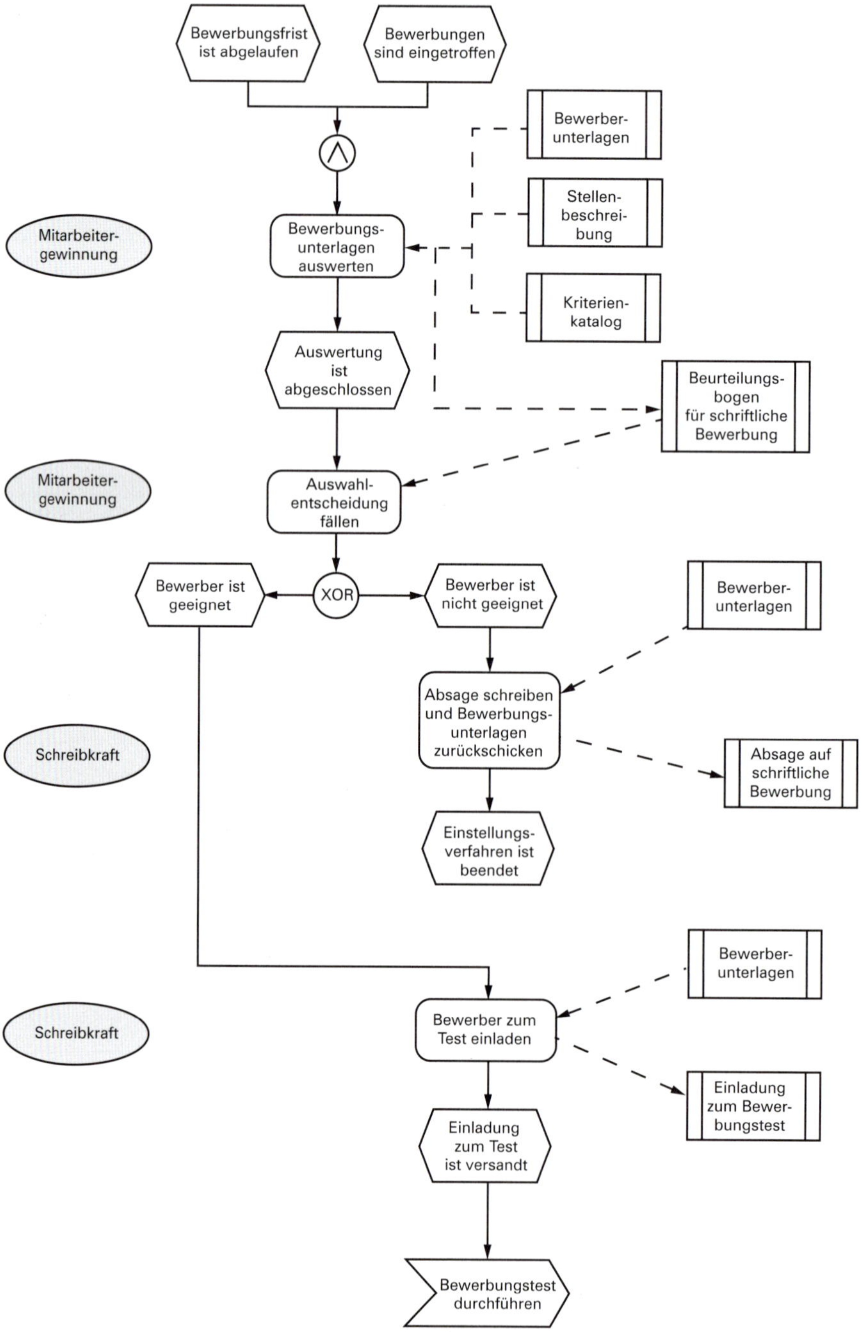

4 Organisationsformen nachvollziehen und die Bildung von Geschäftsprozessen untersuchen

4.1 Organisationsformen nachvollziehen

4.1.1 Begriff Organisation und deren Voraussetzungen

Organisation ist ein System von **geplanten Regelungen** und **Arbeitsanweisungen,** durch das der **Betriebsaufbau** und die **betrieblichen Abläufe** gestaltet werden.

Die Organisation als System von Regelungen und Anweisungen setzt Tätigkeiten voraus, die

- regelmäßig anfallen **(Wiederholbarkeit),**
- in gleicher oder wenigstens ähnlicher Weise bewältigt werden müssen **(Gleichartigkeit)** und
- auf mehrere Personen (Stellen), Abteilungen oder Abteilungsgruppen verteilt werden können **(Teilbarkeit).**

Beispiel:

Das Öffnen der Briefpost ist eine Tätigkeit, die sich ständig wiederholt. Es handelt sich außerdem um eine gleichbleibende Tätigkeit, die von einer Person bzw. von mehreren Personen in einer Abteilung (z. B. in der Poststelle) vorgenommen werden kann.

4.1.2 Aufgabenorientierte Organisation

4.1.2.1 Überblick

Im Rahmen der Organisation werden die anstehenden Aufgaben in einzelne Teilaufgaben zerlegt und an Mitarbeiter verteilt, es werden Anordnungsbefugnisse übertragen und Menschen und Sachen einander zugeordnet. Insbesondere sind zu regeln: die **Rangordnungsverhältnisse der Mitarbeiter** zueinander **(Aufbauorganisation)** und der **Ablauf der Arbeitsprozesse (Ablauforganisation).**[1]

Art der Organisation	Erläuterungen	Beispiele
Aufbau-organisation	Sie legt die Aufgaben und Zuständigkeiten von Mitarbeitern fest. Sie befasst sich mit Institutionen, Stellen, Abteilungen.	Sie sagt u. a. darüber etwas aus, welcher Mitarbeiter für den Verkauf der Erzeugnisgruppe A zuständig ist.
Ablauf-organisation	Sie legt die zeitliche und räumliche Ordnung der Arbeitsabläufe fest. Sie befasst sich mit Arbeits- und Bewegungsabläufen.	Sie legt u. a. die zeitliche Reihenfolge der Arbeitsgänge bei der Herstellung einer Werkzeugmaschine fest.

1 Es handelt sich hier um eine theoretische Begriffstrennung. In der Realität sind die Organisationsstruktur eines Betriebs und die darin anfallenden Abläufe untrennbar miteinander verbunden, d. h., die Organisation von Ablauf und Aufbau müssen synchron (gleichzeitig, gleichlaufend) erfolgen.
Auf die Ablauforganisation wird im Folgenden nicht eingegangen.

4.1.2.2 Aufbauorganisation

(1) Aufgabengliederung

Begriff Aufbauorganisation

Die **Aufbauorganisation** legt die **Aufgaben** und **Zuständigkeiten** von Mitarbeitern fest. Die Gestaltung erfolgt über die Bildung von **Stellen** und **Abteilungen.**

Aufgabengliederung

Zu Beginn der organisatorischen Arbeiten muss die bereits festgelegte Gesamtaufgabe des Betriebs zerlegt werden. Die Zerlegung der Gesamtaufgabe kann grundsätzlich nach zwei Gesichtspunkten vorgenommen werden: nach **Aufgaben (Funktionen)** oder nach **Objekten.**

Einteilungs-gesichtspunkte	Erläuterungen	Beispiele
Aufgaben (Funktionen)	Die Aufgliederung der Gesamtaufgabe erfolgt nach den betrieblichen Aufgaben. Die Gesamtaufgaben werden in **Hauptaufgaben** und in größeren Betrieben noch in **Teilaufgaben** gegliedert.	**Hauptaufgabe:** Materialwirtschaft **Teilaufgabe:** ■ Einkauf ■ Lager
Objekte	Die Aufgliederung der Gesamtaufgabe erfolgt nach Objekten, z. B. Warengruppen, Kundengruppen u. Ä.	Eine Möbelfabrik gliedert sich z. B. nach den Warengruppen ■ Wohnzimmermöbel ■ Küchenmöbel ■ Schlafzimmermöbel

Wird die Unternehmensorganisation nach den Funktionen ausgerichtet, so spricht man auch von einer **aufgabenorientierten Unternehmensorganisation.**

(2) Stellenbildung

Begriff Stellenbildung

Ziel der Aufgabengliederung ist es, abgegrenzte Teilaufgaben zu definieren. Mehrere dieser Teilaufgaben (z. B. Werkstoffe und Dienstleistungen einkaufen, Belege buchen, Eingangsrechnungen prüfen) werden im folgenden Schritt, der Stellenbildung, zu größeren Aufgabeneinheiten zusammengefasst, die von einer Person bewältigt werden können. Die von einer Person durchzuführende Arbeit nennt man **Stellenaufgabe.** Die mit einer Stellenaufgabe betraute Person besetzt eine **Stelle,** sie ist Stelleninhaber. Die Stelle ist das **Grundelement der Aufbauorganisation.**

Eine **Stelle** ist die Zusammenfassung von Teilaufgaben zu einem Arbeitsbereich für eine Person.

Stellenbeschreibung

Die **Stellenbeschreibung** hat den **Rang** einer Stelle im Stellenaufbau eines Betriebs sowie die **Aufgaben** deutlich zu machen.

Vorteile der Stellenbeschreibung sind z. B.

- schnelle Einarbeitung neuer Stelleninhaber,
- Verringerung von Streitigkeiten wegen unklarer Zuständigkeiten,
- eindeutige Regelung der Über-, Neben- und Unterordnungen (Weisungsrechte),
- Grundlage für die Personalentwicklungsplanung.

Die Vorteile verkehren sich jedoch ins Gegenteil, wenn die Stellenbeschreibung nicht an die sich ständig verändernden Arbeitsbedingungen angepasst wird.

Beispiel einer Stellenbeschreibung (Auszug):

Stellenbeschreibung für die Terminkontrolle im Einkauf

1. **Bezeichnung der Stelle:** Terminsachbearbeiter.
2. **Zeichnungsvollmacht:** keine.
3. **Der Stelleninhaber ist unterstellt:** dem Facheinkäufer von Arbeitsplatz 2.
4. **Vertretung des Stelleninhabers:** Facheinkäufer des Arbeitsplatzes 2.
5. **Anforderungen an den Stelleninhaber:**
   - allgemeine Einkaufskenntnisse,
   - Zuverlässigkeit,
   - schnelles Erfassen von Zusammenhängen und
   - selbstständiges Arbeiten im Rahmen des ihm übertragenen Aufgabengebiets.
6. **Aufgaben und Zielsetzung der Stelle:**
   Der Stelleninhaber ist für die Überwachung der vereinbarten Liefertermine aller von uns erteilten Bestellungen verantwortlich. Er hat dafür zu sorgen, dass diese auch termingerecht erfüllt werden. Er hat die erforderlichen Maßnahmen zu ergreifen, um einen Lieferverzug durch rechtzeitige Erinnerung und Mahnung beim Lieferanten zu vermeiden.
7. **Tätigkeitsbeschreibung:**
   7.1 Routinemäßige Kontrollen
   7.2 Gezielte Terminreklamationen
   7.3 Prüfung der Eingangsrechnungen
8. **Zusammenarbeit mit anderen Abteilungen:**
   Vom Stelleninhaber wird eine gute und positive Zusammenarbeit mit den entsprechenden Sachbearbeitern folgender Abteilungen verlangt: Wareneingang, Fertigungssteuerung und Dispositionsstelle.
9. **Vergütung:**
   Die Stelle ist der Entgeltgruppe 10 zugeordnet.

(3) Abteilungsbildung

Ein Merkmal zur Aufgabenverteilung ist die **Rangbildung** der Stellen. Dies rührt daher, dass es im Betrieb **Ausführungsaufgaben** und **Leitungsaufgaben** gibt. Aufgabe der **Instanz**[1] ist es, die rangniedrigeren Stellen zu leiten. Die Instanz mit den dazugehörigen rangniedrigeren Stellen zusammen bilden eine Abteilung.

Eine **Abteilung** besteht aus mindestens einer **Instanz** und mehreren zugeordneten rangniedrigeren Stellen.

Werden mehrere Instanzen stufenweise wiederum einer übergeordneten Instanz zugeordnet, so entsteht damit die Unternehmenshierarchie.

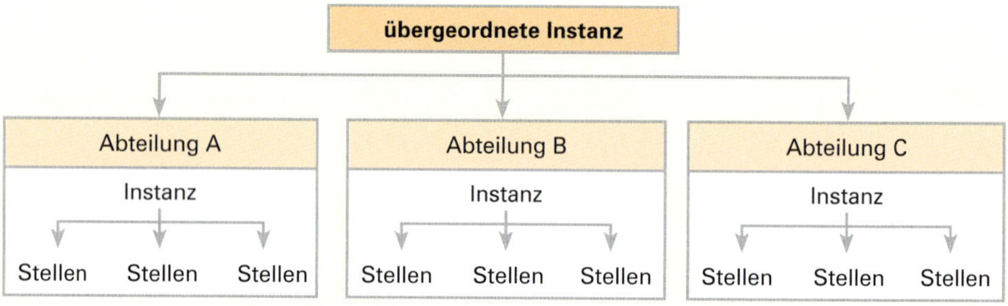

(4) Organisationsplan (Organigramm)

Das Ziel der Aufgabengliederung ist die Bildung von Stellen und Abteilungen. Deren Zuordnung wird in Stellen- und Abteilungsplänen festgehalten. Damit sind die organisatorischen Einheiten in ihrer Aufgabenstellung, Rangordnung zueinander und Beziehungsgestaltung festgeschrieben.

Stellen- und Abteilungspläne weisen die in einem Betrieb zu bildenden Stellen und Abteilungen aus und beschreiben deren Aufgabenbereiche, Rangordnung und Stellung im Betriebsaufbau.

Werden die einzelnen Stellen- und Abteilungspläne zu einem Gesamtplan zusammengefasst, so ergibt dies den Organisationsplan (ein Organigramm). Er bildet die organisatorische Aufbaustruktur des Betriebs vollständig ab.

- Der **Organisationsplan (das Organigramm)** fasst die einzelnen Stellen- und Abteilungspläne zusammen. Er zeigt die vollständige organisatorische Aufbaustruktur des Betriebs.
- Der Organisationsplan ist in der Regel eine **grafische Darstellung** der formalen Organisation.

Beispielhaft wird hier der Organisationsplan einer Kaffeerösterei vorgestellt (siehe Darstellung S. 81).

1 **Instanz**: zuständige Stelle.

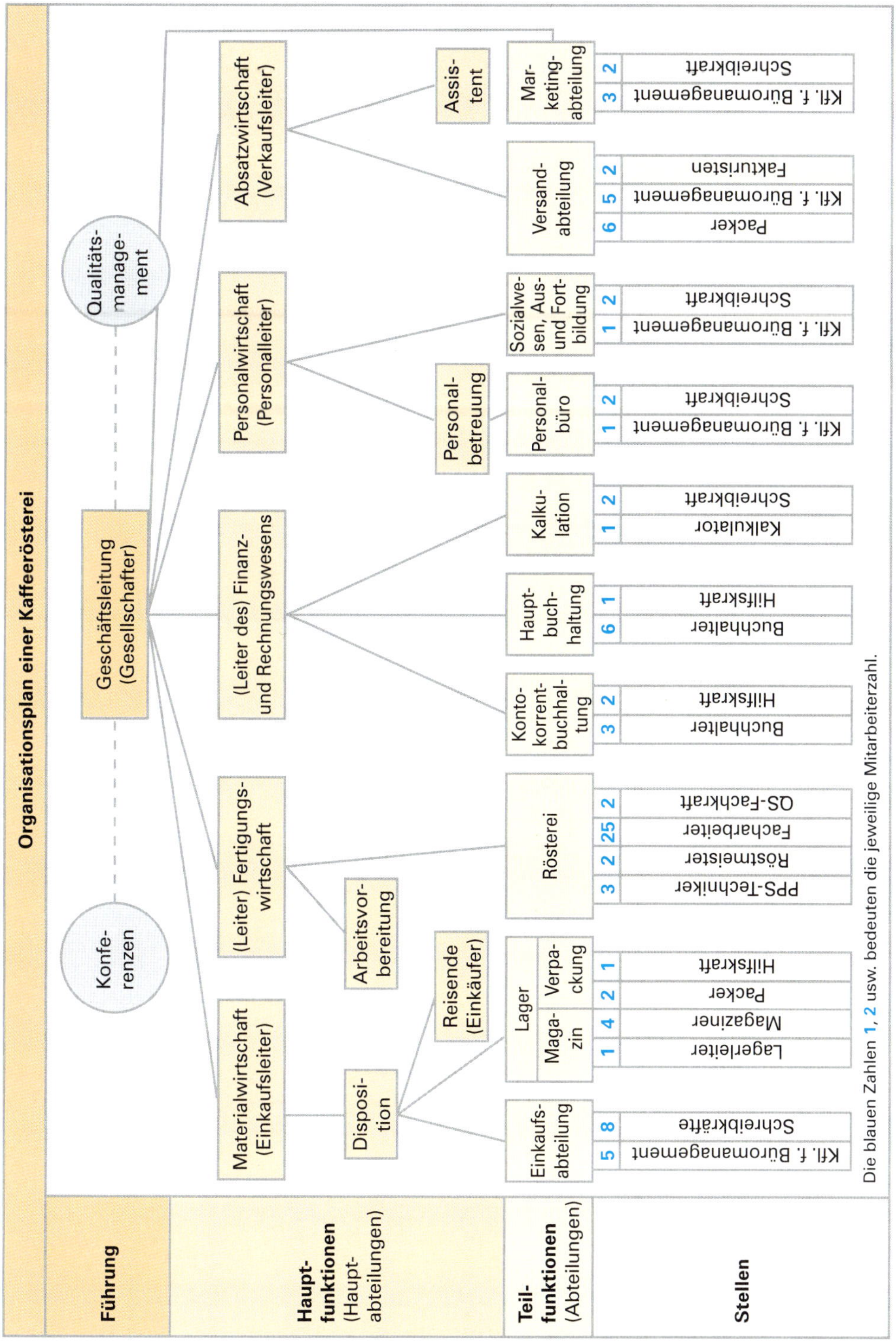

Die blauen Zahlen 1, 2 usw. bedeuten die jeweilige Mitarbeiterzahl.

(5) Nachteile einer aufgabenorientierten Organisation

Konflikte zwischen den Aufgabenbereichen

Eine Aufbauorganisation führt zu Nachteilen, denn die Anstrengungen der einen Abteilung, im Sinne des Gesamtunternehmens gewinnmaximierend zu handeln, kann den Anstrengungen der anderen Abteilungen zuwiderlaufen.

Beispiel:

Das Unternehmen möchte einen hohen Gewinn erzielen. Die Abteilung Einkauf möchte dazu durch möglichst günstige Einkaufspreise beitragen. Dies erreicht sie, indem sie in großen Mengen einkauft, was zwangsläufig zu hohen Lagerbeständen führt. Genau dieses Ergebnis steht aber im Konflikt zum Teilziel der Lagerhaltung, welche ihre Kosten dadurch minimieren will, indem sie die Lagerbestände möglichst gering hält.

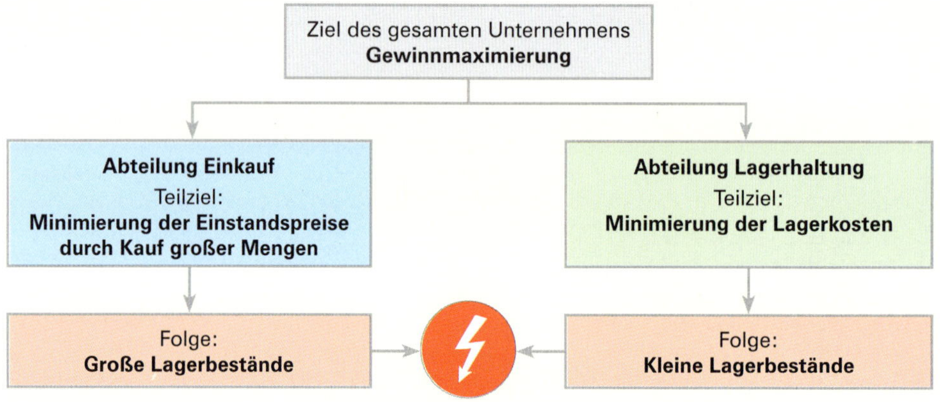

Probleme bei der Auftragsabwicklung zwischen den Abteilungen

Bei den aufgabenorientierten Organisationen verlaufen die betrieblichen Prozesse „quer" zu den Aufgaben.

Die nebenstehende vereinfachte Abbildung verdeutlicht, wie der Prozess einer „Auftragsbearbeitung" die verschiedenen Aufgabenbereiche berührt.[1]

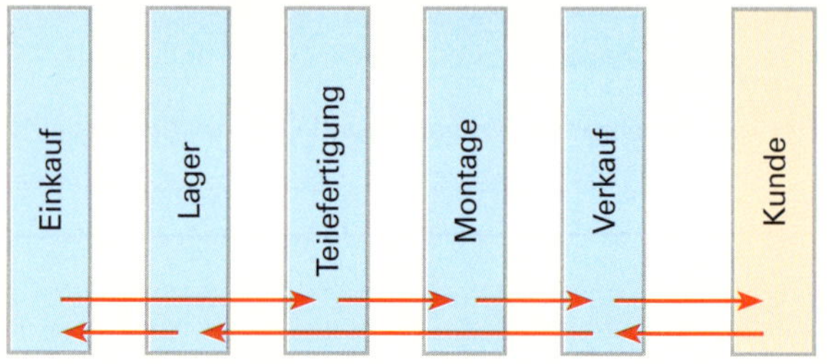

Dies führt zwangsläufig zu **Transport- und Wartezeiten** zwischen den einzelnen spezialisierten Aufgabenbereichen, zu **Zeitverzögerungen** aufgrund nicht nahtloser Weiterbearbeitung, Rückfragen usw. Durch die langen Durchlaufzeiten für die Beantwortung von Kundenanfragen, Auftragsbestätigungen, Auftragsabwicklung **leidet die Servicequalität** und die **Nähe zum Kunden.**

1 Zum **prozessorientierten Ablauf der Auftragsbearbeitung** siehe Kapitel 4.2.2, S. 88f.

Zusammenfassung

- **Organisation** ist ein System von Regelungen und Arbeitsanweisungen, durch das der Betriebsaufbau und die betrieblichen Abläufe gestaltet werden.
- Die **Aufbauorganisation** legt die Aufgaben und Zuständigkeiten von Mitarbeitern fest.
- Die Aufgabenbereiche können nach **Aufgaben (Funktionen)** und nach **Objekten** untergliedert werden.
- Nach dem **Umfang der Aufgabenbereiche** entstehen

Hauptaufgaben	Teilaufgaben (Abteilungen)	Stellen
z. B. Absatzwirtschaft	z. B. ▪ Versandabteilung ▪ Marketingabteilung	z. B. ▪ Packer ▪ Kfm. f. Büromanagement ▪ Schreibkraft

- Unter einer **Stelle** versteht man die Zusammenfassung von Teilaufgaben zu einem Arbeitsbereich für eine Person. Für eine Stelle wird in der Regel eine Stellenbeschreibung angefertigt.
- Eine **Abteilung** besteht aus mindestens einer **Instanz** und mehreren zugeordneten rangniedrigeren **Stellen.**
- Das Ergebnis der Aufgabengliederung ist die Festlegung von **Stellen- und Abteilungsgliederungsplänen**. Ihre Zusammenfassung ergibt den **Organisationsplan** (das **Organigramm**) des Betriebs.
- **Nachteile** der aufgabenorientierten Organisation sind:
  - Zwischen den einzelnen Aufgabenbereichen können Konflikte entstehen.
  - Bei der Auftragsabwicklung kommt es zu Zeitverzögerungen, worunter die Servicequalität und die Nähe zum Kunden leidet.

Übungsaufgabe

20

1. Beschreiben Sie den Begriff Organisation mit eigenen Worten!
2. Erläutern Sie, wo Sie die Hauptaufgabe der betrieblichen Organisation sehen!
3. Beschreiben Sie den Begriff Aufbauorganisation mit eigenen Worten!
4. Beschreiben Sie die Kriterien, nach denen die betriebliche Gesamtaufgabe gegliedert werden kann!
5. Erläutern Sie den Begriff Stellenbildung!
6. Beschreiben Sie anhand eines Beispiels die Möglichkeiten der Stellenbildung!
7. Stellen Sie dar, was durch eine Stellenbeschreibung alles geregelt werden muss!
8. Erklären Sie den Begriff Abteilungsbildung!
9. Grenzen Sie die Begriffe Stelle, Instanz und Abteilung voneinander ab! Fertigen Sie hierzu eine Skizze an!
10. Nennen Sie die Hauptaufgabenbereiche, die ein Industriebetrieb hat!

11. Beschreiben Sie die Aufgabe eines Organisationsplans!

12. Vergleichen Sie den Organisationsplan der Kaffeerösterei (siehe S. 81) mit dem des Modellunternehmens Weber Metallbau GmbH von S. 19.

    Aufgabe:

    Beschränken Sie Ihre Betrachtung nur auf die obersten beiden Hierarchieebenen. Wodurch unterscheiden sich die beiden Unternehmen?

4.2 Geschäftsprozesse untersuchen

4.2.1 Optimierung der Arbeitsabläufe durch die Bildung von Geschäftsprozessen

(1) Merkmale von Geschäftsprozessen

Beim Konzept der Geschäftsprozesse ist das Unternehmen bestrebt, die anfallenden Aufgaben in **zusammenhängende Folgen von Tätigkeiten (Geschäftsprozesse)** einzubinden (z. B. Auftragsabwicklung, Personaleinstellung, Mahnwesen, Zahlungsabwicklung), um einen zuvor festgelegten Auftrag zu erfüllen.

Geschäftsprozesse werden nur für solche betrieblichen Abläufe beschrieben (modelliert), die sich in einer **gewissen Regelmäßigkeit wiederholen** (z. B. Bewerbungsverfahren für neue Mitarbeiter, Lagerbestandsbuchführung, Kundenservice, Bearbeiten und Buchen von Eingangsrechnungen). Für einmalig durchzuführende Projekte (z. B. Erstellen einer neuen Lagerhalle, Gründung eines Unternehmens), wird kein modellhafter Prozessablauf beschrieben.

Ein weiteres Merkmal von Geschäftsprozessen ist, dass durch den Einsatz von betrieblichen Leistungsfaktoren (z. B. Mitarbeiter, Funktionen der Software) eine **Wertschöpfung** (ein **Wertzuwachs**) entstanden ist.[1]

Die Wertschöpfung verursacht Kosten (z. B. Verbrauch von Material, Arbeitsstunden, Betriebsmittel). Die aufgewendeten Kosten sind jedoch nur dann sinnvoll eingesetzt, wenn der erstellte Wert dem **Kunden einen Nutzen** bringt, d. h. er bereit ist, hierfür einen Preis zu zahlen. Der **Kunde** ist somit der **entscheidende Bezugspunkt** für Geschäftsprozesse: Er **löst den Geschäftsprozess** aus, er bestimmt **Art und Umfang des Wertschöpfungsprozesses** und er **beendet** ihn, indem er seinen Kundenwunsch als erfüllt betrachtet.

Merkmale von Geschäftsprozessen

- Zusammenhängende Folge von Tätigkeiten.
- Betrieblicher Ablauf wiederholt sich in gewisser Regelmäßigkeit.
- Wertzuwachs beim Output gegenüber dem Input.
- Geschäftsprozess bringt dem Kunden einen Nutzen.

- Geschäftsprozesse bestehen aus einer **zusammenhängenden, abgeschlossenen Folge von Tätigkeiten,** die zur **Erfüllung einer betrieblichen Aufgabe** notwendig sind und den **Kunden einen Nutzen liefern.**
- Geschäftsprozesse werden nur für sich **wiederholende betriebliche Abläufe** beschrieben (modelliert).

1 Die **Wertschöpfung** entsteht dadurch, dass **bezogene Mittel** durch die **Leistung des Unternehmens** in **andere Erzeugnisse (Dienstleistungen)** mit einem **höheren Wert** umgewandelt werden. Die Wertschöpfung zeigt somit die **Differenz** zwischen dem **Wert der erstellten Leistung** und den **eingesetzten Vorleistungen** auf.

(2) Arten von Geschäftsprozessen

Kernprozesse

- **Kernprozesse** sind Geschäftsprozesse, die **direkt** zur **Wertschöpfung** beitragen. Sie erbringen zum einen die **Hauptleistung** des Unternehmens und liefern zum anderen den **Hauptnutzen für die Kunden.**
- Kernprozesse machen die **Kernkompetenz (den Wettbewerbsvorteil) eines Unternehmens** aus und besitzen daher eine hohe strategische Bedeutung.
- Zu unterscheiden sind **vier Kernprozesse**:
  - den **Innovationsprozess** (Forschung und Produktentwicklung),[1]
  - den **Absatzprozess,**
  - den **Leistungserstellungsprozess** und
  - den **Beschaffungsprozess.**

Im Einzelnen sind die Kernprozesse durch folgende **Merkmale** gekennzeichnet:

- Kernprozesse tragen direkt zur **Wertschöpfung** des Unternehmens bei,
- Kernprozesse bringen dem Kunden einen wahrnehmbaren Nutzen, für den dieser zu zahlen bereit ist **(Kundennutzen),**
- Kernprozesse nutzen die eingesetzten Ressourcen[2] unternehmensspezifisch einmalig **(Nicht-Imitierbarkeit[3]),**
- Kernprozesse liefern eine Problemlösung (z. B. Produkt, Dienstleistung), die kein anderes Unternehmen in vergleichbarer Weise erbringen kann **(Nicht-Substituierbarkeit),**
- Kernprozesse sind langfristig ausgelegt und leiten sich aus der entwickelten Unternehmensphilosophie ab **(unternehmensstrategisch bedeutsam)** und
- Kernprozesse besitzen einen nach klaren Maßstäben (z. B. Qualität, Kosten, Geschwindigkeit) definierten Output **(Ergebnisorientierung).**

Unterstützende Prozesse

Unterstützende Prozesse sind notwendig, um die Kernprozesse ausführen zu können. Sie leisten eine **Wertschöpfung für die Kernprozesse** und sind wichtig für das langfristige Überleben des Unternehmens.

Die unterstützenden Prozesse kann man in **Serviceprozesse** und in **Managementprozesse** aufgliedern.

- Zu den **Serviceprozessen** gehören z. B. die Beschaffung von Mitarbeitern, deren Fort- und Weiterbildung, die Personalbetreuung und die Beschaffung von Finanzmitteln.
- Zu den **Managementprozessen** gehören z. B. die Formulierung der Unternehmenspolitik, die strategische Planung, die Führung und Steuerung des Unternehmens.

1 Auf den **Innovationsprozess** wird im Rahmen des Leistungserstellungsprozesses eingegangen. Vgl. S. 279 ff.

2 **Ressource** (franz.): Hilfsmittel, Hilfsquellen.

3 **Imitation** (lat., franz.): Nachahmung.

(3) Zusammenhänge zwischen Kern-, Management- und Serviceprozessen

Schematisch gesehen können die Zusammenhänge zwischen Kern-, Management- und Serviceprozessen im Industriebetrieb wie folgt dargestellt werden:

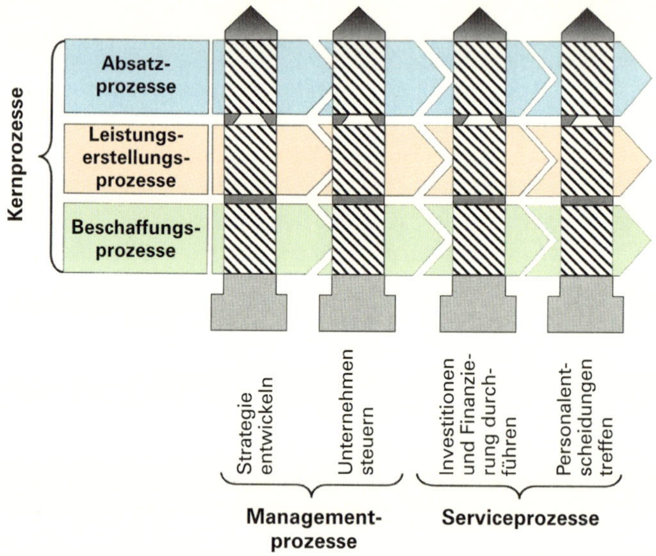

Erläuterungen:

An den so gekennzeichneten Stellen schneiden sich die Kern- mit den Service- bzw. den Managementprozessen.

(4) Schnittstellen zwischen den Prozessen

Die verschiedenen Prozesse sind nicht in sich abgekapselte Einheiten. Vielmehr gibt es zwischen den Prozessen Überschneidungen in der Art, dass die Festlegung des einen Prozesses die Abläufe des anderen Prozesses beeinflussen.

Beispiel: Schnittstellen zwischen dem Kernprozess „Absatz" und dem Serviceprozess „Investitionen und Finanzierung vornehmen"

Der Teilprozess „Werbebudget planen" hängt ab von den verfügbaren liquiden Mitteln, die sich aus dem Teilprozess „Finanzplan erstellen" (Serviceprozess) ergeben.

(5) Darstellung von Geschäftsprozessen

Für die Darstellung von Geschäftsprozessen bieten sich textliche und grafische Darstellungsformen an. Im Folgenden beschränken wir uns auf die grafische Darstellung von Geschäftsprozessen nach der Methode der **ereignisgesteuerten Prozessketten (EPK).**

Die wichtigsten Beschreibungsmittel der EPK-Methode sind

- **Funktionen** zur Beschreibung von betriebswirtschaftlichen Vorgängen,
- **Ereignisse,** die einen eingetretenen Zustand repräsentieren, und
- **Operatoren,** die die Ablauflogik von Geschäftsprozessen beschreiben.

In der Darstellung wechseln sich Ereignisse und Funktionen ab, wobei diese Folge durch Operatoren unterbrochen sein kann. Die Regeln der Geschäftsprozessmodellierung geben dabei vor, dass eine Tätigkeit (Funktion) begonnen wird, wenn ein bestimmtes Ereignis eingetreten ist. Zusätzlich ist zu beachten, dass eine ausgeführte Funktion durch ein Ereignis beendet wird.

Im Einzelnen werden folgende grafische Elemente (Darstellungsweisen) verwendet:[1]

Elemente	Beschreibung der Elemente	Zusätzliche Bemerkungen
Funktion	Die **Funktion** beschreibt, was nach einem auslösenden Ereignis gemacht werden soll.	Funktionen verbrauchen Mittel (Ressourcen) und Zeit. Da dieses Element eine Tätigkeit beschreibt, sollten auch Tätigkeitswörter verwendet werden. (Beispiel: Mahnung schreiben, Fälligkeit prüfen.)
Ereignis	Das **Ereignis** beschreibt das Eintreten eines Zustandes, der eine Handlung (Funktion) auslöst bzw. das Ergebnis einer Funktion sein kann.	Jeder Geschäftsprozess beginnt mit einem **Start-/Auslöseereignis** und endet mit einem **End-/Ergebnisereignis.** Da dieses Element ein Ereignis beschreibt, das soeben eingetroffen ist, sollte hierfür auch als Zeitangabe das Partizip Perfekt[2] verwendet werden. (Beispiel: Auftrag **ist eingetroffen,** Rechnung **ist bezahlt.**)
Organisations-einheit	Die **Organisationseinheit** gibt an, welche Stelle die bestimmte Funktion ausführt.	Die Organisationseinheit gibt an, **wer** die angegebene Funktion ausführt. Dieses Element ist daher mit der betreffenden Funktion auf gleiche Höhe zu zeichnen.
Informations-objekt	Mit dem **Informationsobjekt** werden die für die Durchführung der Funktion benötigten Daten angegeben.	Das Informationsobjekt kann nur mit Funktionen verbunden werden.
$\wedge$ $\vee$ XOR	Die 3 verschiedenen logischen **Operatoren** ermöglichen es, Verzweigungen zwischen Ereignissen und Funktionen bzw. umgekehrt einzufügen.	$\wedge$ = UND $\vee$ = ODER XOR = **exklusives** ODER
Prozess-wegweiser	Der **Prozesswegweiser** (Unterprozess) ermöglicht es, einzelne Geschäftsprozesse miteinander zu verbinden.	
	Der **Kontrollfluss** gibt alle möglichen Durchgänge durch eine EPK wieder. Der Kontrollfluss kann mittels der Operatoren aufgespaltet werden.	Die Elemente der EPK sollten so angeordnet werden, dass der Kontrollfluss weitgehend von oben nach unten verläuft.
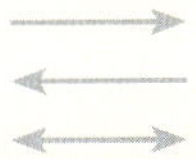	Der **Informationsfluss** zeigt den Datenfluss zwischen Informationsobjekt und Funktion auf.	■ Schreiben ■ Lesen ■ Schreiben und Lesen

1 Die dargestellten Elemente sind der LEU-Handreichung LP O2 BK WI 0302.doc (Baden-Württemberg) entnommen. Autoren sind: Heinz Baumgartner, Klaus Ebert und Karsten Schleider.

2 Das Partizip Perfekt stellt den Abschluss oder Vollzug eines Geschehens als eine (im Sprechzeitpunkt) gegebene Tatsache oder Eigenschaft fest.

Beispiel: Darstellung des Teilprozesses „Angebote vergleichen und bestellen"

Die eingegangenen Angebote werden mithilfe eines Kalkulationsprogramms verglichen. In der Regel erhält der günstigste Lieferer den Zuschlag. Bei ihm wird daher bestellt.

Teilprozess: Angebote vergleichen und bestellen

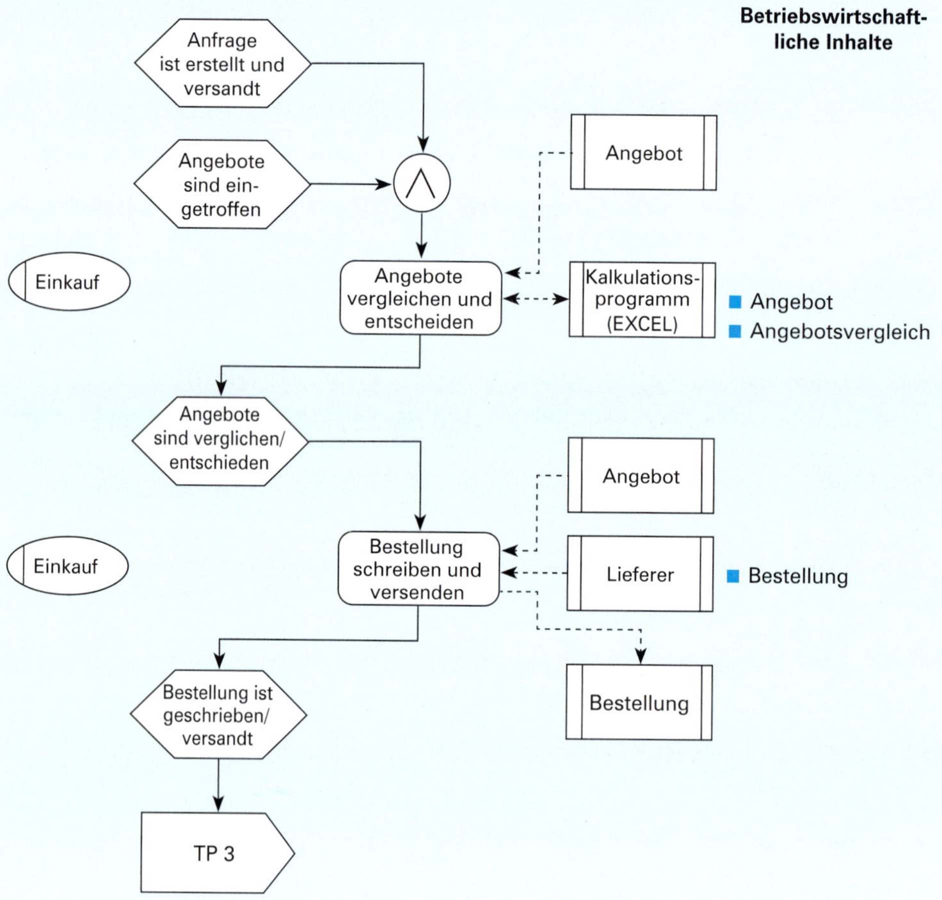

4.2.2 Auswirkungen der Geschäftsprozessbildung auf die Organisationsform nachvollziehen

In einer **prozessorientierten Organisation** wird die darstellte Form der **Auftragsbearbeitung** z.B. dadurch gelöst, dass alle bisher isolierten Teilaufgaben **einem** oder **mehreren Prozessverantwortlichen** übertragen werden. Eine Weitergabe der Aufgabe mit den beschriebenen negativen Wirkungen ist damit vermieden. Der Geschäftsprozess wird angestoßen durch den Eingang des Kundenauftrags, und er wird beendet mit der Leistungsübergabe an den Kunden **(„Kunde-Kunde"-Prozesskette)**.

Schematisch gesehen ist der **Ablauf** der **Auftragsbearbeitung** damit wie folgt denkbar:

Durch die **prozessorientierte Organisation** ergeben sich insbesondere folgende **Vorteile**:

- Eine teamorientierte Arbeitsorganisation der Prozessverantwortlichen unterstützt **kurze Kommunikationswege.**
- Die Denkrichtung der Mitarbeiter orientiert sich nicht mehr an den Bereichsinteressen, sondern stellt die **reibungslose Abwicklung des Auftrags** in den Vordergrund.
- Die Gestaltung der Prozesse ist ausgerichtet auf die **Bedürfnisse der Kunden** bzw. auf die **Anforderungen des Markts.**
- Die Mitarbeiter tragen ein höheres Maß an Verantwortung und entwickeln daher ein **ausgeprägteres Kostenbewusstsein.**

4.2.3 Betriebliche Wertschöpfung als Differenz zwischen den abgegebenen Leistungen und den übernommenen Leistungen (Vorleistungen) beschreiben

(1) Begriff Wertschöpfung

Eine Wertschöpfung liegt vor, wenn die durch den Arbeitsprozess erbrachte Gesamtleistung des Unternehmens höher ist als die bezogenen Leistungen (Vorleistungen). Die Wertschöpfung ist **der** Indikator für die wirtschaftliche Leistungsfähigkeit (Performance) eines Unternehmens. Sie zeigt an, wie wirksam ein Unternehmen Wünsche, Erwartungen, Interessen und Bedürfnisse seiner Kunden bedienen kann.

Wertschöpfung ist die **Differenz** zwischen den von einem Unternehmen **abgegebenen Gesamtleistungen (Outputleistungen)** und den von anderen Unternehmen **übernommenen Vorleistungen (Inputleistungen).**

Wertschöpfung = Gesamtleistung – Vorleistungen

(2) Formen der Wertschöpfung

Kundenorientierter (nutzenorientierter) Wertschöpfungsprozess

Der **kundenorientierte Wert eines Produkts** ergibt sich aus dem **Nutzen für den Kunden.**

Daraus folgt: Alle betrieblichen Maßnahmen, die den Nutzen des Produkts aus Sicht des Kunden erhöhen, gilt es zu steigern, und alle betrieblichen Aktivitäten, die keinen erhöhten Nutzen aus Sicht des Kunden bringen, aber Kosten verursachen, sind zu vermeiden. Nur wenn der Kundenwunsch erfüllt wird, erzielt der Betrieb einen Preis, der die Kosten übersteigt und dadurch einen Gewinn erwirtschaftet.

Kostenorientierter Wertschöpfungsprozess

Beispiel:

Aufgrund eines Kundenauftrags über 100 Schreibtische führt die Franz Bernhard OHG eine Angebotskalkulation durch, die – stark vereinfacht – zu folgendem Ergebnis kommt:

	Bezogene Materialien	45,40 EUR
+	Fertigungs-, Verwaltungs- und Vertriebskosten	82,50 EUR
+	Gewinnzuschlag	19,20 EUR
=	Verkaufspreis	147,10 EUR

	Verkaufserlös	147,10 EUR
–	Vorleistungen	45,40 EUR
=	Wertschöpfung	101,70 EUR

Voraussetzung für das Entstehen der Wertschöpfung ist, dass der erzielte Verkaufserlös dem errechneten Verkaufspreis entspricht.

Der **Wert eines Produkts** ergibt sich im vorgegebenen Beispiel dadurch, dass die **verbrauchten Werte** (z.B. Material, Arbeitsleistung, Maschinen) durch die **Kostenrechnung erfasst und addiert** werden. Die Kosten werden den Verkaufserlösen gegenübergestellt. Es ist **Aufgabe des Rechnungswesens,** alle Vorgänge in diesem Prozess und damit die Wertschöpfung zahlenmäßig aufzuzeichnen.

Die Wertschöpfung entsteht dadurch, dass **bezogene Mittel (Inputleistungen)** (z.B. Werkstoffe, Dienstleistungen, Informationen) durch die **Leistungen des Unternehmens** (z.B. Erstellen einer Konstruktionszeichnung, schleifen, schweißen, Teile zusammenbauen) in andere Erzeugnisse, Bauteile, Dienstleistungen **(Outputleistungen)** in einen höheren Wert umgewandelt werden. Einen solchen Vorgang bezeichnet man als **Wertschöpfungsprozess.**

Beispiel:

Bei einer Schlosserei ist die Wertschöpfung gleich dem Umsatz aus den verkauften Produkten minus den Kosten für die eingekauften Werkstoffe.

Die **kostenorientierte Wertschöpfung** ist die **Differenz** zwischen dem **Wert der erstellten Leistung** und den **eingesetzten Vorleistungen.**

Zusammenfassung

- **Geschäftsprozesse** sind durch folgende Merkmale charakterisiert:
  - Zusammenhängende abgeschlossene Folgen von Tätigkeiten zur Erfüllung einer betrieblichen Aufgabe,
  - sich wiederholende betriebliche Abläufe beschreiben,
  - führen zu einem Wertzuwachs (einer Wertschöpfung),
  - liefern einen Kundennutzen.
- Geschäftsprozesse können nach der **Bedeutung der Geschäftsprozesse** für den Betrieb in Kernprozesse und unterstützende Prozesse untergliedert werden.
  - **Kernprozesse** tragen direkt zur Wertschöpfung bei, erbringen die Hauptleistung des Unternehmens, liefern den Hauptnutzen für die Kunden. Wichtige Kernprozesse sind: der Innovationsprozess, der Absatzprozess, der Leistungserstellungsprozess und der Beschaffungsprozess.
  - **Unterstützende Prozesse** leisten einen Wertschöpfungsbeitrag für Kernprozesse. Zu unterscheiden sind **Serviceprozesse** und **Managementprozesse.**
- Der logische und zeitliche Ablauf eines Geschäftsprozesses lässt sich durch **„ereignisgesteuerte Prozessketten"** grafisch darstellen.
- Die **Unternehmensorganisation** kann sich auch an **Geschäftsprozessen** ausrichten.
- Die **prozessorientierte Organisation** gliedert die Organisation des Unternehmens nach **kundenorientierten Prozessen.**
- **Vorteile** der **Geschäftsprozessorientierung** sind z.B.:
  - **Bereichsübergreifende Denkweise** der Mitarbeiter und reibungslose Abwicklung stehen im Vordergrund.
  - Prozesse sind **zielorientiert** am Nutzen der Kunden bzw. an den Anforderungen des Markts ausgerichtet.
  - **Teamarbeit** unterstützt **kurze Kommunikationswege.**
- **Wertschöpfung** ist die **Differenz** zwischen der **Leistung** (Wert des Endprodukts) einer Wirtschaftseinheit (z.B. einem Unternehmen) und den **Vorleistungen** (Wert der eingekauften Güter und Dienstleistungen).
- Zu unterscheiden sind der **kundenorientierte Wertschöpfungsprozess** und der **kostenorientierte Wertschöpfungsprozess.**

Übungsaufgaben

21

1. Erklären Sie, welche Nachteile mit einer aufgabenorientierten Unternehmungsorganisation verbunden sind!
2. Vergleichen Sie die Durchführung der Auftragsbearbeitung innerhalb einer aufgabenorientierten Organisation mit jener innerhalb einer prozessorientierten Organisation!
3. Nennen Sie Vorteile, die sich aus einer prozessorientierten Unternehmensorganisation ergeben!

4. Bei der Wohnmobilvermietung Lustig OHG wird die eintreffende Post von Kunden, die ein Wohnmobil mieten möchten, von Frau Abel geöffnet und zur Bearbeitung an Herrn Kleiner oder Frau Seitz weitergereicht. Bisher gab es keine feste Regel dafür, an wen Frau Abel die Post zur Bearbeitung weiterreichte. Dies führte schon wiederholt zu Problemen, wenn z.B. Frau Seitz einen Vorgang zur Bearbeitung erhielt, von dem sie nicht wusste, dass Herr Kleiner bereits Vorarbeiten und u.U. auch bindende Zusagen geleistet hatte.

Aufgabe:

Erstellen Sie Regeln für den Ablauf der Weitergabe, damit in Zukunft solche Probleme vermieden werden können!

22

1. 1.1 Beschreiben Sie die Kernaussage der Geschäftsprozesskonzeption!

   1.2 Stellen Sie dar, welche Zielsetzungen die Geschäftsprozesskonzeption verfolgt!

2. Erläutern Sie an einem Beispiel die Merkmale von Geschäftsprozessen und stellen Sie dar, warum es für die Praxis wichtig ist, zwischen Kern-, Management- und Serviceprozessen zu unterscheiden!

3. Notieren Sie, ob es sich bei den nachfolgenden Prozessen um Geschäftsprozesse handelt. Begründen Sie Ihre Entscheidung!

   3.1 Überprüfung eines Rohstoffeinkaufs,

   3.2 Gründung einer Filiale,

   3.3 Abwicklung der monatlichen Lohnbuchhaltung,

   3.4 Inventur im Fertigungslager,

   3.5 Schulung der Auszubildenden,

   3.6 Schadensfeststellung nach einer Überschwemmung des Fabrikgeländes,

   3.7 Einstellung eines Mitarbeiters als Softwareverwalter,

   3.8 Qualitätsprüfung.

4. Ausgangspunkt ist die Soester Büromöbel AG. Sie produziert Büromöbel und Regale. Es fallen folgende Geschäftsprozesse an:

   4.1 Die Soester Büromöbel AG bestätigt einen Auftrag über 150 m^2 Spanplatten.

   4.2 Die Soester Büromöbel AG stellt einen neuen Außendienstmitarbeiter ein.

   4.3 Die Geschäftsleitung entschließt sich für die Herstellung einer neuen Kollektion von Regalen. Die Konstruktionsabteilung entwickelt entsprechende Modelle.

   4.4 Die Geschäftsleitung veranlasst die Überprüfung der Kundendatensätze.

   4.5 Die Buchhaltung erstellt den Jahresabschluss für die Soester Büromöbel AG.

   4.6 Der Fertigungsleiter der Soester Büromöbel AG erstellt einen Maschinenbelegungsplan für die anstehende Kalenderwoche.

   4.7 Die Geschäftsleitung der Soester Büromöbel AG überlegt, in Zukunft auch Polstermöbel herzustellen und will damit in den kommenden zwei Jahren eine Umsatzsteigerung von 20 % erzielen.

   Aufgabe:

   Notieren Sie, ob es sich bei den Geschäftsprozessen jeweils um einen Kernprozess oder um einen unterstützenden Prozess handelt. Begründen Sie Ihre Entscheidung!

5. 5.1 Interpretieren Sie den folgenden Teilprozess!

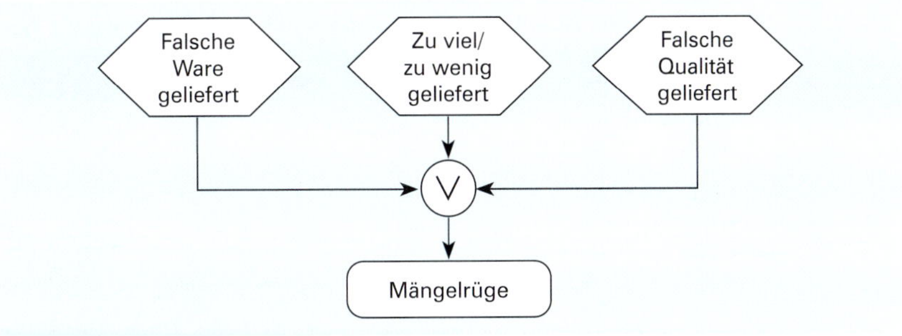

5.2 Beschreiben Sie, wie sich der Aussagewert des obigen Geschäftsprozesses ändern würde, wenn statt des einfachen ODER ein XOR als Verknüpfung eingefügt wäre!

6. Erstellen Sie die Auszüge aus einer Ereignisprozesskette, die jeweils folgende Abläufe abbildet:

6.1 Nachdem die Ware versandfertig gemacht wurde, kann sie mit der Deutschen Post AG oder mit UPS versandt werden.

6.2 Erklären Sie, warum die Verknüpfung in Aufgabe 6.1 nicht mit OR hergestellt werden kann!

7. 7.1 Erklären Sie in Worten den nachfolgenden Auszug aus dem Teilprozess „Rechnung prüfen und bezahlen"!

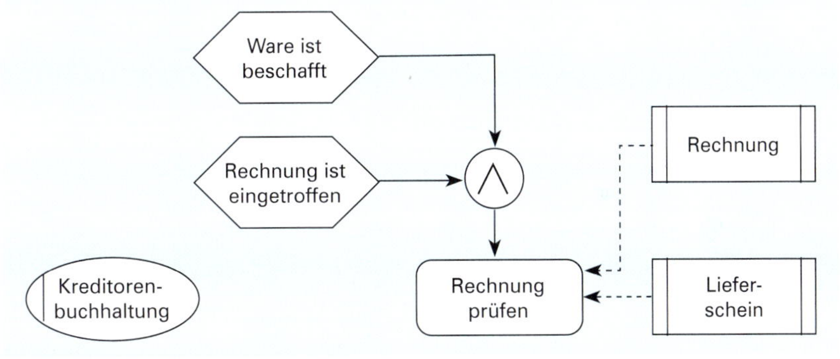

7.2. Beschreiben Sie, in welcher Weise hierbei die Dokumente benutzt werden!

7.3 Erläutern Sie, welchen Vorteil es bringt, dass bei der Organisationseinheit der Name der Stelle (hier: Kreditorenbuchhaltung) und nicht der Name des Sachbearbeiters angegeben wird!

8. 8.1 „Ein Unternehmen soll sich auf das Kerngeschäft konzentrieren und die übrigen Geschäfte ausgliedern und von anderen Betrieben ausführen lassen." In einem solchen Fall spricht man von Outsourcing.

Aufgabe:

Führen Sie jeweils zwei Gründe an, die für bzw. gegen diese Meinung sprechen!

8.2 Erläutern Sie den Zusammenhang zwischen Outsourcing und Wertschöpfung!

8.3 Erklären Sie die Aussage des Geschäftsführers, dass sein Unternehmen eine Wertschöpfung von 40 % erzielt!

8.4 Ermitteln Sie Gefahren einer niedrigen Wertschöpfung!

8.5 Die Chemiewerke Leverkusen AG bestellen 5 Metalltanks für das Forschungslabor. Die Kosten- und Leistungsrechnung liefert für den Auftrag folgende Daten: Bezogene Materialien 22 400,00 EUR, Kosten für Beschaffung, Fertigung, Absatz, Verwaltung 8 790,00 EUR, Gewinnaufschlag 15 500,00 EUR.

Aufgabe:

Berechnen Sie die Wertschöpfung, die bei der Herstellung der Tanks erwirtschaftet wird!

23

Vorlage

mvurl.de/u66z

1. Lösen Sie die Handlungsaufgabe aus der Situation 6 auf S. 75!

2. Innerhalb des wertschöpfenden Geschäftsprozesses „Beschaffung von Handelswaren" gibt es den Teilprozess „Ware annehmen und prüfen", der verbal wie folgt beschrieben ist:

„Ist die Ware eingetroffen, wird von der Warenannahme geprüft, ob sie der bestellten Ware entspricht und ob die vorgegebenen Qualitätsanforderungen eingehalten wurden. Gegebenenfalls wird zur Prüfung ein Mängelbericht erstellt. Ist die Ware nicht in Ordnung, dann wird vom Einkauf eine Mängelrüge erstellt und versandt. Die Schreibkraft des Einkaufs benötigt hierfür den Mängelbericht, die Qualitätsanforderungen und die Lieferdaten. Andernfalls wird die Ware durch die Lagerverwaltung eingelagert und in der Tabelle ‚Teile' der Bestand fortgeschrieben."

Aufgabe:

Stellen Sie die vorangegangene verbale Beschreibung als Prozesskette dar!

5 Betriebliche Wertschöpfungsprozesse durch das Rechnungswesen abbilden

5.1 Bereiche des Rechnungswesens erklären

Das Rechnungswesen erfasst die betrieblichen Prozesse eines Unternehmens und stellt die Ergebnisse der Geschäftsleitung zur Auswertung zur Verfügung. In großen Unternehmen umfasst das Rechnungswesen vier Bereiche.

Buchführung (Finanzbuchführung, Geschäftsbuchführung)	■ Erfasst zu Beginn der Geschäftsperiode das Vermögen und das eingesetzte Kapital des Unternehmens. ■ Hält alle Wertveränderungen (Einnahmen, Ausgaben) während des Jahres fest. ■ Ermittelt den Gewinn bzw. Verlust des Unternehmens. ■ Erfasst am Ende der Geschäftsperiode die Bestände und Veränderungen von Vermögen und eingesetztem Kapital. ■ Erfasst alle Wertveränderungen des Unternehmens, auf die die Kosten- und Leistungsrechnung anschließend zurückgreifen kann. ■ Bildet die Grundlage für die Kosten- und Leistungsrechnung.
Kosten- und Leistungsrechnung	■ Ermittelt die Selbstkosten der einzelnen Erzeugnisse und die Preise, zu denen die Erzeugnisse angeboten werden können. ■ Stellt den Kosten die Leistungen gegenüber und ermittelt damit den Erfolg aus der Produktion und dem Verkauf der Erzeugnisse. ■ Stellt Informationen zur Vorbereitung und Kontrolle von Produktionsentscheidungen bereit.

Statistik	■ Sammelt betriebliche und außerbetriebliche Daten, bereitet die Daten auf und analysiert sie durch Erstellen von Kennziffern und Grafiken. ■ Durch die Interpretation der Daten werden Unternehmensentscheidungen vorbereitet. ■ Zur eigenen Standortbestimmung können die Zahlen verglichen werden mit – den Zahlen des **eigenen Betriebes** aus früheren Perioden **(innerbetrieblicher Vergleich),** – den Werten **anderer Betriebe** der gleichen Branche oder mit den Durchschnittswerten der Branche **(zwischenbetrieblicher Vergleich).**
Planung und Controlling	■ Unternehmerische Zielvorgaben werden formuliert und als Sollwerte vergeben. ■ Das Controlling meldet, wenn die Umsetzung der Sollwerte gefährdet ist. ■ Das Controlling sorgt dafür, dass bei Planabweichungen Gegenmaßnahmen ergriffen werden. ■ Auf der Grundlage der vom Rechnungswesen bereitgestellten Daten stellt das Controlling Informationen zur Planung, Überwachung und Steuerung des Unternehmens bereit.

AS 1.1 Situation 7: Konto Kasse führen

Beauty Moments Emmy Reisacher e. Kfr. ist im Industrie- und Gewerbepark angesiedelt. Sie sind Mitarbeiter in diesem Kosmetikinstitut. Zu Ihren Aufgaben gehört es, das Konto Kasse aufgrund der täglichen Geschäftsvorfälle zu führen.

Impulse:

Nennen Sie je drei Geschäftsvorfälle, die den Bestand des Kontos Kasse

1. erhöhen,
2. verringern!

Handlungsaufgaben:

Arbeiten Sie die folgenden Kapitel des Schulbuches über die Führung des Kontos Kasse durch und verwenden Sie die Aufzeichnungen aus dem Unterricht zur Bearbeitung der Handlungsaufgaben!

1. Sie führen aufgrund der folgenden Belege für Beauty Moments Emmy Reisacher e. Kfr. das Konto Kasse!
2. Sie formulieren die Geschäftsvorfälle, die diesen Belegen zugrunde liegen!
3. Sie schließen das Kassenkonto nach Buchung der Geschäftsvorfälle ab! Die Kasse weist einen Anfangsbestand von 10400,25 EUR aus.

Beleg 1

Beauty Moments
Emmy Reisacher e. Kfr.

Beauty Moments Emmy Reisacher e.Kfr., Neuwerk 10, 59494 Soest
Markus Böhlen
Hegelstr. 22
59494 Soest

Kunden-nummer	Rechnungs-nummer	Rechnungs-datum	Auftrags-nummer	Auftrags-datum	Liefer-datum	Bestell-nummer
24003	1502	18.03.20..			08.03.20..	26831

Barverkauf

Pos.	Art.-Nr.	Bezeichnung	Menge	Einzelpreis EUR	Gesamtpreis EUR
1	0563	Gutschein Sauerstofflifting	2	125,00	250,00
2	0561	Gutschein Hotstonemassage	2	80,00	160,00
				Rechnungsbetrag	410,00

Betrag dankend erhalten
Reisacher

Zahlungsbedingungen: Barzahlung

Hinweis: Die Umsatzsteuer wird hier und bei den folgenden Belegen der Aufgabe nicht ausgewiesen. Die Umsatzsteuer wird erst später behandelt.

Beleg 2

AUTOHAUS
WERNER OHG

Audi

Autohaus Werner OHG · Dieselstraße 14 · 59494 Soest
Beauty Moments
Emmy Reisacher e. Kfr.
Neuwerk 10
59494 Soest

Betriebs-Nr. 13625305
Auftrags-Nr.
Kunden-Nr.
Abn.-Gr.
Telefon: 02921 52566-6837
Telefax: 02921 65356
Volksbank Hellweg
BIC: GENODEM1SOE
IBAN: DE98 4146 0116 0000 4318 01

Amtl. Kennz.	Typ/Modell	Fahrzeug-Ident-Nr.	Zulassungstag	Anmeldung	km-Stand	KD-Meister
SO-MI 720	4A2084	WAUZZZ4AZRN042867	16.10.20..	–	32375	Neubarth

Lieferdatum: 18.03.20..
Rechnungsdatum: 18.03.20..

Barverkauf Nr. 11471

Gemäß unserer Lieferbedingungen erhielten Sie folgendes Gebrauchtfahrzeug

Golf Trendline 1,2 TSI, „Königsblau" 9 744,00 EUR

Mit freundlichen Grüßen

Betrag dankend erhalten
i. A. Meyer

Autohaus Werner OHG

Sitz der Unternehmung: Soest | Registergericht: Soest; HRA 1718 | Steuer-Nr. 73501/09931

Beleg 3

DEUTSCHE POST AG
59494 SOEST
1313-0108 0037 18. MÄRZ 20..

*130,00 EUR

POSTWERTZEICHEN

Beleg 4

Nessensohn Werkverkauf GmbH Thomasstraße 5 Soest

Beauty Moments Emmy Reisacher e.Kfr.
Neuwerk 10
59494 Soest

278.0001

Datum *18. März 20 ..*	EUR	Cent
Lagerregal	*150,*	*00*
Schreibtisch	*128,*	*00*
	278,	*00*

Eingeräumter Sonderrabatt wegen Räumungsverkauf 25%

Zu reduzierten Preisen kein Umtausch möglich!

Verk. *[signature]* 6-003677

W. Kohlhammer Druckerei GmbH + Co. Stuttgart, Abt. Kassenblock

Beleg 5

Quittung

EUR
Betrag *120,64*

Nr.
inclusive % MwSt./Betrag

Betrag in Worten *einhundertzwanzig---------------*

von *Beauty Moments Emmy Reisacher e.Kfr.*

für *Zulassungskosten für SO-MI 720*

dankend erhalten

Datum/Ort *18. März 20..*

Buchungsvermerke

Stempel/Unterschrift des Empfängers
Autohaus Werner OHG
Dieselstr. 14
59494 Soest
i. A. Kupfer

Zweckform Quittung

Beleg 6

RAN-STATION
Konrad Wessle

* 57,41 Liter SÄULENR 3*
Super Blfr. A 67,11 EUR

TOTAL 67,11 EUR

#31366 18.03.20..18:57 B01 K.0001
Der Verkauf von Kraft- und
Schmierstoffen erfolgt im
Namen und für Rechnung der
Westfalentank GmbH & Co.KG,
Im Wasen 4, 59555 Lippstadt
StNr.Kraftst.: 121/174/54108
StNr.Shopware: 91389/17030
Vielen Dank für Ihren Einkauf
und gute Fahrt!

5.2 In die Buchführung über das Konto Kasse einführen

(1) Begriff Geschäftsvorfälle

In den Unternehmen fällt täglich eine Vielzahl von baren und unbaren Vorgängen an, die den Wert des Vermögens und/oder der Schulden verändern. Man bezeichnet sie als Geschäftsvorfälle.

Geschäftsvorfälle sind Vorgänge, die

- eine Veränderung der **Vermögenswerte** bzw. der **Schulden** auslösen,
- zu **Geldeinnahmen** oder **Geldausgaben** führen und
- gegebenenfalls einen Werteverzehr **(Aufwand)** oder einen Wertezuwachs **(Ertrag)** darstellen.

(2) Erfassung von Geschäftsvorfällen am Beispiel des Kontos Kasse

Standpunkt für die Erfassung von Geschäftsvorfällen

Ein Geschäftsvorfall kann immer von zwei Seiten aus betrachtet werden.

Beispiel:

Wir kaufen einen PC bar

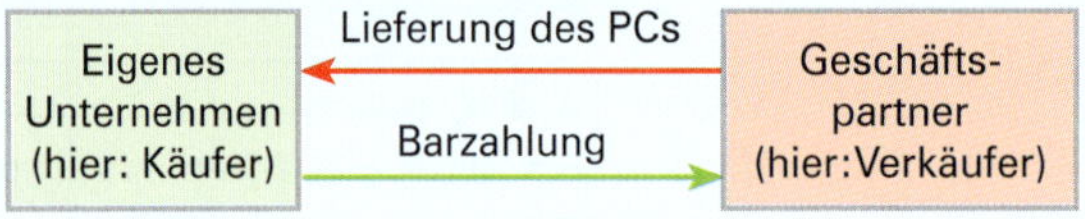

Auf der einen Seite stehen **wir,** das eigene Unternehmen, als Käufer. Auf der anderen Seite findet sich der Geschäftspartner, hier ein Verkäufer.

Um keine Missverständnisse aufkommen zu lassen, versetzen wir uns in die Rolle eines Kaufmanns, der **seine** Bücher zu führen hat, und betrachten **alle** Geschäftsvorfälle aus der **Sicht des eigenen Unternehmens.** Wie der Geschäftsvorfall entsprechend bei unserem Geschäftspartner zu buchen wäre, bleibt in der Regel außerhalb der Betrachtung.

Beispiele:

Kauf von Rohstoffen bar	→	d.h. „**Wir** kaufen Rohstoffe bar."
Banküberweisung eines Kunden	→	d.h. „Der Kunde überweist **uns** einen Rechnungsbetrag."
Zahlung einer Liefererrechnung durch Banküberweisung	→	d.h. „**Wir** zahlen eine Liefererrechnung durch Banküberweisung."

Kassenbuch

Ausgangspunkt ist eine kleine Werkzeugfabrik, die neben dem Verkauf an Großkunden noch einen kleinen Werksverkauf für die Handwerker der Region gegen Barzahlung betreibt. Die täglichen Zahlungseingänge und Zahlungsausgänge erfasst der Werksverkauf über ein Kassenbuch.

Im Kassenbuch werden alle Barvorgänge entsprechend der zeitlichen Reihenfolge aufgezeichnet. Damit kann jederzeit ein **rechnerischer (buchhalterischer) Kassenbestand (Soll-Kassenbestand)** ermittelt werden. Dieser Kassenbestand laut Kassenbuch muss dann mit dem **tatsächlichen Bargeldbestand in der Kasse (Ist-Kassenbestand)** übereinstimmen.

Beispiel für ein Kassenbuch:

Das Kassenbuch der Werkzeugfabrik Edgar Rohmer KG weist für den 13. Juni 20.. folgende Daten aus:

Vorgang	Zahlungseingänge/ Bestand in EUR	Zahlungsausgänge in EUR
Kassenanfangsbestand	1750,00	
Barverkauf an Fritz Müller	6500,00	
Aushilfslohn bezahlt		620,00
Einlösung einer Nachnahme		1480,00
Bareinzahlung vom Bankkonto	1980,00	
Barverkauf Anton Beyer	1460,00	
Kassenschlussbestand	9590,00	

Die Eintragungen im Kassenbuch werden täglich an die Buchhaltung weitergeleitet und dort auf dem Konto Kasse gebucht.

Einführung des Kontos Kasse

Auf dem **Konto Kasse** werden grundsätzlich **zwei Vorgänge** erfasst: **Zahlungseingänge** und **Zahlungsausgänge**. Es bietet sich daher an, zwischen diesen beiden unterschiedlichen Vorgängen, die es zu erfassen gilt, eine Trennungslinie zu ziehen. Zu diesem Zweck wird das Aufzeichnungsblatt in zwei Hälften unterteilt. Zudem wird vereinbart, dass die **Zahlungseingänge** auf der **linken Hälfte der Seite (Sollseite**[1]**)** und die **Zahlungsausgänge** auf der **rechten Seite (Habenseite**[1]**)** erfasst werden. Diese Art der Erfassung der Geschäftsvorfälle nennt man **Kontoform.** Das Konto, auf dem die Kassenvorgänge festgehalten werden, bezeichnet man als **Konto Kasse.**

Beispiel:

Wir beziehen uns auf die Angaben im Kassenbuch und buchen die Zahlungseingänge und Zahlungsausgänge auf dem Kassenkonto.

Lösung:

Soll		Kasse	Haben
Anfangsbestand	1750,00	Aushilfslohn	620,00
Fritz Müller	6500,00	Nachnahme	1480,00
Bank	1980,00		
Anton Beyer	1460,00		

1 Die Seitenbezeichnungen **„Soll"** und **„Haben"** hängen mit der Entwicklungsgeschichte der Buchführung zusammen. Es sind Restbestände aus der Führung der ersten Konten, bei denen es sich um Personenkonten handelte (Kunden **„sollen"** zahlen [aufgrund von Warenlieferungen] und sie **„haben"** gezahlt [Zahlungen]). Diese für **alle** Konten geltenden Seitenbezeichnungen können bei anderen Konten nicht mehr zum Konteninhalt in Beziehung gebracht werden.

Zur Feststellung des Schlussbestands muss das Konto **abgeschlossen** werden. Den ermittelten Schlussbestand nennt man in der Sprache des Buchhalters **Saldo,** den Vorgang des Kontoabschlusses bezeichnet man als **Saldieren.**

Um **nach dem Abschluss** weitere Eintragungen vornehmen zu können, muss ein bereits abgeschlossenes Konto wieder **neu eröffnet** werden. Dabei wird der Wert des **Schlussbestands (Saldo)** beim Abschluss auf dem neu zu eröffnenden Konto als **Anfangsbestand (Saldovortrag)** übernommen.

Dies ergibt folgende Darstellung:

Abschluss des Kontos:[1]

Soll		Kasse	Haben
Anfangsbestand	1 750,00	Aushilfslohn	620,00
Fritz Müller	6 500,00	Nachnahme	1 480,00
Bank	1 980,00	Schlussbestand	
Anton Beyer	1 460,00	(Saldo)	9 590,00
	11 690,00		11 690,00

Neueröffnung des Kontos:

Soll		Kasse	Haben
Anfangsbestand (Saldovortrag)	9 590,00		

Schematische Darstellung:

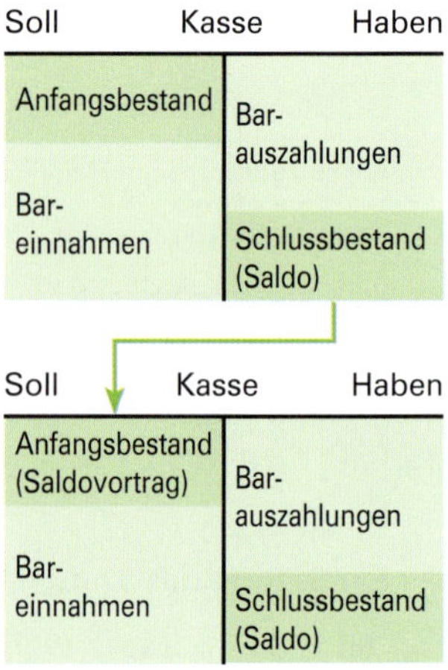

Erläuterungen:

Der ermittelte **Restbetrag (Saldo)** auf einem Konto heißt **Schlussbestand.** Dieser steht immer auf der wertmäßig kleineren Seite. Das ist bei einem Kassenkonto die Habenseite (niemand kann mehr Geld aus der Kasse entnehmen als vorher hineingelegt wurde).

Der **Anfangsbestand (Saldovortrag)** auf dem neu eröffneten Konto steht immer auf der entgegengesetzten Seite wie der Schlussbestand (Saldo). Da auf dem Kassenkonto der Schlussbestand auf der Habenseite steht, muss der Anfangsbestand auf der Sollseite erscheinen.

Der Abschluss eines Kontos vollzieht sich in fünf Schritten:	
1. Schritt:	Das Wort Schlussbestand (Saldo) wird auf der wertmäßig kleineren Seite eingetragen.
2. Schritt:	Die wertmäßig größere Seite wird addiert.
3. Schritt:	Die errechnete Summe wird auf die wertmäßig kleinere Seite übertragen.
4. Schritt:	Der Schlussbestand (Saldo) wird ermittelt und zum Ausgleich der Seiten auf der wertmäßig kleineren Seite eingetragen.
5. Schritt:	Die Abschlussstriche sind zu ziehen.

1 Auf die **Entwertung des freien Raums** beim Abschluss des Kontos durch die sogenannte „Buchhalternase" wird im Folgenden **verzichtet.** Dies entspricht der Vorgehensweise in der EDV-Buchhaltung.

Übungsaufgaben

24 1. Führen Sie das Konto **Kasse** und schließen Sie es nach Buchung der Geschäftsvorfälle ab!

Bearbeitungshinweis: Denken Sie daran, dass alle Geschäftsvorfälle jeweils nur nach ihrer Auswirkung auf den Kassenbestand befragt werden müssen. Für die Beantwortung gibt es nur zwei Möglichkeiten: Entweder der Kassenbestand nimmt durch den Geschäftsvorfall zu oder er nimmt ab. Zugänge gehören bei der Kasse auf die Sollseite, Abgänge auf die Habenseite.

I. Anfangsbestand:

Die Kasse weist einen Anfangsbestand (Saldovortrag) von 2160,00 EUR aus.

II. Geschäftsvorfälle:

Es ereignen sich folgende Geschäftsvorfälle, die den Kassenbestand verändern:

1. Barverkauf von Waren	3070,00 EUR
2. Zeitungsinserat bar bezahlt	190,00 EUR
3. Kauf von Briefmarken	45,00 EUR
4. Barzahlung eines Kunden	910,00 EUR
5. Mietzahlung unseres Mieters bar	300,00 EUR
6. Barzahlung einer Lieferantenrechnung	1940,00 EUR
7. Barverkauf von Waren	180,00 EUR
8. Provisionszahlung bar	2700,00 EUR

2. Führen Sie das Konto **Kasse** und schließen Sie es nach Buchung der Geschäftsvorfälle ab!

I. Anfangsbestand:

Die Kasse weist einen Anfangsbestand von 2370,00 EUR aus.

II. Geschäftsvorfälle:

Es ereignen sich folgende Geschäftsvorfälle, die den Kassenbestand verändern:

1. Ein Kunde zahlt einen Rechnungsbetrag bar	350,00 EUR
2. Wir kaufen Waren bar ein	500,00 EUR
3. Wir heben vom Bankkonto ab und legen das Geld in die Geschäftskasse	1000,00 EUR
4. Wir zahlen die Aushilfslöhne bar	900,00 EUR
5. Wir kaufen Waren bar	850,00 EUR
6. Wir kaufen Büromaterial bar	78,00 EUR
7. Wir kaufen einen Bürostuhl bar	425,00 EUR
8. Wir zahlen auf unser Bankkonto bar ein	400,00 EUR

25 Lösen Sie die Handlungsaufgaben aus der Situation 7 auf S. 95!

AS 1.1 Situation 8: Inventur durchführen und Inventar erstellen

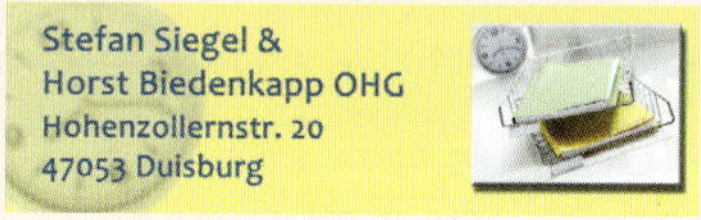

Sie sind Mitarbeiter der Stefan Siegel & Horst Biedenkapp OHG, Bürobedarf, Hohenzollernstr. 20, 47053 Duisburg. Die Jahresabschlussarbeiten, insbesondere die Inventur, sind durchgeführt. Stefan Siegel und Horst Biedenkapp möchten möglichst rasch wissen, wie groß ihr Reinvermögen ist.

Impulse:

1. Inventur machen – das heißt „zählen, messen, wiegen, schätzen". Bilden Sie Beispiele für Inventurposten, die gezählt, gemessen, gewogen oder geschätzt werden!
2. Die jährliche Inventur ist eine Pflichtaufgabe für den Kaufmann lt. HGB. Weshalb hat ein Kaufmann aber auch ein ureigenes Interesse, zumindest jährlich eine Inventur durchzuführen?

Handlungsaufgabe:

Arbeiten Sie die folgenden Kapitel des Schulbuches durch und verwenden Sie die Aufzeichnungen aus dem Unterricht zur Bearbeitung der Handlungsaufgabe!

Erstellen Sie auf der Basis der angegebenen Inventurergebnisse das Inventar zum 31. Dezember 20.. für die Stefan Siegel & Horst Biedenkapp OHG, Bürobedarf!

Inventurergebnisse:

Grundstücke		121 180,00 EUR
Bauten auf eigenen Grundstücken		535 925,00 EUR
Büroeinrichtung lt. Inventurliste 1		48 000,00 EUR
Fuhrpark (1 Kombi)		51 400,00 EUR
Forderungen lt. bestätigter Saldenliste		60 510,00 EUR
Warenvorräte:		
8 PCs lt. Inventurliste 2	15 000,00 EUR	
15 Kopiergeräte lt. Inventurliste 3	20 000,00 EUR	
20 Laserdrucker lt. Inventurliste 4	8 000,00 EUR	
26 Scanner lt. Inventurliste 5	5 250,00 EUR	
Sonstiges Kleinmaterial lt. Inventurliste 6	3 000,00 EUR	51 250,00 EUR
Kassenbestand lt. Inventurliste 7		1 520,00 EUR
Guthaben bei Kreditinstituten:		
– Guthaben auf dem Kontokorrentkonto bei der Sparkasse Duisburg		27 790,00 EUR
– Guthaben bei der Postbank Niederlassung in Paderborn		2 200,00 EUR
Verbindlichkeiten gegenüber Kreditinstituten:		
– Darlehen bei der Sparkasse Duisburg		128 000,00 EUR
Verbindlichkeiten aus Lieferungen und Leistungen:		
– Nürnberger Teleblick AG	31 600,00 EUR	
– Berliner Büromarkt GmbH	59 100,00 EUR	90 700,00 EUR

5.3 Inhaltlicher Zusammenhang zwischen Inventur, Inventar und Bilanz beschreiben

5.3.1 Inventur

5.3.1.1 Ablauf der Inventur

Durch den Vorgang der **Inventur** wird vor Ort festgestellt, welche Vermögens- und Schuldwerte tatsächlich vorhanden sind. Die Inventur ist also eine **Tätigkeit (körperliche Bestandsaufnahme)**.

- Man geht in das Lager und schaut z. B. nach, welche Menge einer **Werkstoffart**[1] noch vorhanden ist. Typische Tätigkeiten für diesen ersten Vorgang der Inventur sind: Zählen, Messen, Wiegen, notfalls auch Schätzen. Durch die Rechnung Menge · Einstandspreis wird anschließend der Wert der vorhandenen Werkstoffe ermittelt.
- Zur Feststellung des Wertes an **Bargeld** muss das in der Kasse vorhandene Geld gezählt werden.
- Bei anderen Geldvermögensarten, z. B. dem **Bankguthaben,** geben die Kontoauszüge Auskunft über das gegenwärtige Guthaben.
- **Kundenforderungen** bzw. **Lieferantenschulden** werden namentlich aufgelistet. Die ermittelten Salden lässt man sich von den einzelnen Kunden bzw. Lieferanten bestätigen.
- Der Wert der einzelnen Gegenstände der **Betriebs- und Geschäftsausstattung** wird unter Berücksichtigung planmäßiger Abschreibungsbeträge ermittelt.

Beispiel für eine Inventur-Aufnahmeliste (Einzelinventurliste):

Inventur-Aufnahmeliste

Filiale: *Köln* **Blatt-Nr.:** *14* **Aufnahme:** *Fischer*

Abteilung: *Möbel* **Datum:** *31. 12. 20..* **Ausrechnung:** *Troll* **Kontrolle:** *Spralte*

Position	Menge	Artikelnummer	Artikelbezeichnung	Warengruppe	Nettoverkaufspreis in EUR	Einstandspreis in EUR
(1)	*30*	*30111*	*Matratzen*	*5*	*299,00*	*185,00*
(2)	*25*	*30222*	*Tische*	*7*	*119,00*	*69,00*
(3)						

Die **Inventur** ist die mengen- und wertmäßige Erfassung aller Vermögens- und Schuldenwerte eines Kaufmanns zu einem bestimmten Zeitpunkt. Die Inventur ist also eine Tätigkeit.

1 Zu den Werkstoffen zählen z. B. Rohstoffe, Betriebsstoffe, Hilfsstoffe. Wiederholen Sie hierzu S. 30.

5.3.1.2 Zielsetzung der Inventur

Die vom Gesetzgeber geforderte Inventur ist wesentlicher Bestandteil einer ordnungsmäßigen Buchführung. Die Inventur dient in erster Linie dem **Schutz der Gläubiger.** Durch eine körperliche Bestandsaufnahme wird überprüft, ob die in der Buchführung **ausgewiesenen Bestände (Sollbestände)** mit den **tatsächlichen Beständen (Istbeständen) übereinstimmen.** Treten Differenzen zwischen Soll- und Istbeständen auf, müssen die Ursachen aufgedeckt und entsprechende Korrekturen in der Buchführung vorgenommen werden, damit solche Differenzen nicht noch weitergeschleppt werden. Insofern übt die **Inventur** gegenüber der Buchführung eine **Kontrollfunktion** aus.

5.3.2 Inventar

- Das **Inventar** ist das übersichtlich zusammengestellte **wertmäßige Ergebnis** der Inventur.
- Das Inventar weist zu **einem bestimmten Tag** alle tatsächlich vorhandenen **Vermögenswerte und Schulden** eines Unternehmens nach Art, Menge und Wert aus.

Obschon es **keine gesetzlichen Vorschriften** für die **formale Darstellung eines Inventars** gibt, hat es sich in der Praxis allgemein durchgesetzt, dass die Ergebnisse der Inventur nochmals zusammengefasst werden. Bei einzelnen Posten wird dann auf die Einzelverzeichnisse verwiesen.

Das Beispiel auf S. 105 soll als Muster für den Inhalt und den Aufbau eines Inventarverzeichnisses und für die darin verwendeten Begriffe dienen.

Erläuterungen zum Inhalt und Aufbau des Inventars von S. 105:

Das Inventar besteht aus drei Teilen: dem **Vermögen,** den **Schulden** und dem **Reinvermögen (Eigenkapital).**

- Das **Vermögen** gibt Aufschluss darüber, welche Gegenstände in einem Unternehmen vorhanden sind. Man unterscheidet zwischen Anlage- und Umlaufvermögen.
  - Zum **Anlagevermögen** gehören alle Vermögensposten, die dazu bestimmt sind, dem Unternehmen langfristig zu dienen. Sie bilden die Grundlage für die Betriebsbereitschaft.

    Beispiele:

    Lizenzen, geschützte Marken, Gebäude, Grundstücke, Maschinen, Betriebs- und Geschäftsausstattung, Beteiligung an anderen Unternehmen.

  - Zum **Umlaufvermögen** zählen alle Vermögensposten, die dadurch charakterisiert sind, dass sie sich durch die Geschäftstätigkeit laufend verändern.

    Beispiele:

    Kassenbestand, Guthaben bei Kreditinstituten, Werkstoffe, Handelswaren, Forderungen aus Lieferungen und Leistungen.

- Die **Schulden (Verbindlichkeiten)** stellen Fremdkapital dar, das Dritte dem Unternehmen zur Verfügung stellen. Sie werden z.B. nach der Art der Schuld gegliedert.

  Beispiele:

  Verbindlichkeiten gegenüber Kreditinstituten, Verbindlichkeiten aus Lieferungen und Leistungen.

Inventar zum 31. Dezember
der Möbelfabrik Franz Merkurius e. Kfm., Dürener Str. 101, 40223 Düsseldorf

A. Vermögen		
I. Anlagevermögen:		
1. Grundstücke		
– Dürener Straße 101	175 000,00 EUR	
– Georgstraße 21	125 000,00 EUR	300 000,00 EUR
2. Bauten auf eigenen Grundstücken		
– Fabrikgebäude Dürener Straße 101	429 450,00 EUR	
– Verwaltungsgebäude Georgstraße 21	675 000,00 EUR	1 104 450,00 EUR
3. Maschinen lt. Inventurliste 1		749 800,00 EUR
4. Fuhrpark		
– Pkw: D – BE 44	45 800,00 EUR	
– Lkw: D – LU 855	98 750,00 EUR	144 550,00 EUR
5. Betriebs- und Geschäftsausstattung		
– Lagereinrichtung lt. Inventurliste 2	45 600,00 EUR	
– Verwaltungseinrichtung lt. Inventurliste 3	29 275,00 EUR	
– EDV-Anlagen lt. Inventurliste 4	20 725,00 EUR	95 600,00 EUR
II. Umlaufvermögen:		
1. Rohstoffe lt. Inventurliste 5		350 750,00 EUR
2. Hilfsstoffe lt. Inventurliste 6		118 450,00 EUR
3. Betriebsstoffe lt. Inventurliste 7		147 620,00 EUR
4. Unfertige Erzeugnisse lt. Inventurliste 8		70 200,00 EUR
5. Fertigerzeugnisse		
– 360 Schränke V 17/2	203 400,00 EUR	
– 210 Schreibtische S 22/4	193 200,00 EUR	
– Diverse Kleinmöbel lt. Inventurliste 9	310 400,00 EUR	707 000,00 EUR
6. Forderungen aus Lieferungen und Leistungen		
– Möbelhaus Schmid OHG, Oberhausen	12 125,00 EUR	
– Möbel Meierhofer KG, Siegen	11 900,00 EUR	
– Möbel Discount Dresden GmbH	9 550,00 EUR	33 575,00 EUR
7. Kassenbestand lt. Inventurliste 10		1 250,00 EUR
8. Guthaben bei Banken		
– Guthaben NRW Bank Düsseldorf	28 780,00 EUR	
– Guthaben Commerzbank Düsseldorf	5 900,00 EUR	34 680,00 EUR
Summe des Vermögens (Rohvermögens)		3 857 925,00 EUR
B. Schulden		
1. Verbindlichkeiten gegenüber Kreditinstituten		
– Darlehen bei der NRW Bank Düsseldorf	890 600,00 EUR	
– Kontokorrentkredit bei der Commerzbank Düsseldorf	50 145,00 EUR	940 745,00 EUR
2. Verbindlichkeiten aus Lieferungen und Leistungen		
– Metall- und Kunststoffwerke Leipzig AG	55 150,00 EUR	
– Großhandelshaus Stark GmbH Münster	47 350,00 EUR	102 500,00 EUR
3. Liefererdarlehen bei der Rado GmbH Dortmund		73 000,00 EUR
Summe der Schulden		1 116 245,00 EUR
C. Ermittlung des Reinvermögens (Eigenkapitals)		
Summe des Vermögens		3 857 925,00 EUR
– Summe der Schulden		1 116 245,00 EUR
= Reinvermögen (Eigenkapital)		2 741 680,00 EUR

Die **Inventur** ist eine **Bestandsaufnahme,** das Inventar ein **Bestandsverzeichnis.**

Übungsaufgaben

26

1. Nennen Sie die Gesetzesvorschrift, die den Kaufmann zur Aufstellung eines Inventars verpflichtet!
2. Nennen Sie drei Angaben, die in einem Inventar enthalten sein müssen!
3. Ermitteln Sie, zu welchen Zeitpunkten jeweils ein Inventar aufgestellt werden muss!
4. Erläutern Sie die Begriffe Inventar und Inventur!
5. Erklären Sie, welche praktische Bedeutung die Inventur im Zusammenhang mit der Buchführung hat!
6. Begründen Sie, welche Werte beim Auftreten von Differenzen zwischen Soll- und Istwerten berichtigt werden müssen!
7. Stellen Sie aufgrund der angegebenen Inventurergebnisse ein Inventar auf!

Vorlage
mvurl.de/m4ut

Bebaute Grundstücke		478 790,00 EUR
Fabrikgebäude		2 121 180,00 EUR
Verwaltungsgebäude		535 925,00 EUR
Büroeinrichtung lt. Inventurliste 1		148 500,00 EUR
Maschinen lt. Inventurliste 2		2 470 100,00 EUR
Werkzeuge lt. Inventurliste 3		272 800,00 EUR
Fuhrpark: 2 Lkw	205 000,00 EUR	
3 Pkw	64 300,00 EUR	269 300,00 EUR
Betriebs- und Geschäftsausstattung lt. Inventurliste 4		330 000,00 EUR
Rohstoffe lt. Inventurliste 5		1 420 000,00 EUR
Betriebsstoffe lt. Inventurliste 6		87 200,00 EUR
Hilfsstoffe lt. Inventurliste 7		54 750,00 EUR
Unfertige Erzeugnisse lt. Inventurliste 8		321 800,00 EUR
Fertige Erzeugnisse lt. Inventurliste 9		1 790 000,00 EUR
Kundenforderungen lt. bestätigter Saldenliste		222 400,00 EUR
Kassenbestand lt. Inventurliste 10		15 100,00 EUR
Guthaben bei Kreditinstituten		
– Guthaben auf dem Kontokorrentkonto bei der A-Bank		29 900,00 EUR
Verbindlichkeiten gegenüber Kreditinstituten		
– Darlehen bei der B-Bank		3 720 000,00 EUR
Verbindlichkeiten aus Lieferungen und Leistungen:		
– Göttinger Maschinen AG	820 000,00 EUR	
– Technik & Service Fritz GmbH	188 100,00 EUR	1 008 100,00 EUR

27 Lösen Sie die Handlungsaufgabe aus der Situation 8 auf S. 102!

Vorlage
mvurl.de/ahv8

5.3.3 Bilanz

5.3.3.1 Gesetzliche Grundlagen zur Aufstellung der Bilanz

(1) Aufstellungspflicht

Nach § 242 HGB hat der Kaufmann zu Beginn seines Handelsgewerbes und danach für den Schluss eines jeden Geschäftsjahres eine Bilanz[1] aufzustellen, aus der das Verhältnis zwischen seinem Vermögen und seinen Schulden erkennbar ist. Grundlage für die Aufstellung der Bilanz ist das Inventar.

Die **Bilanz** ist eine kurz gefasste Gegenüberstellung von Vermögen und Kapital in Kontoform.

(2) Form und Gliederung der Bilanz nach § 266 HGB

Nach § 266 I, S. 1 HGB ist die Bilanz in **Kontoform** aufzustellen. Die **linke Seite der Bilanz** ist die **Aktivseite.** Auf ihr stehen die **Aktiva,** das **Vermögen.** Die **rechte Seite der Bilanz** ist die **Passivseite.** Auf ihr stehen die **Passiva.** Die Passivseite der Bilanz weist das Kapital, getrennt nach Kapitalgebern (**Eigenkapital** und **Verbindlichkeiten [Fremdkapital]**) aus.

Es wird folgendes **vereinfachtes Bilanzschema** zugrunde gelegt.

Aktiva	Bilanz zum 31. Dezember 20..	Passiva
I. Anlagevermögen		**I. Eigenkapital**
1. Grundstücke und Bauten		**II. Verbindlichkeiten**
2. Technische Anlagen und Maschinen		1. Verbindlichkeiten geg. Kreditinst.
3. And. Anl., Betr.- u. G.-Ausstattung[2]		2. Verbindlichkeiten a. Lief. u. Leist.
II. Umlaufvermögen		3. Sonstige Verbindlichkeiten[4]
1. Roh-, Hilfs- und Betriebsstoffe		
2. Unfertige Erzeugnisse		
3. Fertige Erzeugnisse und Waren[3]		
4. Ford. aus Lieferungen u. Leistungen		
5. Kassenbestand		
6. Guthaben bei Kreditinstituten		

Beispiel:

Aus dem Inventar auf S. 105 leitet sich folgende Bilanz ab.

1 Das Wort **Bilanz** stammt aus dem Italienischen. Dort heißt es so viel wie Gleichgewicht bzw. Waage.

2 Zu diesem Bilanzposten gehört bei Kapitalgesellschaften auch der Fuhrpark. In Bilanzen von Nichtkapitalgesellschaften wird der Fuhrpark häufig als gesonderter Bilanzposten ausgewiesen.

3 Es handelt sich um **fertige** Waren (sogenannte **Handelswaren**), die der Industriebetrieb einkauft und unverändert weiterverkauft, z. B. eine Möbelfabrik kauft Bilder, Wäsche und Teppiche ein, die sie an interessierte Kunden weiterverkauft.

4 Zu diesem Bilanzposten zählen z. B. ein Liefererdarlehen, Sonstige Verbindlichkeiten gegenüber dem Finanzamt und Verbindlichkeiten gegenüber Sozialversicherungsträgern.

Aktiva	Bilanz der Möbelfabrik Franz Merkurius e. Kfm. zum 31. Dez...		Passiva
I. Anlagevermögen		**I. Eigenkapital**	2 741 680,00
1. Grundstücke u. Bauten	1 404 450,00	**II. Verbindlichkeiten**	
2. Techn. Anl. u. Maschinen	749 800,00	1. Verbindlichkeiten gegenüber Kreditinstituten	940 745,00
3. And. Anlagen, Betriebs- u. Geschäftsausstattung	240 150,00	2. Verbindl. aus Lieferungen u. Leistungen	102 500,00
II. Umlaufvermögen		3. Sonstige Verbindl.	73 000,00
1. Roh-, Hilfs- u. Betr.-Stoffe	616 820,00		
2. Unfertige Erzeugnisse	70 200,00		
3. Fert. Erzeugn. u. Waren	707 000,00		
4. Ford. a. Lief. u. Leist.	33 575,00		
5. Kassenbestand	1 250,00		
6. Guthaben b. Kreditinst.	34 680,00		
	3 857 925,00		3 857 925,00

Düsseldorf, den 10. März 20.. *Franz Merkurius*

Die Bilanz lässt auf einen Blick erkennen, wer das Kapital aufgebracht hat (Passivseite) und wie es verwendet wurde (Aktivseite).

Aktiva	Bilanz der Möbelfabrik Franz Merkurius e. Kfm.		Passiva
Wie wurde das Kapital verwendet?		**Wer** hat das Kapital aufgebracht?	
I. Anlagevermögen	2 394 400,00	**I. Eigenkapital**	2 741 680,00
II. Umlaufvermögen	1 463 525,00	**II. Verbindlichkeiten**	1 116 245,00
Vermögen	3 857 925,00	**Kapital**	3 857 925,00
↑ **Verwendung** finanzieller Mittel (Investitionen)		↑ **Beschaffung** finanzieller Mittel (Finanzierung)	

Die **Aktivseite** der Bilanz gibt die **Mittelverwendung (Investierung)** des Unternehmens wieder, die Passivseite die **Mittelbeschaffung (Finanzierung).**

(3) Aussagekraft der Bilanz

Am vorgegebenen Beispiel der Möbelfabrik Franz Merkurius e. Kfm. wird im Folgenden ein kurzer Überblick über die Aussagekraft einer Bilanz gegeben. Dabei beschränken wir uns darauf, das Verhältnis des Anlage- und Umlaufvermögens sowie des Eigen- und Fremdkapitals zur Bilanzsumme aufzuzeigen und auszuwerten.

Aktiva	Bilanz der Möbelfabrik Franz Merkurius e. Kfm.				Passiva
Wie wurde das Kapital verwendet?			**Wer** hat das Kapital aufgebracht?		
I. Anlagevermögen	2 394 400,00	62,1 %	**I. Eigenkapital**	2 741 680,00	71,1 %
II. Umlaufvermögen	1 463 525,00	37,9 %	**II. Verbindlichkeiten**	1 116 245,00	28,9 %
Vermögen	3 857 925,00	100,0 %	**Kapital**	3 857 925,00	100,0 %
↑ **Verwendung** finanzieller Mittel (Investitionen)			↑ **Beschaffung** finanzieller Mittel (Finanzierung)		

- **Zur Vermögenszusammensetzung:**
  Man sieht, dass das Anlagevermögen einen höheren Anteil hat als das Umlaufvermögen. Das war zu erwarten, denn eine Möbelfabrik benötigt zur Produktion Fabrikhallen, Lagerbestände, Maschinen, Fließbänder u. Ä. Diese Anlagegüter sind kapitalintensiv. Das Anlagevermögen ist umso höher, je stärker ein Unternehmen die Produktion automatisiert.

  Im Umlaufvermögen sind bei einer Möbelfabrik naturgemäß die Roh-, Hilfs- und Betriebsstoffe sowie die Fertigerzeugnisse die größten Posten, da sie unmittelbar mit der Produktion zusammenhängen. Erwähnenswert ist, dass die Forderungen sehr niedrig sind. Dies könnte darauf zurückzuführen sein, dass die Erzeugnisse sehr begehrt sind und die Möbelfabrik auf die Gewährung langer Zahlungsfristen verzichten kann.

- **Zur Kapitalzusammensetzung:**
  Das Verhältnis Eigen- und Fremdkapital zur Bilanzsumme zeigt, dass der Anteil des Eigenkapitals höher ist als der des Fremdkapitals. Das bedeutet, die Möbelfabrik ist nicht von den Gläubigern abhängig und die Zinslast ist überschaubar.

(4) Bilanzgleichungen

Für jede Bilanz gilt folgende Grundgleichung:

$$\text{Aktiva} \;\hat{=}\; \text{Passiva}$$

Dabei gilt:

$$\text{Aktiva} \;\hat{=}\; \text{Vermögen}$$
$$\text{Passiva} \;\hat{=}\; \text{Eigenkapital} + \text{Fremdkapital}^{1}$$

Hieraus lassen sich folgende weitere **Bilanzgleichungen** ableiten:

Für die Berechnung des Vermögens

$$\text{Vermögen} \;\hat{=}\; \text{Eigenkapital} + \text{Fremdkapital}$$

Für die Berechnung des Kapitals

$$\text{Eigenkapital} \;\hat{=}\; \text{Vermögen} - \text{Fremdkapital}$$
$$\text{Fremdkapital} \;\hat{=}\; \text{Vermögen} - \text{Eigenkapital}$$

Übungsaufgabe

28 1. Stellen Sie unter Beachtung des einfachen Bilanzgliederungsschemas auf S. 107 aus dem Inventar der Aufgabe 26, Nr. 7. (S. 106) die entsprechende Bilanz auf!

Vorlage
mvurl.de/mxe8

1 Unter dieser mehr betriebswirtschaftlichen Betrachtungsweise benutzen wir den Begriff **Fremdkapital** (statt Verbindlichkeiten).

2. Erstellen Sie für die Plastikwerke Hübner e. Kfm. aufgrund folgender Angaben die Bilanz und berechnen Sie das Verhältnis von Anlage- und Umlaufvermögen sowie von Eigen- und Fremdkapital zur Bilanzsumme:

Fertige Erzeugnisse	620400,00 EUR	Kassenbestand	17000,00 EUR
Handelswaren	68200,00 EUR	Verbindlichkeiten gegenüber Kreditinstituten	1810000,00 EUR
Grundstücke u. Bauten	570800,00 EUR	Roh-, Hilfs- und Betriebsstoffe	490500,00 EUR
Ford. a. Lief. u. Leist.	115000,00 EUR	Guthaben bei Kreditinst.	48400,00 EUR
Verbindl. a. Lief. u. Leist.	975000,00 EUR	Liefererdarlehen	97700,00 EUR
Techn. Anl. u. Maschinen	1700400,00 EUR		
Büroausstattung	75150,00 EUR		
Fuhrpark	82200,00 EUR		

3. Beurteilen Sie die Vermögens- und Kapitalstruktur der Plastikwerke Hübner e. Kfm.!

5.3.3.2 Gegenüberstellung von Inventar und Bilanz

Inventar	Bilanz
■ Das Inventar ist eine **ausführliche wert- und mengenmäßige** Gegenüberstellung der Vermögens- und Schuldposten.	■ Die Bilanz ist eine **gedrängte wertmäßige** Gegenüberstellung aller Vermögens- und Schuldposten.
■ Im Inventar werden alle selbstständig bewertbaren Gegenstände eines Postens erfasst. Es ist **sehr ausführlich** und dadurch **unübersichtlich.**	■ Die Bilanz weist jeden Posten nur mit einer Summe aus. Sie ist **weniger ausführlich,** dadurch aber **übersichtlich.**
■ Im Inventar stehen Vermögen und Schulden **untereinander.**	■ In der Bilanz stehen Vermögen und Schulden **nebeneinander.**
■ Die Differenz zwischen Vermögen und Schulden heißt **Reinvermögen.**	■ Die Differenz zwischen Vermögen und Schulden heißt **Eigenkapital.**
■ Das Inventar bzw. die Inventur übt gegenüber den Ergebnissen der Buchführung eine **Kontrollfunktion** aus.	■ Die Bilanz baut auf den Zahlenunterlagen der Buchführung und denen der Inventur auf.
■ Das Inventar (die Inventur) dient **innerbetrieblichen Zwecken** (Soll-Ist-Vergleich).	■ Die Bilanz informiert die **Außenwelt.**
■ Gesetzliche **Gliederungsvorschriften** für das Inventar **bestehen nicht.**	■ Es bestehen **gesetzliche Gliederungsvorschriften.**

5.3.3.3 Zusammenhang zwischen Inventur, Inventar, Bilanz und Buchführung

Bevor die Bilanz aufgrund der Buchführung erstellt werden kann, muss geprüft werden, ob die in der Buchführung ausgewiesenen Bestände **(Sollbestände)** mit den tatsächlich vorhandenen Beständen **(Istbestände)** übereinstimmen. Es könnten ja Unregelmäßigkeiten (z. B. Rechenfehler, Diebstahl) aufgetreten sein. Diese Sicherstellung erfolgt über die Inventur. Inventur und Inventar stehen **außerhalb der Buchführung.**

- Man unterscheidet **Inventurbestand (Istbestand)** und **Buchbestand (Sollbestand).**
- Der **Buchbestand** muss eventuell durch Korrekturbuchungen dem **Istbestand** entsprechend **angepasst werden.**

Liegen Abweichungen zwischen Soll- und Istbeständen vor, müssen die Gründe dafür aufgedeckt und entsprechende Korrekturen in der Buchführung vorgenommen werden, damit die Werte der Buchführung auch mit den tatsächlich vorhandenen übereinstimmen. Die Inventur – mit dem Inventar als Ergebnis – hat also gegenüber der Buchführung eine **Kontrollfunktion.**

Die nachfolgende Grafik zeigt den Ablauf der Abstimmung zwischen Buchführung und Bilanz aufgrund der Inventur.

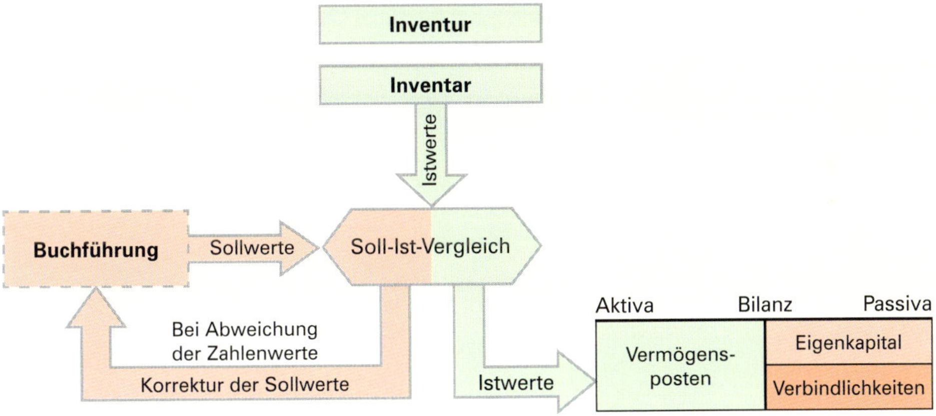

Zielsetzung:
Informationen für die Geschäftsleitung

Zielsetzung:
Informationen für Außenstehende

Übungsaufgabe

29

1. Geben Sie einige wichtige Unterscheidungsmerkmale zwischen Inventar und Bilanz an!
2. Nennen Sie die beiden Hauptgruppen auf der Aktivseite der Bilanz!
3. 3.1 Erläutern Sie den Begriff Anlagevermögen!
   3.2 Nennen Sie drei Posten, die zum Anlagevermögen gehören!
4. 4.1 Erläutern Sie den Begriff Umlaufvermögen!
   4.2 Nennen Sie vier Posten, die zum Umlaufvermögen zählen!
5. Deuten Sie das Wort Bilanz!
6. Stellen Sie die Grundgleichung einer Bilanz auf!
7. Beschreiben Sie, wie das Eigenkapital rechnerisch zu ermitteln ist!
8. Erläutern Sie den Inhalt der beiden Bilanzseiten!
9. Erläutern Sie den Zusammenhang zwischen Buchführung, Inventar (Inventur) und Bilanz!

5.3.3.4 Wertveränderungen der Bilanzposten durch Geschäftsvorfälle (vier Grundfälle)

Die Bilanz stellt die Werte des Vermögens und der Schulden zu einem ganz bestimmten Zeitpunkt dar, und zwar im Allgemeinen für den Schluss eines jeden Geschäftsjahres.

Durch Gegenüberstellung der Werte am Schluss des laufenden Geschäftsjahres mit den Werten am Schluss des vorangegangenen Geschäftsjahres können die Wertveränderungen der einzelnen Bilanzposten festgestellt werden. Ursache für diese Wertveränderungen sind die **Geschäftsvorfälle.**

Im Folgenden werden die unterschiedlichen Auswirkungen der verschiedenen Geschäftsvorfälle auf die Vermögens- und Schuldenwerte in der Bilanz dargestellt.

- **Bilanzen** gelten immer nur für einen ganz **bestimmten Zeitpunkt.**
- Die in der Bilanz ausgewiesenen Werte werden durch jeden danach erfolgten **Geschäftsvorfall verändert.**
- **Geschäftsvorfälle** sind Vorgänge, die Veränderungen des Vermögens bzw. der Schulden auslösen.
- Die Veränderungen aufgrund der Geschäftsvorfälle werden in der **Buchführung** festgehalten.
- Unter **Buchführung** versteht man die planmäßige und lückenlose Erfassung aller Geschäftsvorfälle eines Betriebs innerhalb eines bestimmten Zeitabschnitts.

Beispiel:

Aktiva		**Ausgangsbilanz**	Passiva
Techn. Anlagen u. Maschinen	37 000,00	Eigenkapital	42 000,00
Roh-, Hilfs- u. Betriebsstoffe	2 000,00	Verb. a. Lief. und Leistungen	16 000,00
Fertige Erzeugnisse	3 000,00		
Kassenbestand	4 000,00		
Guthaben bei Kreditinstituten	12 000,00		
	58 000,00		58 000,00

Anmerkung:

Wegen der geringen Anzahl von Posten wird auf die Gliederung in Anlagevermögen und Umlaufvermögen bzw. Eigenkapital und Verbindlichkeiten verzichtet.

Aufgabe:

Stellen Sie nach jedem Geschäftsvorfall die Bilanz neu auf, geben Sie an, in welche Richtung (+ oder –) sich die einzelnen Bilanzposten geändert haben und charakterisieren Sie jeweils die Bilanzveränderungen. Machen Sie außerdem eine Aussage über die Bilanzsumme.

Lösung:

1. Geschäftsvorfall: Wir kaufen Rohstoffe gegen Barzahlung für 1800,00 EUR.

Auswirkungen auf die Bilanz

Aktiva		**1. veränderte Bilanz**	Passiva
Techn. Anlagen u. Maschinen	37000,00	Eigenkapital	42000,00
Roh-, Hilfs- u. Betriebsstoffe	3800,00	Verb. a. Lief. und Leistungen	16000,00
Fertige Erzeugnisse	3000,00		
Kassenbestand	2200,00		
Guthaben bei Kreditinstituten	12000,00		
	58000,00		58000,00

Roh-, Hilfs- u. Betriebsstoffe (Aktivposten) +
Kassenbestand (Aktivposten) –

AKTIVTAUSCH
Die Bilanzsumme bleibt unverändert

Erläuterungen:

Es werden zwei Aktivposten verändert. Der Aktivposten Roh-, Hilfs- u. Betriebsstoffe nimmt um 1800,00 EUR zu, der Aktivposten Kassenbestand nimmt um den gleichen Betrag ab.

2. Geschäftsvorfall: Eine Verbindlichkeit aus Lieferungen und Leistungen von 5000,00 EUR wird in ein Liefererdarlehen (Bilanzposition „Sonstige Verbindlichkeiten") umgewandelt.

Auswirkungen auf die Bilanz

Aktiva		**2. veränderte Bilanz**	Passiva
Techn. Anlagen u. Maschinen	37000,00	Eigenkapital	42000,00
Roh-, Hilfs- u. Betriebsstoffe	3800,00	Verb. a. Lief. und Leistungen	11000,00
Fertige Erzeugnisse	3000,00	Sonstige Verbindlichkeiten	5000,00
Kassenbestand	2200,00		
Guthaben bei Kreditinstituten	12000,00		
	58000,00		58000,00

Sonstige Verbindlichkeiten (Passivposten) +
Verb. a. Lief. und Leistungen (Passivposten) –

PASSIVTAUSCH
Die Bilanzsumme bleibt unverändert

Erläuterungen:

Die Veränderungen erfolgen auf der Passivseite. Der Passivposten Verbindlichkeiten aus Lieferungen und Leistungen nimmt um 5000,00 EUR ab. In Höhe des gleichen Betrages kommt der neue Passivposten Sonstige Verbindlichkeiten hinzu.

3. Geschäftsvorfall: Eine Verbindlichkeit aus Lieferungen und Leistungen in Höhe von 3000,00 EUR wird durch eine Banküberweisung getilgt.

Auswirkungen auf die Bilanz

Aktiva — **3. veränderte Bilanz** — Passiva

Aktiva		Passiva	
Techn. Anlagen u. Maschinen	37000,00	Eigenkapital	42000,00
Roh-, Hilfs- u. Betriebsstoffe	3800,00	Verb. a. Lief. und Leistungen	8000,00
Fertige Erzeugnisse	3000,00	Sonstige Verbindlichkeiten	5000,00
Kassenbestand	2200,00		
Guthaben bei Kreditinstituten	9000,00		
	55000,00		55000,00

Verb. a. Lief. und Leistungen	(Passivposten)	–
Guth. bei Kreditinstituten	(Aktivposten)	–

AKTIV-PASSIVMINDERUNG
Die Bilanzsumme wird verringert

Erläuterungen:

Es werden ein Aktivposten und ein Passivposten berührt. Der Passivposten Verbindlichkeiten aus Lieferungen und Leistungen nimmt um 3000,00 EUR ab, der Aktivposten Guthaben bei Kreditinstituten nimmt ebenfalls um den gleichen Betrag ab.

4. Geschäftsvorfall: Wir kaufen Betriebsstoffe auf Ziel (Kredit) für 6000,00 EUR.

Auswirkungen auf die Bilanz

Aktiva — **4. veränderte Bilanz** — Passiva

Aktiva		Passiva	
Techn. Anlagen u. Maschinen	37000,00	Eigenkapital	42000,00
Roh-, Hilfs- u. Betriebsstoffe	9800,00	Verb. a. Lief. und Leistungen	14000,00
Fertige Erzeugnisse	3000,00	Sonstige Verbindlichkeiten	5000,00
Kassenbestand	2200,00		
Guthaben bei Kreditinstituten	9000,00		
	61000,00		61000,00

Roh-, Hilfs- u. Betr.-Stoffe	(Aktivposten)	+
Verb. a. Lief. und Leistungen	(Passivposten)	+

AKTIV-PASSIVMEHRUNG
Die Bilanzsumme wird erhöht

Erläuterungen:

Es werden ein Aktivposten und ein Passivposten berührt. Der Aktivposten Roh-, Hilfs- und Betriebsstoffe nimmt um 6000,00 EUR zu, der Passivposten Verbindlichkeiten aus Lieferungen und Leistungen nimmt ebenfalls um diesen Betrag zu.

Ein Blick auf das Eigenkapital zeigt, dass bei allen vier Geschäftsvorfällen das Eigenkapital unverändert blieb. Es handelte sich also um **erfolgsunwirksame (erfolgsneutrale) Geschäftsvorfälle.**

! Jeder Geschäftsvorfall verändert die Bilanz.

Übungsaufgaben

30 **I. Geschäftsvorfälle:**

Vorlage mvurl.de/i7ek

1.	Wir zahlen eine Lieferantenrechnung durch Banküberweisung	4500,00 EUR
2.	Wir kaufen einen Schreibtisch bar	1020,00 EUR
3.	Wir kaufen Hilfsstoffe bar	821,00 EUR
4.	Wir zahlen ein Liefererdarlehen durch Banküberweisung zurück	9500,00 EUR
5.	Ein Kunde zahlt einen Rechnungsbetrag durch Banküberweisung	1100,00 EUR
6.	Wir kaufen einen Laptop bar	845,00 EUR
7.	Wir heben von unserem Bankkonto bar ab und legen das Geld in die Geschäftskasse	3000,00 EUR
8.	Eine Verbindlichkeit aus Lieferungen und Leistungen wird in ein Liefererdarlehen umgewandelt	12000,00 EUR
9.	Wir zahlen auf unser Bankkonto bar ein	3400,00 EUR
10.	Verkauf eines nicht mehr benötigten Büroschrankes zum Buchwert gegen Banküberweisung	250,00 EUR
11.	Wir kaufen Rohstoffe auf Ziel	14250,00 EUR

II. Aufgaben:

1. Geben Sie bei den angegebenen Geschäftsvorfällen jeweils die Änderungen der Bilanzposten an!
2. Zeigen Sie auf, um welchen der vier Grundfälle es sich jeweils handelt!

Bearbeitungshinweis: Zur Lösung der Aufgabe verwenden Sie bitte das folgende Schema:

Nr.	Bilanzposten		Art des Grundfalles
1.	Verb. aus Lief. u. Leistungen Guthaben bei Kreditinstituten	– 4500,00 – 4500,00	Aktiv-Passivminderung

31 1. Lesen Sie die nachfolgenden Aussagen zur Bilanz:

1.1 Der Geschäftsvorfall führt zu einer Vermehrung des Vermögens und der Schulden.

1.2 Der Geschäftsvorfall führt zu einer Vermehrung eines Vermögenspostens und gleichzeitig zu der Verminderung eines anderen Vermögenspostens.

1.3 Der Geschäftsvorfall führt zu einer Verminderung des Vermögens und der Schulden.

1.4 Der Geschäftsvorfall erhöht die Bilanzsumme.

Aufgabe:

Bilden Sie zu jeder angegebenen Aussage als Beispiel einen Geschäftsvorfall!

2. In einem Industriebetrieb weist die Bilanz folgende Veränderungen auf:

2.1	Kassenbestand Forderungen aus Lieferungen und Leistungen	+ 1400,00 EUR – 1400,00 EUR
2.2	Verbindlichkeiten gegenüber Kreditinstituten Guthaben b. Kreditinstituten	– 5000,00 EUR – 5000,00 EUR
2.3	Verbindlichkeiten aus Lieferungen und Leistungen Sonstige Verbindlichkeiten	– 10000,00 EUR + 10000,00 EUR
2.4	Roh-, Hilfs- und Betriebsstoffe Verbindlichkeiten aus Lieferungen und Leistungen	+ 4100,00 EUR + 4100,00 EUR

Aufgabe:

Formulieren Sie jeweils den zugrunde liegenden Geschäftsvorfall und geben Sie an, um welche Art der Bilanzveränderung es sich handelt!

AS 1.1 Situation 9: Bilanz in Konten auflösen

Jeder Geschäftsvorfall in einem Unternehmen verändert die Bilanz. So verändert der Geschäftsvorfall „Wir heben Bargeld vom Bankkonto ab und legen das Geld in die Geschäftskasse" die Bilanzposten „Guthaben bei Kreditinstituten" (Bilanzposten nimmt ab) und „Kassenbestand" (Bilanzposten nimmt zu).

IMPULSE:

Überlegen Sie, ob es sinnvoll ist, mit jedem Geschäftsvorfall die einzelnen Bilanzposten zu verändern!

HANDLUNGSAUFGABE:

Arbeiten Sie die folgenden Kapitel des Schulbuches durch und verwenden Sie die Aufzeichnungen aus dem Unterricht zur Bearbeitung der Handlungsaufgabe!

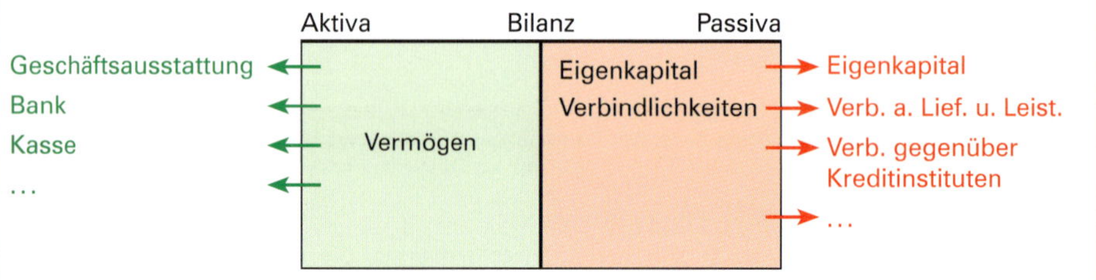

Erläutern Sie die vorgegebene Grafik!

5.4 Buchungen auf Bestandskonten durchführen

5.4.1 Von der Bilanz zu den Konten

Es ist nicht notwendig, nach jedem Geschäftsvorfall eine Bilanz neu zu erstellen, da die Wertveränderungen, die durch die Geschäftsvorfälle hervorgerufen werden, auch **außerhalb der Bilanz auf besonderen Konten der Buchführung** erfasst werden können. Man muss nur für jeden Vermögens- bzw. Schuldposten entsprechende Konten einrichten und den vorhandenen Anfangsbestand darauf vortragen.

Auf den Konten werden Bestände und deren Veränderungen erfasst. Diese Konten nennt man deshalb **Bestandskonten** (bzw. **Bilanzkonten**).

- In der **Buchführung** werden alle **Veränderungen der Bestände** auf Konten erfasst. Ursache für diese Veränderungen sind die **Geschäftsvorfälle.**
- In der Buchführung werden **Vermögenskonten (Aktivkonten)** und **Schuldkonten (Passivkonten)** geführt. Zu den Schuldkonten gehört auch das **Eigenkapitalkonto.**
- Die **Vermögens- und Schuldkonten** bilden die Gruppe der **Bestandskonten (Bilanzkonten).**

Beispiel:

Die Anfangsbestände zu Beginn der Geschäftsperiode sind in nachfolgender Bilanz zusammengefasst.

Aufgabe:

Richten Sie für die einzelnen Bilanzposten Konten ein und tragen Sie die Bilanzwerte als Anfangsbestände darauf vor!

Dabei vereinbaren wir, dass wir die **Anfangsbestände** bei den **Aktivkonten** auf der **Sollseite** und die **Anfangsbestände** bei den **Passivkonten** auf der **Habenseite** eintragen. Zu beachten ist, dass die Bezeichnung der Bilanzposten nicht mit der Bezeichnung der Konten übereinstimmen muss und dass für bestimmte Bilanzposten eventuell auch mehrere Konten einzurichten sind.

Lösung:

Ausgangsbilanz

Aktiva		Passiva	
① Roh-, Hilfs- u. Betriebsstoffe[1]	25 000,00	Eigenkapital ①	32 000,00
② Ford. aus Lief. u. Leistungen	5 000,00	Verb. gegen. Kreditinstituten[4] ②	3 000,00
③ Kassenbestand[2]	2 500,00	Verb. aus Lief. u. Leistungen ③	5 000,00
④ Guthaben bei Kreditinstituten[3]	7 500,00		
	40 000,00		40 000,00

In unserer Buchführung haben wir

Aktivkonten

Soll	Rohstoffe	Haben
① AB	14 000,00	

Soll	Hilfsstoffe	Haben
① AB	8 000,00	

Soll	Betriebsstoffe	Haben
① AB	3 000,00	

Soll	Ford. a. Lief. u. Leistungen	Haben
② AB	5 000,00	

Soll	Kasse	Haben
③ AB	2 500,00	

Soll	Bank	Haben
④ AB	7 500,00	

Passivkonten

Soll	Eigenkapital	Haben
	AB	32 000,00 ①

Soll	Langfr. Verb. geg. Kr.-Inst.	Haben
	AB	3 000,00 ②

Soll	Verb. a. Lief. u. Leistungen	Haben
	AB	5 000,00 ③

Bilanzkonten
(Bestandskonten)

Der **Anfangsbestand** steht bei den **Aktivkonten** im **Soll**, bei den **Passivkonten** im **Haben.**

1 Der Bilanzposten „Roh-, Hilfs- und Betriebsstoffe" wird in die drei Konten „Rohstoffe", „Hilfsstoffe" und „Betriebsstoffe" aufgegliedert.

2 Für den Bilanzposten „Kassenbestand" bezeichnen wir das einzurichtende Konto mit **Kasse**.

3 Für den Bilanzposten „Guthaben bei Kreditinstituten" bezeichnen wir das einzurichtende Konto kurz mit **Bank**.

4 Für den Bilanzposten „Verbindlichkeiten gegenüber Kreditinstituten" ist je nach Art der Verbindlichkeiten das Konto **„Langfristige Verbindlichkeiten gegenüber Kreditinstituten"** oder **„Kurzfristige Verbindlichkeiten gegenüber Kreditinstituten"** einzurichten.

5.4.2 Buchungen auf Aktivkonten (Vermögenskonten)

5.4.2.1 Begriffsklärungen, Buchungsregeln und die einseitigen Buchungen auf den Aktivkonten (Vermögenskonten)

(1) Begriff Aktivkonten

- **Aktivkonten** sind alle Konten, die sich auf der **Aktivseite** der Bilanz befinden. Sie repräsentieren das **Vermögen** der Unternehmung.
- Aktivkonten sind **Bestandskonten.**

Neben der Kasse zählen zum Vermögen z.B. eines Industriebetriebs Grundstücke, Gebäude, Betriebs- und Geschäftsausstattung, Maschinen, Fuhrpark, Roh-, Hilfs- und Betriebsstoffe,[1] Handelswaren,[1] Bankguthaben.

(2) Buchungsregeln für die Buchungen auf den Aktivkonten

Auf den **Aktivkonten** werden

- der **Anfangsbestand** und die **Zugänge** auf der **Sollseite,**
- **die Abgänge** und der **Schlussbestand** (Saldo) auf der **Habenseite.**

gebucht.

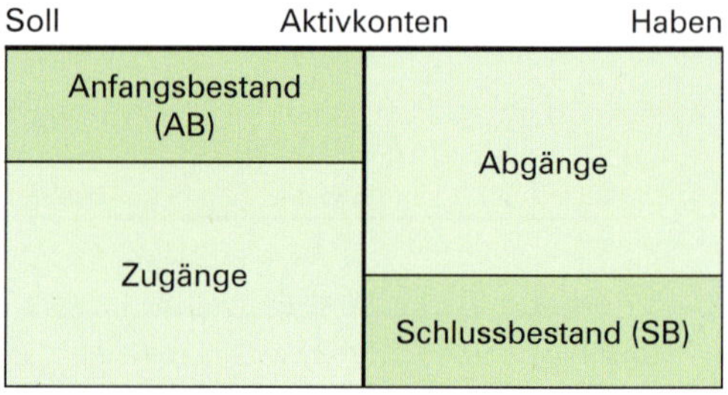

(3) Einseitige Buchungen

Bei den folgenden Aufgaben sollen die Auswirkungen von Geschäftsvorfällen zunächst nur im Hinblick auf **ein Konto** betrachtet werden. Dieses Konto soll jeweils ein **Aktivkonto** sein. Auf diese Weise werden die Auswirkungen eines Geschäftsvorfalles zunächst nur **einseitig beurteilt,** nämlich im Hinblick auf das vorgegebene Vermögenskonto.

Übungsaufgabe

32 1. Führen Sie die folgenden Aktivkonten und stellen Sie jeweils durch Abschluss der Konten den Schlussbestand fest!

Betriebs- und Geschäftsausstattung[2]

Anfangsbestand	3750,00 EUR
1.1 Wir kaufen einen Laptop bar	1350,00 EUR
1.2 Wir verkaufen ein ausgedientes Faxgerät bar zum Buchwert	50,00 EUR

1 Vgl. hierzu die Ausführungen auf S. 30.

2 Bis zur Einführung des Kontenrahmens verwenden wir dieses Sammelkonto für alle Büro- und Betriebseinrichtungsgegenstände.

Kasse		
Anfangsbestand		560,00 EUR
1.3	Ein Kunde zahlt einen Rechnungsbetrag bar	2000,00 EUR
1.4	Wir heben Bargeld vom Bankkonto ab und legen das Geld in die Geschäftskasse	1200,00 EUR
1.5	Wir kaufen einen Laptop bar	1350,00 EUR
1.6	Wir verkaufen ein ausgedientes Faxgerät bar zum Buchwert	50,00 EUR
Bank[1]		
Anfangsbestand		5150,00 EUR
1.7	Wir heben Bargeld vom Bankkonto ab und legen das Geld in die Geschäftskasse	1200,00 EUR
1.8	Ein Kunde überweist einen Rechnungsbetrag auf unser Bankkonto	1500,00 EUR
Forderungen aus Lieferungen und Leistungen		
Anfangsbestand		4150,00 EUR
1.9	Ein Kunde zahlt einen Rechnungsbetrag bar	2000,00 EUR
1.10	Ein Kunde überweist einen Rechnungsbetrag auf unser Bankkonto	1500,00 EUR

2. Lösen Sie die Handlungsaufgabe aus der Situation 9 auf S. 116!

5.4.2.2 Überleitung zum System der doppelten Buchführung

(1) Erfassung der doppelseitigen Auswirkungen von Geschäftsvorfällen mithilfe eines Überlegungsschemas

Bisher wurden die Auswirkungen eines Geschäftsvorfalls nur einseitig betrachtet, nämlich in seiner Auswirkung auf **ein einzelnes Konto**. Jetzt wird der Gechäftsvorfall in seinen gesamten Auswirkungen betrachtet. Dies verlangt, dass der Betrachtungshorizont erweitert werden muss.

Bisher fragten wir:

„Wie wird dieses **eine** Konto durch den Geschäftsvorfall verändert?"

Jetzt stellen sich drei Fragen.

1. „Welche Konten werden durch diesen Geschäftsvorfall verändert?"
2. „Wie verändert sich jeweils der Bestand auf den Konten?"
3. „Auf welcher Kontoseite ist zu buchen?"

Beispiel:

Geschäftsvorfall: Ein Kunde zahlt bar 2000,00 EUR.

bar → Konto Kasse	→	Bestand nimmt zu	daher →	Sollseite
Kunde → Konto Forderungen a. Lief. u. Leist.	→	Bestand nimmt ab	daher →	Habenseite

1 In diesem Schulbuch gehen wir davon aus, dass das Bankkonto immer ein Guthaben aufweist.

Um die Auswirkungen von mehreren Geschäftsvorfällen übersichtlich darstellen zu können, wird folgendes **Überlegungsschema** zugrunde gelegt:

Nr.	Geschäftsvorfall	I. Welche Konten werden berührt?	II. Wie verändert sich jeweils der Bestand auf den Konten?	III. Auf welcher Kontoseite ist jeweils zu buchen?	
				Soll	Haben
1.	Ein Kunde zahlt einen Rechnungsbetrag bar 2000,00 EUR.	Kasse → Ford.a.Lief.u.Leist. →	Zugang → Abgang →	2000,00	 2000,00

Übungsaufgaben

Stellen Sie anhand des Überlegungsschemas fest, welche Konten durch die folgenden Geschäftsvorfälle berührt werden, welche Veränderung sich auf dem jeweiligen Konto ergibt und auf welcher Seite demnach zu buchen ist!

33

1. Ein Kunde zahlt einen Rechnungsbetrag bar — 350,00 EUR
2. Wir kaufen Büroschränke gegen Banküberweisung — 1 250,00 EUR
3. Wir verkaufen einen gebrauchten Schreibtisch bar zum Buchwert — 150,00 EUR
4. Ein Kunde bezahlt einen Rechnungsbetrag durch Banküberweisung — 720,00 EUR
5. Wir heben Bargeld vom Bankkonto ab und legen das Geld in die Geschäftskasse — 900,00 EUR
6. Wir kaufen eine kleine EDV-Anlage gegen Banküberweisung — 4 310,00 EUR
7. Wir verkaufen einen nicht mehr benötigten Büroschrank gegen Banküberweisung zum Buchwert — 680,00 EUR
8. Wir kaufen einen gebrauchten Kombi gegen Barzahlung — 7 500,00 EUR
9. Kundenüberweisung lt. Bankauszug — 910,00 EUR

34

1. Wir heben Bargeld vom Bankkonto ab und legen das Geld in die Kasse — 10 000,00 EUR
2. Wir kaufen einen Kombiwagen bar — 42 000,00 EUR
3. Ein Kunde zahlt einen Rechnungsbetrag bar — 1 200,00 EUR
4. Wir zahlen auf das Bankkonto bar ein — 500,00 EUR
5. Wir kaufen ein Kopiergerät gegen Banküberweisung — 1 750,00 EUR
6. Wir richten bei der Bank ein Konto ein und zahlen darauf bar ein — 500,00 EUR
7. Ein Kunde überweist einen Rechnungsbetrag auf unser Bankkonto — 3 200,00 EUR
8. Die Forderung gegenüber dem Kunden (vgl. Nr. 7) beträgt nur 2 300,00 EUR. Wir zahlen daher dem Kunden den irrtümlich zu viel gezahlten Betrag durch Banküberweisung zurück — 900,00 EUR
9. Ein Kunde zahlt einen Rechnungsbetrag durch Banküberweisung — 780,00 EUR
10. Wir verkaufen einen veralteten Computer bar zum Buchwert — 500,00 EUR
11. Wir kaufen einen Papier-Schredder bar — 325,00 EUR
12. Wir kaufen einen neuen Computer gegen Banküberweisung — 1 500,00 EUR

(2) Buchung von Geschäftsvorfällen im System der doppelten Buchführung

Um die Vorteile der neuen Sichtweise, bei der als Ausgangspunkt nicht ein bestimmtes Konto, sondern der Geschäftsvorfall gewählt wird, besser verstehen zu können, wird auf die Aufgabe Nr. 32 auf der S. 118f. zurückgegriffen. Bei der bisherigen Sichtweise, bei der von einem bestimmten Konto ausgegangen wurde, musste jeder Geschäftsvorfall zweimal erfasst werden, da jeder Geschäftsvorfall zwei Konten berührt (vgl. in Aufgabe 32 z.B. Nr. 1.3 und Nr. 1.9, Nr. 1.8 und Nr. 1.10 usw.). Bei der neuen Vorgehensweise, bei der der Geschäftsvorfall als Ausgangspunkt der Bearbeitung gewählt wird, kommt man bei der gleichen Aufgabe mit der Hälfte der Geschäftsvorfälle zu den gleichen Ergebnissen auf den Konten.

Beispiel mit Lösung (Rückgriff auf Aufgabe 32):

I. Anfangsbestände:

Forderungen aus Lieferungen und Leistungen 4150,00 EUR; Betriebs- und Geschäftsausstattung 3750,00 EUR; Bank 5150,00 EUR; Kasse 560,00 EUR.

II. Aufgaben:

1. Stellen Sie mithilfe des eingeführten Überlegungsschemas jeweils fest, wie sich die folgenden Geschäftsvorfälle auf die Kontobestände auswirken!
2. Übertragen Sie die Ergebnisse auf die Konten und ermitteln Sie den Schlussbestand!

Lösungen:

Zu 1.: Feststellung der Auswirkungen der Geschäftsvorfälle mithilfe des eingeführten Überlegungsschemas

Nr.	III. Geschäftsvorfälle	I. Welche Konten werden berührt?	II. Wie verändert sich jeweils der Bestand auf den Konten?	III. Auf welcher Kontoseite ist zu buchen? Soll	Haben
1.	Ein Kunde zahlt einen Rechnungsbetrag bar 2000,00 EUR	Kasse Ford. a.L.u.L.	Zugang[1] Abgang[1]	2000,00	 2000,00
2.	Ein Kunde überweist einen Rechnungsbetrag auf unser Bankkonto 1500,00 EUR	Bank Ford. a.L.u.L.	Zugang Abgang	1500,00	 1500,00
3.	Wir kaufen einen Laptop bar 1350,00 EUR	Betr.- u. G.-Ausst. Kasse	Zugang Abgang	1350,00	 1350,00
4.	Wir verkaufen ein ausgedientes Faxgerät bar zum Buchwert 50,00 EUR	Kasse Betr.- u. G.-Ausst.	Zugang Abgang	50,00	 50,00
5.	Wir heben vom Bankkonto bar ab und legen das Geld in die Geschäftskasse 1200,00 EUR	Kasse Bank	Zugang Abgang	1200,00	 1200,00

1 **Hinweis:** Die scheinbare Gesetzmäßigkeit in Spalte II (Zugang einerseits, Abgang andererseits) wurde bewusst nicht angesprochen. Dieses Wechselspiel gilt nur im Bereich der Aktivkonten.
Nach Einbeziehung der Passivkonten ist es durchaus möglich, dass auf beiden Konten ein Zugang bzw. Abgang gegeben ist, ohne dass dabei das aus Spalte III ableitbare Grundprinzip des Systems der doppelten Buchführung (Sollbuchung entspricht der Habenbuchung) durchbrochen wird.

Zu 2.: Übertragung der festgestellten Auswirkungen auf die Konten und Abschluss der Konten

Soll — Betriebs- u. Geschäftsausst. — Haben

Soll		Haben	
AB	3 750,00	Kasse	50,00
Kasse	1 350,00	SB	5 050,00
	5 100,00		5 100,00

Soll — Kasse — Haben

Soll		Haben	
AB	560,00	BGA	1 350,00
Ford.a.L.u.L.	2 000,00	SB	2 460,00
BGA	50,00		
Bank	1 200,00		
	3 810,00		3 810,00

Soll — Bank — Haben

Soll		Haben	
AB	5 150,00	Kasse	1 200,00
Ford.a.L.u.L.	1 500,00	SB	5 450,00
	6 650,00		6 650,00

Soll — Forderungen a. Lief. u. Leist. — Haben

Soll		Haben	
AB	4 150,00	Kasse	2 000,00
		Bank	1 500,00
		SB	650,00
	4 150,00		4 150,00

Erläuterungen zu den Buchungen auf den Konten:

- Die erforderlichen Buchungen auf den Konten sind jeweils aus dem Überlegungsschema abzulesen. Aus dem Geschäftsvorfall Nr. 1 ist z. B. ablesbar, dass auf dem Kassenkonto auf der Sollseite 2 000,00 EUR einzutragen sind und auf dem Konto Forderungen aus Lieferungen und Leistungen ebenfalls 2 000,00 EUR, allerdings auf der Habenseite.
- Um feststellen zu können, wie es zu diesem Betrag auf dem betreffenden Konto gekommen ist, trägt man in Höhe des gebuchten Betrages jeweils das andere Konto (das sogenannte Gegenkonto) ein. Aus praktischen Gründen (Platzmangel, Zeit) kann der Kontoname abgekürzt werden.

- Jeder Geschäftsvorfall wird **doppelt gebucht** und berührt (mindestens) **zwei Konten.**
- Bei jedem Geschäftsvorfall wird der Betrag auf einem Konto auf der **Sollseite** und auf einem anderen Konto auf der **Habenseite** gebucht.
- Für jeden Geschäftsvorfall gilt: **gebuchter Sollbetrag ≙ gebuchter Habenbetrag.** Das ist das **Grundprinzip** des Systems der doppelten Buchführung.[1]

Übungsaufgaben

35 **I. Anfangsbestände:**

Grundstücke und Bauten[2] 420 000,00 EUR; Betriebs- und Geschäftsausstattung 20 000,00 EUR; Forderungen aus Lieferungen und Leistungen 16 450,00 EUR; Kasse 3 500,00 EUR; Bank 9 100,00 EUR.

1 Das System der doppelten Buchführung war bereits im Mittelalter bekannt. Es ist von dem Grundgedanken her so genial, dass es sich bis in unsere heutigen Tage bewährt hat.

2 Bis zur Einführung des Kontenrahmens wird der Wert der Grundstücke und Bauten nicht aufgeteilt und der angegebene Anfangsbestand daher auf dem gleichlautenden Konto erfasst.

II. Geschäftsvorfälle:

1.	Wir kaufen ein Kopiergerät bar	3000,00 EUR
2.	Wir heben vom Bankkonto ab und legen das Geld in die Geschäftskasse	2500,00 EUR
3.	Wir kaufen einen Aktenschrank und zahlen durch Banküberweisung	1750,00 EUR
4.	Ein Kunde überweist einen Rechnungsbetrag auf unser Bankkonto	2000,00 EUR
5.	Wir kaufen Schreibtische gegen Banküberweisung	2000,00 EUR
6.	Ein nicht mehr benötigtes Notebook wird zum Buchwert bar verkauft	250,00 EUR

III. Aufgaben:

1. Richten Sie für die angegebenen Anfangsbestände die Konten ein und tragen Sie die Anfangsbestände vor!
2. Erfassen Sie die Veränderungen durch die Geschäftsvorfälle zunächst in dem eingeführten Überlegungsschema und übertragen Sie diese unter Angabe des entsprechenden Gegenkontos anschließend auf die Konten!
3. Schließen Sie die Konten ordnungsmäßig ab!

36 **I. Anfangsbestände:**

Betriebs- und Geschäftsausstattung 12400,00 EUR; Forderungen aus Lieferungen und Leistungen 10400,00 EUR; Kasse 1700,00 EUR; Bank 4200,00 EUR.

II. Geschäftsvorfälle:

1.	Wir kaufen eine Werkbank gegen Banküberweisung	1400,00 EUR
2.	Ein Kunde zahlt den Rechnungsbetrag bar	2200,00 EUR
3.	Wir kaufen einen Aktenvernichter durch Banküberweisung	460,00 EUR
4.	Wir heben vom Bankkonto ab und legen das Geld in die Geschäftskasse	900,00 EUR
5.	Ein Kunde zahlt den Rechnungsbetrag durch Überweisung auf das Bankkonto	1050,00 EUR
6.	Wir verkaufen ein gebrauchtes Lagerregal zum Buchwert bar	400,00 EUR

III. Aufgaben:

1. Richten Sie für die angegebenen Anfangsbestände die Konten ein und tragen Sie die Anfangsbestände vor!
2. Erfassen Sie die Veränderungen durch die Geschäftsvorfälle zunächst in dem eingeführten Überlegungsschema und übertragen Sie diese anschließend unter Angabe des entsprechenden Gegenkontos auf die Konten!
3. Schließen Sie die Konten ordnungsmäßig ab!

5.4.3 Buchungen auf Passivkonten (Schuldkonten)

- **Passivkonten** sind alle Konten, die sich auf der **Passivseite der Bilanz** befinden. Sie repräsentieren das **Kapital** (Eigen- und Fremdkapital) der Unternehmung.
- Passivkonten sind **Bestandskonten.**

Der gegensätzliche Charakter von Vermögen und Schulden führt zwangsläufig dazu, dass auf den Passivkonten **anders** zu buchen ist als auf den Aktivkonten. Auf einem Konto, das durch die zweiseitige Verrechnungsmöglichkeit charakterisiert ist (Soll- oder Habenseite), kann das Wort „anders“ nur bedeuten: „auf der **anderen Kontoseite**“. Das führt zu der Konsequenz, dass auf den **Passivkonten** der **Anfangsbestand** und die **Zugänge** auf der **Habenseite,** die **Abgänge** und der **Schlussbestand** auf der **Sollseite** zu buchen sind.

Buchungsregeln:

Bei den **Passivkonten** werden

- der **Anfangsbestand** und die **Zugänge** auf der **Habenseite,**
- die **Abgänge** und der **Schlussbestand** (Saldo) auf der **Sollseite**

gebucht.

Soll	Passivkonten Haben
Abgänge	Anfangsbestand
Schlussbestand	Zugänge

Beispiel:

Wir kaufen bei der Karl Sende OHG Büromöbel auf Ziel (Zahlung später) für 5 000,00 EUR.

Aufgabe:

Buchen Sie den Geschäftsvorfall auf den entsprechenden Konten!

Lösung:

Der Geschäftsvorfall besagt, dass wir bei der Karl Sende OHG Waren einkaufen und zunächst Verbindlichkeiten eingehen, weil wir die Rechnung nicht unverzüglich zahlen. Die Karl Sende OHG ist unser Lieferant. Verbindlichkeiten bei Lieferanten buchen wir auf dem Passivkonto „Verbindlichkeiten aus Lieferungen und Leistungen".

Der Geschäftsvorfall berührt also die beiden Konten **Betriebs- und Geschäftsausstattung** und **Verbindlichkeiten aus Lieferungen und Leistungen.**

Betrachtungspunkt: Konto Betriebs- und Geschäftsausstattung

Durch den Kauf der Büromöbel nimmt der Bestand auf dem Konto Betriebs- und Geschäftsausstattung **zu.** Das Konto Betriebs- und Geschäftsausstattung ist ein Aktivkonto. Der **Zugang** auf einem **Aktivkonto** wird nach den festgelegten Buchungsregeln auf der **Sollseite** erfasst.

Betrachtungspunkt: Konto Verbindlichkeiten aus Lieferungen und Leistungen

Durch den Einkauf der Büromöbel auf Ziel nehmen die Verbindlichkeiten aus Lieferungen und Leistungen **zu.** Das Konto Verbindlichkeiten aus Lieferungen und Leistungen ist ein Passivkonto. Der **Zugang** bei **Passivkonten** wird nach den geltenden Buchungsregeln auf der **Habenseite** erfasst.

Soll	Betr.- u. Geschäftsausstattung Haben
Verb. a. L. u. L. 5 000,00	

Soll	Verbindlichkeiten a. Lief. u. Leist. Haben
	BuG.-Ausst. 5 000,00

Erläuterungen:

Es ist festzustellen, dass auf beiden Konten ein Zugang zu verzeichnen ist. Damit wird klargestellt, dass das Prinzip der doppelten Buchführung nicht in einem Wechsel von Zugang und Abgang besteht. Das ist, wie dieser Fall zeigt, eben nicht so. Dagegen bleibt das Grundprinzip der doppelten Buchführung (Sollbuchung auf dem einen Konto, Habenbuchung auf dem anderen Konto) selbstverständlich erhalten.

Übungsaufgaben

37 Stellen Sie mithilfe des unten vorgegebenen Überlegungsschemas dar, wie die nachfolgenden Geschäftsvorfälle zu buchen sind!

Vorlage mvurl.de/vxd5

1. Wir kaufen ein Notebook auf Ziel — 340,00 EUR
2. Wir bezahlen eine bereits gebuchte Liefererrechnung durch Banküberweisung[1] — 1 210,00 EUR
3. Wir kaufen ein Lagerregal auf Ziel — 980,00 EUR
4. Wir tilgen einen Teil des Bankdarlehens durch Banküberweisung — 600,00 EUR
5. Ein Kunde zahlt einen Rechnungsbetrag bar[1] — 55,00 EUR
6. Kauf eines Laptops auf Ziel — 3 980,00 EUR
7. Zielkauf eines Bürosessel für das Chefbüro — 1 720,00 EUR
8. Kauf eines Büroschrankes auf Ziel — 598,00 EUR

Bearbeitungshinweis:

Um Fehler zu vermeiden, verwenden Sie bitte das nachfolgende **Überlegungsschema.** Da man es jetzt mit zwei unterschiedlichen Kontoarten zu tun hat, muss man das bereits auf S. 120 eingeführte Überlegungsschema um eine Spalte erweitern.

Nr.	Geschäftsvorfälle	I. Welche Konten werden berührt?	II. Um welche Kontoart handelt es sich?	III. Wie verändert sich jeweils der Bestand auf den Konten?	IV. Auf welcher Kontoseite ist jeweils zu buchen? Soll	Haben
1.	Wir kaufen ein Notebook auf Ziel 340,00 EUR	Betr.- u. G.-Aust. Verb. a.L.u.L.	Aktivkonto Passivkonto	Zugang Zugang	340,00	340,00

38 Stellen Sie mithilfe des Überlegungsschemas dar, wie die nachfolgenden Geschäftsvorfälle zu buchen sind!

Vorlage mvurl.de/16ws

1. Barverkauf einer nicht mehr benötigten Maschine zum Buchwert von — 450,00 EUR
2. Ein Kunde überweist einen Rechnungsbetrag auf unser Bankkonto — 3 470,00 EUR
3. Einkauf von Büroschränken auf Ziel — 1 760,00 EUR
4. Rücksendung eines bereits bei uns gebuchten Büroschranks an den Lieferer im Wert von — 500,00 EUR
5. Zahlung einer Liefererrechnung durch Banküberweisung — 2 543,00 EUR
6. Barabhebung vom Bankkonto zur Auffüllung der Geschäftskasse — 2 000,00 EUR
7. Barkauf eines Schreibtisches für das Chefbüro — 1 780,00 EUR
8. Ein Geschäftsfahrzeug wird zum Buchwert gegen Barzahlung verkauft — 8 000,00 EUR
9. Ein Geschäftsfahrzeug wird zum Buchwert von gegen Barzahlung verkauft — 4 500,00 EUR
10. Bareinzahlung auf das Bankkonto — 4 200,00 EUR
11. Ein Kunde zahlt eine Rechnung durch Banküberweisung — 430,00 EUR
12. Wir zahlen die Tilgungsrate für das Bankdarlehen durch Banküberweisung — 500,00 EUR

1 Bei Zahlungen an Lieferanten bzw. Zahlungseingängen von Kunden ist stets davon auszugehen, dass die entsprechenden Eingangs- bzw. Ausgangsrechnungen bereits gebucht wurden, auch wenn nicht ausdrücklich darauf hingewiesen wird.

5.4.4 Buchungssatz

5.4.4.1 Einfacher Buchungssatz ohne Buchungen nach Belegen

Das bisher benutzte „Überlegungsschema" (vgl. S. 125) zur Festlegung der erforderlichen Buchungen auf den Konten ist recht aufwendig. Es genügt die Beschränkung auf zwei Angaben:

- die **Konten,** auf denen zu buchen ist,
- die Angabe der **Kontoseite,** auf der jeweils zu buchen ist.

Diese beiden Angaben sind in den Spalten I und IV des Überlegungsschemas enthalten. Die übrigen Spalten (II und III) sind daher entbehrlich. Eine solche auf das Mindestmaß beschränkte Buchungsanweisung nennt man **Buchungssatz**.

Beispiel:

Geschäftsvorfall	Konten	Soll	Haben
Wir kaufen einen Büroschrank auf Ziel für 800,00 EUR	Betriebs- u. Geschäftsausstatt. an Verbindlichkeiten a. L. u. L.	800,00	 800,00

Buchungssatz

Erläuterungen:

- Da bezüglich der Kontoseite immer nur zwei Möglichkeiten infrage kommen können (Soll- oder Habenseite), hat man die Vereinbarung getroffen, dass das Konto, auf dem auf der **Sollseite** zu buchen ist, immer **zuerst** genannt wird. Des Weiteren hat man vereinbart, **vor** das Konto, auf dem auf der Habenseite zu buchen ist, das Wörtchen **„an"** zu setzen. Unter Beachtung dieser Vereinbarung kann ein Buchungssatz daher immer nur lauten:

  Konto mit der **Sollbuchung**
  an Konto mit der **Habenbuchung.**

- Zur Vereinheitlichung der Schreibweise wird festgelegt, dass beim Bilden von Buchungssätzen für jedes Konto eine Zeile benutzt wird. Es sind immer die drei Spalten des oben dargestellten Schemas einzurichten. Nur so ist eine eindeutige Zuordnung von Konto und Betrag möglich.

Zur Bildung des richtigen Buchungssatzes müssen auch weiterhin die Denkschritte 1–5 vollzogen werden.

Beispiel:

Geschäftsvorfall:

Wir kaufen eine Schleifmaschine auf Ziel für 1 500,00 EUR.

Aufgabe:

Bilden Sie zu dem Geschäftsvorfall den Buchungssatz!

Lösung:

Wir fragen:	**Wir antworten:**		
1. Welche Konten werden berührt?	Das Konto Maschinen und das Konto Verbindlichkeiten aus Lieferungen und Leistungen.		
2. Um welche Kontoart handelt es sich jeweils?	Das Konto Maschinen ist ein Aktivkonto. Das Konto Verbindlichkeiten aus Lieferungen und Leistungen ist ein Passivkonto.		
3. Welche Veränderungen ergeben sich jeweils auf den Konten?	Der Maschinenbestand nimmt durch Einkäufe zu, die Verbindlichkeiten aus Lieferungen und Leistungen nehmen ebenfalls zu.		
4. Welche Buchungsregeln sind jeweils anzuwenden?	Zugänge auf dem Konto Maschinen (Aktivkonto) erscheinen auf der Sollseite. Zugänge auf dem Konto Verbindl. a. Lief. u. Leist. (Passivkonto) gehören auf die Habenseite.		
5. Wie lautet der Buchungssatz?	Konten	Soll	Haben
	Maschinen an Verbindl. a. Lief. u. Leist.	1 500,00	 1 500,00

Übungsaufgaben

39 Bilden Sie zu folgenden Geschäftsvorfällen die Buchungssätze bzw. formulieren Sie zu den angegebenen Buchungssätzen die Geschäftsvorfälle:

1. Wir zahlen auf unser Bankkonto bar ein — 1 400,00 EUR
2. Wir zahlen eine Lieferantenrechnung durch Banküberweisung — 375,00 EUR
3. Ein Kunde zahlt einen Rechnungsbetrag bar — 570,00 EUR
4. Wir kaufen eine Vitrine für die Ausstellungshalle bar — 1 250,00 EUR
5. Wir kaufen einen Büroschrank bar — 1 320,00 EUR
6. Wir zahlen die Tilgungsrate für ein Bankdarlehen bar — 2 000,00 EUR
7. Ein Kunde zahlt einen Rechnungsbetrag durch Banküberweisung — 650,00 EUR
8. Wir heben vom Bankkonto bar ab und legen das Geld in die Kasse — 750,00 EUR
9. Formulieren Sie die zugrunde liegenden Geschäftsvorfälle!

Nr.	Konten	Soll	Haben
9.1	Verbindlichkeiten a. Lief. u. Leist. an Bank	900,00	 900,00
9.2	Kasse an Bank	500,00	 500,00
9.3	Fuhrpark an Kasse	23 800,00	 23 800,00

10. Barverkauf eines nicht mehr benötigten Computers zum Buchwert — 1 050,00 EUR
11. Kauf einer Stanzmaschine auf Ziel — 22 400,00 EUR
12. Kauf eines Baugrundstücks durch Banküberweisung — 105 900,00 EUR

13.	Wir kaufen Lagerregale auf Ziel	1500,00 EUR
14.	Wegen eines Materialfehlers werden Lagerregale im Wert von 300,00 EUR an den Lieferer zurückgeschickt.	
15.	Ein Kunde zahlt eine Rechnung durch Banküberweisung	775,00 EUR
16.	Ein Kunde zahlt einen Rechnungsbetrag bar	700,00 EUR
17.	Eine Liefererrechnung wird durch Banküberweisung beglichen	450,00 EUR

40 Bilden Sie zu folgenden Geschäftsvorfällen die Buchungssätze bzw. formulieren Sie zu den angegebenen Buchungssätzen die Geschäftsvorfälle!

1.	Banküberweisung der Eingangsrechnung ER 541	7170,00 EUR
2.	Aufnahme eines Darlehens bei der Bank. Die Bank stellt uns den Darlehensbetrag auf dem Girokonto zur Verfügung	50000,00 EUR
3.	Zielkauf eines gebrauchten Kombiwagens	8200,00 EUR
4.	Zieleinkauf einer Verpackungsmaschine für das Lager	48800,00 EUR
5.	Teilweise Tilgung der Darlehensschuld durch Bankabbuchung	3800,00 EUR
6.	Wir verkaufen nicht mehr benötigte Lagerregale gegen Barzahlung	970,00 EUR
7.	Kauf einer DV-Anlage auf Ziel	17430,00 EUR
8.	Rücksendung eines bereits gebuchten mangelhaften Aktenschrankes	625,00 EUR
9.	Kauf einer Fertiggarage durch Banküberweisung	15400,00 EUR
10.	Begleichung der Eingangsrechnung mit Banküberweisung	9190,00 EUR
11.	Zur Erhöhung unseres Bankguthabens tätigen wir eine Bareinzahlung	6000,00 EUR
12.	Kauf von Büromöbeln auf Ziel	12600,00 EUR
13.	Wir kaufen einen neuen Pkw für unseren Reisenden. Den alten Pkw nimmt das Fahrzeughaus mit 9300,00 EUR in Zahlung. Den Restbetrag in Höhe von 31000,00 EUR zahlen wir durch Banküberweisung.	
14.	Wir zahlen eine Eingangsrechnung durch Banküberweisung	4 312,00 EUR
15.	Formulieren Sie die zugrunde liegenden Geschäftsvorfälle!	

Nr.	Konten	Soll	Haben
15.1	Fuhrpark an Bank	44800,00	 44800,00
15.2	Langfr. Verb. geg. Kr.-Inst. an Bank	8000,00	 8000,00

5.4.4.2 Einfacher Buchungssatz mit Buchungen nach Belegen

(1) Grundsätzliches

In der Praxis existiert über jeden Geschäftsvorfall ein Beleg, d.h., die Buchungssätze werden dort immer nur aufgrund von Belegen (Überweisungen, Rechnungen, Quittungen, Lohnlisten usw.) gebildet.

In der Praxis gilt der Grundsatz: **Keine Buchung ohne Beleg!**

(2) Bearbeitung der Belege

Die **Buchungsanweisung (Buchungssatz, Kontierung)** wird auf dem Beleg festgehalten. Zu diesem Zweck benutzt man in der Regel einen sogenannten **Kontierungsstempel,** mit dem man die benötigten Spalten auf den Beleg aufdruckt, sodass diese nur noch mit den erforderlichen Daten versehen werden müssen. Da später so gebucht wird wie kontiert wurde, ist die Kontierungsarbeit von grundlegender Bedeutung.

An die Kontierung schließt sich dann der eigentliche **Buchungsvorgang** an. Hierbei wird bei jeder Buchung im Grundbuch[1] die Belegnummer vermerkt (z. B. ER 9 entspricht der Eingangsrechnungsnummer 9), um jederzeit von der Buchung auf den Beleg schließen zu können. Da der Buchhalter auch den Beleg mit einem Buchungsvermerk versieht (Buchungsnummer, Seitennummer, Datum, Zeichen des Buchhalters), kann umgekehrt auch vom Beleg auf die Buchung geschlossen werden.

Beispiel:

Franz Kayser GmbH
Metallwarenhandel Mannheim

ER 9 ← Beleg-Nummerierung

Telefon 0621 2371

Bankkonten:
Deutsche Bank Mannheim
BIC: DEUTDESMXXX
IBAN: DE42 6707 0010 0003 1010 11
Commerzbank Mannheim
BIC: COBADEFF670
IBAN: DE22 6704 0031 0000 1174 60

F. Kayser GmbH · Edisonstr. 15 · 68309 Mannheim
Soester Büromöbel AG[2]
Industriepark 5
59494 Soest

EINGEGANGEN
1. AUG. 20..
Erl. ....

Bei Bezahlung und Schriftwechsel angeben		
Kundennummer	Rechnungsnummer	Datum
411/721	679	31. Juli 20..

Rechnung

Liefer-datum	Menge	Artikel-nummer	Bezeichnung	Einzelpreis in EUR	Gesamtpreis in EUR
17. Juli 20..	5	17/411	Lagerregale	2459,71	12298,55*

Konten	Soll	Haben
Betr.- u. G.-Ausst.	12298,55	
an Verb.a.L.u.L.		12298,55
Gebucht: G VIII/7 2. Aug./Hu		

Vorkontierung

Abkürzungen:
G: Grundbuch
VIII: August
7: Grundbuchseite 7
2. Aug.: Buchungsdatum
Hu: Buchhalter Huchler

Bei Barzahlung innerhalb 8 Tagen 2 % Skonto. Die Ware bleibt bis zur völligen Bezahlung unser Eigentum.
Sitz der Gesellschaft: Mannheim[2]; RG Mannheim: HRB 2785[2] Steuer-Nr.: 91479/17040[2]

* Da die Umsatzsteuer aufgrund des Bildungsplans noch nicht behandelt wurde, bleibt sie hier unberücksichtigt.

1 Im **Grundbuch** werden die Buchungen in zeitlicher Reihenfolge (chronologisch) erfasst. Zu Einzelheiten siehe S. 140 f.

2 Bei **allen Kaufleuten** ist auf den **Geschäftsbriefen** die Firma, die Bezeichnung als Kaufmann (z. B. e. Kfm., GmbH, KG, AG), der Ort der Handelsniederlassung, das Registergericht (HRA → für Einzelunternehmen und Personengesellschaften, HRB → für Kapitalgesellschaften) und die Nummer, unter der die Firma in das Handelsregister eingetragen ist, anzugeben. Zudem muss die Steuernummer oder die Umsatzsteuer-Identifikationsnummer des Bundesamtes für Finanzen ausgewiesen werden [§ 14 IV, S. 1, Nr. 2 UStG]. Zu weiteren Pflichtangaben nach dem Umsatzsteuergesetz siehe S. 171.

- Belege **dokumentieren den Geschäftsvorfall** und bilden die Grundlage für die Überprüfung der ordnungsmäßigen Verbuchung.
- Durch **entsprechende Vermerke muss** vom Beleg aus auf die Buchung und umgekehrt geschlossen werden können.

Übungsaufgabe[1]

41

1. Formulieren Sie aufgrund der vorliegenden Belege den jeweils zugrunde liegenden Geschäftsvorfall!
2. Bilden Sie die Buchungssätze für die Weber Metallbau GmbH, Alfred-Nobel-Str. 8, 59494 Soest!

Beleg 1

Maschinenfabrik
FRIEDRICH PAPPE GMBH
KARLSRUHE

Friedrich Pappe GmbH, Seegasse 4, 76228 Karlsruhe
Weber Metallbau GmbH
Alfred-Nobel-Str. 8
59494 Soest

Rechnung Nr. 65017 27. Januar 20..

Liefer-datum	Menge	Artikel-Nr.	Artikelbezeichnung	Preis je Artikel	Gesamtbetrag
20. Jan. 20..	5	234176	Lagerregale 2000 Stahl	3070,00 EUR	15350,00 EUR

Es gelten unsere umseitigen Lieferungs- und Zahlungsbedingungen.
Sitz der Gesellschaft: Karlsruhe, Amtsgericht Karlsruhe HRB 1350 Steuer-Nr.: 71020/1793

Beleg 2

Sparkasse Soest WELADED1SOS Einzahlu

Kontoinhaber: Name, Vorname/Firma (max. 27 Stellen)
Weber Metallbau GmbH, Soest

IBAN: DE64 4145 0075 0000 6485 54 Betrag: 500,00

Handelnde Person bei regelm. Einzahler/Abheber, Art der Legitimation; Kennwort

Bearbeitungshinweise
☐ Legi. gepr. ☐ Finanztransaktion erfaßt
☐ VL/SVS SPF: ☐ neues Konto

✗ 27.01 20.. *Weber*
Datum, Unterschrift des Einzahlers

off-line Stelle		Valuta
Text-Schl.	Neuer Buchsaldo	T T M M J J

210 000 038 0

Für Einzahlung auf fremde Girokonten bitte Zahlscheine verwenden.

Beleg 3

DURCHSCHRIFT EUR **Quittung**

Betrag 380,40

Nr. 1/14 Inclusive % MwSt./Betrag

Betrag in Worten dreihundertachtzig----------------

von Franz Keller

für Rechnung vom 25. Januar 20..

dankend erhalten

Datum/Ort Soest, 27. Januar 20..

Buchungsvermerke Stempel/Unterschrift des Empfängers
Weber Metallbau GmbH
59494 Soest
Weber

Beleg 4

Beleg für Kontoinhaber WELADED1SOS

Nur für Überweisungen in Deutschland, in andere EU-/EWR-Staaten und in die Schweiz sowie nach Monaco in Euro.

Sparkasse Soest

Angaben zum Zahlungsempfänger: Name, Vorname/Firma (max. 27 Stellen, bei maschineller Beschriftung max. 35 Stellen)
Lener-Service Handelsgesellschaft Soest

IBAN **Bei Überweisungen in Deutschland immer 22 Stellen → sonstige Länder 15 bis max. 34 Stellen**
DE33 4145 0075 0000 3459 87

BIC des Kreditinstituts/Zahlungsdienstleisters (8 oder 11 Stellen)
Die Angabe des BIC kann entfallen, wenn die IBAN des Zahlungsempfängers mit DE beginnt.

Betrag: Euro, Cent
460,94 -------------

Kunden-Referenznummer - Verwendungszweck, ggf. Name und Anschrift des Zahlers - (nur für Zahlungsempfänger)
Rechnung vom 27. Jan. 20..

noch Verwendungszweck (insgesamt max. 2 Zeilen à 27 Stellen, bei maschineller Beschriftung max. 2 Zeilen à 35 Stellen)

Angaben zum Kontoinhaber: Name, Vorname/Firma, Ort (max. 27 Stellen, keine Straßen- oder Postfachangaben)
Weber Metallbau GmbH, Soest

IBAN **Prüfziffer** **Bankleitzahl des Kontoinhabers** **Kontonummer** (ggf. links mit Nullen auffüllen)
DE64 4145 0075 0000 6485 54 16

111 360.002 SE 35784

Datum **Unterschrift(en)**
27.01.20.. *Weber*

1 Bei den Belegen in der Aufgabe 41 wird auf den Ausweis der Umsatzsteuer verzichtet, weil die Buchung der Umsatzsteuer noch nicht behandelt wurde.

Beleg 5

Büromöbel Topauer KG

Tengstraße 28 · 80798 München

Tel. 089 25919-0 · Fax 089 25919-10 · E-Mail: Bueromoebel-topauer@t-online.de

Büromöbel Topauer KG · Tengstraße 28 · 80798 München
Weber Metallbau GmbH
Alfred-Nobel-Str. 8
59494 Soest

Bei Rückfragen bitte stets angeben:

Kundennummer: 24003
Rechnungsnummer: 1502
Rechnungsdatum: 27.01.20..

Bestellnummer: 268F1
Lieferdatum:: 10.01.20..
Auftragsdatum: 08.01.20..

Telefon: 089 25919-0

Rechnung

Pos.	Artikel-Nr.	Bezeichnung	Menge	Einzelpreis EUR	Gesamtpreis EUR
1	20100	Computertisch Standard 160 x 80 x 75	12	525,00	6 300,00
2	10100	Schreibtisch Eibe furniert 180 x 80 x75	8	980,00	7 840,00
		Rechnungsbetrag			14 140,00

Zahlungsbedingungen: Innerhalb 8 Tagen abzüglich 2 % Skonto = 282,80 EUR
Innerhalb 30 Tagen rein netto

Sitz der Gesellschaft: München
Registergericht München
HRA 8966
UID-Nr. DE 129 000 000
Steuer-Nr. 91417/77040

Bankverbindungen:
HypoVereinsbank München
IBAN: DE17 7002 0270 0004 6462 32
BIC: HYVEDEMMXXX

Beleg 6

Beleg für den Kontoinhaber/Zahler-Quittung

Volksbank Nürnberg
Name und Sitz des überweisenden Kreditinstituts

GENODEF1NO2
BIC

Nur für Überweisungen in Deutschland, in andere EU-/EWR-Staaten und in die Schweiz, sowie nach Monaco in Euro.

Angaben zum Zahlungsempfänger: Name, Vorname/Firma (max. 27 Stellen, bei maschineller Beschriftung max. 35 Stellen)
Weber Metallbau GmbH Soest

IBAN
DE64 4145 0075 0000 6485 54

BIC des Kreditinstituts/Zahlungsdienstleisters (8 oder 11 Stellen)

Die Angabe des BIC kann entfallen, wenn die IBAN des Zahlungsempfängers mit DE beginnt.

Betrag: Euro, Cent
240,20 -------

Kunden-Referenznummer - Verwendungszweck, ggf. Name und Anschrift des Zahlers - (nur für Zahlungsempfänger)
Rechnung vom 12. 01. 20 . .

noch Verwendungszweck (insgesamt max. 2 Zeilen à 27 Stellen, bei maschineller Beschriftung max. 2 Zeilen à 35 Stellen)

Angaben zum Kontoinhaber/Zahler: Name, Vorname/Firma, Ort (max. 27 Stellen, keine Straßen- oder Postfachangaben)
Kempter OHG Nürnberg

IBAN	Prüfziffer	Bankleitzahl des Kontoinhabers	Kontonummer (ggf. links mit Nullen auffüllen)
D E	05	7606 0618	0006 3755 18

113 377 000 35735

Datum: 27.01.20..

Unterschrift(en): Kempter

Beleg 7

Hans Werner GmbH, Winkelstr. 20, 45149 Essen
Weber Metallbau GmbH
Alfred-Nobel-Str. 8
59494 Soest

Hans Werner
Maschinenbau GmbH
Entwicklung
Konstruktion
Produktion

Rechnung 144/80

Ihre Bestellung	Unsere Lieferung	Rechnungsdatum
15.01.20..	28.01.20..	28.01.20..

Menge	Waren-bezeichnung	Einzelpreis EUR	Gesamtpreis EUR
4	Schleifmaschine	1 420,00	5 680,00

Beleg 8

AUTOHAUS
Franz Sauer e.Kfm.

Autohaus F. Sauer e.Kfm. · Schlossstr. 14 · 59494 Soest
Weber Metallbau GmbH
Alfred-Nobel-Str. 8
59494 Soest

Rechnung 5192

Ihre Bestellung	Unsere Lieferung	Rechnungsdatum
20.01.20..	30.01.20..	04.02.20..

Wir danken für Ihren Auftrag und berechnen Ihnen wie folgt
1 Kombiwagen gebraucht 21 800,00 EUR

Zahlungsziel: 10 Tage 3 % Skonto, 30 Tage netto Kasse

Beleg 9

Beleg für Kontoinhaber WELADED1SOS

Sparkasse Soest

Nur für Überweisungen in Deutschland, in andere EU-/EWR-Staaten und in die Schweiz sowie nach Monaco in Euro.

Angaben zum Zahlungsempfänger: Name, Vorname/Firma (max. 27 Stellen, bei maschineller Beschriftung max. 35 Stellen)
Hans Werner GmbH Essen

IBAN Bei Überweisungen in Deutschland immer 22 Stellen → sonstige Länder 15 bis max. 34 Stellen
DE43 3807 0059 0014 2030 10

BIC des Kreditinstituts/Zahlungsdienstleisters (8 oder 11 Stellen)

Die Angabe des BIC kann entfallen, wenn die IBAN des Zahlungsempfängers mit DE beginnt.

Betrag: Euro, Cent
5 680,00 -------------

Kunden-Referenznummer - Verwendungszweck, ggf. Name und Anschrift des Zahlers - (nur für Zahlungsempfänger)
Rechnung vom 05.02.20..

noch Verwendungszweck (insgesamt max. 2 Zeilen à 27 Stellen, bei maschineller Beschriftung max. 2 Zeilen à 35 Stellen)

Angaben zum Kontoinhaber: Name, Vorname/Firma, Ort (max. 27 Stellen, keine Straßen- oder Postfachangaben)
Weber Metallbau GmbH, Soest

IBAN Prüfziffer Bankleitzahl des Kontoinhabers Kontonummer (ggf. links mit Nullen auffüllen)
DE64 4145 0075 0000 6485 54 16

111 360 002 SE 35784

Datum 07.02.20..

Unterschrift(en) Weber

Beleg 10

Bürotechnik + Organisation Haffner

Schützenwall 18 | 59494 Soest | 02921 7721

Fa. *Weber Metallbau GmbH, Soest*

Anz.	Datum 02.02.20..	Einzelpreis EUR	Gesamtbetrag EUR
3	Aktenvernichter	415,00	1 245,00
	Betrag dankend erhalten.		
			Be
Verk. *Be*	000195-11	Bei Irrtum oder Umtausch bitte diesen Beleg vorlegen.	

Haffner Bürotechnik + Organisation
St.-Nr. 44 111 17931

5.4.4.3 Zusammengesetzter Buchungssatz

Sind für einen Buchungssatz **mehr als zwei Konten** erforderlich, spricht man von einem **zusammengesetzten Buchungssatz.** Auch für den zusammengesetzten Buchungssatz gilt, dass bei jedem Buchungssatz die Summe der gebuchten Sollbeträge mit der Summe der gebuchten Habenbeträge übereinstimmen muss.

Beispiel:

I. Anfangsbestände:

Verbindlichkeiten aus Lieferungen und Leistungen 10 000,00 EUR; Bank 7 000,00 EUR; Kasse 5 000,00 EUR.

II. Geschäftsvorfall:

Wir zahlen eine bereits gebuchte Eingangsrechnung über 3 700,00 EUR, und zwar durch Banküberweisung 3 000,00 EUR, in bar 700,00 EUR.

III. Aufgaben:

1. Buchen Sie den Geschäftsvorfall auf den Konten!
2. Bilden Sie den Buchungssatz!

Lösungen:

Zu 1.: Buchung auf den Konten

Soll	Bank		Haben
AB	7 000,00	Verb.a.L.u.L.	3 000,00

Soll	Verbindl. a. Lief. u. Leist.		Haben
Ba/Ka	3 700,00	AB	10 000,00

Soll	Kasse		Haben
AB	5 000,00	Verb.a.L.u.L.	700,00

Zu 2.: Buchungssatz

Geschäftsvorfall	Konten	Soll	Haben
Wir bezahlen eine bereits gebuchte Eingangsrechnung über 3700,00 EUR durch Banküberweisung 3000,00 EUR und Barzahlung 700,00 EUR	Verbindl. a. Lief. u. Leist. an Bank an Kasse	3700,00	 3000,00 700,00

Für den **einfachen Buchungssatz** wie für den **zusammengesetzten Buchungssatz** gilt:

Summe der gebuchten Sollbeträge ≙ Summe der gebuchten Habenbeträge

Übungsaufgaben

42 Bilden Sie zu den folgenden Geschäftsvorfällen die Buchungssätze bzw. ermitteln Sie die Geschäftsvorfälle!

1. Ein Kunde zahlt einen Rechnungsbetrag über 725,00 EUR
   in bar — 225,00 EUR
   durch Banküberweisung — 500,00 EUR
2. Wir kaufen Lagerregale für insgesamt 3500,00 EUR
   gegen Barzahlung — 1500,00 EUR
   auf Ziel — 2000,00 EUR
3. Wir verkaufen einen nicht mehr benötigten Lieferwagen in Höhe des Buchwertes von 3800,00 EUR gegen Barzahlung — 800,00 EUR
   Restforderung — 3000,00 EUR
4. Ein Kunde zahlt einen Rechnungsbetrag über 1750,00 EUR
   durch Banküberweisung — 1000,00 EUR
   bar — 750,00 EUR
5. Wir bezahlen eine Liefererrechnung über 2550,00 EUR
   bar — 550,00 EUR
   durch Banküberweisung — 2000,00 EUR
6. Wir kaufen einen Kombiwagen zum Preis von 25000,00 EUR
   gegen Barzahlung — 5500,00 EUR
   durch Banküberweisung — 10000,00 EUR
   Restverbindlichkeit — 9500,00 EUR
7. Wir tilgen eine Darlehensschuld bei der Bank über 5000,00 EUR
   bar — 1500,00 EUR
   durch Banküberweisung — 3500,00 EUR
8. Formulieren Sie die zugrunde liegenden Geschäftsvorfälle!

Nr.	Konten	Soll	Haben
8.1	Betriebs- und Geschäftsausstattung an Bank an Kasse	3750,00	 3000,00 750,00
8.2	Verbindlichkeiten a. Lief. u. Leist. an Bank an Kasse	2350,00	 2000,00 350,00

Nr.	Konten	Soll	Haben
8.3	Bank	750,00	
	Kasse	250,00	
	an Forderungen a. Lief. u. Leist.		1 000,00
8.4	Unbebaute Grundstücke	400 000,00	
	an Bank		370 000,00
	an Kasse		30 000,00

43

1. Formulieren Sie aufgrund des Belegs die zugrunde liegenden Geschäftsvorfälle!
2. Bilden Sie die Buchungssätze für die Weber Metallbau GmbH, Alfred-Nobel-Str. 8, 59494 Soest!

Deutsche Bank AG

BIC: DEUTDE3B414
IBAN: DE86 4167 0029 0008 7263 39

Soest

Kontoauszug Nr. 28 vom 24.05.20.. Blatt 1

Buchungstag	Wert	Vorgang	Soll	Haben
		ALTER SALDO VOM 21.05.20..		7 929,80 H
24.05.	24.05.	Frieda Freund e.Kfr. Erlangen Rechnung 20.05.20..		3 160,10 H
24.05.	24.05.	Alltrop GmbH Rechnung 17.05.20..	6 985,40 S	

WEBER METALLBAU GMBH
Alfred-Nobel-Str. 8
59494 SOEST

NEUER SALDO 4 104,50 H

5.4.5 Weg von der Eröffnungs- zur Schlussbilanz beschreiben

5.4.5.1 Eröffnung und Abschluss der Bestandskonten (Eröffnungsbilanzkonto und Schlussbilanzkonto)

Das **Prinzip der doppelten Buchführung** ist ein **generelles Prinzip** und gilt folglich auch für die Anfangs- und Schlussbestände auf den Konten. Wenn bei der Eröffnung der Konten mit den Anfangsbeständen und beim Abschluss der Konten mit den Schlussbeständen jeweils eine Gegenbuchung erfolgen soll, benötigt man dafür entsprechende Gegenkonten.

- Die **Buchung der Anfangsbestände** erfolgt mithilfe des **Eröffnungsbilanzkontos (EBK).**
- Die **Buchung der Schlussbestände** erfolgt über das **Schlussbilanzkonto (SBK).**

- Das **Eröffnungsbilanzkonto** und das **Schlussbilanzkonto** bringen die **Geschlossenheit des Systems der doppelten Buchführung** zum Ausdruck.
- Durch die beiden Konten wird sowohl bei der Erfassung der Anfangsbestände als auch bei der Erfassung der Schlussbestände **jeder Betrag doppelt gebucht.**

Beispiel:

I. Anfangsbestände:

Betriebs- u. Geschäftsausstattung 41355,00 EUR; Kasse 1670,00 EUR; Bank 33975,00 EUR; Forderungen aus Lieferungen und Leistungen 12150,00 EUR; Rohstoffe 24570,00 EUR; Verbindlichkeiten aus Lieferungen und Leistungen 13220,00 EUR; Langfristige Verbindlichkeiten gegenüber Kreditinstituten 5000,00 EUR; Eigenkapital 95500,00 EUR.

II. Geschäftsvorfälle:

1. Wir verkaufen nicht mehr benötigte Lagerschränke bar zum Buchwert 2500,00 EUR
2. Neuanschaffung einer Büroeinrichtung gegen Banküberweisung 30000,00 EUR
3. Ein Kunde überweist einen Rechnungsbetrag auf das Bankkonto 2120,00 EUR
4. Zur Auffüllung des Kassenbestandes heben wir vom Bankkonto bar ab 500,00 EUR
5. Wir zahlen eine Lieferantenrechnung bar 1200,00 EUR
6. Teilweise Tilgung des Bankdarlehens bar 1000,00 EUR

III. Aufgaben:

1. Eröffnen Sie die Konten mit den angegebenen Anfangsbeständen mithilfe des Eröffnungsbilanzkontos!
2. Bilden Sie zu den Geschäftsvorfällen die Buchungssätze und buchen Sie die Vorgänge anschließend auf den eröffneten Konten!
3. Schließen Sie die Konten über das Schlussbilanzkonto ab!

Lösungen:

Zu 2.: Bildung der Buchungssätze für die Geschäftsvorfälle

Nr.	Konten	Soll	Haben
1.	Kasse	2500,00	
	an Betriebs- u. Geschäftsausstattung		2500,00
2.	Betriebs- u. Geschäftsausstattung	30000,00	
	an Bank		30000,00
3.	Bank	2120,00	
	an Ford. a. Lief. u. Leist.		2120,00
4.	Kasse	500,00	
	an Bank		500,00
5.	Verb. a. Lief. u. Leist.	1200,00	
	an Kasse		1200,00
6.	Langfr. Verb. geg. Kr.-Inst.	1000,00	
	an Kasse		1000,00

Zu 1. und 3.:

Soll — Eröffnungsbilanzkonto — Haben

Soll		Haben	
Eigenkapital	95 500,00	BGA	41 355,00
Verb.a.L.u.L.	13 220,00	Kasse	1 670,00
Lfr. Verb. geg. Kr.-Inst.	5 000,00	Bank	33 975,00
		Ford.a.L.u.L.	12 150,00
		Rohstoffe	24 570,00
	113 720,00		113 720,00

Soll — Betr.- u. Geschäftsausstattung — Haben

Soll		Haben	
EBK	41 355,00	Ka	2 500,00
Ba	30 000,00	SBK	68 855,00
	71 355,00		71 355,00

Soll — Kasse — Haben

Soll		Haben	
EBK	1 670,00	V.a.L.u.L.	1 200,00
BGA	2 500,00	L.V.g.Kr.-Inst.	1 000,00
Ba	500,00	SBK	2 470,00
	4 670,00		4 670,00

Soll — Bank — Haben

Soll		Haben	
EBK	33 975,00	BGA	30 000,00
Ford.a.L.u.L.	2 120,00	Ka	500,00
		SBK	5 595,00
	36 095,00		36 095,00

Soll — Forderungen a. Lief. u. Leist. — Haben

Soll		Haben	
EBK	12 150,00	Ba	2 120,00
		SBK	10 030,00
	12 150,00		12 150,00

Soll — Rohstoffe — Haben

Soll		Haben	
EBK	24 570,00	SBK	24 570,00

Soll — Eigenkapital — Haben

Soll		Haben	
SBK	95 500,00	EBK	95 500,00

Soll — Verbindlichkeiten a. Lief. u. Leist. — Haben

Soll		Haben	
Ka	1 200,00	EBK	13 220,00
SBK	12 020,00		
	13 220,00		13 220,00

Soll — Langfr. Verb. geg. Kr.-Inst. — Haben

Soll		Haben	
Ka	1 000,00	EBK	5 000,00
SBK	4 000,00		
	5 000,00		5 000,00

Soll — Schlussbilanzkonto — Haben

Soll		Haben	
BGA	68 855,00	Eigenkapital	95 500,00
Kasse	2 470,00	Vb. a. L. u. L.	12 020,00
Bank	5 595,00	Lfr. Verb. geg. Kr.-Inst.	4 000,00
Ford.a.L.u.L.	10 030,00		
Rohstoffe	24 570,00		
	111 520,00		111 520,00

Erläuterungen:

- Die Buchung der Anfangsbestände führt dazu, dass die Anfangsbestände der Aktivkonten auf der Habenseite des Eröffnungsbilanzkontos und die Anfangsbestände der Passivkonten auf der Sollseite des Eröffnungsbilanzkontos stehen. Das zeigt, dass das **Eröffnungsbilanzkonto** lediglich ein **Hilfskonto** ist, um das System der doppelten Buchung nicht zu durchbrechen. Gleichzeitig aber wird damit auch die Gleichheit der Soll- und Habenbeträge zu Beginn der Geschäftsperiode dokumentiert. Es gilt das **Grundprinzip des Systems der doppelten Buchführung,** dass die Summe der gebuchten Sollbeträge mit der Summe der gebuchten Habenbeträge übereinstimmt.
- Das **Schlussbilanzkonto** hat die Aufgabe, die vom Unternehmen verwendeten Aktiv- und Passivkonten einander gegenüberzustellen. Das **Schlussbilanzkonto** dient allein **innerbetrieblichen Zwecken** und ist an **keine gesetzlichen Gliederungsvorschriften** gebunden. Anders die **Schlussbilanz.** Sie dient außenstehenden Personen (z. B. Mitinhabern, Gläubigern) oder Institutionen (z. B. Steuerbehörde, Gerichte, Banken) als Auskunfts- und Beweismittel und **unterliegt gesetzlichen Vorschriften.** Das Schlussbilanzkonto darf somit nicht mit der Schlussbilanz verwechselt werden.

Beachte:

Das Eröffnungsbilanzkonto und das Schlussbilanzkonto wurden hier aus methodischen und systematischen Überlegungen dargestellt. Ob in den nachfolgenden Übungsaufgaben das Eröffnungsbilanzkonto geführt werden soll, bleibt der individuellen Entscheidung der Lehrenden vorbehalten. In elektronischen Finanzbuchhaltungssystemen ist es allerdings aus abstimmungstechnischen Gesichtspunkten unverzichtbar.

Übungsaufgaben

44 **I. Anfangsbestände:**

Vorlage
mvurl.de/24vi

Unbebaute Grundstücke 965 000,00 EUR; Maschinen 470 500,00 EUR; Betriebs- und Geschäftsausstattung 84 900,00 EUR; Rohstoffe 54 800,00 EUR; Forderungen aus Lieferungen und Leistungen 105 450,00 EUR; Bank 17 770,00 EUR; Kasse 25 100,00 EUR; Eigenkapital 892 320,00 EUR; Verbindlichkeiten gegenüber Kreditinstituten 450 000,00 EUR; Verbindlichkeiten aus Lieferungen und Leistungen 381 200,00 EUR.

II. Geschäftsvorfälle:

1. Eingangsrechnung für Büromöbel	27 500,00 EUR
2. Von der bereits gebuchten Büromöbellieferung schicken wir einen nicht bestellten Posten zurück	4 000,00 EUR
3. Ein Kunde zahlt einen Rechnungsbetrag durch Banküberweisung	32 000,00 EUR
4. Wir tilgen teilweise die Darlehensschuld bei der Bank durch Barzahlung	7 200,00 EUR
5. Wir kaufen eine Abfüllmaschine auf Ziel	87 700,00 EUR
6. Wir zahlen eine Lieferantenrechnung über 28 570,00 EUR	
bar	6 570,00 EUR
durch Banküberweisung	22 000,00 EUR
7. Barkauf mehrerer Schreibtische für das Büro	2 600,00 EUR
8. Kauf eines Grundstücks für einen Parkplatz auf Ziel	67 000,00 EUR

III. Aufgaben:

1. Eröffnen Sie die Konten mithilfe des Eröffnungsbilanzkontos!
2. Bilden Sie die Buchungssätze und buchen Sie auf den Konten!
3. Schließen Sie die Konten über das Schlussbilanzkonto ab!

Vorlage

mvurl.de/u25s

45 **I. Anfangsbestände:**

Unbebaute Grundstücke 200 000,00 EUR; Bebaute Grundstücke 335 850,00 EUR; Betriebs- und Geschäftsausstattung 228 710,00 EUR; Kasse 7 350,00 EUR; Bank 62 550,00 EUR; Forderungen aus Lieferungen und Leistungen 98 720,00 EUR; Rohstoffe 165 750,00 EUR; Verbindlichkeiten aus Lieferungen und Leistungen 154 820,00 EUR; Langfristige Verbindlichkeiten gegenüber Kreditinstituten 200 000,00 EUR; Eigenkapital 744 110,00 EUR.

II. Geschäftsvorfälle:

1. Einkauf einer Maschine	23 500,00 EUR
gegen Banküberweisung	12 000,00 EUR
auf Ziel	11 500,00 EUR
2. Ein Kunde bezahlt einen Rechnungsbetrag über 1 250,00 EUR,	
bar	750,00 EUR
durch Banküberweisung	500,00 EUR
3. Barkauf eines Laptops	950,00 EUR
4. Teilrückzahlung eines Bankdarlehens durch Banküberweisung	4 500,00 EUR
5. Barverkauf eines nicht benötigten Büroschrankes zum Buchwert	650,00 EUR
6. Begleichung einer Eingangsrechnung in Höhe von 7 820,00 EUR,	
bar	2 350,00 EUR
durch Banküberweisung	5 470,00 EUR

III. Aufgaben:

1. Eröffnen Sie die Konten mithilfe des Eröffnungsbilanzkontos!
2. Bilden Sie die Buchungssätze und buchen Sie auf den Konten!
3. Schließen Sie die Konten über das Schlussbilanzkonto ab!

5.4.5.2 Zusammenhang zwischen Bestandskonten, Inventur, Inventar und Bilanz

Die Bestandskonten – unter Einbeziehung des Schlussbilanzkontos und des Eröffnungsbilanzkontos – bilden eine in sich geschlossene Einheit: Das **Kontensystem der doppelten Buchführung.**

Die Bilanz baut auf den Zahlen der Buchführung auf, wobei diese Zahlen jedoch vor ihrer Übernahme in die Bilanz durch die Inventur auf ihre Richtigkeit hin überprüft werden. Da die Bilanz für die Öffentlichkeit entsprechend aufbereitet werden muss [§§ 247, 266 HGB], stehen **Inventur** (bzw. **Inventar**) und **Bilanz außerhalb der Buchführung.**

- Vor der Erstellung der Schlussbilanz müssen die **Schlussbestände des Schlussbilanzkontos** mit den **Inventurwerten abgestimmt** werden.
- Weicht der Schlussbestand eines Kontos vom Inventurwert ab, muss der **Buchführungswert korrigiert** werden. In die **Schlussbilanz** dürfen nur **überprüfte** Schlussbestände (Inventurwerte) aufgenommen werden.

Innerhalb der Buchführung haben wir Konten

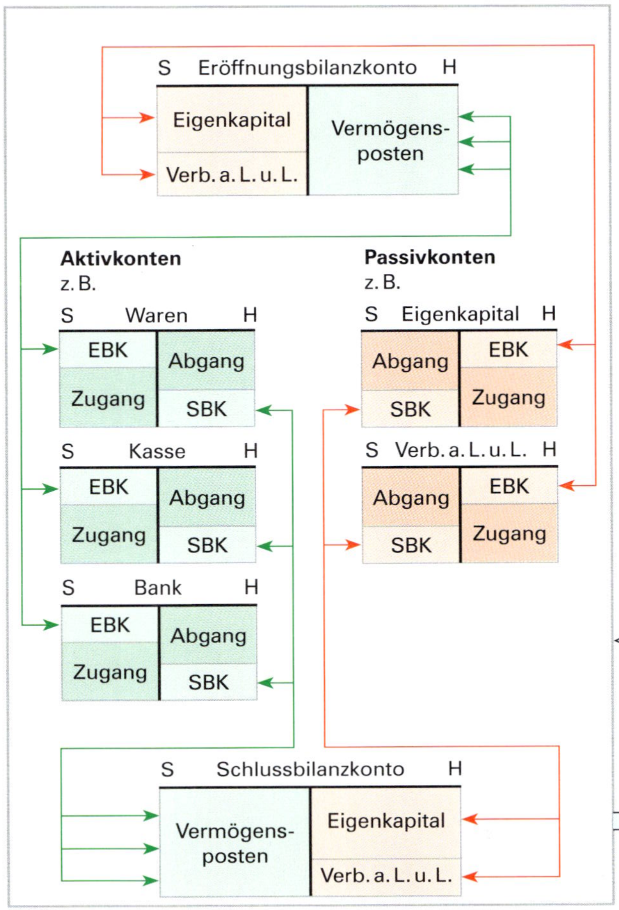

Zielsetzung:

Informationen für die Geschäftsleitung

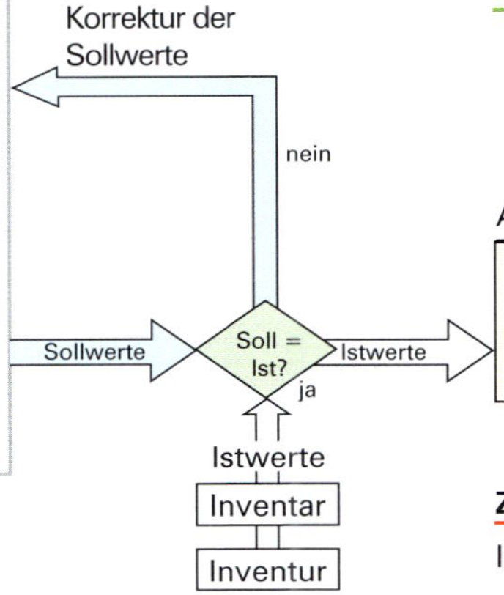

Außerhalb der Buchführung haben wir Bilanzen

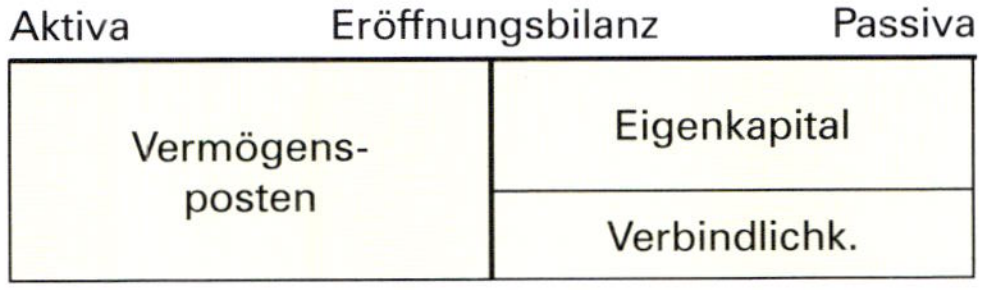

Streng genommen gibt es im Leben eines Unternehmens nur eine Eröffnungsbilanz, nämlich die bei der Gründung. Jede Schlussbilanz kann jedoch als Eröffnungsbilanz für die neue Geschäftsperiode betrachtet werden.

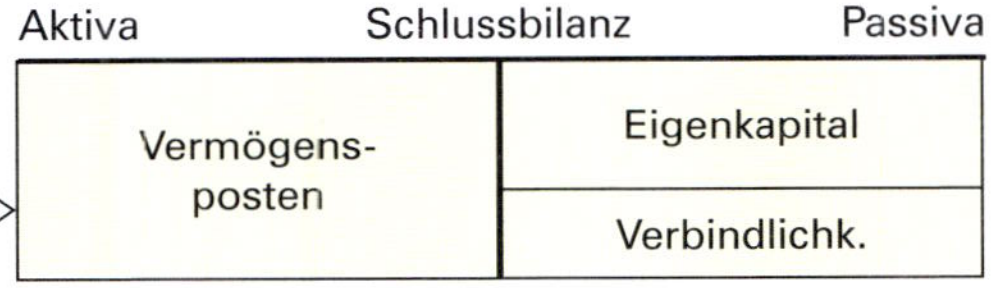

Zielsetzung:

Informationsinstrument für Außenstehende

5.5 Organisation der Buchführung nutzen

5.5.1 Bücher der Buchführung

(1) Allgemeines

Aufgrund der dynamischen Weiterentwicklung der Informationstechnologie muss man sich lösen von einer allzu wörtlichen Vorstellung des Wortbestandteils „Buch", wenn von „Buchführung" die Rede ist. Nach den **„Grundsätzen zur ordnungsmäßigen Führung und Aufbewahrung von Büchern, Aufzeichnungen und Unterlagen in elektronischer Form sowie zum Datenzugriff [GoBD]"** können die erforderlichen Aufzeichnungen auch auf Datenträgern geführt und aufbewahrt werden [§ 147 II AO]. Als Datenträger kommen in erster Linie die nur maschinell lesbaren Datenträger (z. B. CD-ROM) in Betracht. Die GoBD wurden **2020 neu geordnet** und dem digitalen Fortschritt angepasst.

(2) Grundbuch und Hauptbuch

Grundbuch

Alle Geschäftsvorfälle müssen lückenlos und fortlaufend aufgezeichnet werden. Man spricht auch von **chronologischer Aufzeichnungspflicht** [§ 239 II HGB]. Unabhängig von der Art des dabei verwendeten Mediums wird die Zusammenfassung dieser Eintragungen als **Grundbuch** bezeichnet.

Beispiel:

Grundbuch: Monat Februar 20..				Seite	
Datum	Beleg-Nr.	Geschäftsvorfall	Buchungssatz	Soll	Haben
15. Febr.	173	Zahlung einer Eingangsrechnung durch Banküberweisung	Verb. a. L. u. L. an Bank	500,00	500,00

Hauptbuch

Die zeitliche Auflistung der Buchungen allein genügt nicht. Sie müssen vielmehr auch in ihren **sachlichen** Auswirkungen dargestellt werden, d. h., die Buchungen im Grundbuch sind auf die Sachkonten zu übertragen. Dies geschieht im **Hauptbuch**. Erst durch die sachliche Aufgliederung ist der Stand des Vermögens und der Schulden ersichtlich.

Beispiel:

Die Buchung im Grundbuch führt zu der nachfolgenden Buchung im Hauptbuch.

S	Verbindl. a. Lief. u. Leist.		H
Bank	500,00	AB	45 000,00

S	Bank		H
AB	3 000,00	V. a. L. u. L.	500,00

- Im **Grundbuch** werden alle Geschäftsvorfälle **chronologisch,** d.h. in der zeitlichen Reihenfolge ihres tatsächlichen Anfalls erfasst.
- Im **Hauptbuch** werden mithilfe von Konten die **sachlichen** Auswirkungen aller Geschäftsvorfälle erfasst.

(3) Zusammenhang von Beleg, Grundbuch und Hauptbuch

Grundlage aller Buchungen sind die vorkontierten Belege. Im Grundbuch erfolgen die Buchungen in zeitlicher Reihenfolge, während auf den Konten des Hauptbuches die sachlichen Auswirkungen der Geschäftsvorfälle erfasst werden.

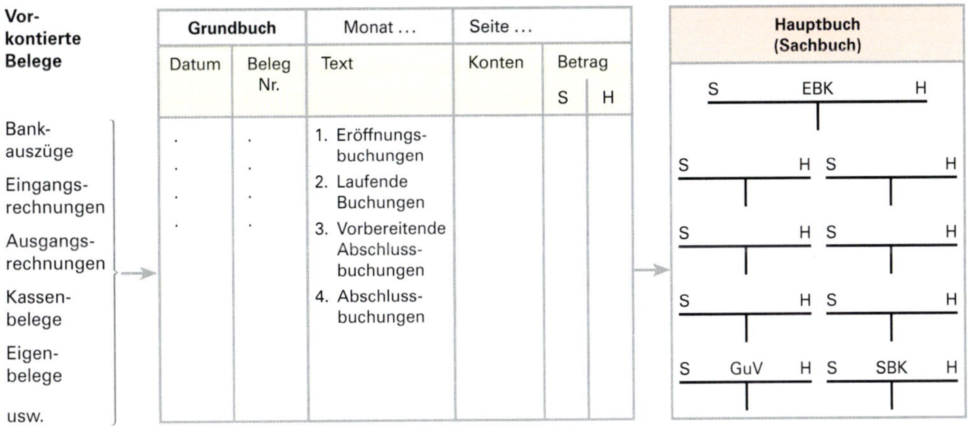

chronologische (zeitliche) Reihenfolge der Buchungen

sachliche Ordnung der Buchungen

(4) Nebenbücher

Wenn sich auf den Konten des Hauptbuches eine Vielzahl von Veränderungen ergibt oder zusätzliche Daten erfasst werden sollen, können zur Entlastung des Hauptbuches **Nebenbücher** geführt werden. Die Nebenbücher erfassen den Buchungsinhalt für jeden einzelnen Beleg und ergänzen somit die zusammengefassten Buchungsinhalte des Hauptbuches. Wegen dieses sachlichen Zusammenhangs muss jedem Nebenbuch, in dem die Einzelvorgänge erfasst werden, ein Konto des Hauptbuches entsprechen, das die gesammelten Werte periodenweise aufnimmt.

Wichtige Nebenbücher sind: das Kundenbuch (Debitorenbuch), das Lieferantenbuch (Kreditorenbuch), das Kassenbuch, das Lagerbuch, das Anlagebuch.

Nebenbücher erfassen alle Wertveränderungen **im Einzelnen.** Diese werden periodenweise gesammelt und auf die Hauptbuchkonten übertragen. Erst nach dieser Übertragung ist das Hauptbuch abschlussfähig.

5.5.2 Kontenrahmen als Organisationsmittel der Buchführung

5.5.2.1 Allgemeines zum Kontenrahmen

Die Buchführung eines Kaufmanns besteht aus einer Vielzahl von Konten. Um hierüber die wünschenswerte Übersicht zu behalten, bedarf es einer Ordnung. Sie wird mithilfe des Kontenrahmens erreicht, dessen Verwendung gesetzlich nicht vorgeschrieben ist.

Um den individuellen Bedürfnissen optimal zu entsprechen, hat jeder Wirtschaftszweig seinen eigenen Kontenrahmen entwickelt. Daneben haben bekannte Softwarefirmen spezielle EDV-Kontenrahmen herausgebracht. Das dabei zugrunde gelegte Ordnungsprinzip ist einheitlich. Die Gesamtmenge der Konten wird mithilfe der zehn Ziffern unseres Zahlensystems nach bestimmten Gesichtspunkten in Klassen und Gruppen gegliedert.

5.5.2.2 Bedeutung des Kontenrahmens

Dadurch, dass nicht mehr jeder Unternehmer seine Buchführung nach eigenem Ermessen und Gutdünken aufbaut, werden insbesondere folgende zwei Vorteile erzielt:

- Der Inhalt der einzelnen Konten ist genau bestimmt. Dadurch können die verschiedenen Inhalte scharf gegeneinander abgegrenzt werden. Verschiedene Industrieunternehmen buchen daher unter der gleichen Kontenbezeichnung den gleichen Inhalt. Dadurch wird die **Organisation** der Buchführung **einheitlicher** und **übersichtlicher**.
- Durch die Vereinheitlichung der Buchführung von der Grundkonpeztion her ist es dem Unternehmer möglich, Vergleiche vorzunehmen, und zwar
  - **innerhalb des Unternehmens:** Vergleich der Entwicklung der Konteninhalte von Rechnungsjahr zu Rechnungsjahr **(Zeitvergleich),** aber auch
  - **außerhalb des Unternehmens:** z.B. Vergleich der eigenen Buchführungsergebnisse mit denen anderer Unternehmen **(Betriebsvergleich).**

5.5.2.3 Vom Kontenrahmen zum Kontenplan

Innerhalb des Kontenrahmens, dessen Anwendung allen Unternehmen des betreffenden Wirtschaftszweiges empfohlen wird, stellt jeder Betrieb den individuellen Bedürfnissen entsprechend seinen eigenen **Kontenplan** auf. In diesem werden jene Konten ausgelassen, die für den betreffenden Betrieb keine Bedeutung haben.

- Der **Kontenrahmen** bezieht sich auf eine bestimmte **Wirtschaftsbranche.**
- Der **Kontenplan** bezieht sich auf einen bestimmten **Betrieb.**

Mithilfe der zehn Ziffern unseres Zahlensystems wird die Gesamtmenge der Konten nach sachlichen Gesichtspunkten (z.B. alle Finanzanlagen, alle Ertragskonten usw.) zunächst in 10 **Kontenklassen** gegliedert.

Beispiel:

Kontenklasse 0	Kontenklasse 1	Kontenklasse 2
	AKTIVA	
Anlagevermögen		Umlaufvermögen

Da es in jeder Kontenklasse mehrere Konten gibt, muss man zur eindeutigen Unterscheidung eine zweite Ziffer hinzufügen. Dabei beginnt man ebenfalls wieder mit der Ziffer 0. Diese zweistellige Kontenkennzeichnung bildet jeweils eine **Kontengruppe**.

Beispiel:

Kontenklasse 0	usw.
AKTIVA	
Anlagevermögen	
. . 02 **Konzessionen und Lizenzen** . . 05 **Grundstücke und Gebäude**	

Da auch innerhalb einer Kontengruppe im Allgemeinen unterschiedliche Konten vorkommen, muss jede Kontengruppe wieder nach dem gleichen Verfahren unterteilt werden. Man spricht dann von einer bestimmten **Kontoart**. Notfalls müssen zu einer Kontoart auch **Kontounterarten** gebildet werden.

Beispiel:

Kontenklasse 0	usw.
AKTIVA	
Anlagevermögen	
. . . 05 **Grundstücke und Gebäude** 0500 Unbebaute Grundstücke 0510 Bebaute Grundstücke 0550 Andere Bauten →	**Erläuterungen:** 0550 **Andere Bauten**[1] → Kontenklasse 0: Immaterielle Vermögensgegenstände und Sachanlagen → Kontengruppe 05: Grundstücke usw. → Kontenart 0550: Andere Bauten Das Konto Andere Bauten hat die **Kontonummer 0550**

1 Die EDV-Kontenrahmen verwenden im Allgemeinen für jede Kontoart des Hauptbuches eine vierstellige Kontoziffer. Personenkonten (Lieferer- und Kundenkonten) haben dann weitere Kontoziffern. Dieser 4-stelligen Kontobezifferung wollen wir uns anschließen.

5.5.2.4 Aufbau des branchenübergreifenden Schulkontenrahmens für Nordrhein-Westfalen

Der Schulkontenrahmen ist ein abschlussorientierter Kontenrahmen. Das bedeutet, dass sich die Reihenfolge der Kontengruppen an den Abschlussgliederungsprinzipien der Bilanz und der Gewinn- und Verlustrechnung bei Kapitalgesellschaften orientiert.

Das gilt auch beim Einsatz eines Finanzbuchhaltungsprogrammes. Im DV-System wird hinterlegt, auf welchen Posten der Bilanz bzw. der Gewinn- und Verlustrechnung der Saldo eines Kontos im Rahmen des automatisierten Jahresabschlusses übertragen werden soll.

In seiner Grobstruktur weist der Schulkontenrahmen in den einzelnen Kontenklassen folgende Positionen aus:

Klasse 0:	Immaterielle Vermögensgegenstände und Sachanlagen	←	Bestandskonten
Klasse 1:	Finanzanlagen	←	Bestandskonten
Klasse 2:	Umlaufvermögen und aktive Rechnungsabgrenzung	←	Bestandskonten
Klasse 3:	Eigenkapital und Rückstellungen	←	Bestandskonten
Klasse 4:	Verbindlichkeiten und passive Rechnungsabgrenzung	←	Bestandskonten
Klasse 5:	Erträge	←	Ergebniskonten[1]
Klasse 6:	Betriebliche Aufwendungen	←	Ergebniskonten[1]
Klasse 7:	Weitere Aufwendungen	←	Ergebniskonten[1]
Klasse 8:	Ergebnisrechnungen	←	Abschlusskonten
Klasse 9:	Kosten- und Leistungsrechnung (KLR)		

In den folgenden Kapiteln werden die Buchungssätze nur noch unter Zuhilfenahme des Schulkontenrahmens gebildet, d.h., bei den Buchungen im Grundbuch werden vor den Kontonamen die entsprechende Kontonummer gesetzt und im Hauptbuch werden die Gegenkonten nur mit den Kontonummern angegeben.

Beispiel:

Geschäftsvorfall:

Wir zahlen eine bereits gebuchte Eingangsrechnung über 3850,00 EUR

durch Banküberweisung	3000,00 EUR
in bar	850,00 EUR

Aufgaben:

1. Buchen Sie den Geschäftsvorfall auf den Konten!
2. Bilden Sie den Buchungssatz zu dem Geschäftsvorfall!

1 Vgl. hierzu Kapitel 5.6, S. 147 ff.

Lösungen:

Zu 1.: Buchung auf den Konten:

S	2800 Bank		H
AB	5000,00	4400	3000,00

S	4400 Verbindl. a. Lief. u. Leist.		H
2800/2880	3850,00	AB	10000,00

S	2880 Kasse		H
AB	3140,00	4400	850,00

Zu 2.: Buchungssatz

Geschäftsvorfall	Konten	Soll	Haben
Wir zahlen eine bereits gebuchte Eingangsrechnung über 3850,00 EUR durch Banküberweisung 3000,00 EUR durch Barzahlung 850,00 EUR	4400 Verbindl. a.L.u.L. an 2800 Bank an 2880 Kasse	3850,00	 3000,00 850,00

Übungsaufgaben

46 1. Gegeben ist die Kontobezeichnung 0830!

1.1 Nennen Sie die Information, die die erste Ziffer 0 liefert!

1.2 Nennen Sie was die Ziffernfolge 08 besagt!

1.3 Nennen Sie was die Ziffernfolge 0830 ausdrückt!

2. 2.1 Nennen Sie die Ihnen bekannten Abschlusskonten und ordnen Sie ihnen jeweils die richtige Kontoziffernfolge zu! (Name des Kontos, Kontonummer)

2.2 Nennen Sie das Konto mit der Ziffernfolge 2030!

3. 3.1 Nennen Sie den Begriff mit dem der Industriekontenrahmen die Konten der Klasse 0 und 1 zusammenfasst!

3.2 Nehmen Sie zu dieser Begriffsbildung Stellung! Erklären Sie, wie sie begründbar ist!

47 Bilden Sie unter Angabe der Kontonummern und Kontonamen für folgende Geschäftsvorfälle die Buchungssätze:

1.	Kauf einer Schleifmaschine bar		5800,00 EUR
2.	Ein Kunde überweist einen Rechnungsbetrag auf unser Bankkonto		896,00 EUR
3.	Wir kaufen eine Glasvitrine bar		120,00 EUR
4.	Wir verkaufen einen gebrauchten Geschäftswagen bar		9280,00 EUR
5.	Wir zahlen eine Liefererrechnung durch Banküberweisung		560,00 EUR
6.	Ein Kunde zahlt einen Rechnungsbetrag über		1750,00 EUR
	in bar	750,00 EUR	
	per Banküberweisung	1000,00 EUR	
7.	Wir kaufen eine Verpackungsmaschine		11600,00 EUR
	Finanzierung:		
	Banküberweisung	3500,00 EUR	
	Barzahlung	200,00 EUR	
	Restverbindlichkeit	7900,00 EUR	

8.

IBAN				BIC
DE30 4145 0075 0000 6375 26	SPARKASSE SOEST			WELADED1SOS
Buchungstag	Tag der Wertstellung	Verwendungszweck/Buchungstext		alter Kontostand + 1220,50
30.06.	27.06.	Rechnung Franz Zeh 16.06.20..	1719	− 2810,20
30.06.	30.06.	Bareinzahlung		+ 2000,00
				neuer Kontostand + 410,30

Soester Büromöbel AG
Industriepark 5
59494 Soest

UST-ID DE 146350450

Kontoauszug vom 30.06.20.. | Auszug 21 | Blatt 1

Bitte beachten Sie die Hinweise auf der Rückseite

SIK - KAD.8/98 S

50/00

Bilden Sie den Buchungssatz aus Sicht der Soester Büromöbel AG!

AS 1.1 Situation 10: Auf dem Konto Eigenkapital buchen

Zieht man die Summe der Schulden von der Summe des Vermögens ab, so erhält man als Ergebnis das Eigenkapital des Unternehmens.

Bisher wurde das Konto Eigenkapital in einigen Aufgaben ausgewiesen, es hat sich jedoch nicht verändert.

Impuls:

Erläutern Sie, worauf dieser Sachverhalt zurückzuführen ist!

Handlungsaufgaben:

Arbeiten Sie die folgenden Kapitel des Schulbuches durch und verwenden Sie die Aufzeichnungen aus dem Unterricht zur Bearbeitung der Handlungsaufgaben!

Es liegen folgende Geschäftsvorfälle vor:

- Wir überweisen die Kfz-Versicherung durch Banküberweisung.
- Wir zahlen Löhne durch Banküberweisung.
- Barverkauf von Erzeugnissen.

Soll	Eigenkapital		Haben
		AB	400 000,00

1. Wie verändert sich das Eigenkapital durch die Geschäftsvorfälle?
2. Warum verändert sich das Eigenkapital durch die Geschäftsvorfälle?
3. Warum steht das Eigenkapital auf derselben Seite wie die Schulden?

5.6 Buchungen auf Ergebniskonten (Erfolgskonten) durchführen[1]

5.6.1 Aufwendungen, Erträge, Aufwandskonten, Ertragskonten

(1) Aufwendungen und Erträge

Bisher wurde das Eigenkapital durch die Geschäftsvorfälle nicht berührt. Dies ändert sich jetzt. Das Eigenkapital kann entweder zunehmen oder abnehmen.

Beispiel:

Eine Gehaltszahlung führt zu einer Verringerung des Eigenkapitals. Der Unternehmer tätigt diesen Aufwand mit der Absicht, das erstellte Produkt verkaufen zu können. Der Verkauf des Produkts stellt einen Ertrag dar, der das Eigenkapital erhöht.

Die **Zugänge des Eigenkapitals** ergeben sich durch **Erträge,** die **Abgänge** durch **Aufwendungen.**

Soll	Eigenkapital	Haben
– Abgänge		Anfangsbestand + Zugänge

↓ Minderung des Eigenkapitals durch **Aufwendungen**

↓ Erhöhung des Eigenkapitals durch **Erträge**

Geschäftsvorfälle, die das Eigenkapital betreffen:

Beispiele:	Beispiele:
■ Aufwendungen für Roh-, Hilfs- und Betriebsstoffe	■ Verkauf von Erzeugnissen
■ Aufwendungen für Handelswaren	■ Verkauf von Handelswaren
■ Löhne, Gehälter	■ Erträge aus Wertpapieren
■ Aufwendungen für Mieten, Steuern, Versicherungen, Büromaterial …	■ Erträge aus Vermietung
	■ Zinserträge, Provisionserträge, Kursgewinne …

- **Abgänge beim Eigenkapital** durch **Aufwendungen.**
- **Zugänge beim Eigenkapital** durch **Erträge.**
- **Aufwendungen vermindern, Erträge erhöhen das Eigenkapital.**

(2) Aufwands- und Ertragskonten

Um die einzelnen Aufwendungen und Erträge übersichtlich und jederzeit verfügbar zu haben, werden die Aufwendungen und Erträge nicht direkt auf dem Eigenkapital gebucht, sondern es werden **Unterkonten des Eigenkapitals** gebildet. Die **Aufwendungen** werden auf **Aufwandskonten,** die **Erträge** auf **Ertragskonten** gebucht.

1 Die Begriffe Ergebniskonten und Erfolgskonten sind identisch (gleichwertig). Beide Begriffe werden in Zukunft synonym verwandt.

In schematischer Zusammenfassung ergibt sich die folgende Darstellung:

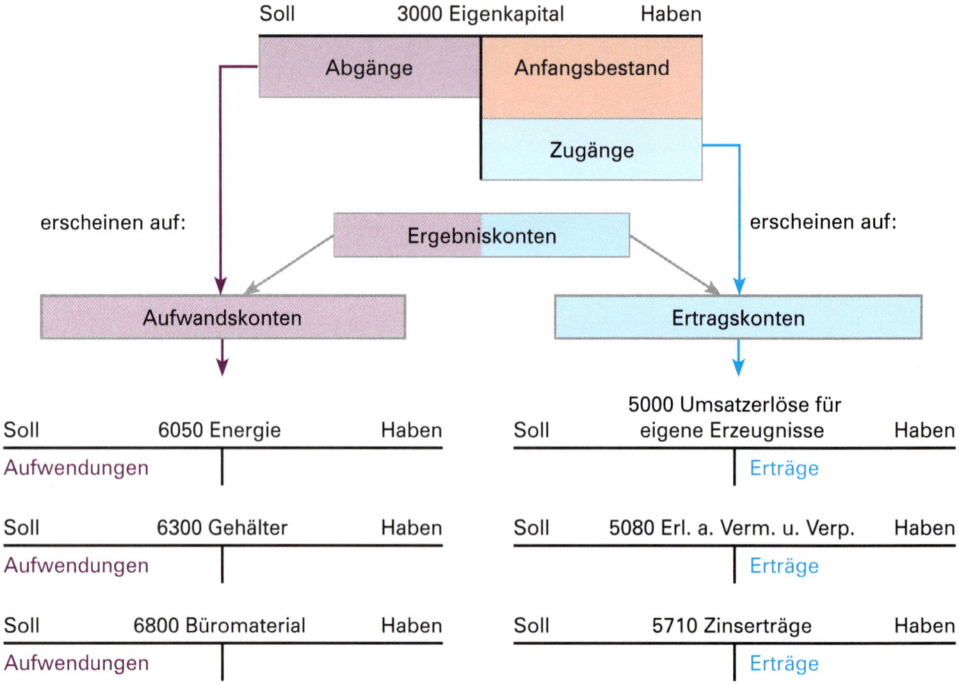

- **Aufwandskonten** erfassen die **Minderungen (Abgänge) beim Eigenkapital.**
- **Ertragskonten** erfassen die **Mehrungen (Zugänge) beim Eigenkapital.**

Durch die Aufwands- und Ertragskonten werden die **Ursachen des Unternehmensergebnisses** (Gewinn oder Verlust) deutlich. Die Aufwands- und Ertragskonten werden daher als **Ergebniskonten (Erfolgskonten)** bezeichnet. Geschäftsvorfälle, die das **Eigenkapital verändern,** bezeichnet man als **erfolgswirksame Geschäftsvorfälle.** Solche Geschäftsvorfälle, die das Eigenkapital nicht verändern, bezeichnet man als **erfolgsunwirksame (erfolgsneutrale) Geschäftsvorfälle.**

- Die Aufwands- und Ertragskonten sind **Unterkonten des Eigenkapitalkontos.**
- Bei den Aufwandskonten erscheinen die **Aufwendungen** immer auf der **Sollseite.**
- Bei den Ertragskonten erscheinen die **Erträge** immer auf der **Habenseite.**
- Für jede Aufwands- und Ertragsart wird jeweils ein **eigenes Konto** eingerichtet.
- Da die Aufwands- und Ertragskonten Auskunft darüber geben, wodurch das Ergebnis (Gewinn oder Verlust) zustande gekommen ist, nennen wir sie **Ergebniskonten.**

Übungsaufgaben

48

1. Erläutern Sie den Zusammenhang zwischen den Ergebniskonten und dem Eigenkapitalkonto!
2. Begründen Sie, ob das System der doppelten Buchführung auch ohne die Einrichtung von Ergebniskonten funktionieren würde!
3. Begründen Sie, warum es auf den Ergebniskonten keine Anfangsbestände geben kann!
4. Nennen Sie die Auswirkungen der Aufwendungen auf das Eigenkapital!
5. Begründen Sie, weshalb Aufwendungen auf der Sollseite und Erträge auf der Habenseite gebucht werden!
6. Nennen Sie Gründe, warum die Aufwendungen und Erträge nicht direkt auf dem Eigenkapitalkonto gebucht werden!
7. Beurteilen Sie folgende Geschäftsvorfälle hinsichtlich ihrer Erfolgswirksamkeit. Sofern Sie nicht Eigentümer des Buches sind, übertragen Sie die Tabelle in Ihr Hausheft und kreuzen Sie die entsprechende Spalte in dem vorgesehenen Schema an!

Vorlage
mvurl.de/92cv

Nr.	Geschäftsvorfälle	erfolgsunwirksam	erfolgswirksam	Aufwand	Ertrag
1.	Wir zahlen eine Liefererrechnung durch Banküberweisung				
2.	Wir verkaufen Handelswaren auf Ziel				
3.	Wir kaufen Büromaterial bar				
4.	Verbrauch von Rohstoffen				
5.	Ein Kunde zahlt durch Banküberweisung				
6.	Wir verkaufen Fertigerzeugnisse bar				
7.	Die Bank belastet uns mit Zinsen				
8.	Barzahlung für ein Werbeinserat				
9.	Banküberweisung für Grundsteuer				
10.	Barkauf eines Büroschrankes				
11.	Barkauf von Hilfsstoffen zum sofortigen Verbrauch				

49 Lösen Sie die Handlungsaufgaben aus der Situation 10 auf S. 146!

5.6.2 Buchungen auf den Ergebniskonten

5.6.2.1 Buchungsregeln für die Ergebniskonten und Beispiele für die Buchungen von Aufwendungen und Erträgen

(1) Buchungsregeln für die Ergebniskonten

Auf den Ergebniskonten gibt es nur Aufwendungen und Erträge. Die **Aufwendungen** (Abgänge auf dem Eigenkapitalkonto) sind auf der **Sollseite des entsprechenden Aufwandskontos** zu buchen. Die **Erträge** (Zugänge auf dem Eigenkapitalkonto) sind auf der **Habenseite des entsprechenden Ertragskontos** zu buchen.

Soll	Aufwandskonto	Haben
Aufwendungen		

Aufwendungen stehen immer auf der **Sollseite** der Aufwandskonten.

Soll	Ertragskonto	Haben
		Erträge

Erträge stehen immer auf der **Habenseite** der Ertragskonten.

- Auf den **Ergebniskonten** gibt es **keinen Anfangsbestand, keine Zugänge, keine Abgänge** und **keinen Schlussbestand.** Diese Begriffe bleiben den Bilanzkonten (Bestandskonten) vorbehalten.
- Bei den **Ergebniskonten** gibt es nur **Aufwendungen** und **Erträge.**

(2) Beispiele für die Buchungen von Aufwendungen[1] und Erträgen

Bilden Sie zu den nachfolgenden Geschäftsvorfällen die Buchungssätze!

1. Geschäftsvorfall: Für eine Werbeanzeige in der Fachzeitschrift bezahlen wir die Rechnung über 1 250,00 EUR durch Banküberweisung.

Konten	Soll	Haben
6870 Werbung an 2800 Bank	1 250,00	 1 250,00

2. Geschäftsvorfall: Wir bezahlen die Leasingrate in Höhe von 1 050,00 EUR durch Banküberweisung.

Konten	Soll	Haben
6710 Leasing an 2800 Bank	1 050,00	 1 050,00

3. Geschäftsvorfall: Die Bank schreibt uns Zinsen in Höhe von 950,00 EUR gut.

Konten	Soll	Haben
2800 Bank an 5710 Zinserträge	950,00	 950,00

4. Geschäftsvorfall: Wir erhalten vom Lieferer eine Verkaufsprovision von 8 500,00 EUR durch Banküberweisung für die Vermittlung eines Großauftrags.

Konten	Soll	Haben
2800 Bank an 5090 Sonstige Nebenerlöse	8 500,00	 8 500,00

1 Auf die Buchungen der Werkstoffe und Handelswaren wird im Kapitel 5.6.2.2, S. 152 ff. eingegangen.

Übungsaufgabe

50 Formulieren Sie aufgrund der vorliegenden Belege[1] die zugrunde liegenden Geschäftsvorfälle und buchen Sie die Belege im Grundbuch der Weber Metallbau GmbH, Alfred-Nobel-Str. 8, 59494 Soest!

Beleg 1

EBE-Werke AG
Dortmund

Weber Metallbau GmbH
Alfred-Nobel-Str. 8
59494 Soest

Kurzmitteilung: 15.01.20..

Sehr geehrte Damen und Herren,

wir haben festgestellt, dass Sie unsere Rechnung Nr. 501 vom 10.01.20.. doppelt bezahlt haben.

Den Rechnungsbetrag in Höhe von 8 140,20 EUR haben wir heute auf Ihr Konto bei der Deutschen Bank Soest zurücküberwiesen.

Mit freundlichen Grüßen
EBE-Werke AG
i.A. Potte

Beleg 2

NOTHHAFT
FÜR BÜRO, SCHULE UND ZUHAUSE
Jakobstr. 16 59494 Soest

BARVERKAUF

Nopi Paketklebeband 66x50 57212	2,19	1	2,19 EUR
PRITT Klebestift WA 13 40 g PRI 371047	3,85	2	7,70 EUR
E-1800/0,1 FARBE 002 rot edd1800	2,89	1	2,89 EUR
Kopierpapier A4 weiß 80 g/qm 8078451a8	3,49	1	3,49 EUR
	Gesamtsumme:		16,27 EUR

Beleg 3

Buch- und
JOSEF SIGG OHG
Offset-druck

Josef Sigg OHG
Buch- und Offsetdruck
Blumenstr. 17
30159 Hannover

Weber Metallbau GmbH
Alfred-Nobel-Str. 8
59494 Soest

Rechnung Nr. 1572

Lieferdatum: 24.01.20..
Rechnungsdatum: 30.01.20..

Auftrags-Nr.		Preis in EUR
519	5 000 Vordrucke für Ausgangsrechnungen – Lieferschein Nr. 1010 –	295,00

Sitz der Gesellschaft: Hannover RG Hannover: HRA 195 Steuer-Nr.: 88712/15945

1 Bei den Belegen in dieser Aufgabe wird auf den Ausweis der Umsatzsteuer verzichtet, weil diese aufgrund des Bildungsplans noch nicht behandelt wurde.

Beleg 4

DEUTSCHE POST AG
59494 SOEST
85051034 6941 15.01.20..

LABELFREIMACHUNG 1 STÜCK × 4,70 EUR
*4,70 EUR A,1

BRUTTOUMSATZ *4,70 EUR

VIELEN DANK FÜR IHREN BESUCH.
IHRE DEUTSCHE POST AG

Beleg 5

Firma: Möbelfabrik Tobias Hauser KG
Karlstraße 20–24 · 38259 Salzgitter

QUITTUNG

EINGEGANGEN 30. Jan. 20..

1 Büroschrank 1927,80 EUR

Weber Metallbau GmbH
Alfred-Nobel-Str. 8
59494 Soest

Betrag dankend erhalten
30.01.20..

Heim

Beleg 6

	IBAN	BIC	erstellt am	Auszug	Blatt
COMMERZBANK AG	DE52 4144 0018 0003 9936 54	COBADEFF414	27.01.20..	10	1

ALTER SALDO VOM 24.01.20..			12895,40 H
26.01.20..	Rechnung 20.01.20..		8720,10 H
26.01.20..	Zinsgutschrift		520,00 H
26.01.20..	Feuerversicherung (Lastschrift)	1100,00 S	
26.01.20..	Grundsteuer (Geschäft, Lastschrift)	1450,50 S	

Weber Metallbau GmbH
Alfred-Nobel-Str. 8
59494 Soest

NEUER SALDO 19585,00 H

Bitte Rückseite beachten

5.6.2.2 Buchungen bei der Beschaffung von Werkstoffen und Handelswaren und dem Verkauf von eigenen Erzeugnissen

(1) Buchungen bei der Beschaffung von Werkstoffen und Handelswaren

Wichtiger Hinweis:

In der Praxis wird der Einkauf von Werkstoffen und Handelswaren entweder sofort als **Verbrauch** auf den **Konten der Klasse 6** (Just-in-time-Verfahren, aufwandsorientiertes Verfahren) oder als **Bestand** auf Konten der **Klasse 2** (bestandsorientiertes Verfahren) erfasst. Beide Buchungsverfahren werden im Folgenden vorgestellt.

Buchungen bei der Beschaffung von Werkstoffen und Handelswaren nach dem bestandsorientierten Verfahren

Beim **bestandsorientierten Verfahren** wird die Beschaffung der Werkstoffe bzw. Handelswaren auf dem entsprechenden Bestandskonto (2000 Rohstoffe, 2020 Hilfsstoffe, 2030 Betriebsstoffe, 2280 Waren [Handelswaren]) gebucht, auf dem auch der Anfangsbestand erscheint.

Nr.	Geschäftsvorfälle	Konten	Soll	Haben
1.	Wir kaufen Rohstoffe bar 10 000,00 EUR	2000 Rohstoffe an 2880 Kasse	10 000,00	 10 000,00
2.	Wir kaufen Handelswaren auf Ziel 5 550,00 EUR	2280 Waren an 4400 Verb. a. L. u. L.	5 550,00	 5 550,00
3.	Wir kaufen Betriebsstoffe und zahlen per Banküberweisung 8 400,00 EUR	2030 Betriebsstoffe an 2800 Bank	8 400,00	 8 400,00

Buchungen bei der Beschaffung von Werkstoffen und Handelswaren nach dem verbrauchsorientierten Verfahren (Just-in-time-Verfahren)

Der durch den starken Konkurrenzdruck ausgelöste Zwang zur Kostensenkung hat in der Praxis dazu geführt, nach Wegen zu suchen, wie man die nicht unerheblichen Lagerkosten minimieren kann. Daher wird in einem modernen Industriebetrieb nach Möglichkeit immer nur so viel an Werkstoffen eingekauft, wie auch unmittelbar für die Produktion benötigt wird. Das bedingt eine sehr genaue Abstimmung der Beschaffungspläne mit den Produktionsplänen. Werkstoffe müssen also genau dann im Betrieb ankommen, wenn sie benötigt werden. Daher spricht man auch vom **Just-in-time-Verfahren.**

Da die **eingekauften Werkstoffe** direkt in den Fertigungsprozess eingehen, werden sie auch direkt auf den entsprechenden **Aufwandskonten** erfasst. Man spricht vom **aufwandsrechnerischen Verfahren (Just-in-time-Verfahren).**

Nr.	Geschäftsvorfälle	Konten	Soll	Haben
1.	Wir kaufen Rohstoffe bar 10 000,00 EUR	6000 Aufw. f. Rohstoffe an 2880 Kasse	10 000,00	 10 000,00
2.	Wir kaufen Handelswaren auf Ziel 5 550,00 EUR	6060 Wareneingang an 4400 Verb. a. L. u. L.	5 550,00	 5 550,00
3.	Wir kaufen Betriebsstoffe und zahlen per Banküberweisung 8 400,00 EUR	6030 Aufw. f. Betriebsstoffe an 2800 Bank	8 400,00	 8 400,00

Übungsaufgabe

51 Bilden Sie zu folgenden Geschäftsvorfällen die Buchungssätze:

a) Nach dem bestandsorientierten Verfahren und
b) nach dem Just-in-time-Verfahren!

1.	Wir kaufen Betriebsstoffe auf Ziel	7100,00 EUR
2.	Wir kaufen Handelswaren bar	1950,00 EUR
3.	Kauf von Hilfsstoffen durch Banküberweisung	14200,00 EUR
4.	Kauf von Rohstoffen auf Ziel	3720,00 EUR
5.	Wir kaufen Fertigungsmaterial gegen Banküberweisung	7410,00 EUR

(2) Buchungen beim Verkauf von eigenen Erzeugnissen und Handelswaren

Der Verkauf der hergestellten Erzeugnisse bzw. der Handelswaren stellt einen Ertrag dar. Die Umsatzerlöse aus eigenen Erzeugnissen und die Umsatzerlöse für Handelswaren werden auf getrennten Konten ausgewiesen. Es sind die Konten

- **5000 Umsatzerlöse für eigene Erzeugnisse,**
- **5100 Umsatzerlöse für Waren**

zu führen.

Beispiel:

I. Geschäftsvorfälle:

1. Wir verkaufen eigene Erzeugnisse auf Ziel 21000,00 EUR.
2. Wir verkaufen Handelswaren bar 840,00 EUR.

II. Aufgabe:

Bilden Sie die Buchungssätze!

Lösung:

Nr.	Konten	Soll	Haben
1.	2400 Ford. a. Lief. u. Leist.	21000,00	
	an 5000 Umsatzerlöse für eig. Erzeugnisse		21000,00
2.	2880 Kasse	840,00	
	an 5100 Umsatzerlöse für Waren		840,00

Beachte:

- Bei den nachfolgenden Buchungen wird unterstellt, dass die beschafften Werkstoffe und Handelswaren unmittelbar in die Produktion bzw. den Verkauf gehen, d.h., die Buchung erfolgt jeweils nach dem **Just-in-time-Verfahren.**
- Sofern nach dem **bestandsorientierten Verfahren** gebucht werden soll, wird dies jeweils **ausdrücklich angegeben.**

Übungsaufgaben[1]

52 Bilden Sie für die folgenden erfolgsneutralen (erfolgsunwirksamen) und erfolgswirksamen Geschäftsvorfälle die Buchungssätze! Geben Sie in einer besonderen Spalte an, ob der Geschäftsvorfall erfolgswirksam oder erfolgsneutral ist!

Vorlage
mvurl.de/lqrq

1.	Verkauf von Erzeugnissen auf Ziel	75 800,00 EUR
2.	Wir zahlen die Ausbildungsvergütung für einen gewerblichen Auszubildenden durch Banküberweisung	650,00 EUR
3.	Wir kaufen Hilfsstoffe bar	500,00 EUR
4.	Wir zahlen eine Rechnung für Gebäuderenovierung durch Banküberweisung	8 750,00 EUR
5.	Wir kaufen einen Büroschrank bar	850,00 EUR
6.	Wir zahlen Heizöl für eine Lagerhalle durch Banküberweisung	5 300,00 EUR
7.	Einkauf von Betriebsstoffen auf Ziel	1 350,00 EUR
8.	Wir kaufen Büromöbel bar	1 500,00 EUR
9.	Bareinkauf von Betriebsstoffen	500,00 EUR
10.	Wir zahlen Reparaturkosten für eine Produktionsmaschine durch Banküberweisung	4 000,00 EUR
11.	Ein Kunde überweist einen Rechnungsbetrag auf unser Bankkonto	250,00 EUR
12.	Bankgutschrift für erhaltene Provisionen	200,00 EUR
13.	Wir zahlen Reisekosten an unseren Reisenden durch Banküberweisung	6 000,00 EUR
14.	Wir bezahlen die Leasingrate für den Geschäfts-Pkw bar	410,00 EUR
15.	Wir überweisen für eine Liefererrechnung durch die Bank	2 720,00 EUR
16.	Zahlung der Garagenmiete für das Auslieferungsfahrzeug durch Bankdauerauftrag	140,00 EUR
17.	Wir kaufen einen Gabelstapler auf Ziel	7 980,00 EUR
18.	Die Bank überweist Zinsen für das Termingeld	820,50 EUR
19.	Banküberweisung der Kfz-Steuer für das Auslieferungsfahrzeug	961,70 EUR

53 Bilden Sie zu den folgenden erfolgswirksamen Geschäftsvorfällen die Buchungssätze!

1.	Wir zahlen Miete für die Lagerräume durch Banküberweisung	4 000,00 EUR
2.	Die Bank schreibt uns Zinsen gut	210,00 EUR
3.	Wir zahlen die Ausbildungsvergütung für einen kaufmännischen Auszubildenden bar	580,00 EUR
4.	Einkauf von Rohstoffen auf Ziel	25 000,00 EUR
5.	Zinslastschrift der Bank	651,00 EUR
6.	Verkauf von Erzeugnissen auf Ziel	56 000,00 EUR
7.	Zahlung der Grundsteuer durch Banküberweisung	2 380,00 EUR
8.	Für Büromaterialien wurden bar bezahlt	123,00 EUR
9.	Banküberweisung der Kfz-Steuer für die Betriebsfahrzeuge	630,00 EUR
10.	Einkauf von Hilfsstoffen bar	2 200,00 EUR

1 Sofern es sich um Zahlungen handelt, die als Aufwand zu erfassen sind, ist davon auszugehen, dass die zugrunde liegende Rechnung noch nicht gebucht wurde.

Vorlage

mvurl.de/cv8n

54

1. Formulieren Sie aufgrund der vorliegenden Belege[1] den jeweils zugrunde liegenden Geschäftsvorfall!
2. Bilden Sie die Buchungssätze für die Weber Metallbau GmbH!

Beleg 1

Müller & Schrotzke
METALLHANDEL

Metallhandel Müller & Schrotzke · Zum Rohland 5 · 59872 Meschede
Weber Metallbau GmbH
Alfred-Nobel-Str. 8
59494 Soest

Bitte stets angeben:

Rechnungsdatum:	12.06.20..
Kunden-Nr.:	13483
Steuer-Nr.:	156 173 41503
USt-Id-Nr.:	DE 228 486 140
Lieferdatum:	12.06.20..

Rechnungs-Nr. 2214

Pos.	Menge	Bezeichnung	Einzelpreis in EUR	Gesamtbetrag in EUR
1	240 m^2	Blechhochprofile	7,90	1 896,00

Beleg 2

schindele
rundum gut versorgt und mobil

✓ Mineralöle/Kraft- und Schmierstoffe
✓ Heizöle/Brennstoffe
✓ Landwirtschaftsservice
✓ Reifen-Fachmarkt
✓ LKW- und PKW-Waschanlagen
✓ Zweirad-Fachmarkt

24-h-Tankstellen in:
Bottrop
Gelsenkirchen
Wattenscheid
Mühlheim a. d. R.
Oberhausen
Herne
Gladbeck

Schindele Handels GmbH & Co. KG · Kruppstr. 17 · 45128 Essen
Weber Metallbau GmbH
Alfred-Nobel-Str. 8
59494 Soest

Bitte stets angeben:

Rechnung	545352
Kunden-Nr.	18506
Datum:	15.06.20..

Artikel-Bezeichnung/-nummer	Betrag in EUR
Motor-Gold Supertec 5 W-40	1 840,50
Kompressorenöl VOL 10 W-40	920,60
Rechnungsbetrag	2 761,10

1 Bei den Belegen in dieser Aufgabe wird auf den Ausweis der Umsatzsteuer verzichtet, weil diese aufgrund des Bildungsplans noch nicht behandelt wurde.

Beleg 3

Heinrich KG
Befestigungstechnik

Heinrich KG · Goethestr. 144 · 15234 Frankfurt (Oder)
Weber Metallbau GmbH
Alfred-Nobel-Str. 8
59494 Soest

Bestell-Nr.	Bestelldatum	Lieferschein-Nr.	Telefon	Fax
2654	02.06.20..	56432-04	0335 7813-445	0335 7813-447

Bei Zahlung unbedingt angeben:
Rechnungsdatum: 08.06.20..
Kunden-Nr.: 2505
Rechnungs-Nr.: 2254/03

Wir berechnen für unsere Lieferung vom 04.06.20..

Artikel-Nr.	Menge (Stück)	Artikelbezeichnung	Gesamtbetrag in EUR
7032	14200	Blechschrauben	1680,98

Beleg 4

Fritz Leist OHG
Industrieartikel

Fritz Leist OHG · Erasmusstr. 144 · 40223 Düsseldorf
Weber Metallbau GmbH
Alfred-Nobel-Str. 8
59494 Soest

Bestell-Nr.	Bestelldatum	Lieferschein-Nr.	Telefon	Fax
2892	02.06.20..	58229-02	0211 6724-556	0211 6724-587

Bei Zahlung unbedingt angeben:
Rechnungsdatum: 10.06.20..
Kunden-Nr.: 5421
Rechnungs-Nr.: 2245/11

Wir berechnen für unsere Lieferung vom 04.06.20..

Artikel-Nr.	Menge (Stück)	Artikelbezeichnung	Einzelpreis in EUR	Gesamtbetrag in EUR
5130	410	Stahlräder	5,69	2332,90
6220	14	Bohrmaschinen als Handelswaren	59,80	837,20
				3170,10

Beleg 5

Weber Metallbau GmbH

Weber Metallbau GmbH, Alfred-Nobel-Str. 8, 59494 Soest
Simax GmbH
Kolpingstr. 14
46286 Dorsten

Bitte stets angeben:
Rechnungsdatum: 15.06.20..
Leistungsdatum: 13.06.20..
Kunden-Nr.: 1356

Rechnungs-Nr. 8732

Pos.	Menge	Bezeichnung	Einzelpreis in EUR	Gesamtbetrag in EUR
1	25 m	Metall-Gartenzaun	380,00 je m	9500,00

Zahlung in 8 Tagen ab Rechnungsdatum.

5.6.3 Abschluss der Aufwands- und Ertragskonten über das Gewinn- und Verlustkonto

Als Unterkonten des Eigenkapitals müssten die Ergebniskonten direkt über das Eigenkapitalkonto abgeschlossen werden. Aus Gründen der Übersichtlichkeit wird auf dem Konto Eigenkapital jedoch nur das **Gesamtergebnis,** d.h. die Differenz zwischen der Summe der Erträge und der Summe der Aufwendungen (Gewinn bzw. Verlust) in einer Summe ausgewiesen. Das bedeutet, dass die einzelnen Aufwendungen und Erträge auf einem Zwischenkonto einander gegenübergestellt werden müssen. Da aus der Gegenüberstellung aller Erträge mit allen Aufwendungen der Gewinn oder Verlust des Unternehmens errechnet wird, heißt dieses Zwischenkonto **Gewinn- und Verlustkonto (GuV-Konto).**

- Auf dem **GuV-Konto** werden die **Aufwendungen** und **Erträge** einander gegenübergestellt.
- Der **Saldo** auf dem GuV-Konto weist den **Gewinn** bzw. **Verlust** des Unternehmens aus.

Erträge > Aufwendungen = Gewinn
Erträge < Aufwendungen = Verlust

Der auf dem GuV-Konto ermittelte Gewinn oder Verlust wird anschließend auf das Konto **Eigenkapital** umgebucht. Das **GuV-Konto** ist ein **Unterkonto des Eigenkapitalkontos.** Ein Gewinn erhöht das Eigenkapital, ein Verlust vermindert es.

Beispiel:

Das folgende Beispiel beschränkt die kontenmäßige Darstellung auf die Ergebniskonten. Die Bilanzkonten werden bewusst ausgeklammert, um den Abschluss der Ergebniskonten deutlich herausstellen zu können.

I. Anfangsbestand auf dem Konto 3000 Eigenkapital: 30 000,00 EUR

II. Erfolgswirksame Geschäftsvorfälle:

Geschäftsvorfall	Betrag	Konten	Soll	Haben
1. Einkauf von Rohstoffen auf Ziel	20 000,00 EUR	6000 Aufw. f. Rohstoffe an 4400 Verb. a.L.u.L.	20 000,00	 20 000,00
2. Kauf von Büromaterial bar	80,00 EUR	6800 Büromaterial an 2880 Kasse	80,00	 80,00
3. Abbuchung der Stromkosten vom Bankkonto	150,00 EUR	6050 Energie an 2800 Bank	150,00	 150,00
4. Verkauf von Erzeugnissen auf Ziel	45 000,00 EUR	2400 Ford. a.L.u.L. an 5000 UE f. eig. Erz.	45 000,00	 45 000,00
5. Gutschrift der Bank für Zinsen	140,00 EUR	2800 Bank an 5710 Zinserträge	140,00	 140,00

III. Aufgabe:

Führen Sie den Abschluss der Ergebniskonten bis zum Eigenkapital durch!

Lösung:

Aufwandskonten

S	6000 Aufw. f. Rohstoffe		H
4400	20 000,00	8020	20 000,00

S	6800 Büromaterial		H
2880	80,00	8020	80,00

S	6050 Energie		H
2800	150,00	8020	150,00

Ertragskonten

S	5000 UE. f. eig. Erzeugn.		H
8020	45 000,00	2400	45 000,00

S	5710 Zinserträge		H
8020	140,00	2800	140,00

S	8020 GuV-Konto		H
6000	20 000,00	5000	45 000,00
6800	80,00	5710	140,00
6050	150,00		
3000	24 910,00		
	45 140,00		45 140,00

S	3000 Eigenkapital		H
8010	54 910,00	AB	30 000,00
		8020	24 910,00
	54 910,00		54 910,00

Der Abschluss der Ergebniskonten vollzieht sich in drei Schritten:

1. Schritt: Abschluss der Aufwandskonten über das GuV-Konto.

2. Schritt: Abschluss der Ertragskonten über das GuV-Konto.

3. Schritt: Abschluss des GuV-Kontos über das Eigenkapitalkonto.

In der doppelten Buchführung besteht eine **doppelte Möglichkeit der Ergebnisermittlung (Erfolgsermittlung):**

- **Im Ergebniskontenbereich:**

  Hier wird das Ergebnis (Gewinn oder Verlust) durch die Gegenüberstellung der Aufwendungen mit den Erträgen auf dem GuV-Konto ermittelt. Auf dem GuV-Konto sind auch die einzelnen Ertrags- und Aufwandsarten ersichtlich.

	Summe der Erträge	45 140,00 EUR
−	Summe der Aufwendungen	20 230,00 EUR
=	Ergebnis (Gewinn)	24 910,00 EUR

Soll	8020 GuV		Haben
6000	20 000,00	5000	45 000,00
6800	80,00	5710	140,00
6050	150,00		
3000	24 910,00		
	45 140,00		45 140,00

- **Im Bilanzkontenbereich:**

  Hier wird das Ergebnis (Gewinn oder Verlust) durch den Vergleich des Eigenkapitals am Ende des Geschäftsjahres mit dem Eigenkapital am Anfang des Geschäftsjahres ermittelt.

	Eigenkapital am Ende des Geschäftsjahres	54 910,00 EUR
−	Eigenkapital am Anfang des Geschäftsjahres	30 000,00 EUR
=	Ergebnis (Gewinn)	24 910,00 EUR

Soll	3000 Eigenkapital		Haben
8010	54 910,00	AB	30 000,00
		8020	24 910,00
	54 910,00		54 910,00

Übungsaufgaben

Vorlage

mvurl.de/gm44

55 **I. Anfangsbestände:**

2800 Bank 150 000,00 EUR; 3000 Eigenkapital 150 000,00 EUR

II. Geschäftsvorfälle:

1.	Banküberweisung für den Beitrag zur Industrie- u. Handelskammer	2 800,00 EUR
2.	Zinsgutschrift der Bank	490,00 EUR
3.	Die Reparaturkosten für ein Kopiergerät werden durch Banküberweisung bezahlt	512,00 EUR
4.	Lohnzahlung durch Banküberweisung	1 290,00 EUR
5.	Banküberweisung der Kfz-Steuer für die Betriebsfahrzeuge	950,00 EUR
6.	Mieteinnahmen per Banküberweisung für eine vermietete Lagerhalle	4 650,00 EUR
7.	Banküberweisung für die Feuerversicherung des Lagers	460,00 EUR
8.	Büromaterial wird durch Banküberweisung gekauft	370,00 EUR
9.	Wir erhalten Provision durch Banküberweisung	9 980,00 EUR
10.	Ein Zeitungsinserat wird mit Banküberweisung beglichen	290,00 EUR

III. Aufgaben:

1. Eröffnen Sie die Konten Bank und Eigenkapital durch Vortrag der Anfangsbestände!
2. Bilden Sie die Buchungssätze und buchen Sie auf den Konten!
3. Führen Sie den Abschluss durch!

56 Entscheiden Sie außerhalb des Buches, welche der folgenden Aussagen richtig sind:

1. Der Begriff Erfolg beinhaltet immer einen Gewinn.
2. Ist das Reinvermögen am Ende der Geschäftsperiode höher als am Anfang, wurde in der Geschäftsperiode ein Gewinn erzielt.
3. Vermögen – Schulden = Erfolg.
4. Ein Verlust liegt vor, wenn das Eigenkapital am Anfang der Geschäftsperiode größer ist als am Ende.
5. Die Formel für die Erfolgsermittlung lautet:

   Eigenkapital am Anfang der Geschäftsperiode
   – Eigenkapital am Ende der Geschäftsperiode
   = Erfolg

5.7 Geschäftsgang zur Ermittlung des Ergebnisses darstellen

Beispiel:

I. Anfangsbestände:

0500 Unbebaute Grundstücke 150 000,00 EUR, 0510 Bebaute Grundstücke 350 000,00 EUR, 0860 Geschäftsausstattung 80 000,00 EUR, 2000 Rohstoffe 235 000,00 EUR, 2400 Forderungen aus Lieferungen und Leistungen 160 320,00 EUR, 2800 Bank 137 850,00 EUR, 3000 Eigenkapital 575 000,00 EUR, 4250 Langfristige Verbindlichkeiten gegenüber Kreditinstituten 400 000,00 EUR, 4400 Verbindlichkeiten aus Lieferungen und Leistungen 138 170,00 EUR.

II. Kontenplan:

0500, 0510, 0860, 2000, 2400, 2800, 3000, 4250, 4400, 5000, 5710, 6000, 6700, 7020, 7510, 8000, 8010, 8020

III. Geschäftsvorfälle:

1. Kauf von Rohstoffen auf Ziel	104 500,00 EUR
2. Kauf von Büromöbeln auf Ziel	14 500,00 EUR
3. Verkauf von Erzeugnissen auf Ziel	214 948,00 EUR
4. Banküberweisung für das gemietete Verwaltungsgebäude	12 000,00 EUR
5. Die Bank belastet unser Kontokorrentkonto mit den Halbjahreszinsen für das aufgenommene Bankdarlehen	16 000,00 EUR
6. Banküberweisung für die Grundsteuer	4 000,00 EUR
7. Bankgutschrift für Zinsen	1 750,00 EUR

IV. Abschlussangabe:

Der Schlussbestand der Rohstoffe beträgt lt. Inventur 235 000,00 EUR.

V. Aufgaben:

1. Buchen Sie die Anfangsbestände unter Einbeziehung des Eröffnungsbilanzkontos!
2. Bilden Sie die Buchungssätze für die Geschäftsvorfälle!
3. Buchen Sie auf den Konten!
4. Schließen Sie die Konten ab!

Lösungen:

Zu 2.: Buchungssätze für die Geschäftsvorfälle

Nr.	Konten	Soll	Haben
1.	6000 Aufwendungen für Rohstoffe an 4400 Verbindlichkeiten aus Lieferungen und Leistungen	104 500,00	 104 500,00
2.	0860 Geschäftsausstattung an 4400 Verbindlichkeiten aus Lieferungen und Leistungen	14 500,00	 14 500,00
3.	2400 Forderungen aus Lieferungen und Leistungen an 5000 Umsatzerlöse für eigene Erzeugnisse	214 948,00	 214 948,00
4.	6700 Mieten, Pachten an 2800 Bank	12 000,00	 12 000,00
5.	7510 Zinsaufwendungen an 2800 Bank	16 000,00	 16 000,00
6.	7020 Grundsteuer an 2800 Bank	4 000,00	 4 000,00
7.	2800 Bank an 5710 Zinserträge	1 750,00	 1 750,00

Zu 1., 3. und 4.: Buchung auf den Konten des Hauptbuches und Abschluss der Konten

Bilanzkonten-Bereich

Aktivkonten

S	0500 Unb. Grundstücke		H
8000	150 000,00	8010	150 000,00

S	0510 Beb. Grundstücke		H
8000	350 000,00	8010	350 000,00

S	0860 Geschäftsausstattung		H
8000	80 000,00	8010	94 500,00
4400	14 500,00		
	94 500,00		94 500,00

S	2000 Rohstoffe		H
8000	235 000,00	8010	235 000,00

S	2400 Ford. a. Lief. u. Leist.		H
8000	160 320,00	8010	375 268,00
5000	214 948,00		
	375 268,00		375 268,00

S	2800 Bank		H
8000	137 850,00	6700	12 000,00
5710	1 750,00	7510	16 000,00
		7020	4 000,00
		8010	107 600,00
	139 600,00		139 600,00

S	8000 EBK		H
3000	575 000,00	0500	150 000,00
4250	400 000,00	0510	350 000,00
4400	138 170,00	0860	80 000,00
		2000	235 000,00
		2400	160 320,00
		2800	137 850,00
	1 113 170,00		1 113 170,00

S	8010 SBK		H
0500	150 000,00	3000	655 198,00
0510	350 000,00	4250	400 000,00
0870	94 500,00	4400	257 170,00
2000	235 000,00		
2400	375 268,00		
2800	107 600,00		
	1 312 368,00		1 312 368,00

Passivkonten

S	3000 Eigenkapital		H
8010	655 198,00	8000	575 000,00
		8020	80 198,00
	655 198,00		655 198,00

S	4250 Langfr. Verb. g. Kr.-Inst.		H
8010	400 000,00	8000	400 000,00

S	4400 Verb. a. Lief. u. Leist.		H
8010	257 170,00	8000	138 170,00
		6000	104 500,00
		0860	14 500,00
	257 170,00		257 170,00

Erfolgskonten-Bereich

Aufwandskonten

S	6000 Aufw. f. Rohstoffe		H
4400	104 500,00	8020	104 500,00

S	6700 Mieten/Pachten		H
2800	12 000,00	8020	12 000,00

S	7020 Grundsteuer		H
2800	4 000,00	8020	4 000,00

S	7510 Zinsaufwendungen		H
2800	16 000,00	8020	16 000,00

Ertragskonten

S	5000 UE. f. eig. Erz.		H
8020	214 948,00	2400	214 948,00

S	5710 Zinserträge		H
8020	1 750,00	2800	1 750,00

S	8020 GuV		H
6000	104 500,00	5000	214 948,00
6700	12 000,00	5710	1 750,00
7020	4 000,00		
7510	16 000,00		
3000	80 198,00		
	216 698,00		216 698,00

Übungsaufgabe

Vorlage

mvurl.de/mgab

57 **I. Anfangsbestände:**

0700 Technische Anlagen und Maschinen 255 000,00 EUR; 2000 Rohstoffe 87 000,00 EUR; 2400 Forderungen aus Lieferungen und Leistungen 38 400,00 EUR; 2800 Bank 86 700,00 EUR; 2880 Kasse 4 100,00 EUR; 3000 Eigenkapital 345 500,00 EUR; 4250 Langfristige Verbindlichkeiten gegenüber Kreditinstituten 50 000,00 EUR; 4400 Verbindlichkeiten aus Lieferungen und Leistungen 75 700,00 EUR.

II. Kontenplan:

0700, 2000, 2400, 2800, 2880; 3000, 4250, 4400, 5000, 6160, 6200, 6710, 6730, 7510, 8000, 8010, 8020

III. Geschäftsvorfälle:

1. Wir kaufen Maschinen auf Ziel	12 200,00 EUR
2. Zahlung der Leasingrate für die Telefonanlage durch Banklastschrift	4 210,00 EUR
3. Verkauf von eigenen Erzeugnissen auf Ziel	78 700,00 EUR
4. Die Rechnung für Reparaturen am Maschinenpark wird durch Banküberweisung beglichen	23 900,00 EUR
5. Bankbelastungen:	
– Tilgung eines Bankdarlehens	8 000,00 EUR
– Zinszahlung	3 100,00 EUR
6. Verkauf von eigenen Erzeugnissen gegen Banküberweisung	57 800,00 EUR
7. Zahlung von Lizenzgebühren mit Banküberweisung	26 000,00 EUR
8. Banküberweisung für Löhne	28 500,00 EUR
9. Eine schon gebuchte Rechnung wird durch den Kunden bar bezahlt	7 700,00 EUR
10. Banküberweisung an einen Lieferer	6 900,00 EUR

IV. Abschlussangabe:

Die Buchbestände stimmen mit den Inventurbeständen überein.

V. Aufgaben:

1. Buchen Sie die Anfangsbestände unter Einbeziehung des Eröffnungsbilanzkontos!
2. Bilden Sie die Buchungssätze und buchen Sie auf den Konten!
3. Schließen Sie die Konten über das Schlussbilanzkonto ab!
4. Stellen Sie auf der Grundlage des buchhalterischen Abschlusses eine nach handelsrechtlichen Vorschriften gegliederte Bilanz sowie eine Gewinn- und Verlustrechnung auf!

5.8 Verbrauch an Werkstoffen mit Bestandsveränderungen berechnen und buchen

Bisher wurde unterstellt, dass sich die Werkstoffbestände nicht verändert haben. Es wurde davon ausgegangen, dass die benötigten Werkstoffe fertigungssynchron angeliefert und in der gleichen Periode vollständig verbraucht wurden. Dies entspricht nicht der Realität, denn in der Praxis kann sich eine Werkstofflieferung verzögern oder sie kann ganz entfallen, sodass auf das Werkstofflager zurückgegriffen werden muss. Es ist außerdem möglich, dass ein Auftrag storniert wird, während die Werkstoffe bereits bestellt wurden.

Werkstoffbestände können entweder anwachsen **(Bestandsmehrung)** oder abgebaut werden **(Bestandsminderung)**. Beide Fälle wirken sich auf die Höhe des Werkstoffverbrauchs aus.

(1) Bestandsmehrungen bei Werkstoffen

Die Buchführung hat den in der Abrechnungsperiode **tatsächlich angefallenen Verbrauch** an Roh-, Hilfs- und Betriebsstoffen zu erfassen. Ist der **Schlussbestand** einer Werkstoffart höher als ihr **Anfangsbestand,** so liegt eine **Bestandsmehrung** vor. Dies bedeutet, dass innerhalb dieser Periode mehr eingekauft als in der Produktion verbraucht wurde. Die nicht verbrauchte Menge wurde auf Lager genommen, daher die Bestandsmehrung.

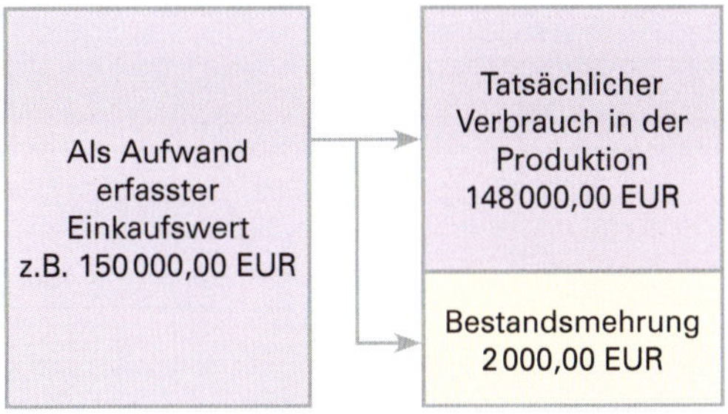

Beispiel:

I. Anfangsbestand:

2000 Rohstoffe 4 500,00 EUR

II. Geschäftsvorfälle:

1. Einkauf von Rohstoffen auf Ziel 150 000,00 EUR
2. Verkauf von Erzeugnissen auf Ziel 280 000,00 EUR

III. Schlussbestand:

Inventurbestand an Rohstoffen 6 500,00 EUR

IV. Aufgaben:

1. Ermitteln Sie rechnerisch:
   1.1 den Verbrauch an Rohstoffen,
   1.2 den Rohgewinn.
   Der Rohgewinn ergibt sich aus der Differenz zwischen den Verkaufserlösen für eigene Erzeugnisse und den aufgewendeten Werkstoffen.
2. Stellen Sie die Angaben des Beispiels auf Konten dar, wobei bei den Geschäftsvorfällen die Gegenkonten anzugeben, aber nicht zu führen sind!
3. Bilden Sie den Buchungssatz für die Umbuchung der Bestandsmehrung!

Lösungen:

Zu 1.: Rechnerische Ermittlungen

1.1 Ermittlung des Verbrauchs an Rohstoffen

Einkauf von Rohstoffen in der Geschäftsperiode	150 000,00 EUR
– Bestandsmehrung	2 000,00 EUR
= Verbrauch innerhalb der Geschäftsperiode	148 000,00 EUR

1.2 Ermittlung des Rohgewinns

Umsatzerlöse für eigene Erzeugnisse	280 000,00 EUR
– Verbrauch von Rohstoffen	148 000,00 EUR
= Rohgewinn	132 000,00 EUR

Zu 2.: Darstellung auf den Konten[1]

S 2000 Rohstoffe H

S		H	
AB	4500,00	8010	6500,00
6000	2000,00		
	6500,00		6500,00

S 6000 Aufw. f. Rohstoffe H

S		H	
4400	150000,00	2000	2000,00
		8020	148000,00
	150000,00		150000,00

S 5000 UErl. f. eig. Erzeug. H

S		H	
8020	280000,00	2400	280000,00

S 8010 SBK H

S		H	
2000	6500,00		

S 8020 GuV H

S		H	
6000	148000,00	5000	280000,00
Rohg.	132000,00		
	280000,00		280000,00

Zu 3.: Bildung des Buchungssatzes für die Umbuchung der Bestandsmehrung

Geschäftsvorfall	Konten	Soll	Haben
Umbuchung der Bestandsmehrung von 2000,00 EUR	2000 Rohstoffe an 6000 Aufw. f. Rohstoffe	2000,00	2000,00

Erläuterungen:

Die **Erhöhung** des Schlussbestandes bei den Rohstoffen bedeutet, dass ein Teil der eingekauften und als Aufwand gebuchten **Rohstoffe nicht verbraucht wurde.** Der zunächst gebuchte Aufwand ist um den Wert der **Bestandsmehrung zu hoch.** Er muss daher um den Wert der **Bestandsmehrung gemindert werden.**

Erkenntnis:

- Eine **Bestandsmehrung** bei den Werkstoffen muss vom als Aufwand gebuchten Einkaufswert **abgezogen** werden.
- Buchhalterisch erfolgt das durch eine entsprechende **Umbuchung der Bestandsmehrung.** Der Buchungssatz lautet:

  Bestandskonto der Klasse 2 (z.B. 2000 Rohstoffe)
  an Aufwandskonto der Klasse 6 (z.B. 6000 Aufwendungen f. Rohstoffe)

(2) Bestandsminderungen bei Werkstoffen

Beispiel:

I. Anfangsbestand:

2000 Rohstoffe 3500,00 EUR

II. Geschäftsvorfälle:

1. Einkauf von Rohstoffen auf Ziel 150000,00 EUR
2. Verkauf von Erzeugnissen auf Ziel 280000,00 EUR

1 Der Übersicht wegen werden nur die Vorgänge auf den hier interessierenden Konten (2000, 5000, 6000) dargestellt. Die Gegenkonten beim Ein- bzw. Verkauf werden nicht geführt.

III. Schlussbestand:

Inventurbestand an Rohstoffen 2000,00 EUR

IV. Aufgaben:

1. Ermitteln Sie rechnerisch:
   1.1 den Verbrauch an Rohstoffen,
   1.2 den Rohgewinn.
2. Stellen Sie die Angaben des Beispiels auf Konten dar, wobei bei den Geschäftsvorfällen die Gegenkonten anzugeben, aber nicht zu führen sind!
3. Bilden Sie den Buchungssatz für die Umbuchung der Bestandsminderung!

Lösungen:

Zu 1.: Rechnerische Ermittlungen

1.1 Ermittlung des Verbrauchs an Rohstoffen

Einkauf von Rohstoffen in der Geschäftsperiode	150 000,00 EUR
+ Bestandsminderung	1 500,00 EUR
= Verbrauch innerhalb der Geschäftsperiode	151 500,00 EUR

1.2 Ermittlung des Rohgewinns

Umsatzerlöse für eigene Erzeugnisse	280 000,00 EUR
− Verbrauch von Rohstoffen	151 500,00 EUR
= Rohgewinn	128 500,00 EUR

Zu 2.: Darstellung auf den Konten

S	2000 Rohstoffe		H
AB	3 500,00	8010	2 000,00
		6000	1 500,00
	3 500,00		3 500,00

S	6000 Aufw. f. Rohstoffe		H
4400	150 000,00	8020	151 500,00
2000	1 500,00		
	151 500,00		151 500,00

S	5000 UErl. f. eig. Erzeug.		H
8020	280 000,00	2400	280 000,00

S	8010 SBK		H
2000	2 000,00		

S	8020 GuV		H
6000	151 500,00	5000	280 000,00
Rohg.	128 500,00		
	280 000,00		280 000,00

Zu 3.: Buchungssatz für die Umbuchung der Bestandsminderung

Geschäftsvorfall	Konten	Soll	Haben
Umbuchung der Bestandsminderung von 1 500,00 EUR	6000 Aufw. f. Rohstoffe an 2000 Rohstoffe	1 500,00	 1 500,00

Erläuterungen:

Die **Minderung** des Bestandes auf dem Rohstoffkonto bedeutet, dass über den Einkauf von Rohstoffen hinaus noch **Rohstoffe vom Reservelager verbraucht wurden.** Der beim Einkauf gebuchte Aufwand ist um diesen Wert **zu niedrig.** Er muss daher um den Wert der **Bestandsminderung erhöht werden.**

Erkenntnis:

- Eine **Bestandsminderung** bei den Werkstoffen muss zu dem als Aufwand gebuchten Einkaufswert **hinzugerechnet werden.**
- Buchhalterisch erfolgt das durch eine entsprechende **Umbuchung der Bestandsminderung.** Der Buchungssatz lautet:

  Aufwandskonto der Klasse 6 (z. B. 6000 Aufwendungen f. Rohstoffe)
  an Bestandskonto der Klasse 2 (z. B. 2000 Rohstoffe)

Übungsaufgabe

58 1. Bilden Sie zu den folgenden Geschäftsvorfällen die Buchungssätze!

1.1 Einkauf von Rohstoffen auf Ziel 25 750,00 EUR.

1.2 Einkauf von Handelswaren bar 7 500,00 EUR.

1.3 Verkauf von Erzeugnissen auf Ziel 25 820,00 EUR.

1.4 Verkauf von Handelswaren auf Ziel 13 950,00 EUR.

1.5 Einkauf von Betriebsstoffen bar 3 520,00 EUR.

1.6 Ein Industriebetrieb stellt einem Kunden für erbrachte Reparaturleistungen 12 850,00 EUR in Rechnung.

2. Erläutern Sie folgende Sachverhalte:

2.1 Der Bestand an Handelswaren ist um 20 000,00 EUR gestiegen.

2.2 Der Bestand an Rohstoffen ist um 40 000,00 EUR gesunken.

2.3 Der Einkauf von Hilfsstoffen ist um 10 000,00 EUR höher als der Verbrauch.

2.4 Der Verkauf von Handelswaren ist innerhalb der Geschäftsperiode um 150 Stück höher als der Einkauf bei diesem Artikel.

3. Bilden Sie die Buchungssätze zu folgenden Bestandsveränderungen!

3.1 Bestandsminderung bei Rohstoffen um 30 510,00 EUR.

3.2 Bestandsmehrung bei Hilfsstoffen um 7 850,00 EUR.

3.3 Bestandsminderung bei Handelswaren um 18 150,00 EUR.

3.4 Bestandsmehrung bei Betriebsstoffen um 8 570,00 EUR.

Wichtiger Hinweis:

Integrierte Softwaresysteme (z. B. ERP-Systeme) können beim Einkauf von Werkstoffen, Vorprodukten und Handelswaren bzw. beim Verkauf von Erzeugnissen und Waren automatisch auch die Lagerbestandsänderungen erfassen. Dadurch wird gewährleistet, dass für die Werkstoffe, Vorprodukte und Handelswaren sowohl die Aufwendungen als auch die Bestände periodengerecht erfasst werden. Eine Buchung von Bestandsänderungen am Ende der Geschäftsperiode ist dann nur in Ausnahmefällen, z. B. bei Einstandspreisänderungen oder Inventurdifferenzen, notwendig.

5.9 Buchungen auf Bestands- und Erfolgskonten mit Umsatzsteuer (Mehrwertsteuer) erfassen

5.9.1 Aufbau der Umsatzsteuer

(1) Betriebswirtschaftliche und rechtliche Grundlagen

Beispiel:

Bis der Kunde in einem Lebensmittelgeschäft eine Ecke Schmelzkäse kaufen kann, hat das Produkt in der Regel folgende Unternehmen durchlaufen:

Milcherzeugung im **landwirtschaftlichen Betrieb** → Verarbeitung zu Käse im **Milchwerk** → Fertigung im **Schmelzkäsewerk** → Vertrieb über den **Großhandel** zum → **Einzelhandel.**

Durch **Kosten** und **Gewinn** erhöht sich in jedem Unternehmen jeweils der **Wert** des Produkts. Diesen **Mehrwert** (Unterschied zwischen Verkaufswert und Einstandswert) besteuert der Staat, d.h., jeder **Unternehmer** hat von dem Mehrwert, der von seinem Unternehmen geschaffen wird, **Umsatzsteuern [USt]** zu entrichten. Aus diesem Grunde wird die Umsatzsteuer häufig auch als **Mehrwertsteuer** bezeichnet. Rechtliche Grundlage der Umsatzsteuer (Mehrwertsteuer) ist das **Umsatzsteuergesetz [UStG].**

In vereinfachter und verkürzter Form dargestellt beantwortet das Umsatzsteuergesetz folgende Fragen:

Wer ist umsatzsteuerpflichtig?	Der **Unternehmer,** der die Leistung ausführt. Er ist **Steuerschuldner.**
Welche Umsätze sind steuerpflichtig?	■ **Lieferungen,** die ein Unternehmer **im Inland gegen Entgelt** im Rahmen seines Unternehmens ausführt. ■ **Leistungen,** die ein Unternehmer **im Inland gegen Entgelt** im Rahmen seines Unternehmens ausführt (z. B. Reparaturen, Transport von Waren, Errichtung neuer Anlagen usw.). ■ Die **Einfuhr von Gegenständen** aus einem Drittlandsgebiet **in das Inland** (Einfuhrumsatzsteuer). ■ **Innergemeinschaftlicher Erwerb** im Inland **gegen Entgelt** (z. B. Kauf von Betriebsstoffen, eines Kassensystems).
Welche Umsätze sind steuerfrei (Beispiele)?	■ Ausfuhrlieferungen in ein Drittland;[1] ■ innergemeinschaftliche[2] Lieferungen; ■ Umsätze im Geld- und Kapitalverkehr (z. B. die Gewährung und die Vermittlung von Krediten, die Umsätze von Wertpapieren); ■ Vermietung und Verpachtung von Grundstücken; ■ Umsätze von Bausparkassenvertretern, Versicherungsvertretern und Versicherungsmaklern; ■ Umsätze aus der Tätigkeit als Arzt, Zahnarzt, Heilpraktiker und Krankengymnast; ■ Zahlung von Versicherungsbeiträgen.

1 **Drittlandstaaten** sind Staaten, die nicht zur Europäischen Union (EU) gehören.

2 **Gemeinschaftsgebiet** umfasst das Gebiet der europäischen Staaten, die der Europäischen Union angehören. EU-Länder sind: Belgien, Bulgarien, Dänemark, Deutschland, Estland, Finnland, Frankreich, Griechenland, Irland, Italien, Kroatien, Lettland, Litauen, Luxemburg, Malta, Niederlande, Österreich, Polen, Portugal, Rumänien, Schweden, Slowakei, Slowenien, Spanien, Tschechien, Ungarn und Zypern (griechischer Landesteil).

Wie viel Prozent beträgt der Steuersatz?	■ Allgemeiner Steuersatz 19 % ■ Ermäßigter Steuersatz 7 % ■ Dem ermäßigten Steuersatz unterliegen z. B. die Personenbeförderung im Linienverkehr; der Verkauf von Grundnahrungsmitteln (außer dem Verzehr an Ort und Stelle); der Umsatz aus dem Verkauf von Büchern und Zeitschriften.
Von welchem Betrag wird die Umsatzsteuer berechnet?	■ Die Umsatzsteuer wird vom **Entgelt** berechnet. Das ist der vom Empfänger der Leistung zu **entrichtende Nettopreis (Bemessungsgrundlage).** ■ Die Umsatzsteuer fällt im Allgemeinen bereits dann an, wenn eine Lieferung bzw. Leistung erbracht wird, also die Forderung entsteht **(Sollbesteuerung).**

(2) Berechnung und Zahlungszeitpunkt der Zahllast

Bei der Berechnung der Umsatzsteuer wird zunächst vom gesamten Umsatzwert ausgegangen: 19 % bzw. 7 % vom Umsatzwert ergibt die vorläufige Umsatzsteuer. Die Umsatzsteuer stellt eine **Schuld** an das Finanzamt dar. Von dieser so berechneten Steuerschuld können die auf den **Eingangsrechnungen ausgewiesenen Umsatzsteuerbeträge** als sogenannte **Vorsteuer** abgezogen werden. Die Vorsteuer stellt für den Kaufmann eine **Forderung** an das Finanzamt dar. Die **Differenz zwischen Umsatzsteuer und Vorsteuer** ist dann die tatsächlich zu zahlende Steuerschuld, die **Zahllast.**

Beispiel:

Die Stolz & Krug OHG führt als Handelsware Dachgepäckträger im Sortiment. Einkauf, Verkauf und Abrechnung der Umsatzsteuer mit dem Finanzamt für die Stolz & Krug OHG werden im Folgenden dargestellt.

Lieferer → Stolz & Krug OHG → Kunde

Wareneinkauf:		**Warenverkauf:**	
5 Trägersysteme je 300,00 EUR, netto	1 500,00 EUR	5 Trägersysteme je 400,00 EUR, netto	2 000,00 EUR
+ 19 % USt	285,00 EUR	+ 19 % USt	380,00 EUR
= Bruttopreis	1 785,00 EUR	= Bruttopreis	2 380,00 EUR

Berechnung der USt vom Mehrwert

Verkaufspreis, netto	2 000,00 EUR
− Einkaufswert, netto	1 500,00 EUR
= Mehrwert	500,00 EUR
Davon 19 % USt	95,00 EUR

Abrechnung mit dem Finanzamt

Einbehaltene USt (Verbindlichkeit an Finanzamt)	380,00 EUR
− Vorsteuer (Forderung an Finanzamt)	285,00 EUR
= Mehrwertsteuer (Zahllast an Finanzamt)	95,00 EUR

Auswirkungen der Umsatzsteuer auf den Erfolg eines Unternehmens:

Die Stolz & Krug OHG **zahlt USt**		Die Stolz & Krug OHG **erhält USt**	
an den Lieferer lt. ER	285,00 EUR	vom Kunden lt. AR	380,00 EUR
an das Finanzamt	95,00 EUR		
	380,00 EUR		

- Das Unternehmen zahlt beim **Einkauf** der Werkstoffe und Waren **Umsatzsteuer.**
- Das Unternehmen erhält die **gezahlte Umsatzsteuer** als **Vorsteuer zurück**, wenn es die **Erzeugnisse** und die **Waren weiterverkauft.**
- Die Umsatzsteuer trägt allein der **Letztverbraucher.** Letztverbraucher sind in der Regel die **Privatverbraucher.**
- Durch die Umsatzsteuer entstehen dem Unternehmer **keine Aufwendungen.** Sie ist ein **durchlaufender Posten.**

(3) Voraussetzungen für den Vorsteuerabzug

Damit die Unternehmer und ihre Leistungsempfänger den Vorsteuerabzug erhalten, müssen die **Rechnungen** folgende **Angaben** enthalten:

- **Vollständiger Name** und **vollständige Anschrift** des leistenden Unternehmers und des Leistungsempfängers,
- die **Steuernummer** oder die **Umsatzsteuer-Identifikationsnummer,**
- das **Ausstellungsdatum,**
- eine **fortlaufende Nummer** mit einer oder mehreren Zahlenreihen, die zur Identifizierung der Rechnung vom Rechnungssteller einmal vergeben wird **(Rechnungsnummer),**
- die **Menge,** die **Art** und die **handelsübliche Bezeichnung** der gelieferten Gegenstände oder die Art und den Umfang der **sonstigen Leistung,**
- den **Zeitpunkt der Lieferung** oder **sonstigen Leistung,**
- das nach **Steuersätzen** und einzelnen **Steuerbefreiungen** aufgeschlüsselte Entgelt für die Lieferung oder sonstige Leistung sowie jede im Voraus vereinbarte Minderung des Entgelts,
- der **anzuwendende Steuersatz** sowie der auf das Entgelt entfallende Steuerbetrag oder im Falle einer Steuerbefreiung der Hinweis darauf, dass für die Lieferung oder sonstige Leistung eine Steuerbefreiung gilt.

Hinweis:

Bei **Rechnungen** über **Kleinbeträge** von bis zu 250,00 EUR muss lediglich angegeben werden: Name und Anschrift des leistenden Unternehmens, Ausstellungsdatum, Menge bzw. Umfang und Art der Leistung, das Entgelt und der darauf entfallende Steuerbetrag in einer Summe sowie der anzuwendende Steuersatz.

(4) Zahlungszeitpunkt der Umsatzsteuer

Die Umsatzsteuer ist eine **Jahressteuer**. Der Unternehmer muss aber bis zum 10. Tag nach Ablauf des Voranmeldungszeitraums[1] eine **elektronische Umsatzsteuer-Voranmeldung** beim Finanzamt einreichen. Bei geringem Umsatz kann die Umsatzsteuer-Voranmeldung vierteljährlich eingereicht werden. Gleichzeitig ist für die darin zu ermittelnde Zahllast eine entsprechende Vorauszahlung auf die Jahressteuer zu leisten.

Beispiel:

	Verkaufsumsatz im Monat Juni 20.. 80 000,00 EUR	
	19 % USt von 80 000,00 EUR	15 200,00 EUR
–	Vorsteuer auf Eingangsrechnungen für den Monat Juni 20..	4 600,00 EUR
=	Zahllast (an das Finanzamt zu zahlen)	10 600,00 EUR

Sind die Vorsteuern eines Monats höher als die eigene Umsatzsteuerschuld (z. B. bei saisonalen Einkäufen), so erstattet das Finanzamt die überschüssigen Vorsteuern. Man spricht in diesem Zusammenhang von einem **Vorsteuerüberhang.**

Am Jahresende erfolgt die Endabrechnung mithilfe der **Jahressteuererklärung** und des **Jahressteuerbescheides.** Nachzahlungen bzw. Rückerstattungen sind nicht ausgeschlossen, da sich die Bemessungsgrundlage durch nachträgliche Skonti, Rabatte, Preisnachlässe oder aufgrund von Forderungsausfällen ändern kann.

5.9.2 Buchhalterische Erfassung der Umsatzsteuer bei den Grundfällen (Einkauf von Werkstoffen und Handelswaren sowie Verkauf von Fertigerzeugnissen und Handelswaren)

Die Umsatzsteuer führt bei den Unternehmen zu keinen Aufwendungen. Die Abwicklung der Umsatzsteuer erfolgt über die Bestandskonten

- **2600 Vorsteuer** (für Eingangsrechnungen),
- **4800 Umsatzsteuer** (für Ausgangsrechnungen).

Beispiel:

Kauf von Rohstoffen auf Ziel lt. folgender Eingangsrechnung:

	Rohstoffe, netto	1 500,00 EUR
+	19 % USt	285,00 EUR
=	Rechnungsbetrag (ER)	1 785,00 EUR

Verkauf von Erzeugnissen auf Ziel lt. folgender Ausgangsrechnung:

	Erzeugnisse, netto	2 000,00 EUR
+	19 % USt	380,00 EUR
=	Rechnungsbetrag (AR)	2 380,00 EUR

Aufgabe:

Buchen Sie die beiden Geschäftsvorfälle auf Konten und bilden Sie anschließend die Buchungssätze!

1 **Voranmeldungszeitraum** ist das Kalendervierteljahr. Beträgt die Steuer für das vorangegangene Kalenderjahr mehr als 7 500,00 EUR (Normalfall), ist der Kalendermonat der Voranmeldungszeitraum [§ 18 II UStG].

Lösung:

S	6000 Aufwend. f. Rohstoffe		H
4400	1 500,00		

S	2600 Vorsteuer		H
4400	285,00		

S	4400 Verbindlichkeiten a. Lief. u. Leist.		H
		2280/2600	1 785,00

Konten	Soll	Haben
6000 Aufw. f. Rohstoffe 2600 Vorsteuer an 4400 Verb. a. L. u. L.	1 500,00 285,00 	 1 785,00

Die **Umsatzsteuer auf Eingangsrechnungen** stellt eine **Forderung** des Unternehmers gegenüber dem Finanzamt dar. Sie wird auf einem Forderungskonto, genannt **Vorsteuer,** gebucht.

Das Konto **2600 Vorsteuer** ist ein **Aktivkonto.**

S	2400 Forderungen a. Lief. u. Leist.		H
5000/4800	2 380,00		

S	5000 Umsatzerl. f. eig. Erzeugnisse		H
		2400	2 000,00

S	4800 Umsatzsteuer		H
		2400	380,00

Konten	Soll	Haben
2400 Ford. a. L. u. L. an 5000 UE f. eig. Erz. an 4800 Umsatzsteuer	2 380,00 	 2 000,00 380,00

Die **Umsatzsteuer auf Ausgangsrechnungen** stellt eine **Verbindlichkeit** des Unternehmers gegenüber dem Finanzamt dar. Sie wird auf einem entsprechenden Schuldkonto, genannt **Umsatzsteuer,** gebucht.

Das Konto **4800 Umsatzsteuer** ist ein **Passivkonto.**

Beachte:

Neben den genannten Fällen wird die Umsatzsteuer noch bei weiteren Geschäftsvorgängen erhoben.

- **Auf der Eingangsseite**

Hier sind z. B. zu nennen der Kauf von Anlagegegenständen (Fahrzeugen, Teilen, die zur Betriebs- und Geschäftsausstattung zählen), die Reparaturleistungen von Handwerkern, der Einkauf von Büromaterial usw. Die anfallende Umsatzsteuer wird auf dem **Aktivkonto „Vorsteuer"** erfasst.

- **Auf der Ausgangsseite**

Neben dem Verkauf von Fertigerzeugnissen oder Handelswaren können gebrauchte Fahrzeuge oder Teile der Betriebs- und Geschäftsausstattung verkauft werden. Auch solche sogenannten Hilfsgeschäfte sind umsatzsteuerpflichtig. Beim Verkauf muss Umsatzsteuer in Rechnung gestellt werden. Sie wird auf dem **Passivkonto „Umsatzsteuer"** erfasst.

Übungsaufgaben

59 Bilden Sie zu den nachfolgenden Geschäftsvorfällen den Buchungssatz!

1.	Wir kaufen Handelswaren auf Ziel netto + 19 % USt	1 350,00 EUR 256,50 EUR	1 606,50 EUR
2.	Kauf von Rohstoffen durch Banküberweisung netto + 19 % USt	3 198,00 EUR 607,62 EUR	3 805,62 EUR
3.	Kauf von Betriebsstoffen bar netto + 19 % USt	7 479,00 EUR 1 421,01 EUR	8 900,01 EUR
4.	Wir verkaufen Handelswaren bar netto + 19 % USt	10 391,20 EUR 1 974,33 EUR	12 365,53 EUR
5.	Verkauf von Erzeugnissen auf Ziel netto + 19 % USt	6 220,00 EUR 1 181,80 EUR	7 401,80 EUR
6.	Banküberweisung des Kunden zum Ausgleich der Rechnung (vgl. Fall 5)		7 401,80 EUR
7.	Kauf von Hilfsstoffen gegen Rechnung netto + 19 % USt	917,00 EUR 174,23 EUR	1 091,23 EUR
8.	Banküberweisung an einen Lieferer zum Ausgleich der Rechnung (vgl. Fall 7)		1 091,23 EUR
9.	Für eine Reparaturleistung berechnen wir unserem Kunden netto + 19 % USt	778,00 EUR 147,82 EUR	925,82 EUR

10. Erklären Sie die Richtigkeit folgender Aussagen!
    - 10.1 Die Umsatzsteuer zahlt letztlich der Endverbraucher.
    - 10.2 Die Umsatzsteuer ist für ein Unternehmen ein „durchlaufender Posten“ und deshalb erfolgsneutral.

Vorlage

mvurl.de/jlmx

60 Bilden Sie zu den nachfolgenden Belegen aus der Sicht der Tobias Hanselmann KG die Buchungssätze!

Beleg 1

Autowaschzentrale

24 h Freie Tanstelle

Heinz Gruber GmbH · Neustr. 10 · 45355 Essen

Werkzeugfabrik
Tobias Hanselmann KG
Erftstr. 20–24
45219 Essen

Auftrags-Nr. 00-0398
Leistungsdatum: 28.07.20. .

Geleistete Arbeiten

Arbeits-Nr.	Art der ausgeführten Arbeiten	EUR
92 3004	Fahrzeugwäsche mit Teilhochglanzprogramm Interieur für den Geschäftswagen	71,43
	+ 19 % USt	13,57
		85,00

Beleg 2

Stadtschmiede GmbH
Bernd King
Pferdemarkt 10
45127 Essen

Stadtschmiede GmbH · Bernd King · Pferdemarkt 10 · 45127 Essen

Werkzeugfabrik
Tobias Hanselmann KG
Erftstr. 20–24
45219 Essen

Rechnung Nr. 176

Datum: 30.07.20. .

Beschreibung	Menge	Stückpreis EUR pro m	Gesamtpreis EUR
Anfertigen von Geländer für die Fabrikhalle	20,4 m	195,00	3 978,00
		+ 19 % USt	755,82
Bitte um Überweisung innerhalb 14 Tage ohne Skontoabzug.			4 733,82

Beleg 3

Firma: Werkzeugfabrik Tobias Hanselmann KG
Erftstraße 20 – 24 · 45219 Essen

QUITTUNG

EINGEGANGEN 30. Juli 20..

1 Bürolampe	162,00 EUR
+ 19% USt	30,78 EUR
	192,78 EUR

Elektro Heim
Stensstr. 40 a
45149 Essen

Betrag dankend erhalten
30.07.20..

Hauser

Beleg 4

GROßMANN ELEKTROANLAGEN

Frank Großmann e. K. · Inhaber M. Hoppe
Elektrische Licht- und Kraftanlagen
Wandastraße 10 · 45136 Essen
St.-Nr. 24/199

Frank Großmann · Wandastraße 10 · 45136 Essen
Werkzeugfabrik
Tobias Hanselmann KG
Erftstr. 20–24
45219 Essen

Ihr Zeichen:
Unser Zeichen: Ho

Name: Herr Hoppe
Telefon: 0201 2360-200
Telefax: 0201 2360-110

Datum: 28. Juli 20..

EINGEGANGEN 29. Juli 20..
Erl. ....

Rechnung – Nr. 9110 – 20..

Erbringung der Leistung: 25.07.20..
Elektroanschlüsse instand gesetzt

Pos. 001:	Montage Fink	2,5 Std.	41,80 EUR	104,50 EUR
Pos. 002:	Auszubildender (2. Jahr) Gromer	2,5 Std.	21,20 EUR	53,00 EUR
Pos. 003:	Fahrpauschale	1,00 Psch.	8,80 EUR	8,80 EUR
Pos. 004:	Klemmen	8 Stück	0,60 EUR	4,80 EUR
				171,10 EUR
		+ 19 % USt		32,51 EUR
		Gesamtsumme		203,61 EUR

HANDWERKERRECHNUNG
gemäß VOB innerhalb von 8 Tagen
nach Rechnungsdatum fällig! Ohne Abzug!
Rechnungsnummer bitte angeben!

Beleg 5

Kontoauszug DE20 3601 0043 0000 6100 03 27.07.20.. Auszug: 54 Blatt: 1 Postbank

Bitte beachten Sie die Hinweise auf der Rückseite

Buch	Wert	PN-Nummer	Vorgang/Buchungsinformation	Umsatz in Euro
			ALTER SALDO VOM 24.07.20..	19710,50 H
26.07.20..			Hans Kempf GmbH Rechnung 20.07.20..	7840,90 H
26.07.20..			Tilgung Darlehen	4000,00 S
26.07.20..			Betriebsunterbrechungsversicherung	810,90 S
26.07.20..			Umsatzprovision an Mitarbeiter Meißner einschließlich 19% USt	2380,00 S

Postbank Berlin • 10866 Berlin

WERKZEUGFABRIK
TOBIAS HANSELMANN KG
ERFTSTR. 20–24
45219 ESSEN

NEUER SALDO 20360,50 H

Postbank Essen, 45125 Essen, BIC PBNKDEFFXXX
Privatkunden Tel: 0180 3040700* Fax: 0180 3040800* · 7x24 Stunden direkt@postbank.de www.postbank.de
Geschäftskunden Tel: 0180 4440400** Fax: 0180 3040999* · 7x24 Stunden business@postbank.de
* 9 Cent/Min. **20 Cent/Anruf · dt. Festnetz; Mobiltarif max. 42 Cent/Min. oder 60 Cent/Anruf firmenkunden@postbank.de USt.-IdNr. DE169824467

61 Buchen Sie im Grundbuch der Möbelfabrik Bruno Bernhardt GmbH folgende Geschäftsvorfälle:

1. Wir kaufen 100 Zeituhren zum Einbau in Küchenmöbel auf Ziel netto 1430,00 EUR zuzüglich 19 % USt.
2. Wir bezahlen die bereits gebuchte Liefererrechnung über 1700,00 EUR bar.
3. Einkauf von Spanplatten lt. Eingangsrechnung 2737,00 EUR einschließlich 19 % USt durch Banküberweisung.

4. Ein Kunde bezahlt die Ausgangsrechnung durch Überweisung auf unser Bankkonto 2 464,45 EUR.
5. Barzahlung einer noch nicht gebuchten Handwerkerrechnung für Malerarbeiten im Büro netto 300,00 EUR zuzüglich 19 % USt.
6. Wir kaufen einen PC gegen Barzahlung netto 1 300,00 EUR zuzüglich 19 % USt.
7. Verkauf von Bürotischen auf Ziel. Rechnungsbetrag einschließlich 19 % USt 10 055,50 EUR.
8. Kauf von Schreibwaren für das Büro bar 685,00 EUR zuzüglich 19 % USt.
9. Bankabbuchung für Telefongebühren einschl. 19 % Umsatzsteuer 1 195,95 EUR.
10. Banküberweisung für Stromverbrauch lt. vorliegender Rechnung: Nettowert 2 210,00 EUR zuzüglich 19 % USt.
11. Einkauf von Leim für die Fertigung 890,00 EUR zuzüglich 19 % USt durch Banküberweisung.
12. Einkauf von Schmieröl 1 420,00 EUR zuzüglich 19 % USt auf Ziel.
13. Bareinkauf von Schrauben und Nägeln in Höhe von 275,00 EUR zuzüglich 19 % USt.

62 Buchen Sie im Grundbuch die folgenden Geschäftsvorfälle für einen Industriebetrieb:

1. Wir verkaufen Erzeugnisse gegen Ratenzahlung. Anzahlung einschließlich 19 % USt bar: 38 675,00 EUR.

   Restzahlung in 5 Raten
   (12 500,00 EUR + 800,00 EUR Zinsen* + 19 % USt) zu je 15 675,00 EUR.

   Bilden Sie die Buchungssätze am Verkaufstag!

   * **Hinweis:** Zinsen sind umsatzsteuerfrei, da ein Kreditvertrag vorliegt!

2. Wir zahlen für folgenden Beleg bar aus der Kasse:

   196,35 EUR einschließlich 19 % USt für Reparatur
   des Kopiergeräts erhalten.

   Hagen, den 2. April 20.. *Ferner*

3.	Bankgutschrift für Zinsen		720,00 EUR
4.	Barzahlung für Reparaturen am Maschinenpark, netto	874,00 EUR	
	+ 19 % USt	166,06 EUR	1 040,06 EUR
5.	Verkauf von Erzeugnissen frei Haus lt. AR 143 netto	42 765,00 EUR	
	+ 19 % USt	8 125,35 EUR	50 890,35 EUR

63 Buchen Sie im Grundbuch für die Stahlwerke Heimann KG die folgenden Geschäftsvorfälle:

1.	Nach Ablauf der Garantiefrist wird eine Stahltreppe von uns repariert. Wir stellen die Selbstkosten in Rechnung:		
	für Material und Arbeitsstunden	186,00 EUR	
	+ 19 % USt	35,34 EUR	221,34 EUR
2.	Verkauf von Erzeugnissen auf Ziel einschließlich 19 % USt		24 276,00 EUR

3.

EVENTEC Randlinger & Jell

EVENTEC Randlinger & Jell · Kammer 12 · 83123 Amerang

Stahlwerke
Heimann KG
Hunsrückstr. 12
44805 Bochum

Rechnungsdatum:	12.06.20..
Kunden-Nr.:	13483
Steuer-Nr.:	15617341503
USt-Id-Nr.:	DE 228486140
Lieferdatum:	12.06.20..

Rechnung-Nr. 2214

Pos.	Menge	Bezeichnung	Einzelpreis EUR	Gesamtbetrag EUR
1	1	Hochleistungskopierer	5 950,00	5 950,00
		Gesamtbetrag		5 950,00

Der Gesamtbetrag setzt sich aus netto 5 000,00 EUR zuzüglich 19 % USt. = 950,00 EUR zusammen.

Besuchen Sie auch unsere Internetadresse unter www.eventec-randlinger.de.

EVENTEC Randlinger & Jell Kammer 12 83123 Amerang
Tel.: 08075 8239 Fax: 08075 9752
Kreis- und Stadtsparkasse Wasserberg
BIC: BYLADEM1WSB IBAN: DE52711526800000962787
www.eventec-randlinger.de E-Mail: info@eventec-randlinger.de

Gerichtsstand Traunstein. Die Ware bleibt bis zur vollständigen Bezahlung Eigentum der Firma.

4.

Beleg für Kontoinhaber WELADED1BOC
Sparkasse Bochum
Nur für Überweisungen in Deutschland, in andere EU-/EWR-Staaten und in die Schweiz sowie nach Monaco in Euro.

Angaben zum Zahlungsempfänger: Name, Vorname/Firma (max. 27 Stellen, bei maschineller Beschriftung max. 35 Stellen)
EVENTEC Randlinger & Jell, 83123 Amerang
IBAN Bei Überweisungen in Deutschland immer 22 Stellen → sonstige Länder 15 bis max. 34 Stellen
DE52711526800000962787
BIC des Kreditinstituts/Zahlungsdienstleisters (8 oder 11 Stellen)
Die Angabe des BIC kann entfallen, wenn die IBAN des Zahlungsempfängers mit DE beginnt.
Betrag: Euro, Cent
5 950,00
Kunden-Referenznummer - Verwendungszweck, ggf. Name und Anschrift des Zahlers - (nur für Zahlungsempfänger)
Rechnung-Nr. 2214 vom 12.06.20..
noch Verwendungszweck (insgesamt max. 2 Zeilen à 27 Stellen, bei maschineller Beschriftung max. 2 Zeilen à 35 Stellen)
Angaben zum Kontoinhaber: Name, Vorname/Firma, Ort (max. 27 Stellen, keine Straßen- oder Postfachangaben)
Heimann KG, 44805 Bochum
IBAN Prüfziffer Bankleitzahl des Kontoinhabers Kontonummer (ggf. links mit Nullen auffüllen)
DE38 43050001 0009400649 16
111 360 002 SE 35784
Datum 28. 06. 20.. Unterschrift(en) G. Heimann

5.

Beleg für Kontoinhaber WELADED1BOC
Sparkasse Bochum
Nur für Überweisungen in Deutschland, in andere EU-/EWR-Staaten und in die Schweiz sowie nach Monaco in Euro.

Angaben zum Zahlungsempfänger: Name, Vorname/Firma (max. 27 Stellen, bei maschineller Beschriftung max. 35 Stellen)
Ulmer Walzwerke GmbH, Boschstr. 2, 89079 Ulm
IBAN Bei Überweisungen in Deutschland immer 22 Stellen → sonstige Länder 15 bis max. 34 Stellen
DE56630400530060001005
BIC des Kreditinstituts/Zahlungsdienstleisters (8 oder 11 Stellen)
Die Angabe des BIC kann entfallen, wenn die IBAN des Zahlungsempfängers mit DE beginnt.
Betrag: Euro, Cent
41 184,00
Kunden-Referenznummer - Verwendungszweck, ggf. Name und Anschrift des Zahlers - (nur für Zahlungsempfänger)
Rechnung-Nr. 99493 für Stahllieferung vom
noch Verwendungszweck (insgesamt max. 2 Zeilen à 27 Stellen, bei maschineller Beschriftung max. 2 Zeilen à 35 Stellen)
3. Mai 20.. 34608,40 EUR zuzüglich 19% USt
Angaben zum Kontoinhaber: Name, Vorname/Firma, Ort (max. 27 Stellen, keine Straßen- oder Postfachangaben)
Heimann KG, 44805 Bochum
IBAN Prüfziffer Bankleitzahl des Kontoinhabers Kontonummer (ggf. links mit Nullen auffüllen)
DE38 43050001 0009400649 16
111 360 002 SE 35784
Datum 10. 05. 20.. Unterschrift(en) G. Heimann

6.

IBAN		BIC
DE38430500010009400649	SPARKASSE BOCHUM	WELADED1BOC

Buchungstag	Tag der Wertstellung	Verwendungszweck/Buchungstext		
			alter Kontostand	+ 4 791,20
12.05.	12.05.	Dosenwerk WIPPER GMBH Urbanstr. 2 33106 Paderborn Rechnung-Nr. 2007 einschließlich 19 % USt	9224	+ 2 867,90

Stahlwerke
Heimann KG
Hunsrückstr. 12
44805 Bochum

+ 7 659,10 neuer Kontostand

UST-ID DE 451710290

12.05.20.. Kontoauszug vom 24 Auszug 1 Blatt

SIK - KAD 8/98 S
Bitte beachten Sie die Hinweise auf der Rückseite
50/00

5.9.3 Ermittlung und Buchung der Zahllast

(1) Ermittlung und Begleichung der Zahllast

Beispiel:

2600 Vorsteuer: Summe 1800,00 EUR; 4800 Umsatzsteuer: Summe 6000,00 EUR. Die Zahllast von 4200,00 EUR wird an das Finanzamt durch die Bank überwiesen.

Aufgaben:

1. Stellen Sie die Vorgänge auf Konten dar!
2. Bilden Sie die Buchungssätze!

Lösungen:

Zu 1.: Buchung auf den Konten

S	2600 Vorsteuer		H
Summe	1800,00	4800	1800,00

S	4800 Umsatzsteuer		H
2600	1800,00	Summe	6000,00
2800	4200,00		
	6000,00		6000,00

S	2800 Bank		H
AB	5000,00	4800	4200,00

Zu 2.: Buchungssätze

Geschäftsvorfälle	Konten	Soll	Haben
Ermittlung der Zahllast	4800 Umsatzsteuer an 2600 Vorsteuer	1800,00	1800,00
Banküberweisung der Zahllast	4800 Umsatzsteuer an 2800 Bank	4200,00	4200,00

(2) Ermittlung und Passivierung der Zahllast am Ende des Geschäftsjahres

Weil am Bilanzstichtag die **Zahllast** noch **nicht überwiesen** ist, muss sie **passiviert** werden, d.h. als Schuld gegenüber dem Finanzamt in das Schlussbilanzkonto übernommen werden.

Geschäftsvorfall	Konten	Soll	Haben
Die Zahllast im Monat Dezember ist am 31.12. zu passivieren 5000,00 EUR.	4800 Umsatzsteuer an 8010 SBK	5000,00	5000,00

Beachte:

Ist innerhalb eines Abrechnungszeitraumes (Monats) die Vorsteuer höher als die Umsatzsteuer, was z.B. aufgrund von saisonbedingten Einkäufen durchaus vorkommen kann, entsteht ein sogenannter **Vorsteuerüberhang.** In diesem Fall ist die Forderung gegenüber dem Finanzamt höher als die Verbindlichkeit. Diesen Vorsteuerüberhang muss das Finanzamt auszahlen bzw. verrechnen.

Übungsaufgaben

64

S	2600 Vorsteuer		H
2800	991,80		
4400	3431,40		

S	4800 Umsatzsteuer		H
		2880	4870,00
		2800	12130,70

Aufgaben:

1. Übertragen Sie die Konten in Ihr Hausheft und ermitteln Sie buchhalterisch die Zahllast!
2. Die Zahllast ist zu passivieren.
3. Bilden Sie zu 1. und 2. die Buchungssätze!

65

S	2600 Vorsteuer		H
Su	12900,00		

S	4800 Umsatzsteuer		H
		Su	8300,00

Aufgaben:

1. Übertragen Sie die Konten in Ihr Hausheft und ermitteln Sie buchhalterisch den Vorsteuerüberhang!
2. Der Vorsteuerüberhang wird vom Finanzamt auf unser Bankkonto überwiesen.
3. Bilden Sie zu 1. und 2. die Buchungssätze!

66 Bilden Sie den Buchungssatz aus Sicht der Maschinenfabrik Wachter GmbH für den folgenden Beleg!

Beleg für Kontoinhaber COLSDE33XXX

Sparkasse KölnBonn

Nur für Überweisungen in Deutschland, in andere EU-/EWR-Staaten und in die Schweiz sowie nach Monaco in Euro.

Angaben zum Zahlungsempfänger: Name, Vorname/Firma (max. 27 Stellen, bei maschineller Beschriftung max. 35 Stellen)
Finanzamt Köln

IBAN Bei Überweisungen in Deutschland immer 22 Stellen → sonstige Länder 15 bis max. 34 Stellen
DE82 3800 0000 0000 8147 20

BIC des Kreditinstituts/Zahlungsdienstleisters (8 oder 11 Stellen)

Die Angabe des BIC kann entfallen, wenn die IBAN des Zahlungsempfängers mit DE beginnt.

Betrag: Euro, Cent
16 330,00

Kunden-Referenznummer - Verwendungszweck, ggf. Name und Anschrift des Zahlers - (nur für Zahlungsempfänger)
USt. VI/20.. St.Nr. 571/8054

noch Verwendungszweck (insgesamt max. 2 Zeilen à 27 Stellen, bei maschineller Beschriftung max. 2 Zeilen à 35 Stellen)

Angaben zum Kontoinhaber: Name, Vorname/Firma, Ort (max. 27 Stellen, keine Straßen- oder Postfachangaben)
Maschinenfabrik Wachter GmbH

IBAN	Prüfziffer	Bankleitzahl des Kontoinhabers	Kontonummer (ggf. links mit Nullen auffüllen)	
DE	63	37050198	0001473972	16

111 360.002 SE 35784

Datum: 10. Juli 20..

Unterschrift(en): i.A. Wecker

Anforderungssituation 1.2

AS 1.2 Situation 1: Unternehmensleitbild entwerfen

Die Soester Büromöbel AG hatte in den letzten Jahren mit deutlichen Absatzproblemen zu kämpfen. Nicht nur, dass die Absatzmärkte ihre Sättigungsgrenze erreicht hatten. Das Unternehmen sah sich plötzlich in ernsthafter Konkurrenz mit asiatischen Billiganbietern, die den Markt mit Massengütern zu konkurrenzlos günstigen Preisen überschwemmten. Auch im Verhalten der Kunden kam es zu einem Wandel: Die traditionelle Kundschaft für die gehobenen Produktsegmente informierte sich ausgiebig im Internet und verlangte gleichzeitig flexible Lösungen mit hoher Qualität zum günstigen Preis.

Die Unternehmensleitung erkannte, dass das Unternehmen nur dann erfolgreich am Markt überleben würde, wenn das eigene Angebot in möglichst vielen Schlüsselbereichen den Wettbewerbern überlegen ist, z. B. in Bezug auf:

- Produktqualität
- Servicequalität
- Sortimentsvielfalt
- Innovationskraft
- Preiswürdigkeit
- Mitarbeiterzufriedenheit
- Image
- Marktstärke

Die Unternehmensleitung entschied sich, den neuen Herausforderungen nicht mit schnelllebigen Werbeaktionen zu begegnen, sondern sie in ganz grundsätzlicher Weise anzupacken. Die Mitarbeiter der mittleren und oberen Führungsebene wurden zu einer „Zukunftskonferenz" eingeladen. Deren Ziel ist es, das Grobkonzept für ein modernes Unternehmensleitbild und Zielsystem zu entwickeln.

Impulse:

1. Überlegen Sie, welche Personen, Personengruppen oder Geschäftspartner (Stakeholder)[1] das Unternehmen zufriedenstellen muss!
2. Worin bestehen die Ansprüche dieser Stakeholder gegenüber dem Unternehmen?

Handlungsaufgabe:

Arbeiten Sie die folgenden Kapitel des Schulbuches durch und verwenden Sie die Aufzeichnungen aus dem Unterricht zur Bearbeitung der Handlungsaufgabe!

Sie sind Teilnehmer an der „Zukunftskonferenz" der Soester Büromöbel AG. Auf der Basis der von Ihnen gefundenen Ansprüche der Stakeholder formulieren Sie einen Grobentwurf für das Unternehmensleitbild der Soester Büromöbel AG!

1 Vgl. hierzu die Ausführungen auf S. 187 f.

6 Konzepte der Unternehmensführung erarbeiten und Unternehmensphilosophien, -leitbilder und -ziele untersuchen und bewerten

6.1 Konzepte der Unternehmensführung erarbeiten

Die **Unternehmensführung** hat die Aufgabe (Funktion), den betrieblichen Leistungserstellungsprozess so zu gestalten, dass die Unternehmensziele erreicht werden.

Die Führung des Unternehmens übernehmen entweder die Eigenkapitalgeber selbst oder sie übertragen (delegieren) die Leitungsfunktion an entsprechend qualifizierte Dritte. Diese leiten dann unter eigener Verantwortung die Gesellschaft **(Prinzipal-Agent[1]-Ansatz).**

Im ersten Fall spricht man von **eigentümergeführten Unternehmen,** im zweiten Fall von **managementgeführten Unternehmen.**

(1) Eigentümergeführte Unternehmen

Bei eigentümergeführten Unternehmen üben die Eigentümer die Führungsfunktion selbst aus. Sie führen die Geschäfte, vertreten das Unternehmen nach außen, tragen das volle Verlustrisiko und übernehmen die Gesamtverantwortung für die wirtschaftliche Entwicklung des Unternehmens.

Beispiele:

- Einzelunternehmer
- OHG-Gesellschafter
- Komplementäre einer KG

(2) Managementgeführte Unternehmen

Bei managementgeführten Unternehmen werden die zentralen Führungsentscheidungen an qualifizierte Geschäftsführer (Manager) übertragen, die selbst nicht (wesentlich) am Unternehmen beteiligt sind. Typisches Beispiel ist die Aktiengesellschaft, bei der ein gewählter Vorstand die Leitungsfunktion übernimmt.

Um sich abzusichern, dass der Vorstand die Ziele der Eigentümer auch tatsächlich verfolgt und dazu fähig ist, versuchen die Eigenkapitalgeber einen **Ordnungsrahmen** für eine **erfolgreiche Unternehmensführung** zu schaffen. Ein solcher Ordnungsrahmen ist in den Regelungen der **Corporate Governance** festgehalten.

- Der Begriff **Corporate Governance** umfasst **Grundsätze verantwortungsvoller Unternehmensleitung** und **-überwachung.**
- Die **Steuerungs- und Kontrollmechanismen** sollen durchschaubar gemacht werden, um so das Vertrauen von Investoren und Öffentlichkeit in die Führungskräfte der Wirtschaft zu stärken.
- **Ziel** guter Corporate Governance ist es, die **Wettbewerbsfähigkeit** des Unternehmens zu sichern und seinen **Wert nachhaltig zu steigern.**

1 **Prinzipal:** Auftraggeber; **Agent:** Beauftragter.

Wichtige **Instrumente** der Corporate Governance sind:

Instrumente	Erläuterungen	Beispiele
Gewaltenteilung	■ Die Leitungsaufgaben werden auf mehrere Beteiligte aufgeteilt und Grundsatzentscheidungen ständig überwacht.	Zustimmung des Aufsichtsrats zu Grundsatzentscheidungen.
	■ Durch ein Anreizsystem soll die Geschäftsführung dazu gebracht werden, die Ziele der Eigentümer zu verfolgen.	Erfolgsabhängige Entlohnung; Haftung bei Nichtbeachtung der Eigentümervorgaben.
	■ Früherkennung von Fehlentscheidungen durch eine zeitnahe Risikoüberwachung.	Ständige Informationspflicht des Vorstands gegenüber Aufsichtsrat und Wirtschaftsprüfern.
umfassende Information und Kontrolle	Die Geschäftsführung ist verpflichtet, sowohl den Aktionären als auch den anderen Interessengruppen (z. B. Mitarbeiter, Kreditgeber, Staat) ständig über Risiken und Chancen des Unternehmens Bericht zu erstatten. Dadurch soll das Vertrauen der Investoren in die Zuverlässigkeit der Unternehmensführung gestärkt werden.	Informationen über die Unternehmensentwicklung sowie umfassende Risikoberichterstattung, z. B. an Aktienanalysten, Ratingagenturen, Banken, interessierte Öffentlichkeit. Kontrolle über die Jahresabschlussprüfer und den Aufsichtsrat.

In der Bundesrepublik Deutschland besteht mit dem **„Deutschen Corporate Governance Kodex (DCGK)"**[1] ein Regelwerk, das sich in erster Linie an börsennotierte Aktiengesellschaften richtet. Nach § 161 AktG müssen sich Vorstand und Aufsichtsrat in einer Erklärung **(Compliance-Erklärung)** dazu äußern, inwieweit sie die Empfehlungen des DCGK befolgen. Die Erklärung ist auf der Internetseite der Gesellschaft dauerhaft öffentlich zugänglich zu machen.

6.2 Unternehmensphilosophien, -leitbilder und -ziele auswerten und mit denen anderer Unternehmen vergleichen

6.2.1 Unternehmensphilosophie, Unternehmensleitbild

(1) Unternehmensphilosophie

Elemente einer Unternehmensphilosophie[2] sind die Grundwerte und Überzeugungen, die Verhaltensregeln, Standards und Symbole[3] des Unternehmens.

Grundelemente	Erläuterungen	Beispiele
Grundwerte und Überzeugungen (Wozu gibt es uns?)	Sie fragen nach dem **„Warum"** des unternehmerischen Handelns und geben dem Unternehmen Orientierung.	„Mit unseren Produkten wollen wir stets Pioniere sein – dem Markt weit voraus. Wir glauben, dass es besser ist, der Öffentlichkeit neue Produkte vorzuführen, als sie zu fragen, was für Produkte sie gerne hätte."

1 Zu Einzelheiten siehe: www.corporate-governance-code.de/

2 **Philosophie**: griechisch „Weisheitsliebe".

3 **Symbol**: Kennzeichen.

Grundelemente	Erläuterungen	Beispiele
Verhaltensregeln (Was wollen wir erreichen?)	Sie sollen dafür sorgen, dass alle Beteiligten des Unternehmens sich entsprechend den **Grundwerten und Überzeugungen** verhalten.	„Wir liefern nur Erzeugnisse mit maximaler Qualität aus und gehen hierfür keine Kompromisse ein."
Standards und Symbole (Welches sind unverwechselbare Elemente unseres Handelns?)	Es handelt sich um unternehmenstypische Erkennungszeichen bezüglich **Verhalten, Kommunikation** und **Erscheinungsbild.**	**Verhalten:** Es wird eine kundenorientierte Produktberatung durchgeführt. **Kommunikation:** Die Produkte werden ausschließlich über das eigene Filialnetz verkauft und ausgeliefert. **Erscheinungsbild:** Es wird ein einheitliches Firmenlogo verwendet.

(2) Unternehmensleitbild

In aller Regel formuliert die Unternehmensleitung die im Unternehmen bestehende Unternehmensphilosophie und hält sie in einem **Unternehmensleitbild** fest.

Beispiel: Unternehmensleitbild der Sportartikelfabrik Sport-Burr KG

Steigerung der Unternehmenswerte

Wir möchten unsere Position als führender Sportartikelhersteller langfristig ausbauen und setzen dabei auf profitables Wachstum und nachhaltige Wertsteigerung.

Wir treiben INNOVATIONEN voran – und gestalten die Zukunft

Aus Ideen und Erfindungen entwickeln wir erfolgreiche Sportprodukte. Kreativität und Erfahrung sichern uns eine Spitzenstellung.

Dies erreichen wir auch dadurch, dass wir vertrauensvolle und langfristige Geschäftsbeziehungen mit zuverlässigen, innovativen Lieferanten pflegen.

Unsere Kunden

Die Zufriedenheit unserer Kunden steht im Mittelpunkt unserer Zielsetzungen. Wir pflegen langfristige, europaweite Kundenbeziehungen und erreichen mit hervorragenden Produkten sowie einem umfassenden Netz von Beratung und Dienstleistungen optimale Kundennähe.

Unsere Mitarbeiter

Die Basis unserer Unternehmung bilden unsere motivierten und verantwortungsbewussten Mitarbeiter. Die Kompetenz unserer Mitarbeiter fördern wir durch kontinuierliche Weiterbildung und sichern damit langfristig Arbeitsplätze.

Unsere Prozesse

Unsere Geschäftsprozesse werden laufend überprüft und nach technischen und wirtschaftlichen Maßstäben optimiert. Sämtliche Geschäftsprozesse werden durch schonenden Einsatz von Ressourcen umweltverträglich gestaltet.

Unterstützung

Wir unterstützen soziale und Umweltschutzprojekte und gehen Partnerschaften mit Unternehmen und Organisationen ein, deren Produkte und Dienstleistungen zu einer nachhaltigen Entwicklung beitragen.

Dialog mit unseren Stakeholdern[1]

Wir legen Wert darauf, mit allen Stakeholdern in einer Atmosphäre des gegenseitigen Vertrauens und Respekts zu kommunizieren, und informieren sie regelmäßig über die Fortschritte unseres Unternehmens im Hinblick auf Sozialverträglichkeit und Umweltschutz.

1 Nach dem **Stakeholder-Ansatz** hat die Unternehmensleitung alle, die einen Beitrag zum Unternehmen leisten (z. B. Kapitalgeber, Lieferanten, Kunden, Management) am Unternehmenshandeln und am Unternehmenserfolg teilhaben zu lassen (siehe auch S. 187 f.).

6.2.2 Unternehmensziele untersuchen und hierbei den Gesichtspunkt der Nachhaltigkeit beachten

(1) Begriff Unternehmensziele

Die Unternehmensziele leiten sich aus dem Unternehmensleitbild ab. Sie geben der Unternehmensleitung, den Bereichsleitern, den Abteilungsleitern und den Mitarbeitern eine Orientierung für die Steuerung und Kontrolle der betrieblichen Prozesse. Damit diese Orientierung zweifelsfrei möglich ist, sind die Unternehmensziele **eindeutig zu formulieren** und **verbindlich festzulegen.**

Unternehmensziele beschreiben einen zukünftigen, erstrebenswerten Zustand des Unternehmens, den der zuständige Entscheidungsträger anzustreben hat.

(2) Gliederung der Unternehmensziele nach dem angestrebten Erfolg des Unternehmens

Die Ziele der Unternehmen nach dem angestrebten Erfolg sind dreifacher Art: Zum einen möchten die Unternehmen einen Erfolg erzielen **(ökonomische Ziele),** zum anderen tragen die Unternehmen Verantwortung gegenüber ihren Mitarbeitern **(soziale Ziele)** und gegenüber der Umwelt **(ökologische Ziele).**

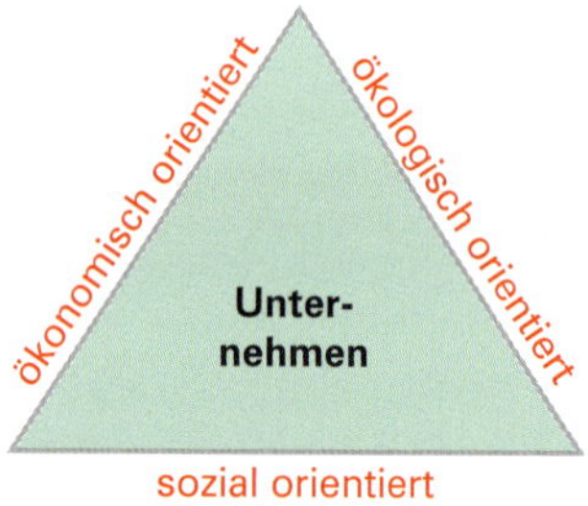

Ökonomische Ziele (Beispiele)	**Ökologische Ziele** (Beispiele)	**Soziale Ziele** (Beispiele)
■ Absicht der Gewinnerzielung ■ Steigerung des Umsatzes ■ Sicherung der ständigen Zahlungsbereitschaft ■ Risikostreuung durch breites Produktprogramm ■ Verdrängung von Konkurrenten ■ Streben nach Marktmacht ■ Streben nach hohem Qualitätsstandard	■ Abfallvermeidung ■ Benutzung umweltfreundlicher Werkstoffe ■ Produktion recycelbarer Produkte ■ Verminderung von Produktionsemissionen[1] ■ Reduzierung von Lärmbelastungen ■ Nutzung erneuerbarer Energien	■ Gerechte Entlohnung ■ Gleich hohe Entgelte von Mann und Frau bei gleicher Arbeit ■ Arbeitsplatzsicherung ■ Ergonomische Arbeitsplatzgestaltung ■ Altersabsicherung und Betriebsrente ■ Aufgreifen von Anregungen der Mitarbeiter

Alle Unternehmensziele sind so zu formulieren, dass mit all denen, mit denen das Unternehmen in Kontakt tritt (z.B. Lieferanten, Kunden) fair umgegangen wird. Außerdem hat das Unternehmen bei der Formulierung der Unternehmensziele darauf zu achten, dass künftige Generationen überall eine lebenswerte Umwelt vorfinden und ihre Bedürfnisse befriedigen können **(Gesichtspunkt der Nachhaltigkeit).**

1 **Emission:** (emittere [lat.]) bedeutet so viel wie Aussendung, Freilassung, Ausströmen z.B. von luft- und wasserverunreinigenden Stoffen (z.B. Chemikalien, Stäube usw.). Die auf die Umwelt (z.B. Menschen, Tiere, Pflanzen) einwirkenden (eindringenden) oder dort bereits vorhandenen Schadstoffkonzentrationen werden **Immissionen** genannt.

(3) Beispiel für die Formulierung von Unternehmenszielen

Beispiel: Unternehmensziele der Sportartikelfabrik Sport-Burr KG, abgeleitet aus dem Unternehmensleitbild von S. 183

- Wir streben hohe Kundenzufriedenheit und langfristige Kundenbeziehungen an. Wir liefern pünktlich.
- Wir entwickeln unsere Produkte kundenorientiert und gefährden niemals die Sicherheit unserer Kunden.
- Wir übernehmen bei der Gewinnerzielung soziale und ökologische Verantwortung gegenüber den im Unternehmen tätigen Menschen, den Kapitalgebern und Kunden.
- Wir streben die langfristige Sicherung und finanzielle Unabhängigkeit unseres Unternehmens an.
- Wir erreichen unsere Erfolge durch kompetente Mitarbeiter, deren Qualifikation wir intensiv fördern.
- Der Führungsstil ist von dem Ziel einer hohen Arbeitsmotivation, Arbeitszufriedenheit und Arbeitsqualität geprägt.
- Wir berücksichtigen bei unseren Planungen und Investitionsentscheidungen systematisch ökologische Anforderungen des Umwelt- und Klimaschutzes.
- Wir sehen uns als gute Bürger, die sich für das soziale und kulturelle Leben insbesondere in der Region Soest engagieren. Wir fördern daher ausgewählte Projekte und Initiativen.

(4) Zielharmonie und Zielkonflikte zwischen den Unternehmenszielen aufzeigen

- **Zielkonflikt:** Die Verfolgung eines Ziels beeinträchtigt oder verhindert die Erreichung eines oder mehrerer anderer Ziele.
- **Zielharmonie:** Die Förderung eines Ziels begünstigt zugleich die Förderung eines oder mehrerer anderer Ziele.

Zielharmonie zwischen ökologischen und ökonomischen Unternehmenszielen

Bisherige Untersuchungen zeigen weitgehend übereinstimmend, dass zumindest in den größeren von Umweltproblemen besonders betroffenen Unternehmen (Branchen) zwischen den **ökologischen** und **ökonomischen Unternehmenszielen** grundsätzlich eine sich gegenseitig ergänzende, fördernde Zielbeziehung **(Zielharmonie)** besteht.

Dies ist deshalb der Fall, weil gerade der Umweltschutz vielfältige Innovationsmöglichkeiten (z. B. Entwicklung und Anwendung umweltschonender Rohstoffe, Entwicklung einer Technologie für erneuerbare Energie) bietet.

Zielharmonie

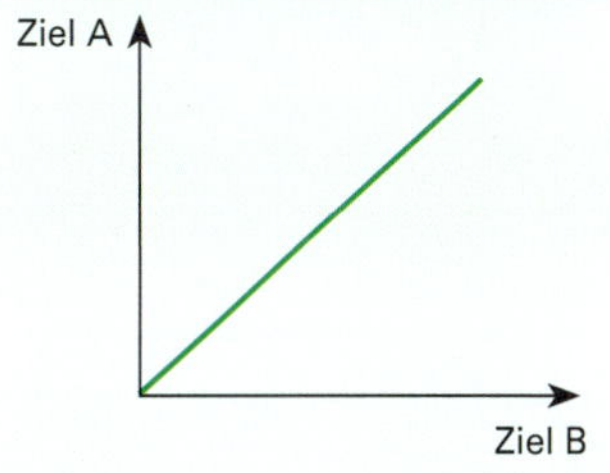

In dem Ausmaß, in dem es den Unternehmen gelingt, ihre Umweltschutzziele zu verwirklichen, erhöht sich z. B. auch deren Umsatz, ihr Umsatzanteil am gesamten Markt, ihre Marktmacht, ihr langfristiger Gewinn und das Produkt- und Firmenimage in der Öffentlichkeit. Dadurch werden die Unternehmensexistenz und die Arbeitsplätze gesichert, neue Arbeitsplätze geschaffen sowie die Wettbewerbsfähigkeit verbessert.

Zielkonflikte zwischen ökonomischen und sozialen Unternehmenszielen

Häufig bestehen dagegen **Zielkonflikte** zwischen den **ökonomischen** und den **sozialen Zielen.** Strebt ein Unternehmen z. B. zugleich Arbeitsplatzsicherung und Kostensenkung an, kann ein Zielkonflikt vorliegen, weil durch den Einsatz von Kosten sparenden Maschinen Arbeitskräfte „freigesetzt", d. h. entlassen werden müssen.

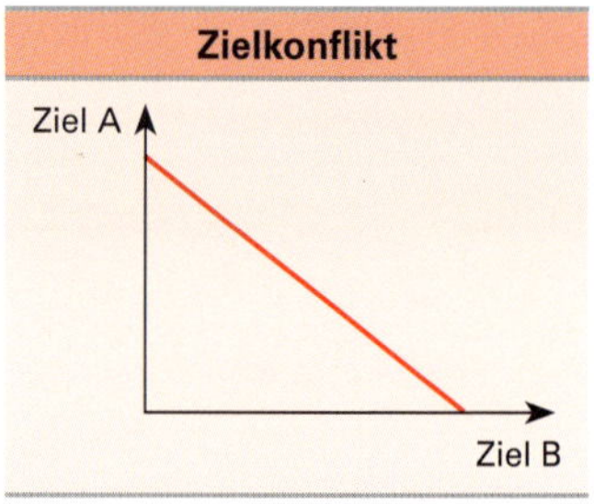

Zielharmonie am Beispiel ökonomischer und sozialer Unternehmensziele

Ein Beispiel für **Zielharmonie** zwischen ökonomischen und sozialen Zielen ist das konjunkturelle Kurzarbeitergeld (Kug).[1] Angesichts einer globalen Rezession und sinkender Absatzzahlen bestünde die übliche Reaktion der Anpassung im Abbau von Arbeitsplätzen. Viele Unternehmen verzichten jedoch darauf und wählen dagegen das Instrument der Kurzarbeit. Dies bindet die Arbeitskräfte an das Unternehmen und erspart diesem beim beginnenden Aufschwung die Suche nach den knappen Fachkräften.

6.3 Zielkonflikte zwischen den Ansprüchen verschiedener Interessengruppen sichtbar machen

(1) Problemstellung

Bei der **Festlegung von Unternehmenszielen** sind folgende Fragen zu klären:

- Welche Ziele soll das Unternehmen verfolgen?
- Welche Person oder Personengruppe hat das Recht (die Macht), die Unternehmensziele festzulegen und unternehmerische Entscheidungen zu treffen?
- Wem steht der Unternehmenserfolg zu?

Auf alle drei Fragen geben das **Shareholder[2]-Konzept** und das **Stakeholder[3]-Konzept** unterschiedliche Antworten.

(2) Shareholder-Konzept

Nach dem Shareholder-Konzept hat die Unternehmensleitung die Aufgabe, die unternehmerischen Entscheidungen so zu treffen, dass der (Markt-)**Wert des Eigenkapitals (Shareholder-Value)** erhöht wird. Durch eine langfristige Gewinnmaximierung soll die Einkommens- und Vermögensposition der Eigenkapitalgeber verbessert werden.

Das **Shareholder-Konzept** ist durch **drei Kriterien** gekennzeichnet:

- Ziel der Unternehmensleitung muss es sein, für die **Eigenkapitalgeber** eine **langfristige Gewinnmaximierung** zu erreichen.
- Die **unternehmerische Entscheidungsgewalt** liegt bei den **Eigenkapitalgebern** bzw. bei den von ihnen eingesetzten Führungskräften (z. B. Vorstand, Geschäftsführer).
- Der **Unternehmenserfolg (Gewinn oder Verlust)** steht in vollem Umfang den **Eigenkapitalgebern** zu.

1 **Konjunkturelles Kurzarbeitergeld (Kug)** wird gewährt, wenn in Betrieben oder Betriebsabteilungen die regelmäßige betriebsübliche wöchentliche Arbeitszeit infolge wirtschaftlicher Ursachen oder eines unabwendbaren Ereignisses vorübergehend verkürzt wird.

2 **Shareholder** (engl.): Aktionär (von share: Aktie und holder: Inhaber).

3 **Stakeholder** (engl.): Anspruchsberechtigter, Interessenbewahrer.

Die einseitige Ausrichtung des Shareholder-Konzepts auf die Interessen der Eigenkapitalgeber wird häufig abgelehnt, weil die Interessen anderer Anspruchsgruppen vernachlässigt werden.

- Beim **Shareholder-Konzept** sind vorrangig die Unternehmensziele zu verfolgen, die den Marktwert des Eigenkapitalanteils erhöhen.
- Den Marktwert des Eigenkapitals bezeichnet man als **Shareholder-Value.**[1]

(3) Stakeholder-Konzept

Übersicht über die Stakeholder (Anspruchsgruppen)

Nach Auffassung der Vertreter des Stakeholder-Konzepts haben alle Personen oder Personengruppen, die von den Entscheidungen des Unternehmens betroffen sind, Ansprüche an das Unternehmen. Eine Begründung für die Ansprüche leiten die Vertreter des Stakeholder-Konzepts von der Tatsache ab, dass die Anspruchsgruppen einen **Beitrag zum Unternehmen** leisten.

Beitrag der Anspruchsgruppen zum Unternehmen

In der nachfolgenden Tabelle sind die Anspruchsgruppen, der Anspruch gegenüber der Unternehmung und der Beitrag zur Unternehmung aufgelistet.

Anspruchsgruppen	Anspruch gegenüber der Unternehmung	Beitrag zur Unternehmung
Eigenkapitalgeber (Eigentümer, Anteilseigner)	Mehrung des eingesetzten Kapitals (Gewinnausschüttung, Kapitalzuwachs)	■ Eigenkapital ■ Übernahme des Risikos
Fremdkapitalgeber	Zeitlich und betragsmäßig festgelegte Tilgung und Verzinsung des eingesetzten Kapitals	Fremdkapital
Arbeitnehmer	Leistungsgerechte Entlohnung, motivierende Arbeitsbedingungen, Arbeitsplatzsicherheit	Ausführende Arbeit
Management	Gehalt, Macht, Einfluss, Prestige	Leitende Arbeit
Kunden	Preisgünstige und qualitative Güter	Abnahme hochwertiger Güter
Lieferanten	Zuverlässige Bezahlung, langfristige Lieferbeziehungen	Lieferung hochwertiger Güter
allgemeine Öffentlichkeit	Steuerzahlungen, Einhaltung der Rechtsvorschriften, schonender Umgang mit der Umwelt	■ Infrastruktur, ■ Rechtsordnung, ■ Umweltgüter

Quelle: Wöhe, Günter; Döring, Ulrich: Einführung in die Allgemeine Betriebswirtschaft, 27. Aufl., München 2020, S. 51 (modifiziert).

1 **Value:** Wert, Nutzen.

- Beim **Stakeholder-Ansatz** sind vorrangig die Unternehmensziele zu verfolgen, die Ansprüche und **Interessen der Stakeholder** zu erfassen, zu ordnen und bestmöglich zu erfüllen.
- Das **Stakeholder-Konzept** erweitert den Shareholder-Ansatz, indem neben einer rein **finanziellen Zielperspektive** auch eine **soziale** und **ökologische Verantwortung** verlangt wird.

Dass sich das Stakeholder-Konzept aufgrund der stark auseinanderstrebenden Interessen der Anspruchsgruppen (siehe Tabelle auf S. 187) in der Realität durchsetzen kann, ist kaum zu erwarten. Derzeit überwiegt in der Unternehmenspraxis eindeutig das Shareholder-Konzept.

Zusammenfassung

- Aufgabe der **Unternehmensführung** ist es, den betrieblichen Leistungsprozess in der Art zu gestalten, dass die Unternehmensziele erreicht werden.
- Zu unterscheiden sind **eigentümergeführte** Unternehmen und **managementgeführte** Unternehmen.
- **Corporate Governance** umfasst Grundsätze verantwortungsvoller Unternehmensleitung und -kontrolle.
- Unter der **Unternehmensphilosophie** versteht man ein System gemeinsamer Grundwerte und Überzeugungen, Verhaltensregeln, Standards und Symbole.
- Das **Unternehmensleitbild** formuliert die grundlegenden Zwecke, Zielrichtungen, Gestaltungsprinzipien und Verhaltensnormen der Unternehmung.
- **Ziele** sind Maßstäbe – angestrebte Ereignisse oder Zustände –, an denen unternehmerisches Handeln gemessen werden kann.
- 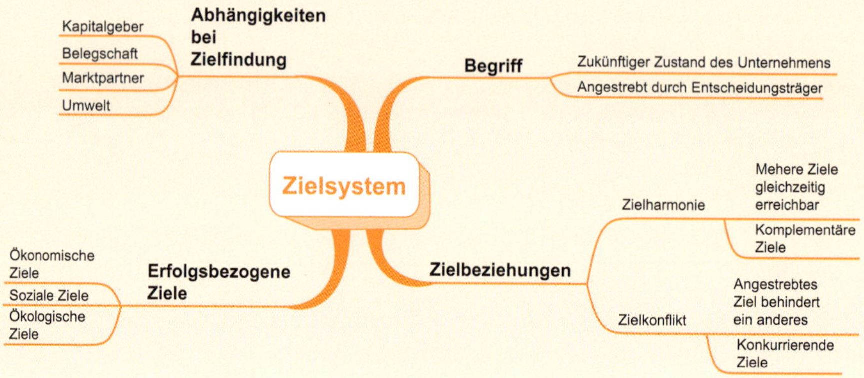

- Unter mehreren als wünschenswert erkannten Zielen kann ein **Zielkonflikt** (Konkurrenzbeziehung) oder eine **Zielharmonie** bestehen.
- **Zielkonflikte** ergeben sich z. B. aus den verschiedenen **Anspruchsgruppen** eines Unternehmens und deren Interessen.
- Die Ziele können auf eine **Anspruchsgruppe** oder auf **verschiedene Anspruchsgruppen** ausgerichtet sein.

- Beim **Shareholder-Ansatz** sind vorrangig die Unternehmensziele zu verfolgen, die den Marktwert des Eigenkapitalanteils erhöhen.
- Das **Stakeholder-Konzept** erweitert den Shareholder-Ansatz, indem neben einer rein finanziellen Zielperspektive auch eine soziale und ökologische Verantwortung verlangt wird, die eine gesellschaftliche Akzeptanz einschließt.

Übungsaufgaben

67

1. Notieren Sie, welche(s) der nachgenannten Ziele zu den ökonomischen Zielen, den ökologischen Zielen, den sozialen Zielen gehören (gehört)!

   1.1 Gewinnziel,
   1.2 Streben nach Macht und/oder Prestige,
   1.3 Gewinnung politischen Einflusses,
   1.4 Umsatzsteigerung,
   1.5 Erhöhung des Marktanteils,
   1.6 Unternehmenswachstum,
   1.7 Verminderung der Umweltbelastungen,
   1.8 Arbeitsplatzsicherung,
   1.9 Streben nach Unabhängigkeit,
   1.10 Versorgung der Bevölkerung mit lebensnotwendigen Erzeugnissen oder Dienstleistungen,
   1.11 Verpflichtung gegenüber Familientradition,
   1.12 Kostendeckung,
   1.13 Kostensenkung.

2. Nennen Sie ein Beispiel für eine Zielkombination, bei der ein Zielkonflikt besteht!
3. Nennen Sie ein Beispiel für eine Zielkombination, bei der Zielharmonie besteht!
4. **Erkundungsauftrag:** Erkunden Sie (in Gruppen) auf einer Mülldeponie, was unter einem gewöhnlichen Müll bzw. einem Sondermüll zu verstehen ist. Fragen Sie im Rahmen dieser Erkundung auch danach, welche recycelbaren Güter („Wertstoffe“) gesammelt werden. Verfassen Sie über diese Erkundung einen kurzen Bericht und tragen Sie diesen im Klassenverband vor!

68

1. Zwischen dem Umweltschutzziel und den ökonomischen und sozialen Zielen ergeben sich teils konkurrierende und teils komplementäre Beziehungen.

   Aufgaben:

   Stellen Sie dar, welcher Zielkonflikt bzw. welche Zielharmonie zwischen dem Umweltschutzziel und den nachstehend genannten Zielen besteht! Begründen Sie Ihre Antworten!

   1.1 Langfristige Gewinnmaximierung,
   1.2 Sicherung und Vermehrung der Arbeitsplätze,
   1.3 Verbesserung des Unternehmensimages.

2. Frank Mahle hat vor Kurzem die Werkzeugfabrik seines Vaters übernommen. Er beabsichtigt, einige Änderungen vorzunehmen. Insbesondere will Frank Mahle neben dem Unternehmensziel „Betriebserhaltung“ auch das Ziel „Umweltbewusstsein“ verstärkt verfolgen.

   Aufgaben:

   2.1 Erläutern Sie die genannten Unternehmensziele!
   2.2 Nennen Sie außerdem zwei weitere Unternehmensziele!

69

1. Erläutern Sie die Grundzüge des Shareholder-Konzepts!
2. 2.1 Nennen Sie die Stakeholder einer Personengesellschaft!
   2.2 Beschreiben Sie, welchen wichtigen Anspruch ein Stakeholder abgesehen von den finanziellen Ansprüchen hat!
   2.3 Erläutern Sie, inwiefern Stakeholder das Unternehmen beeinflussen können!

3. Zitat eines Verfechters des Shareholder-Values, dem liberalen Ökonomen Milton Friedman:

   „Die einzige soziale Verantwortung der Unternehmung ist es, im Rahmen geltender Gesetze Gewinne zu erzielen. Jedes weitere Verfolgen sozialer Ziele ist Diebstahl an den Aktionären.

   Die Geschäftsleitungen sind nicht gewählte Volksvertreter und haben deshalb auch kein soziales Mandat. Sie dürften sich deshalb auch nicht anmaßen, das Geld des Aktionärs im Namen der sozialen Verantwortung nach nicht-ökonomischen Kriterien auszugeben."

   Aufgabe:

   Nehmen Sie zu Kernaussagen des Textes Stellung!

4. Erläutern Sie die nebenstehende Abbildung!

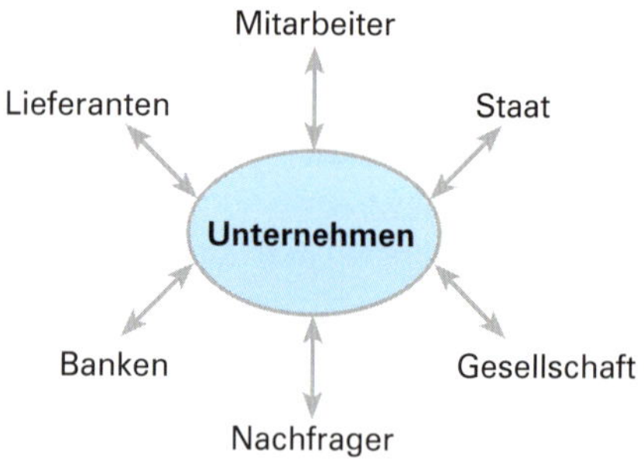

5. 5.1 Erklären Sie, warum die Eigenkapitalgeber großer Unternehmen gezwungen sind, einen Ordnungsrahmen für die Unternehmensführung zu schaffen!

   5.2 Erläutern Sie die wesentliche Zielsetzung der Corporate Governance!

70 Wir greifen auf das Unternehmensleitbild der Sportartikelfabrik Sport-Burr KG zurück (siehe S. 183).

Aufgaben:

1. Beschreiben Sie anhand des Unternehmensleitbilds einen Zielkonflikt und eine Zielharmonie!
2. Das im Unternehmensleitbild genannte Stakeholder-Konzept stellt eine Erweiterung des Shareholder-Konzepts dar.

   Nehmen Sie Stellung zu dieser Aussage!

Vorlage

mvurl.de/73l3

71 Lösen Sie die Handlungsaufgabe aus der Situation 1 auf S. 180!

AS 1.2 Situation 2: Konflikte managen

Das Gefangenendilemma[1] ist eines der bekanntesten Spiele aus der Spieltheorie. Wir verändern die Thematik und machen daraus ein Bewerberdilemma. An diesem Simulationsspiel soll veranschaulicht werden, welche Auswirkungen kooperatives bzw. abtrünniges Verhalten unter Arbeitskollegen auf das Betriebsklima, den beruflichen Erfolg, das Wohlbefinden usw. haben.

Situationsbeschreibung:

Klaus Werder arbeitet bei der Soester Büromöbel AG. Bisher hat er gute Arbeit geleistet, die Unternehmensleitung ist sehr zufrieden und er macht sich Hoffnung auf die frei werdende Stelle des Abteilungsleiters, welche in einem Jahr neu zu besetzen sein wird. Sein Arbeitskollege Frieder Merk ist allerdings in der gleichen Situation. Die Unternehmensleitung hat sich bis jetzt auf keinen der beiden als ein-

1 William Pundstone, Gefangenendilemma als große Idee, 1992, zitiert in Steven Pinker, Gewalt, Frankfurt 2011, S. 789.

deutigen Favoriten für die Stellenbesetzung festlegen können. Daher sind beide daran interessiert, im Vorfeld dieser Entscheidungsfindung die jeweils eigene Wettbewerbsposition zu verbessern.

Folgende Handlungsoptionen[1] bestehen:

- Die beiden kooperieren, arbeiten nach wie vor vertrauensvoll zu beiderseitigem Wohl und zum Wohl der Unternehmung zusammen.
- Mindestens einer der beiden wird abtrünnig und arbeitet gegen den anderen. Er hält z. B. wichtige Informationen für den anderen zurück, lässt ihn auflaufen, macht Stimmung gegen ihn usw.

Die Konsequenzen dieses Handelns sollen in Punkten ausgedrückt werden. Diese Punkte stehen stellvertretend für das soziale Klima, Wertschätzung, Wohlbefinden, beruflicher Erfolg usw. im Unternehmen:

		Frieder Merk ...	
		kooperiert	wird abtrünnig
Klaus Werder ...	kooperiert	Frieder Merk: + 2 Klaus Werder: + 2	Frieder Merk: + 3 Klaus Werder: – 6
	wird abtrünnig	Frieder Merk: – 6 Klaus Werder: + 3	Frieder Merk: – 4 Klaus Werder: – 4

Deutung der Tabelle:

- Verlegen Werder und Merk sich auf Kooperation, dann verbessern beide ihre Situation. Betrachtet man sie als Gemeinschaft, dann ergibt sich in der Summe eine Verbesserung um 4 Punkte.
- Wird einer der beiden abtrünnig, während der andere sich um Kooperation bemüht, dann gewinnt der Sieger einen zusätzlichen Vorteil, während der Gutgläubige einen deutlich höheren Nachteil erzielt. Obwohl der Sieger einen zusätzlichen Vorteil gewinnt, geht es beiden als Gemeinschaft aber schlechter (Summe = –3).
- Werden beide abtrünnig, erhält jeder der beiden Parteien –4 Punkte. Der Schaden für die Gemeinschaft ist mit –8 am höchsten.

Impulse:

Versetzen Sie sich in die Rolle von Frieder Merk und entscheiden Sie sich spontan: Würden Sie mit Klaus Werder kooperieren oder aber abtrünnig werden und Ihre eigenen Interessen ohne Rücksicht auf Ihren Kollegen Werder verfolgen?

Handlungsaufgaben:

Das Spiel wird mehrere Runden umfassen. Nach wie viel Spielperioden die Simulation zu Ende ist, legt der Spielleiter alleine fest und notiert dies auf einem Zettel. Die Spieler erfahren nichts davon. Es gibt auch keine Vorankündigung auf ein bevorstehendes Ende.

1 **Option:** (hier) freie Entscheidung.

Versetzen Sie sich in die Lage von einem der beiden Bewerber und legen Sie sich für dieses Spiel eine Strategie zurecht, welche Sie im Rahmen der Simulation beibehalten wollen!

Um das Bewerberdilemma zu simulieren, benötigen Sie

- einen Leiter des gesamten Spiels,
- jeweils zwei rivalisierende Parteien (stellvertretend für Klaus Werder und Frieder Merk). Eine Partei sollte aus nicht mehr als 5 Schülern bestehen.

Eine Absprache unter den Parteien darf nicht möglich sein. Beide Parteien geben ihre Entscheidung zur gleichen Zeit beim Spielleiter ab. Dieser wertet die Entscheidungen aus und gibt Rückmeldung an die Parteien über die Entscheidung des Rivalen und das Punkteergebnis.

1. Führen Sie die Simulation des Bewerberdilemmas durch!
2. Analysieren Sie anschließend den Erfolg Ihrer gewählten Handlungsstrategie und beurteilen Sie diese!
3. Fassen Sie die Erkenntnis aus dieser Simulation in eine prägnante Formulierung!
4. Die Simulation führt mit hoher Wahrscheinlichkeit zu einer – für beide Parteien verhängnisvollen – endlosen Abwärtsspirale der Abtrünnigkeit. Überlegen Sie eine Handlungsstrategie, mit welcher Sie dieses hohe Risiko durchbrechen, um – zum Vorteil beider Parteien – zur Kooperation zurückzukehren.
5. Nennen Sie weitere Beispiele für Vorgänge aus der realen Wirtschaft und dem gesellschaftlichen Zusammenleben, die in der Art des oben beschriebenen Dilemmas ablaufen können!

7 Führungsstile vergleichen und Vor- und Nachteile herausarbeiten

7.1 Begriffe Leitung und Führung

Bei der **Personalführung** ist zwischen den Begriffen Leitung und Führung zu unterscheiden.

Leitung	■ Leitung (headship) beruht auf einer formalistischen Positionsmacht und drückt ein Auftraggeber- und Auftragnehmerverhältnis aus. ■ Die Personen stehen dabei in einem Über- bzw. Unterordnungsverhältnis. Der Übergeordnete gibt eine Anweisung, der Untergeordnete hat diese auszuführen. ■ Es handelt sich um eine Arbeitsbeziehung, bei der der Führende seine Interessen wahrnimmt.
Führung	■ Führung (leadership) bedeutet, dass der Führende von anderen (den potenziell Geführten) anerkannt wird. ■ Er überzeugt, schafft Einsicht und freiwillige Gefolgschaft. Zwang, Überredung, Befehl oder Gehorsam haben mit Führung nichts zu tun.

7.2 Führungsstile

Der **Führungsstil** zeigt das Verhalten eines Vorgesetzten gegenüber einem einzelnen Untergebenen und Gruppen auf.

Das Führungsverhalten von Vorgesetzten kann grob in drei Vorgehensweisen unterteilt werden.

autoritärer[1] Führungsstil	■ Die Vorgesetzten treffen ihre Entscheidungen allein, ohne Begründung und häufig willkürlich. Sie erwarten von ihren Untergebenen Gehorsam. ■ Die Vorgesetzten überwachen und kontrollieren genau die geforderten Arbeiten, um die gesetzten Leistungsziele zu erreichen. ■ Das Verhältnis der Vorgesetzten zu ihren Mitarbeitern ist distanziert und auf die Aufgabenerfüllung ausgerichtet.
kooperativer (demokratischer) Führungsstil	■ Die Vorgesetzten beziehen ihre Mitarbeiter in den Entscheidungsprozess mit ein. Sie erwarten sachliche Unterstützung bei der Verwirklichung der gemeinsam gesetzten Ziele. ■ In einem festgesetzten Rahmen stehen den Mitarbeitern Informationen zur Verfügung, die es ihnen erlauben, selbstständig zu entscheiden. Die Mitarbeiter müssen dazu die erforderlichen Qualifikationen besitzen. ■ Die Vorgesetzten achten darauf, dass zum einen die gesetzten Leistungsziele und zum anderen die persönlichen Ziele des Einzelnen erreicht werden können.
Laissez-faire-Stil[2]	Bei diesem Stil werden die Mitarbeiter als „Einzelkämpfer" gesehen. Ihnen wird ein hohes Maß an Entscheidungsfreiheit zugebilligt. Die Informationen fließen zufällig und bei individuellem Bedarf.

Unterscheidet man die Führungsstile in die beiden extremen Merkmalausprägungen **autoritär** und **nicht autoritär,** so kann das Verhalten eines Vorgesetzten dann im Rahmen einer Skala als mehr oder weniger autoritär oder nicht autoritär beschrieben werden.[3]

Entscheidungsspielraum des Vorgesetzten
(individuelle Willensbildung)

nicht autoritär

autoritär

Entscheidungsspielraum der Gruppe
(kollegiale Willensbildung)

Der Vorgesetzte entscheidet alleine und ohne weitere Beratung.	Der Vorgesetzte entscheidet, ist jedoch bestrebt, seine Untergebenen von seinen Entscheidungen zu überzeugen.	Der Vorgesetzte entscheidet, erlaubt jedoch Fragen, um durch Erläuterungen die Zustimmung zu erhöhen.	Vorgesetzter informiert die Mitarbeiter, die Möglichkeiten zu Stellungnahmen haben, bevor der Vorgesetzte entscheidet.	Die Gruppe entwickelt Vorschläge, aus denen sich der Vorgesetzte nach seinen Ansichten entscheidet.	Die Gruppe entscheidet autonom innerhalb der vom Vorgesetzten vorgegebenen Grenzen.	Die Gruppe entscheidet; Vorgesetzter ist nur Vermittler nach innen und außen.

1 **Autoritär**: unbedingten Gehorsam fordernd.

2 **Laissez-faire** (franz.): lasst machen.

3 Zingel, Harry: Führung und Management, BWL-CD 2006, S. 8.

13 Merkur-Nr. 0620

7.3 Bedeutung von Information und Kommunikation im Rahmen des Konfliktmanagements erkennen

(1) Begriff Konflikt[1]

Wichtige Merkmale eines Konflikts sind:

- Es bestehen entgegengesetzte oder unvereinbare Interessen.
- Die Beteiligten fühlen sich von den jeweils anderen beim Verfolgen ihrer Ziele behindert.
- Die Situation wird von den Beteiligten unterschiedlich wahrgenommen.
- Eine Lösung des Sachverhalts scheint nur möglich zu sein, wenn der andere sich ändert.

Konflikte sind Spannungen zwischen Personen, die dadurch entstehen, dass bei den Beteiligten unterschiedliche Bedürfnisse und Interessen vorliegen.

(2) Arten und Ursachen von Konflikten

Konfliktarten	Ursachen	Beispiele
Ein **Zielkonflikt** ist dann gegeben, wenn zwei oder mehrere abhängige Parteien (z.B. Personen, Abteilungen) gegensätzliche Absichten und Ziele verfolgen.	■ mangelnde Absprache ■ mangelnde Zusammenarbeit	Der Verkauf setzt auf billige Massenartikel, die Geschäftsleitung auf teure exklusive Artikel.
Bei **Beurteilungskonflikten** streiten zwei Parteien über den Weg, auf dem ein gemeinsames Ziel erreicht werden soll.	■ mangelnde Information ■ unterschiedliche Einstellungen	Eine Unternehmensberatung stellt ein neues Organisationskonzept vor. Vertreter der Geschäftsleitung und der Belegschaft haben eine unterschiedliche Meinung über dessen Umsetzbarkeit.
Ein **Verteilungskonflikt** tritt auf, wenn die Zuteilung der Mittel (Ressourcen) ungleichmäßig erfolgt.	■ ungerechte Verteilung ■ mangelnde Mittel	Gruppe A einer Inselfertigung ist verstimmt, weil Gruppe B offensichtlich ein besseres Prämiensystem zugestanden wird.
Beziehungskonflikte sind Konflikte zwischen Personen und Gruppen. Sie ergeben sich häufig aufgrund von Verstimmungen, Abneigung, Werteeinstellungen.	■ vorausgegangene Konflikte ■ Antipathien	Herr Friedrich mag den Abteilungsleiter nicht, weil dieser häufig Zusagen macht, die er später nicht einhalten kann.

(3) Sprachverhalten

Nicht nur körperliche Gewalt, sondern auch durch die Sprache werden Menschen unterdrückt. Manche Worte sollte man daher bewusst vermeiden und darüber hinaus Formulierungen wählen, die den anderen nicht auf Konfrontation treiben. Das Sprachverhalten ist darauf auszurichten, **anstelle eines Befehls eine Bitte** auszusprechen.

1 Der Begriff **Konflikt** kommt aus dem Lateinischen (confligere) und bedeutet Zusammenstoßen oder Kampf.

Vier Schritte bilden die Grundlage dafür, dass der andere unsere Bitte erfüllt.

Beispiel:

Die Auszubildenden in Ihrer Abteilung übernehmen abwechselnd die Vorbereitung des Besuchszimmers, wenn Besuch erwartet wird. Die Verantwortlichen legen die notwendigen Unterlagen bereit, sorgen für Geschirr und Getränke und begrüßen den Gast. Wiederholt hat eine Ihrer Kolleginnen einen Besucherempfang vergessen, obwohl sie rechtzeitig an den Termin erinnert wurde. Deswegen mussten andere Auszubildende diese Aufgabe übernehmen.

Schritte	Erläuterungen	Beispiele
1. Schritt	Sie **beschreiben die Situation,** die Sie stört, ohne das Verhalten des anderen zu bewerten.	*„Ich habe heute Morgen gesehen, dass das Besuchszimmer noch nicht für den Besuch von Herrn Schröder vorbereitet war. Es blieb mir nicht mehr viel Zeit, den Tisch zu decken und alles bereitzustellen.“*
2. Schritt	Sie **äußern Ihre Gefühle,** die Sie als negativ empfunden haben.	*„Eigentlich hätte ich in der Zeit etwas anderes zu erledigen gehabt. Ich fühle mich dadurch aus meinem Zeitkonzept gebracht und das macht mich unzufrieden.“*
3. Schritt	Sie **formulieren Ihre Bedürfnisse.**	*„Ich lege sehr viel Wert darauf, dass ich meine Zeit planen kann. Zeitmanagement hat für mich eine hohe Priorität.“*
4. Schritt	Es folgt eine klare **Bitte.**	*„Wir haben alle Einblick in die Belegung des Besuchszimmers und haben vereinbart, wer zu bestimmten Terminen an der Reihe ist. Ich bitte dich, in Zukunft darauf zu achten, wann du dran bist.“*

7.4 Bei einem Konflikt Lösungsstrategien entwerfen und sich auf eine gemeinsame Vorgehensweise einigen

(1) Voraussetzungen für erfolgreiches Konfliktmanagement

Um Konflikte erfolgreich zu lösen, brauchen alle Beteiligten eine wichtige Eigenschaft, nämlich **Konfliktfähigkeit.** Darunter versteht man ein Bündel an Fähigkeiten, z. B.

Verständnis dafür zu haben, zwischenmenschliche Spannungen frühzeitig zu erkennen.	Dies trägt dazu bei, dass diese sich nicht aufstauen und irgendwann in einem offenen Konflikt entladen.
aktiv zuhören zu können.	Beispiele für **aktives Zuhören:** ■ *„Wie haben Sie die Situation erlebt?“* ■ *„Bei mir kommt an, dass ...“* Dadurch erhält der Gegenüber ein Feedback,[1] das Risiko von Missverständnissen wird verringert. Ein wichtiger Schritt in Richtung Deeskalation ist getan.

1 **Feedback:** Rückmeldung.

Standpunkte klären zu helfen.	Um die jeweilige Position eindeutig zu bestimmen und Missverständnisse abzubauen, ist es wichtig, mögliche Unklarheiten auszuräumen. Hilfreich sind Formulierungen wie: ■ *„Was genau meinen Sie?“* ■ *„Wie soll ich das verstehen?“* ■ *„Ich denke, …“*
Leistungen anderer anzuerkennen.	Gegenseitige Anerkennung und Respekt ist eine wichtige Voraussetzung zur Konfliktlösung, quasi das Medikament, das die Wunden heilt.
Ergebnisse schriftlich festzuhalten.	Im Gespräch werden die Positionen der anderen Gesprächsteilnehmer unterschiedlich wahrgenommen. Unter Stress ist die Gefahr der ausgewählten Wahrnehmung besonders groß und in kurzer Zeit hat jeder das Gespräch in anderer Erinnerung. Das ist die Keimzelle zu neuen Spannungen. Eine schriftliche Zusammenfassung oder ein Protokoll hält die wesentlichen Inhalte fest und schafft nach allen Seiten Verbindlichkeit.
eine weitere Verschärfung des Konfliktes zu vermeiden.	Hierzu kann zunächst jeder selbst beitragen, indem er jegliche Eskalation vermeidet und weitere Verschärfungen durch den anderen unterbindet.
die eigenen und die Grenzen anderer zu erkennen.	Auch bei bester Absicht aller Parteien können Konflikte das eigene Wissen und die eigenen Fähigkeiten schnell überfordern. Dann ist es richtig und geboten, Hilfe von Dritten in Anspruch zu nehmen.

(2) Risiken beim Versuch der Konfliktbewältigung

Im Konfliktfall sind alle Beteiligten unter Stress. Sie sind ungeduldig, hören selektiv (nur das, was sie hören wollen). Ein Wort gibt das andere, die Spannung schaukelt sich hoch und der Konflikt verschärft sich wie von selbst. Dies nennt man **Eskalation.**[1] Um dem entgegenzuwirken, ist es wichtig zu wissen, was als „Brandbeschleuniger“ dient. Konflikte eskalieren z. B. durch:

Eskalationsantreiber	Erläuterungen	Beispiele
ungeschickte Wortwahl	Verletzende Ausdrücke vergiften das Gesprächsklima, der „Rollladen geht runter“.	■ *„Das ist ein doofer Vorschlag“,* ■ *„Quarktasche“,* ■ *„Sie haben immer noch nicht verstanden, dass …“*
persönliche Angriffe, Unterstellungen	Damit werden sachliche Probleme auf eine persönliche Ebene gezogen, negative Eigenschaften oder unlautere Motive unterstellt. Kritik erfolgt vor versammelter Mannschaft.	■ *„Sie wollen doch bloß . .“* ■ *„Ich kann nicht mehr hören …“* ■ *„Sie sind also nicht bereit …“*
Verallgemeinerungen	Ein eng begrenzter, konkreter Anlass wird zum generellen Problem hochstilisiert.	■ *„Noch nie haben Sie …“* ■ *„Ich kann mich nicht erinnern, dass Sie je …“*

1 **Eskalation:** Verschärfung.

Eskalationsantreiber	Erläuterungen	Beispiele
wachsende Lawine	Streitpunkte, die vorher keine Rolle gespielt haben, werden nach und nach in die Auseinandersetzung einbezogen.	■ *„Das ist das gleiche wie damals, als Sie …"* ■ *„Und wenn wir gerade dabei sind …"*
Ausweitung der Beteiligten	Immer mehr Personen werden in den Streit einbezogen.	■ *„Der … hat auch gesagt, dass …"* ■ *„Das sage ich dem …"*
Bestehen auf der eigenen Meinung	Der eigene Standpunkt soll untermauert und gegenüber allen anderen durchgesetzt werden.	■ *„alternativlos"* ■ *„immer"* ■ *„nie"* ■ *„auf jeden Fall"* ■ *„unbedingt"* ■ *„Punkt!"*
Vereinfachung	Die Thematik wird als belanglos dargestellt.	■ *„Wenn Sie ehrlich sind, Ihnen geht es doch bloß um …"*

Zusammenfassung

- **Personalführung (leadership)** bedeutet, andere durch **eigenes sozial akzeptiertes Verhalten zielgerichtet** zu **aktivieren,** zu **steuern** und zu **kontrollieren,** ohne deren Interessen zu verletzen.
- **Führungsstile** sind typische Muster, nach denen sich das Verhalten von Vorgesetzten gliedern und beurteilen lässt.
- **Konflikte** sind Spannungen zwischen Personen.
- Wichtige **Konfliktarten** sind:
  - Zielkonflikte
  - Verteilungskonflikte
  - Beurteilungskonflikte
  - Beziehungskonflikte
- Das **Sprachverhalten** ist darauf auszurichten, anstelle eines Befehls eine Bitte auszusprechen.
- Zu den **Möglichkeiten** und **Risiken der Konfliktbewältigung** siehe Tabellen auf S. 195ff.

Übungsaufgaben

72 Jeden Monat findet in der Soester Büromöbel AG eine Sitzung der Abteilungsleiter statt. Beim letzten Termin waren vor allem Personalangelegenheiten auf der Tagesordnung. Frau Anja Stark, die Personalleiterin, forderte, dass Führungsstil und Führungstechniken zu überprüfen und gegebenenfalls zu ändern seien. Nach wie vor sei der Krankenstand außergewöhnlich hoch. Das Betriebsklima in einigen Abteilungen und Werkstätten lasse zu wünschen übrig. Das bestehende und schriftlich niedergelegte Unternehmensleitbild solle von allen Führungskräften aktiv vorgelebt und gegebenenfalls in Personalgesprächen wieder in Erinnerung gebracht werden.

Aufgaben:

1. Begründen Sie, welcher Führungsstil Ihrer Ansicht nach vorwiegend angestrebt werden sollte!
2. Nennen Sie je einen Vor- und einen Nachteil der beschriebenen Führungsstile von S. 193!

Vorlage

mvurl.de/roys

3. Nach den eher allgemeinen Äußerungen fuhr sie fort:

   „Über drei unserer Mitarbeiter müssen wir uns intensiver Gedanken machen. Zum einen ist da Herr Seegmüller. Er arbeitet im Rohholzlager. Die Situation ist inzwischen nicht mehr zu übersehen – er hat ein Alkoholproblem. Es wäre nicht das erste Mal, dass andere Mitarbeiter im Lager versteckte Vorräte gefunden hätten. Das hat inzwischen auch Auswirkungen auf das Betriebsklima. Er ist häufig gereizt, reagiert bisweilen überempfindlich, seine Hände zittern, er ist unausgeruht, müde und unkonzentriert bei der Arbeit. Er macht immer wieder Fehler. Seine Kollegen haben dringend darum gebeten, dass wir hier aktiv werden.

   Dann ist da Herr Mertens. Er kommt seit einiger Zeit immer wieder zu spät zur Arbeit. Er ist ständig gut drauf, gibt sich cool und gelassen, aber wenn er sich unbeobachtet fühlt, macht er bisweilen einen erschöpften Eindruck. Ich habe erfahren, dass er häufig am Telefon Privatgespräche führt, die er aber abrupt abbricht, wenn Arbeitskollegen dazukommen. Irgendwie passt das nicht zu dem Bild, das wir aus der Vergangenheit von ihm haben. Ich habe ihn schon einmal darauf angesprochen. Er wich mir aus, entschuldigte sich und versprach, dass es nicht wieder vorkommen würde. Leider war dieses Versprechen nur von kurzer Dauer.

   Als Drittes rede ich über Frau Gerke. Ihr begegne ich gelegentlich auf dem Weg zur Cafeteria. Mir fällt auf, dass sie sehr abgenommen hat. Sie grüßt zwar immer freundlich, aber irgendwie hat sie das Lachen verlernt. Dabei müsste es ihr doch bestens gehen, hat sie doch vor fünf Jahren diesen Banker geheiratet."

   Die Abteilungsleiter empfehlen einstimmig, dass Frau Stark mit diesen drei Mitarbeitern das Gespräch sucht. Denken Sie sich in die Rolle von Frau Stark hinein. Informieren Sie sich im Internet über die Diagnose und Therapiemöglichkeit von Alkoholismus, insbesondere auch über die Rolle des Co-Alkoholikers.

   3.1 Legen Sie sich eine Formulierung zurecht, mit der Sie diese drei Mitarbeiter zu einem Gespräch in Ihr Büro bitten!

   3.2 Entwerfen Sie schriftlich eine Strategie, welcher Sie in den drei Gesprächen folgen wollen. Machen Sie sich vor allem Gedanken über die drei Zielvereinbarungen, welche Sie mit den Mitarbeitern treffen wollen. Begründen Sie Ihr Vorgehen!

4. In der Werbeabteilung der Soester Büromöbel AG ist dicke Luft. Der Abteilungsleiter, Herr Freischütz, fordert von seinen Mitarbeitern vollen Einsatz. Ständige Erreichbarkeit über Handy und E-Mail, auch nach Geschäftsschluss und an den Wochenenden, setzt er voraus. Nicht selten kommt es vor, dass er kurzfristig die Einsatzpläne der Mitarbeiter ohne Rücksprache mit ihnen ändert, sodass diese ihre persönliche und familiäre Freizeitgestaltung ändern müssen.

   Sich selbst gegenüber ist Herr Freischütz allerdings sehr großzügig. Häufig erscheint er erst gegen 9:00 Uhr im Büro und verlässt dieses zwischen 16:00 und 17:00 Uhr. „Ich gehe jetzt Golfen – und was macht ihr?" ist eine der Fragen, welche die Mitarbeiter auf die Palme bringen. Er liebt es auch, seinen letzten Besuch bei einem der Geschäftspartner auf Freitag, 11:00 Uhr, festzulegen, um im Anschluss daran direkt nach Hause zu fahren.

   Da die Mitarbeiter sich vor Sanktionen fürchten, vermeiden sie den offenen Konflikt. Sie wählen eher den Weg der innerbetrieblichen Versetzung oder schauen sich außerhalb der Soester Büromöbel AG nach einem neuen Arbeitsplatz um. Die Fluktuation in dieser Abteilung ist daher besonders groß.

   Bilden Sie Arbeitsgruppen von je ca. fünf Schülern und versetzen Sie sich in die Rolle der Mitarbeiter in der Werbeabteilung. Entwickeln Sie einen Vorschlag, wie Sie mit dieser Konfliktsituation umgehen wollen!

5. In einem Gespräch sollten positive Formulieren verwendet werden, um die Gesprächsbeziehung zu dem Gesprächspartner zu stärken.

   Aufgabe:

   Wandeln Sie die folgenden negativen Äußerungen in positive Formulierungen um!

   5.1 *„Das weiß ich nicht. Da muss ich meinen Kollegen fragen."*

   5.2 *„Ich glaube nicht, dass wir diesen Artikel noch liefern können."*

   5.3 *„Diese Kombination ist im Gesamtpaketpreis nicht enthalten. Das kostet zusätzlich."*

   5.4 *„Am Donnerstag ist hier ein Feiertag, da sind wir nicht erreichbar."*

73 Lösen Sie die Handlungsaufgaben aus der Situation 2 auf S. 191 f.!

AS 1.2 Situation 3: Aufgaben des Controllings wahrnehmen

Weber Metallbau GmbH

Die Weber Metallbau GmbH hat sich von einem anfänglich kleinen Handwerksbetrieb zu einem florierenden mittelständischen Betrieb entwickelt, für den eine zukunftsorientierte Planung mit ständiger Kontrolle der Planungsziele und rechtzeitigem Entgegensteuern bei Abweichungen notwendig ist.

Impulse:

Interpretieren Sie die nebenstehende Grafik!

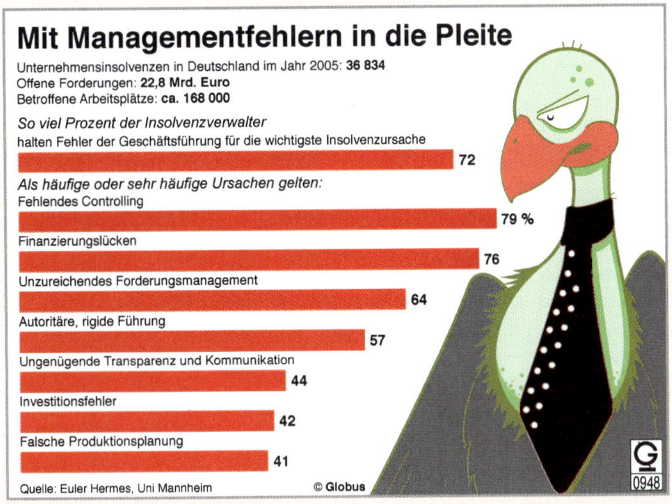

Handlungsaufgabe:

Arbeiten Sie das folgende Kapitel des Schulbuches durch und verwenden Sie die Aufzeichnungen aus dem Unterricht zur Bearbeitung der Handlungsaufgabe!

Beschreiben Sie die Aufgaben eines funktionierenden Controllings in der Weber Metallbau GmbH!

8 Controlling als Konzept zur Unterstützung der Unternehmensleitung herausarbeiten

8.1 Begriff Controlling

Der Begriff Controlling ist von dem angelsächsischen Wort „to control" abgeleitet und kann mit steuern, führen und kontrollieren übersetzt werden. Der Ausdruck Controlling darf also nicht dazu verleiten, ihn inhaltlich ausschließlich mit kontrollieren gleichzusetzen.

Controlling ist eine Methode, die den Planungs-, Entscheidungs- und Steuerungsprozess von Führungskräften durch die Bereitstellung entsprechender Informationen unterstützt.

- Controlling muss sicherstellen, dass die Unternehmensführung die **Entwicklung von Marktprozessen** frühzeitig aufnimmt und für das **eigene Unternehmen nutzbar** macht.
- Gleichzeitig muss das Controlling darauf achten, eventuelle **Gefahren aus Marktveränderungen** rechtzeitig zu erkennen und deren **negative Auswirkungen vom Unternehmen** abzuwenden.

8.2 Aufgaben des Controllings

Bezogen auf die Führungsaufgaben der Unternehmensleitung kommt dem Controlling die **generelle Aufgabe** zu, eine **ergebnisorientierte Planung, Steuerung** und **Überwachung** des Unternehmensgeschehens zu **sichern.** Das setzt voraus, dass das Controlling alle Informationen über das Unternehmensgeschehen erfasst, aufbereitet und koordiniert. Basis für die Informationsgewinnung ist das Rechnungs- und Finanzwesen verbunden mit dem dahinterstehenden betriebswirtschaftlich-technischen Datenmaterial.

Aus dieser generellen Aufgabe leiten sich für das Controlling insbesondere folgende **spezielle Aufgaben** ab:

- Mitwirkung und Mitentscheidung bei der **Planung der Unternehmensziele,** bei der **strategischen und operativen Planung** und deren **Kontrolle,**
- Abwicklung des **Rechnungswesens** (Durchführung der Kosten- und Leistungsrechnung, Buchhaltung, Jahresabschluss, Steuerwesen),
- Erstellung **ergebnisorientierter Informationen** für die Führungskräfte auf allen Ebenen,
- Mitgestaltungsrecht bei Fragen der **Organisation** und der **Informationssysteme.**

Controlling umfasst also Dienstleistungs- bzw. Beratungsaufgaben sowie Entscheidungsaufgaben. Diese Aufgaben sind auf das gesamte Unternehmen, Unternehmensbereiche, Aufgabenbereiche, Produkte und Projekte, d. h. auf alle organisatorische Ebenen bezogen.

Die Unterstützungsfunktion des Controllings **endet mit Analysen, Empfehlungen** usw. Die **Entscheidung selbst** wird letztendlich immer von der **Unternehmensführung** getroffen.

8.3 Arten des Controllings

(1) Gliederung des Controllings unter dem Gesichtspunkt des Zeithorizonts

Operatives Controlling

Das operative Controlling bezieht sich auf einen **kurz- bis mittelfristigen Zeitraum** und operiert mit **messbaren Daten,** d. h. mit Mengen- und/oder Wertgrößen. Es ist sowohl **vergangenheits-, gegenwarts- als auch zukunftsbezogen.** Durch das operative Controlling soll die Lebensfähigkeit des Unternehmens gewährleistet werden. Daten der Vergangenheit werden teilweise auch in Planvorgaben für die naheliegende Zukunft transformiert.

Strategisches Controlling

Das strategische Controlling ist auf die **langfristige Existenzsicherung** des Unternehmens bedacht. Es ist überwiegend nach außen gerichtet und **verzichtet auf messbare Daten.** Es bezieht rechtliche, politische und wirtschaftliche Entwicklungen in die Überlegungen ein und ist in **zeitlicher Hinsicht völlig offen.** So werden z. B. die Entwicklungen auf dem Gebiet des Umweltschutzes verfolgt, um frühzeitig umweltfreundliche Produkte in das Produktprogramm aufnehmen zu können.

Dem strategischen Controlling fällt die **Aufgabe** zu, im Hinblick auf eine dauerhafte Existenzsicherung des Unternehmens **Chancen** und **Risiken** für das Unternehmen abzuschätzen. Die **Stärken** und **Schwächen** des Unternehmens sind herauszustellen, um darauf aufbauend Risiken und Chancen abzuwägen und entsprechende Maßnahmen zur Begünstigung der Stärken und zur Behebung der Schwächen einzuleiten.

(2) Gliederung des Controllings nach dem Gesichtspunkt der betrieblichen Funktion (Bereichs-Controlling)

Bereiche	Gegenstand
Beschaffungs-Controlling	Es ist auf jene Marktaktivitäten ausgerichtet, die sich auf die Bereitstellung der Einsatzgüter beziehen.
Marketing-Controlling	Es bezieht sich auf jene Marktaktivitäten, die der Verwertung der Unternehmensprodukte dienen.
Produktions-Controlling	Es ist insbesondere ausgerichtet auf das Kostenverhalten, die Produktivitäts- und Wirtschaftlichkeitsentwicklung sowie das Qualitätsmanagement.
Personal-Controlling	Es befasst sich mit dem Aufbau und der Entwicklung der Personalkosten und entwickelt Grundlagen für Personalentscheidungen.

Zusammenfassung

- **Generelle Aufgabe des Controllings** ist es, die Geschäftsleitung bei der Steuerung des Unternehmens durch Beschaffung und Aufbereitung von Informationen, durch Koordinieren, Analysieren und Kontrollieren zu unterstützen. Hierfür werden die Informationen so aufbereitet, dass eine ergebnisorientierte Führung des Unternehmens möglich wird.
- Die **speziellen Aufgaben des Controllings** betreffen insbesondere die Planungs- und Kontrollrechnung, das Rechnungswesen als Dokumentationsrechnung, die Erstellung ergebnis-

orientierter Informationen, Gestaltungsaufgaben bezogen auf Informationssysteme und Organisationsfragen.

- Unter dem Gesichtspunkt **wichtiger betrieblicher Funktionen** unterscheidet man z. B.:
  - Beschaffungs-Controlling,
  - Marketing-Controlling,
  - Produktions-Controlling,
  - Personal-Controlling.
- Unter dem Gesichtspunkt des **Zeithorizonts** (des Planungszeitraums) unterscheidet man:
  - **operatives Controlling** (kurzfristiger Planungszeitraum) und
  - **strategisches Controlling** (langfristige, existenzsichernde Planungsperspektive).

Übungsaufgaben

74

1. Definieren Sie in einer allgemein gehaltenen Kurzfassung, was man unter dem Begriff Controlling versteht!
2. Nennen Sie verschiedene Arten des Controllings:

   2.1 unter dem Gesichtspunkt der Unternehmensfunktionen,

   2.2 unter dem Gesichtspunkt des Zeithorizonts!
3. Nennen Sie Merkmale, durch die sich das operative Controlling vom strategischen Controlling unterscheidet!

75

1. Lösen Sie die Handlungsaufgabe aus der Situation 3 auf S. 199!
2. **Projektvorschlag:**

   Untersuchen Sie ein regional ansässiges Unternehmen! Legen Sie für Ihre Analyse folgende Kriterien zugrunde:
   - Firma und Sitz,
   - Rechtsform,
   - Geschichte,
   - Produktionsprogramm/Sortiment,
   - Unternehmenszweck,
   - Unternehmenstyp,
   - wichtige Kunden (z. B. Industrie, Handel, Verbraucher),
   - wichtige Lieferanten (z. B. Vorprodukte, Rohstoffe, Waren, Dienstleistungen),
   - organisatorischer Aufbau (Organigramm),
   - Unternehmensleitbild,
   - Unternehmensziele.
3. Interpretieren Sie die nebenstehende Grafik und erläutern Sie Stellung und Aufgabe des Controllings!

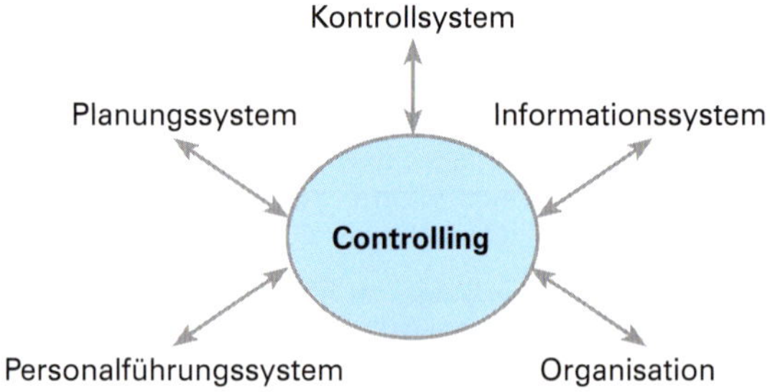

Handlungsfeld 2: Beschaffung

Anforderungssituation 2.1

AS 2.1 Situation 1: Beschaffungsmärkte erforschen

Die Soester Büromöbel AG benötigt bei der Produktion ihrer Rollcontainer das technische Schmiermittel Molybdändisulfid (MoS_2). Der bisherige Lieferant des Betriebsstoffs hält seine Liefertermine fast nie ein.

IMPULS:

Welche Voraussetzungen sollte ein Lieferer haben?

HANDLUNGSAUFGABE:

Arbeiten Sie das folgende Kapitel des Schulbuches durch und verwenden Sie die Aufzeichnungen aus dem Unterricht zur Bearbeitung der Handlungsaufgabe!

Sie haben gerade Ihre Ausbildung zum Industriekaufmann abgeschlossen und sind jetzt Sachbearbeiter in der Einkaufsabteilung der Soester Büromöbel AG.

Wie sollte die Soester Büromöbel AG bei der Auswahl geeigneter Lieferer vorgehen?

Erstellen Sie eine Checkliste zur Liefererauswahl! Formulieren Sie allgemeine Kriterien, die bei der Liefererauswahl von Bedeutung sind, und präzisieren Sie diese durch gezielte Fragestellungen! Verwenden Sie folgende Tabelle:

Kriterien zur Liefererauswahl	präzisierende Fragen
Alter und Image des Unternehmens ...	▪ Seit wann besteht das Unternehmen? ▪ Welchen Ruf genießt das Unternehmen? ▪ ...

Um Entscheidungen zur **Planung und Optimierung eines Beschaffungsprozesses** vorzubereiten, sind folgende Schritte erforderlich:

Beschaffungsmärkte erforschen → Angebotsvergleiche erstellen → Nachhaltigkeit untersuchen → Beschaffungsziele begründen → Beschaffungsverfahren anwenden → Eigenfertigung oder Fremdbeschaffung begründen

1 Beschaffungsmärkte erforschen

1.1 Begriff Beschaffung

Der **Beschaffungsprozess** ist neben dem Leistungserstellungsprozess, dem Absatzprozess, dem Investitions- und Finanzierungsprozess und der Personalwirtschaft eine **Grundfunktion** des Industriebetriebs.

Die **Beschaffung** umfasst die Bereitstellung von Werkstoffen, Dienstleistungen, Betriebsmitteln,[1] Rechten sowie Informationen über den Beschaffungsmarkt für den Leistungserstellungsprozess eines Unternehmens.

Der Beschaffungsprozess ist durch **zwei Phasen** charakterisiert:

- In der **ersten Phase** werden **Vertragsverhandlungen** mit der Zielsetzung geführt, zu einer **Vereinbarung** zu kommen **(strategischer[2] Beschaffungsprozess).**
- In der **zweiten Phase** werden die **Vereinbarungen abgewickelt** und anschließend kontrolliert **(operativer[3] Beschaffungsprozess).**

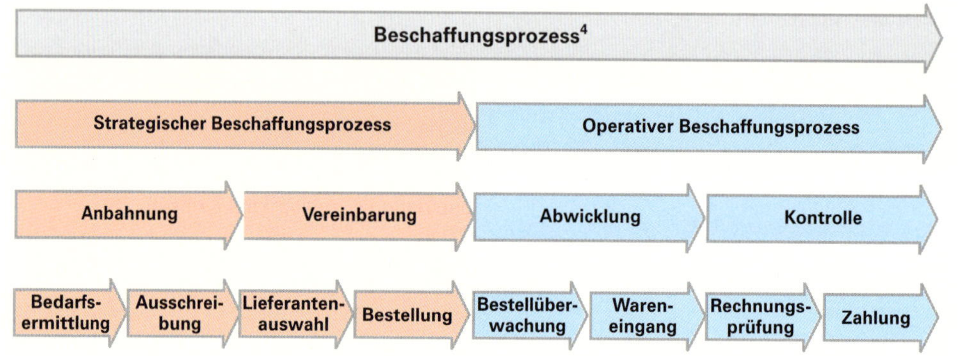

1.2 Begriff und Bereiche der Beschaffungsmarktforschung

Beschaffungsmarktforschung ist die systematische Beschaffung von Informationen über die **Verhältnisse auf dem Beschaffungsmarkt** des Unternehmens, die **Beschaffungskonkurrenten,** die **angebotenen Materialien** und die **anbietenden Lieferanten.**

1 **Betriebsmittel** sind z. B. Maschinen, Werkzeuge, Fließbänder.

2 **Strategie** (gr.-lat.): Genauer Plan des eigenen Vorgehens, um ein militärisches, politisches, wirtschaftliches oder ein anderes Ziel zu erreichen, indem man diejenigen Faktoren, die in die eigene Aktion hineinspielen könnten, von vornherein einzuplanen versucht. Strategische Ziele sind **langfristig** zu erreichende Ziele.

3 **Operativ**: konkrete Maßnahmen treffen, sie unmittelbar wirksam werden lassen.

4 Quelle: Moderne Methoden der Beschaffung. www.prozess.de/imperia/md/content/prozess/mnd [...].

(1) Informationen über den Beschaffungsmarkt, die Beschaffungskonkurrenten, die angebotenen Materialien und die Lieferanten

Unternehmensbereich	Angestrebte Informationen (Beispiele)
Beschaffungsmarkt	■ Nachfragemengen der Konkurrenten nach den benötigten Materialien; ■ verfügbare Angebotsmenge; ■ angebotene Qualitäten; ■ Preisentwicklung der Materialien; ■ Bezugsort der Materialien; ■ Beschaffungswege.
Beschaffungs-konkurrenten	■ Anzahl der Konkurrenten; ■ Marktmacht der Konkurrenten; ■ Marktverhalten der Konkurrenten; ■ nationale oder internationale Konkurrenten; ■ erzielte Preise und Konditionen.
Beschaffungsmaterial	■ Materialbestandteile und -zusammensetzung; ■ Erfüllung der benötigten Qualitätsanforderungen; ■ vorhandene Substitutionsmaterialien (Ersatzmaterialien); ■ Entsorgungs- und Recyclingmöglichkeiten und -vorschriften.
Lieferanten	■ Alter und Image des Unternehmens; ■ Leistungsfähigkeit und Kreativität; ■ Pünktlichkeit und Zuverlässigkeit; ■ Preise und Zahlungsziele; ■ Einhalten von Sozialstandards.

(2) Informationsquellen

■ Externe Informationen

Ist man mit den bisherigen Lieferern nicht mehr zufrieden oder müssen bisher noch nicht bezogene Güter beschafft werden, weil das Fertigerzeugnisprogramm geändert wurde, müssen die Bezugsquellen außerhalb des Betriebs (extern) ermittelt werden.

Bei den **externen Informationsquellen** kann man zwischen **primären** und **sekundären Informationsquellen** unterscheiden.

Informationsquelle	Beispiele
primäre (direkte, unmittelbare) Informationsquellen Die zur Beschaffung erforderlichen Informationen werden eigens für diesen Zweck direkt auf den Beschaffungsmärkten eingeholt.	■ schriftliche Informationen, telefonische Anfragen und/oder persönliche Gespräche bei Lieferern und Kunden, ■ Besuche von Messen, Ausstellungen und Warenbörsen (Produktenbörsen), ■ Berichte der Einkaufs- und Verkaufsreisenden, ■ Betriebsbesichtigungen bei Lieferern und Kunden, ■ Testanzeigen (für Kauf und Verkauf), ■ Vertreterbesuche, ■ elektronische Marktplätze.

Informationsquelle	Beispiele
sekundäre (indirekte, mittelbare) Informationsquellen Hier werden keine speziellen Erhebungen durchgeführt, sondern es werden bereits zu anderen Zwecken erfolgte Aufzeichnungen zur Beschaffung ausgewertet.	■ Statistiken (z. B. Umsatz- und Preisstatistiken der Verbände, des Statistischen Bundesamts, der Deutschen Bundesbank und Europäischen Zentralbank, der Ministerien, Statistiken über die Kostenstruktur/Materialanteile), ■ Adressbücher, Branchenhandbücher, Einkaufsführer (z. B. „Wer liefert was?“, „Einkaufs-1x1 der deutschen Industrie“, „ABC der deutschen Wirtschaft“ usw.), „Gelbe Seiten“ der Deutschen Telekom Medien GmbH, ■ Fachbücher und Fachzeitschriften, Verkaufskataloge, -prospekte, Markt- und Börsenberichte, Geschäftsberichte, Hauszeitschriften, Messekataloge, Tages- und Wirtschaftszeitungen, ■ Einschaltung ausländischer Handelskammern und deutscher Handelsmissionen im Ausland, ■ Internetseiten (z. B. http://www.gelbeseiten.de; http://www.werliefertwas.de).

Dateien von externen Bezugsquelleninformationen können vom Betrieb selbst angelegt werden. Sie können aber auch in vielen Ausführungen und Größen gekauft werden. Werden diese Informationen, die ständig aktualisiert werden müssen, in eine Datenbank integriert, dann stehen deren unterstützende Funktionalitäten zur Datenerfassung, Datenauswertung und Datengruppierung zur Verfügung.

Interne Informationen

Wurden die zu beschaffenden Güter bereits früher schon einmal eingekauft, sind die Bezugsquellen bekannt. Die erforderlichen Informationen können im Betrieb selbst (intern) beschafft werden, sofern die organisatorischen Voraussetzungen vorliegen, z. B. die entsprechenden Tabellen in einer Datenbank angelegt wurden.

Dateien (Tabellen), die bei der internen Informationsbeschaffung benutzt werden:

Dateien mit internen Bezugsquelleninformationen	
Materialdatei	Sie enthält für jede Materialposition (Roh-, Hilfs-, Betriebsstoff, Einzelteil, Baugruppe, Enderzeugnis) ■ das identifizierende[1] Element (Primärschlüssel), z. B. Teilenummer, ■ die klassifizierenden[2] Elemente (z. B. Teileart, Beschaffungsart, ABC-Klasse), ■ die beschreibenden Elemente (z. B. Bezeichnung, Preis, Bestand).
Liefererdatei	Sie enthält alle Attribute[3] (identifizierend, klassifizierend, beschreibend) über den Lieferanten, z. B. Lieferernummer, Name, Straße, PLZ, Ort, Bonität.
Konditionendatei	In ihr werden die Lieferungs- und Zahlungsbedingungen (Konditionen) der Lieferer erfasst.
Bezugsquellendatei	Sie ist die elektronische Version des „Wer liefert was?“, stellt also die Verbindung her zwischen der Materialtabelle und der Lieferertabelle.

1 **Identifizieren**: genau wiedererkennen.

2 **Klassifizieren**: in Klassen einteilen, einordnen.

3 **Attribut**: Eigenschaft, Merkmal.

1.3 Wertschöpfung mithilfe der Beschaffung

Die Aktivitäten der Beschaffungsmarktforschung zielen darauf ab, Marktchancen auf den Beschaffungsmärkten aufzudecken und zu nutzen und Marktrisiken zu vermeiden. Dies ist umso bedeutsamer, als sich die Rolle der Beschaffung verändert hat – vom ursprünglichen Dienstleister der Produktion hin zum vermehrt wertschöpfenden[1] Einkauf.

Anstatt einzelne Teile zu beziehen, werden verstärkt komplette Module und Systeme in einem Vorgang beschafft.[2] Die Arbeitsteilung zwischen Abnehmer und Lieferanten erstreckt sich heute in der Regel über den Produktionsbereich hinaus: Der Lieferant übernimmt einen Teil des Wertschöpfungsprozesses. Die Lieferantenpolitik gewinnt somit eine zentrale Rolle.

Beispiel:

Einem Lieferer wird die Entwicklung einer Bremsanlage für einen Pkw mit einem Gewicht von 1,5 t, dessen Fahrwerk und Motorisierung auf eine Geschwindigkeit von 210 km/h ausgelegt sein soll, übertragen.

Die Industrieunternehmen **reduzieren** ihre **Leistungstiefe (Fertigungstiefe).** Sie beschränken sich auf ihre Kerngeschäfte und -prozesse und **erhöhen** die **Beschaffungstiefe.**

- Die **Leistungstiefe** gibt an, wie viele Produktionsschritte bei der Produktion notwendig sind, wie viele davon von dem Unternehmen selbst und wie viele davon vom Zulieferer stammen. Sie zeigt die **Wertschöpfung des Industriebetriebs** auf.
- Die **Beschaffungstiefe** zeigt die **Wertschöpfung** auf, die der Industriebetrieb durch den **Lieferer** bezieht.

Da die Anforderungen an die Lieferanten sich dadurch stark erhöhen, versuchen die Geschäftsleitungen, die Anzahl der Lieferantenbeziehungen zu verkleinern und gleichzeitig das Niveau dieser Geschäftsbeziehungen zu erhöhen. Pro Materialart werden daher wenige Lieferanten herangezogen, im Extremfall nur ein Lieferant **(Single Sourcing).**[3]

Die nachfolgende Abbildung zeigt die gewandelte Aufgabenstellung der Lieferanten von Industriebetrieben (Zulieferern).

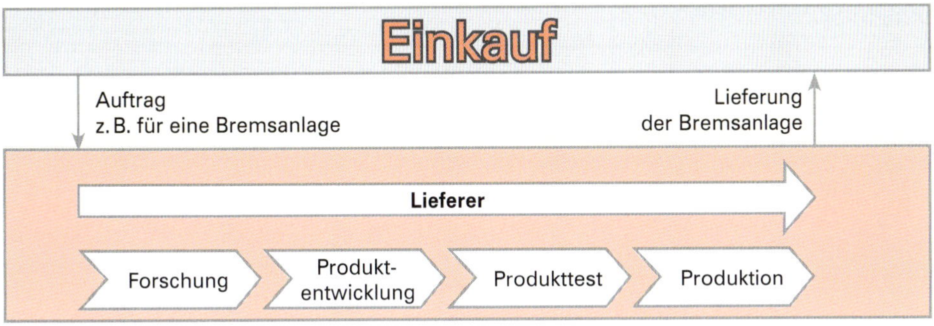

1 **Wertschöpfend** ist eine Abteilung dann, wenn die dort stattfindenden Arbeitsprozesse für den Betrieb eine Wertsteigerung mit sich bringen. Vgl. auch S. 89f.

2 Der Lieferant wandelt sich vom Teile- zum Systemlieferanten, der nicht mehr Einzelteile liefert, sondern bereits fertig montierte Baugruppen, z. B. komplette Armaturen oder vollständige Sitze für die Automobilindustrie.

3 **Single Sourcing** (engl.) wörtl.: das Schöpfen aus einer einzigen Quelle.

Zusammenfassung

- Sollen Materialien beschafft werden, muss sich auf jeden Fall der Industriebetrieb über
  - die **Verhältnisse des Beschaffungsmarktes,**
  - die **Beschaffungskonkurrenten,**
  - das **Beschaffungsmaterial** und
  - die **Lieferanten**

  informieren. Dies ist Aufgabe der **Beschaffungsmarktforschung.**
- Zu unterscheiden sind **externe** und **interne Informationsmittel.**

Übungsaufgaben

76 1. 1.1 Erläutern Sie das Ziel der Beschaffungsmarktforschung!

1.2 Erläutern Sie drei Inhaltspunkte, die ein Bericht über den Beschaffungsmarkt enthalten sollte!

1.3 Erklären Sie die Beziehungen zwischen Fertigungs- und Beschaffungstiefe!

1.4 Erklären Sie an einem Beispiel, wie mithilfe der Beschaffung ein Industrieunternehmen eine Wertschöpfung erzielen kann!

1.5 Nehmen Sie Stellung zu der nachfolgenden Aussage!

> „Ein Verlust an wertschöpfenden Tätigkeiten in der Produktion durch eine hohe Wertschöpfung bei der Beschaffung bedeutet langfristig einen Verlust an internationaler Wettbewerbsfähigkeit unseres Standortes."

2. Die Geschäftsleitung der Elektromotorenfabrik Ehrmann GmbH überlegt sich, wie die Liefererauswahl effektiver organisiert werden kann. Im Gespräch sind die Einführung von Checklisten und Punktebewertungstabellen.

Aufgaben:

2.1 Begründen Sie, warum eine Checkliste ein wesentliches Hilfsmittel bei der Liefererauswahl sein kann!

2.2 Man unterscheidet zwischen internen und externen Bezugsquelleninformationen. Erklären Sie diese Begriffe und nennen Sie jeweils zwei Beispiele!

3. Die Soester Büromöbel AG benötigt für das Lager einen Gabelstapler mit folgenden Daten: 5 t Hublast, 4 m Hubhöhe, Elektroantrieb, 2000 kg Tragkraft, 15000,00 EUR bis 20000,00 EUR Investitionssumme, Lieferzeit ca. 2 Monate.

Aufgaben:

3.1 Ermitteln Sie durch Internetrecherche vier Hersteller, die Gabelstapler mit den geforderten Vorgaben anbieten!

3.2 Nennen Sie dem Einkauf jeweils die (Ihrem Schulort) nächstgelegene Niederlassung des Herstellers bzw. den nächstgelegenen Fachhändler mit den Kontaktdaten, damit Angebote eingeholt werden können!

3.3 Schlagen Sie dem Einkauf – unter Angabe der Kontaktdaten– noch zwei Unternehmen vor, die gebrauchte Gabelstapler anbieten!

77 Lösen Sie die Handlungsaufgabe aus der Situation 1 auf S. 203!

AS 2.1 Situation 2: Angebote vergleichen

Ihre Recherche als Sachbearbeiter des Einkaufs in der Soester Büromöbel AG nach neuen Lieferanten für das Schmiermittel Molybdändisulfid (MoS_2) ergab, dass zwei Lieferer denselben Artikel zum gleich günstigen Preis anbieten.

IMPULS:

Welche weiteren Kriterien neben dem endgültigen Bezugspreis sollten bei der Entscheidung für einen Lieferer berücksichtigt werden?

HANDLUNGSAUFGABE:

Arbeiten Sie das folgende Kapitel des Schulbuches durch und verwenden Sie die Aufzeichnungen aus dem Unterricht zur Bearbeitung der Handlungsaufgabe!

Ihr Abteilungsleiter verlangt von Ihnen eine schriftliche Übersicht weiterer Entscheidungskriterien für die endgültige Auswahl des zukünftigen Lieferanten.

Erstellen Sie eine Gegenüberstellung mit Pro- und Kontra-Argumenten zum Einfaktoren- und Mehrfaktorenvergleich beim Bezug des Schmiermittels!

2 Angebotsvergleich erstellen

2.1 Grundsätzliches

Hat die Beschaffungsmarktforschung mögliche Lieferer ermittelt, schließt sich der **Angebotsvergleich** an. Für den Angebotsvergleich kann ein einziges Kriterium (z. B. der Preis) oder aber eine Kombination von Kriterien herangezogen werden. Es sind zu unterscheiden:

- **quantitative,** d. h. **messbare Kriterien** (z. B. Preis, Zahlungsbedingungen, Lieferungsbedingungen) und/oder
- **qualitative,** d. h. **nicht messbare Kriterien** (z. B. Qualität, Liefertreue, Image, technisches Know-how, Unterstützung bei Problemlösungen).

Als Instrumentarium zur Analyse der Kriterien kann der **Einfaktorenvergleich**[1] oder der **Mehrfaktorenvergleich (Scoringmodell)** dienen.

2.2 Einfaktorenvergleich mit Bezugskalkulation

Legt man für einen Angebotsvergleich nur einen einzigen Auswahlgesichtspunkt (ein Kriterium) zugrunde, dann kommt man sehr schnell zu einer Lieferantenauswahl. Solche Einfaktorenvergleiche sind z. B. möglich in Bezug auf den Preis, die Lieferungs- und Zahlungsbedingungen oder die Produktqualität.

1 **Faktor**: Gesichtspunkt.

14 Merkur-Nr. 0620

Beispiel für einen Einfaktorenvergleich (Preisvergleich von Angeboten):

Ein Betrieb erhält vier Angebote über den Bezug von 50 Schlössern. Die angebotenen Waren sind qualitätsmäßig vollkommen gleich. Die Lieferzeit beträgt in allen Fällen 14 Tage. Die Angebote lauten:

Angebot 1: Listeneinkaufspreis 569,00 EUR, Rabatt 6 %, Skonto 2,5 %, Bezugskosten 36,40 EUR.
Angebot 2: Listeneinkaufspreis 518,00 EUR, Rabatt 8 %, Skonto 2,0 %, Bezugskosten 71,50 EUR.
Angebot 3: Listeneinkaufspreis 550,00 EUR, Rabatt 9 %, Skonto 3,0 %, Bezugskosten 59,80 EUR.
Angebot 4: Listeneinkaufspreis 598,00 EUR, Rabatt 7 %, Skonto 0,0 %, Bezugskosten 44,20 EUR.

Aufgabe:

Berechnen Sie, welches Angebot den niedrigsten Bezugspreis bietet!

Lösung:

	Angebot 1		Angebot 2		Angebot 3		Angebot 4	
	%	EUR	%	EUR	%	EUR	%	EUR
Listeneinkaufspreis		569,00		518,00		550,00		598,00
– Rabatt	6	34,14	8	41,44	9	49,50	7	41,86
= Zieleinkaufspreis		534,86		476,56		500,50		556,14
– Skonto	2,5	13,37	2	9,53	3	15,02	0	0,00
= Bareinkaufspreis		521,49		467,03		485,48		556,14
+ Bezugskosten		36,40		71,50		59,80		44,20
= Bezugspreis		557,89		538,53		545,28		600,34

Ergebnis: Den niedrigsten Bezugspreis für 50 Schlösser bietet das Angebot 2 mit 538,53 EUR.

2.3 Mehrfaktorenvergleich (Scoringmodell)[1]

Ist für die Auswahl des Lieferers nicht nur ein Kriterium entscheidend, dann entsteht sehr schnell eine komplexe[2] Situation, da die Kriterien unter Umständen einander zuwider laufen, wie z. B. Qualität und Preis. Ein günstiger Preis ist zumeist mit geringerer Qualität verbunden und umgekehrt.

Ein Instrument, um einen Angebotsvergleich unter Berücksichtigung mehrerer Kriterien durchzuführen, ist das **Scoringmodell.** Dabei werden den Auswahlkriterien zunächst Gewichtungen zugeordnet (Spalte 2), die für alle Lieferanten gleichermaßen gelten. Danach werden die Lieferanten einzeln dahingehend analysiert, inwieweit sie die Auswahlkriterien erfüllen. Hierfür werden Punkte vergeben, z. B. 5: hohe Zielerfüllung, 0: keine Zielerfüllung (z. B. Spalte 3). Durch Multiplikation der Gewichtungen mit den einzelnen Punkten erhält man je Auswahlkriterium die gewichteten Punkte (z. B. Spalte 4). Ausgewählt wird jener Lieferant, dessen Summe der gewichteten Punkte maximal ist.

1 **Scoringmodell:** Modell zur Bewertung von Handlungsalternativen. Kann hier übersetzt werden mit Punktebewertungsmodell. Den Mehrfaktorenvergleich bezeichnet man auch als **Nutzwertanalyse.**

2 **Komplex:** vielfältig verflochten.

Die Verwendung des Scoringmodells hat den Vorteil, dass neben rein **quantifizierbaren Größen** (z.B. Preise) auch die Einbeziehung von **qualitativen Kriterien** (z.B. Qualität, Liefertreue usw.) möglich ist.

Beispiel:

Zur Auswahl stehen die drei Lieferanten Abel, Bebel und Cebel. Als Entscheidungsfaktoren spielen die Qualität, der Preis, die Liefertreue, der technische Kundendienst und die Unterstützung bei Problemlösungen eine Rolle. Die Gewichtungen für die Entscheidungsfaktoren sind der Spalte 2 zu entnehmen. Eine Beurteilung der Lieferanten ergab jeweils die in den Spalten 3, 5 und 7 dargestellten Punkte.

Entscheidungsbewertungstabelle:

Auswahl-Kriterien	Gewichtung	Abel		Bebel		Cebel	
		Punkte Abel	Gewichtete Punkte Abel	Punkte Bebel	Gewichtete Punkte Bebel	Punkte Cebel	Gewichtete Punkte Cebel
(1)	(2)	(3)	(4) = (2) · (3)	(5)	(6) = (2) · (5)	(7)	(8) = (2) · (7)
Qualität	0,3	5	1,5	4	1,2	3	0,9
Preis	0,3	4	1,2	5	1,5	5	1,5
Liefertreue	0,1	3	0,3	4	0,4	5	0,5
Technischer Kundendienst	0,2	5	1,0	3	0,6	4	0,8
Unterstützung bei Problemlösungen	0,1	2	0,2	2	0,2	3	0,3
Summe der Punkte	**1,0**		**4,2**		**3,9**		**4,0**

Erläuterung (am Beispiel Abel):

Die zeilenweise Multiplikation der Gewichtungen mit den Punkten Abels für die einzelnen Kriterien ergibt jeweils die gewichteten Punkte. Deren Summe beträgt bei Abel 4,2. Bebel und Cebel erhielten je 3,9 bzw. 4,0 Punkte. Somit fällt die Entscheidung zugunsten von Abel.

Zusammenfassung

- Für den **Angebotsvergleich** kann **ein einziges Kriterium (quantitative Angebotsvergleich)** oder eine **Summe von Kriterien (qualitative Angebotsvergleich)** herangezogen werden.
- Ein **Einfaktorenvergleich** berücksichtigt nur ein einzelnes Auswahlkriterium, in der Regel den Einstandspreis. Er wird durch die **Bezugskalkulation** ermittelt.
- Ein **Mehrfaktorenvergleich** erlaubt es, neben quantitativen auch qualitative Faktoren zu berücksichtigen. Eines dieser Verfahren ist das sogenannte **Scoringmodell.** Das Scoringmodell dient der Entscheidungsfindung zwischen mehreren Alternativen bei mehreren gegebenen Zielen mithilfe einer Entscheidungsbewertungstabelle.
- Welche Gründe für die Einkaufsentscheidung maßgebend sind (z.B. der besonders niedrige Angebotspreis, die Lieferzeit oder Qualität der Werkstoffe, Handelswaren oder Betriebsmittel) hängt vor allem von der **Dringlichkeit des Bedarfs** und der **Art der einzukaufenden Güter** (z.B. komplizierte Investitionsgüter oder problemlose, von vielen Verkäufern angebotene Verbrauchsgüter) ab.

Übungsaufgaben

78

1. Beschreiben Sie die Zielsetzung des Scoringmodells an einem selbst gewählten Beispiel!
2. Vor der Kaufentscheidung ist es sinnvoll, einen Angebotsvergleich durchzuführen.

   Aufgaben:

   2.1 Erklären Sie, welche betriebswirtschaftliche Aufgabe der Angebotsvergleich erfüllt!

   2.2 Nennen Sie wichtige Punkte der einzelnen Angebote, welche ein Einkäufer zu vergleichen hat!

   2.3 Nennen Sie drei Gründe, die vorliegen könnten, dass ein Unternehmen ein Angebot bei sonst gleichen Listeneinkaufspreisen mit 15 % Rabatt und 2 % Skonto einem Angebot mit 25 % Rabatt und 3 % Skonto vorzieht!

Vorlage

mvurl.de/21qi

3. Unter qualitativ gleichwertigen Werkstoffen gleich zuverlässiger Verkäufer soll ein rechnerischer Angebotsvergleich vorgenommen werden. Folgende Angebote liegen vor:

   Lieferer Nr. 3102: *3 500,00 EUR frei Lager, 3 % Skonto;*
   Lieferer Nr. 3103: *3 360,00 EUR frachtfrei (ab Bahnhof des Käufers);*
   Lieferer Nr. 3108: *3 700,00 EUR ab Bahnhof des Verkäufers, $12^{1}/_{2}$ % Rabatt und 2 % Skonto.*

   Die Bahnfracht beträgt 200,00 EUR, die Kosten für die Anlieferung zum Bahnhof bzw. Zulieferung ab Bahnhof belaufen sich auf je 30,00 EUR.

   Aufgabe: Berechnen Sie das günstigste Angebot!

79 **Fallstudie: Angebotsvergleich**

Dem Vertriebsbüro der Topsound GmbH, Köln, wird am 10. Januar 20.. der Kundenauftrag Nr. C 732 über 1 000 Stück unserer neuen Stereoanlage „Crash-micro-line" erteilt. In Zusammenarbeit mit dem Lager wird ermittelt, dass 300 Stück des Transistors TC 472 am Lager sind, aber insgesamt 5 000 Stück benötigt werden.

Dem Einkauf liegen bis heute drei Angebote vor:

(1) Elektronik Werke Münster AG vom 15. Januar 20..:

„Wir bieten Ihnen, befristet bis zum 15. Februar 20.. Transistoren TC 472 für 2,87 EUR/ Stück ab Werk an. Bei Abnahme ab 1 000 Stück gewähren wir 5 % und ab 5 000 Stück 10 % Mengenrabatt. Die Zahlung soll erfolgen innerhalb 10 Tagen nach Rechnungserhalt unter Abzug von 2 % Skonto oder innerhalb 30 Tagen netto Kasse."

Hinweis: Die Frachtkosten von Münster bis Köln betragen für 4 700 Stück 200,00 EUR.

(2) Elektroteile Köln GmbH vom 27. Januar 20..:

Lieferung für 3,10 EUR/Stück, frei Haus, innerhalb vier Wochen nach Bestelleingang; Mengenrabatt ab 500 Stück 10 %, ab 1 000 Stück 15 %, ab 5 000 Stück 20 %; zahlbar innerhalb 20 Tagen unter Abzug von 2 % Skonto oder innerhalb 60 Tagen rein netto.

(3) Hans Haas e. Kfm., Düsseldorf, vom 25. Januar 20..:

Sonderangebot bis 10. Februar gültig. Bei Lieferung von 500 oder mehr Transistoren 3,00 EUR/Stück, frei Haus. Bei Abnahme von weniger als 500 Stück werden für Verpackung, Fracht und Bearbeitungsgebühr 50,00 EUR gesondert in Rechnung gestellt. Ab 1 000 Stück werden 10 %, ab 5 000 Stück 15 % Mengenrabatt gewährt; Rechnungen sind zahlbar innerhalb von 30 Tagen ohne Abzug.

Um die optimale Bezugsquelle zu ermitteln, werden vom Lager, von der Fertigung und vom Einkauf **Berichte über die Geschäftsverbindung mit den Verkäufern** zusammengestellt.

Den Qualitätsanforderungen (mindestens vier von acht Punkten) genügen alle Anbieter:

Elektronik Werke Münster AG

Die Qualität ist mit acht Punkten sehr hoch. Geliefert wurde meistens fehlerfrei, nur einmal enthielt eine Lieferung einen beachtlichen Teil falscher Artikel. Die verwaltungstechnische Abwicklung der Einkäufe verlief stets ohne Beanstandungen. Liefertermine wurden allerdings mehrmals nicht eingehalten; einmal mussten sogar drei Mahnungen gesandt werden.

Verpackung und Auslieferung hingegen waren makellos. Die technische Beratung seitens der Elektronik Werke Münster AG lässt zu wünschen übrig. Direkte, persönliche Auskünfte sind nicht zu erhalten; der zuständige Fachmann ist „nie zu erreichen". Auch werden Rückfragen nachlässig behandelt.

Elektroteile Köln GmbH

Die Elektroteile Köln GmbH, praktisch in Sichtweite gelegen, hat die Produktion erst vor etwa 15 Monaten aufgenommen. Die Qualitätsstufe ist 6. Angenehm ist die räumliche Nähe bei Rückfragen und technischer Beratung. Letztere allerdings ist nicht allzu qualifiziert. Aufgrund der geografischen Nähe legt die Elektroteile GmbH keinen Wert auf Verpackung bei Anlieferung. Lieferzusagen werden eingehalten. Bei schriftlichen Unterlagen (Auftragsbestätigung, Rechnung etc.) sind jedoch fast immer Beanstandungen aufgetreten, manchmal sogar sehr ärgerliche. Auf den schriftlichen Informationsverkehr ist wenig Verlass.

Hans Haas e. Kfm., Düsseldorf

Obwohl die Qualität mit 7 hoch ist, reicht die schriftlich angeforderte Beratung nicht aus. Dafür werden Verpackung und Anlieferung stets besonders gelobt. Auch Liefertermine wurden – ausgenommen eine unverschuldete Verzögerung – pünktlich eingehalten. Rückfragen jeder Art werden schnell bearbeitet und beantwortet. In zwei Fällen musste die Auftragsbestätigung angemahnt werden. Sonst waren keine besonderen Beanstandungen festgestellt worden.

Aufgaben:

1. Führen Sie anhand der Entscheidungsbewertungstabelle einen Angebotsvergleich durch!

Vorlage
mvurl.de/uavj

Entscheidungsbewertungstabelle: Angebotsvergleich

Kriterien	**Gewichtung d. Kriterien**	**Elektronik Werke Münster AG**		**Elektroteile Köln GmbH**		**Hans Haas e. Kfm. Düsseldorf**	
		Punkte	**gewicht. Pkt.**	**Punkte**	**gewicht. Pkt.**	**Punkte**	**gewicht. Pkt.**
Ermittl. d. Einstandspreise 4 700 Stück – Rabatt = Zieleinkaufspreis – Skonto = Bareinkaufspreis + Fracht = Einstandspreis							
1. Preis							
2. Qualität							
3.							
4.							
5.							
6.							
Summe der Punkte	**100**						

Hinweis zur Spalte Punkte: 5 ≙ sehr gut, 4 ≙ gut, 3 ≙ befriedigend, 2 ≙ ausreichend, 1 ≙ schlecht

2. Treffen Sie eine begründete Entscheidung, welcher Verkäufer aufgrund der Summe aller relativierten Punkte den Auftrag erhalten wird!

80 Lösen Sie die Handlungsaufgabe aus der Situation 2 auf S. 209!

Vorlage
mvurl.de/wo92

AS 2.1 Situation 3: Nachhaltig wirtschaften

Der Begriff der Nachhaltigkeit stammt ursprünglich aus der Forstwirtschaft und wurde erstmals Anfang des 18. Jahrhunderts von Hans Carl von Carlowitz verwendet. Die vom Bergbau ausgelöste Holzknappheit veranlasste ihn zur Erarbeitung eines Nachhaltigkeitskonzepts zur Sicherung des Waldbestands als natürliche Ressource für die Holzwirtschaft, wonach immer nur so viel Holz geschlagen wird, wie durch Wiederaufforstung nachwachsen kann.

Auf heutige Verhältnisse übertragen, ist außerdem dafür zu sorgen, dass dem Wald nicht die natürlichen Lebens- und Wachstumsvoraussetzungen entzogen werden, z.B. durch Schadstoffe im Boden und in der Luft (saurer Regen), durch Klimawandel (Treibhauseffekt) oder durch Schädigung der Erdatmosphäre (Ozonloch).[1]

IMPULS:

Ursprünglich bezog sich die Idee der Nachhaltigkeit auf die Schonung des Waldbestands. Übertragen Sie den Gedanken der Nachhaltigkeit auf die Beschaffungswirtschaft eines Industriebetriebs!

HANDLUNGSAUFGABEN:

Arbeiten Sie das folgende Kapitel des Schulbuches durch und verwenden Sie die Aufzeichnungen aus dem Unterricht zur Bearbeitung der Handlungsaufgabe!

Recherchieren Sie in Ihrer Region nach einem Unternehmen Ihrer Wahl. Informieren Sie sich bei diesem Unternehmen, inwieweit sich der Gedanke der Nachhaltigkeit

1. in seinem Unternehmensleitbild,
2. in seiner Beschaffungsstrategie

wiederfindet. Stellen Sie Ihre Ergebnisse der Klasse vor!

3 Nachhaltigkeit der Beschaffung untersuchen

Nachhaltiges Wirtschaften[2] bedeutet, dass wir heute so leben und handeln, dass künftige Generationen überall eine lebenswerte Umwelt vorfinden und ihre Bedürfnisse befriedigen können.

Bezogen auf den Grundsatz der Nachhaltigkeit, müssen bei der Beschaffung der angebotenen Werkstoffe und Dienstleistungen – neben dem ökonomischen Gesichtspunkt – auch die **ökologischen** und **sozialen Auswirkungen** berücksichtigt werden.

1 Vgl. http://www.learn-line.nrw.de/angebote/agenda21/info/nachhalt.htm#Mag3eck, [12.08.2005].

2 Zur Nachhaltigkeit im Rahmen der Leistungserstellung siehe S. 313ff.

3.1 Ökologische Ausrichtung der Beschaffung

(1) Durchlaufstrategie bei der Beschaffung von Gütern

Bis vor wenigen Jahren wurde nur selten darüber nachgedacht, welche ökologischen Folgen die Beschaffung eines Gutes haben kann. Bei der Auswahl der Handelswaren/Werkstoffe bzw. der Entscheidung für einen bestimmten Lieferer wurden allein wirtschaftliche und produktionstechnische Gesichtspunkte zugrunde gelegt. Abfälle, die bei der Produktion anfielen, wurden einfach über Mülldeponien und Verbrennungsanlagen entsorgt. Gleiches galt für Konsumgüter. Wurde ein Konsumgut unbrauchbar, unmodern oder war das Gut technisch überholt, wurde es den anderen Abfällen beigegeben und durch die Müllabfuhr auf der Mülldeponie entsorgt.

Diese Form des ökologischen Wirtschaftens bezeichnet man als **Durchlaufwirtschaft.**

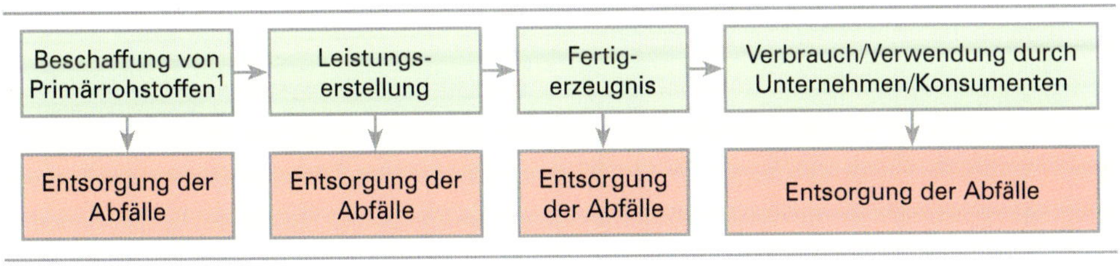

Unter ökologischen Gesichtspunkten war die Durchlaufwirtschaft **nicht mehr vertretbar,** und 1994 wurde sie durch das Kreislaufwirtschaftsgesetz [KrWG] beseitigt.

(2) Kreislaufstrategie bei der Beschaffung von Gütern

Nach dem Kreislaufwirtschaftsgesetz [KrWG] sind alle, die Güter produzieren, vermarkten oder konsumieren, für die Vermeidung, Verwertung oder umweltverträgliche Entsorgung der Abfälle grundsätzlich selbst verantwortlich.

Dabei gilt folgende Rangfolge:

① **Abfallvermeidung**

Der wirksamste Schutz der Umwelt als Aufnahmemedium für Schadstoffemissionen aller Art und als Quelle der natürlichen nicht regenerierbaren Ressourcen (Primärstoffe) ist, alle umweltbelastenden Emissionen (Abfälle, Abgase, Abstrahlungen usw.) möglichst zu vermeiden oder zumindest zu verringern.

② **Wiederverwendung**

Die Produkte werden für den gleichen Verwendungszweck mehrfach genutzt (z. B. Pfandflaschen) bzw. für andere Verwendungszwecke verwendet (z. B. Senfgläser werden als Trinkgläser weiterverwendet).

1 **Primärrohstoffe** werden nicht aus stofflichen Rückständen, sondern aus natürlichen Ressourcen oder Vorprodukten gewonnen.

③ **Recycling**

Eine wirksame umweltorientierte Recyclingpolitik der Unternehmen umfasst alle Maßnahmen, mit denen bereits angefallene und zukünftig zu erwartende Stoffrückstände aus der Produktion und Rückstände von Konsumgütern in den industriellen Produktionsprozess zurückgeführt werden können. Aus Produktionsrückständen und Konsumgüterabfällen werden keine Abfälle, sondern „neue" Werkstoffe oder Energien **(sekundäre Werkstoffe, Energiestoffe)** gewonnen.

Beispiele:

- Glasscherben werden zur Glasherstellung wiederverwertet.
- Aus Kunststoffflaschen werden Fleece-Pullis.

④ **Sonstige Verwertung (energetische Verwertung und Verfüllung)**

Nicht recycelbare Abfallstoffe können z. B. zur Energiegewinnung in Müllkraftwerken oder zur Verfüllung von Kiesgruben u. Ä. verwendet werden.

⑤ **Beseitigung nicht verwertbarer Reststoffe**

Wenn eine stoffliche Verwertung („Abfallnutzung") aus technischen Gründen nicht möglich oder unter wirtschaftlichen Gesichtspunkten zu teuer ist, dann müssen die nicht verwertbaren Reststoffe umweltverträglich durch ihre stoffliche Lagerung (Deponierung) auf Mülldeponien und/oder durch Verbrennung entsorgt werden.

Beispiel:

Eine umweltverträgliche Deponierung liegt z. B. vor, wenn der gelagerte Müll durch seine Verrottung wieder in den biologischen Kreislauf zurückgeführt wird.

Die Möglichkeiten des betrieblichen Umweltschutzes durch eine umweltorientierte Abfallvermeidung, Abfallverminderung, Recyclingpolitik und Entsorgung sind in dem nachfolgenden Modell zusammengefasst.

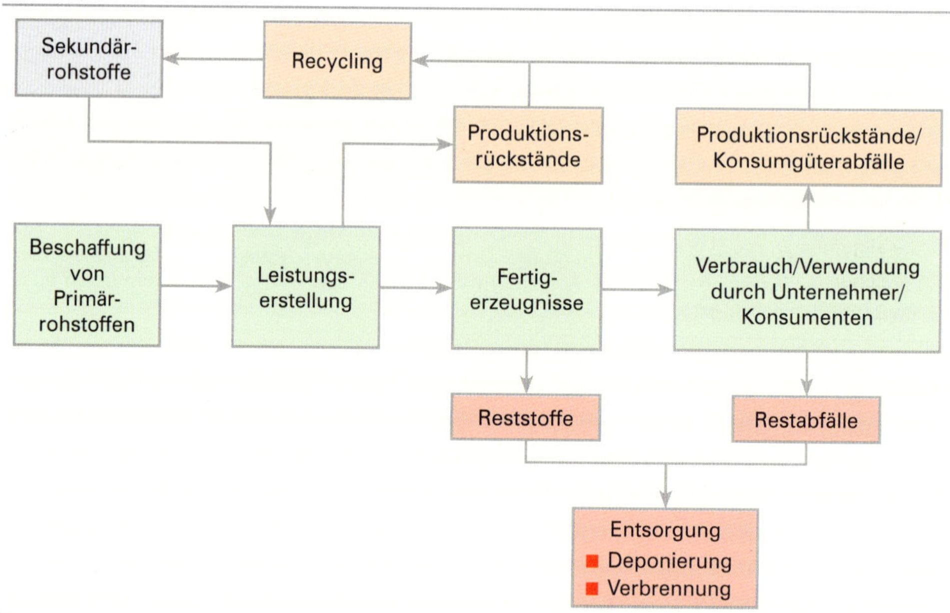

3.2 Soziale Ausrichtung der Beschaffung am Beispiel des „Fairen Handels“

(1) Begriff und Grundsätze des Fairen Handels

- Der **Faire Handel** unterstützt **kleinbäuerliche Familienbetriebe** in **Entwicklungsländern.** Durch **feste Mindestpreise** und eine **Fairtrade-Prämie**[1] werden die Lebens- und Arbeitsbedingungen von Menschen in Afrika, Asien und Südamerika verbessert.
- Durch den Fairen Handel wird versucht, für die benachteiligten Produzenten in den Entwicklungsländern eine **gerechtere Stellung im Welthandel** zu schaffen.

Ein wesentliches Prinzip des Fairen Handels ist die **Nachhaltigkeit.**

Wichtige **Grundsätze des Fairen Handels** sind:[2]

- gleichberechtigte Form wirtschaftlicher Beziehungen zwischen Industriestaaten und Entwicklungsländern;
- den benachteiligten Produzenten aus den Entwicklungsländern durch die Zahlung fairer Preise eine Basis für ihre Existenz schaffen;
- den Produzenten aus den Entwicklungsländern die Möglichkeit bieten, entwicklungsfördernde Investitionen durchzuführen;
- zusätzliches Engagement in wichtigen Bereichen wie z.B. Gesundheit und Bildung (Bau von Schulen, Apotheken) und z.B. landwirtschaftliche Beratung (Know-how), ländlicher Entwicklung Impulse geben;
- Direkteinkauf ohne Zwischenhandel;
- bestmögliche Qualität der Produkte;
- Vermeidung von Kinderarbeit;
- Förderung umweltverträglicher Anbaumethoden, Nachhaltigkeit;
- direkte Verbesserung der Lebens- und Arbeitsbedingungen der Produzenten in den Entwicklungsländern.

(2) Faire Preise für die Produkte

Die **Preise** für die Produkte des Fairen Handels liegen **über denen vergleichbarer Produkte,** da sie drei Kosten beinhalten:

- die allgemeinen Produktionskosten,
- die Lebenshaltungskosten der Produzentenfamilien und
- ein Betrag für entwicklungsfördernde Investitionen.

1 Die **Fairtrade-Prämie** fließt direkt von jedem Einkauf auf ein Prämienkonto der jeweiligen Produzentenorganisation oder der Plantage. Kleinbauern und Arbeiter entscheiden selbstständig und demokratisch darüber, welche Projekte sie mit der Prämie umsetzen.

2 Quelle: http://www.iz.shuttle.de/iz/avs/aktuelles/wettbewerb/fair_allgemein.html.

Die wichtigsten Fairtrade-Produkte sind Kaffee, Blumen, Fruchtsäfte und Bananen. Weitere Produkte sind Textilien; Farben, Lacke, Waschmittel aus überwiegend nachwachsenden pflanzlichen und mineralischen Rohstoffen; Schmuck; Kunsthandwerk.

Alle Fairtrade-Produkte sind **zertifiziert.**[1]

(3) Organisation des Fairen Handels

Organisiert wird der Faire Handel vom Dachverband Fairtrade International. Rund 1,9 Millionen Kleinbauern, Arbeiterinnen und Arbeiter in über 72 Ländern profitieren direkt von den Vorteilen des Fairen Handels. Zusammen mit ihren Familien sind das etwa zehn Millionen Menschen, die durch Fairtrade ihre Lebens- und Arbeitssituation verbessern können. In Deutschland kauften Verbraucherinnen und Verbraucher im Jahr 2023 für 2,6 Mrd. Euro Fairtrade-zertifizierte Produkte ein.[2]

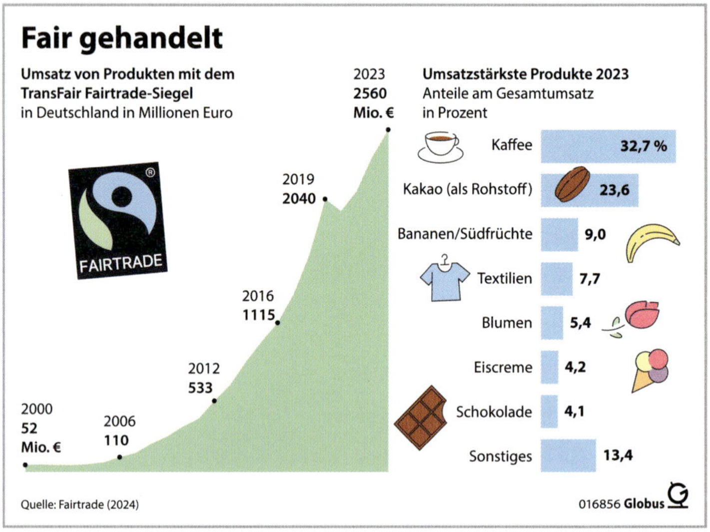

Alles begann mit braunen Bohnen: Im Jahr 1992 wurde in Deutschland der erste fair gehandelte Kaffee verkauft. Heutzutage klebt das Fairtrade-Siegel unter anderem auf Kaffee, Reis, Eis, Textilien und Kosmetikartikeln. Im Jahr 2023 gaben die Menschen in Deutschland 2,56 Milliarden Euro für Fairtrade-Produkte des Siegels TransFair aus – 8,5 Prozent mehr als im Vorjahr. Inzwischen gibt es in Deutschland mehr als 8500 verschiedene Produkte mit diesem Siegel und fast 60 Prozent davon wurden im Jahr 2023 biologisch produziert. TransFair vergibt sein Fairtrade-Siegel für Produkte aus armen Ländern. Es soll garantieren, dass bei der Herstellung soziale Standards eingehalten werden. Dazu gehören unter anderem: stabile Preise für Bauern und Arbeiter, dass Arbeits- und Versammlungsrecht eingehalten und Tariflöhne gezahlt werden. Zudem sind Diskriminierung, Zwangsarbeit und Kinderarbeit verboten.

1 Unter **Zertifizierung** versteht man ein Überprüfungs- und Bestätigungsverfahren durch eine unparteiische Instanz, das zeigt, dass sich ein entsprechend bezeichnetes Erzeugnis, Verfahren oder eine Dienstleistung in Übereinstimmung mit einer bestimmten Norm befindet. Beim Fairen Handel überprüft die Zertifizierungsgesellschaft FLO-CERT vor Ort, ob bei Produzenten und Händlern die Fairtrade-Standards eingehalten und die sozialen, ökonomischen und ökologischen Standards erfüllt werden. Sie kontrolliert auch, dass die Produzentenorganisationen den festgelegten Mindestpreis und die Fairtrade-Prämie ausgezahlt bekommen.

2 Quelle: https://www.fairtrade-deutschland.de/service/presse/details/umsatz-mit-fairtrade-produkten-bei-26-mrd-euro-11802 [24.10.2024].

Zusammenfassung

- **Nachhaltigkeit** bedeutet, dass wir heute so leben und handeln, dass künftige Generationen überall eine lebenswerte Umwelt vorfinden und ihre Bedürfnisse befriedigen können.
- Bei der Beschaffung nach der **Durchlaufstrategie** werden die Güter allein nach produktionstechnischen und wirtschaftlichen Gesichtspunkten ausgewählt.
- Nach der **Kreislaufstrategie** sind alle, die Güter produzieren, vermarkten oder konsumieren, zur Vermeidung, Verwertung und Beseitigung von Abfällen verpflichtet.
- Für die Entsorgung von Abfallstoffen gilt die nebenstehende Rangfolge:
- Der **Faire Handel** unterstützt kleinbäuerliche Familienbetriebe in Afrika, Asien und Südamerika. Sie erhalten durch Fairtrade-Standards, die unter anderem eine Fairtrade-Prämie vorschreiben, die Möglichkeit, ihre Dörfer und Familien aus eigener Kraft zu stärken und ihre Lebens- und Arbeitsbedingungen nachhaltig zu verbessern.

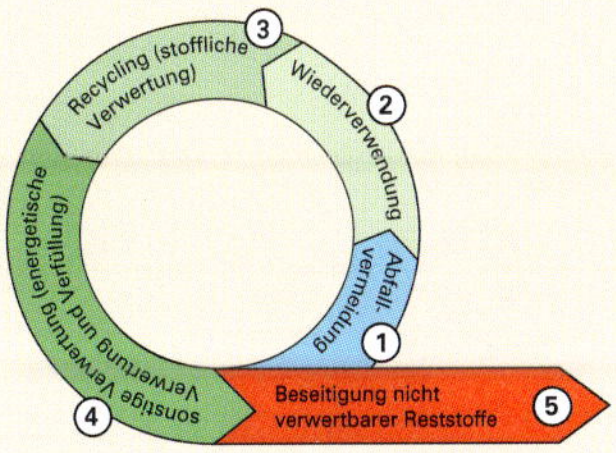

Übungsaufgaben

81 1. 1.1 Erläutern Sie den Begriff Nachhaltigkeit!

1.2 Nennen Sie Beispiele, wie eine Sportgerätefabrik das Prinzip der Nachhaltigkeit umsetzen könnte!

2. Die Unternehmenspolitik der Elektromotorenfabrik Ehrmann GmbH ist deutlich ökologisch ausgerichtet.

   Aufgaben:

   2.1 Erklären Sie, was in diesem Zusammenhang mit „ökologisch" gemeint ist!

   2.2 Nennen und beschreiben Sie drei Maßnahmen einer ökologischen Leistungserstellung im Industriebetrieb!

3. Begründen Sie, warum die Abfallvermeidung und Abfallminderung unter ökologischen Gesichtspunkten günstiger zu bewerten ist als die Wiederaufbereitung (Rückstandsnutzung) von Wertstoffen durch Recycling!
4. Beschreiben Sie zwei Abfallvermeidungsmaßnahmen in einem Industriebetrieb!
5. Nehmen Sie Stellung zu folgender Aussage: „Die Wirtschaft soll lernen, künftig vom Abfall her zu denken!"
6. **Arbeitsauftrag:** Erstellen Sie einen Bericht darüber, wie durch Kunststoff-Recycling unersetzbare fossile Rohstoffe eingespart und (zusätzlich) Energie gewonnen werden kann! (Lassen Sie sich von Chemieunternehmen entsprechende Informationen zuschicken bzw. informieren Sie sich über das Internet.)

   Hinweis: Es ist sinnvoll, den Bericht in Teamarbeit zu erstellen.

7. Nennen Sie das Hauptziel des Fairen Handels!
8. Erläutern Sie den Sinn der Fairtrade-Prämie!
9. Prüfen Sie, wodurch sichergestellt ist, dass es sich um Fairtrade-Produkte handelt!

   Recherchetipp: Nutzen Sie hierzu die Internetadresse „www.flo-cert.net" und/oder den Suchbegriff „ISO/IEC Guide 65:1996".

10. Erkunden Sie, welche Fairtrade-Produkte der Supermarkt an Ihrem Wohnort führt und berichten Sie darüber in der Klasse!

11. Sie sind Sachbearbeiter beim Bürofachgeschäft Stefan Osann e. Kfm. Die Abteilungsleiterin Frau Sommer beauftragt Sie, Richtlinien zu formulieren, die zukünftig bei der Beschaffung der Materialien zu beachten sind. Maßgebend für die zu formulierenden Richtlinien ist das Unternehmensleitbild.

Ausschnitt aus dem Unternehmensleitbild des Bürofachgeschäftes Stefan Osann e. Kfm.:

- Wir möchten unsere Marktstellung als führendes Bürofachgeschäft in der Stadt langfristig ausbauen und setzen dabei auf gewinnorientiertes Wachstum. Dadurch, dass alle wichtigen Neuheiten umgehend in das Sortiment aufgenommen werden, sichern wir das Vertrauen unserer Kunden und den Fortbestand des Unternehmens.
- Die Zufriedenheit unserer Kunden steht im Mittelpunkt unserer Zielsetzungen. Freundlichkeit und Höflichkeit, fachkundige Beratung und das unbedingte Einhalten vereinbarter Liefertermine sind für uns selbstverständlich. Unsere Waren müssen von höchster Qualität sein, bei einem fairen Preis-Leistungs-Verhältnis.
- Die Basis unseres Bürofachgeschäfts bilden unsere motivierten und verantwortungsbewussten Mitarbeiter. Die Kompetenz unserer Mitarbeiter fördern wir durch ständige Weiterbildung. Damit sichern wir langfristig Arbeitsplätze. Wir unterstützen Offenheit, kollegiale Zusammenarbeit und ständige Kommunikation.
- Wir unterstützen soziale und Umweltprojekte. Wir achten darauf, nur umweltfreundliche Artikel ins Sortiment aufzunehmen und bemühen uns, ressourcenschonende Materialien zu verwenden. Waren, die mit einem unzureichenden Arbeitsschutzstandard oder mit Kinderarbeit hergestellt werden, haben in unserem Sortiment keinen Platz.
- Wir bekennen uns zu einem fairen und partnerschaftlichen Verhältnis gegenüber unseren Mitarbeitern, Kunden und Lieferanten.

82 Lösen Sie die Handlungsaufgaben aus der Situation 3 auf S. 214!

AS 2.1 Situation 4: Sich für ein Bestellverfahren entscheiden

Emmy Reisacher, die Inhaberin des Kosmetikinstituts „Beauty Moments", hat einen zuverlässigen Lieferer für zertifizierte Bio-Kosmetik gefunden, der Mengenrabatte gewährt.

Werden die Bio-Kosmetik-Produkte kühl und trocken gelagert, sind sie laut Hersteller ungeöffnet 6 Monate haltbar.

Emmy Reisachers Lagerraum ist relativ klein und reicht gerade aus, um Kosmetikprodukte für einen Monat unterzubringen.

Impuls:

Erklären Sie Emmy Reisacher den Zusammenhang zwischen Bestellmenge und Lagerkosten, indem Sie die Auswirkung der zwei folgenden Varianten beschreiben:

Variante 1: Emmy Reisacher bestellt zu Jahresbeginn die voraussichtliche Jahresmenge.

Variante 2: Emmy Reisacher bestellt alle zwei Tage den voraussichtlichen Bedarf für zwei Tage.

HANDLUNGSAUFGABEN:

Arbeiten Sie die folgenden Kapitel des Schulbuches durch und verwenden Sie die Aufzeichnungen aus dem Unterricht zur Bearbeitung der Handlungsaufgaben!

1. Beraten Sie Emmy Reisacher bei ihrer Überlegung, im Industriepark einen zusätzlichen Lagerraum bei Stefan Osann e. Kfm. zu mieten. Fertigen Sie ein Diskussionspapier mit Gründen für und gegen die Anmietung eines zusätzlichen Lagerraums an.
2. Emmy Reisachers Kosmetikinstitut hat inzwischen wegen der qualitativ hochwertigen Produkte, die sie benutzt, einen sehr guten Ruf und ihr Kundenstamm hat sich entsprechend vergrößert.
   Aus diesem Grund ist es ihr zeitlich nicht mehr möglich, jeden Abend ihr Lager zu kontrollieren und bei Bedarf die fehlenden Produkte nachzubestellen.
   Halten Sie schriftlich fest, welches Bestellverfahren für Emmy Reisacher geeignet ist, wenn sie Kunden mit sehr unterschiedlichen Produktvorlieben hat und folglich der Tagesverbrauch eines Produkts nur sehr ungenau bestimmt werden kann!

4 Beschaffungsziele begründen

(1) Ausgewählte Ziele der Beschaffung

Ziele	Beispiele
Sicherung des Produktionsablaufs	Die Materialien sind so zu beschaffen, dass jederzeit ein reibungsloser Fertigungsablauf gesichert ist.
Minimierung der Beschaffungskosten	■ Niedrige Einstandspreise; ■ günstige Lieferungs- und Zahlungsbedingungen; ■ Minimierung der Bestellkosten; ■ große Bestellmengen, um günstige Einkaufspreise und hohe Mengenrabatte zu erhalten.
Minimierung der Lagerhaltungskosten	■ Geringe Bestellmengen, dadurch niedrige Zinskosten für das in den Materialbeständen gebundene Kapital; ■ Senkung der Lagerpersonalkosten; ■ geringe Lagerrisiken durch kleine Lagerbestände; ■ Minimierung der Lagerraumkosten.
Minimierung der Fehlmengenkosten	■ Kosten für Produktionsstillstand wegen fehlendem Material; ■ Vertragsstrafen für verspätete Lieferungen an Kunden; ■ Entgangener Gewinn wegen Kundenabwanderung.
hohe Beschaffungsflexibilität	Lagermengen so festlegen, dass die Beschaffung jederzeit an die Bedarfsanforderungen der Fertigung oder an eine Marktveränderung angepasst werden kann.
Umweltschutz	Verminderung von Abfallbelastungen durch den Bezug umweltschonender (abfallarmer) Materialien.
Qualitätssicherung	Nur Material beschaffen, das dem Qualitätsanspruch, der an das Produkt gestellt wird, entspricht.
Berücksichtigung sozialer Gerechtigkeit	■ keine Kinderarbeit ■ Entlohnung zum jeweiligen Mindestlohn

(2) Zielkonflikte

Zwischen den einzelnen Zielen der Beschaffung bestehen i.d.R. **Zielkonflikte.** Man sagt auch, dass es sich um **konkurrierende**[1] **Ziele** handelt.

Beispiele:

- Wird der Lagerbestand sehr niedrig gehalten (ist die Kapitalbindung möglichst gering), kann dies zulasten der Lieferbereitschaft gehen.
- Werden große Mengen eingekauft, sind die Bezugskosten niedrig, aber die Lagerhaltungskosten hoch. Werden geringe Mengen eingekauft, sind die Bestellkosten hoch, aber die Lagerhaltungskosten niedrig. Außerdem besteht die Gefahr, dass Fehlmengenkosten anfallen.
- Preisgünstige Einkäufe können dem Ziel, eine höchstmögliche Qualität einzukaufen, entgegenstehen.

Zielkonflikte können nur durch Kompromisse[2] gelöst werden. Dabei sollte der Kompromiss eine bestmögliche (optimale) Lösung darstellen.

5 Beschaffungsverfahren anwenden

5.1 Bestellpunkt- und Bestellrhythmusverfahren

(1) Grundlegendes

Die Bestellzeitpunkte für die Werkstoffe müssen unter Berücksichtigung der Wiederbeschaffungszeit so bestimmt werden, dass einerseits die **Kundenwunschtermine nicht gefährdet sind,** andererseits aber auch keine **unnötigen Lagerzeiten** in Kauf genommen werden müssen.

!

- Beim **Bestellpunktverfahren** wird mit jeder Entnahme geprüft, ob damit der **Meldebestand unterschritten** wurde. Ist dies der Fall, wird eine Nachbestellung ausgelöst.
- Beim **Bestellrhythmusverfahren** erfolgt die Nachbestellung in **bestimmten Zeitabständen.**

(2) Bestellpunktverfahren

Im Folgenden wird von einer schwankenden Lagerentnahme zwischen zwei Auffüllzyklen ausgegangen. Es wird mit variabler Auffüllmenge immer bis zum Höchstbestand ergänzt.

Beispiel:

Der Tagesbedarf schwankt, beträgt aber nicht mehr als 4 Elektromotoren. Der Mindestbestand wurde so dimensioniert, dass er für mindestens 2 Tage reicht, also 8 Stück. Die Wiederbeschaffungszeit beträgt 4 Tage.

1 **Konkurrenz** (lat.): Wettbewerb. Konkurrierende Ziele sind Ziele, die nicht gleichzeitig erreicht werden können. Die Erreichung eines Ziels geht immer zulasten eines anderen Ziels.

2 **Kompromiss** (lat.): Übereinkunft auf der Grundlage gegenseitiger Zugeständnisse.

Bei einem maximalen Tagesbedarf von 4 Stück ermittelt sich der Meldebestand wie folgt:

Meldebestand = Mindestbestand + Tagesverbrauch · 4 Tage
= 8 Stück + 4 Stück · 4 Tage
= 8 Stück + 16 Stück
= 24 Stück

Die Auffüllmenge ist variabel, da aus Gründen der Vorsicht immer bis zum Höchstbestand aufgefüllt wird. Der Höchstbestand ist durch die Größe des Lagers begrenzt und beträgt 40 Stück.

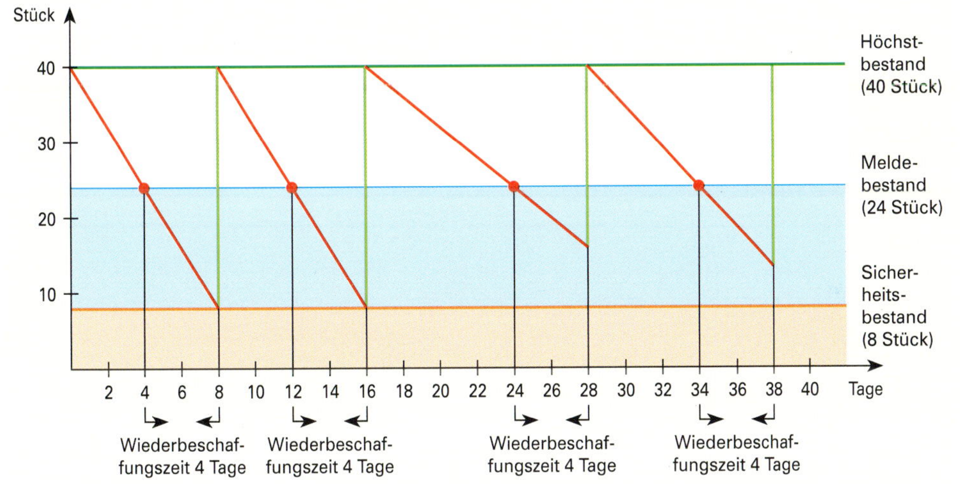

Erläuterungen:

- **Mindestbestand (Sicherheitsbestand):**[1] Er dient zur Abdeckung von Bestands-, Bedarfs- und Bestellunsicherheiten. Er steht nur für unvorhergesehene Ereignisse zur Verfügung und darf daher nicht zur laufenden Disposition[2] verwendet werden. Im Beispiel beträgt der festgelegte Mindestbestand 8 Stück.
- **Meldebestand:**[1] Erreicht der Lagerbestand diese Bestandshöhe, dann ist eine neue Bestellung auszulösen. Im Beispiel beträgt der Meldebestand 24 Stück.

Allgemein: Meldebestand = Mindestbestand + Wiederbeschaffungszeit · Tagesverbrauch

- **Höchstbestand:** Er gibt an, welcher Bestand maximal eingelagert wird. Der Höchstbestand wird immer nach Eintreffen der bestellten Materialien erreicht. Im Beispiel beträgt der festgelegte Höchstbestand 40 Stück.
- **Wiederbeschaffungszeit:** Summe der Zeitbedarfe für eigene Überlegungszeit (z. B. Lieferereauswahl), Durchführung der Bestellung, Transportzeit, Lieferzeit, Zeit für Materialeingangskontrolle und Einlagerung.
- **Bestellzeitpunkt:** Zeitpunkt, zu welchem bestellt werden muss, um die Versorgung während der Lieferzeit sicherzustellen. Er ergibt sich mit dem Erreichen des Meldebestands.
- **Auffüllmenge:** Es handelt sich um die Menge, die bestellt werden muss, um das Lager bis zum Höchstbestand aufzufüllen. Da die Lagerabgangsrate schwankt, ist die erforderliche Auffüllmenge variabel.

1 Vgl. hierzu auch die Ausführungen auf S. 255 f.

2 **Disposition**: freie Verwendung.

(3) Bestellrhythmusverfahren

Aus Vereinfachungsgründen gehen wir davon aus, dass aufgrund eines **Rahmenvertrags** zwischen Hersteller und Zulieferer die vereinbarten Lieferungen in einem **gleichen Zeitabstand** (Rhythmus) und mit einer **konstanten Liefermenge** erfolgen.

Beispiel:

Eine Möbelfabrik vereinbart mit ihrem Zulieferer, dass in Abständen von jeweils 30 Tagen 200 m^2 Weißeichenfurnier geliefert werden.

In der Praxis entfällt bei einem solchen Rahmenvertrag eine ständige Bestellwiederholung.

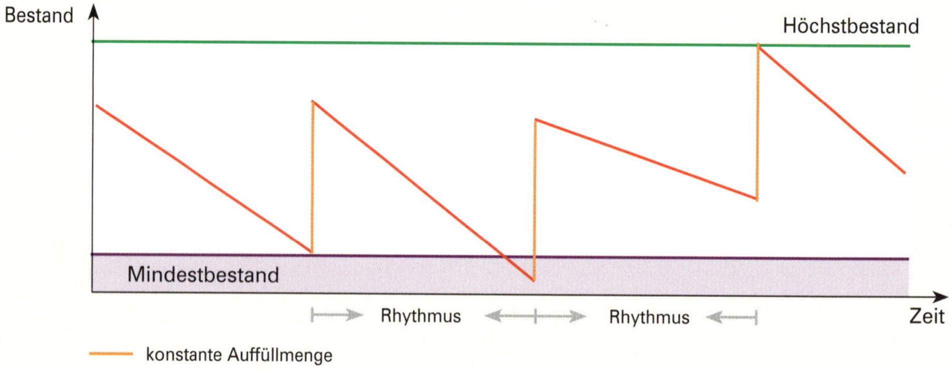

(4) Vor- und Nachteile der Bestellverfahren

Bestellpunktverfahren	Bestellrhythmusverfahren
■ Es handelt sich um eine sehr sichere Strategie. Dadurch, dass mit jeder Entnahme geprüft wird, ob der Meldebestand erreicht ist, ist auch die Gefahr der Unterdeckung sehr gering. ■ Es ist geeignet für Güter, bei denen ein hoher Servicegrad verlangt wird. ■ Wird bis auf die Lagerobergrenze aufgefüllt, dann führt dies tendenziell zu hohen Beständen. ■ Der Kontrollaufwand ist relativ hoch. ■ Durch ständige Bestandskontrolle ist das Verfahren auch geeignet für Güter mit unregelmäßigem Bedarf.	■ Es wird nur in festen Zeitintervallen (Bestellrhythmus) nachbestellt. ■ Muss mit unregelmäßigem Bedarf gerechnet werden, dann besteht hier die große Gefahr der Unterdeckung. ■ Das Verfahren ist nur sinnvoll, wenn die Lagerabgangsraten relativ konstant sind. ■ Der Verwaltungsaufwand ist gering.

Zusammenfassung

- Der **Bestellzeitpunkt** ist so festzulegen, dass Fertigung und/oder Absatz reibungslos durchgeführt werden können.
- Beim **Bestellpunktverfahren** wird bestellt, wenn der **Meldebestand erreicht** ist.
- Beim **Bestellrhythmusverfahren** erfolgt die Bestellung in **bestimmten Zeitabständen**.

Übungsaufgaben

83 1. Die Soester Büromöbel AG verbraucht täglich 100 Stahlrahmen für die Herstellung von Schreibtischen.

Die Wiederbeschaffungszeit der Stahlrahmen beträgt 5 Tage, der Mindestbestand 600 Stück. Der Höchstbestand, der auf Lager genommen werden kann, beträgt 2000 Stück.

Aufgaben:

1.1 Berechnen Sie den Meldebestand!

1.2 Fertigen Sie eine Grafik über einen Zeitraum von 30 Tagen an!

2. Der Bedarf für das Fremdteil B 312 beträgt 30 Stück je Kalendertag, die Wiederbeschaffungszeit 8 Tage und der Mindestbestand 80 Stück. Die konstante Bestellmenge beträgt 480 Stück. Am Abend des 4. März beträgt der Lagerbestand 440 Stück.

Vorlage
mvurl.de/gh1g

Aufgaben:

2.1 Planen Sie die Bestellzeitpunkte (Daten angeben) für den Monat März!

2.2 Zeichnen Sie die Bestandsentwicklung in ein Diagramm ein (vgl. S. 223)!

3. Wiederholen Sie die Unternehmensziele der Sportartikelfabrik Sport-Burr KG auf S. 185. Arbeiten Sie heraus, welche Beschaffungsziele Sie aufgrund der Unternehmensziele für besonders wichtig erachten! Halten Sie die erarbeiteten Beschaffungsziele schriftlich fest!

Tragen Sie Ihre Ergebnisse in der Klasse vor und diskutieren Sie im Klassenverband!

84 Lösen Sie die Handlungsaufgaben aus der Situation 4 auf S. 221!

AS 2.1 Situation 5: Material just in time beschaffen

Anton Thomalla, geschäftsführender Gesellschafter der „Motorenwerke Anton Thomalla GmbH", benötigt für die Produktion Rußpartikelfilter, die er bisher immer bei Bedarf bei seinem Zulieferer bestellt hat. Auf seinem Smartphone liest er während seiner Mittagspause den folgenden Artikel:

Containerstau statt „Just in Time"

Am Containerterminal Altenwerder im Hamburger Hafen sieht man die Auswirkungen des Schiffsstaus besonders deutlich: Wo früher vier Container übereinander gestapelt waren, sind es nun fünf oder sechs. [...]

Gründe dafür sind vielfältig: Von Baustellen im Straßen- und Eisenbahnverkehr über Unwetter bis hin zu Personalengpässen bei Lkw-Fahrern und Streiks der Hafenarbeiter.

Auch bei Logistikern ist nichts mehr wie zuvor: Die Lagerhallen sind bis zur Decke gefüllt, neue Stellplätze Mangelware. [...] Versprechungen, Ware zur richtigen Zeit beim Kunden anzuliefern („Just in Time"), seien schwer möglich, „weil Ware sich schon im Eingang verzögert". Viele Unternehmen decken sich aus Angst vor weiteren Lieferverzögerungen und Lockdowns bereits mit mehr Ware ein. Außerdem müssten immer mehr Güter zwischengelagert werden, wenn es zu Verspätungen in einem Teil der Lieferkette kommt. [...]

Der Außenhandel und die globalen Lieferketten erfahren nach Corona eine neue Realität. Der Welthandel leidet immer mehr unter den politischen Unsicherheiten. Russlands Krieg gegen die Ukraine habe die Erholung des Welthandels von der Pandemie abgewürgt, bestätigt die Welthandelsorganisation. [...]

15 Merkur-Nr. 0620

Seit der Finanzkrise ist der Welthandel mit Waren und Dienstleistungen nicht mehr gestiegen und tritt auf der Stelle. Mit der Corona-Pandemie kamen dann zunehmend Lieferengpässe hinzu. Experten bemerken bereits ein Umdenken in den Lieferketten: weg von „Just in Time"-Prozessen, die sich an möglichst niedrigen Kosten bei möglichst hoher Effizienz orientieren. „Wir müssen überlegen ob Just in Time noch realistisch ist oder ob wir nicht in Europa für bestimmte Güter vor Ort Produktionsstätten aufbauen sollten", sagt der Sprecher des Hamburger Hafenkonzerns.

Allerdings müsse man auch bedenken: Deutschland sei ein Hochlohnland. Es sei also auch eine Frage der Kosten, ob man alles nach Europa verlagern wolle. Auch am Kieler Institut für Weltwirtschaft (IfW) rechne man aufgrund der Lieferengpässe seit Beginn der Pandemie mit mehr Diversifikation der Lieferketten und höherer Lagerhaltung. Ein absolutes Ende von „Just in Time" sehen die Experten nicht. [. . .]

Viele Ökonomen merken an, dass neben der wirtschaftlichen Effizienz aber auch andere Überlegungen eine größere Rolle spielen werden.

Quelle: https://www.tagesschau.de/wirtschaft/weltwirtschaft/lieferketten-just-in-time-101.htmll

IMPULS:

Fassen Sie die Grundgedanken des Artikels zusammen!

HANDLUNGSAUFGABEN:

Arbeiten Sie das nachfolgende Kapitel des Schulbuches durch und verwenden Sie die Aufzeichnungen aus dem Unterricht zur Bearbeitung der Handlungsaufgabe!

1. Bilden Sie in Ihrer Klasse Gruppen, die jeweils Argumente
   1.1 für die Vorteile und
   1.2 die Gefahren
   des Just-in-time-Verfahrens für Abnehmer und Zulieferer sammeln!
2. Wählen Sie in jeder Gruppe einen Vertreter, der vor der Klasse die gefundenen Argumente in Form eines Plädoyers[1] zusammenfasst!

5.2 Just-in-time-Beschaffung[2]

(1) Begriff Just-in-time-Verfahren

- Bei der **Just-in-time-Konzeption** erfolgt die Materialbereitstellung genau zu dem von der Fertigungsplanung vorher bestimmten Zeitpunkt.
- Anders als beim Bestellpunkt- und -rhythmusverfahren erfolgt zwischen Beschaffung und Fertigung **keine Lagerhaltung.**
- Man spricht daher auch von **fertigungssynchroner[3] Beschaffung.**

Die Just-in-time-Konzeption wird vor allem von Industriebetrieben angewendet, die ihren Bedarf an großvolumigen und hochwertigen Werkstoffen und Fertigteilen genau vorausberechnen können (z. B. Autoindustrie). Die Kapitalbindungs- und Lagerkosten werden auf die Zulieferbetriebe abgewälzt.

1 **Plädoyer:** Rede, mit der jemand entschieden für oder gegen etwas eintritt.

2 **Just in time** (engl.): gerade rechtzeitig.

3 **Synchron:** gleichzeitig.

(2) Voraussetzungen des Just-in-time-Verfahrens

Um die Lieferung nach dem Just-in-time-Verfahren einführen zu können, sind folgende Voraussetzungen erforderlich:

- ständiger Bedarf des beschaffenden Unternehmens für das betreffende Material,
- langfristige Planung der Absatzmengen,
- wirksame Maßnahmen zur ständigen Qualitätskontrolle,
- ständige Lieferbereitschaft der beteiligten Lieferanten,
- genaue Abstimmung der Produktions- und Lieferpläne zwischen Lieferer, Spediteur und dem abnehmenden Industrieunternehmen,
- Datenaustausch zwischen allen Beteiligten, z. B. über Electronic Data Interchange,
- langfristige Verträge zwischen allen Beteiligten,
- ein Transportsystem, das jederzeit den ununterbrochenen Materialzufluss gewährleistet.

(3) Vor- und Nachteile des Just-in-time-Verfahrens

Vorteile	Nachteile
■ Die **Lagerkosten und -risiken entfallen,** weil das benötigte Material sofort zum Ort der Weiterverarbeitung bzw. -verwendung gebracht wird. ■ Es wird **weniger Kapital gebunden,** das dann für andere Unternehmensaufgaben bereitsteht. ■ Das Unternehmen kann sich rasch auf einen **Wechsel des Kundenbedarfs** einstellen und seine **Lieferbereitschaft erhöhen.** ■ Die Gefahr, Produkte **nicht absetzen** zu können, **sinkt.**	■ Verwundbarkeit des Unternehmens gegenüber Störungen im Nachschub z. B. durch Streiks, Zugverspätungen, Staus **(Terminrisiko).** ■ Umweltbelastung bei der Belieferung durch Lastkraftwagen z. B. durch Versiegelung der Landschaft durch Straßenbau, Belastung der Luft durch Reifenabrieb und Abgase **(Umweltrisiko).** Die Kosten für die Beseitigung der Umweltbelastung trägt jedoch nicht der Besteller der Werkstoffe (Kostenverursacher), sondern die Allgemeinheit. Man spricht dann von **„Social Costs“.** ■ Gefahr, dass es zu Produktionsstörungen kommt, da schadhafte Teile nicht durch eine Lagerentnahme ausgewechselt werden können **(Qualitätsrisiko).** ■ Bestell- und Transportkosten steigen wegen häufiger Bestellungen **(Kostenrisiko).** ■ Bei zahlreichen Werkstoffen ist die fertigungssynchrone Beschaffung nicht oder wenigstens nicht in ihrer extremen Anwendung durchführbar, weil die Vorlieferer ihre Produktion nicht an dem schwankenden Bedarf der Abnehmer ausrichten können oder wollen. Sie streben aus **kosten- und beschäftigungspolitischen Gründen** selbst eine kontinuierliche Produktion an.

Um die Abwicklung der Bestellungen möglichst rasch durchführen zu können, liegt es nahe, mit dem Lieferanten einen **Rahmenvertrag** abzuschließen. Ein solcher legt in der Regel für eine bestimmte Periode den Gesamtbedarf für eine Werkstoffart oder eine Werkstoffgruppe fest. Für die geplante Abnahmemenge werden die Preise, die Lieferungs- und die Zahlungsbedingungen festgelegt. Die Einzelbestellungen verweisen dann jeweils auf den Rahmenvertrag und beinhalten nur noch nähere Festlegungen in Bezug auf Artikel, Menge und Termin.

Eine langfristige Bindung an einen Lieferanten über einen Rahmenvertrag setzt voraus, dass die Nachfragemenge über diesen Zeitraum vorhersehbar und in etwa konstant ist. Der **Vorteil** von Rahmenvereinbarungen liegt insbesondere darin, dass die Kosten für wiederholte Verhandlungsführungen über Preise, Lieferungs- und Zahlungsbedingungen entfallen. Der verbleibende Restprozess ist dann so weit reduziert, dass er sich relativ leicht automatisieren lässt.

AS 2.1 Situation 6: Über „make or buy" entscheiden

Das Unternehmen, Motorenwerke Anton Thomalla GmbH, benötigt für die Produktion seiner Motoren für Blockheizkraftwerke spezielle Zylinderkopfdichtungen, die im Einkauf sehr teuer sind.

Impuls:

Anton Thomalla möchte seine Produktionskosten senken. Er stellt sich die Frage, ob er nicht Teile der Motorenfertigung auf andere Unternehmen auslagern soll. Diese könnten ihm dann noch stärker zuarbeiten. Er würde sich somit auf den Zusammenbau der Hauptkomponenten beschränken können, bräuchte also weniger Maschinen und Personal. Insgesamt hätte man dann, so überlegt Anton Thomalla, etwas weniger Stress, da es ja auch zu keinen Engpässen in der Produktion mehr kommen würde.

Überlegen Sie, welche Argumente gegen eine teilweise Auslagerung der Fertigung sprechen könnten!

Handlungsaufgabe:

Arbeiten Sie das folgende Kapitel des Schulbuches durch und verwenden Sie die Aufzeichnungen aus dem Unterricht zur Bearbeitung der Handlungsaufgabe!

Notieren Sie, welche Information (außer den Kosten für das Fertigungsmaterial) Anton Thomalla zusätzlich benötigt, um ausrechnen zu können, ob eine Eigenfertigung günstiger ist als eine Fremdbeschaffung!

6 Eigenfertigung oder Fremdbeschaffung (make or buy) begründen

(1) Entscheidungskriterien „Höhe der Kosten" und „Auslastung der Kapazität"

Im Rahmen der Beschaffungsplanung wurde bisher davon ausgegangen, den Bedarf an Teilen und Baugruppen von Zulieferern zu beziehen. Dies entspricht nicht der Realität, denn eine bestimmte Anzahl von Teilen und Baugruppen wird ein Unternehmen immer selbst herstellen. Inwieweit ein Unternehmen die **Eigenfertigung** vorantreibt oder aber zur **Fremdvergabe (Outsourcing)** übergeht, hängt ab von der **Höhe der Kosten** und von der **Kapazitätsauslastung** des Industriebetriebs.

Aus Vereinfachungsgründen wird im Folgenden davon ausgegangen, dass der Industriebetrieb noch freie Kapazität hat. Er plant daher, bisher fremdbezogene Vorprodukte zur Kapazitätsauslastung selbst herzustellen.

Beispiel:

Ein Industriebetrieb hat noch freie Kapazität. Die Geschäftsleitung überlegt daher, ob sie das Teil einer bestimmten Baugruppe, das der Betrieb bislang über einen Zulieferer bezogen hat, selbst herstellen soll. Folgende Daten liegen vor:

Fremdbeschaffung: Bareinkaufspreis beim Bezug von 600 Einheiten 50,00 EUR, bei Abnahme von 1 200 Einheiten 48,00 EUR.

Eigenfertigung: fixe Kosten[1] 18 000,00 EUR, variable Kosten[2] 27,00 EUR. In einem Produktionsgang sind jeweils 600 Einheiten zu produzieren. Die Geschäftsleitung bittet die Abteilung Kostenrechnung, die Stückkosten für 600 bzw. 1 200 Einheiten zu berechnen.

Aufgabe:

Berechnen Sie, bei welcher Produktionsmenge sich die Eigenfertigung lohnt!

Lösung:

	600 Einheiten		1 200 Einheiten	
fixe Kosten	18 000,00 EUR		18 000,00 EUR	
+ variable Kosten	16 200,00 EUR	(600 · 27,00 EUR)	32 400,00 EUR	(1 200 · 27,00 EUR)
= Gesamtkosten	34 200,00 EUR		50 400,00 EUR	
Stückkosten	57,00 EUR		42,00 EUR	

Ergebnis: Werden 1 200 Einheiten produziert, besteht ein Kostenvorteil von 6,00 EUR je Einheit. Bei der Produktion von 600 Einheiten besteht ein Kostennachteil von 7,00 EUR je Einheit.

Bei **freier Kapazität** ist die Eigenfertigung der Fremdbeschaffung dann vorzuziehen, wenn die Herstellkosten unter dem Einstandspreis bei Fremdbeschaffung liegen.

(2) Argumente für und gegen Fremdbeschaffung[3]

Für die Fremdbeschaffung	Gegen die Fremdbeschaffung
■ Konzentration auf das Kerngeschäft. ■ Verkürzt die Durchlaufzeit eines Auftrags, sodass in der gleichen Zeit mehr Erzeugnisse hergestellt werden können. ■ Flexible Kapazitätsanpassung bei verändertem Bedarf. Produktions- und Beschäftigungsrisiko wird auf die Zulieferer abgewälzt. ■ Geringere Investitionsaufwendungen für die Teilefertigung. ■ Geringere Kosten, da spezialisierte Zulieferer oft billiger produzieren können (z. B. bei Massenprodukten wie Schrauben, Nägel, Spanplatten).	■ Gefahr der Abhängigkeit vom Zulieferer. ■ Mangelnde Einflussnahme auf Qualität und die termingerechte Bereitstellung der benötigten Teile. ■ Kompetenzverlust und Gefahr der Übertragung von Know-how an Mitwettbewerber. ■ Verzicht auf Zusatzgewinne durch die Teilefertigung. ■ Eventuell höhere Kosten durch geringe Produktionsmengen.

Zusammenfassung

- Bei der **Bedarfsdeckung ohne Vorratshaltung** werden die Werkstoffe genau zum Verarbeitungszeitpunkt bereitgestellt **(Just-in-time-Verfahren).**

1 **Fixe Kosten** sind Kosten, die sich bei einer Änderung der Produktionsmenge in ihrer **absoluten Höhe nicht verändern.**

2 **Variable Kosten** sind Kosten, die sich bei einer Änderung der Produktionsmenge in ihrer **absoluten Höhe verändern.**

3 Die Argumente für und gegen Fremdbeschaffung gelten im umgekehrten Sinn für die Eigenfertigung.

- **Rahmenverträge** verringern die Kosten des Beschaffungsprozesses, indem
  - wiederholte Verhandlungsführungen über Preise, Lieferungs- und Zahlungsbedingungen entfallen sind,
  - sich der verbleibende Restprozess weitestgehend automatisieren lässt.
- Zu den **Vor- und Nachteilen des Just-in-time-Verfahrens** siehe Tabelle S. 227.
- Wichtige **quantitative Entscheidungskriterien** für die Frage, ob ein Produkt selbst hergestellt oder von einem Zulieferer bezogen werden soll, sind die **„Höhe der Kosten"** und die **Kapazitätsauslastung.**

Übungsaufgaben

Vorlage
mvurl.de/kiy5

85 Lösen Sie die Handlungsaufgaben aus der Situation 5 auf S. 226!

86

1. Erläutern Sie, welche „Social Costs" durch die Verwirklichung der Just-in-time-Beschaffung anfallen können! (Social Costs sind Kosten, die nicht der Verursacher trägt, sondern die Allgemeinheit.)
2. Das Unternehmen Werner Simon GmbH kann von einem Zulieferer ein Zubehörteil zu folgenden Bedingungen beziehen: Listeneinkaufspreis 72,00 EUR je Stück, Liefererrabatt 12 %, Liefererskonto 3 %. Die Frachtkosten werden pauschal verrechnet: 2 % des Bareinkaufspreises. Es sollen 2 000 Zubehörteile bezogen werden.

   Die Eigenfertigung des Zubehörteils ist bei freier Kapazität zu folgenden Bedingungen möglich: fixe Kosten 16 600,00 EUR, variable Stückkosten 46,36 EUR.

   Aufgaben:

   2.1 Begründen Sie rechnerisch, ob sich die Eigenfertigung lohnt!

   2.2 Prüfen Sie, ob die Tatsache, dass die Facharbeiter bei vollem Lohnausgleich unterbeschäftigt sind, Auswirkungen auf die Kosten der Eigenfertigung hat!

   2.3 Erklären Sie, weshalb die Entscheidung zwischen Eigenfertigung und Fremdbeschaffung bereits bei der langfristigen Produktprogramm- und Produktionsprogrammplanung berücksichtigt werden muss!

   2.4 Erläutern Sie, ob neben dem Kostenvergleich und der Frage der Kapazitätsauslastung noch weitere Faktoren berücksichtigt werden müssen, wenn über die Frage Eigenfertigung oder Fremdbezug entschieden wird!

87

1. 1.1 Nennen Sie zwei Güter, die besonders für den Einsatz des Just-in-time-Verfahrens geeignet sind!

   1.2 Nennen Sie die jeweils größte Gefahr der Just-in-time-Beschaffung für den Zulieferer und den Abnehmer!
2. Die Auto AG hat sich dazu entschlossen, mit dem Zulieferer der Bremsanlage eine Just-in-time-Lieferung zu vereinbaren.

   Aufgaben:

   2.1 Erläutern Sie, warum es sinnvoll ist, für die Abwicklung der Bestellungen einen Rahmenvertrag abzuschließen!

   2.2 Nennen Sie vier Voraussetzungen, die die Auto AG von dem Zulieferer erwartet!

   2.3 Im Rahmen der Just-in-time-Lieferung können Umstände eintreten, die den Materialfluss empfindlich stören können. Zeigen Sie an zwei Beispielen solche Störmöglichkeiten auf!

88 Lösen Sie die Handlungsaufgabe aus der Situation 6 auf S. 228!

Anforderungssituation 2.2

AS 2.2 Situation 1: Optimale Bestellmenge bestimmen

Die Sport-Burr KG bezieht für ihre Nordic-Walking-Stöcke die passenden Handschuhe von den Textilwerken Maiberger AG. Die Sport-Burr KG benötigt jährlich 2500 Paar Handschuhe.

Impuls:

Soll die Sport-Burr KG Ihrer Meinung nach die Handschuhe in einem Beschaffungsvorgang bestellen oder soll sie mehrere kleinere Bestellungen vornehmen? Welche Vorteile und Nachteile sprechen für die jeweilige Vorgehensweise?

Handlungsaufgabe:

Arbeiten Sie die folgenden Kapitel des Schulbuches durch und verwenden Sie die Aufzeichnungen aus dem Unterricht zur Bearbeitung der Handlungsaufgabe!

Die Lagerhaltungskosten pro Paar betragen 0,50 EUR, die fixen Bestellkosten 50,00 EUR je Bestellung, unabhängig davon, welche Menge bestellt wird.

Berechnen Sie die Bestellmenge, bei der die Beschaffungskosten (fixe Bestellkosten und Lagerhaltungskosten) am niedrigsten sind (optimale Bestellmenge)!

Um **Beschaffungsprozesse zu prüfen** sowie **Bereitstellungsprozesse zu gestalten** und deren **Wirtschaftlichkeit zu beurteilen,** sind folgende Schritte erforderlich:

1. Optimale Bestellmenge bestimmen
2. Beschaffungsvorgang beschreiben
3. ABC-Analyse anwenden
4. Bereitstellungsfähigkeit prüfen
5. Wertströme dokumentieren
6. Wirtschaftlichkeit überprüfen

7 Optimale Bestellmenge (Mengenplanung) bestimmen

Das Hauptproblem der Mengenplanung im Beschaffungsbereich liegt in der Festlegung der **kostengünstigsten (optimalen) Bestellmenge**. Um sie zu ermitteln, muss zwischen den **Lagerhaltungskosten** und den **fixen Bestellkosten** ein Ausgleich gefunden werden.

(1) Fixe Bestellkosten

Sie fallen bei jeder Bestellung an, gleichgültig wie groß die Menge bzw. wie hoch der Wert der bestellten Werkstoffe ist.

Beispiel:

Kosten der Bearbeitung der Bedarfsmeldung, der Angebotseinholung, der Wareneingangsprüfung und der Rechnungsprüfung.

(2) Lagerhaltungskosten

Zu den Lagerhaltungskosten zählen z.B. die Personalkosten für die im Lager beschäftigten Personen, die im Wert der gelagerten Güter gebundenen Zinsen und die Kosten des Lagerrisikos.

Beispiel für die Ermittlung der optimalen Bestellmenge:

Die fixen Bestellkosten je Bestellung betragen 50,00 EUR. Der Einstandspreis je Stück beläuft sich auf 30,00 EUR und der Lagerkostensatz[1] auf 25 %. Der Jahresbedarf beträgt 3600 Stück.

Außer Betracht bleibt, dass mit zunehmender Bestellgröße Mengenrabatte in Anspruch genommen werden können. Außerdem wird nicht berücksichtigt, dass bei größeren Bestellungen häufig Verpackungs- und Transportkosten eingespart werden können.

Aufgaben:

1. Ermitteln Sie rechnerisch die optimale Bestellmenge, indem Sie die Gesamtkosten für eine Bestellmenge von 50 bis 500 Stück jeweils in 50er-Schritten berechnen!
2. Stellen Sie die optimale Bestellmenge grafisch dar!

Lösungen:

Zu 1.: Berechnung der optimalen Bestellmenge

Bestell-menge in Stück	Anzahl der Bestellungen	Fixe Bestellkosten in EUR	Durchschn. Lagerbestand in Stück	Durchschn. Lagerbestand in EUR	Lagerhaltungs-kosten in EUR	Gesamtkosten in EUR
50	72	3600,00	25	750,00	187,50	3787,50
100	36	1800,00	50	1500,00	375,00	2175,00
150	24	1200,00	75	2250,00	562,50	1762,50
200	18	900,00	100	3000,00	750,00	1650,00
250	14,40	720,00	125	3750,00	937,50	1657,50
300	12	600,00	150	4500,00	1125,00	1725,00
350	10,29	514,29	175	5250,00	1312,50	1826,79
400	9	450,00	200	6000,00	1500,00	1950,00
450	8	400,00	225	6750,00	1687,50	2087,50
500	7,20	360,00	250	7500,00	1875,00	2235,00

Erläuterung:

Werden z.B. 50 Stück bestellt, muss der Bestellvorgang 72-mal wiederholt werden, um den Jahresbedarf von 3600 Stück zu beschaffen. Die fixen Bestellkosten betragen dann 3600,00 EUR und die Lagerhaltungskosten 187,50 EUR. Mit zunehmender Bestellmenge verringert sich die Anzahl der Bestellungen und damit sinken auch die fixen Bestellkosten, während im Gegenzug die Lagerhaltungskosten steigen. Da der Betrieb **beide Kostenarten** berücksichtigen muss, ist das Optimum erreicht, wenn die **Summe beider Kosten das Minimum** erreicht hat. Dieses Minimum liegt bei den vorgegebenen Mengenintervallen bei 200 Stück und 18 Bestellungen. Eine exakte Berechnung (mithilfe der Andler-Formel)[2] ermittelt eine optimale Bestellmenge von 219 Stück bei Gesamtkosten von 1643,17 EUR.

Die Formeln zur Berechnung der obigen Spaltenwerte lauten:

$$\text{Anzahl der Bestellungen} = \frac{\text{Jahresbedarf in Stück}}{\text{Bestellmenge in Stück}}$$

$$\text{fixe Bestellkosten in EUR} = \text{fixe Bestellkosten je Bestell.} \cdot \text{Anzahl der Bestellungen}$$

$$\text{durchschnittlicher LB in Stück} = \frac{\text{Bestellmenge in Stück}}{2}$$

$$\text{durchschnittlicher Lagerbestand in EUR} = \text{durchschn. LB in Stück} \cdot \text{Einstandspreis je Stück}$$

1 Der **Lagerkostensatz** gibt an, wie groß die Lagerkosten sind gemessen am durchschnittlichen Lagerbestand, ausgedrückt in Prozent.

2 Siehe S. 234.

$$\text{Lagerhaltungskosten in EUR} = \frac{\text{durchschn. LB in EUR} \cdot \text{Lagerkostensatz}}{100}$$

Gesamtkosten in EUR = Lagerhaltungskosten in EUR + fixe Bestellkosten in EUR

Zu 2.: Grafische Darstellung der optimalen Bestellmenge

Trägt man an der x-Achse die jeweilige Bestellmenge und an der y-Achse die Kosten ab, erhält man folgendes Bild:

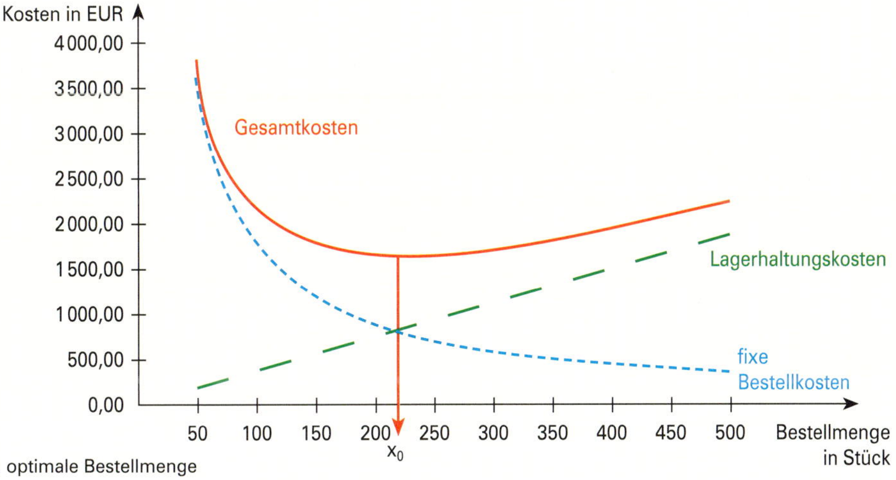

x_0: optimale Bestellmenge

- Die **optimale Bestellmenge** ist die Beschaffungsmenge, bei der die **Gesamtkosten** (Summe aus fixen Bestellkosten und Lagerhaltungskosten) **am niedrigsten** sind.
- Bei dieser Menge gleichen sich die **sinkenden fixen Bestellkosten** und die **steigenden Lagerhaltungskosten** aus.

Werden bei steigender Bestellgröße Liefererrabatte gewährt und/oder Transport- und Verpackungskosten gespart, vergrößert sich die optimale Bestellmenge. An der grundsätzlichen Aussage des Modells ändert sich nichts.

Die Anwendung dieser Modellrechnung in der Praxis ist ungleich komplizierter, weil zahlreiche Bedingungen berücksichtigt werden müssen, die hier vernachlässigt wurden (z. B. unterschiedliche Zahlungs- und Lieferungsbedingungen bei verschiedenen Lieferern). Außerdem ist die Ermittlung der optimalen Bestellmenge teuer, zumal sich verändernde Daten (z. B. Veränderungen der durchschnittlichen täglichen Materialentnahme) zu Neuberechnungen führen müssen. Die Ermittlung der optimalen Bestellmenge wird sich daher nur bei solchen Gütern lohnen, die einen **hohen wertmäßigen Jahresverbrauch** haben **(A-Güter).**[1] Voraussetzung zur Berechnung und Verwirklichung der optimalen Bestellmenge ist außerdem, dass der Lieferer die „optimale" Menge auch tatsächlich liefern kann, was nicht immer der Fall sein muss. Außerdem müssen die Lagergröße und die finanziellen Mittel ausreichen, die optimale Bestellmenge zu beschaffen.

1 Siehe S. 252.

Zusammenfassung

- Das **Hauptproblem der Bestellmengenplanung** ist die Festlegung der optimalen Bestellmenge, denn es besteht ein Spannungsverhältnis zwischen den hohen Lagerkosten bei großen Lagervorräten einerseits und hohen fixen Bestellkosten bei niedrigen Lagervorräten andererseits.
- Die **optimale Bestellmenge** ist die Beschaffungsmenge, bei der die Gesamtkosten (Summe aus fixen Bestellkosten und Lagerhaltungskosten) am niedrigsten sind.

Übungsaufgaben

Vorlage
mvurl.de/srgt

89 Das Hauptproblem der Mengenplanung ist die Ermittlung der optimalen Bestellmenge.

Aufgaben:

1. Erläutern Sie, was unter der optimalen Bestellmenge zu verstehen ist!
2. Lösen Sie die Handlungsaufgabe der Situation 1 auf S. 231!
3. Berechnen Sie mithilfe einer Tabelle (siehe S. 231) die optimale Bestellmenge aufgrund des Zahlenbeispiels von S. 231, wenn
   3.1 die fixen Bestellkosten sich auf 100,00 EUR verdoppeln und die übrigen Bedingungen gleich bleiben!
   3.2 der Lagerhaltungskostensatz auf 45 % steigt und die übrigen Bedingungen gleich bleiben!
4. Zeichnen Sie die entsprechenden Kostenkurven zu den Aufgaben 3.1 und 3.2!
5. Mithilfe der Andler-Formel lässt sich der exakte Wert für die optimale Bestellmenge bestimmen. Die Andler-Formel lautet:

$$Q_{opt} = \sqrt{\frac{200 \cdot F \cdot M}{P \cdot L}}$$

Q_{opt}: Optimale Bestellmenge
F: Fixe Bestellkosten
M: Jahresbedarf
P: Einstandspreis je Stück
L: Lagerhaltungskostensatz in Prozent

Überprüfen Sie die Richtigkeit Ihrer Ergebnisse von 3.1 und 3.2!

6. Fassen Sie Ihre Erkenntnisse aus den Aufgaben 3. und 4. in Form von Regeln zusammen!
7. Nennen Sie je drei Beispiele für fixe Bestellkosten und Lagerhaltungskosten!
8. Geben Sie Argumente an, welche die exakte Ermittlung der optimalen Bestellmenge in der Praxis erschweren!

Vorlage
mvurl.de/ne5u

90 Eine Artikeldatei liefert folgende Zahlen:

Artikeldatei Eingangslager : Tabelle

Artikel-Nr	Artikelname	Jahresbedarf	Bestellzyklus	Einstandspreis	Lagerhaltungskostensatz
3004714	Wandfarbe Bio-Weiß	26880 Eimer	24 Tage	27,00 EUR	25 %

Die fixen Bestellkosten je Bestelleinheit belaufen sich auf 80,00 EUR. Die Geschäftsleitung möchte den Bestellzyklus auf 30 Tage erhöhen.

Aufgabe:

Prüfen Sie, ob diese Erhöhung zu einer Kostenersparnis führt!

AS 2.2 Situation 2: Beschaffungsvorgang durchführen

Die Grunwald GmbH, Pettermandstr. 9, 88239 Wangen im Allgäu, ist ein eigentümergeführtes, mittelständisches Unternehmen, das sich in relativ kurzer Zeit zu einem weltweit agierenden Maschinenbau-Unternehmen entwickelt hat. Seine Kernkompetenz liegt in der Herstellung hochwertiger Abfüll-, Dosier- und Verpackungsanlagen.

Die Süßwaren AG, Am Erdbeerenfeld 14, 53179 Bonn, bestellt bei der Grunwald GmbH eine Abfüllanlage „ROTARY 6000".

Auslösendes Ereignis für den Beschaffungsvorgang ist der Abschluss des Kaufvertrags.

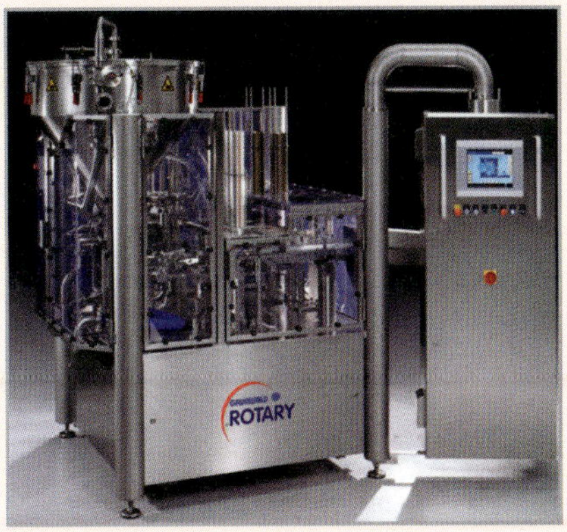

IMPULS:

Ein Kaufvertrag kommt durch zwei inhaltlich übereinstimmende Willenserklärungen zustande. Überlegen und begründen Sie, ob Sie beim Kauf eines Brötchens während einer Unterrichtspause einen Kaufvertrag abschließen!

HANDLUNGSAUFGABE:

Arbeiten Sie die folgenden Kapitel des Schulbuches durch und verwenden Sie die Aufzeichnungen aus dem Unterricht zur Bearbeitung der Handlungsaufgabe!

Erstellen Sie für den Teilschritt 8 „Rechnung prüfen" die Feinmodellierung in Form einer ereignisgesteuerten Prozesskette!

8 Einen Beschaffungsvorgang beschreiben

8.1 Darstellung eines exemplarischen Beschaffungsvorgangs

Im Folgenden wird der Beschaffungsvorgang aus der Situation 2 in seinen Teilschritten beschrieben. Zur Veranschaulichung wird der Ablauf durch die Darstellung dabei verwendeter Belege gestützt. Diese beziehen sich auf den Spezialfall, dass ein Sonderteil von den NUMA-Werken, 42859 Remscheid, bezogen wird.

TS 1[1]	**Bedarf ermitteln**	Nachdem der Kaufvertrag geschlossen wurde, entwickelt ein Konstrukteur die Maschine und erstellt dabei die Konstruktionszeichnung. Auf der Basis dieser Zeichnung entwickelt er die Stückliste,[2] die über den Teilebedarf zur Herstellung der Maschine Auskunft gibt. Die Stückliste wiederum dient als Informationsgrundlage, aus welcher der Konstrukteur die konkreten **Bestellvorschläge** mit Angabe der Projekt-Nr., Maschinenart, Ansprechpartner und gewünschtem Liefertermin erstellt. [**Beleg 1**: Muster eines Bestellvorschlags für ein Sonderteil.] Die Bestellvorschläge werden gesammelt an die Einkaufsabteilung weitergeleitet.

1 **TS**: Teilschritt.

2 Vgl. hierzu S. 296 f.

TS 2	**Beschaffungs-markt erforschen**	Der Einkäufer wertet den Bestellvorschlag aus und sucht auf dem Beschaffungsmarkt nach möglichen Lieferern für die angeforderten Teile.
TS 3	**Anfrage erstellen**	Nachdem potenzielle (mögliche) Lieferer ausfindig gemacht wurden, werden **Anfragen** erstellt und an die Lieferer versandt. Die Anfragen werden in der Integrierten Unternehmenssoftware (IUS) gespeichert. [**Beleg 2**: Muster für eine Anfrage auf der Basis des Bestellvorschlags, siehe Beleg 1.]
TS 4	**Angebot prüfen**	Nach Rücklauf der **Angebote** werden diese ausgewertet. [**Beleg 3**: Muster für Angebot auf der Basis der Anfrage, siehe Beleg 2.] Die Einkaufsabteilung übernimmt die kaufmännische Prüfung und die Konstruktionsabteilung die technische Prüfung des Angebotes. Verlaufen beide Prüfungen positiv, werden die Preise nachverhandelt, um in den Nutzen von günstigeren Bedingungen beim Projektrabatt, Erstauftragsrabatt und/oder Skontonachlass zu kommen. Bei neuen Lieferern werden Projektmuster angefordert. Diese werden von der Konstruktionsabteilung einer Qualitätsprüfung unterzogen.
TS 5	**Bestellung drucken und versenden**	Die in TP 3 in der Integrierten Unternehmenssoftware erfasste Anfrage wird in eine **Bestellung** umgewandelt und um die aktuellen Preis- und Lieferdaten (siehe TP 4) ergänzt. Hieraus wird die Bestellung gedruckt und an den Lieferer versandt. [**Beleg 4**: Muster für die Bestellung, umgewandelt durch die IUS aus der ursprünglichen Anfrage, siehe Beleg 2.]
TS 6	**Bestellung überwachen**	Erfolgt innerhalb von fünf Arbeitstagen keine **Auftragsbestätigung,** dann mahnt die Einkaufsabteilung beim Lieferer die Auftragsbestätigung an. Eine eintreffende Auftragsbestätigung [**Beleg 5**: Muster der Auftragsbestätigung, passend zur Bestellung, siehe Beleg 4] überprüft die Einkaufsabteilung auf Richtigkeit, indem sie sie mit der abgegebenen Bestellung vergleicht. Bei Abweichungen werden diese telefonisch mit dem Lieferer geklärt. Am zugesagten Liefertermin wird geprüft, ob die Ware eingetroffen ist. Wenn nicht, wird eine Mahnung erstellt und versandt, um den Lieferer in Verzug zu setzen.
TS 7	**Wareneingang kontrollieren**	Ist die Ware eingetroffen, nimmt die Lagerabteilung die Wareneingangskontrolle vor: 1. Bei der **äußeren Kontrolle** werden die Daten mit dem **Lieferschein** verglichen und die Verpackung auf Beschädigungen geprüft [**Beleg 6**: Muster für Lieferschein, passend zur Bestellung, siehe Beleg 5.] 2. Die anschließende **Warenkontrolle** überprüft die Ware auf eventuelle Mängel. Wird bei der Warenkontrolle ein Mangel festgestellt, muss unverzüglich eine schriftliche Mängelrüge an den Lieferer geschickt werden.

		Im Falle einer ordnungsgemäßen Lieferung bucht die Lagerabteilung den Eingang der Ware in der Integrierten Unternehmenssoftware.
TS 8	**Rechnung prüfen**	Ist die **Rechnung** eingetroffen, überprüft die Buchhaltung diese auf formale Richtigkeit (Rechnungsnummer/ USt-Ident-Nr. vorhanden?) [**Beleg 7**: Muster für Eingangsrechnung, passend zur Bestellung, siehe Beleg 5.] Die Einkaufsabteilung überprüft die Rechnung auf sachliche Richtigkeit, indem sie Preise, Mengen, Rabatte und Zahlungsbedingungen mit dem Lieferschein, der Bestellung und der Auftragsbestätigung vergleicht. In einer weiteren, der rechnerischen Prüfung werden alle Rechnungsbeträge nachgerechnet. Wird in einer der drei Prüfungen eine Unstimmigkeit festgestellt, dann wird mit dem Lieferer telefonisch Kontakt aufgenommen, der Sachverhalt richtiggestellt und die Rechnung korrigiert.
TS 9	**Rechnung bezahlen**	Fehlerfreie bzw. korrigierte Rechnungen werden termingerecht bezahlt.

Beleg 1

Bestellvorschlag

GRUNWALD®
Dosieren · Abfüllen · Verpacken

Projekt-Nr.: Rotary 6000/3
Baugruppe: Format Anheben/Dosieren

Teile-/Zeichnungs-Nr. Klassifizierung	Artikelbezeichnung	Menge	ME
K1501010	Kupplung beidseitig, NW 10, Außengewinde G 1/2" DN5, 1.4305, 27KBAW21RVX	2	St.

Lieferanten-Nr.	Lieferant	Termin
86082	Numa GmbH	15.09.20..

erstellt am 04.08.20.. bestellt am
von Herrn Maier durch

Beleg 2

Dosieren · Abfüllen · Verpacken

GRUNWALD®

GRUNWALD GMBH · Posfach 1238 · 88228 Wangen im Allgäu/Germany
NUMA GmbH & Co. KG
Grünstr. 80
42859 Remscheid

Anfrage-Nr.:	10457
Anfrage-Datum:	05.08.20..
Lieferanten-Nr.:	86082
Unsere Kunden-Nr.:	14114
Sachbearbeiter:	Herr Merath/Tel.-320
Ihr Zeichen:	
Ihre Telefon-Nr.:	02191/80395-0
Ihre Fax-Nr.:	02191/80395-99

ANFRAGE

Sehr geehrte Damen und Herren,

bitte unterbreiten Sie uns ein Angebot über folgenden Bedarf. Wir bitten um äußerste Preisstellung und Angabe der kürzesten, verlässlichen Lieferzeiten:

Pos.	Teilenummer Bezeichnung	Liefertermin/KW WK-Nr.	Menge ME	Preis	Rabatt	EUR
10	8213123124 Kupplung beidseitig, NW 10, Außengewinde G1/2" 27KBAW21RVX	99.99.99/99.99 22+2312 DN5 1.4305	2 St			

Liefertermin: umgehend

Preisstellung: zzgl. Mwst.

Lieferbedingung: ab Werk, ausschließlich Verpackung
Zahlungsbedingung: 10 Tage 3 % Skonto, 30 Tage ne

Mit freundlichem Gruß

Grunwald GmbH

Heinz Merath

Heinz Merath

Grunwald GmbH
Pettermandstraße 9
88239 Wangen im Allgäu/Germany

Tel.: +49 7522 7950-0
Fax: +49 7522 7950-999
E-Mail: info@grunwald-wangen.de
www.grunwald-wangen.de

Registergericht
Amtsgericht Ul

Beleg 3

NUMA Drucklufttechnik GmbH & Co. KG
Remscheid

NUMA Drucklufttechnik GmbH & Co. KG
Grünstr. 80
42859 Remscheid
Telefon: 02191 80395-0
Telefax: 02191 80395-99
Website: www.numa-werke.de
E-Mail: info@numa-werke.de

NUMA GmbH & Co. KG, Grünstr. 80, 42859 Remscheid
Grunwald GmbH
Pettermandstraße 9
88239 Wangen

Kunden-Nr.:	Beleg-Nr.:	Datum:
14114	ANG12535	08.08.20..

Bei Rückfragen bitte stets angeben:

Ihre Anfrage:	Herr Merath
Anfragedatum:	05.08.20..
Ihr Zeichen:	Herr Merath
Ihre Fax-Nr.:	07522 7950-999
Lieferanten-Nr.:	86082
Unser Zeichen:	Franz Wölfle
Versandart:	UPS

Angebot

Pos.	Artikel	Anzahl ME	Artikelbezeichnung	Einzelpreis EUR	Gesamtpreis EUR
1	27KBAW21RVX	2 St	Kupplung beidseitig, NW 10, <35 bar Außengewinde 1/2", Edelstahl 1.4305 Ihre Art.Nr.: 8213123124	154,58	309,16

Lieferzeit: ca. 2 Wochen nach Auftragseingang

www.numa-werke.de
Die Ware bleibt bis zur vollständigen Bezahlung unser Eigentum!

Netto-Betrag	MwSt-Satz	MwSt-Betrag	Gesamtpreis
309,16 EUR	19 %	58,74 EUR	**367,90 EUR**

Zahlungsbedingungen: 10 Tage 3 % oder 30 Tage netto
Lieferbedingungen: ab Werk ohne Verpackung
Preisgültigkeit: 04.11.20..

NUMA Drucklufttechnik GmbH & Co. KG
Sitz Remscheid
Registergericht: Remscheid HRA 800781
USt-Ident-Nr.: DE 687729889
Steuernummer: 52113/12388

Bankverbindungen:
Stadtsparkasse Remscheid
BIC: WELADEDRXXX
IBAN: DE92 3405 0000 0007 3127 47
Deutsche Bank
BIC: DEUTDEDW340
IBAN: DE70 3407 0093 0004 1158 22

Beleg 4

Dosieren · Abfüllen · Verpacken

GRUNWALD®

GRUNWALD GMBH · Posfach 1238 · 88228 Wangen im Allgäu/Germany
NUMA GmbH & Co. KG
Grünstr. 80
42859 Remscheid

Bestell-Nr.:	622578
Bestell-Datum:	20.08.20..
Lieferanten-Nr.:	86082
Unsere Kunden-Nr.:	14114
Sachbearbeiter:	Herr Merath/Tel.-320
Ihr Zeichen:	Franz Wölfle
Ihre Telefon-Nr.:	02191/80395-0
Ihre Fax-Nr.:	02191/80395-99

BESTELLUNG

Sehr geehrte Damen und Herren,

wir bestellen unter Zugrundelegung unserer gültigen Einkaufsbedingungen.
Ihre Auftragsbestätigung erwarten wir spätestens 5 Arbeitstage nach Bestelldatum:

Pos.	Teilenummer Bezeichnung	Liefertermin/KW WK-Nr.	Menge ME	Preis	Rabatt	EUR
10	8213123124 Kupplung beidseitig, NW 10, Außengewinde G1/2" 27KBAW21RVX	31.08.20../35 22+2312 DN5 1.4305	2 St	154,58	–	309,16
	Ihr Angebot ANG 12535 Bestellwert: 309,16					

Liefertermin: KW 35/20..

Auf Auftragsbestätigungen, Rechnungen und Liefersc
Teile-Nr. und WK-Nr. positionsbezogen anzugeben!

Preisstellung: zzgl. Mwst.

Mit freundlichem Gruß

Grunwald GmbH

Heinz Merath

Heinz Merath

Grunwald GmbH
Pettermandstraße 9
88239 Wangen im Allgäu/Germany

Tel.: +49 7522 7950-0
Fax: +49 7522 7950-999
E-Mail: info@grunwald-wangen.de
www.grunwald-wangen.de

Registergericht
Amtsgericht Ul

Beleg 5

NUMA Drucklufttechnik GmbH & Co. KG
Remscheid

NUMA Drucklufttechnik GmbH & Co. KG
Grünstr. 80
42859 Remscheid
Telefon: 02191 80395-0
Telefax: 02191 80395-99
Website: www.numa-werke.de
E-Mail: info@numa-werke.de

NUMA GmbH & Co. KG, Grünstr. 80, 42859 Remscheid
Grunwald GmbH
Pettermandstraße 9
88239 Wangen

Kunden-Nr.:	Beleg-Nr.:	Datum:
14114	AU124673	21.08.20..

Bei Rückfragen bitte stets angeben:

Ihre Bestellung:	622578
Bestelldatum:	20.08.20..
Ihr Zeichen:	A. Merath
Ihre Fax-Nr.:	07522/7950-311
Lieferanten-Nr.:	86082
Unser Zeichen:	Heiner Widmann
Versandart:	UPS

Auftragsbestätigung

Pos.	Artikel	Anzahl ME	Artikelbezeichnung	Einzelpreis EUR	Gesamtpreis EUR
1	27KBAW21RVX	2 St	Kupplung beidseitig, NW 10, <35 bar Außengewinde 1/2", Edelstahl 1.4305 Ihre Art.Nr.: 8213123124 Versandtermin: 31.08.20..	154,58	309,16

Ihre WK-Nr.: 22 + 2312

www.numa-werke.de
Die Ware bleibt bis zur vollständigen Bezahlung unser Eigentum!

Netto-Betrag	MwSt-Satz	MwSt-Betrag	Gesamtpreis
309,16 EUR	19 %	58,74 EUR	**367,90 EUR**

Zahlungsbedingungen: 10 Tage 3 % oder 30 Tage netto
Lieferbedingungen: ab Werk ohne Verpackung

Wir danken für Ihren Auftrag.

NUMA Drucklufttechnik GmbH & Co. KG
Sitz Remscheid
Registergericht: Remscheid HRA 800781
USt-Ident-Nr.: DE 687729889
Steuernummer: 52113/12388

Bankverbindungen:
Stadtsparkasse Remscheid
BIC: WELADEDRXXX
IBAN: DE92 3405 0000 0007 3127 47
Deutsche Bank
BIC: DEUTDEDW340
IBAN: DE70 3407 0093 0004 1158 22

Beleg 6

NUMA Drucklufttechnik GmbH & Co. KG
Remscheid

NUMA Drucklufttechnik GmbH & Co. KG
Grünstr. 80
42859 Remscheid
Telefon: 02191 80395-0
Telefax: 02191 80395-99
Website: www.numa-werke.de
E-Mail: info@numa-werke.de

NUMA GmbH & Co. KG, Grünstr. 80, 42859 Remscheid
Grunwald GmbH
Pettermandstraße 9
88239 Wangen

Kunden-Nr.:	Beleg-Nr.:	Datum:
14114	LS125718	29.08.20..

Bei Rückfragen bitte stets angeben:
Ihre Bestellung: 622578
Bestelldatum: 20.08.20..
Ihr Zeichen: A. Merath
Ihre Fax-Nr.: 07522 7950-311
Lieferanten-Nr.: 86082
Unser Zeichen: Heiner Widmann
Versandart: UPS

Lieferschein

Pos.	Artikel	Artikelbezeichnung	Bestellt	Offen	Liefer-menge	ME
1.1	27KBAW21RVX	Auftrag: AU124673 vom 21.08.20.. Kupplung beidseitig, NW 10, <35 bar Außengewinde 1/2", Edelstahl 1.4305 Dichtung FKM Viton Ihre Art.Nr.: 8213123124	2,00	0,00	2,00	St

3 0. Aug. 20..

Ihre WK-Nr.: 22 + 231

GEBUCHT
30. Aug. 20..
Erl.......

KONTROLLIERT 2 9.

www.numa-werke.
Die Ware bleibt bis zur vollständigen Beza

NUMA Drucklufttechnik GmbH & Co.
Sitz Remscheid
Registergericht: Remscheid HRA 800
USt-Ident-Nr.: DE 687729889
Steuernummer: 52113/12388

Beleg 7

NUMA Drucklufttechnik GmbH & Co. KG
Remscheid

NUMA Drucklufttechnik GmbH & Co. KG
Grünstr. 80
42859 Remscheid
Telefon: 02191 80395-0
Telefax: 02191 80395-99
Website: www.numa-werke.de
E-Mail: info@numa-werke.de

NUMA GmbH & Co. KG, Grünstr. 80, 42859 Remscheid
Grunwald GmbH
Pettermandstraße 9
88239 Wangen

Kunden-Nr.:	Beleg-Nr.:	Datum:
14114	325529	30.08.20..

Bei Rückfragen bitte stets angeben:
Ihre Bestellung: 622578
Bestelldatum: 20.08.20..
Ihr Zeichen: A. Merath
Ihre Fax-Nr.: 07522 7950-311
Lieferanten-Nr.: 86082
Unser Zeichen: Marzena May
Versandart: UPS

EINGEGANGEN
31. Aug. 20..

Rechnung

Pos.	Artikel	Anzahl ME	Artikelbezeichnung	Einzelpreis EUR	Gesamtpreis EUR
1.1.1	27KBAW21RVX	2 St	Lieferschein: LS125718 Lieferdatum: 29.08.20.. Auftrag: AU124673 vom 21.08.20.. Kupplung beidseitig, NW 10, <35 bar Außengewinde 1/2", Edelstahl 1.4305 Ihre Art.Nr.: 8213123124	154,58	309,16
			Ihre WK-Nr.: 22 + 2312		
2	UPS	1 St	Versandkosten, Verpackung und Versicherung	9,70	9,70

Zahlung erfasst
fällig am: 07.09.20.. / 3 %
Überweisung

www.numa-werke.de
Die Ware bleibt bis zur vollständigen Bezahlung unser Eigentum!

Netto-Betrag	MwSt-Satz	MwSt-Betrag	Gesamtpreis
318,86 EUR	19 %	60,58 EUR	**379,44 EUR**

Zahlungsbedingungen: 10 Tage 3 % oder 30 Tage netto

NUMA Drucklufttechnik GmbH & Co. KG
Sitz Remscheid
Registergericht: Remscheid HRA 800781
USt-Ident-Nr.: DE 687729889
Steuernummer: 52113/12388

Bankverbindungen:
Stadtsparkasse Remscheid
BIC: WELADEDRXXX
IBAN: DE92 3405 0000 0007 3127 47
Deutsche Bank
BIC: DEUTDEDW340
IBAN: DE70 3407 0093 0004 1158 22

8.2 Alternative Beschaffungswege vergleichen

Im Folgenden werden drei alternative Beschaffungsvorgänge dargestellt:

- Beschaffung über elektronische Marktplätze
- Supply-Chain-Management
- Beschaffung über eine Warenplattform im Internet

8.2.1 Beschaffung über elektronische Marktplätze

Auf elektronischen Marktplätzen treffen sich mehrere Anbieter[1] und Nachfrager. Diese Marktplätze haben sich inzwischen zu einem wichtigen beschaffungspolitischen Instrument besonders im **Business-to-Business (B2B)-Bereich**[2] entwickelt.[3]

Diese Situation lässt sich grafisch wie folgt darstellen:

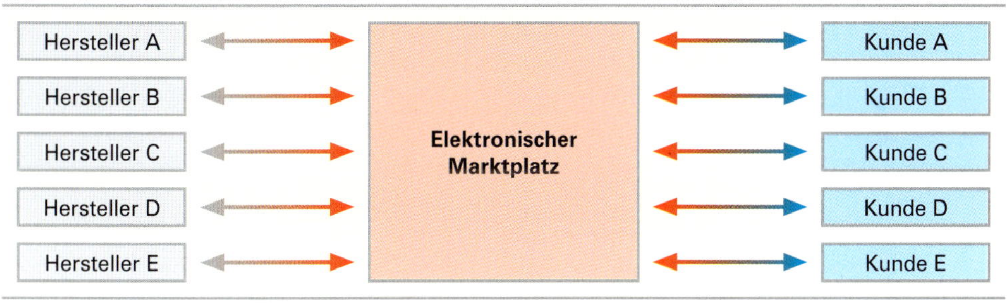

Der Teilprozess einer **Angebotsbearbeitung** kann z. B. in folgenden Schritten ablaufen:

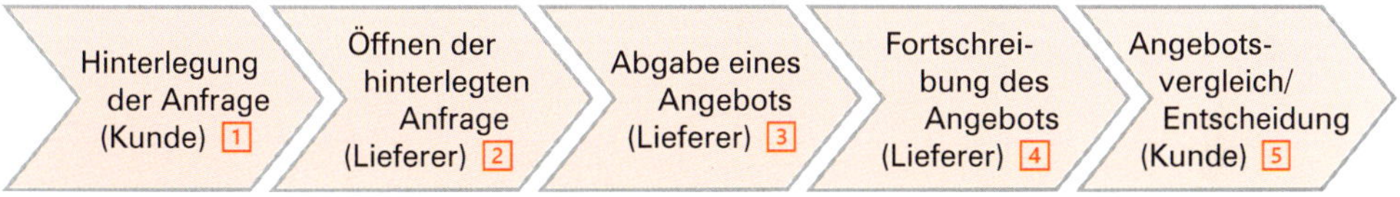

Erläuterungen:

1 Der Kunde hinterlegt eine Anfrage um ein Angebot am „Schwarzen Brett" des Marktplatzes. Dieser Anfrage kann er Konstruktionszeichnungen beifügen und sie um die Vorgabe bestimmter Qualitätsstandards ergänzen, die vom Lieferanten einzuhalten sind.

2 Alle Lieferanten können die Anfrage und die zugehörigen Dokumente öffnen und herunterladen.

3 Der Lieferant sichtet die Anfrage und die Dokumente, kalkuliert das Angebot und stellt dieses wieder in den Marktplatz ein.

4 Konkurrierende Lieferanten können die anonymisierten Angebote der Mitbewerber einsehen und gegebenenfalls ihr Angebot weiter verbessern.

5 Der Kunde vergleicht die Angebote und wählt einen Lieferanten aus.

1 **Beachte:** Da von einem direkten Beschaffungsweg ausgegangen wird, wird angenommen, dass die Anbieter auf dem elektronischen Markt ausschließlich Hersteller und keine Onlinehändler sind.

2 Vgl. hierzu die Ausführungen auf S. 389 f.

3 Neben den elektronischen Marktplätzen gibt es noch die Onlineshops. Onlineshops werden in der Regel von **einem** Anbieter (in diesem Fall von **einem** Hersteller) betrieben.

Aus dieser äußerst offenen Marktplatzsituation ergeben sich sowohl für den Kunden als auch für den Lieferer deutliche Vorteile.

<table>
<tr><th>Vorteile für den Kunden</th><th>Vorteile für den Lieferer</th></tr>
<tr><td>Rasche Preisfindung</td><td>Er sieht seine Verhandlungsposition, da er die anonymisierten Angebote der Mitbewerber lesen kann.</td></tr>
<tr><td colspan="2">■ Verringerung der Papierflut,
■ weniger manuelle Eingaben und damit weniger Übertragungsfehler,
■ keine Systembrüche (unterschiedliche Software beim Anbieter und Nachfrager),
■ Wegfall der Postlaufzeiten,
■ erhebliche Verkürzung der Prozesse auf beiden Seiten.</td></tr>
</table>

8.2.2 Supply-Chain-Management[1]

Die traditionelle Betrachtungsweise betrieblicher Wertschöpfung stellt den Materialfluss vom Lieferanten über die innerbetrieblichen Stationen bis zum Kunden in den Mittelpunkt. Das Denken in „Materialflüssen“ wird von der Existenz eines Verkäufermarkts geprägt: kaufen, be- oder verarbeiten und so gut wie möglich verkaufen.

Die gegenwärtigen Rahmenbedingungen – extreme Nachfrageschwankungen, kurze Produktlebenszyklen, rasche Änderung der Kundenwünsche, Kostendruck – führen jedoch dazu, dass das Risiko für das im Lager gebundene Kapital zu groß ist. Die Zusammenarbeit zwischen Kunden und Lieferanten, die bisher an den Gesetzen von Angebot und Nachfrage gehorchte, wurde in eine Zusammenarbeit nach den Prinzipien des Supply-Chain-Managements **(SCM)** weiterentwickelt.

Supply-Chain-Management hat das Ziel,

- mit einer **geringeren Anzahl** von Lieferanten
- **langfristig strategisch zusammenzuarbeiten,** um dadurch eine
- **schnelle und reibungslose Auftragsabwicklung** bis zur Bezahlung

zu erreichen.

Die nachfolgende Grafik veranschaulicht diese Denkweise:

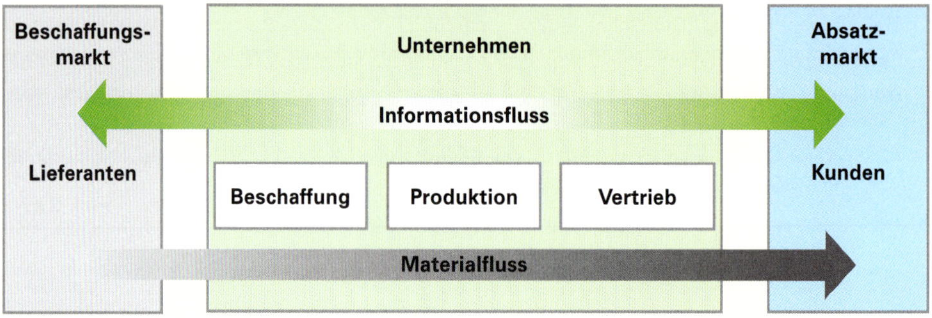

1 **Supply Chain**: Versorgungskette.

Supply-Chain-Management beschränkt sich inzwischen nicht mehr auf die Zusammenarbeit in der Beschaffung, sondern beinhaltet auch eine Kooperation auf dem Gebiet der Produktforschung und -entwicklung wie auch der Produktion. Dies setzt eine offene und vertrauensvolle Beziehung zwischen den Unternehmen voraus, da die Geschäftspartner zwangsläufig gegenseitig Einblick in sensible Datenbestände gewinnen. Man spricht daher auch von **C-Commerce,** wobei sich hinter „C" das Wort „collaborative"[1] verbirgt. Eine solche Zusammenarbeit ist möglich, wenn beide Partner ihre Beziehung als „Gewinner-Gewinner"-Situation erleben. Zu den vertrauensbildenden Maßnahmen gehört z. B., dass besondere Stärken von einem Unternehmen in der Verhandlungsposition nicht zulasten des anderen ausgenutzt werden.

8.2.3 Beschaffung über eine Warenplattform im Internet

Im Folgenden wird davon ausgegangen, dass die von einem Onlinehändler auf dem Onlinemarktplatz betriebene Warenplattform ein Sortiment anbietet, das auf einer Vielzahl von Herstellern basiert. Der Nachfrager hat damit die Möglichkeit Preis- und Lieferungsbedingungen der einzelnen Hersteller per Knopfdruck abzufragen. Die Prozessschritte zur Beschaffung der benötigten Güter sind dem nebenstehenden Schema zu entnehmen:

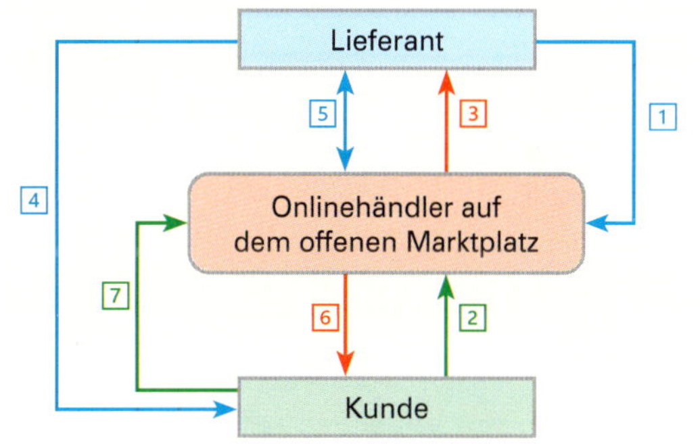

Erläuterungen:

1 **Bereitstellung:** Der Lieferer stellt seine Artikel dem Onlinehändler bereit.

2 **Bestellung:** Der Kunde registriert sich und kann beim Onlinehändler Artikel bestellen, die durch mehrere Lieferanten angeboten werden.

3 **Bestellweiterleitung:** Der Onlinehändler leitet die Bestellung in eigenem Namen an den jeweiligen Lieferanten mit der Lieferadresse des Kunden weiter.

4 **Warenversand:** Der Lieferer versendet die Ware im Namen des Onlinehändlers direkt an die Lieferadresse des Kunden.

5 **Lieferantenrechnung:** Der Onlinehändler erhält und begleicht die Rechnung des Lieferanten.

6 **Rechnung an den Kunden:** Der Onlinehändler stellt dem Kunden die bestellte Ware in Rechnung.

7 **Bezahlung:** Der Kunde bezahlt an den Onlinehändler.

In der Regel kann die Onlinebeschaffungsplattform an das ERP-System des Kunden angebunden werden, sodass eine direkte Onlineverbindung besteht.

1 **To collaborate:** zusammenarbeiten.

Für den Industriebetrieb hat diese Form der Beschaffung z. B. folgende **Vorteile:**

- Der Nachfrager kann aus einem großen Sortiment auswählen.
- Qualität, Preise und Konditionen können einfach verglichen werden.
- Die Beschaffung verschiedener Güter kann gebündelt werden.
- Einfacher Beschaffungsprozess.
- Die Prozesskosten der Beschaffung können gesenkt werden.

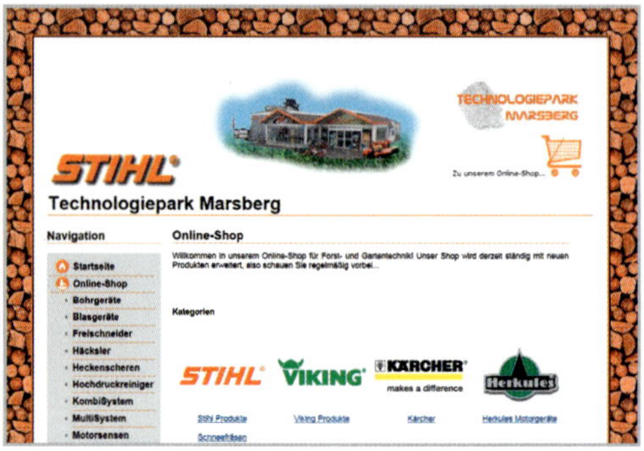

Quelle: www.technologiepark-marsberg.de

Diese Form der Güterbeschaffung ist für geringwertige, standardisierte Güter **(C-Güter)**[1] sinnvoll. Sie wird vor allem von kleinen und mittelständischen Betrieben genutzt.

8.3 Ökologischer Hintergrund[2]

Eine Auswirkung des Kreislaufwirtschaftsgesetzes ist, dass die Unternehmen bei der Beschaffung eines Werkstoffes oder einer Handelsware streng auf deren Umweltverträglichkeit achten. Beschafft werden nur noch Güter, die entweder recycelbar sind oder umweltverträglich entsorgt werden können.

Beispiel:

Durch die Beschaffung abfallarmer Materialien und Energiestoffe wird die Produktion „abfallarmer Produkte" ermöglicht. Dies entlastet die Umwelt und fördert die Position umweltfreundlicher Produkte.

Dazu ist es sinnvoll, für jeden einzelnen Geschäftsbereich eine **Checkliste** zu erstellen, durch die das betriebliche Handeln ständig auf seine Umweltverträglichkeit überprüft wird. Als Beispiel wird eine mögliche Checkliste für den Bereich **„Beschaffung und Serviceleistungen"** vorgestellt (siehe S. 245).[3]

Ziel einer Umweltcheckliste ist es,

- natürliche Ressourcen zu schonen (betrifft vor allem den Prozess bei der Herstellung der Materialien),
- Energie sparsam einzusetzen (bei Produktion und Nutzung),
- Transportwege zu minimieren,
- Abfall zu vermeiden (bei Produktion, Nutzung und Entsorgung),
- die Gesundheit der Mitarbeiter/-innen zu schützen
- und den Ausstoß von Schadstoffen in die Umwelt zu vermeiden (bei Herstellung, Nutzung und Entsorgung).

Quelle: Richtlinie zur Beschaffung nach ökologischen Kriterien, Fachhochschule Eberswalde 2009.

1 Vgl. hierzu S. 252.

2 Auf die Bedeutung einer ökologisch orientierten Beschaffung und die Folgen von Beschaffungsentscheidungen wurde bereits in Kapitel 3, S. 214 ff. eingegangen.

3 Entnommen aus „Umweltmanagement im Einzelhandel", herausgegeben von der Landesanstalt für Umweltschutz Baden-Württemberg.

Umweltcheckliste für den Bereich „Beschaffung und Serviceleistungen“			
Fragen/Aufgaben	**entfällt/ nicht zutreffend**	**wird beachtet/ ist vorhanden**	**ist in Arbeit/ vorgesehener Termin**
Gibt es ökologische Kriterien zur Beschaffung von Investitionsgütern?			
Wird auf Langlebigkeit, Reparaturfreundlichkeit und Recycelbarkeit geachtet?			
Wird der Ressourcenverbrauch während des Gebrauchs berücksichtigt?			
Gibt es ökologische Kriterien zur Beschaffung von Hilfs- und Betriebsmitteln?			
Werden umweltverträgliche Packmittel beschafft?			
Kommen umweltverträgliche Putz- und Reinigungsmittel zum Einsatz?			
Kommen Hygieneartikel aus Recyclingpapier zum Einsatz?			
Werden im Bürobereich Recyclingprodukte eingesetzt, z. B. Kopierpapier, Briefumschläge, Ordner u. Ä.?			
Kommen im Büro Nachfüllsysteme zum Einsatz, wie z. B. für Toner, Marker, Klebestifte?			
Kommen im Büro lösemittelfreie Stifte, Farben und Kleber zum Einsatz?			
Wird in der Kantine oder Teeküche Mehrweggeschirr verwendet?			
Werden Minipackungen ausgelistet?			
Werden Fremdfirmen (Reinigung, Renovierungsarbeiten u. Ä.) nach Umweltgesichtspunkten ausgewählt?			

Zusammenfassung

- Der **Beschaffungsweg** zeigt auf, über welche Vertriebsorgane die Bestellung vorgenommen wird.
- Ein wichtiger Beschaffungsweg ist die Bestellung direkt beim Hersteller. Ein Beispiel zum Ablauf eines solchen Bestellungswegs finden Sie auf S. 235 ff.

- Alternative Beschaffungswege sind z. B.:
  - Beschaffung über elektronische Marktplätze
  - Supply-Chain-Management
  - Beschaffung über eine Warenplattform im Internet
- Um im Beschaffungsbereich umweltbewusst zu handeln, ist es sinnvoll, eine **Umweltcheckliste** einzusetzen.

Übungsaufgaben

91

1. Die Weber Metallbau GmbH möchte eine abgeschriebene Stanzmaschine durch den Kauf einer neuen Stanzmaschine ersetzen. Mit der Beschaffung beauftragt der Geschäftsführer die Einkaufsabteilung. Gleichzeitig zeigen sich die Gesellschafter unzufrieden mit der Beschaffung der benötigten Metallrohlinge über den Großhandel: zu teuer, zu unzuverlässig, lange Beschaffungswege.

   Aufgabe:

   Sie sind Auszubildende bei der Weber Metallbau GmbH und derzeit in der Einkaufsabteilung tätig. Stellen Sie dar, welche Beschaffungswege Sie für die beiden Bestellvorgänge wählen würden. Begründen Sie Ihre Vorschläge!

2. Unterbreiten Sie Vorschläge für umweltfreundliche Produkte für die Beschaffungsbereiche Büromaterial, Lampen und Leuchten, Kopierer, Computer und Zubehör, EDV-Verbrauchsmaterial.

   Erarbeiten Sie hierzu Fragen und legen Sie diese der Einkaufsabteilung eines Unternehmens in Ihrer Stadt vor! Berichten Sie anschließend über die Ergebnisse Ihrer Recherche im Klassenverband!

3. **Textauszug:**

   Electronic Commerce gehört längst auch zum deutschen Grundwortschatz. Weniger bekannt sind dagegen die verschiedenen Varianten der Geschäfte im Netz. Insider reden von

   – Business-to-Business, kurz B2B, wenn sie den Geschäftsverkehr zwischen den Unternehmen meinen,
   – Business-to-Consumer, kurz B2C, wenn es um die Geschäfte zwischen Unternehmen und Konsumenten geht, und
   – Business-to-Public Authorities/Administration bzw. Government, wenn über die elektronischen Beziehungen zwischen Unternehmen und öffentlichen Verwaltungen oder Institutionen gesprochen wird. [...]

   Auch für Deutschland sehen die Prognosen gut aus. Laut Prognose des HDE wird der Einzelhandel in Deutschland im Jahr 2024 mit E-Commerce Umsätze in Höhe von 91,17 Mrd. EUR erwirtschaften. [...]

   Der überwiegende Teil der Umsätze im Netz entfällt heute übrigens schon auf die Geschäfte der Unternehmen untereinander (B2B). Doch auch der Verkauf an Privathaushalte (B2C) blüht, vor allem, weil die Produktpalette immer bunter wird. Längst ordern die Verbraucher nicht mehr nur Hard- und Software per Mausklick, sondern auch Eintrittskarten, Mode, Haushaltsgeräte und sogar Nahrungsmittel und Getränke.

   Ob B2B oder B2C – für beides gibt es inzwischen viele Erfolgsbeispiele. [...]

   Quelle: iwd (aktualisiert)

Aufgaben:

3.1 Erklären Sie die im Textauszug beschriebenen Arten des E-Commerce! Recherchieren Sie hierzu gegebenenfalls die Begriffe im Internet!

3.2 Erklären Sie, was z. B. die 2 im B2B bedeutet!

3.3 Erläutern Sie, welche Vorteile und Nachteile der Einkauf im Internet für die Anbieter und die Nachfragenden bietet!

Vorlage mvurl.de/ji46

4. 4.1 Erklären Sie, wodurch sich ein elektronischer Marktplatz von den traditionellen E-Commerce-Systemen unterscheidet!

   4.2 Nennen Sie Vorteile, die damit für den Marktteilnehmer verbunden sind!

5. 5.1 Beschreiben Sie den Bestellvorgang über eine Wareninternetplattform!

   5.2 Erklären Sie, für welche Güter diese Form der Beschaffung sinnvoll ist!

6. Beschreiben Sie, inwieweit das Internet die Rolle von Herstellern und Handel im Rahmen des Beschaffungsprozesses der Nachfrager verändern könnte!

7. Beschreiben Sie das Ziel des Supply-Chain-Managements!

92 Lösen Sie die Handlungsaufgabe aus der Situation 2 auf S. 235!

Vorlage mvurl.de/h7bh

AS 2.2 Situation 3: ABC-Analyse durchführen

Anton Thomalla, geschäftsführender Gesellschafter der „Motorenwerke Anton Thomalla GmbH" sucht immer noch eine Möglichkeit, Kosten zu reduzieren. Er schickt Eva Heine, die Leiterin der Beschaffung, zu einem Seminar mit dem Thema „Einkaufsmanagement – Materialkosten senken, Gewinn erhöhen".

Durch das Seminar wird Eva Heine bewusst, dass in dem Motorenwerk Anton Thomalla GmbH beim Einkauf von günstigen Gütern, beispielsweise Büromaterial, der gleiche Zeitaufwand investiert wird wie bei der Beschaffung von hochpreisigen Gütern.

Impuls:

Für die Herstellung der Blockheizkraftwerke werden unter anderem Kurbelgehäuse, Nockenwellen, Dichtungen, Schrauben, Muttern, Ölfilter, Glühkerzen, Kolben, Ventildeckel und Kurbelwellenlager benötigt.

Versuchen Sie, die genannten Güter nach ihrem Wert zu ordnen, und erstellen Sie eine Rangliste nach dem Sparpotenzial bei der Beschaffung dieser Güter!

Handlungsaufgaben:

Arbeiten Sie zunächst das folgende Kapitel des Schulbuches durch und verwenden Sie die Aufzeichnungen aus dem Unterricht zur Bearbeitung der Handlungsaufgaben!

Helfen Sie Eva Heine, der Leiterin der Beschaffung, die ABC-Analyse für die Artikelgruppen A01 bis A10 durchzuführen! Gegeben sind folgende Zahlenwerte:

Artikelgruppe	Jahresbedarf in Stück	Preis je ME in EUR
A01	100	290,00
A02	9000	1,60
A03	5000	2,80
A04	5000	1,50
A05	700	5,50
A06	700	7,10
A07	100	22,00
A08	18000	0,05
A09	20000	0,08
A10	32500	0,07

1. Führen Sie – gegebenenfalls mithilfe einer Tabellenkalkulation – eine ABC-Analyse entsprechend der Vorgabe durch!

ABC-Analyse, Tabelle 1

Artikel-gruppe	Jahres-bedarf in Stück	Preis je ME in EUR	Verbrauchs-menge in % des Gesamt-verbrauchs	Verbrauchs-wert in EUR	Verbrauchs-werte in % des gesamten Verbrauchs-wertes	Rang nach Verbrauchs-wert
A01	100	290,00				
A02	9000	1,60				
A03	5000	2,80				
A04	5000	1,50				
A05	700	5,50				
A06	700	7,10				
A07	100	22,00				
A08	18000	0,05				
A09	20000	0,08				
A10	32500	0,07				
Summe						

ABC-Analyse, Tabelle 2

Artikel-gruppe nach Rang	Jahres-bedarf in Stück	Preis je ME in EUR	Verbrauchs-menge in % des Gesamt-verbrauchs	Verbrauchs-wert in EUR	Verbrauchs-werte in % des gesamten Ver-brauchswertes	Kumulier-ter Wert-anteil in %	Kumulier-ter Men-genanteil in %
Summe							

2. Legen Sie fest, welche Artikelgruppen jeweils in die Klasse der A-, B- bzw. der C-Güter gehören und begründen Sie Ihre Entscheidung!
3. Setzen Sie die gewonnenen Erkenntnisse in eine aussagefähige Grafik um!
4. Nach Durchführung der ABC-Analyse ergeben sich für das Motorenwerk Anton Thomalla GmbH zwangsläufig Schlussfolgerungen im Bereich der Materialwirtschaft, die geeignet sind, einen Beitrag zur Kostensenkung zu erbringen. Nennen Sie – getrennt für die A- und die C-Güter – jeweils solche Maßnahmen!

9 ABC-Analyse anwenden

(1) Begriff ABC-Analyse

Für die Produktion eines iPhones benötigt man etwa 450 Teile. Einige dieser Teile sind teurer, einige billiger. Für eine ökonomisch sinnvolle Beschaffung der Teile ist von Bedeutung, die Teile nach ihrem **Wertanteil am Gesamtbeschaffungswert** zu gliedern. Es werden drei Gruppen von Gütern (Beständen) unterschieden: **A-Güter, B-Güter** und **C-Güter**. Dieses Verfahren bezeichnet man als **ABC-Analyse.**

> Die **ABC-Analyse** ist ein Verfahren zur Erkennung von Materialien, die aufgrund ihres **hohen wertmäßigen Anteils** am Gesamtbedarf von **besonderer Bedeutung** sind.

Die aus der Analyse gewonnenen Informationen helfen,

- die **Transparenz**[1] der Materialwirtschaft zu erhöhen,
- sich auf **wirtschaftlich bedeutende Materialien** zu **konzentrieren,**
- **hohen Arbeitsaufwand** bei Materialien untergeordneter Bedeutung (C-Güter) zu **vermeiden** und damit
- die **Wirtschaftlichkeit** der gesamten Materialwirtschaft zu **steigern.**

In vielen (größeren) Unternehmen wird meistens eine große Anzahl verschiedenartiger Fertigungsmaterialien (Roh-, Hilfs-, Betriebsstoffe, Halbfabrikate) bzw. Handelswaren beschafft, die nur einen **geringen Anteil** (Prozentsatz) **am gesamten Beschaffungswert der eingekauften Materialien** haben.

Die ABC-Analyse wurde entwickelt, um festzustellen, bei welchen eingekauften und/oder lagernden Materialien es wirtschaftlich sinnvoll ist, eine intensive Beschaffungsmarktforschung und Einkaufsverhandlungen, eine genaue Mengen- und Zeitdisposition sowie Überwachung der Lagerbestände durchzuführen. Diese Maßnahmen verursachen den Unternehmen viel Zeit und Kosten.

Beispiel:

Ein Industriebetrieb benötigt 10 verschiedene Materialpositionen. Statistisch erfasst wurden die monatlichen Verbrauchszahlen in Stück und die Einstandspreise (Bezugspreise) je Stück.

Ein Beispiel für eine ABC-Analyse finden Sie auf S. 251.

Erläuterungen zu den Arbeitsschritten für eine ABC-Analyse (Tabelle 2):

1. Materialien nach dem Rang ihres Verbrauchswertes ordnen.
2. Prozentanteil jedes Materials an der Gesamtverbrauchsmenge berechnen.
3. Errechnete Prozentanteile schrittweise aufaddieren (kumulieren).
4. Verbrauchswert berechnen.
5. Prozentanteil jedes Materials am Gesamtverbrauchswert berechnen.
6. Errechnete Prozentanteile schrittweise aufaddieren (kumulieren).
7. Nach den kumulierten Prozentanteilen Gruppen bilden.

1 **Transparenz:** Durchscheinen, Durchsichtigkeit.

Tabelle 1:

Materialart	Verbrauchsmenge in Stück	Verbrauchsmenge in % des Gesamtverbrauchs	Einstandspreis je Stück in EUR	Verbrauchswert in EUR	Verbrauchswerte in % des gesamten Verbrauchswertes	Rang nach Verbrauchswert
T_1	4500	13,24	25,00	112500,00	15,85	2
T_2	700	2,06	145,00	101500,00	14,30	3
T_3	2700	7,94	15,00	40500,00	5,71	7
T_4	600	1,76	300,00	180000,00	25,36	1
T_5	450	1,32	150,00	67500,00	9,51	6
T_6	3000	8,82	25,00	75000,00	10,57	5
T_7	8200	24,12	2,00	16400,00	2,31	8
T_8	1000	2,94	95,00	95000,00	13,38	4
T_9	7150	21,03	1,00	7150,00	1,01	10
T_{10}	5700	16,76	2,50	14250,00	2,01	9
	34000	100,00[1]		709800,00	100,00[1]	

Tabelle 2:

Rang nach Verbrauchswert	1 Materialart	Verbrauchsmenge in Stück	2 Verbrauchsmenge in Prozent des Gesamtverbrauchs	3 Kumulierte Verbrauchsmenge in Prozent	Einstandspreis je Stück in EUR	4 Verbrauchswert in EUR	5 Verbrauchswerte in Prozent des gesamten Verbrauchswertes	6 Kumulierter Verbrauchswert in Prozent	7 ABC-Klasse
1	T_4	600	1,76	1,76	300,00	180000,00	25,36	25,36	A
2	T_1	4500	13,24	15,00	25,00	112500,00	15,85	41,21	A
3	T_2	700	2,06	17,06	145,00	101500,00	14,30	55,51	A
4	T_8	1000	2,94	20,00	95,00	95000,00	13,38	68,89	A
5	T_6	3000	8,82	28,82	25,00	75000,00	10,57	79,46	B
6	T_5	450	1,32	30,15	150,00	67500,00	9,51	88,97	B
7	T_3	2700	7,94	38,09	15,00	40500,00	5,71	94,68	B
8	T_7	8200	24,12	62,21	2,00	16400,00	2,31	96,99	C
9	T_{10}	5700	16,76	78,97	2,50	14250,00	2,01	98,99	C
10	T_9	7150	21,03	100,00	1,00	7150,00	1,01	100,00	C
		34000	100,00[1]			709 800,00	100,00[1]		

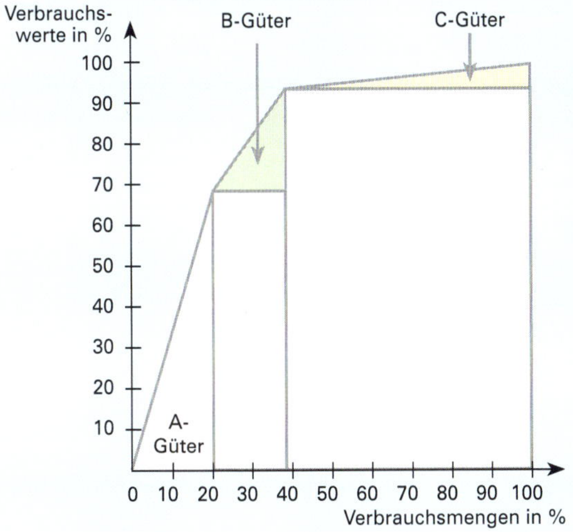

Auswertung:

A-Güter: 20 % des mengenmäßigen Materialverbrauchs haben einen Anteil von fast 70 % (genau: 68,9 %) am gesamten wertmäßigen Materialverbrauch (Beschaffungswert).

B-Güter: 18,1 % des mengenmäßigen Materialverbrauchs entsprechen einem Anteil von 25,8 % am gesamten wertmäßigen Materialverbrauch.

C-Güter: Die meisten Materialien (61,9 %) sind C-Güter. Auf sie entfällt nur ein Verbrauchswertanteil von 5,3 %.

1 Bedingt durch die Beschränkung auf zwei Nachkommastellen können geringe Rundungsdifferenzen in der Summenzeile auftreten.

(2) Bedeutung der ABC-Analyse

Die Auswertung der ABC-Analyse zeigt dem Unternehmen, bei welchen Gütern ein größerer Beschaffungsaufwand wirtschaftlich sinnvoll und größere Kostensenkungen (z. B. durch vereinbarte Rabatte bei größeren Bestellmengen, Einsatz billigerer Substitutionsgüter) erwartet werden können.

Die Festlegung der Schranken, mit deren Hilfe eine **Zuordnung zu den einzelnen Klassen** getroffen wird, liegt im **Ermessen der Unternehmen.** Erfahrungsgemäß liegt die Schranke für A-Güter bei den ersten 75–80 % der kumulierten Verbrauchswerte in Prozent, die C-Güter bei den letzten 5 % der kumulierten Verbrauchswerte in Prozent. Dazwischen liegen die B-Güter.

(3) Schlussfolgerungen aus der ABC-Analyse für die Materialwirtschaft

Die Tätigkeiten (Aktivitäten) in der Materialwirtschaft konzentrieren sich in erster Linie auf die **A-Güter.** Sie bestehen zwar aus wenigen Lagerpositionen, verkörpern aber den überwiegenden Teil des Verbrauchswertes. Daher führen bereits geringe prozentuale Verbesserungen zu Einsparungen in hohen absoluten Euro-Beträgen.

Die Aktivitäten können sich z. B. auf folgende **Maßnahmen** richten:

- Intensive Bemühungen um Preis- und Kostensenkungen.
- Exakte Untersuchungsergebnisse darüber, ob Eigenproduktion oder Fremdbezug günstiger ist.
- Bedarfsgesteuerte Materialdisposition.
- Möglichst geringer Lagerbestand in Verbindung mit Sondervereinbarungen über Lieferzeiten.
- Beschaffung in bedarfsnahen, auftragsspezifischen kleinen Losen (Liefermengen).
- Verzicht auf Wareneingangskontrolle im eigenen Haus und Verlagerung der Qualitätsprüfung zum Lieferanten unter Vorgabe von Qualitätsstandards.
- Überlegungen, ob durch materialtechnische oder konstruktionstechnische Änderungen Kostenvorteile erzielt werden können.
- Strenge Kontrolle der Bestände, des Verbrauchs und gegebenenfalls der Lagerverluste.

Bei den **B-Gütern** darf der Berechnungsaufwand für eine optimale Bestellung nicht so hoch sein. Hier kann es sinnvoll sein, optimale Bestellmengen und Lagermengen für ganze **Materialgruppen** zu berechnen und Fehler in Kauf zu nehmen.

Die **C-Güter** bestehen aus vielen Lagerpositionen, verkörpern aber nur einen geringen Verbrauchswert. Zu hohe Lagerbestände beeinflussen daher die Wirtschaftlichkeit des Materialwesens in geringerem Umfang. Sie können daher großzügiger und mit **einfacheren Verfahren** disponiert werden durch:

- verbrauchsorientierte Materialbeschaffung,
- vereinfachtes Beschaffungsprogramm, z. B. Bestellrhythmusverfahren (siehe S. 224),
- großzügigere Lagerhaltung,
- gelockerte Überwachung.

Zusammenfassung

- Die **ABC-Analyse** ermittelt die Güter, welche den höchsten Anteil am Gesamtwert der Materialien haben.

- Die Güter mit einem **hohen wertmäßigen Anteil am Gesamtbedarf** sind für die Beschaffung von **hoher Bedeutung.**
- Die ABC-Analyse ist ein **Hilfsmittel** zur Aktivierung der in der Beschaffung liegenden Gewinnreserven.

Übungsaufgaben

93 Die Auswertung der Bestellungen eines Industriebetriebs zur Ermittlung der **Bestellgrößenstruktur** im Geschäftsjahr 20.. ergab folgende Kennzahlen:

Anteile der Bestellgruppen an der Gesamtzahl der Bestellungen in % (kumuliert)	Anteile der Bestellgruppen an der Gesamtzahl der Bestellungen in %	Anzahl der Bestellungen	Bestellwerte (Auftragswerte) je Bestellung in EUR (Bestellgruppen)	Bestellwerte (Auftragswerte) je Bestellgruppe in EUR	Anteile der Bestellgruppen am Gesamtbestellwert in %	Anteil der Bestellgruppen am Gesamtbestellwert in % (kumuliert)	ABC-Kennzeichnung
62,3 %	27,9	1 240	1– 50	37 200,00	0,36	2,83 %	C
	20,0	890	51– 100	60 310,00	0,59		
	14,4	640	101– 500	192 000,00	1,88		
30,1 %	16,0	712	501– 1 000	462 820,00	4,52	16,89 %	B
	9,5	420	1 001– 2 000	632 400,00	6,18		
	4,6	204	2 001– 5 000	634 200,00	6,19		
7,6 %	2,3	103	5 001–10 000	824 000,00	8,05	80,28 %	A
	1,9	84	10 001–20 000	1 344 000,00	13,12		
	1,4	61	20 001–50 000	2 190 000,00	21,38		
	2,0	87	über 50 000	3 864 200,00	37,73		
100,0 %	100,00	4 441		10 241 130,00	100,00	100,00 %	

Aufgaben:

1. Vereinfachen Sie die obige Tabelle, indem Sie für folgende Bestellgruppen deren Anteile an der Gesamtzahl der Bestellungen und am Gesamtbestellwert (Gesamtauftragswert) vergleichend gegenüberstellen:
   1.1 Bestellgruppe A mit Auftragswerten von 5 001,00 EUR bis über 50 000,00 EUR je Bestellung,
   1.2 Bestellgruppe B mit Auftragswerten von 501,00 EUR bis 5 000,00 EUR je Bestellung und
   1.3 Bestellgruppe C mit Auftragswerten von 1,00 EUR bis 500,00 EUR je Bestellung!
2. Veranschaulichen Sie die ABC-Analyse der Bestellungen, indem Sie die Anteile der Bestellgruppen A, B und C an der Gesamtzahl der Bestellungen und am Gesamtbestellwert (Gesamtauftragswert) jeweils in einem Säulendiagramm (Stabdiagramm) vergleichend gegenüberstellen!
3. Beurteilen Sie diese Strukturanalyse der Bestellungen und begründen Sie, inwieweit die hierdurch gewonnenen Informationen zur Aktivierung der in der Beschaffungswirtschaft liegenden Gewinnreserven beitragen können.[1]

Vorlage

mvurl.de/idmx

94 Lösen Sie die Handlungsaufgaben aus der Situation 3 auf S. 248 f.!

1 **Lösungshilfe:** Lange Bearbeitungszeiten der Bestellungen im Einkauf und die anfallenden Bestellkosten, z. B. durch Angebotseinholungen, Angebotsvergleiche, Einkaufsverhandlungen, Formular- und Portokosten, können die Materialkosten beträchtlich erhöhen, vor allem bei vielen Kleinbestellungen.

AS 2.2 Situation 4: Lagerbestände prüfen

Emmy Reisacher, die Inhaberin von Beauty Moments Emmy Reisacher e. Kfr., hat nur ein sehr kleines Lager für ihre Kosmetikprodukte, das deshalb etwas unübersichtlich ist.

Letzte Woche konnte Emmy Reisacher eine Stammkundin nicht mit ihrer gewünschten Pflegelotion „Bergkräuter" behandeln, weil sie übersehen hatte, dass sie dieses Produkt nicht mehr im Lager hat.

Eine Bekannte mit einer kaufmännischen Ausbildung gab ihr den Tipp, Lagerhaltungskarten anzulegen, damit sie ihren Bestand besser kontrollieren kann.

IMPULS:

Reichen die Daten auf der folgenden Lagerkontrollkarte für eine erfolgreiche Lagerbestandsführung aus?

1 2 3 4 5 6 7 8 9 10 11 12 13 14 15 16 17 18 19 20 21 22 23 24 25 26 27 28 29 30 31					
Jan. Feb. März April Mai Juni Juli Aug. Sept. Okt. Nov. Dez.					
Artikel				Nr.	
Datum	**Lieferant**	Zugang	Abgang	Bestand	Bestellt am

HANDLUNGSAUFGABE:

Arbeiten Sie das folgende Kapitel des Schulbuches durch und verwenden Sie die Aufzeichnungen aus dem Unterricht zur Bearbeitung der Handlungsaufgabe!

Entwerfen Sie für Emmy Reisacher eine übersichtliche Lagerkontrollkarte! Nutzen Sie hierfür nach Möglichkeit ein Tabellenkalkulationsprogramm, sodass Emmy Reisacher auf Ihre Ausarbeitungen EDV-mäßig zurückgreifen kann!

10 Bereitstellungsfähigkeit von Materialien mithilfe von Kennziffern prüfen

10.1 Begriff und Aufgaben des Lagers

Ein **Lager** ist ein Raum oder eine Fläche zum Aufbewahren von Sachgütern. Die Sachgüter werden mengen- und/oder wertmäßig erfasst.

Die Sachgüter werden im Wesentlichen aus vier Gründen gelagert:

Aufgaben des Lagers	Erläuterungen
Sicherungsfunktion	Die einzelnen Verbrauchsstellen eines Industriebetriebs müssen jederzeit über die notwendigen Werkstoffe verfügen, wenn die Produktion störungsfrei ablaufen soll. Aus diesem Grund wird in den Industriebetrieben meistens ein Sicherheitsbestand (eiserner Bestand) gehalten.
Zeitüberbrückungsfunktion/ Mengenausgleichsfunktion	■ Witterungseinflüsse (z. B. verspätete Ernten), Liefererausfälle, Transportschwierigkeiten, politische Entscheidungen (z. B. Ausfuhrstopps) können die Produktion zum Erliegen bringen. Ein Roh-, Hilfs- und Betriebsstofflager sichert die Funktionsfähigkeit des Betriebs. ■ Ein plötzlicher Nachfrageanstieg kann die Lieferbereitschaft beeinträchtigen. Das Lager an Fertigerzeugnissen gleicht die Marktschwankungen aus. Bei steigender Nachfrage werden die Lager abgebaut, bei sinkender Nachfrage aufgestockt.
Umformungsfunktion	Bei bestimmten Gütern hat die Lagerhaltung auch die Aufgabe, die Eigenschaften der Güter an die Anforderungen der Produktion und/ oder des Absatzes anzupassen. Hierzu gehört z. B. das Austrocknen von Holz, das Aushärten von Autoreifen oder das Reifen alkoholischer Getränke (z. B. Bier, Wein).
Spekulationsfunktion	Durch Großeinkäufe (z. B. durch das Ausnutzen von Mengenrabatten, Transportkostenvergünstigungen und Verbilligungen bei den Verpackungskosten) sowie durch Gelegenheitskäufe werden die Betriebe in die Lage versetzt, die Preise auch bei steigender Nachfrage stabil zu halten.

10.2 Prüfung der Lagerbestände nach ihrer Verfügbarkeit mithilfe von Kennziffern

10.2.1 Mindest-, Melde- und Höchstbestand

(1) Mindestbestand

In den meisten Industrieunternehmen werden für produktionswichtige Rohstoffe, Fabrikationsmaterialien, Ersatzteile, Handelswaren usw. Mindestbestände festgelegt, die ohne Genehmigung des Leiters der Materialwirtschaft, oft sogar ohne Zustimmung der Unternehmensleitung, nicht unterschritten werden dürfen.

> Der **Mindestbestand**[1] ist so hoch zu bemessen, dass er auch bei einer vorübergehenden Beschaffungsschwierigkeit eine reibungslose Betriebsfortführung garantiert.

Die Mindestbestände sollten umso größer sein, je größer das Risiko von Beschaffungsstockungen für die Produktion ist. Sie müssen für jeden Werkstoff gesondert festgestellt werden. Ändern sich die Beschaffungskonditionen (insbesondere der Lieferfristen) und die Bedarfsmengen, ist auch die Höhe der Mindestbestände an die neuen Bedingungen anzupassen.

1 Für den Begriff Mindestbestand wird auch der Begriff **„eiserner Bestand"** verwendet.

(2) Meldebestand

Der **Meldebestand** ist die Lagermenge, bei deren Erreichen eine Bestellung zur Auffüllung des Lagers ausgelöst wird.

Der Meldebestand muss so hoch sein, dass das Auffüllen des Lagers vor Erreichung des Mindestbestands möglich ist. Der Meldebestand liegt um die Bedarfsmenge während der Wiederbeschaffungszeit über dem Mindestbestand.

Der Meldebestand wird wie folgt berechnet:

Meldebestand = (Wiederbeschaffungszeit · täglicher Verbrauch) + Mindestbestand

Bei der Bestimmung der Wiederbeschaffungszeit sind

- die Lieferfrist,
- die Transportzeit,
- die gesamte Bearbeitungszeit der Bedarfsmeldung (z. B. Angebotseinholung, Angebotsprüfung, Verhandlungen, Schreiben der Bestellungen) sowie
- die Laufzeit der Bestellungen zum Lieferer

zu berücksichtigen (zu addieren).

Beispiel:

100 Stück Verbrauch täglich, 6 Tage Wiederbeschaffungszeit insgesamt, 600 Stück Mindestbestand

Meldebestand: $100 \cdot 6 + 600 = \underline{\underline{1\,200 \text{ Stück}}}$

(3) Höchstbestand

Die Anzahl der Materialien, die aufgrund der Lagerkapazität höchstens gelagert werden kann, nennt man den **technischen Höchstbestand**. Daneben gibt es noch einen **wirtschaftlichen Höchstbestand,** der vom tatsächlichen Bedarf an Materialien und vom Kapital abhängt, das zur Vorratshaltung zur Verfügung steht. Der wirtschaftliche Höchstbestand kann höchstens so groß wie der technische Höchstbestand sein, sonst kommt es zu Aufbewahrungsproblemen.

10.2.2 Gliederung der Lagerbestände nach ihrer Verfügbarkeit

Eine wirkungsvolle Lagerbestandsführung beschränkt sich nicht darauf, nur jene Bestände zu führen, die tatsächlich auf Lager sind. Vielmehr bezieht sie in ihre Betrachtung auch künftige **Erwartungsdaten** (bestellte, aber noch nicht gelieferte Teile) und **Verpflichtungsdaten** (reservierte, aber noch nicht entnommene Teile) ein. Es gilt daher, zwischen folgenden Bestandsarten zu unterscheiden:

(Lager-)Bestandsarten	Erläuterungen
effektiver Lagerbestand	Das ist jene Menge, die tatsächlich körperlich am Lager vorhanden ist.

(Lager-)Bestandsarten	Erläuterungen
Mindestbestand	Er dient dem Ausgleich von Unsicherheiten auf der Beschaffungsseite (z. B. bei Lieferungsverzug, Transportschaden), der Lösung von Problemen im eigenen Unternehmen (z. B. bei Ausschuss wegen falsch eingestellter Maschine) und/oder auf der Absatzseite (z. B. wegen unerwarteter Nachfrage).
reservierter Bestand	Er befindet sich zwar tatsächlich am Lager, er ist aber bereits aufgrund von eingeplanten Kundenaufträgen reserviert und darf für weitere Aufträge nicht mehr berücksichtigt werden.
verfügbarer Lagerbestand	Er kann **mit Sicherheit** für die Produktion verwendet werden.
Bestellbestand	Er wurde bereits geordert. Er ist aber noch nicht tatsächlich am Lager. Er steht jedoch für die künftige Disposition[1] bereits jetzt zur Verfügung.
dispositiver Lagerbestand	Er kann mit **hoher Wahrscheinlichkeit** für die Produktion verwendet werden. Er geht aus von dem verfügbaren Lagerbestand und bezieht die derzeitigen Bestellbestände, also die künftigen Zugänge aufgrund von Lieferbestellungen, mit ein.

Beispiel:

Von der Komponente 210112 Querträger eines Montagebocks sind folgende Bestandswerte gegeben:

Effektiver Lagerbestand:	50 Stück
Mindestbestand:	10 Stück
Reservierter Bestand:	20 Stück
Bestellbestand:	30 Stück

Aufgabe:

Berechnen Sie den verfügbaren und den dispositiven Lagerbestand!

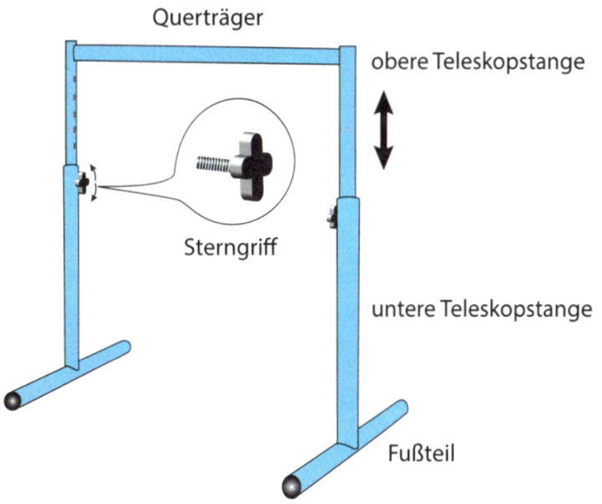

Lösungen:

	Effektiver Lagerbestand	50 Stück
–	Mindestbestand	10 Stück
–	Reservierter Bestand	20 Stück
=	Verfügbarer Lagerbestand	20 Stück
+	Bestellbestand	30 Stück
=	Dispositiver Bestand	50 Stück

Ergebnis: Der verfügbare Lagerbestand beträgt 20 Stück, der dispositive Lagerbestand beträgt 50 Stück.

1 **Disposition:** freie Verwendung; das Verfügenkönnen.

10.2.3 Vorteile einer verfeinerten Lagerbestandsführung

Werden zusätzlich zum **effektiven Lagerbestand** noch **künftige Erwartungsbestände (Bestellbestand)** und **Verpflichtungsbestände (Reservierungen)** berücksichtigt, dann ergeben sich für das Unternehmen entscheidende Vorteile. Würden nämlich nur effektive Lagerbestände geführt, dann wäre dem Unternehmen der Blick in die Zukunft verschlossen. Der Verkäufer könnte bei einer Zusage an einen Kunden nur über jene Bestände verfügen, die tatsächlich vorhanden sind. Um dennoch eine hohe Lieferbereitschaft zu erreichen, müssten erhebliche Lagerbestände vorgehalten werden.

Beachte:

Eine schlechte Informationsbasis und die damit einhergehende Unsicherheit muss immer durch überhöhte Bestände ausgeglichen werden, was zwangsläufig zu einer höheren Kapitalbindung des Materials und zu höheren Investitionen in nicht notwendige Lagerräume führt. Verbessert sich die Information und erlaubt sie gar einen Blick in die Zukunft, dann wird die Unsicherheit verringert. Der Unternehmer verfügt über ein präziseres Informationssystem und kann jene Bestände, die er zum Ausgleich der Unsicherheiten führte, einschränken.

Zusammenfassung

- Das Lager erfüllt fünf **Aufgaben (Funktionen):** Sicherungs-, Zeitüberbrückungs-, Mengenausgleichs-, Umformungs- und Spekulationsfunktion.
- Für produktionswichtige Rohstoffe, Halbfabrikate, Ersatzteile und Handelswaren werden **Mindest-** und **Meldebestände** festgelegt.
- Beim Höchstbestand unterscheidet man einen **technischen** und einen **wirtschaftlichen Höchstbestand.**
- Die **Lagerbestandsführung** unterscheidet folgende Bestandsarten:
  - **Effektiver Lagerbestand:** Menge, die tatsächlich körperlich am Lager ist.
  - **Mindestbestand:** Er steht für die normale Disposition nicht zur Verfügung und dient dem Ausgleich von Unsicherheiten.
  - **Reservierter Bestand:** Er befindet sich zwar am Lager, ist aber bereits für Kundenaufträge reserviert.
  - **Verfügbarer Bestand:** Effektiver Bestand – Mindestbestand – Reservierter Bestand
  - **Bestellbestand:** Er befindet sich noch nicht am Lager, ist aber bereits beim Lieferanten (Fremdteile) oder im eigenen Betrieb (Eigenteile) geordert. Er kann in die Disposition einbezogen werden.
  - **Dispositiver Bestand:** Verfügbarer Bestand + Bestellbestand

Übungsaufgaben

95 Die Soester Büromöbel AG hat in letzter Zeit dank neuer und besonders ansprechender Modelle Produktion und Absatz wesentlich steigern können. Immer wieder gab es aber empfindliche Engpässe, besonders bei der Versorgung mit Bezugsleder. Die Einhaltung von Lieferfristen gegenüber Kunden bereitete deshalb oft Schwierigkeiten. Folglich sollen Lagerhaltung und

Beschaffung neu überdacht werden. Die Bestandskarte für Bezugsleder weist aus: Mindestlagerbestand 1000 m^2; Meldebestand 4000 m^2.

Aufgaben:

1. Zunächst soll geprüft werden, ob die bisher üblichen Mindestlagerbestände an Fertigungsmaterial ausreichen:
   1.1 Nennen Sie vier Gründe, weshalb es notwendig ist, einen Mindestlagerbestand zu halten!
   1.2 Erklären Sie an einem Beispiel, unter welchen Voraussetzungen der Mindestlagerbestand angegriffen werden darf!
2. Der Lagerverwalter soll künftig Neubestellungen rechtzeitig bei der Einkaufsabteilung veranlassen.
   2.1 Berechnen Sie, bei welchem Lagerbestand die Einkaufsabteilung informiert werden muss!
   2.2 Berechnen Sie die Wiederbeschaffungszeit bei einem durchschnittlichen Tagesbedarf von 100 m^2!
   2.3 Nennen Sie zwei Gründe, die dazu führen können, dass der Meldebestand erhöht werden muss!

96 1. Erläutern Sie kurz die Begriffe effektiver Lagerbestand, Mindestbestand, reservierter Bestand, Bestellbestand, verfügbarer Lagerbestand und dispositiver Lagerbestand!

2. Ermitteln Sie für den Querträger (siehe S. 257) die jeweils fehlenden Werte!

Vorlage
mvurl.de/9pel

	Effektiver Lagerbestand	Mindest-bestand	Reservierter Bestand	Verfügbarer Lagerbestand	Bestell-bestand	Dispositiver Lagerbestand
2.1	1000	100	200		400	
2.2	500	200	100		100	
2.3	800	100	400	300		600

3. Gegeben ist für den Querträger die nachfolgende Ausgangssituation (oberste Datenzeile).

	Effektiver Lagerbestand	Mindest-bestand	Reservierter Bestand	Verfügbarer Lagerbestand	Bestell-bestand	Dispositiver Lagerbestand
	1000	100	200	700	400	1100
3.1						
3.2						
3.3						
3.4						
3.5						

Aufgaben:

Schreiben Sie die Tabelle fort, wenn sich folgende Vorgänge nacheinander ereignen!

3.1 Für einen Kundenauftrag werden 200 Stück reserviert.
3.2 Aufgrund eines Fertigungsauftrags erwarten wir einen Lagerzugang von 300 Stück.
3.3 Die bereits in Aufgabe 3.1 reservierten 200 Stück werden dem Lager entnommen.
3.4 Die in Aufgabe 3.2 georderten 300 Stück werden eingelagert.
3.5 Aufgrund von Unsicherheiten im Rohstoffmarkt erhöhen wir den Mindestbestand auf 300 Stück.

97 Lösen Sie die Handlungsaufgabe aus der Situation 4 auf S. 254!

AS 2.2 Situation 5: Belegorientierte Wertströme im Rahmen der Beschaffung erfassen und dokumentieren

Sie sind als Sachbearbeiter in der Buchhaltungsabteilung der Weber Metallbau GmbH tätig und bearbeiten den nachfolgenden Beleg.

Weber Metallbau GmbH

IMPULSE:

Erläutern Sie den Inhalt des Belegs!

Glas Prinz GmbH
Am Winkel 19
01109 Dresden

Glas Prinz GmbH, Am Winkel 19, 01109 Dresden
Weber Metallbau GmbH
Alfred-Nobel-Str. 8
59494 Soest

Bestell-Nr.	Bestelldatum	Lieferschein-Nr.	Telefon	Fax
2210	10.06.20..	212/22	0351 992-0	0351 992-1

Bitte stets angeben:
Rechnungsdatum: 16.06.20..
Kunden-Nr.: 3355
Rechnungs-Nr.: 7788/99

Wir berechnen für unsere Lieferung vom 16.06.20..

Artikel-Nr.	Menge	Bezeichnung	Einzelpreis in EUR	Gesamtbetrag in EUR
1032	5	Fensterscheiben	1312,00	6560,00

Warenwert (netto)	6560,00
+ Zuschlag Verbundsicherheitsglas	500,00
	7060,00
− 10 % Rabatt	706,00
	6354,00
+ Zustellkosten	480,00
+ 19 % USt	1298,46
Rechnungsbetrag	8132,46

Zahlungsbedingungen ab Rechnungsdatum: bis 10 Tage 2 % Skonto, bis 30 Tage netto Kasse.

Deutsche Bank Dresden
IBAN DE97 8707 0024 0000 6485 54
BIC DEUTDEDB870

Commerzbank Dresden
IBAN DE80 8504 0000 0087 2663 39
BIC COBADEFF850

Amtsgericht Dresden, HRB 1101
Steuer-Nr.: 27/430/0027
USt.-Id.-Nr.: DE 686093911

HANDLUNGSAUFGABEN:

Arbeiten Sie die folgenden Kapitel des Schulbuches durch und verwenden Sie die Aufzeichnungen aus dem Unterricht zur Bearbeitung der Handlungsaufgaben!

1. Bilden Sie den Buchungssatz zu dem vorliegenden Beleg!
2. Über welche Abschlusskonten werden die Konten des Buchungssatzes abgeschlossen?
3. Die Zahlung erfolgt durch Banküberweisung unter Abzug von 2 % Skonto. Bilden Sie hierzu den Buchungssatz!

11 Belegorganisierte Wertströme im Rahmen der Beschaffung dokumentieren

11.1 Buchhalterische Behandlung von Sofortnachlässen und Bezugskosten

Hinweis:

In diesem Kapitel übernehmen wir die Buchführung der Soester Büromöbel AG, Industriepark 5, 59494 Soest.

(1) Buchhalterische Behandlung von sogenannten Sofortnachlässen

Nachlässe, die der Lieferer sofort bei Rechnungsstellung gewährt, werden nicht gebucht. Gebucht wird der verminderte Einkaufspreis.

Beispiel:

Haller OHG
> läuft wie geschmiert <

Haller OHG · Brucknerstr. 8 – 10 · 90429 Nürnberg
Soester Büromöbel AG
Industriepark 5
59494 Soest

Rechnung 1790

Ihre Bestellung	Lieferdatum	Rechnungsdatum
13.07.20..	15.09.20..	20.09.20..

Wir lieferten Ihnen Mineralöl CTX 3:

Listeneinkaufspreis	1 890,00 EUR
– 30 % Kundenrabatt	567,00 EUR
	1 323,00 EUR
– 5 % Einführungsrabatt	66,15 EUR
	1 256,85 EUR
+ 19 % USt	238,80 EUR
Rechnungspreis	1 495,65 EUR

Aufgabe:

Bilden Sie den Buchungssatz für die Soester Büromöbel AG!

Lösung:

Konten	Soll	Haben
6030 Aufw. f. Betriebsst.	1 256,85	
2600 Vorsteuer	238,80	
an 4400 Verb. a. L. u. L.		1 495,65

Sofortnachlässe, die der Lieferer gewährt, werden **nicht gebucht.** Sie zählen **nicht** zu den **Anschaffungskosten.**

(2) Buchung von Bezugskosten

Die Bezugskosten, die dem Käufer zusätzlich in Rechnung gestellt werden, werden zunächst auf einem gesonderten Konto erfasst. Man will wissen, wie hoch der reine Warenwert und wie hoch die Nebenkosten sind.

Der Schulkontenrahmen sieht für jedes Werkstoff- bzw. Warenaufwandskonto ein gesondertes Bezugskostenkonto vor:

6001 Bezugskosten (Bezugskosten für Aufwendungen für Rohstoffe)

6021 Bezugskosten (Bezugskosten für Aufwendungen für Hilfsstoffe)

6031 Bezugskosten (Bezugskosten für Aufwendungen für Betriebsstoffe)

6061 Bezugskosten (Bezugskosten für Wareneingang)

Beispiel:

Nr.	Geschäftsvorfälle		Konten	Soll	Haben
1.	Rohstoffeinkauf auf Ziel,				
	netto	1500,00 EUR	6000 Aufwend. f. Rohstoffe	1 500,00	
	+ Verpackung	50,00 EUR	6001 Bezugskosten	200,00	
	+ Fracht	150,00 EUR	2600 Vorsteuer	323,00	
		1 700,00 EUR	an 4400 Verb. a. L. u. L.		2 023,00
	+ 19 % USt	323,00 EUR			
		2 023,00 EUR			
2.	Kauf von Handelswaren auf Ziel,				
	netto	850,00 EUR	6060 Wareneingang	850,00	
	+ Verpackung	40,00 EUR	6061 Bezugskosten	110,00	
	+ Fracht	70,00 EUR	2600 Vorsteuer	182,40	
		960,00 EUR	an 4400 Verb. a. L. u. L.		1 142,40
	+ 19 % USt	182,40 EUR			
		1 142,40 EUR			

Das **Konto Bezugskosten** stellt ein **Unterkonto** des **jeweiligen Werkstoff- bzw. des Wareneingangskontos** dar.

Übungsaufgabe

98 Bilden Sie für die Soester Büromöbel AG zu folgenden Geschäftsvorfällen die Buchungssätze!

1. Wir kaufen Eichenfurnier auf Ziel, Listeneinkaufspreis 12 000,00 EUR zuzüglich 19 % USt. Der Lieferer gewährt uns 20 % Rabatt. Die Fracht und Verpackungskosten betragen 510,00 EUR zuzüglich 19 % USt.
2. Kauf von speziellen Schrauben von einem ausländischen Exporteur auf Ziel, Listeneinkaufspreis 795,20 EUR zuzüglich 19 % USt. Zölle und Gebühren: 8 % vom Listeneinkaufspreis.
3. Kauf von Stahlrohren durch Banküberweisung. Lieferung frei Haus 2 400,00 EUR zuzüglich 19 % USt. Für Fracht werden 150,00 EUR zuzüglich 19 % USt in Rechnung gestellt.
4. Für eine erhaltene Schleifmittellieferung zahlen wir die Frachtkosten in bar 60,00 EUR zuzüglich 19 % USt.
5. Einkauf von Schlössern für Büroschränke zum Listeneinkaufspreis von 8 500,00 EUR zuzüglich 19 % USt gegen Banküberweisung.

6. Die Frachtkosten (zu Geschäftsvorfall 5) in Höhe von 198,50 EUR zuzüglich 19 % USt werden bar bezahlt.

7. Wir beziehen Waschbenzin auf Ziel im Gesamtwert von 5 880,00 EUR zuzüglich 19 % USt. Der Rabattsatz unseres Lieferers beträgt 30 %. An Verpackungskosten werden uns 180,00 EUR in Rechnung gestellt.

8. Wir erhalten eine Rechnung für eine Holzlieferung in Höhe von 6 750,00 EUR zuzüglich 19 % USt. Der Warenwert der Rechnung wird um 20 % Mengenrabatt gekürzt. Für Fracht und Verpackung werden 350,00 EUR zuzüglich 19 % USt in Rechnung gestellt.

9. Uns liegt folgende Eingangsrechnung für Handelsware vor:

	5 Teppiche zu je 950,00 EUR	4 750,00 EUR
–	20 % Händlerrabatt	950,00 EUR
		3 800,00 EUR
+	Fracht	320,00 EUR
+	Verpackung	90,00 EUR
+	Transportversicherung	47,50 EUR
		4 257,50 EUR
+	19 % USt	808,93 EUR
=	Rechnungsbetrag	5 066,43 EUR

10.

BERNHARD MÜLLER OHG
METALLWARENFABRIK

Bernhard Müller OHG · Waldkauzstr. 1 · 86804 Buchloe
Soester Büromöbel AG
Industriepark 5
59494 Soest

Lieferdatum: 15. 09. 20..
Rechnungsdatum: 21. 09. 20..
Kunden-Nr.: 333

Rechnungs-Nr. Me 109 262

Pos.	Menge	Bezeichnung	Einzelpreis in EUR	Gesamtbetrag in EUR
1	500	Bürotischgestelle Typ 2 a	85,00	42 500,00
		+ Fracht		1 200,00
		+ Verpackung		370,00
		+ Transportversicherung		637,50
				44 707,50
		+ 19 % USt		8 494,43
				53 201,93

Zahlungsbedingungen:
30 Tage Ziel

11.

Chemische Werke Bochum GmbH
– hier stimmt die Chemie!

Chemische Werke Bochum GmbH · Rheinische Str. 12–14 · 44791 Bochum
Soester Büromöbel AG
Industriepark 5
59494 Soest

Rechnung 1799

Ihre Bestellung	Lieferdatum	Rechnungsdatum
15. 08. 20..	18. 09. 20..	21. 09. 20..

Wir lieferten Ihnen einen 100-l-Kanister Holzleim CompWood intensive:

	Listeneinkaufspreis	865,00 EUR
–	10 % Rabatt	86,50 EUR
		778,50 EUR
+	Zustellkosten	25,00 EUR
		803,50 EUR
+	19 % USt	152,67 EUR
=	Rechnungspreis	956,17 EUR

11.2 Rücksendungen an den Lieferer

Beispiel:

Ausgangssituation: Folgende Eingangsrechnung für einen Einkauf von Rohstoffen auf Ziel wurde bereits bei uns gebucht. Rohstoffwert 15 000,00 EUR zuzügl. 19 % USt.

Problemfall: Von der bereits bei uns gebuchten Rohstofflieferung senden wir Rohstoffe zurück (Falschlieferung).

	Rohstoffwert	500,00 EUR
+	19 % USt	95,00 EUR
=	Gutschriftsbetrag	595,00 EUR

Aufgaben:

1. Buchen Sie den Problemfall auf den Konten des Hauptbuches!
2. Bilden Sie dazu den Buchungssatz!

Lösungen:

Zu 1.: Buchung auf den Konten des Hauptbuches

S	6000 Aufwend. f. Rohstoffe		H
4400	15 000,00	4400	500,00

S	2600 Vorsteuer		H
4400	2 850,00	4400	95,00

S	4400 Verb. a. Lief. u. Leist.		H
6000/2600	595,00	6000/2600	17 850,00

Zu 2.: Buchungssätze

Geschäftsvorfall	Konten	Soll	Haben
Von der bereits gebuchten Rohstofflieferung schicken wir Rohstoffe zurück: Nettowert 500,00 EUR + 19 % USt 95,00 EUR = Bruttowert 595,00 EUR	4400 Verb. a. L. u. L. an 6000 Aufw. f. Rohstoffe an 2600 Vorsteuer	595,00	 500,00 95,00

Erläuterungen:

- Durch die Rücksendung von Werkstoffen (oder auch von gesondert in Rechnung gestelltem Verpackungsmaterial) nimmt der ursprünglich gebuchte Bruttowert der Eingangsrechnung um den Bruttowert der Rücksendung ab. Daher muss eine **Sollbuchung auf dem Konto 4400 Verbindlichkeiten aus Lieferungen und Leistungen** erfolgen.
- Gleichzeitig nehmen auch die ursprünglich gebuchten Werkstoffaufwendungen (Nettowerte) in der Kontenklasse 6 ab. Daher hat in Höhe des Nettowertes der Rücksendung eine **Habenbuchung auf dem entsprechenden Werkstoffaufwandskonto** zu erfolgen.
- Durch die nachträgliche Änderung der Werkstoffaufwendungen hat sich auch die Berechnungsgrundlage für die Umsatzsteuer (hier Vorsteuer) geändert. Folge: Die **Vorsteuer** muss durch eine entsprechende **Habenbuchung korrigiert** werden.

Beispiel:

Geschäftsvorfall	Konten	Soll	Haben
Gutschrift für eine Rücksendung von Verpackungsmaterial, das auf einer Eingangsrechnung für Rohstoffe gesondert in Rechnung gestellt wurde: Nettowert 350,00 EUR + 19 % USt 66,50 EUR = Bruttowert 416,50 EUR	4400 Verb. a. L. u. L. an 6001 Bezugskosten an 2600 Vorsteuer	416,50	 350,00 66,50

Rücksendungen an den Lieferer vermindern die Verbindlichkeiten gegenüber dem Lieferer in Höhe des Bruttowertes der Rücksendung, die ursprünglich gebuchten Werkstoff- bzw. Warenaufwendungen um den Nettowert und die Vorsteuer in Höhe der Differenz aus den beiden Werten.

Übungsaufgabe

99 1. Bilden Sie für folgende Geschäftsvorfälle der Soester Büromöbel AG die Buchungssätze!

1.1

Naturholz AG Augsburg

Naturholz AG · Lindenstraße 15 · 86153 Augsburg
Soester Büromöbel AG
Industriepark 5
59494 Soest

Ihr Zeichen: ri/ka
Ihre Nachricht vom: 17.09.20..
Unser Zeichen: um/he
Unsere Nachricht vom:

Datum: 22.09.20..

Sehr geehrte Damen und Herren,

wir bestätigen die Rücksendung von acht Spanplatten 19 mm wegen Qualitätsmangel:

Warenwert 8 Spanplatten 19 mm à 40,25 EUR	322,00 EUR
+ 19 % USt	61,18 EUR
Gesamtwert	383,18 EUR

Bitte nehmen Sie eine entsprechende Verrechnung in Ihrer Buchführung vor.

Mit freundlichen Grüßen
ppa. *Franzelt*

1.2

Beleg für Kontoinhaber WELADED1SOS
Sparkasse Soest
Nur für Überweisungen in Deutschland, in andere EU-/EWR-Staaten und in die Schweiz sowie nach Monaco in Euro.

Angaben zum Zahlungsempfänger: Name, Vorname/Firma (max. 27 Stellen, bei maschineller Beschriftung max. 35 Stellen)
Finanzamt Soest
IBAN Bei Überweisungen in Deutschland immer 22 Stellen → sonstige Länder 15 bis max. 34 Stellen
DE64 4145 0075 0173 4051 00
BIC des Kreditinstituts/Zahlungsdienstleisters (8 oder 11 Stellen)
Die Angabe des BIC kann entfallen, wenn die IBAN des Zahlungsempfängers mit DE beginnt.
Betrag: Euro, Cent
598,00
Kunden-Referenznummer - Verwendungszweck, ggf. Name und Anschrift des Zahlers - (nur für Zahlungsempfänger)
Nachzahlung Körperschaftsteuer
noch Verwendungszweck (insgesamt max. 2 Zeilen à 27 Stellen, bei maschineller Beschriftung max. 2 Zeilen à 35 Stellen)
Angaben zum Kontoinhaber: Name, Vorname/Firma, Ort (max. 27 Stellen, keine Straßen- oder Postfachangaben)
Soester Büromöbel AG, Industriepark 5, 59494 Soest
IBAN Prüfziffer Bankleitzahl des Kontoinhabers Kontonummer (ggf. links mit Nullen auffüllen)
D E 3 0 4 1 4 5 0 0 7 5 0 0 0 0 6 3 7 5 2 6 16
111 360 002 SE 35784
Datum Unterschrift(en)
21. Sept. 20.. *i. A. H. Bahne*

1.3

DEUTSCHE POST AG
59494 SOEST
81301450 5726 21.09.20..

*88,00 EUR

POSTWERTZEICHEN OHNE ZUSCHLAG

2. 2.1 Wir kaufen Betriebsstoffe im Gesamtwert von 2 150,00 EUR zuzüglich 19 % USt gegen Rechnung.
   2.2 Nach Buchung und Überprüfung der Sendung wird ein Teil der Betriebsstoffe wegen Qualitätsmängeln zurückgesandt, 430,00 EUR zuzüglich 19 % USt.
3. 3.1 Wir kaufen Hilfsstoffe auf Ziel im Warenwert von 2 900,00 EUR zuzüglich 19 % USt.
   3.2 Einen Teil der bereits gebuchten Hilfsstoffe senden wir wegen Beschädigung zurück. Warenwert 480,00 EUR zuzüglich 19 % USt.
4. 4.1 Wir kaufen Handelswaren im Gesamtwert von 6 324,00 EUR zuzüglich 19 % USt gegen Rechnung.
   4.2 Nach Buchung und Überprüfung der Sendung wird ein Teil der Ware wegen Qualitätsmängeln zurückgesandt, 830,50 EUR zuzüglich 19 % USt.

11.3 Preisnachlässe von Lieferern

Bei den hier zu behandelnden Preisnachlässen handelt es sich um Preisnachlässe, die ein Lieferer **nach** der beim Empfänger gebuchten Eingangsrechnung gewährt.

Nachträglich gewährte Preisnachlässe sind:

- Preisnachlässe aufgrund beanstandeter Mängel der Lieferung **(Mängelrüge),**
- nachträglich gewährte Rabatte **(Umsatzboni),**
- von Lieferern gewährte Skonti **(Liefererskonti).**

Der Schulkontenrahmen sieht für solche Nachlässe folgende Unterkonten vor:

6002 Nachlässe (Nachlässe für Aufwendungen für Rohstoffe)
6022 Nachlässe (Nachlässe für Aufwendungen für Hilfsstoffe)
6032 Nachlässe (Nachlässe für Aufwendungen für Betriebsstoffe)
6062 Nachlässe (Nachlässe für Wareneingang)

Beachte:

Gewährt der Lieferer **nachträglich einen Preisnachlass,** hat das die gleichen Auswirkungen wie bei einer Warenrücksendung. Daher liegen auch hier die gleichen Überlegungen zugrunde.

- **Sollbuchung** auf dem Konto **4400 Verbindlichkeiten aus Lieferungen und Leistungen.**
- **Habenbuchung** auf dem Konto **2600 Vorsteuer.**
- **Habenbuchung** auf dem entsprechenden Konto **Nachlässe.**

Geschäftsvorfälle	Konten	Soll	Haben
Wegen Mängel an der Betriebsstofflieferung erhalten wir eine **Lieferergutschrift** über 300,00 EUR zuzüglich 19 % USt.	4400 Verb. a. L. u. L. an 6032 Nachlässe an 2600 Vorsteuer	357,00	 300,00 57,00
Ein Hilfsstofflieferer gewährt uns einen **Umsatzbonus** in Form folgender Gutschrift: Halbjahresbonus 2 % von 35 000,00 EUR = 700,00 EUR + 19 % USt 133,00 EUR = Gutschriftsbetrag 833,00 EUR	4400 Verb. a. L. u. L. an 6022 Nachlässe an 2600 Vorsteuer	833,00	 700,00 133,00
Wir bezahlen eine Liefererrechnung für Rohstoffe unter Abzug von **Skonto** Rechnungsbetrag 7 140,00 EUR – 2 % Skonto 142,80 EUR = Banküberweisung 6 997,20 EUR	4400 Verb. a. L. u. L. an 2800 Bank an 6002 Nachlässe an 2600 Vorsteuer	7 140,00	 6 997,20 120,00 22,80

Erläuterungen zur Buchung des Liefererskontos:

- Die ursprünglich gebuchte Verbindlichkeit vermindert sich in Höhe des Bruttowertes des Nachlasses. Daher muss eine **Sollbuchung** auf dem Konto **4400 Verbindlichkeiten aus Lieferungen und Leistungen** erfolgen.
- Da sich durch die nachträgliche Preisänderung auch die ursprüngliche Berechnungsgrundlage für die Umsatzsteuer geändert hat, muss auch eine entsprechende Korrektur auf der **Habenseite** des **Vorsteuerkontos** stattfinden.

  Berechnung der Vorsteuerkorrektur:

  119 % ≙ 142,80 EUR
  100 % ≙ x EUR

  $$x = \frac{142{,}80 \cdot 100}{119} = \underline{\underline{120{,}00 \text{ EUR}}}$$

  120,00 EUR · 19 % = $\underline{\underline{22{,}80 \text{ EUR}}}$

- Die Preisminderung wird durch eine **Habenbuchung** auf dem entsprechenden **Nachlasskonto** erfasst.

Übungsaufgaben

100 Buchen Sie für die Soester Büromöbel AG die folgenden Geschäftsvorfälle im Grundbuch![1]

1. Der Lieferer sendet uns eine Gutschrift für zurückgesandte Hilfsstoffe zu:

Nettowert	350,00 EUR
+ 19 % USt	66,50 EUR
= Gutschrift	416,50 EUR

2. Unser Betriebsstofflieferer gewährt uns am Jahresende einen Bonus in Höhe von 820,00 EUR zuzüglich 19 % USt.
3. Wir senden Leihverpackung für Rohstoffe zurück und erhalten eine Gutschrift von 85,00 EUR zuzüglich 19 % USt.

1 **Zur Erinnerung**: Im Grundbuch werden die Buchungssätze gebildet.

4. Wir senden Türschlösser wegen Beschädigung zurück:

Warenwert	4120,00 EUR	
+ 19 % USt	782,80 EUR	4902,80 EUR

5.

Beleg für Kontoinhaber WELADED1SOS

Sparkasse Soest

Nur für Überweisungen in Deutschland, in andere EU-/EWR-Staaten und in die Schweiz sowie nach Monaco in Euro.

Angaben zum Zahlungsempfänger: Name, Vorname/Firma (max. 27 Stellen, bei maschineller Beschriftung max. 35 Stellen)
Inge Happel OHG, Odenwaldstr. 17, 44805 Bochum

IBAN Bei Überweisungen in Deutschland immer 22 Stellen → sonstige Länder 15 bis max. 34 Stellen
DE64 4307 0024 0600 0010 05

BIC des Kreditinstituts/Zahlungsdienstleisters (8 oder 11 Stellen)
Die Angabe des BIC kann entfallen, wenn die IBAN des Zahlungsempfängers mit DE beginnt.

Betrag: Euro, Cent
52,48

Kunden-Referenznummer - Verwendungszweck, ggf. Name und Anschrift des Zahlers - (nur für Zahlungsempfänger)
Rechnung f. Betriebsstoffe Nr. 99493 vom 14. 09. 20 . .

noch Verwendungszweck (insgesamt max. 2 Zeilen à 27 Stellen, bei maschineller Beschriftung max. 2 Zeilen à 35 Stellen)
./. 2 % Skonto

Angaben zum Kontoinhaber: Name, Vorname/Firma, Ort (max. 27 Stellen, keine Straßen- oder Postfachangaben)
Soester Büromöbel AG, Industriepark 5, 59494 Soest

IBAN	Prüfziffer	Bankleitzahl des Kontoinhabers	Kontonummer (ggf. links mit Nullen auffüllen)	
DE	3 0	4 1 4 5 0 0 7 5	0 0 0 0 6 3 7 5 2 6	16

111 360.002 SE 35784

Datum: 22. 09. 20 . .

Unterschrift(en): i.A. H. Bahne

6. Der Lieferer sendet uns für zurückgesandte Schrauben eine Gutschrift in Höhe des Bruttowertes von 386,75 EUR.

7. Unser Lieferer für Schmieröl gewährt uns am Jahresende einen Bonus in Höhe von 1863,00 EUR zuzüglich 19 % Umsatzsteuer.

8. Wir senden Leihverpackungen für Stahlbleche zurück und erhalten eine Gutschrift in Höhe des Bruttowertes von 856,80 EUR.

9. Wir senden Teile eines Kirschbaumfurniers wegen Beschädigung zurück und erhalten vom Lieferer eine Gutschrift in Höhe des Bruttowertes von 1483,93 EUR.

10. Auf eine Lieferung Pflegemittel (Handelswaren) gewährt uns der Lieferer nachträglich einen Rabatt in Form einer Gutschrift in Höhe des Bruttowertes von 452,20 EUR.

11. Von unserem Holzlieferanten erhalten wir am Jahresende einen Bonus in Höhe von 2160,00 EUR zuzüglich 19 % Umsatzsteuer.

12. Wir kaufen Maschinenöl auf Ziel. Rechnungsbetrag einschließlich 19 % Umsatzsteuer 9686,60 EUR.

13. Für Verpackungs- und Versandkosten stellt der Lieferer für Schweißmaterial eine gesonderte Rechnung aus, die wie folgt lautet:

Verpackungskosten	115,00 EUR
+ Transportkosten	90,00 EUR
	205,00 EUR
+ 19 % Umsatzsteuer	38,95 EUR
= Rechnungsbetrag	243,95 EUR

Vorlage
mvurl.de/8bcq

101 1. Formulieren Sie aufgrund der Belege den jeweils zugrunde liegenden Geschäftsvorfall!

2. Buchen Sie die Geschäftsvorfälle im Grundbuch der Soester Büromöbel AG!

Beleg 1

Epple Werke GmbH
Rostock

Soester Büromöbel AG
Industriepark 5
59494 Soest

Rechnung Nr. 1420 Rostock, 24. Sept. 20..

Sehr geehrte Damen und Herren,

aufgrund Ihrer Reklamation über gelieferte Schmiermittel erhalten Sie eine Gutschrift:

15 % von 4 500,00 EUR

	Warenwert	675,00 EUR
+	19 % USt	128,25 EUR
		803,25 EUR

Mit freundlichen Grüßen

i. V. Mennel

Sitz der Gesellschaft: Rostock Registergericht Rostock: HRB 1612 St.-Nr.: 207/3080

Beleg 2

Holzland
Bayern GmbH
Isarstraße 15-18 · 85221 Dachau

Soester Büromöbel AG
Industriepark 5
59494 Soest

Dachau, 23. Sept. 20..

Sehr geehrte Damen und Herren,

wir bestätigen die Rücksendung von 20 Spanplatten „Isar XL“, 200 x 400 x 2 cm, wegen Qualitätsmangel

	Warenwert	995,80 EUR
+	19 % USt	189,20 EUR
=	Gesamtwert	1 185,00 EUR

Bitte nehmen Sie eine entsprechende Verrechnung in Ihrer Buchhaltung vor.

Mit freundlichen Grüßen

ppa. Franz Maier

Sitz der Gesellschaft: Dachau Registergericht Dachau: HRB 4080 St.-Nr.: 220/3456

Beleg 3

Waibel Werkstoffe GmbH

Werkstoffe Hans Waibel GmbH · 99099 Erfurt
Soester Büromöbel AG
Industriepark 5
59494 Soest

Erfurt, 23. Sept. 20..

Sehr geehrte Damen und Herren,

Sie erhalten für bezogene Regalhalterungen den Jahresbonus!

	5 % von 165 000,00 EUR =	8 250,00 EUR
+	19 % USt	1 567,50 EUR
=	Gesamtwert	9 817,50 EUR

Mit freundlichen Grüßen

i. A. Weiss

Beleg 4

Beleg für Kontoinhaber WELADED1SOS

Sparkasse Soest

Nur für Überweisungen in Deutschland, in andere EU-/EWR-Staaten und in die Schweiz sowie nach Monaco in Euro.

Angaben zum Zahlungsempfänger: Name, Vorname/Firma (max. 27 Stellen, bei maschineller Beschriftung max. 35 Stellen)
Max Reichle GmbH Berlin

IBAN Bei Überweisungen in Deutschland immer 22 Stellen ⟶ sonstige Länder 15 bis max. 34 Stellen
DE15 1008 0000 0000 6255 66

BIC des Kreditinstituts/Zahlungsdienstleisters (8 oder 11 Stellen)

Die Angabe des BIC kann entfallen, wenn die IBAN des Zahlungsempfängers mit DE beginnt.

Betrag: Euro, Cent
999,60

Kunden-Referenznummer - Verwendungszweck, ggf. Name und Anschrift des Zahlers - (nur für Zahlungsempfänger)
Rechnungsausgleich für gel. Hilfsstoffe:

noch Verwendungszweck (insgesamt max. 2 Zeilen à 27 Stellen, bei maschineller Beschriftung max. 2 Zeilen à 35 Stellen)
R.-Nr. 1750 ./. 2% Skonto

Angaben zum Kontoinhaber: Name, Vorname/Firma, Ort (max. 27 Stellen, keine Straßen- oder Postfachangaben)
Soester Büromöbel AG, Industriepark 5, 59494 Soest

IBAN Prüfziffer Bankleitzahl des Kontoinhabers Kontonummer (ggf. links mit Nullen auffüllen)
D E 3 0 4 1 4 5 0 0 7 5 0 0 0 0 6 3 7 5 2 6 16

111 360.002 SE 35784

Datum Unterschrift(en)
22. Sept. 20.. i. A. Bahne

Beleg 5

	IBAN	BIC	erstellt am	Auszug	Blatt
Volksbank Hellweg	DE82414601160009404201	GENODEM1SOE	24.09.20..	81	1

ALTER SALDO			14500,00 +
24.09.20..	Heim AG, Unna Rechnung Nr. 1421	Lastschrift	1769,28 –
24.09.20..	Leasingrate für Lkw, Autohaus Schueble GmbH, 19 % USt	Lastschrift	1830,00 –
24.09.20..	Finanzamt Soest, Steuer-Nr. 45/120/0751 Umsatzsteuer Januar	Lastschrift	9020,50 –
24.09.20..	Miete für das Lager, Wiesentr. 15	Lastschrift	1500,00 –

Soester Büromöbel AG
Industriepark 5
59494 Soest

NEUER SALDO 380,22 +

Bitte Rückseite beachten.

11.4 Abschluss der Unterkonten Bezugskosten und Nachlässe

Bezugskosten und Nachlässe stellen Unterkonten des betreffenden Werkstoffaufwands- bzw. Warenaufwandskontos dar. Diese Unterkonten werden über das **betreffende Hauptkonto** abgeschlossen. Nach Abschluss der Konten Bezugskosten und Nachlässe erscheinen auf dem entsprechenden Aufwandskonto dann die auf das GuV-Konto zu übernehmenden Aufwendungen.

Beispiel:

Summe der Aufwendungen auf dem Konto 6000 Aufwendungen für Rohstoffe: 87400,00 EUR, Summe der Bezugskosten auf dem Konto 6001 Bezugskosten: 7980,00 EUR, Summe der Nachlässe auf dem Konto 6002 Nachlässe: 3420,00 EUR.

Aufgaben:

1. Übertragen Sie die Angaben auf die entsprechenden Konten und schließen Sie die Konten 6001 und 6002 ab!
2. Ermitteln Sie die Aufwendungen für Rohstoffe!

Lösungen:

Zu 1.:

S 6001 Bezugskosten H

Su	7980,00	6000	7980,00

S 6000 Aufw. f. Rohstoffe H

Su	87400,00	6002	3420,00
6001	7980,00	8020	91960,00
	95380,00		95380,00

S 6002 Nachlässe H

6000	3420,00	Su	3420,00

Zu 2.: Die Aufwendungen für Rohstoffe betragen 91960,00 EUR.

Übungsaufgaben

102 **I. Richten Sie die folgenden Konten ein:**

6020 Aufwendungen für Hilfsstoffe, 6021 Bezugskosten, 6022 Nachlässe, 6030 Aufwendungen für Betriebsstoffe, 6031 Bezugskosten, 6032 Nachlässe.

Vorlage
mvurl.de/jkps

II. Saldovorträge:

6020: 142 780,00 EUR, 6021: 12 940,00 EUR, 6022: 7 160,00 EUR,
6030: 74 560,00 EUR, 6031: 4 330,00 EUR, 6032: 2 860,00 EUR.

III. Aufgaben:

1. Übertragen Sie die Saldovorträge auf die entsprechenden Konten und schließen Sie die Unterkonten ab!
2. Weisen Sie buchhalterisch die Aufwendungen für Hilfsstoffe und die Aufwendungen für Betriebsstoffe aus!

Vorlage
mvurl.de/npwx

103 Bilden Sie für die Soester Büromöbel AG die Buchungssätze zu den nachfolgenden Buchungsbelegen!

Beleg 1

Naturholz AG Augsburg

Naturholz AG · Lindenstraße 15 · 86153 Augsburg
Soester Büromöbel AG
Industriepark 5
59494 Soest

Bitte stets angeben
Rechnungsdatum: 25.09.20..
Rechnungs-Nr.: 345376
Kunden-Nr.: 4711
Lieferdatum: 24.09.20..

Rechnungs-Nr. H 345 376

Pos.	Menge	Bezeichnung	Einzelpreis	Gesamtbetrag in EUR
1	46	Spanplatten 19 mm	40,25	1 851,50
		– 20 % Liefererrabatt		370,30
				1 481,20
		– 5 % Jubiläumsrabatt		74,06
				1 407,14
		+ 19 % USt		267,36
				1 674,50

Beleg 2

BERNHARD MÜLLER OHG
METALLWARENFABRIK

Bernhard Müller OHG · Waldkauzstr. 1 · 86804 Buchloe
Soester Büromöbel AG
Industriepark 5
59494 Soest

Ihr Zeichen: ri/ka
Ihre Nachricht vom: 28.09.20..
Unser Zeichen: mü/fe
Unsere Nachricht vom: 21.09.20..

Datum: 30.09.20..

Sehr geehrte Frau Heinrich,

in der Rechnung über Bürotischgestelle vom 21. September 20.. haben wir versehentlich keinen Mengenrabatt gewährt.

Selbstverständlich erhalten Sie den vereinbarten Rabatt nachträglich per Gutschrift:

20 % Mengenrabatt vom Warenwert 42 500,00 EUR:	8 500,00 EUR
+ 19 % USt	1 615,00 EUR
Gutschrift	10 115,00 EUR

Entschuldigen Sie bitte unser Versehen.

Mit freundlichen Grüßen

B. Müller

Beleg 3

Soester Büromöbel AG

Soester Büromöbel AG · Industriepark 5 · 59494 Soest
Innovation AG
Am Winkel 19
01109 Dresden

Soest, 20. 09. 20. .

Rechnungs-Nr. 7788/99

Aufgrund eines Furnierfehlers – „Eiche" statt „Mahagoni" – senden wir Furnier im Wert von 1 250,00 EUR zuzüglich 19 % USt zurück. Bitte nehmen Sie eine entsprechende Verrechnung in Ihrer Buchhaltung vor.

Soester Büromöbel AG
i. A. Meyerling

Beleg 4

SägGut OHG
Wir sägen – Sie bauen

SägGut OHG · Rahlstedter Str. 144 · 22143 Hamburg
Soester Büromöbel AG
Industriepark 5
59494 Soest

Bestell-Nr. 2210
Bestelldatum 10. 09. 20. .
Lieferschein-Nr. 212/22
Telefon 040 6724-556
Fax 040 6724-587

Bei Zahlung unbedingt angeben:

Rechnungsdatum	Kunden-Nr.	Rechnungs-Nr.
20. 09. 20. .	3355	7788/99

Wir berechnen für unsere Lieferung vom 18. 09. 20. .

Artikel-Nr.	Menge (Stück)	Artikelbezeichnung	Einzelpreis EUR	Gesamtbetrag EUR
1032	50	Spanplatten „Mahagoni" Top 1	131,20	6 560,00

	Warenwert (netto)	6 560,00
+	Furnierzuschlag „Mahagoni"	500,00
		7 060,00
–	10 % Rabatt	706,00
		6 354,00
+	Zustellkosten	480,00
		6 834,00
+	19 % USt	1 298,46
=	Rechnungsbetrag	8 132,46

Beleg 5

Beleg für Kontoinhaber WELADED1SOS
Sparkasse Soest
Nur für Überweisungen in Deutschland, in andere EU-/EWR-Staaten und in die Schweiz sowie nach Monaco in Euro.

Angaben zum Zahlungsempfänger: Name, Vorname/Firma (max. 27 Stellen, bei maschineller Beschriftung max. 35 Stellen)
Fritz Lernet OHG Hamburg

IBAN Bei Überweisungen in Deutschland immer 22 Stellen → sonstige Länder 15 bis max. 34 Stellen
DE64 2005 0550 0012 3657 01

BIC des Kreditinstituts/Zahlungsdienstleisters (8 oder 11 Stellen)
Die Angabe des BIC kann entfallen, wenn die IBAN des Zahlungsempfängers mit DE beginnt.

Betrag: Euro, Cent
408,17

Kunden-Referenznummer - Verwendungszweck, ggf. Name und Anschrift des Zahlers - (nur für Zahlungsempfänger)
Rechnungsausgleich für gel. Hilfsstoffe:

noch Verwendungszweck (insgesamt max. 2 Zeilen à 27 Stellen, bei maschineller Beschriftung max. 2 Zeilen à 35 Stellen)
R.-Nr. 4155138 v. 24. September ./. 2 % Skonto

Angaben zum Kontoinhaber: Name, Vorname/Firma, Ort (max. 27 Stellen, keine Straßen- oder Postfachangaben)
Soester Büromöbel AG, Industriepark 5, 59494 Soest

IBAN	Prüfziffer	Bankleitzahl des Kontoinhabers	Kontonummer (ggf. links mit Nullen auffüllen)	
D E	3 0	4 1 4 5 0 0 7 5	0 0 0 0 6 3 7 5 2 6	16

111 360.002 SE 35784

Datum: 27. Sept. 20. .
Unterschrift(en): i. A. Bahne

Beleg 6

SägGut OHG
Wir sägen – Sie bauen

SägGut OHG · Rahlstedter Str. 144 · 22143 Hamburg
Soester Büromöbel AG
Industriepark 5
59494 Soest

Bestell-Nr.
Bestelldatum
Lieferschein-Nr.
Telefon 040 6724-556
Fax 040 6724-587

Bonusgutschrift

Auf die gelieferten Spanplatten „Mahagoni" – Rechnung 7788/99 vom 20. 09. 20. . gewähren wir einen Umsatzbonus.

Bonus	53,01 EUR
+ 19 % Umsatzsteuer	10,07 EUR
= Gutschrift	63,08 EUR

104 Lösen Sie die Handlungsaufgaben aus der Situation 5 auf S. 260!

AS 2.2 Situation 6: Beschaffungscontrolling durchführen

Bei der Soester Büromöbel AG wurden für eine ausgewählte Warengruppe folgende Kennziffern ermittelt:

Kennziffer	Berechnungsformel	Vorjahr	aktuelles Jahr
Beanstandungsquote	$\frac{\text{Nettowert der Gutschriften} \cdot 100}{\text{Nettoeinkaufswert}}$	0,5 %	0,25 %
Anteil des Importvolumens am Einkaufsvolumen	$\frac{\text{Nettowert der Auslandsumsätze} \cdot 100}{\text{Nettoeinkaufswert}}$	20 %	23 %
Anteil der Rahmenkaufverträge am Einkaufsvolumen	$\frac{\text{Nettowert des Einkaufs durch Rahmenverträge} \cdot 100}{\text{Nettoeinkaufswert}}$	50 %	55 %
Bestellvolumen je Lieferung	$\frac{\text{Summe des Bestellwertes}}{\text{Anzahl der Bestellungen}}$	8 420,00	11 367,00
Beschaffungskosten je Lieferung	$\frac{\text{Summe der Beschaffungskosten}}{\text{Anzahl der Bestellungen}}$	298,40	381,95
Verzugsquote	$\frac{\text{Anzahl verspäteter Lieferungen} \cdot 100}{\text{Anzahl der Lieferungen}}$	94 %	97 %
Beanstandungsquote aller Lieferer	$\frac{\text{Wert aller erhaltenen Gutschriften} \cdot 100}{\text{Umsatzwert der Lieferer}}$	1,5 %	2,8 %

IMPULS:

Welcher der vorangestellten Kennziffern messen Sie die wichtigste Bedeutung zu?

HANDLUNGSAUFGABE:

Arbeiten Sie das folgende Kapitel des Schulbuches durch und verwenden Sie die Aufzeichnungen aus dem Unterricht zur Bearbeitung der Handlungsaufgabe!

Sie sind Mitarbeiter in der Controllingabteilung. Ihr Abteilungsleiter bittet Sie, die Kennziffern und deren Veränderung vom Vorjahr zum aktuellen Jahr zu interpretieren und in einem Bericht zusammenzustellen!

12 Wirtschaftlichkeit von Beschaffungsentscheidungen überprüfen

12.1 Beschaffungscontrolling und Wirtschaftlichkeit

(1) Beschaffungscontrolling

„Im Einkauf liegt der Gewinn" lautet eine alte Kaufmannsregel. Das nachfolgende Beispiel bestätigt diese Regel. Es zeigt, dass eine Minderung des Bezugspreises um 5 % eine Gewinnsteigerung um 22,5 % ermöglicht.

18 Merkur-Nr. 0620

Beispiel:

	Vorher (in EUR)	Nachher (in EUR)
Umsatzerlös	110,00	110,00
– Bezugspreis	50,00	48,00
– Handlungskosten	50,00	50,00
= Gewinn	10,00	12,00
Gewinnzuschlag in %	$= \frac{10{,}00 \cdot 100}{100{,}00} = 10\,\%$	$= \frac{12{,}00 \cdot 100}{98{,}00} = 12{,}245\,\%$

Erläuterungen:

Die Minderung des Bezugspreises um 2,00 EUR entspricht einer Preissenkung von 4 %. Eine solche Preissenkung führt zu einer Erhöhung des Gewinnzuschlagssatzes von 10 % auf 12,245 %. Bezogen auf 100,00 EUR Selbstkosten beträgt der Gewinn nachher 12,25 EUR statt 10,00 EUR. Er steigt also um 22,5 %.[1]

Das Beschaffungscontrolling hat darauf zu achten, dass die internen Schwachstellen im Beschaffungsbereich sowie auftretende Probleme zwischen den Beschaffungsabteilungen und den Lieferanten frühzeitig erkannt und deren negativen Auswirkungen vom Unternehmen abgewendet werden. Das Beschaffungscontrolling sorgt dafür, dass die Beschaffungskosten niedrig sind, die Qualitätsstandards eingehalten oder verbessert werden und die Beschaffungsorganisation ständig optimiert wird.

Zu den **Instrumenten** des Beschaffungscontrollings zählen (die bereits behandelten) Verfahren wie die **ABC-Analyse,** die **Berechnung und Überprüfung von Meldebeständen** sowie die **Berechnung der optimalen Bestellmenge.** Hinzu kommen noch **Kennziffern zur Kostenkontrolle im Beschaffungsbereich.** Diese sollen ermöglichen, die laufende Geschäftstätigkeit des Beschaffungsbereichs ständig zu kontrollieren.

- Das **Beschaffungscontrolling** plant, steuert und kontrolliert alle Vorgänge, die der Versorgung des Unternehmens mit Rohstoffen, Waren, Maschinen, Mitarbeiter, Rechte usw. dienen.
- Es stellt sicher, dass die **Beschaffungsvorgänge optimal ausgerichtet** sind.

(2) Wirtschaftlichkeit

Das Beschaffungscontrolling ist darauf ausgerichtet, die Wirtschaftlichkeit des Unternehmens zu stärken.

Wirtschaftlichkeit ist das Verhältnis der erzielten Erträge zu den für diese Erträge aufgewendeten Mitteln je Periode (z. B. je Geschäftsjahr).

$$\text{Wirtschaftlichkeit} = \frac{\text{Erträge}}{\text{Aufwendungen}}$$

1 Nachher: Gewinn bei 98,00 EUR Selbstkosten 12,25 EUR
Vorher: Gewinn bei 100,00 EUR Selbstkosten 10,00 EUR
Gewinnerhöhung 2,25 EUR

alter Gewinn 10,00 EUR ≙ 100 %
Gewinnsteigerung 2,25 EUR ≙ x %

$x = \frac{2{,}25 \cdot 100}{10} = 22{,}5\,\%.$

Beispiel:

Der Monatsumsatz einer Seilerei betrug 3 192 000,00 EUR. Die monatlichen Aufwendungen beliefen sich auf 3 040 000,00 EUR. Die Wirtschaftlichkeitskennziffer berechnet sich wie folgt:

$$\text{Wirtschaftlichkeit} = \frac{3\,192\,000}{3\,040\,000} = \underline{\underline{1{,}05}}$$

Die Wirtschaftlichkeitskennziffer 1,05 bedeutet, dass für jeden eingesetzten Euro ein Erlös von 1,05 EUR erzielt werden konnte.

Ein Unternehmen arbeitet immer dann wirtschaftlich, wenn der Quotient höher ist als 1.

12.2 Ausgewählte Kennziffern aus dem Beschaffungsbereich

Kennziffern	Formel	Einflussgrößen	Benötigt für ...
Beschaffungskosten je Lieferung	$\frac{\text{Summe der Beschaffungskosten}}{\text{Anzahl der Bestellungen}}$	■ Wahl des Transportsystems ■ Bestellhäufigkeit ■ Teilevielfalt	■ Kostenkontrolle
Bestellvolumen je Bestellung	$\frac{\text{Summe des Bestellwertes}}{\text{Anzahl der Bestellungen}}$	■ optimale Bestellmenge ■ Lieferungsbedingungen	■ Kostenkontrolle ■ Lagerraumplanung ■ Finanzplanung
Bezugskosten je Lieferung	$\frac{\text{Summe der Bezugskosten}}{\text{Anzahl der Lieferungen}}$	■ Entfernung zum Lieferer ■ Transportmittel ■ Auslastung der Transportmittel	■ Kostenkontrolle
Beanstandungsquote nach Lieferer	$\frac{\text{Wert der erhaltenen Gutschriften} \cdot 100}{\text{Umsatzwert des Lieferers}}$	■ Zahl der Fehler aus der Wareneingangskontrolle ■ Retouren ■ Gutschriften	■ Lieferantenauswahl ■ Produktionsplanung
Verzugsquote	$\frac{\text{Anzahl verspäteter Lieferungen} \cdot 100}{\text{Anzahl der Lieferungen}}$	■ Zahl der Mahnungen ■ Anzahl verspäteter Tage	■ Kostenkontrolle ■ Lagerraumplanung ■ Lieferantenauswahl
Termintreue	$\frac{\text{Termingerechte Lieferungen} \cdot 100}{\text{Anzahl der Lieferungen}}$	■ Liefertermine ■ Zuverlässigkeit von Lieferer und Frachtführer	
Wert der Beschaffungsvorgänge je Lieferer	Summe der Werte, gruppiert nach Lieferer	■ Optimale Losgröße	■ Finanzplanung ■ Lagerraumplanung
Servicegrad	$\frac{\text{Zahl der befriedigten Serviceanforderungen} \cdot 100}{\text{Gesamtzahl der Serviceanforderungen}}$	■ Qualität des Produkts ■ Benutzungshäufigkeit	■ Kostenkontrolle ■ Lieferantenauswahl

Zusammenfassung

- **Beschaffungscontrolling** erfasst die Tätigkeiten im Markt und im Unternehmen, die sich auf die Bereitstellung der Einsatzgüter beziehen.
- **Wirtschaftlichkeit** ist das Verhältnis von Erträgen zu Aufwendungen.
- Kennziffern sind ein **wichtiges Instrument des Managements** und bei der Wahrnehmung der Controllingaufgaben.

Übungsaufgaben

105 1. Glaser Müller stellte zusammen mit seinen drei Gesellen im Monat Mai in 720 Arbeitsstunden 100 Fenster gleicher Größe und Qualität her, die auch verkauft wurden. Der Verkaufspreis je Stück betrug 150,00 EUR. Die Gesamtaufwendungen der Glaserei beliefen sich im Mai auf 11 500,00 EUR.

Aufgabe:

Berechnen Sie die Wirtschaftlichkeit!

2. Die Umsatzerlöse bei Stefan Osann e. Kfm. betragen für ein Kopiergerät im 1. und 2. Quartal 840,00 EUR. Der Bezugspreis für das Gerät betrug im 1. Quartal 590,00 EUR, im 2. Quartal 572,30 EUR. Die Handlungskosten bleiben mit 124,00 EUR konstant.

Aufgaben:

2.1 Ermitteln Sie, wie viel Prozent die Preissenkung des Kopiergeräts im 2. Quartal beträgt!

2.2 Berechnen Sie die Gewinnsteigerung aufgrund der Preissenkung!

3. Die MicroTex Technologies GmbH Soest erweitert ihren Betrieb und möchte 10 neue Eintrommelseilwinden mit einer Zugkraft von 50 kN beschaffen. Der zuständige Einkaufssachbearbeiter holt Angebote von 4 Herstellern ein. Vor seiner Entscheidung bittet er Sie, als Sachbearbeiter in der Controllingabteilung, um die Bereitstellung entsprechender Kennziffern. Über die 4 Hersteller, die bereits Maschinen an die MicroTex Technologies GmbH geliefert haben, liegen Ihnen folgende Daten vor:

	Hersteller I	Hersteller II	Hersteller III	Hersteller IV
Anzahl der Lieferungen	22	14	18	30
Wert der erhaltenen Gutschriften (in EUR)	71 200,00	84 100,00	33 940,00	438 750,00
Umsatzwert des Lieferers (in EUR)	2 848 000,00	4 426 316,00	1 060 625,00	29 250 000,00
Verspätete Lieferungen	2	1	3	4
Termingerechte Lieferungen	20	13	15	26
Serviceanforderungen	180	105	168	260
Zahl der befriedigten Serviceleistungen	165	98	162	250

Aufgaben:

Vorlage

mvurl.de/3jb5

3.1 Berechnen Sie die Kennziffern Beanstandungsquote, Verzugsquote, Termintreue und Servicegrad!

3.2 Begründen Sie, welchen Hersteller Sie auf der Grundlage der Kennziffern dem Einkaufssachbearbeiter vorschlagen werden!

106 Lösen Sie die Handlungsaufgabe aus der Situation 6 auf S. 273!

Handlungsfeld 3: Leistungserstellung

Anforderungssituation 3.1

1 Leistungserstellungsprozess als Kernprozess eines Industrieunternehmens

Der Prozess der Leistungserstellung vollzieht sich in mehreren, aufeinanderfolgenden Schritten.

Planungsprozesse

Zu den **Planungsprozessen** gehören zunächst all jene Aktivitäten, die darauf gerichtet sind, den **Innovationsprozess** (Prozess der Produktentstehung, siehe Kapitel 2) voranzubringen. Dieser Prozess beinhaltet die Verfahren zur Gewinnung von Ideen für neue Produkte, zu deren Bewertung und Auswahl bis hin zur Produktgestaltung und Entwicklung. Er ist abgeschlossen mit der Erstellung der Dokumente für die Erzeugnisplanung. Zu diesen Dokumenten gehören die Konstruktionszeichnungen, die Erzeugnisstrukturen, Stücklisten und die Arbeitspläne.

Zum anderen gehört hierzu auch die **Planung der fertigungstechnischen Rahmenbedingungen** (Kapitel 3). Im Wesentlichen entscheidet die Häufigkeit gleichartiger Arbeitsabläufe darüber, in welchem Maße die menschliche Arbeitskraft daran beteiligt ist und wie die Betriebsmittel im Produktionsprozess angeordnet sind.

Steuerungsprozesse[1]

Aufgabe der **Steuerungsprozesse** ist es, die Kundenaufträge zu Fertigungsaufträgen zu bündeln und diese anschließend durchzuführen.

Controllingprozesse

Das Bestreben nach einer kontinuierlichen Weiterentwicklung verlangt Kontrollen. Es ist daher notwendig, dass die Leistungserstellungsprozesse im Hinblick auf ihre Qualität und Wirtschaftlichkeit durch besondere **Controllingprozesse** beurteilt werden. Verfahren der Qualitätssicherung und spezielle Kennziffern der Leistungserstellung unterstützen diese Tätigkeiten (Kapitel 4).

1 Diese Inhalte sind nicht Gegenstand des Bildungsplans.

AS 3.1 Situation 1: Ideen generieren und bewerten

Der Forschungs- und Entwicklungsabteilung der MicroTex Technologies GmbH, Hersteller von technischen Garnen, Alfred-Nobel-Straße 42, 59494 Soest, ist eine bahnbrechende Entwicklung gelungen. Sie entwickelte ein Garn, welches die UV-Strahlung der Sonne umwandelt in Wärme. Zudem hat das Garn die folgenden Eigenschaften:

- Es kann beliebig durchgefärbt werden.
- Es lässt sich zu großflächigen Bahnen weben.
- Die Herstellung sowohl von ganz feinen als auch von sehr festen Tuchen ist möglich.
- Die Tuche können sowohl genäht als auch verklebt werden.

Das Garn wurde patentrechtlich geschützt. Eine Konkurrenzanalyse ergab, dass man mit diesem Produkt eine absolute Marktneuheit entwickelt hat.

Impuls:

1. Warum sind Innovationen für den Wohlstand in unserer Gesellschaft so bedeutsam?
2. Warum ist es erforderlich, die Ideengewinnung und -bewertung innerhalb eines sorgfältig geplanten Innovationsprozesses abzuwickeln?

Handlungsaufgaben:

Arbeiten Sie die folgenden Kapitel des Schulbuches durch, recherchieren[1] Sie zusätzlich im Internet und verwenden Sie die Aufzeichnungen aus dem Unterricht zur Bearbeitung der Handlungsaufgaben!

1. Bilden Sie Arbeitsgruppen und entscheiden Sie sich für eine der Kreativitätstechniken!
2. Eine Definition für „Leistungskonzepte" lautet:

   > „Das Leistungskonzept (Value Proposition) legt in Form des Wertversprechens fest,
   > - für welchen Kunden oder für welche Kundengruppen
   > - über welche Leistungen Wert erbracht werden soll.
   >
   > Die Leistung umfasst sowohl materielle und immaterielle Produkte als auch Dienstleistungen und Kombinationen dieser Leistungsbestandteile."[2]

   Entwerfen Sie ein Leistungskonzept für das innovative Garn. Überlegen Sie dabei, welchen Kunden bzw. Kundengruppen Sie die verschiedenen, vielfältigen Verwendungsmöglichkeiten des Garns zuordnen.
3. Bewerten Sie Ihre Ideen!
4. Bilden Sie eine Reihenfolge für die TOP 5!
5. Präsentieren und begründen Sie Ihr Ergebnis!

---

1 **Recherchieren:** ermitteln, nachforschen.

2 Quelle: Thomas Bieger/Stephan Reinhold: Das wertbasierte Geschäftsmodell – Ein aktualisierter Strukturierungsansatz, zitiert nach: www.springer.com/978-3-642-18067-5, S. 32 [22.02.2013].

2 Ein Leistungskonzept von der Ideenfindung bis zur Herstellungsreife erstellen

2.1 Grundlegende Phasen der Leistungsentwicklung beschreiben

2.1.1 Innovationen[1] – Grundlage des Wohlstands

Innovationen sind notwendig, um stetiges Wachstum des Volkseinkommens zu ermöglichen und damit den Wohlstand aller zu erhöhen. Basisinnovationen, die sich in weiten Zyklen[2] von 50–60 Jahren vollziehen, ziehen deutliche Schübe gesamtwirtschaftlichen Wachstums nach sich und führen jeweils zu spürbaren Anstiegen des Volkseinkommens.[3]

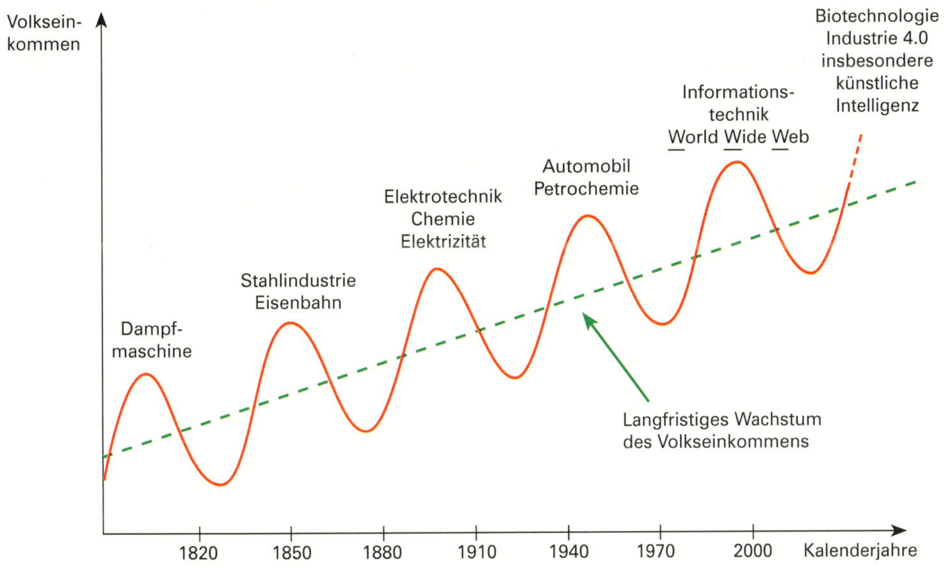

Die Abhängigkeit des Wohlstandes von der Innovationsentwicklung ist nicht nur eine Thematik der **weltwirtschaftlichen** Entwicklung. Eine intensive Innovationstätigkeit ist auch für eine **einzelne Volkswirtschaft** unabdingbar, insbesondere in jenen mit hohen Lohn- und Energiekosten. Aufgrund ihrer geringeren Arbeitskosten haben Niedriglohn- bzw. Schwellenländer Wettbewerbsvorteile gegenüber den Industrienationen. Sinkt die Innovationsdynamik in den Ländern mit hohen Produktionskosten, dann verlagert sich die Produktion in die Länder mit geringeren Kosten. Die Folge ist, dass sich das Wachstum in den Industrieländern verlangsamt oder sogar schrumpft.

Diese Logik gilt auch auf der Ebene der **einzelnen Unternehmen,** die sich seit ca. 30 Jahren einer Reihe von Herausforderungen gegenübersehen, die ihre Wettbewerbsfähigkeit herausfordern.

1 **Innovation**: Einführung von etwas Neuem, Neuerung; hier im Sinn von Idee, Erfindung.

2 Nikolai Kondratjew, russischer Wirtschaftswissenschaftler, entwickelte diese Theorie der zyklischen Wirtschaftsentwicklung in langen Wellen.

3 Das **Volkseinkommen** ist die Summe der Arbeitnehmerentgelte, der Unternehmenseinkommen sowie der Vermögenseinkommen (z. B. Zinsen, Dividenden, Gewinne, Miet- und Pachterträge).

2.1.2 Innovationsprozess

Ein strukturierter Innovationsprozess durchläuft in der Regel mehrere Phasen:

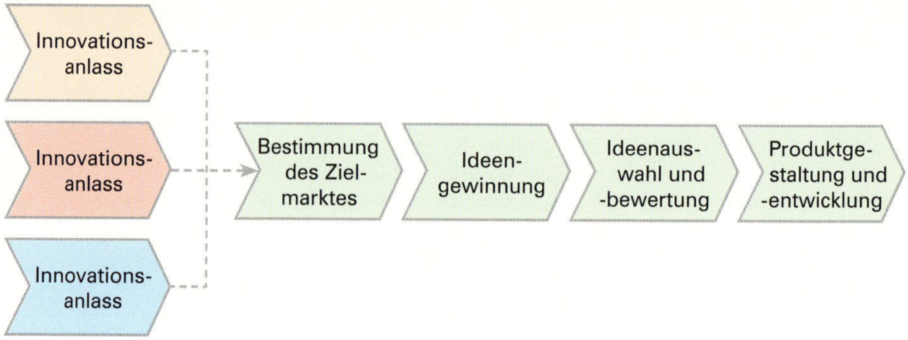

2.1.3 Innovationsanlässe

Zwei Hauptgruppen von Innovationsanstößen lassen sich feststellen. Zum einen sind das **interne Auslöser,** die sich aus der angestammten Geschäftstätigkeit ergeben. Zum anderen sind das **Risiken und Chancen,** welche durch die Beobachtung **des Marktumfeldes** wahrgenommen wurden.

(1) Interner Auslöser („Technology Push")

Die zündende Dynamik für die Innovation geht vom eigenen Betrieb aus.

Beispiele:

Die Entwicklung des iPod, des iPad und iPhone der Firma Apple. Diese Produkte waren sowohl für Apple als auch für den Gesamtmarkt neu. Sie haben inzwischen Kultstatus und werden mit attraktiven Gewinnspannen verkauft. Vergleichbares gelang in den 80er-Jahren der Firma Renault mit der Entwicklung eines neuen Autotyps, des Van („Espace"). Der Erfolg dieses Fahrzeugkonzeptes veranlasste viele andere Hersteller zur Nachahmung.

Ein weiterer interner Auslöser ist z. B. das Versprechen, nur innovative Produkte bei hoher Qualität anzubieten. Jedes Produkt unterliegt einem Produktlebenszyklus, der in der Automobilbranche bei etwa sieben Jahren liegt. Danach ist die derzeit laufende Modellreihe in der Wahrnehmung der Kunden veraltet. Mit ihr können keine weiteren Marktanteile gewonnen werden. „Das Beste oder nichts" (Mercedes) oder „Aus Freude am Fahren" (BMW) verpflichten die Unternehmung, diese Versprechen durch kontinuierliche Fortschreibung der Innovation einzulösen.

Weitere technische Auslöser können sein:

- geänderte rechtliche Rahmenbedingungen (z. B. kein bleihaltiges Benzin an Tankstellen, Tagfahrlicht),
- neue Erkenntnisse im Rahmen der eigenen Forschung und Entwicklung,
- Zufallsentwicklungen (siehe „Post-it"-Beispiel auf S. 283, Teflonbeschichtung als Nebenprodukt der Weltraumtechnik und Nierensteinzertrümmerer als Spin-off[1] aus der Militärtechnik).

1 **Spin-off:** Ableger.

(2) Vom Markt angeregte Auslöser („Market Pull")

Hierbei geht der Zündfunke für die Innovation vom Markt aus. Externe Auslöser können sein:

- Kundenbeschwerden,
- Beobachtung der Neueintragung von Patenten,
- Öffnung neuer Märkte (z. B. Wegfall internationaler Handelshemmnisse wie Zölle),
- Nachahmer aus Fernost zwingen entweder zum Rückzug oder fordern verstärkte Innovationskraft (Importe japanischer Kamerahersteller führten zum Niedergang deutscher Marken [z. B. Voigtländer] während Importe japanischer Automobilhersteller hingegen zu verstärkten und erfolgreichen Bemühungen der deutschen Autoindustrie führten; heute zeichnet sich auf dem Markt der Solarpanels, der Windkraftanlagen und der E-Autos eine vergleichbare Entwicklung ab, da China inzwischen diese Märkte dominiert.),
- Weiterentwicklungen der Konkurrenz (z. B. nehmen die Automobilhersteller gegenseitig die Konkurrenzmodelle unter die Lupe und registrieren sorgfältig deren Innovationsstand).

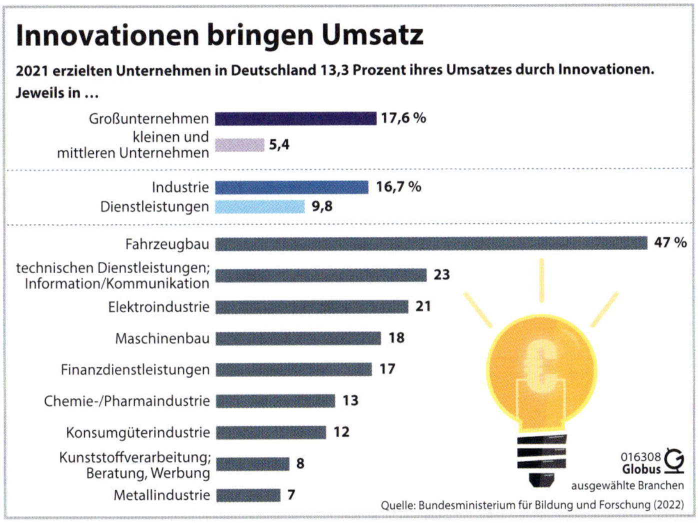

2.1.4 Bestimmung des Zielmarktes

Der Vorteil für die Festlegung des Zielmarktes liegt darin, dass durch die Beschränkung auf einen abgegrenzten Marktbereich in der nachfolgenden Ideensuche nicht ziellos Ideen zusammengetragen und bewertet werden.

Hilfreich hierfür ist z. B. die **SWOT-Analyse.**[1] Dabei richtet man einerseits den Blick auf die **unternehmensinternen Faktoren** und untersucht im Rahmen der **Stärken-Schwächen-Analyse** die Stärken und Schwächen des eigenen Unternehmens im Vergleich zu seinen Wettbewerbern.

Die **Chancen-Risiken-Analyse** ergänzt die SWOT-Analyse, indem sie das **Marktumfeld** betrachtet und versucht, mögliche Entwicklungen auf dem Markt aufzudecken, die genutzt oder bewältigt werden müssen.

1 **SWOT** steht für **S**trengths (Stärken), **W**eakness (Schwächen), **O**pportunities (Chancen) und **T**hreats (Gefahren).

Typische Fragestellungen zum Finden ...

... der Stärken:	... der Chancen:
■ Was gelingt uns besser als den Mitbewerbern? ■ Wo haben wir Alleinstellungsmerkmale? ■ Wo werden wir vom Markt als besonders stark wahrgenommen? ■ Wo haben wir schützende Rechte? ■ Welche/-s unserer Fähigkeiten/Produkte ist für unseren Unternehmenserfolg von herausragender Bedeutung?	■ Welche gesetzlichen, politischen, technologischen und demografischen[1] Veränderungen kommen auf unsere Kunden zu? ■ Was davon ist positiv für uns? ■ Welche Bedürfnisse haben unsere Kunden jetzt und in der Zukunft? ■ Entwickeln sich Trends, die für uns interessant sind? ■ Auf welchen Märkten sind wir bis jetzt schlecht vertreten? ■ Wo bestehen für Mitbewerber hohe Eintrittsbarrieren in den Markt?

... der Schwächen:	... der Risiken:
■ Was gelingt uns weniger gut als den Mitbewerbern? ■ Wo vergeuden wir zu viel Ressourcen (Zeit, Material, Energie)?	■ Welche gesetzlichen, politischen, technologischen und demografischen Veränderungen können eine Gefahr für uns bedeuten? ■ Wie verhalten sich die Wettbewerber? ■ Zeichnen sich Entwicklungen ab, die bedrohend für uns sein könnten?

2.2 Methoden und Anlässe der Ideengewinnung und -bewertung erklären

2.2.1 Ideengewinnung

Für die Ideengewinnung gibt es zwei Möglichkeiten:

(1) Passive Ideenfindung

- Ideen kommen **aus dem eigenen Unternehmen,** z. B.
  - von Mitarbeitern aus dem Vertrieb, Marketing und der Produktion,
  - aus dem betrieblichen Vorschlagswesen,
  - aus der eigenen Forschungs- und Entwicklungsabteilung,
  - aus Kundenbeschwerden dank eines eingerichteten Beschwerdemanagements.

- Ideen kommen **aus externen Quellen,** z. B.
  - durch Befragungen von Endverbrauchern oder Händlern,
  - von Experten an Forschungsinstituten oder Hochschulen,
  - durch Publikationen,
  - durch Beobachtung der Konkurrenz,
  - über Patentämter.

1 **Demografie:** Beschreibung der wirtschafts- und sozialpolitischen Bevölkerungsentwicklung.

(2) Aktive Ideensuche durch Anwendung bestimmter Kreativitätstechniken

Hierfür gibt es eine Reihe von Verfahren mit der Gemeinsamkeit, dass sie die Abwicklung **kreativer**[1] **Prozesse** unterstützen. Exemplarisch wird das **Brainstorming-Verfahren** skizziert. Das Brainstorming-Verfahren setzt in erster Linie auf Spontaneität der Teammitglieder und hat das Ziel, möglichst viele neue Ideen in kurzer Zeit zu entwickeln.

Brainstorming-Verfahren	
Es trifft sich eine Gruppe von Experten unterschiedlicher Fachrichtungen (Techniker, Kaufleute usw.) zu einer Ideenkonferenz. Ein Moderator übernimmt die Leitung der Gruppe. Alle vorgebrachten Ideen und Vorschläge werden kritiklos akzeptiert, nach Möglichkeit aufgegriffen und weiterentwickelt. In dieser **ersten Phase** hat die **Menge der Ideen Vorrang** vor deren Qualität. Die Beiträge werden entweder schriftlich protokolliert oder der Ablauf wird elektronisch aufgezeichnet. Eine Bewertung der Ideen findet in dieser Phase nicht statt, sondern erst nach Ablauf der Konferenz. **Kritik ist also nicht zugelassen.**	■ Intensiver Ideenfluss mit vielen, bereits bekannten, naheliegenden Ideen, ■ wenig neue Vorschläge. ■ nachlassender Ideenfluss, ■ längere Pausen.
Die **Ideen mit innovativem Charakter** ergeben sich vorwiegend erst in der **zweiten Phase.** Der Brainstorming-Prozess darf also nicht zu früh abgebrochen werden. Vielmehr muss er gezielt überzogen werden, da das kreative Potenzial erst „herausgepresst" werden muss und andernfalls verloren wäre.	■ Bereits vorgebrachte Gedanken werden jetzt verstärkt aufgegriffen und weiterentwickelt. ■ Dies ist die eigentliche kreative Phase mit höherem Anteil an innovativen Ideen.
Im Anschluss an die Ideensammlung werden gleichartige Vorschläge zusammengefasst und auf ihre Umsetzbarkeit hin überprüft. Nicht brauchbare Vorschläge werden gestrichen.	

Interessant ist auch die **Ideengewinnung aus unerwarteten Fehlschlägen.**

Beispiel:

Ende der 60er-Jahre versuchte die 3M-Company einen neuen Klebstoff zu entwickeln. Heraus kam ein Kleber, der zwar überall haftete, aber sich rasch ablösen ließ. Jahre später erinnerte sich ein Arbeitskollege des Klebstoffentwicklers, der ein Lesezeichen für sein Gesangbuch benötigte, an diese Entwicklung. Das Lesezeichen haftete und ließ sich leicht entfernen, ohne dass die Seiten des Liederbuches beschädigt wurden. Die **„Post-it"-Haftnotizen** gehören heute zu den wichtigsten Erfindungen des 20. Jahrhunderts und verschaffen der 3M-Company jährlich Umsätze in dreistelliger Millionenhöhe.

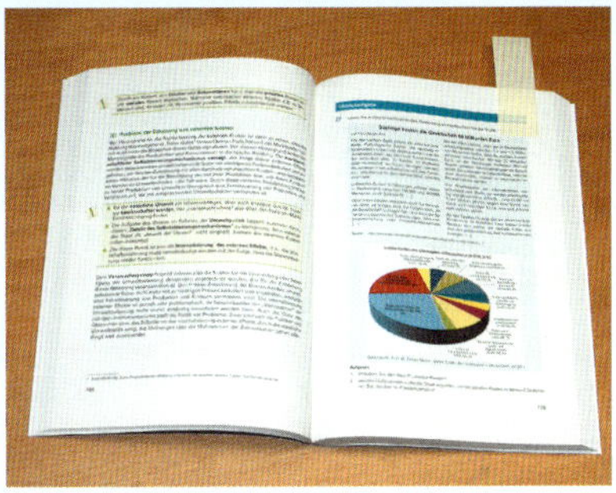

1 **Kreativität**: schöpferische Fähigkeit, hier: Fähigkeit von Personen, zur Lösung von Problemen neue Ideen zu entwickeln.

Dass man sich aber auch gewaltig irren kann und Gefahr läuft, Chancen zu verpassen, belegen **nachfolgende Irrtümer,**[1] über welche wir aus heutiger Sicht nur schmunzeln:

Beispiele:

- *„640 Kilobyte sind genug für jeden (Computer)."*
  Bill Gates, 1981
- *„Es gibt keinen Grund, warum irgendjemand einen Computer in seinem Haus wollen würde."*
  Ken Olson,
  Präsident von Digital Equipment Corp., 1977
- *„Das Telefon hat zu viele ernsthaft zu bedenkende Mängel für ein Kommunikationsmittel. Das Gerät ist von Natur aus von keinem Wert für uns."*
  „Western Union",
  Interne Meldung, 1876

2.2.2 Ideenbewertung und Ideenauswahl

Empfehlenswert ist ein **mehrstufiges Verfahren:**

Stufe 1	Stufe 2	Stufe 3	Stufe 4	Stufe 5	Stufe 6
Dubletten (gleichartige Ideen) werden **zusammengefasst** zu einem Ideenpool.	Die danach vorhandenen Ideen werden **geordnet,** z. B. nach Kreativität. Die Ideen mit hohem Innovationswert werden gesondert herausgestellt, weil sich mit ihnen besondere Chancen verbinden.	**Bewertung** der Ideen, z. B. durch **Vergabe von Punkten** von +6 (sehr gut) bis –2 (sehr schlecht), jeweils für einzelne Kategorien, wie Absatzeignung, Produktionseignung, Beschaffungseignung usw. (siehe Grafik auf S. 285).	Die erreichten Punkte werden mit **Gewichtungsfaktoren,** die die Bedeutung der Kategorie wiedergeben, multipliziert. (Das Kriterium Markteignung ist beispielsweise viermal so wichtig wie die Kapitalbindung des Umlaufvermögens, vgl. S. 285.)	Aus der **Addition der gewichteten Punkte** ergibt sich die Gesamteignung.	 **TOP 5!** Beschränkung auf z. B. die **TOP 5,** um die Energie auf die erfolgreichsten Ideen zu fokussieren.[2]

1 Quelle: „http://www.r-winners.de/sonstige/spass6.htm" [29. 11. 2018].

2 **Fokussieren**: auf einen zentralen Punkt ausrichten.

Beispiel für die Bewertung von Ideen (siehe Stufe 3, S. 284)

Produktbewertungsprofil[1]

	sehr gut (6)	gut (4)	durch-schnittl. (2)	schlecht (0)	sehr schlecht (−2)	Punkt-zahlen	Gewich-tungsfak-toren	gewichtete Punkt-zahlen
Absatzeignung:								
Markteignung						6	2	12
Vertriebseignung						6	2	12
Produktionseignung:								
Verfahrensbeherrschung						2	2	4
Kapazitätsbeanspr.						4	1,5	6
Beschaffungseignung:								
Rohstoffverfügbarkeit						4	1,5	6
Lieferantenabhängigkeit						2	1	2
F&E-Eignung:								
Know-how d. Mitarb.						2	1	2
techn. Ausstattung						−2	1	−2
Kapitalbindung:								
Anlagevermögen						2	0,5	1
Umlaufvermögen						4	0,5	2
Ergebnisbeiträge nach produktspezifischen fixen Kosten (ggf. inkl. Lizenzk.)						6	2	12
GESAMTEIGNUNG								57

2.3 Ein Leistungskonzept entwerfen

(1) Kostenentwicklung und Produktgestaltung

Bei der Gestaltung eines neuen Erzeugnisses ist der gesamte Produktlebenszyklus[2] in den Gestaltungsprozess einzubeziehen, da die späteren Phasen des Lebenszyklus bereits im Entwurf des Erzeugnisses berücksichtigt werden müssen. Dies ist insbesondere deshalb wichtig, weil Änderungen an der Konzeption des Erzeugnisses immer teurer werden, je später sie in der Produktentwicklung eingeleitet werden. Änderungen an der Produktidee sind nahezu gratis, während Änderungen in einer angelaufenen Serienproduktion unter Umständen mit teuren und rufschädigenden Rückrufaktionen verbunden sein können.

1 Nach: Hahn, D./Laßmann, G.: Produktionswirtschaft, 3. Aufl. Heidelberg 1999, S. 220. Beim Produktbewertungsprofil handelt es sich um einen Mehrfaktorenvergleich (Scoringmodell).

2 Zum Konzept des Produktlebenszyklus siehe S. 350 ff.

Die nachfolgende Grafik zeigt den Zusammenhang zwischen Gestaltungsspielraum und Kosten einer Produktänderung in Abhängigkeit von der Phase der Produktentwicklung.

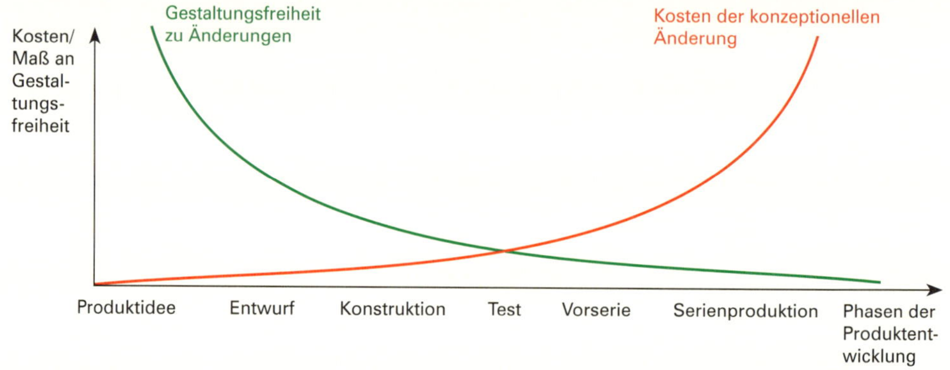

Man erkennt, dass in der Phase der „Produktidee" Änderungen kaum Kosten verursachen, da sie noch „im Kopf" stattfinden. Der Entwickler hat also noch ein hohes Maß an Gestaltungsfreiheit. Mit zunehmendem Reifegrad der Produktentwicklung gewinnt der Konstrukteur dann Erkenntnisse über die Machbarkeit seiner Idee, ob er der richtigen Idee oder einem Irrweg gefolgt ist.

Gleichzeitig wird der Entwickler jedoch in seinen Freiheitsgraden mehr und mehr eingeschränkt, denn notwendige Änderungen werden immer teurer. Darüber hinaus entscheiden die Festlegungen im Rahmen der Konstruktion darüber, inwieweit das Erzeugnis fertigungsgerecht ist. Der Konstrukteur trägt somit ein besonders hohes Maß an Kostenverantwortung.

(2) Entwicklung unter Berücksichtigung der Lebensphasen des Produkts

■ Konstruktion

Im Rahmen der Konstruktion müssen bereits die Einflussfaktoren berücksichtigt werden, die erst in den späteren Lebensphasen eines Produkts wirksam werden. Die Funktionskette auf S. 287 zeigt, auf welche Weise die Entwicklungs- und Lebensphasen eines Erzeugnisses bereits im Voraus im Rahmen der Konstruktion berücksichtigt werden müssen.

In der senkrechten Anordnung zeigt das Schaubild auf S. 287 die Lebensphasen eines Produkts, wobei der Prozess der Produktentwicklung besonders hervorgehoben ist. Die rückführenden Pfeile zeigen, welche Forderungen die einzelnen Lebensphasen eines Produkts an die Konstruktion stellen.

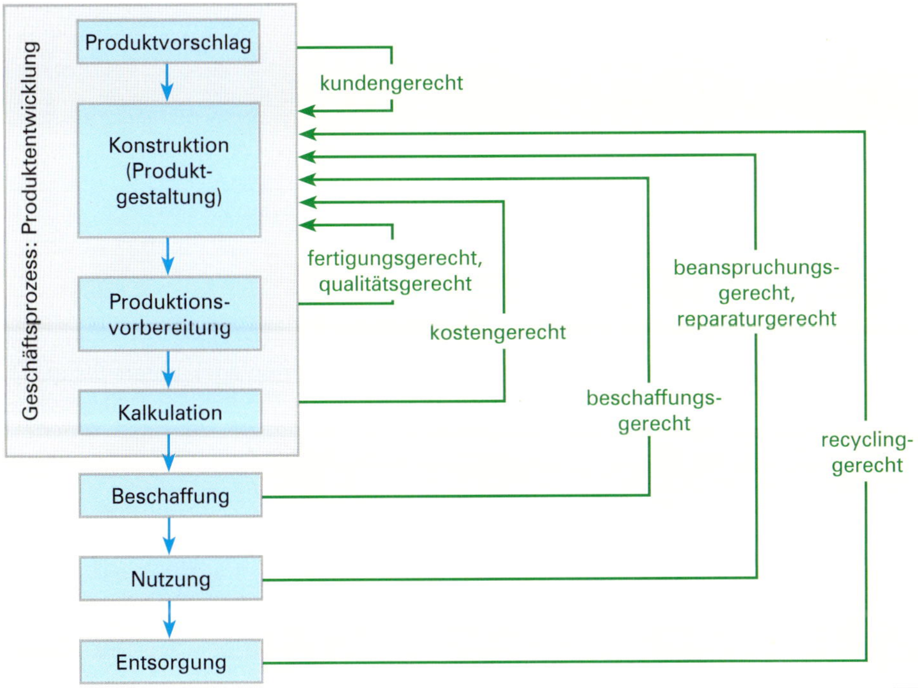

Im Einzelnen lassen sich aus den späteren Lebensphasen des Produkts folgende **Wirkungen** auf die **Konstruktion** ableiten:

■ Kalkulation

Die Herstellkosten des Erzeugnisses werden in starkem Maße beeinflusst durch die Art des verwendeten Materials und die damit verbundenen Herstellungsverfahren. So lassen sich z. B. Tanks aus Kunststoff kostengünstig durch ein Blaseverfahren herstellen. Darüber hinaus sind Kunststofftanks eher geeignet, Hohlräume im Unterbau eines Autos auszunutzen.

■ Beschaffung

Die Anforderungen an das Vormaterial (Roh-, Hilfs- und Betriebsstoffe, Fertigteile, Baugruppen) lassen sich in einem **Lastenheft** formulieren. Es beinhaltet aus der **Sicht des Anwenders** bzw. **des Kunden** alle Anforderungen, die das Erzeugnis erfüllen soll. Das Lastenheft ist Basis für Ausschreibungen und Verhandlungen mit den Zulieferern. Es klärt, **WAS** verlangt wird und **WOFÜR** etwas verlangt wird.

Aus dem Lastenheft entwickelt sich das **Pflichtenheft**. Es wird vom **Auftragnehmer** erstellt und beschreibt, **WIE** und **WOMIT** die im Lastenheft formulierten Anforderungen gelöst werden.

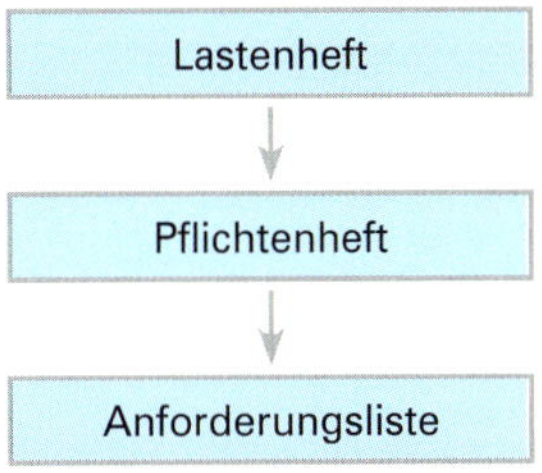

Konkretisiert wird das Pflichtenheft durch die **Anforderungsliste.** Die Anforderungsliste enthält die **Einzelanforderungen,** die konkret zu beschaffen sind. Sie ist Basis für die vertragliche Vereinbarung zwischen Auftraggeber und Auftragnehmer.

Nutzung

Produkteigenschaften	Erläuterungen
beanspruchungsgerecht	Der Kunde erwartet, dass das Erzeugnis für den Zweck geeignet ist, für den er es gekauft hat. Je nach Erzeugnis werden unterschiedliche Erwartungen gestellt wie z. B. Robustheit, vielfältige Kombinationsmöglichkeit, Stabilität, Leichtigkeit usw.
reparaturgerecht	Hier fördert z. B. die konsequente Modulbauweise eine rasche und kostengünstige Reparatur.

Entsorgung

Die Verwendung weniger, sortenreiner Materialien und eine demontagegerechte Konstruktion (schrauben statt schweißen, zerstörungsfreie Demontage) unterstützen eine kostengünstige Entsorgung **(recyclinggerechte Materialien).** Allerdings befindet sich der Konstrukteur hier unter Umständen in einem Dilemma.[1] So wird z. B. bei einem Autounfall von der Karosserie ein hohes Maß an Verformbarkeit zur Energieverzehrung erwartet, ohne dass sich allerdings die Struktur des Autos auflöst. Gerade Letzteres wird aber bei der Entsorgung gewünscht.

Zusammenfassung

- **Innovationen** sind die **Basis für langfristiges Wachstum** und **steigendes Einkommen.**
- **Hochlohnländer** sind im Vergleich zu Niedriglohn- bzw. Schwellenländern in besonderem Maße auf **Innovationen angewiesen.**
- Die **SWOT-Analyse** in Verbindung mit der **Chancen-Risiken-Analyse** ist ein Instrument zur Bestimmung des Zielmarktes.
- **Brainstorming** ist ein Verfahren zur aktiven Ideensuche.
- Mit zunehmendem **Fortschritt in der Produktentwicklung**
  - **steigen die Kosten** für Konstruktionsänderungen,
  - **sinkt die Gestaltungsfreiheit** des Konstrukteurs.
- Festlegungen im Rahmen der Konstruktion haben auf die nachfolgenden Phasen des Lebenszyklus der Produkte erhebliche **Folgen in Bezug auf die Kosten,** insbesondere auf die Kosten der Herstellung, der Reparatur und der Entsorgung.
- Die Anforderungen an das Produkt werden im Lasten- und Pflichtenheft festgehalten.
  - Das **Lastenheft** beschreibt die Anforderungen aus der **Sicht des Kunden** und klärt, **was** und **wofür** etwas verlangt wird.
  - Im **Pflichtenheft** beschreibt der **Auftragnehmer, wie** und **womit** er die im Lastenheft formulierten Anforderungen erfüllen will.

Übungsaufgaben

107

1. Erläutern Sie, warum Innovationen gerade für Deutschland so besonders wichtig sind!
2. Fragt man die Menschen, ob sie auch zufrieden leben könnten mit den Produkten, die derzeit verfügbar sind, so antworten die meisten mit „Ja" – bis sie das neue Produkt sehen. Dann wollen sie auch das haben.

   Aufgabe: Erläutern Sie, warum das so ist!

1 **Dilemma:** Wahl zwischen zwei (unangenehmen) Dingen; Zwangslage.

3. Begründen Sie, warum es erforderlich ist, für die Innovation einen eigenständigen Prozess zu definieren und diesen auch gewissenhaft einzuhalten!
4. Nennen und beschreiben Sie kurz die Phasen des Innovationsprozesses!
5. Erläutern Sie, warum es wichtig ist, den Brainstorming-Prozess gezielt zu überziehen!

108

1. Beschreiben Sie, weshalb der Konstruktion ein besonderes Maß an Kostenverantwortung zukommt!
2. Veranschaulichen Sie grafisch das Problem des Konstrukteurs mit fortschreitender Produktentwicklung zwischen steigenden Kosten und sinkender Gestaltungsfreiheit!
3. Stellen Sie an einem Beispiel dar, in welcher Weise nachfolgende Lebensphasen eines Produkts bereits im Rahmen der Konstruktion berücksichtigt werden müssen!

   Hinweis: Holen Sie hierzu Informationen in einem Industriebetrieb ein!

109 Ein wichtiges Merkmal des fairen Handels ist die Einhaltung von Sozialstandards. Sozialstandards sind Vereinbarungen, die zum einen auf die Verbesserung der Situation von Beschäftigten abzielen und zum anderen dem Schutz der Umwelt dienen.

Manche kaufmännischen Schulen[1] haben eine Juniorenfirma eingerichtet, die nur Fairtrade-Produkte zum Kauf anbietet und von Schülern und Lehrern betrieben und verwaltet wird.

Aufgabe:

Gehen Sie davon aus, dass eine solche Juniorenfirma auch an Ihrer Schule eingerichtet werden soll. Besteht bereits eine solche Juniorenfirma, so gehen Sie davon aus, dass das Warenangebot erweitert werden soll.

Entwickeln Sie in einem Brainstorming-Verfahren einen Vorschlag, welche Fragen vor der Gründung einer solchen Juniorenfirma bzw. vor der Erweiterung des Warenangebots geklärt werden müssten!

110 Vielleicht haben Sie im Laufe Ihrer Schulzeit durch nicht passende Schulmöbel (Stühle und Tische) schon einmal Rückenschmerzen und Beinbeschwerden bekommen. Häufig liegt der Grund hierfür in nicht ergonomischen Stühlen und Tischen.

Die nachfolgende Checkliste gibt einen Überblick über wichtige Merkmale ergonomisch korrekter Schulmöbel.

Wenn schon sitzen, dann ...

- Die Füße berühren im Sitzen den Boden mit der ganzen Sohle.
- Die Oberschenkel liegen waagerecht auf der Sitzfläche auf.
- Der Winkel zwischen Unter- und Oberschenkel beträgt etwa 90°.
- Die Kniekehlen berühren die Vorderkante der Sitzfläche nicht.
- Die Oberschenkel können sich beim Sitzen frei bewegen.
- Die Lehne stützt den Rücken in Zuhörhaltung unterhalb der Schulterblätter ab.
- Die Lehne stützt den Rücken in Schreibhaltung am Beckenrand ab.
- Die Ellbogenspitzen befinden sich in Tischplattenhöhe.
- Die Unterarme liegen auf der Tischplatte, die Schultern sind entspannt.
- Dynamisches Sitzen ist zu ermöglichen.

1 **Beispiel:** Die kaufmännische Schule Wangen im Allgäu betreibt mit Schülern und Lehrern den Dritte-Welt-Laden „El-Sol" in der Stadtmitte. Siehe www.kswangen.de/.

Wünschenswerte Merkmale:
- Die Tischplatte ist in der Neigung (bis 16°) verstellbar.
- Die Oberflächenbeschichtung ist rutschfest, bzw. der Tisch hat eine kleine Randleiste.
- Die neigbare Tischplatte hat eine waagrechte Ablagefläche oder eine Ablagemulde.
- Der Stuhl hat einen Lendenbausch mit fester Beckenrandabstützung.
- Der Winkel zwischen Sitzfläche und Lehne beträgt etwa 100°.
- Die Sitzfläche ist leicht nach vorne geneigt.
- Der Stuhl hat eine flache Sitzflächenwölbung.

Quelle: http://www.schulentwicklungspreis.de/fileadmin/docs/SI_8011.pdf.

Aufgaben:

1. Gestalten Sie aufgrund der Vorgaben einen Schülerstuhl und einen Schülertisch!
2. Skizzieren Sie den Sachverhalt grafisch, indem Sie die Beziehung zwischen Stuhl, Tisch und Schüler darstellen. Achten Sie dabei auf Sitzhöhe, Sitztiefe, Tischhöhe und Beinfreiheit!

111 Lösen Sie die Handlungsaufgaben aus der Situation 1 auf S. 278!

AS 3.1 Situation 2: Erzeugnisplanung durchführen

Die Weber Metallbau GmbH, Alfred-Nobel-Str. 8, 59494 Soest, stellt in einem Nebenprogramm auch einfache Werkzeuge aus gestanztem Flachstahl für den Bürobedarf her. Völlig neu im Programm ist der Artikel 220437 „Büroschere".

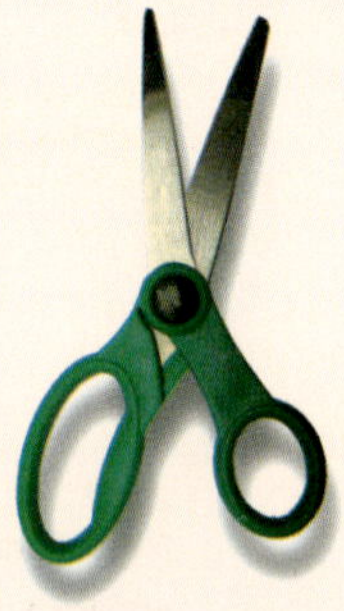

IMPULS:

Was mag die Weber Metallbau GmbH veranlasst haben, neben ihrem eigentlichen Betätigungsfeld im Nebenprogramm Produkte für den Bürobedarf zu produzieren?

HANDLUNGSAUFGABEN:

Arbeiten Sie die folgenden Kapitel des Schulbuches durch und verwenden Sie die Aufzeichnungen aus dem Unterricht zur Bearbeitung der Handlungsaufgabe!

Sie sind Mitarbeiter in der Weber Metallbau GmbH. Von der eBuero e. Kfm., einem Internethandel mit Büroartikel, trifft am 17. August 20.. ein Kundenauftrag **(Anlage 1)** bei Herrn Bertsch, dem zuständigen Sachbearbeiter für die Auftragsbearbeitung, ein.

Bevor der Fertigungsauftrag für den Auftrag der eBuero e. Kfm. in die Produktion eingeschleust werden kann, müssen die erforderlichen Dokumente erstellt werden. Ausgangspunkt hierfür ist die Erzeugnisstruktur der Büroschere **(Anlage 2)**.

Zur späteren Ermittlung des Produktionsplanbedarfes müssen zunächst die verschiedenen Stücklisten erstellt werden.

Erstellen Sie für die Büroschere

1. die Strukturstückliste und
2. die Mengenübersichtsstückliste!

Anlage 1

eBuero

eBuero e. Kfm · Mühlenstraße 63 · 78048 Villingen-Schwenningen

Weber Metallbau GmbH
Alfred-Nobel-Straße 8
59494 Soest

Ihre Zeichen:	be
Ihre Nachricht vom:	18.07.20..
Unsere Zeichen:	wi
Unsere Nachricht vom:	14.07.20..
Name:	Herr Winkelmann
Telefon	07721 65834
Telefax	07721 65839
Email:	winkelmann@ebuero.de
Datum:	17.08.20..

Bestellung Büroscheren

Sehr geehrter Herr Bertsch,

wir bestellen zu den Bedingungen Ihres Angebots vom 18.07.20..:

Artikel-nummer	Artikelbezeichnung	Menge	Mengeneinheit	Nettobetrag pro Mengeneinheit
220437	Büroschere	2500	Stück	1,35 EUR

Mit freundlichen Grüßen
eBuero e. Kfm.

i.A. Winkelmann

Mühlenstraße 63
78048 Villingen-Schwenningen
www.ebuero-villingen.de

Amtsgericht Villingen: 3862-284
USt-ID Nummer: DE 928374597
Hdl.-Reg.-Nr.: HRA 8327465

Bankverbindung:
Ssparkasse Schwarzwald-Baar

BIC: SOLADES1VSS
IBAN: DE36 6945 0065 0000 1833 76

Anlage 2

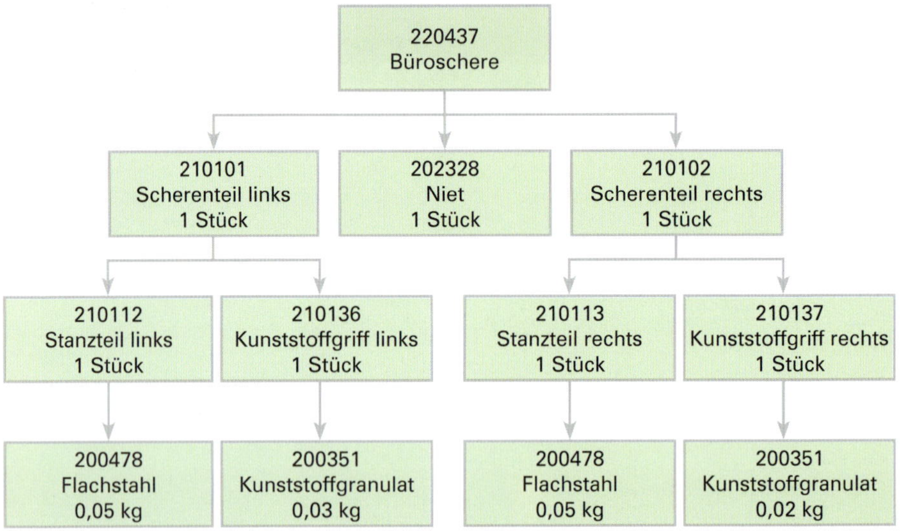

2.4 Konstruktionsprozesse und die Erstellung von Produktdokumenten beschreiben

2.4.1 Ziel der Produktdokumentation

Das Erstellen der Produktdokumente hat das Ziel, das Erzeugnis in seinem **strukturellen Aufbau** (seinen Komponenten) darzustellen. Die Darstellung erfolgt entweder grafisch oder in Tabellen.

Die Fragestellung heißt: Aus welchen Komponenten (Einzelteilen, Baugruppen) besteht das Erzeugnis und wie lässt sich der Aufbau des Erzeugnisses stufenweise gliedern?

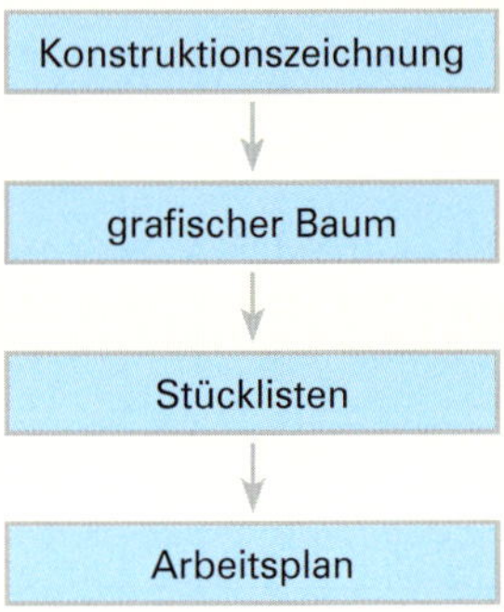

Über jedes Erzeugnis wird zunächst eine **Konstruktionszeichnung** angefertigt, die das Erzeugnis grafisch darstellt. Aus der Konstruktionszeichnung wird anschließend ein **grafischer Baum** erstellt, der den logischen Aufbau der Erzeugnisse aus Baugruppen und Einzelteilen ausweist. Auf der Basis der Konstruktionszeichnung erstellt der Konstrukteur **Stücklisten**. Stücklisten sind Verzeichnisse der in den Zeichnungen enthaltenen Teile. Da die Stücklisten keine Auskunft darüber geben, auf welche Weise das Erzeugnis zusammengesetzt wird, ist noch ein **Arbeitsplan** zu erstellen.

Diese verschiedenen Darstellungsweisen von ein und demselben Erzeugnis beruhen auf den unterschiedlichen Anforderungen, welche die Adressaten an die Produktdokumentation haben. Die nachfolgende Tabelle zeigt, welche unterschiedlichen Informationsbedarfe die einzelnen Adressaten haben und welches Produktdokument diesen Informationsbedarf deckt.

Informationsbedarfe	Adressaten	Geeignete Produktdokumente
Struktureller Aufbau des Erzeugnisses	Entwickler	Erzeugnisstruktur (damit wird die Wiederverwendung bereits konstruierter Teile und Baugruppen gefördert)
Bedarf an Fremdteilen	Einkauf	Fremdteilestückliste (enthält nur jene Teile, die zur Herstellung der übergeordneten Komponente gekauft werden müssen)
■ Reihenfolge der notwendigen Arbeitsgänge ■ Zeitbedarf der Arbeitsgänge ■ erforderliche Fertigungsapparatur zur Herstellung eines Teils	Fertigungsplanung	Arbeitsplan
Bedarf an untergeordneten Komponenten für die einzelnen Baugruppen	Materialbereitstellung	Strukturstückliste
Bedarf an untergeordneten Komponenten für das vollständige Erzeugnis	Materialbereitstellungsplanung Vorkalkulation	Mengenübersichtsstückliste
Äußere Form des Erzeugnisses, Maße, Toleranz	Produktion	Konstruktionszeichnung
Reihenfolge des Zusammenbaus	Montage	Explosionszeichnungen (Sonderfall einer Konstruktionszeichnung mit perspektivischer Darstellung aller nach und nach zu montierenden Teile)

2.4.2 Konstruktionszeichnung

Die Konstruktionszeichnung ist eine grafische Darstellung des Erzeugnisses. Sie zeigt die Lage der Teile zueinander, ihre Funktion, die Maße, evtl. Leistungen, Toleranzen in der Oberflächenbeschaffenheit und Normen. Dargestellt wird in der Regel eine Vorder-, Seiten- und Draufsicht. Damit erhält der Benutzer eine Vorstellung über die räumliche Gestalt des Produkts.

Weiterentwicklungen im computergestützten Arbeiten erlauben 3-D-Darstellungen, Farbe, Licht- und Schatteneffekte, Zoom-Einstellungen, Drehungen um jede beliebige Achse. Mithilfe spezieller Verfahren können Berechnungen durchgeführt werden, z. B. das Biegeverhalten von Trägern, das Crash-Verhalten von Karosserien. Auf diese Weise lässt sich durch Simulation am Computer das Verhalten des Endprodukts vorausberechnen. Das erspart kostspielige Versuche mit Testmodellen und verkürzt die Entwicklungszeit.

In der Phase der Konstruktion werden die Herstellkosten des Produkts weitestgehend bestimmt, d. h., durch die konstruktionsbedingte Festlegung des Erzeugnisses entscheidet der Konstrukteur auch über die Materialart, den logischen Aufbau des Erzeugnisses, seine Kombinationsfähigkeit mit anderen Produkten im Rahmen eines Baukastensystems.

Beispiel:

Im Folgenden stellen wir ein Erzeugnis der Weber Metallbau GmbH vor. Sie führt in einem Nebenprogramm auch Arbeitstische. Die nachfolgenden Konstruktionszeichnungen sind Beispiele für Gesamtzeichnung, Baugruppenzeichnung und Einzelteilzeichnung zum Arbeitstisch T160 (Grafischer Baum siehe S. 295).

Gesamtzeichnung des Arbeitstisches T160

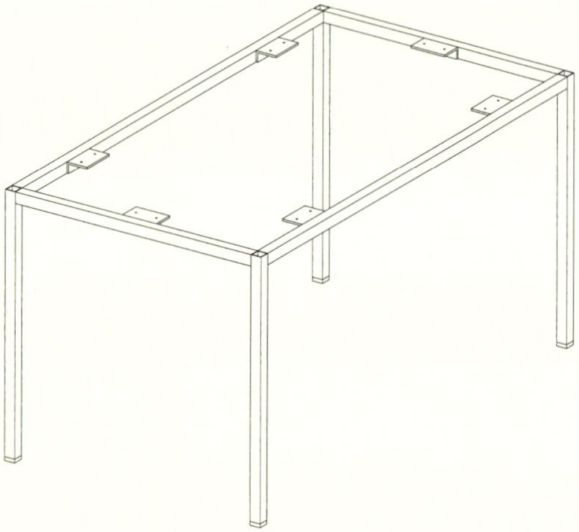

Baugruppenzeichnung für Seitenkomponente 210104

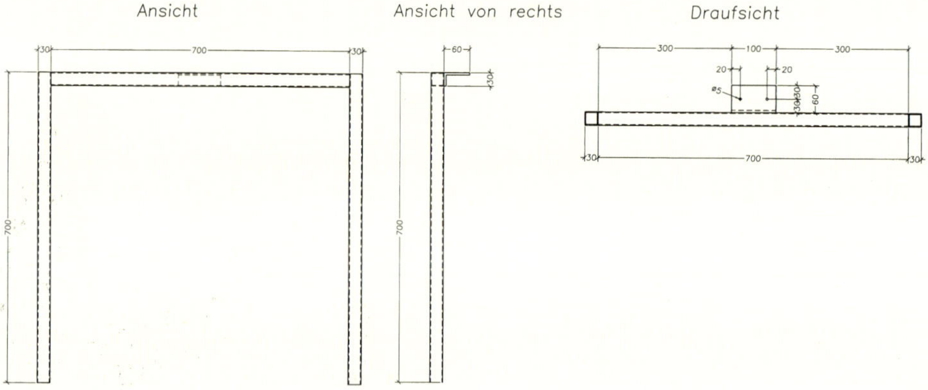

2.4.3 Grafischer Baum (Erzeugnisstruktur)

Er ist eine grafische Darstellung des Erzeugnisses, wobei der logische Aufbau des Erzeugnisses aus Baugruppen[1] und Einzelteilen im Vordergrund steht.

Für den Arbeitstisch T160 wurde vom Konstrukteur folgender **struktureller Aufbau** festgelegt:

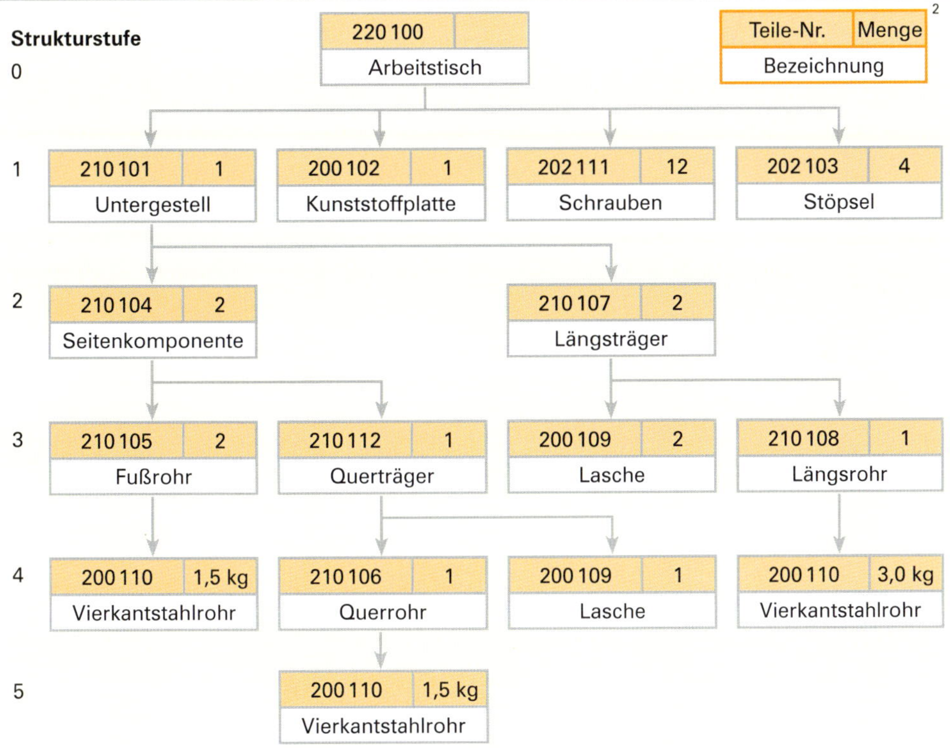

Beschreibung der Erzeugnisstruktur:

In der Endmontage auf der Strukturstufe 1 werden für den Zusammenbau des Arbeitstisches ein Untergestell, eine Kunststoffplatte, 12 Schrauben und 4 Stöpsel benötigt. Das Untergestell wiederum setzt sich aus jeweils 2 Seitenkomponenten und 2 Längsträgern zusammen. Denkbar ist auch die Bildung von anderen Baugruppen, z. B. die Verbindung von 2 Längsträgern (in diesem Fall bestehend aus 2 Fußrohren und dem Längsrohr) und einem Querträger. Die jetzige Strategie erlaubt es jedoch, mehrere Varianten dieses Grunderzeugnisses kostengünstiger herzustellen, z. B. quadratische Tische oder Tische in Trapezform. Die Mengenangaben beziehen sich auf jeweils **eine Einheit** der übergeordneten Komponente, dies bedeutet z. B., **ein Untergestell** (übergeordnete Komponente) besteht aus zwei Seitenkomponenten und jeweils **eine Seitenkomponente** (als übergeordnete Komponente) besteht wiederum aus zwei Fußrohren.

1 Bezeichnung für eine Gruppe von Einzelteilen, die als Einheit in das Endprodukt eingeht (z. B. Klimaanlagen, Kühlsysteme, auf Grundrahmen montierte Systeme).

2 Vgl. hierzu die Ausführungen auf S. 296.

2.4.4 Stücklisten

(1) Begriff Stückliste

Auf Basis der Konstruktionszeichnung erstellt der Konstrukteur Stücklisten.

Stücklisten sind Verzeichnisse der in den Zeichnungen enthaltenen Teile.

Eine Stückliste hat folgenden grundsätzlichen Aufbau:

Teile-Nummer	**210104**		
Bezeichnung	**Seitenkomponente**		**Kopfteil** mit Angaben zu dem Erzeugnis, das zergliedert wird.
Teile-Nummer	**Bezeichnung**	**Menge**	
210112	Querträger	1	**Tabellenteil** mit Angaben zu den Komponenten, die im Erzeugnis des Kopfteils enthalten sind.
210105	Fußrohr	2	

(2) Gliederung der Stücklisten nach dem Aufbau der Stückliste

Nach dem Aufbau der Stückliste untergliedert man in Mengenübersichtsstücklisten und in Strukturstücklisten.

- **Mengenübersichtsstücklisten**

Sie weisen alle Baugruppen und Einzelteile auf, die direkt oder indirekt in das Produkt eingehen. Sie sind nicht auf Fertigungsstufen ausgerichtet und sind deshalb nicht dafür geeignet, einzelne Produktionsaufträge zu planen.

Innerhalb einer Erzeugnisstruktur kann eine Komponente mehrfach an unterschiedlichen Positionen vorkommen. In der Mengenübersichtsstückliste wird jedoch jede Komponente nur ein Mal mit ihrer kumulierten Menge aufgeführt. Sie ist daher sinnvoll bei Erzeugnissen mit einfacher Struktur, zur Vorkalkulation oder zur Materialbereitstellung. Sie gibt aber keine Auskunft über den logischen Aufbau des Erzeugnisses.

Beispiel:

Mengenübersichtsstückliste		
Teile-Nr.	**220 100**	
Bezeichnung	**Arbeitstisch**	
Teile-Nr.	**Bezeichnung**	**Menge**
210 101	Untergestell	1
200 102	Kunststoffplatte	1
202 103	Stöpsel	4
210 104	Seitenkomponente	2
210 105	Fußrohr	4
210 106	Querrohr	2
210 107	Längsträger	2
210 108	Längsrohr	2
200 109	Lasche	6
200 110	Vierkantstahlrohr	15
202 111	Schrauben	12
210 112	Querträger	2

Strukturstücklisten[1]

Stücklisten, die die Aufgliederung von Produkten nach **konstruktiv zusammengehörende Baugruppen** zeigen, nennt man **Strukturstücklisten.**

Bezogen auf den Arbeitstisch ergibt sich folgende Strukturstückliste:

Strukturstückliste							
Teile-Nr.		**220 100**					
Bezeichnung		**Arbeitstisch**					
Strukturstufe[2]					**Teile-Nr.**	**Bezeichnung**	**Menge**
1	**2**	**3**	**4**	**5**			
X					210 101	Untergestell	1
	X				210 104	Seitenkomponente	2
		X			210 105	Fußrohr	4
			X		200 110	Vierkantstahlrohr	6
		X			210 112	Querträger	2
			X		210 106	Querrohr	2
				X	200 110	Vierkantstahlrohr	3
			X		200 109	Lasche	2
	X				210 107	Längsträger	2
		X			200 109	Lasche	4
		X			210 108	Längsrohr	2
			X		200 110	Vierkantstahlrohr	6
X					200 102	Kunststoffplatte	1
X					202 111	Schrauben	12
X					202 103	Stöpsel	4

Bei der Umsetzung der Erzeugnisstruktur in die Strukturstückliste empfiehlt es sich dringend, eine bestimmte Ablaufstrategie einzuhalten. Die Arbeitsanweisung könnte wie folgt lauten:

1 Gehe in der Erzeugnisstruktur in die nächsttiefere Ebene.

2 Trage die Strukturstufe in die Stückliste ein, hier durch ein „x". Trage Teilenummer und Teilebezeichnung ein. Ermittle die Menge durch Multiplikation der Strukturmengen aller übergeordneten Positionen mit der Mengenangabe der aktuellen Position (am Beispiel Fußrohr also: 1 x 2 x 2 = 4).

3 Hat diese Position eine tiefere Ebene? Wenn ja, gehe weiter bei 1. Wenn nein, dann:

4 Hat diese Position einen Nachbarn auf derselben Ebene? Wenn ja, dann gehe zu 2. Wenn nein, dann gehe so weit nach oben, bis ein noch nicht abgearbeiteter Nachbar kommt, dann weiter mit 2.

2.4.5 Arbeitsplan

Aus der Stückliste ist lediglich zu erkennen, aus welchen Komponenten sich ein Erzeugnis zusammensetzt. Sie gibt aber keine Auskunft darüber, **wie** das Erzeugnis zusammenge-

1 Mengenübersichts- bzw. Strukturstücklisten bezeichnet man auch als **Aufbaustücklisten.**

2 Siehe grafischer Baum auf S. 295.

baut wird. Diesen Mangel überwindet der **Arbeitsplan**. Der **Basisarbeitsplan** ist die auftragsneutrale Version des Arbeitsplans, da sich seine Daten auf die fiktive (angenommene) Herstellung von **einem Erzeugnis** beziehen.

Liegt ein Kundenauftrag vor, werden die dort angegebenen Ausführungszeiten mit den Auftragsmengen multipliziert. Auf diese Weise entsteht der **Auftragsarbeitsplan**.

Die Konstruktionszeichnung und die Stückliste liefern dabei die Ausgangsdaten für den Arbeitsplan. Aus der Konstruktionszeichnung entnimmt der Planer die Angaben über die geometrische Form des Teils, über dessen Maß- und Toleranzangaben sowie über Oberflächeneigenschaften. Aus der Stückliste gewinnt er Aussagen darüber, welche Teile und Baugruppen für den Zusammenbau benötigt werden. Darüber hinaus sind bei der Arbeitsplanerstellung noch zusätzliche Betriebsdaten heranzuziehen, z. B. Informationen über die einzusetzenden Maschinen, die Werkzeuge, Vorrichtungen, Messwerkzeuge, Prüfmittel und die Vorgabezeiten.

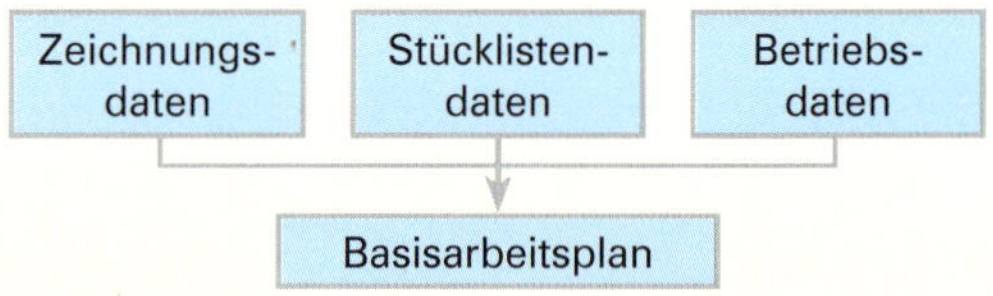

Zusammenfassung

- Zu den **Dokumenten** im Rahmen der **Produktentwicklung** gehören
  - die **Konstruktionszeichnung,**
  - die **Erzeugnisstruktur,**
  - die **Stückliste,**
  - der **Arbeitsplan.**[1]
- Die **Konstruktionszeichnung** ist eine **grafische Darstellung** des Erzeugnisses. Sie zeigt die Lage der Teile zueinander, ihre Funktion, die Maße, evtl. Leistungen, Toleranzen in der Oberflächenbeschaffenheit und Normen. Dargestellt wird in der Regel eine Vorder-, Seiten- und Draufsicht.
- Die **Erzeugnisstruktur (grafischer Baum)** ist eine **grafische Darstellung** des Erzeugnisses, wobei nicht die Form des Erzeugnisses im Vordergrund steht, sondern der **logische Aufbau** des Erzeugnisses aus Baugruppen und Einzelteilen.
- Die **Stückliste** ist die **tabellarische Darstellung** und beantwortet die Frage: *„Aus welchen Komponenten besteht das Erzeugnis?“* Die Blickrichtung ist also analytisch.[2]
  - In der **Mengenübersichtsstückliste** wird jede Komponente nur ein Mal mit ihrer **kumulierten Menge** aufgeführt.
  - Die **Strukturstückliste** gibt Auskunft über den strukturellen Aufbau des Erzeugnisses. Alle Mengenangaben beziehen sich auf das im Kopfteil angegebene Erzeugnis.
- Der **Basisarbeitsplan** ist die auftragsneutrale Version des Arbeitsplans. Seine Daten beziehen sich auf die fiktive Herstellung einer Einheit eines Erzeugnisses. Er gibt darüber Auskunft
  - in welcher Reihenfolge,
  - an welchem Ort,
  - welche Tätigkeit,
  - bei welcher Vergütung (Lohngruppe) und
  - in welcher Zeit

  durchgeführt wird.

1 In der Praxis wird der Arbeitsplan häufig mit einem NC-Programm verknüpft.

2 **Analytik**: Zerlegungslehre. **Analytisch**: zerlegend, entwickelnd.

Übungsaufgaben

112 Zum Produktionsprogramm der Weber Metallbau GmbH gehört auch ein höhenverstellbarer Montagebock, wie er in nebenstehender Abbildung zu erkennen ist. Vom zuständigen Konstrukteur wurde die nachfolgende Erzeugnisstruktur gefertigt.

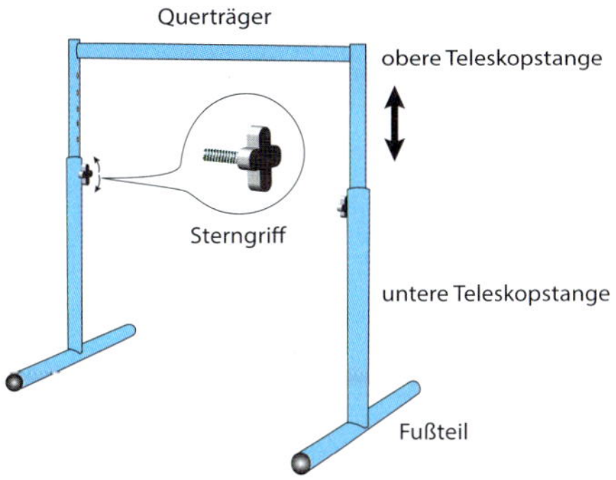

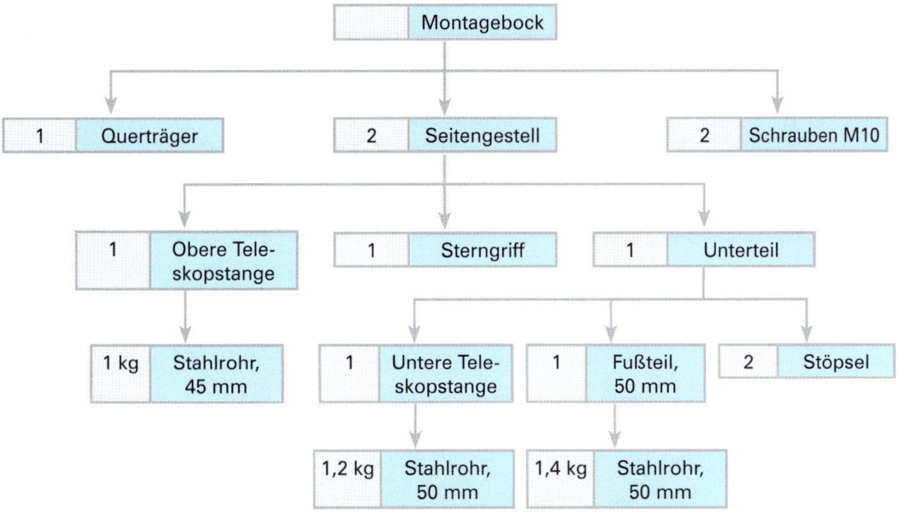

Aufgaben:

1. Erläutern Sie, worüber eine Erzeugnisstruktur Auskunft gibt!
2. Erstellen Sie die Strukturstückliste für den Montagebock!
3. Um das Unterteil zu fertigen, muss ein Fußteil mit einer unteren Teleskopstange verschweißt werden. Hierfür sind mehrere Arbeitsgänge erforderlich, deren Arbeitsgangdaten in einem Arbeitsplan festgehalten sind.

   Beschreiben Sie, woher die Daten stammen, die in einem Arbeitsplan zusammengetragen werden!

Vorlage
mvurl.de/nx9o

113 Lösen Sie die Handlungsaufgaben aus der Situation 2 auf S. 290!

Vorlage
mvurl.de/xs8i

Anforderungssituation 3.2

AS 3.2 Situation: Fertigungstechnische Rahmenbedingungen vergleichen

Die Weber Metallbau GmbH stellt u.a. auch Metallzäune im Baukastensystem her. In der Anlage sehen Sie die Konstruktionszeichnung für das Anschlusselement des Zauns „Quadro 370“. Dieses Element gibt es in unterschiedlichen Höhen und mit unterschiedlicher Anzahl von Innenelementen.

Bisher werden die verschiedenen Modelle des Metallzauns in Serie gefertigt. Seit Jahren steigt die Nachfrage nach den Zaunelementen. Aufgrund der steigenden Seriengrößen überlegt die Geschäftsleitung daher, das Fertigungsverfahren von der eher handwerklich orientierten Werkstattfertigung auf Fließfertigung umzustellen.

Impuls:

Überlegen Sie: Welche Probleme könnten bei einer solchen Umstellung auf die Weber GmbH zukommen?

Handlungsaufgaben:

Arbeiten Sie die folgenden Kapitel des Schulbuches durch und verwenden Sie die Aufzeichnungen aus dem Unterricht zur Bearbeitung der Handlungsaufgaben!

1. In der kommenden Woche ist die Sitzung der Geschäftsführer, in deren Rahmen über die Änderung des Fertigungsverfahrens diskutiert und entschieden werden soll. Ihre Aufgabe in dieser Konferenz ist es, in einer vergleichenden Betrachtung die charakteristischen Merkmale der beiden Fertigungsverfahren (Werkstatt- und Fließfertigung) einander gegenüberzustellen!
2. Ein immer wiederkehrendes Thema auf diesen Sitzungen der Geschäftsführer ist auch die Diskussion über die Dimensionierung der Seriengrößen. Geschäftsführer Kleiner, zuständig für die Materialwirtschaft, tendiert zu kleinen Seriengrößen und Herr Seibold, zuständig für die Produktionswirtschaft, bevorzugt große Seriengrößen.

   2.1 Versetzen Sie sich in die Lage von Herrn Kleiner und Herrn Seibold und formulieren Sie jeweils Argumente für deren Position!

   2.2 Veranschaulichen Sie die gegensätzlichen Positionen der beiden Geschäftsführer anhand einer Grafik und beschreiben Sie diese kurz!

   2.3 Unterstützen Sie Ihre theoretischen Ausführungen aus der Aufgabe 2.2 durch ein konkretes Zahlenbeispiel. Aus der Materialwirtschaft und der Kostenrechnung erhalten Sie für das „Rahmenelement 210773“ folgende Werte:

Jahresbedarf in Stück	2 000
Herstellkosten je Element	150,00 EUR
Umrüstkosten	100,00 EUR
Lagerkostensatz	30,00 %

Verwenden Sie hierzu die nachfolgende Tabelle:

Losgröße	Auflagenhäufigkeit	Rüstkosten pro Jahr in EUR	Durchschnittl. Lagerbestand in Stück	Durchschnittl. Lagerbestand in EUR	Lagerhaltungskosten in EUR	Gesamtkosten
20						
30						
50						
60						
80						
100						
120						
150						
200						
250						
2000						

Anlage:

Konstruktionszeichnung Anschlusselement für Zaun „Quadro 370"

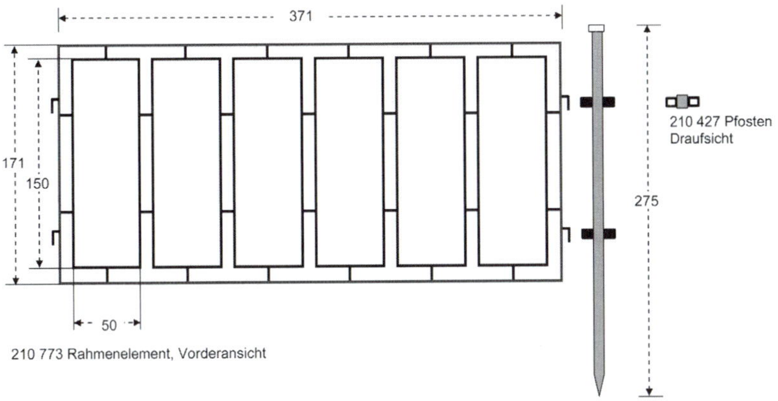

210 773 Rahmenelement, Vorderansicht

210 427 Pfosten, Vorderansicht

3 Bei unterschiedlichen fertigungstechnischen Rahmenbedingungen alternative Fertigungsverfahren planen und beurteilen

3.1 Unterschiedliche fertigungstechnische Rahmenbedingungen als Gründe für die Festlegung auf ein Fertigungsverfahren bewerten

Fertigungsverfahren übernehmen die technisch-organisatorische Durchführung der Produktion.

Die **Gestaltung der Fertigungsverfahren** hängt u. a. ab

vom **Produktionsprogramm**	So ist z. B. bei der Baustellenfertigung verhältnismäßig viel, bei der Massenfertigung verhältnismäßig wenig Handarbeit erforderlich. In der chemischen Industrie unterscheiden sich die Fertigungsverfahren völlig von denen der Textilindustrie und die wiederum von denen des Maschinenbaus.
von der **Höhe der Lohnkosten**	In Regionen mit niedrigem Lohnniveau sind in der Regel mehr Menschen in der Produktion beschäftigt als in Regionen mit hohen Lohnkosten.
von der **Höhe des Kapitalbedarfs**	Kapitalintensive Fertigungsverfahren wie z. B. die Massenfertigung mit „Automaten" erfordern einen viel höheren Kapitaleinsatz als arbeitsintensive Verfahren. Sie verursachen deshalb auch höhere Kapitalkosten (z. B. Zinskosten). Die erforderlichen hohen Finanzmittel müssen auf dem Kapitalmarkt beschafft werden. Je höher die Zinskosten in einem Land sind, desto geringer wird die Neigung sein, in kapitalintensive Fertigungsverfahren zu investieren.
von **staatlichen Vorschriften**	Regierungen in den verschiedenen Ländern nehmen mit unterschiedlichen Vorschriften (z. B. Umweltauflagen, Verbot der Kinderarbeit, Arbeitsschutz) Einfluss auf die Wahl der Fertigungsverfahren.

Bestimmungsgründe für die Wahl der Fertigungsverfahren

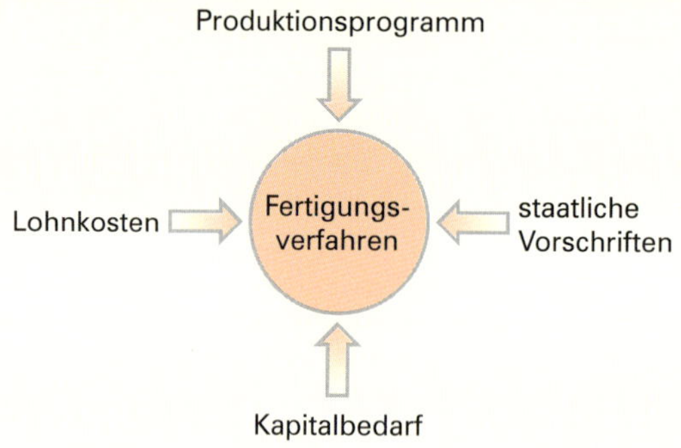

3.2 Unterschiedliche Fertigungsverfahren gliedern

3.2.1 Fertigungsverfahren nach dem Grad der Automatisierung

(1) Handarbeit

Unter Handarbeit wird sowohl die vorwiegend körperliche Arbeit als auch die handwerkliche oder künstlerische manuelle Fertigung (Produktion) verstanden. Die Handarbeit ist die älteste Form der Fertigung. Hilfsmittel ist das Werkzeug, aber nicht die Maschine. Die schwere körperliche Arbeit wird in den hochindustrialisierten Ländern immer seltener, weil aufgrund der hohen Löhne der Einsatz kapitalintensiverer Fertigungsverfahren (d. h. die Substitution[1] der Handarbeit durch Maschinenarbeit) rentabel wird. Arbeiten mit gestalterischem Inhalt (z. B. Anfertigen von Entwürfen, Modellen, Mustern) werden auch in der Industrie ihre Bedeutung behalten.

(2) Maschinenarbeit

Von Maschinenarbeit wird gesprochen, wenn dem Arbeitenden ein wesentlicher Teil der Arbeitsvorgänge – vor allem schwere körperliche Tätigkeiten – durch Maschinen abgenommen wird. Wird dem Arbeitenden lediglich die Energie für den Antrieb der Maschine abgenommen, so spricht man von **Kraftmaschinen.**

Beispiel:

Die Drehbewegungen einer Drehbank werden nicht mehr durch den Menschen, sondern mithilfe eines Elektromotors erzeugt. Das Herausarbeiten des Profils bleibt der Geschicklichkeit des Arbeitenden überlassen.

Kraftmaschinen bedürfen gut ausgebildeter Arbeitskräfte, weil das Werkzeug manuell geführt werden muss.

Ist die Maschine so konstruiert, dass sie selbst die Führung des Werkzeugs übernehmen kann, handelt es sich um eine **Arbeitsmaschine.**

Beispiel:

Eine Drehbank kann, nachdem der Arbeitende die erforderlichen Einstellungen vorgenommen hat, den Abdrehstahl selbst an dem zu drehenden Material entlangführen und das vorgeschriebene Profil herausarbeiten.

(3) Automatische Fertigung

Unter **Automation** versteht man die vollständige mechanisierte Durchführung von Arbeiten mithilfe von Maschinen, die in der Lage sind, **selbsttätig** einen oder mehrere Arbeitsgänge ohne menschliches Zutun durchzuführen.

Die in der Fertigung eingesetzten Automaten verrichten nicht nur eine bestimmte Arbeit, sondern sie kontrollieren und korrigieren sich selbst.

Beispiel:

Eine Maschine in einer Zwirnerei ist so konstruiert, dass die gewünschte Stärke des Wollfadens vollkommen gleichmäßig und selbsttätig hergestellt wird. Da das Material der Maschine in unterschiedlichen Mengen zugeführt wird, kann eine gleichbleibende Stärke des Fadens nur erreicht werden, indem die Maschine langsamer läuft (weniger Material ansaugt), wenn die Materialmenge zu groß ist. Dagegen wird bei zu knapper Materialzufuhr ein Ausgleich durch erhöhte Geschwindigkeit (größere Ansaugmenge) herbeigeführt.

1 **Substitution:** Gegenseitiger Austausch von Produktionsfaktoren (Leistungsfaktoren).

Die Automation stellt an den arbeitenden Menschen **andere Anforderungen** als die Maschinenarbeit:

- Die Kontrollen (z.B. Ablesen der Instrumente, Proben) können in unregelmäßigen Abständen erfolgen. Der Arbeitstakt wird von der Maschine vorgegeben.
- Die Kontrollaufgaben erfordern Konzentration und Wachsamkeit, um bei Störungen sofort eingreifen zu können.
- Die Verantwortung für Mensch und Maschine ist größer als bei manueller oder maschineller Fertigung.

3.2.2 Fertigungsverfahren nach der Häufigkeit der Prozesswiederholung (Fertigungstypen)

Die Unterscheidung in Fertigungstypen richtet sich danach, inwieweit ein Betrieb das **Prinzip der Massenfertigung** verwirklicht. Die nachfolgende Grafik gibt einen Überblick über die Fertigungstypen:

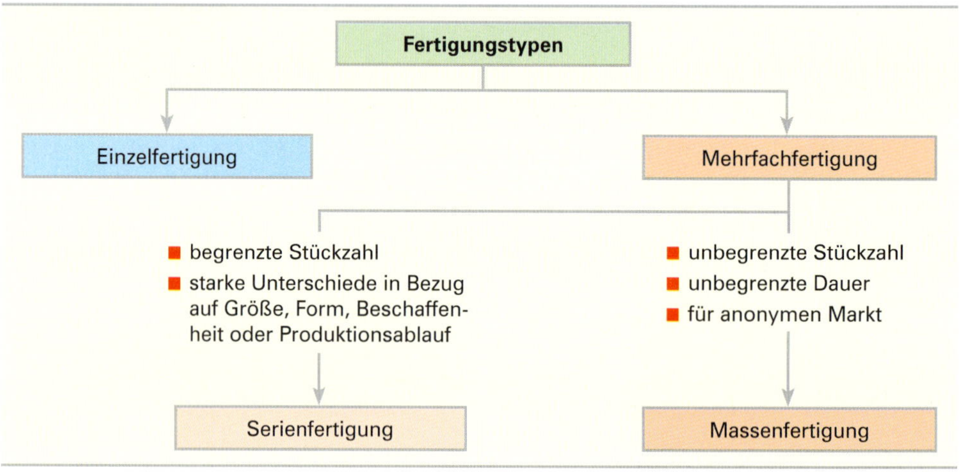

(1) Einzelfertigung

Begriff

Bei der **Einzelfertigung** wird von einem Erzeugnis die **Herstellung von nur einer Einheit geplant**[1] (Losgröße 1).

1 Wird zusätzlich auf der Basis der vorhandenen Pläne ein zweites, identisches Exemplar hergestellt (z.B. baugleicher Kachelofen im Nachbarhaus), dann handelt es sich nach wie vor um Einzelfertigung. Entscheidend ist, wie viele Einheiten von vornherein geplant wurden.

Charakteristik

- In der Regel geschieht dies **erst aufgrund eines vorliegenden Kundenauftrages** (Auftragsfertigung).
- Die Erfüllung **kundenindividueller Wünsche ist in höchstem Maße möglich (Individualisierung).**
- Häufig sind **Finanzierungsfragen** damit verbunden.
- Der **Planungsaufwand** je Auftrag ist **sehr hoch.**
- Ein **anpassungsfähiger Produktionsapparat ist erforderlich.**
- Tendenz zum Einsatz von **Universalmaschinen.**
- Benötigt werden überwiegend **hoch qualifizierte Arbeitskräfte,** die im Gegenzug **eine relativ hohe Arbeitsplatzsicherheit haben.**
- **Das hohe Lohnniveau führt zu kostenungünstiger Produktion.**

Beispiele:

- Anfertigen eines Maßanzugs,
- Herstellung einer Spezialmaschine,
- konventioneller Hausbau,
- Bau einer Luxusyacht,
- Großbehälter,
- handgeschmiedete Messer.

(2) Serienfertigung

Begriff

Bei der **Serienfertigung** wird
- eine **begrenzte Anzahl** eines
- **einheitlichen Erzeugnisses**

hergestellt.

Beispiele:

- Automobilbau,
- Möbel,
- Elektrogeräte.

Charakteristik

- Unter den Serien bestehen **große Abweichungen,** z.B. wegen des technischen Fortschritts oder modernerer Formensprache (Design).
- Durch den Übergang von der Einzel- über die Kleinserien- zur Großserienfertigung sinken die Stückkosten.

  Begründung:
  - Die Produktionsplanung und Arbeitsvorbereitung erfolgt nicht nur für ein einzelnes Erzeugnis. Sie kann vielmehr für die ganze Serie durchgeführt werden.
  - Zum anderen erhöht sich die Anzahl gleichartiger Arbeitsabläufe und damit rücken tendenziell die Kostenvorteile der Massenfertigung in den Vordergrund, wie z.B. Einsatz von Spezialmaschinen mit hohem Automatisierungsgrad, Einsatz angelernter und ungelernter Arbeitskräfte.
- Problem: **Bildung der Losgröße.**[1]

Verlangt der Markt ein verbessertes Produkt, wird die Produktion der bisherigen Serie eingestellt und die neue Serie aufgelegt.

---
1 Ein **Los** ist die Menge, die ohne Umrüsten der Anlage produziert wird.

(3) Massenfertigung

Begriff

Bei der **Massenfertigung** wird ein
- ausgereiftes Erzeugnis
- über einen längeren Zeitraum
- in unveränderter Form
- für den anonymen Markt

hergestellt.

Beispiele:
- Zigaretten,
- Ziegelsteine,
- Stahlbleche,
- Waschmittel,
- Getränkeflaschen,
- Zement.

Charakteristik

- **Angelernte und ungelernte Arbeitskräfte** können eingesetzt werden.
- Die ständige Wiederholung gleichartiger Arbeitsgänge führt zur **Monotonie** und zu **einseitiger körperlicher und psychischer Belastung.**
- **Geringe Möglichkeit** des Mitarbeiters **zur Identifikation** mit dem Endprodukt.

3.2.3 Fertigungsverfahren nach der Anordnung der Betriebsmittel im Produktionsprozess (Organisationstypen)

(1) Werkstattfertigung

Begriff

Bei der **Werkstattfertigung** werden **gleichartige Fertigungsmaschinen und -einrichtungen** in **gesonderten Abteilungen** zusammengefasst (Zentralisation nach Verrichtung, z. B. Drehbänke in der Dreherei, Fräsmaschinen in der Fräserei).

Charakteristik

- **Geeignetes** Fertigungsverfahren **für Einzel- und Kleinserienfertigung.**
- Das zu bearbeitende **Werkstück** wird durch ein flexibles Transportsystem (z. B. Stapler, Flurfördersysteme) **von Arbeitsplatz zu Arbeitsplatz** transportiert.
- Eine **wiederholte Bearbeitung am gleichen Arbeitsplatz oder in der gleichen Abteilung** ist möglich.
- **Große Anpassungsfähigkeit an Nachfrageänderungen.**
- Der notwendige Einsatz **qualifizierter Arbeitskräfte** führt zu einem **hohen Lohnniveau.**
- **Hohes Maß an Zufriedenheit und Motivation der Arbeitskräfte** führt zu geringerer Fluktuation.
- Guter **Überblick über die Kapazitätsauslastung.**
- **Hoher Bestand an Zwischenlagern** sichert die Kapazitätsauslastung.
- Hohe Lagerbestände führen zu **höheren Kapitalbindungskosten.**
- Der **Planungsaufwand in der Arbeitsvorbereitung** ist **hoch** wegen der
  - Notwendigkeit, die **Losgröße festzulegen,**
  - **Terminplanung,**
  - **Reihenfolgeplanung,**
  - Planung der **Maschinenbelegung.**

Layout[1]

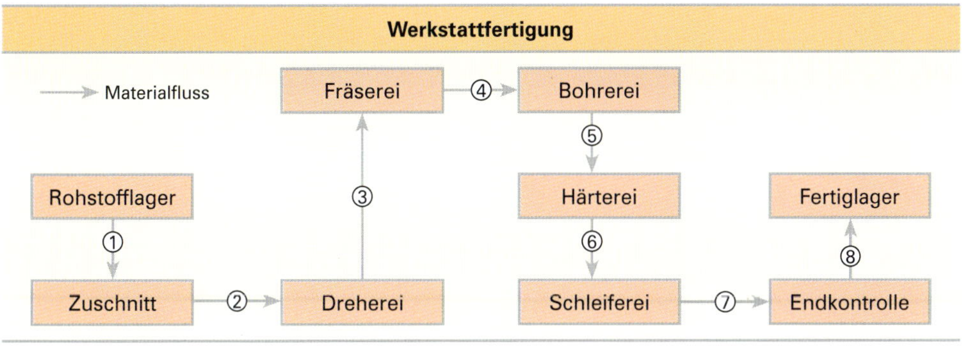

(2) Fließfertigung

Bei der **Fließfertigung** sind die Arbeitsplätze mit ihren Maschinen räumlich so angeordnet, dass sie der technisch notwendigen Bearbeitungsreihenfolge gehorchen (Flussprinzip).

Zu unterscheiden sind zwei Formen der Fließfertigung:

- die **Reihenfertigung** und
- die **Fließbandfertigung**.

Reihenfertigung

Begriff

- Die Arbeitsplätze sind nach dem **Flussprinzip** angeordnet.
- Die Arbeitskräfte können das Arbeitstempo noch weitgehend selbst bestimmen, da **keine Taktzeiten** vorgegeben sind.

Charakteristik

- **Zwischenlager** zwischen den einzelnen Arbeitsstationen sichern die Kapazitätsauslastung.
- **Relativ einfaches Transportsystem** zwischen den Arbeitsplätzen (Rutschen, Schwenkkrane).
- **Kurze** innerbetriebliche **Transportwege.**
- **Geeignetes** Verfahren **für größere Serien.**
- Tendenz zum **Einsatz von Spezialmaschinen,** dadurch **geringere Anpassungsfähigkeit** an **Nachfrageänderungen.**
- **Hoher Umrüstaufwand.**
- Für Mensch und Maschine besteht ein **erheblicher Grad der Spezialisierung.**
- **Höherer Fixkostenanteil.**
- **Tendenz zu angelernten und ungelernten Arbeitskräften** entlastet das **Lohnniveau.**

1 **Layout:** engl. wörtlich Auslegung, sinngemäß Gestaltung. Gemeint ist die räumliche Aufteilung der Arbeitsplätze innerhalb eines Fertigungsbereiches unter Berücksichtigung von Materialfluss, Zwischenlager, Sicherheitsabständen usw.

Layout

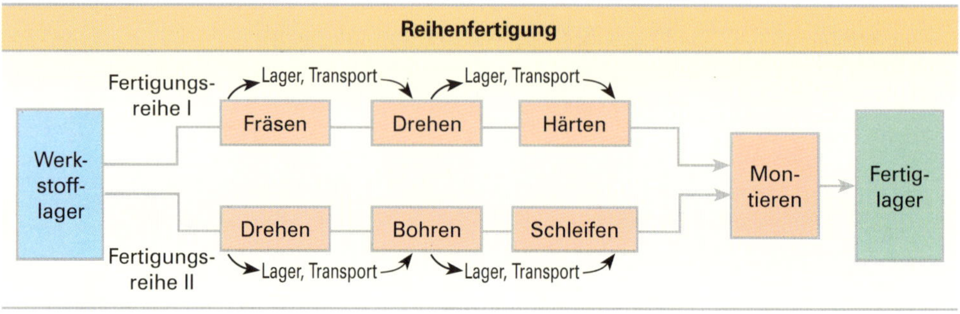

Fließbandfertigung

Begriff

- Die **Fließbandfertigung** ist die **konsequente Fortführung der Reihenfertigung.**
- Zwischen den einzelnen Bearbeitungsstationen bildet das **Fließband** ein **aufwendiges und starres Transportsystem**.

Charakteristik

- Die Arbeitsabläufe sind zeitlich exakt aufeinander abgestimmt **(Taktzeit).**
- **Keine Zwischenlager.**
- **Hohes Maß an Arbeitszerlegung** und damit **Spezialisierung von Mensch und Maschine.**
- Geeignetes Fertigungsverfahren **für die Großserien- und Massenproduktion.**
- **Geringe Anpassungsfähigkeit** an **Nachfrageänderungen.**
- **Hohe Störanfälligkeit,** da beim Ausfall eines Arbeitsplatzes schon in kurzer Zeit das ganze Band gestoppt werden muss.
- Beschäftigungsmöglichkeit für angelernte und ungelernte Arbeitskräfte und damit **geringeres Lohnniveau.**
- Die ständige Wiederholung gleichartiger Arbeitsgänge führt zur **Monotonie** und zu **einseitiger körperlicher und psychischer Belastung.**
- Gebundenheit an einen **eng gefassten Arbeitsplatz.**

Layout

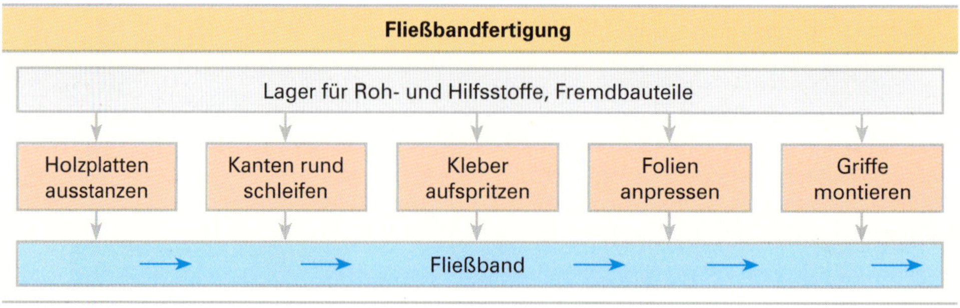

Hnweis:

Der Unterschied zwischen der Reihenfertigung und der Fließbandfertigung ist, dass es bei der Reihenfertigung

- **keine starre Verknüpfung von Arbeitsplätzen** gibt und
- der Transport der zu fertigenden Produkte **zeitlich nicht genau abgestimmt** ist.

(3) Gruppenfertigung (Inselfertigung)

Begriff

Mehrere Personen arbeiten **zusammen an einer Arbeitsaufgabe.**

Charakteristik

- Der Gruppe stehen **alle Maschinen und Werkzeuge** zur Verfügung, **die zur Bewältigung der vollständigen Aufgabe erforderlich** sind.
- **Kurze Transportwege.**
- **Hohes Maß an Anpassungsfähigkeit** gegenüber Nachfrageänderungen (hohe Flexibilität).
- **Geringe Störanfälligkeit** des Produktionsablaufs.
- Innerhalb einer Gruppe ist ein regelmäßiger **Arbeitsplatzwechsel möglich (Jobrotation).**
- Dadurch ist dieses Fertigungsverfahren ein **Beitrag zur Humanisierung der Arbeit.**
- Die Gruppe trägt ein **hohes Maß an Eigenverantwortung.**
- **Schwierige Entgeltfestsetzung** unter den einzelnen Arbeitskräften.
- **Teilautonomie** ist dann gegeben, wenn der Gruppe noch **zusätzliche Aufgaben** (Materialdisposition, Einrichtung der Maschinen, Reparaturarbeiten, Kontrolltätigkeiten) übertragen werden.

Layout

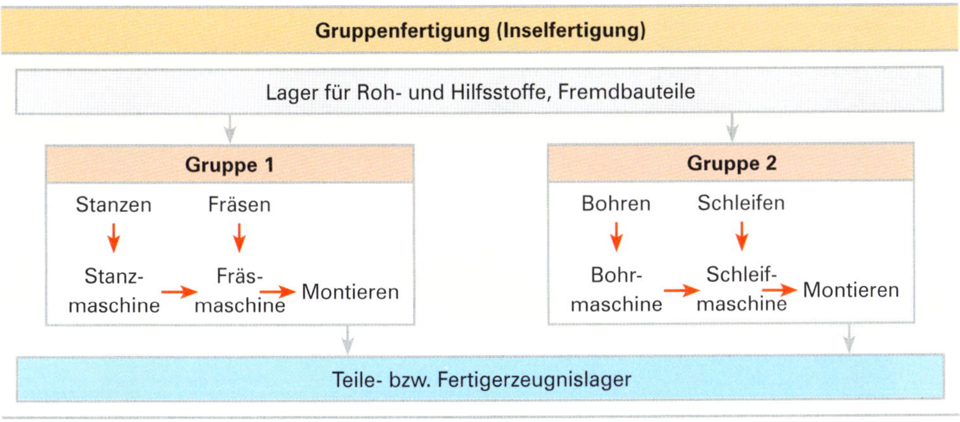

3.2.4 Optimale Losgröße berechnen

Werden die einzelnen Produkte nicht kontinuierlich, sondern **mit Unterbrechungen** hergestellt, handelt es sich um **Intervallfertigung.** Innerhalb eines Intervalls werden mit den erforderlichen Fertigungsanlagen jeweils gleichartige Erzeugnisse produziert. Die Intervallfertigung ist häufig eine **Kleinserienfertigung.**

(1) Begriff und Bestimmungsfaktoren der optimalen Losgröße

Ein wichtiges Problem der Intervallfertigung ist die Bestimmung der optimalen Losgröße (Seriengröße, Auflagengröße).

Ein **Los (Serie, Auflage)** ist die Menge, die ohne **Umrüsten der Anlage** produziert wird.

Die Wahl der Losgröße hat Auswirkungen auf die Rüstkosten und die Lagerhaltungskosten.

Bestimmungsfaktoren der optimalen Losgröße	Erläuterungen	Beispiele
Rüstkosten	Sie entstehen durch das Einrichten der Produktionsanlagen auf die Herstellung einer anderen Produktart. Rüstkosten treten je Los nur einmal auf und entstehen unabhängig von der Stückzahl der in einem Los gefertigten Produkte. Man bezeichnet sie daher auch als **auflagefixe Kosten.** Durch die Verminderung der Anzahl der durchgeführten Rüstvorgänge bzw. Erhöhung der in einem Los gefertigten Güter werden die Umrüstkosten insgesamt abgesenkt und damit auch die Losstückkosten.	■ Zinskosten, Abschreibungen, Wagniskosten oder Miete für die ruhenden maschinellen Anlagen und Räume; ■ Heiz-, Strom-, Be- und Entlüftungskosten; ■ Personalkosten während der Umrüstungszeit.
Lagerhaltungskosten	Es handelt sich um mengenabhängige Kosten. Sie steigen mit wachsender Losgröße an und sinken mit fallender Losgröße. Die Lagerhaltungskosten bezeichnet man auch als **auflagevariable Kosten.**	■ Versicherungskosten für die Lagervorräte, ■ Zinskosten für das im Lager gebundene Kapital, ■ Wagniskosten für Lagerschwund durch Güterverderb und Diebstahl, ■ Personalkosten, ■ Abschreibung der Lagereinrichtung, ■ Mietkosten.

Rüstkosten und Lagerhaltungskosten verlaufen, bezogen auf die Losgröße, entgegengerichtet, d.h., eine hohe Auflage (geringe Anzahl von Losen) führt zu niedrigen Rüstkosten, aber zu höheren Lagerkosten und umgekehrt.

Die **optimale Losgröße (Seriengröße, Auflagengröße)** ist gegeben, wenn die **Summe aus Rüst- und Lagerhaltungskosten** in einem bestimmten Planungszeitraum ein **Minimum** bildet.

(2) Berechnung der optimalen Losgröße

Ermittlung der auflagevariablen Lagerhaltungskosten

Die Ermittlung der **auflagevariablen Lagerhaltungskosten** (K_e) ist in der Praxis sehr schwierig. An einem sehr vereinfachenden Beispiel wird gezeigt, warum die variablen Lagerhaltungskosten auch **je Stück** steigen.

Beispiel:

Die Soester Büromöbel AG produziert pro Jahr 12000 Auszugssysteme für ihre Schreibtische, Büroschränke und Rollcontainer. Deren Selbstkosten betragen 10,00 EUR je Stück. Der Lagerkostensatz[1] beträgt 30 %.

Aufgaben:

1. Berechnen Sie, wie sich die Lagerhaltungskosten für die Lagerung je Stück entwickeln, wenn der Monatsbedarf, der Zweimonatsbedarf, der Dreimonatsbedarf, der Viermonatsbedarf, der Halbjahresbedarf und der Jahresbedarf zu Beginn der jeweiligen Periode produziert und auf Lager genommen wird! Es wird eine kontinuierliche Lagerabgangsrate unterstellt.
2. Stellen Sie den Sachverhalt grafisch dar!

Lösungen:

Zu 1.: Entwicklung der Lagerhaltungskosten

Losgröße	Auflagenhäufigkeit	Durchschn. Lagerbestand in Stück	Durchschn. Lagerbestand in EUR	Lagerhaltungskosten in EUR	Lagerhaltungskosten pro Jahr und Stück in EUR
1000	12	500	5000,00	1500,00	0,125
2000	6	1000	10000,00	3000,00	0,250
3000	4	1500	15000,00	4500,00	0,375
4000	3	2000	20000,00	6000,00	0,500
6000	2	3000	30000,00	9000,00	0,750
12000	1	6000	60000,00	18000,00	1,500

Zu 2.: Grafische Darstellung

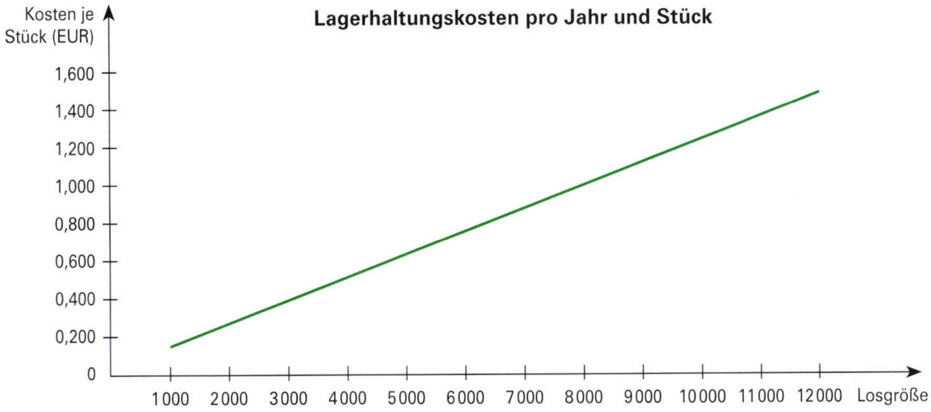

1 Der **Lagerkostensatz** gibt in Prozent an, wie hoch die Lagerhaltungskosten im Vergleich zum durchschnittlichen Wert des Lagerbestandes sind.

Ermittlung der optimalen Losgröße[1]

Beispiel:

Ausgehend von den Daten des Beispiels von S. 311 betragen die Rüstkosten (auflagefixen Kosten) 1 000,00 EUR.

Aufgaben:

1. Berechnen Sie die optimale Losgröße!
2. Stellen Sie die optimale Losgröße grafisch dar!

Lösungen:

Zu 1.: Rechnerische Ermittlung der optimalen Losgröße

Losgröße	Auflagen-häufigkeit	Rüstkosten pro Jahr in EUR	Durchschn. Lager-bestand in Stück	Durchschn. Lager-bestand in EUR	Lagerhal-tungskosten in EUR	Gesamt-kosten in EUR
1000	12	12000,00	500	5000,00	1500,00	13500,00
2000	6	6000,00	1000	10000,00	3000,00	9000,00
3000	**4**	**4000,00**	**1500**	**15000,00**	**4500,00**	**8500,00**
4000	3	3000,00	2000	20000,00	6000,00	9000,00
6000	2	2000,00	3000	30000,00	9000,00	11000,00
12000	1	1000,00	6000	60000,00	18000,00	19000,00

optimale Losgröße

Zu 2.: Grafische Darstellung

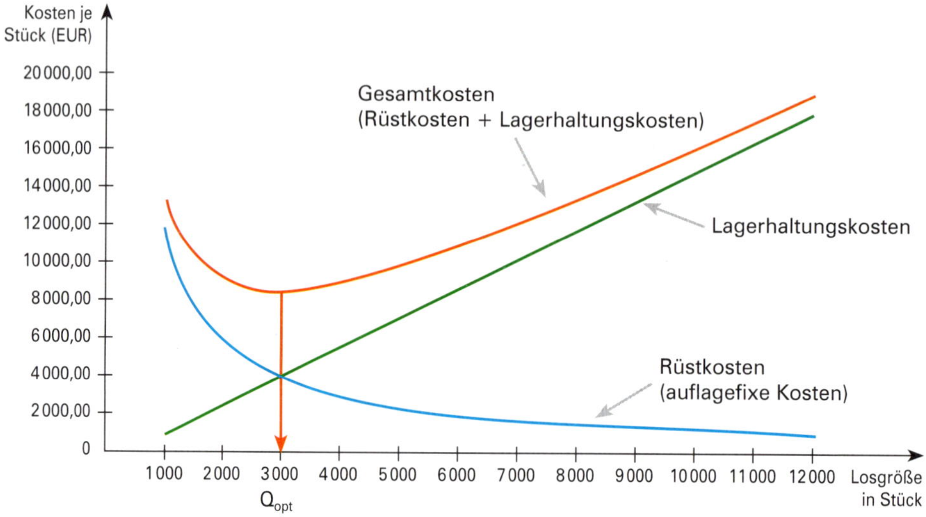

1 Hierbei handelt es sich um eine Variation des Problems der optimalen Bestellung, vgl. S. 231ff. Zur rechnerischen Lösung kann ebenfalls die Andler-Formel verwendet werden (vgl. hierzu S. 234).

3.3 Nachhaltigkeit im Rahmen der Leistungserstellung beurteilen

3.3.1 Bedeutung der Nachhaltigkeit

(1) Elemente der Nachhaltigkeit

Nachhaltigkeit als unternehmerische Zielsetzung ging hervor aus der ökologischen Diskussion, hat aber einen erheblich umfassenderen Anspruch. Nachhaltigkeit umfasst folgende drei Dimensionen:

Elemente der Nachhaltigkeit

ökologische Nachhaltigkeit

Diese befasst sich mit einem verantwortungsbewussten Umgang mit den benötigten Ressourcen, d. h. sparsamen Verbrauch an Energie und Rohstoffen, geringe Belastung der Umwelt durch die erforderlichen Transporte und Minimierung von Umwelt belastenden Emissionen.

wirtschaftliche Nachhaltigkeit

Sie zielt darauf ab, dass das Unternehmen auf Dauer eine wettbewerbsfähige Wertschöpfung erzielt und somit langfristig am Markt bestehen bleibt.

soziale Nachhaltigkeit

Humane Arbeitsbedingungen, gerechtes Einkommen und Förderung der Bildung sind Faktoren, die zur dauerhaften Stabilität einer gesellschaftlichen Infrastruktur[1] beitragen.

In der öffentlichen Wahrnehmung wird Nachhaltigkeit in der Regel mit der ökologischen Nachhaltigkeit gleichgesetzt und damit auf die Umweltebene reduziert.

(2) Beziehungen zwischen Ökonomie und Ökologie bei der Leistungserstellung

Ökonomie und Ökologie sind untrennbar miteinander verbunden. Zwangsläufig müssen bei der industriellen **Herstellung** von Gütern die Ressourcen der Umwelt genutzt werden. Rohstoffe werden der Erde entnommen, Energie wird verbraucht, Emissionen werden in Luft, Boden und Wasser geleitet, Produktionsrückstände werden, sofern nicht wiederverwertbar, entsorgt. Auch die **Verwendung** der hergestellten Güter ist in der Regel nicht möglich ohne Beeinträchtigung der Umwelt (Beispiel Kraftfahrzeug: Abgase, Energieverbrauch, Landschaftsverbrauch, Lärm und Entsorgung).

Beispiele:

- Stetiger Abbau nicht ersetzbarer Rohstoffe,
- Zerstörung der natürlichen Umwelt durch Verbauung und Verschmutzung,
- Entstehen von Krankheiten durch Lärm, Schmutz und Unfälle.

1 **Infrastruktur:** notwendiger wirtschaftlicher und organisatorischer Unterbau einer hoch entwickelten Wirtschaft (z. B. Verkehrsnetz, Arbeitskräfte, ...).

Jene Kosten, die nicht vom Verursacher im Rahmen der Produktion bzw. der Nutzung der Güter übernommen werden, führen zu negativen **„externen Effekten" (Social Costs)**. Sie werden zum Beispiel in Form von Umweltschäden der Allgemeinheit aufgebürdet.

Andererseits stehen Ökonomie und Ökologie auch in einem Konflikt zueinander, denn sie verfolgen unterschiedliche Zielsetzungen. Die **Ökonomie strebt nach Wachstum.** Betriebswirtschaftlicher Erfolg wird häufig daran gemessen, wie viel an „Mehr" gegenüber der vorherigen Periode erzielt worden ist. Wachstum ist in der Ökologie hingegen eher negativ besetzt und oft ein Zeichen von Krankheit, z. B. wuchert ein Tumor. **Ökologie strebt** in der Regel **nach Stabilität,** nach Gleichgewicht.

- Ökonomie und Ökologie **prallen aufeinander,** weil die Ökonomie die Umwelt als Ressourcenlieferant und als Aufnahmemedium für Emissionen und Abfälle in Anspruch nimmt. Somit werden die **Umwelt belastet** und das **ökologische Gleichgewicht gestört.**
- Das **Ziel** besteht darin, Ökonomie und Ökologie so zusammenzubringen, dass die Nachhaltigkeit als Wachstumsmotor dient und daraus eine Wertschöpfung erzielt werden kann. **Gewinn** soll also **nicht trotz,** sondern **gerade durch Nachhaltigkeit** erzielt werden.

3.3.2 Lösungsansätze

Beispielhaft wird im Folgenden auf ein Unternehmen des Automobilbaus Bezug genommen, das auf **Ökologie im Rahmen des Herstellungsprozesses** und auf die **umweltverträgliche Verwendung seiner Produkte** über den gesamten Lebenslauf achtet.

(1) Ansatzpunkte im Rahmen des Herstellungsprozesses

- **Montagegerechte Konstruktion** spart Energie im Rahmen der Herstellungsprozesse.
- **Moderne Werkzeugmaschinen mit CNC-Steuerung** sind vielseitig einsetzbar (ersparen damit mehrere Spezialmaschinen), arbeiten sehr präzise (weniger Arbeitsgänge sind notwendig), haben geringere Anlauf- und Umrüstzeiten und senken damit die Stückkosten.
- **Energieeffiziente Gestaltung der Fertigungsprozesse** (z. B. Nutzung der Restwärme, Energierückgewinnung) und **des Gebäudes** (z. B. Lichter werden durch Bewegungsmelder eingeschaltet und automatisch wieder ausgeschaltet, Verwendung von LED-Lampen).
- **Vorbeugende Instandhaltung** und **Werkzeugpflege** verringert das Risiko von Materialausschuss und störungsbedingten Ausfallzeiten.
- Die **traditionellen Fertigungsorganisationen** beruhen noch auf der Denkweise vom **Gesetz der Massenproduktion,** also: Große Produktionsmengen eines einheitlichen Erzeugnisses über einen längeren Zeitraum an einem zentralen Ort bringen Kostenvorteile. Dies führt zu starker Abhängigkeit von Auslastungsschwankungen, weiten Transportwegen zum Kunden und hohen Energieverbrauchen.
- Um effizient, flexibel und Ressourcen schonend zu produzieren, ist ein Umdenkprozess erforderlich. Eine Lösung ist möglicherweise die **Schaffung von** kundennahen, zwischenbetrieblich **vernetzten Fertigungsorganisationen** (gegenseitiger Austausch von Arbeitskräften und Fertigungskapazitäten je nach Auslastung).

(2) Ansatzpunkte im Rahmen der Produktnutzung

- Einrichtungen von **Abgasrückführung, Katalysatoren** und **Partikelfilter** verringern die Emissionen in die Luft.
- Der **Einbau von Dämmstoffen** mindert die Lärmbelastung fahrender Fahrzeuge.
- Besondere **Sicherheitssysteme** (zur Spur- und zur Abstandshaltung, intelligente Lichtsysteme, ABS usw.) senken das Unfallrisiko und verringern die Verletzungsgefahr von Menschen.
- Die Ausstattung mit einer Vielzahl von **Sensoren, Computern** und einem **Auto-Diagnose-Speicher** unterstützt einerseits den Kundendienst in einer zielgerichteten, werterhaltenden Wartung, andererseits auch den Fahrer (z. B. Warnung vor Reifendruckverlust) und bewahrt ihn so vor dem Risiko eines Schadens.
- Eine **hohe Recyclingquote** der verwendeten Materialien schont den Rohstoffeinsatz.
- **Gewichtsreduzierung** durch Leichtbau, aerodynamische Karosserie, **Start-Stopp-Automatik** und gezielte **Fahrerinformationen zur energiesparenden Fahrweise** (momentaner Benzinverbrauch) führen zu geringerem Energieverbrauch.

Zusammenfassung

- Nach dem **Einsatz menschlicher Arbeitskraft** unterscheidet man folgende Fertigungsverfahren: **Handarbeit, Maschinenarbeit** und **automatische Fertigung.**
- **Fertigungsverfahren nach der Häufigkeit der Prozesswiederholungen** sind:
  - Einzelfertigung
  - Serienfertigung
  - Massenfertigung
- **Fertigungsverfahren nach der Anordnung der Betriebsmittel im Produktionsprozess** sind:
  - Werkstättenfertigung
  - Inselfertigung
  - Fließfertigung
    - Reihenfertigung
    - Fließbandfertigung
- Ein **Los** ist die Menge, die **ohne Umrüstung der Anlage** produziert wird.
- Bei der **optimalen Losgröße** bildet die **Summe aus Rüst- und Lagerhaltungskosten** in einem bestimmten Planungszeitraum ein **Minimum.**
- **Nachhaltigkeit** im Rahmen der Leistungserstellung bezieht sich einerseits auf nachhaltiges Handeln **im Rahmen des Herstellungsprozesses** aber auch auf eine umweltverträgliche **Verwendung der Produkte.**

Übungsaufgaben

114 1. Beschreiben Sie Fertigungsverfahren nach dem Grad der Automatisierung!

Vorlage

mvurl.de/9hw4

2. Erläutern Sie, welche Vor- und Nachteile die Automation für den Betrieb, die Belegschaftsmitglieder und die Verbraucher bringt!
3. Beschreiben Sie die Fertigungsverfahren nach der Häufigkeit der Prozesswiederholung!
4. Bei der Intervallfertigung tritt u. a. das Problem der optimalen Losgröße auf.

   Aufgaben:

   4.1 Erklären Sie, was unter optimaler Losgröße zu verstehen ist!

4.2 Berechnen Sie die optimale Losgröße für Edelstahl-Handläufe unter folgenden Bedingungen:
- Der Jahresbedarf beträgt 18000 Stück.
- Die Herstellkosten je Einheit betragen 15,00 EUR.
- Der Lagerhaltungskostensatz beträgt 25%.
- Die auflagefixen Kosten betragen 2000,00 EUR.
- Die Losgröße beträgt 1000 Stück oder ein Mehrfaches davon!

115
1. Erläutern Sie den Begriff Werkstättenfertigung!
2. Erklären Sie den Begriff Reihenfertigung!
3. Erläutern Sie, inwiefern die Fließfertigung (einschließlich Fließbandfertigung) eine Weiterentwicklung der Reihenfertigung ist!
4. Erklären Sie den Unterschied zwischen Fließfertigung (einschließlich Fließbandfertigung) und Reihenfertigung!
5. Erläutern Sie den Zusammenhang zwischen der Anzahl gleichartiger Erzeugnisse und der Organisation der Fertigung!
6. Veranschaulichen Sie in einer Grafik den Zusammenhang zwischen der Organisation der Fertigung und der Dauer der Durchlaufzeit!

116 Lesen Sie zunächst sorgfältig nachstehenden Textauszug:

Peter Holzer ist ein gestandener Mann. Sechs Jahre lang hat der 43-jährige Kfz-Elektriker im Lastwagenwerk geschuftet, zuletzt in der Nachbearbeitung und Endkontrolle. Peter Holzer weiß aber auch, was es heißt, monatelang nichts anderes zu tun, als Kotflügel zu montieren. Kotflügel, Kotflügel, nichts als Kotflügel – acht Stunden am Tag, fünf Tage die Woche, mitunter auch nachts, je nach Schicht. Alles ein geschlossener Kreislauf, monoton und ermüdend. Auch Willi Bayer mit seinen 19 Jahren weiß schon gut, was das bedeutet. Er hat Kfz-Elektriker gelernt und dann in einer Automobilfabrik Kabelsätze montiert. Nichts als Kabelsätze, Tag für Tag – jeder für sich, keiner für alle.

Doch jetzt ist alles anders. Hightech, die den Mitarbeiter zum Handlanger macht, sucht man vergebens. Spektakuläre Automation gibt es nicht, lediglich das induktionsgesteuerte Transportsystem, das die Karossen wie von Geisterhand über den hellgrauen Betonboden schweben lässt, mutet futuristisch an. „Verrenken" muss sich keiner mehr: Über-Kopf-Arbeit ist vorbei, sogenannte Hub-Schwenk-Plattformen und Hänge-Dreh-Plätze ermöglichen ergonomisches Arbeiten und halten die Körperbelastung deutlich geringer. Auch die Endkontrolle entfällt. Der Arbeiter ist der Letzte vor dem Kunden und zeichnet mit einem Stempel für sorgfältig erledigte Arbeit.

Im neuen Werk arbeiten auf einer Fertigungsinsel acht bis maximal zwölf Mitarbeiter, die ihre Arbeit im Wesentlichen selbst organisieren und für ihren Arbeitsabschnitt die volle Verantwortung übernehmen. Das soll für die Motivation sorgen. Nicht umsonst erwarten die Verantwortlichen, dass statistisch gesehen pro Mann und Jahr ein Verbesserungsvorschlag kommt. Zum Vergleich: In anderen Werken liegt die Quote zehnmal niedriger.

Aufgaben:

1. Arbeiten Sie heraus, von welcher Fertigungsart in Bezug auf die Anordnung der Betriebsmittel im Produktionsverfahren im ersten Abschnitt des obigen Textes die Rede ist!
2. Erläutern Sie, welche Fertigungsart in Bezug auf die Häufigkeit der Prozesswiederholung vorliegt!
3. Nehmen Sie das Internet bzw. ein Lexikon zu Hilfe und erklären Sie folgende im zweiten Textabschnitt erwähnten Begriffe:

3.1 Hightech,	3.3 ergonomisch,	3.5 Motivation und
3.2 Automation,	3.4 futuristisch,	3.6 statistisch!

4. Arbeiten Sie heraus, welche Fertigungsart in Bezug auf die Anordnung der Betriebsmittel im Produktionsprozess im zweiten Abschnitt beschrieben wird!

117
1. Beschreiben Sie, auf welche Weise Ökonomie und Ökologie zwangsweise verknüpft sind!
2. Begründen Sie den Zielkonflikt zwischen Ökonomie und Ökologie!
3. Definieren Sie den Begriff externe Effekte (Social Costs)! Nennen Sie hierfür zwei Beispiele!
4. Beschreiben Sie kurz die Möglichkeiten eines Industriebetriebes zu nachhaltigem Handeln
   4.1 im Rahmen des Herstellungsprozesses,
   4.2 bei der späteren Nutzung seiner Produkte!
5. Schauen Sie auf Ihren ganz privaten Lebensbereich. Überlegen Sie, durch welche Maßnahmen in der Lebensführung und durch welche Güter Ihres täglichen Bedarfes Sie Ihren persönlichen Beitrag zu einem nachhaltigen Wirtschaften erbringen könnten!
6. Gehen Sie auf folgende Website:
   https://www.wwf.ch/de/nachhaltig-leben/footprintrechner [Stand: 24.10.2024]

   Informieren Sie sich, was ein ökologischer Fußabdruck ist. Bestimmen Sie Ihren persönlichen ökologischen Fußabdruck!

   Bereiten Sie eine kurze Stellungnahme zu Ihrem Ergebnis vor und machen Sie Vorschläge zur Verbesserung!

118 Die Motorenwerke Anton Thomalla GmbH muss für die Herstellung der Motoren verschiedene Werkstücke herstellen, u.a. Spannhülsen. Die Halle 3, in welcher die Werkstätten untergebracht sind, hat folgendes Layout:

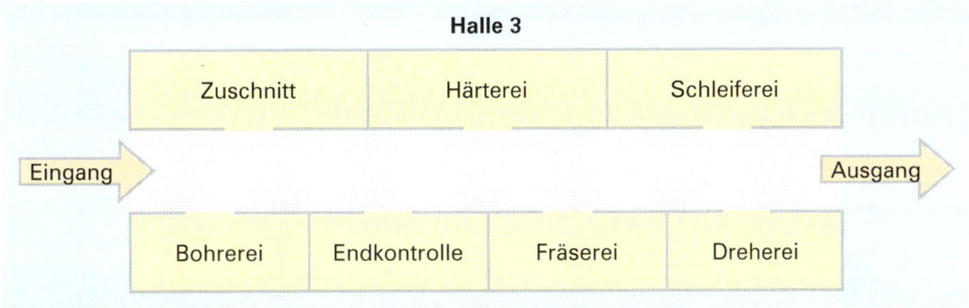

Die Spannhülsen durchlaufen zu ihrer Herstellung folgenden Ablauf:

Arbeitsgang 1: Zuschnitt
Arbeitsgang 2: Dreherei
Arbeitsgang 3: Fräserei
Arbeitsgang 4: Bohrerei
Arbeitsgang 5: Härterei
Arbeitsgang 6: Schleiferei
Arbeitsgang 7: Endkontrolle

Aufgaben:

1. Übertragen Sie die obige Grafik in Ihr Hausheft und zeichnen Sie den Fluss des Werkstücks durch die Werkstätten der Halle 3 ein!
2. Angenommen, Sie wollen die Abläufe für die Herstellung der Spannhülsen beschleunigen und überlegen daher, die davon berührten Arbeitsplätze nach dem vorgesehenen Arbeitsablauf anzuordnen. Entwerfen Sie ein neues Layout für die Halle 3 und zeichnen Sie erneut den Materialfluss!
3. Erläutern Sie, welche Nachteile Sie dafür in Kauf nehmen müssen!

Vorlage
mvurl.de/vfqu

119 Lösen Sie die Handlungsaufgaben aus der Situation auf S. 300!

Vorlage
mvurl.de/ts27

Anforderungssituation 3.3

AS 3.3 Situation: Qualitätssicherungsverfahren anwenden

Die Soester Büromöbel AG hat sehr mit den asiatischen Billigimporten zu kämpfen. Gerade im abgelaufenen Quartal hatte sie sich um den Großauftrag einer führenden Möbelhauskette über die Lieferung von 2000 Kinderschreibtischen beworben. Vor drei Tagen kam die Absage. Frau Özdemir, Leiterin des Verkaufs, fragte bei der Möbelhauskette telefonisch nach.

Die Antwort war frustrierend: *„Der Auftrag ging an einen Hersteller aus Malaysia. Im Rahmen der Musterprüfung des Kinderschreibtisches der Soester Büromöbel AG wurden geringfügige Verarbeitungsmängel festgestellt. Von den Verstellmöglichkeiten her war das asiatische Produkt ebenbürtig. Der zwar immer noch vorhandene Qualitätsvorsprung gegenüber dem malaysischen Hersteller rechtfertigt aber nicht den deutlich höheren Einstandspreis."*

Im wöchentlichen Meeting mit dem Leiter der Qualitätssicherung, Herrn Krogull, und der Leiterin des Personalwesens, Frau Stark, kam dieser verlorene Auftrag zur Sprache.

Frau Özdemir: *„Frau Stark, Herr Krogull – so geht das nicht weiter. Jetzt haben wir schon wieder einen Großauftrag verloren, den wir so dringend gebraucht hätten. An den verlorenen Auftrag der Hanse-Möbelhäuser vor vier Wochen brauche ich wohl nicht zu erinnern. Und die Argumente sind im Kern immer die gleichen: Die Qualität ist nicht so überzeugend, dass die Kunden den Mehrpreis zu zahlen bereit wären. Wir haben doch gut ausgebildete Fachkräfte und zahlen doch gute Löhne! Also – woran liegt es denn?"*

Herr Krogull: *„Wir haben uns zwar nach DIN EN ISO 9001:2015 zertifizieren lassen und das steht auch schön auf unseren Briefköpfen. Aber das Thema ‚Qualität' ist in den Köpfen der Mitarbeiter noch nicht ganz angekommen. Sie sind Betroffene, aber keine Beteiligten. Ich erinnere mich an die letzte Sitzung des ‚Qualitätszirkels Montage'. Dreiviertel der Mitarbeiter sitzt da und schweigt. Ich denke, sie sind erschlagen vom Vokabular: ‚Total Quality Management, PDCA-Zyklus, DIN EN ISO 9001:2015, Zertifizierung, Kaizen ...'. Da tue ich mich ja schon schwer. Wie soll es da einem Arbeiter beim Zuschnitt erst gehen?"*

Frau Stark: *„Ich hätte da eine Idee. Wir wäre es für den ersten Anfang, wenn wir für die Mitarbeiter ein kleines Nachschlagewerk mit den wichtigsten Fachausdrücken aus der Qualitätssicherung und deren Bedeutung zusammenstellen?"*

Herr Krogull: *„Oh ja, das wäre sicher nicht umsonst. Und ich weiß auch schon, wer es macht!"*

IMPULS:

Formulieren Sie einfache, alltagstaugliche Merksätze (z. B.: „Mach Deine Sache gleich beim ersten Mal richtig!"), deren Befolgung dazu beiträgt, dass eine Arbeit gut wird – ohne dass es dazu schon eines ausgefeilten Qualitätsmanagementsystems bedarf!

HANDLUNGSAUFGABE:

Arbeiten Sie die folgenden Kapitel des Schulbuches durch und verwenden Sie die Aufzeichnungen aus dem Unterricht zur Bearbeitung der Handlungsaufgabe!

Erstellen Sie ein kurzes, tabellenartiges Nachschlagewerk über die wichtigsten Begriffe und deren Bedeutung zum Thema Qualitätssicherung!

4 Leistungserstellungsprozesse unter dem Gesichtspunkt der Qualitätssicherung und Wirtschaftlichkeit beurteilen

4.1 Kontroll- und Qualitätssicherungsverfahren vergleichen

4.1.1 Begriffe Qualität und Qualitätsmanagement

Qualität ist kein feststehender Begriff, sondern hängt ab vom Verwendungszweck. Ob die geforderte Qualität erfüllt ist, wird über sogenannte **Qualitätsmerkmale** beurteilt.

Beispiele:

- So muss ein Fahrrad, das für ein Zeitfahren verwendet wird, ganz andere Qualitätsmerkmale erfüllen als ein Mountainbike.
- Ein Speiseapfel wird nach den Qualitätsmerkmalen Geschmack, Festigkeit, Frische beurteilt. Wird er jedoch für eine Wilhelm-Tell-Aufführung benötigt, so stehen die Merkmale Größe und Farbe im Vordergrund.

Der Begriff **Qualität** kann aus Sicht der Qualitätskontrolle (Funktionstüchtigkeit) oder aus Sicht der Kunden verstanden werden.

- Aus **Sicht der Qualitätskontrolle** (Funktionstüchtigkeit) gibt die Qualität an, in welchem Maße die **Eigenschaften einer Leistung** (eines Produkts/einer Dienstleistung) die festgelegten, vorausgesetzten oder verpflichtenden **Anforderungen erfüllt.**
- Aus **Sicht der Kunden** ist Qualität dann gegeben, wenn eine Leistung (ein Produkt, eine Dienstleistung) alle vom **Kunden gewünschten Eigenschaften** besitzt.

Die Festlegung, **welche qualitativen Ansprüche** an ein Produkt zu stellen sind, ist nur der erste und deutlich leichtere Schritt. Wichtiger und schwieriger ist es, dieses Qualitätsziel zu **erreichen** und zu **sichern.** Letzteres ist Aufgabe des Qualitätsmanagements.

Das **Qualitätsmanagement** hat zum einen die Aufgabe, **Fehler zu vermeiden,** und zum anderen soll im Rahmen eines kontinuierlichen Verbesserungsprozesses ein beständig **höheres Qualitätsniveau** erreicht werden.

4.1.2 Maßnahmen für ein Qualitätsmanagement

4.1.2.1 Qualitätsmanagementsysteme

Bei der Umsetzung des Qualitätsmanagements leisten Qualitätsmanagementsysteme eine wichtige Hilfestellung. Das derzeit bekannteste Qualitätsmanagementsystem ist das Normensystem **DIN EN ISO 9001:2015.**[1] Es gibt Mindestanforderungen (ein System von Normen[2] und Vorgehensweisen) für die Bildung betrieblicher Prozesse vor, die die Unternehmen darin unterstützen, die gesteckten Qualitätsziele systematisch und sicher zu erreichen.

Wer in einem Unternehmen ein Qualitätsmanagementsystem nach den modellhaften Anforderungen der DIN EN ISO 9001:2015 eingeführt hat, kann die Überprüfung (auch **Audit** genannt) durch eine Zertifizierungsstelle beantragen.

- **Zertifizierung** ist ein **Überprüfungs- und Bestätigungsverfahren** durch eine **unparteiische Instanz.**
- Die Zertifizierung zeigt, dass sich ein entsprechend bezeichnetes Erzeugnis, Verfahren oder eine Dienstleistung in **Übereinstimmung mit einer bestimmten Norm** befindet.

Zwar ist die Zertifizierung keine Pflicht, jedoch ist es z. B. in der Branche der Automobilindustrie eine Eingangsvoraussetzung für die Zulieferer. Der Nachweis einer Zertifizierung nach ISO 9001:2015 signalisiert einem Kunden, dass die unternehmensinternen Abläufe, Prozesse und Strukturen definiert sind, dass sie funktionieren und der Betrieb sich um eine kontinuierliche Qualitätssteigerung bemüht. Halten sich alle Mitarbeiter an diese definierten Abläufe, dann ist eine qualitativ einwandfreie Leistung zu erwarten.

4.1.2.2 Konzept des Total Quality Managements (TQM)

Zerlegt man den Begriff Total Quality Management in seine Bestandteile, dann steht

- **Total** dafür, dass alle Mitarbeiter auf allen Ebenen, insbesondere auch die Kunden und Lieferanten in ein ganzheitliches Denken einbezogen werden.
- **Quality** dafür, dass die fast selbstverständliche Qualität der Produkte und Dienstleistungen eine Folge der Qualität der Arbeit und der Prozesse ist.
- **Management** dafür, dass es primär der Führungsaufgabe und der Führungsqualität des Managements bedarf, um dieses Konzept im gesamten Unternehmen lebendig sein zu lassen.

Ziel ist die Einrichtung eines ständigen Verbesserungsprozesses, der seine Dynamik aus den Vergleichen zum Branchenführer **(„Best in Class")** oder aus branchenübergreifenden Vergleichen **(„Benchmarks")** gewinnt. Es handelt sich um ein langfristiges Unternehmenskonzept, das die Mitarbeiter als wichtigsten Garant zur Erreichung des Qualitäts-

1 **DIN** Deutsches Institut für Normung (bundesweite Anerkennung)
EN Europäische Norm (europaweite Anerkennung)
ISO International Organization for Standardization (weltweite Anerkennung)

2 **Norm**: hier Richtlinie (Vorschrift, Regel) für die Herstellung von Produkten bzw. die Anwendung von Verfahren.

ziels begreift. Das Unternehmen erwartet z.B. von den Mitarbeitern, dass nicht erst eine Beschwerde des Kunden notwendig ist, um eine Verbesserung einzuleiten, sondern dass die Mitarbeiter vorausschauend nach neuen Verbesserungsvorschlägen suchen.

4.1.2.3 Kontinuierlicher Verbesserungsprozess (KVP) – Kaizen

(1) Begriff

- Der **kontinuierliche Verbesserungsprozess** (KVP) ist ein Bündel von Maßnahmen mit dem Ziel, **Erzeugnisse** und **betriebliche Prozesse** weiterzuentwickeln und zu verbessern.
- Die Weiterentwicklung erfolgt nicht in einem Schritt oder wenigen großen Schritten, sondern in einer Vielzahl von **beständigen (kontinuierlichen) kleinen Verbesserungsschritten,** die erst in ihrer Gesamtheit zum erwünschten Erfolg führen.[1]

(2) Erläuterung des KVP-Konzepts

Die nachfolgende Tabelle zeigt eine Gegenüberstellung des KVP-Konzepts zum Konzept der Innovation mit seinen sprunghaften Veränderungen durch neue Technologien, neue Produktionstechniken, Organisationsmodelle und Managementkonzepte.

	KVP-Konzept	Innovation
zeitlicher Rahmen	stetig und ununterbrochen	kurzfristig und sprunghaft
Ziel	Streben nach detaillierter Verbesserung von Produkt und Prozess	Streben nach großen Fortschritten in kurzer Zeit
Basis	auf bestehenden Systemen und Technologien aufbauend	ständige Suche nach Entwicklung von neuen Technologien
Personaleinsatz	jeder Mitarbeiter und jede Führungskraft	Spezialisten, Konstrukteure
erforderliche Eigenschaften	■ Anpassungsfähigkeit ■ Kollektivgeist ■ Leistungsbereitschaft	■ Kreativität ■ Individualität ■ individuelle Leistung
Devise (Leitlinie)	Erhaltung und Verbesserung	Abbruch und Neuaufbau
Investitionsmittel	geringer Kapitalbedarf	hoher Kapitalbedarf
Erfolgschance	gleichbleibend hoch	abrupt und unbeständig
Bewertungskriterien	Produktivitäts- und Qualitätskennzahlen	ergebnisorientierte Kennziffern (z.B. Umsatz, Kosten, Deckungsbeitrag)
tendenzieller Einsatz	in langsam wachsenden Branchen	in schnell wachsenden Branchen

1 Diese Vorgehensweise geht auf die insbesondere aus Japan stammende Kaizen-Philosophie (Verbesserung in kleinen Schritten [KAIZEN]) zurück.

Im Rahmen des kontinuierlichen Verbesserungsprozesses werden die bestehenden Strukturen, Prozesse und Regelungen ständig dahingehend hinterfragt, ob sie nicht qualitativ verbessert werden könnten. Ziel ist also nicht die Umwälzung, die völlige Neuordnung, sondern die beständige Analyse, Bewertung und Verbesserung des eigenen Handelns.

Zusammenfassung

- Die **Notwendigkeit des Qualitätsmanagements** ergibt sich aus
  - gesetzlichen Vorgaben (z. B. Produkthaftungsgesetz, Produktsicherheitsgesetz),
  - steigenden Ansprüchen der Kunden,
  - verschärftem Wettbewerb und
  - der eigenen Unternehmensphilosophie.
- Maßnahmen eines Qualitätsmanagements sind die Zugrundelegung der **Normenreihe DIN EN ISO 9001:2015,** das **Konzept des Total Quality Managements** (TQM) sowie die Verwendung des **KVP-Konzepts (Kaizen).**
  - Das derzeit bekannteste Qualitätsmanagementsystem ist die **DIN EN ISO 9001:2015.** Sie enthält ein System von Normen und Vorgehensweisen und legt die Grundlage für die Bewertung und Optimierung betrieblicher Prozesse fest. Sie enthält Mindestanforderungen an ein Qualitätsmanagementsystem, die ein Unternehmen erfüllen muss, damit es von einer unabhängigen Zertifizierungsgesellschaft zertifiziert werden kann.
  - Das **TQM** ist eine auf der Mitwirkung aller Mitarbeiter beruhende Führungsmethode, die die Qualität in den Mittelpunkt stellt, um durch die Zufriedenheit der Kunden einen langfristigen Geschäftserfolg sowie einen Nutzen für die Mitarbeiter und die Gesellschaft zu erzielen.
  - Beim **kontinuierlichen Verbesserungsprozess (KVP)** erfolgt die Weiterentwicklung der Erzeugnisse und der betrieblichen Prozesse in einer Vielzahl von kleinen Verbesserungsschritten.
- Die **Ziele des Qualitätsmanagements** bestehen insbesondere darin, die Produktqualität zu sichern und zu verbessern, die Qualität der betrieblichen Prozesse zu steigern und damit die Kundenzufriedenheit zu stärken.

Übungsaufgaben

120

1. Gegen die traditionelle Qualitätskontrolle am Ende der Fertigung wird argumentiert, dass durch dieses Verfahren keine Fehler vermieden und die Fehlerursachen nicht beseitigt werden.

   Aufgabe:

   Nehmen Sie hierzu und zu weiteren Schwachstellen der sogenannten Endkontrolle Stellung!

2. Nennen Sie mindestens drei umgangssprachliche Qualitätsmerkmale für ein technisches Gebrauchsgut (z. B. Flachbildfernseher, Bohrmaschine, Waschmaschine), das in einem Privathaushalt verwendet werden soll!

3. Erläutern Sie, welche Vorteile mit der Einführung eines Qualitätsmanagements, insbesondere mit dessen Zertifizierung, verbunden sind!

4. **Textauszug:**

„Wir sind der Partner unserer Kunden in der Dichtungs- und Schwingungstechnologie; die Vorstellungen, Ideen und Ansprüche unserer Kunden prägen unsere Aktivitäten. Ihre Zufriedenheit sichern wir mit einem umfassenden Produktangebot und beispielhaften Serviceleistungen – dabei beziehen wir, wenn sinnvoll, auch Kooperationspartner ein.

Kundenzufriedenheit ist damit die Basis für die erfolgreiche Zukunft der Freudenberg Dichtungs- und Schwingungstechnik.

Wir sind gewohnt, auf höchster Qualitätsstufe zu fertigen und streben das Ziel der Nullfehlerqualität an.

Dadurch tragen wir zu höchster Kundenzufriedenheit bei. Im In- und Ausland arbeiten wir nach einem einheitlichen, hohen Ansprüchen genügenden Qualitätsmanagementsystem, aufbauend auf der DIN EN ISO 9001:2015. Alle unsere Standorte sind heute nach DIN EN ISO 9001:2015 zertifiziert.

Reaktionsschnelligkeit und engster Kontakt zum Kunden sowie kostengünstige, flexible Fertigung sichern die Versorgung unserer Kunden. Lieferungen von höchster Qualität, Standardgarantien von 20 Jahren nach Erstlieferung sichern unseren Kunden die Ersatzteilversorgung. Das Erreichen höchster Produktivität und hoher Zuverlässigkeit der Produktion für unsere Kunden ist das Maß, das laufend zu verbessern ist."

Quelle: Angelehnt an Auszüge aus einem Prospekt der Freudenberg GmbH Dichtungs- und Schwingungstechnik, Weinheim.

Aufgaben:

4.1 Arbeiten Sie heraus, welche Textstellen auf TQM hinweisen!

4.2 Erläutern Sie den Begriff TQM!

4.3 Der Text nennt „DIN EN ISO 9001:2015". Erklären Sie, was unter dieser DIN zu verstehen ist!

5. Recherchieren Sie, wer das hier abgebildete Gütesiegel erlassen hat und welche grundlegenden Qualitätsmerkmale dieses Qualitätssiegel beinhaltet!

6. Erklären Sie, ob durch die Verwirklichung eines Total Quality Managements Qualitätskontrollen weiterhin notwendig sind oder ob darauf verzichtet werden kann!

121 Lösen Sie die Handlungsaufgabe aus der Situation auf S. 319!

4.2 Wirtschaftlichkeit des Leistungserstellungsprozesses anhand von Kennziffern beurteilen (Controllingprozesse)

4.2.1 Produktivität

(1) Begriff Produktivität

Die **Produktivität** ist die technische Ergiebigkeit eines Produktionsvorgangs. Sie stellt das Verhältnis von Ausbringungsmenge zu den Einsatzmengen der Produktionsfaktoren dar.

$$\text{Produktivität} = \frac{\text{Ausbringungsmenge}}{\text{Einsatzmenge}}$$

Aus dieser allgemeinen Formulierung der Produktivität lassen sich **Teilproduktivitäten** ableiten. Die wichtigsten sind die **Arbeitsproduktivität** und die **Kapitalproduktivität.**

(2) Arten der Produktivität

Arbeitsproduktivität

Bei der Arbeitsproduktivität wird die Ausbringungsmenge auf eine Arbeitsstunde bezogen.

Beispiel:

Ein Bauunternehmen erstellte im Monat April mit seinen Beschäftigten 2000 m^3 umbauten Raum, im Mai 2400 m^3. Die geleisteten Arbeitsstunden betrugen im April 3840 und im Mai 4416 Arbeitsstunden. Der Einsatz von Werkzeugen, Maschinen, Fahrzeugen, Ausstattung und Gebäude blieb unverändert (Wert 300000,00 EUR).

Die Arbeitsproduktivität berechnet sich dann wie folgt:

$$\text{Arbeitsproduktivität} = \frac{\text{Ausbringungsmenge}}{\text{geleistete Arbeitsstunden}}$$

Mit den Zahlen des Beispiels erhält man folgende Werte:

Monat	Arbeitsproduktivität	Monat	Arbeitsproduktivität
April	$\frac{2000}{3840} = \underline{\underline{0{,}52}}$	Mai	$\frac{2400}{4416} = \underline{\underline{0{,}54}}$

Das Ergebnis zeigt, dass sich die Arbeitsproduktivität im Mai erhöht hat. Da sich die Ausstattung mit z.B. Maschinen und Werkzeugen nicht geändert hat, ist die Produktivitätssteigerung ausschließlich auf die Arbeiter zurückzuführen. Gründe können sein: besseres Wetter (die Arbeitskräfte fühlen sich wohler), die Aufsicht wurde verbessert, die Arbeitskräfte befürchten Entlassungen und strengen sich daher mehr an, das Betriebsklima ist besser geworden, die im April gewonnene Routine (Gewandtheit) nach der Winterpause führte im Mai zur Leistungssteigerung.

Kapitalproduktivität

Bezieht man die Ausbringungsmenge auf das eingesetzte Sachkapital, erhält man die Kapitalproduktivität.

$$\text{Kapitalproduktivität} = \frac{\text{Ausbringungsmenge}}{\text{Sachkapital}}$$

Mit den Zahlen des Beispiels erhält man folgende Werte:

Monat	Kapitalproduktivität	Monat	Kapitalproduktivität
April	$\frac{2000}{300000} = \underline{\underline{0{,}00\overline{6}}}$	Mai	$\frac{2400}{300000} = \underline{\underline{0{,}008}}$

Die Kapitalproduktivität ist (um 20 %) gestiegen, obwohl sich am Kapitaleinsatz nichts geändert hat.

(3) Zurechenprobleme

Produktivitätssteigerungen lassen sich nur dann einem Produktionsfaktor (z. B. Arbeit) zurechnen, wenn die Leistung aller anderen Produktionsfaktoren konstant (unverändert) bleibt. In Wirklichkeit sind Produktivitätssteigerungen i. d. R. auf die Beiträge aller Produktionsfaktoren zur Leistungserstellung zurückzuführen.

4.2.2 Wirtschaftlichkeit

Wirtschaftlichkeit[1] ist das Verhältnis erbrachter Erträge zu den für diese Erträge aufgewendeten Mitteln je Periode (z. B. je Geschäftsjahr).

$$\text{Wirtschaftlichkeit} = \frac{\text{Erträge}}{\text{Aufwendungen}}$$

Der **Unterschied zwischen Wirtschaftlichkeit und Produktivität** besteht darin, dass die **Produktivität** ein **Mengenverhältnis** ausdrückt, während die **Wirtschaftlichkeit** ein **Wertverhältnis** darstellt. Praktisch heißt das, dass die Wirtschaftlichkeit – bewertet zu tatsächlichen Preisen – bei gleichbleibender Produktivität steigen oder fallen kann, wenn beispielsweise die Absatzpreise bei gleichbleibenden Kosten steigen bzw. fallen.

4.2.3 Rentabilität

(1) Begriff Rentabilität

Bei den Kennzahlen der Rentabilität werden Größen der Gewinn- und Verlustrechnung in die Beurteilung des Unternehmens einbezogen. Die wichtigste Kennzahl dabei ist der Gewinn. Da jedes Unternehmen in Bezug auf Rechtsform, Kapitalausstattung, Wirtschaftsbranche und Größe andere Bedingungen aufweist, sagt die absolute Höhe des Gewinnes nur wenig aus. Um eine vergleichbare Aussage über den Erfolg eines Unternehmens

1 Siehe auch S. 274f. Außerdem gibt es folgende Berechnungsmöglichkeit: Wirtschaftlichkeit = $\frac{\text{Leistungen}}{\text{Kosten}}$. Die Begriffe Leistungen und Kosten werden in der Klasse 12, im Handlungsfeld 7 behandelt.

treffen zu können, muss der Gewinn prozentual in Beziehung zu jenen Größen gebracht werden, die ihn ermöglicht haben. Solche messbaren Größen sind z. B. das **Kapital** oder der **Umsatz**.

Die **Rentabilität** ist eine Messgröße für die Ergiebigkeit eines Mitteleinsatzes.

(2) Kapitalrentabilität

Hierbei wird der erzielte Gewinn zum Kapital in Beziehung gesetzt. Je nachdem, ob man als Bezugsgröße das Eigenkapital oder das Gesamtkapital wählt, erhält man als Kennzahl die **Eigenkapitalrentabilität** oder die **Gesamtkapitalrentabilität**. Die Eigenkapitalrentabilität wird häufig auch als Unternehmerrentabilität und die Gesamtkapitalrentabilität als Unternehmensrentabilität bezeichnet.

Eigenkapitalrentabilität (Unternehmerrentabilität)

Bei der Eigenkapitalrentabilität wird der erzielte Gewinn in Prozenten zum Eigenkapital ausgedrückt. Es soll festgestellt werden, welche Rendite das durchschnittlich eingesetzte Eigenkapital insgesamt erbracht hat.

$$\text{Eigenkapitalrentabilität} = \frac{\text{Gewinn} \cdot 100}{\text{Eigenkapital}^{1}}$$

Beispiel:

Gewinn	55 076,00 EUR
Eigenkapital	524 537,00 EUR

$$\text{Eigenkapitalrentabilität} = \frac{55\,076 \cdot 100}{524\,537} = \underline{\underline{10{,}5\,\%}}$$

Gesamtkapitalrentabilität (Unternehmensrentabilität)

Wählt man als Bezugsgröße das durchschnittlich eingesetzte Gesamtkapital, dann muss der Gewinn um die angefallenen Zinsen für das Fremdkapital erhöht werden. Das ist deshalb erforderlich, weil die Fremdkapitalzinsen im Rahmen der Gewinnermittlung als Aufwendungen abgezogen wurden. Erst durch die Hinzurechnung der Zinsen für das Fremdkapital sind die in Beziehung zu setzenden Größen miteinander vergleichbar.

$$\text{Gesamtkapitalrentabilität} = \frac{(\text{Gewinn} + \text{Fremdkapitalzinsen}) \cdot 100}{\text{Gesamtkapital}}$$

Beispiel:

Gewinn	55 076,00 EUR
Fremdkapitalzinsen	52 581,00 EUR
Gesamtkapital	1 223 378,00 EUR

$$\text{Gesamtkapitalrentabilität} = \frac{(55\,076 + 52\,581) \cdot 100}{1\,223\,378} = \underline{\underline{8{,}8\,\%}}$$

Die Gesamtkapitalrentabilität sagt dem Unternehmer, ob sich die Investierung von Fremdkapital in seinem Unternehmen lohnt. Dies ist dann gegeben, wenn der Zinssatz für Fremdkapital unter der Gesamtkapitalrentabilität liegt. Beträgt z. B. der Zinssatz für Fremdkapital 6 % und liegt die Gesamtkapitalrentabilität bei 8 %, dann verdient der Unternehmer am Einsatz von Fremdkapital, d. h., die Eigenkapitalrentabilität steigt an.

1 In der Praxis wird mit dem durchschnittlichen Eigen- bzw. Gesamtkapital gerechnet.

4.2.4 Kennziffern zur Beurteilung der Prozessqualität

Die Kennziffern Produktivität, Wirtschaftlichkeit und Rentabilität haben statischen Charakter, weil sie Momentaufnahmen sind, die einen Periodenabschluss voraussetzen. Sie geben aber wenig Informationen darüber, inwieweit Prozessabläufe verbessert werden konnten. Die Qualität der Prozesse im Rahmen der Leistungserstellung muss sich aber insbesondere daran messen lassen, ob z.B. Fortschritte erzielt wurden im Rahmen der Terminierung, in einer Verkürzung der Durchlaufzeit, und damit der Kapitalbindungsdauer bzw. in einer Einhaltung zugesagter Liefertermine.

Beispiele für solche prozessorientierten Kennziffern sind

- ein Prozentsatz, der angibt, wie viel Prozent der veranlassten Fertigungsaufträge auch termingetreu beendet und ausgeliefert wurden.

$$P_z = \frac{\text{Zeitgerecht ausgeführte Fertigungsaufträge} \cdot 100}{\text{veranlasste Fertigungsaufträge}}$$

- ein Prozentsatz, der angibt, wie viel Prozent der Durchlaufzeit beansprucht wird für
  - die reine Bearbeitungszeit am Werkstück

$$P_b = \frac{\text{Ist-Bearbeitungszeit/Werkstück} \cdot 100}{\text{Ist-Durchlaufzeit/Werkstück}}$$

  - die Transportzeit zwischen den einzelnen Bearbeitungsstationen bzw. für die Wartezeit vor/nach der Bearbeitung

$$P_t = \frac{\text{Ist-Transportzeit/Werkstück} \cdot 100}{\text{Ist-Durchlaufzeit/Werkstück}}$$

$$P_w = \frac{\text{Ist-Wartezeiten/Werkstück} \cdot 100}{\text{Ist-Durchlaufzeit/Werkstück}}$$

Vergleicht man die Entwicklung dieser Kennziffern von Periode zu Periode, dann erhält man sehr klare Informationen darüber, ob es gelungen ist, die Maßnahmen zur Prozessoptimierung in der Realität umzusetzen.

Zusammenfassung

Die Begriffe Produktivität, Rentabilität und Wirtschaftlichkeit weisen folgende Zusammenhänge auf:

- Die **Produktivität** gibt ein rein **mengenmäßiges Verhältnis** wieder und sagt nur etwas über die technische Ergiebigkeit der Produktion aus. Ob dadurch auch ein finanzieller Erfolg erzielt wird, lässt sich aus der Produktivität nicht ersehen. Allerdings wird eine unproduktive Produktion zu Verlusten führen und kann damit langfristig die Betriebsaufgabe zur Folge haben.
- Die **Wirtschaftlichkeit** setzt die Erträge zu den Aufwendungen ins Verhältnis und zeigt damit auf, ob die erstellten Erträge zu einem Betriebsgewinn geführt hat. Es handelt sich um ein **Wertverhältnis.**
- Die **Eigenkapitalrentabilität** bezieht den Gewinn auf das durchschnittlich eingesetzte Eigenkapital und rechnet so dessen Verzinsung aus.

- Die **Gesamtkapitalrentabilität** bezieht den Gesamterfolg (Gewinn + Fremdkapitalzinsen) auf das durchschnittlich eingesetzte Gesamtkapital (Eigenkapital + Fremdkapital) und rechnet so dessen Verzinsung aus.
- Auf Dauer besteht zwischen diesen drei Größen folgender enger Zusammenhang:
  Durch den technischen Fortschritt wird das mengenmäßige Ergebnis der Produktion steigen (hohe Produktivität). Die Steigerung der Produktionsmenge führt in der Regel zu einer Senkung der Kosten je Stück (Massenproduktionsgesetz) und damit zu einer höheren Wirtschaftlichkeit, die im Normalfall auch zu einer Steigerung der Rentabilität führt.
- Die Qualität des Produktionsprozesses wird durch Prozesskennziffern dokumentiert.

Übungsaufgaben

122 1. 1.1 Erklären Sie die Begriffe Produktivität und Wirtschaftlichkeit!

1.2 Stellen Sie dar, ob sich Produktivität und Wirtschaftlichkeit gegenläufig entwickeln können! Begründen Sie Ihre Meinung an einem Beispiel!

1.3 Nennen Sie die ökonomische Kennziffer, die wie folgt ermittelt wird!

$$\frac{\text{mengenmäßige Ausbringung}}{\text{mengenmäßiger Einsatz}}$$

2. 2.1 Erklären Sie den Begriff Rentabilität!

2.2 Machen Sie den Unterschied zwischen Rentabilität und Produktivität deutlich!

2.3 Weisen Sie nach, dass Folgendes möglich ist: Das Unternehmen A arbeitet zwar produktiver als sein Konkurrent B, dennoch ist das Unternehmen A unwirtschaftlicher!

2.4 Nennen Sie Maßnahmen zur Steigerung der Arbeitsproduktivität im personellen Bereich!

2.5 Erklären Sie, worin prinzipiell der Unterschied zwischen der Kennziffer Wirtschaftlichkeit und der Kennziffer Termintreue besteht!

3. Glaser Müller stellte zusammen mit seinen drei Gesellen im Monat Mai in 720 Arbeitsstunden 100 Fenster gleicher Größe und Qualität her, die auch verkauft wurden. Der Verkaufspreis je Stück betrug 150,00 EUR. Die gesamten Aufwendungen der Glaserei beliefen sich im Mai auf 11500,00 EUR. Das Eigenkapital betrug 280000,00 EUR.

Aufgaben:

3.1 Berechnen Sie die Arbeitsproduktivität!

3.2 Berechnen Sie die Wirtschaftlichkeit!

123 Der Geschäftsleitung der Stehlin KG stehen folgende statistische Angaben zur Verfügung:

Monate	Mai	Juni	Juli
Leistung (umbauter Raum in m^3)	4000	4400	4850
Arbeitsstunden	3520	3696	3520
investiertes Kapital	3 Mio. EUR	3 Mio. EUR	3,2 Mio. EUR

Vorlage
mvurl.de/7mfn

Aufgaben:

1. Berechnen Sie die Entwicklung der Arbeits- und der Kapitalproduktivität für die Monate Mai und Juni!

2. Im Monat Juli hat das investierte Kapital zugenommen, weil ein Förderband im Wert von 200 000,00 EUR angeschafft wurde.
   2.1 Berechnen Sie die Arbeits- und die Kapitalproduktivität für den Monat Juli!
   2.2 Stellen Sie dar, wie sich die Zunahme der Arbeits- und der Kapitalproduktivität erklärt! Erläutern Sie in diesem Zusammenhang das Zurechenproblem!
3. Aus der Buchführung sind folgende Zahlen zu entnehmen:

Monate	Mai	Juni	Juli
Eigenkapital	2,00 Mio. EUR	2,05 Mio. EUR	2,10 Mio. EUR
Fremdkapital	1,00 Mio. EUR	1,00 Mio. EUR	1,10 Mio. EUR
Umsatz	1,31 Mio. EUR	1,44 Mio. EUR	1,42 Mio. EUR
Aufwendungen	1,25 Mio. EUR	1,30 Mio. EUR	1,28 Mio. EUR
davon Zinsaufwendungen	0,24 Mio. EUR	0,24 Mio. EUR	0,27 Mio. EUR

   3.1 Berechnen Sie die Entwicklung der Wirtschaftlichkeit von Mai bis Juli!
   3.2 Berechnen Sie die Entwicklung der Eigenkapital- und Gesamtkapitalrentabilität von Mai bis Juli!
   3.3 Berechnen Sie die Umsatzrentabilität in den drei Berichtsmonaten! Unter Umsatzrentabilität versteht man den prozentualen Anteil des Reingewinns (hier: des Betriebsgewinns) am Umsatz.
   3.4 Beurteilen Sie die von Ihnen errechneten Kennziffern!

124 Ein Unternehmen möchte eine neue Stanzmaschine kaufen. Ihm stehen zwei Angebote zur Auswahl:

Maschine I: Anschaffungskosten 54 000,00 EUR; Ausbringungsmenge pro Jahr: 41 800 Stück; erforderliche Arbeitskräfte: 2; Arbeitsstunden pro Jahr je Arbeiter: 2 040; Stundenlohn: 22,00 EUR; Aufwendungen der Maschine je Tag laut Werksangabe: 60,00 EUR; Wert des erzeugten Produkts: 3,00 EUR; Arbeitstage: 240 im Jahr.

Maschine II: Anschaffungskosten 46 000,00 EUR; Ausbringungsmenge pro Jahr: 33 900 Stück; erforderliche Arbeitskräfte: 1; Arbeitsstunden pro Jahr je Arbeiter: 2 040; Stundenlohn: 22,00 EUR; Aufwendungen der Maschine je Tag laut Werksangabe: 110,00 EUR; Wert des erzeugten Produkts: 3,00 EUR; Arbeitstage: 240 im Jahr.

Aufgaben:

1. Berechnen Sie die Arbeitsproduktivität, Wirtschaftlichkeit und Rentabilität der beiden Maschinen!
2. Führen Sie Gründe auf, die für die Beschaffung der Maschine I bzw. der Maschine II sprechen!

Vorlage

mvurl.de/qk9p

125 Eine Schleifmaschine der Weber Metallbau GmbH, die für 65 000,00 EUR gekauft wurde, stellt im Monat Juni bei 240 Arbeitsstunden 7 200 Metallrohlinge her. Die monatlichen Fixkosten betragen 33 200,00 EUR und die Lohnkosten je Arbeitsstunde einschließlich der Nebenkosten 36,40 EUR. Mit der bisherigen Maschine, die weiterhin in Betrieb ist, werden in der gleichen Arbeitszeit 6 000 Metallrohlinge produziert. Die Anschaffungskosten dieser Maschine lagen bei 48 000,00 EUR. Die Fixkosten je Monat belaufen sich auf 30 160,00 EUR. Der Wert der Metallrohlinge liegt bei 6,60 EUR.

Aufgaben:

1. Berechnen Sie den Anstieg bzw. Rückgang der Arbeitsproduktivität, der Kapitalproduktivität, der Wirtschaftlichkeit sowie der Rentabilität!
2. Treffen Sie eine begründete Entscheidung, ob sich die Investition gelohnt hat!

Handlungsfeld 4: Absatz

Anforderungssituation 4.1

AS 4.1 Situation 1: Absatzmärkte erforschen

Die Soester Büromöbel AG stellt unter anderem seit einigen Jahren den in der Höhe elektrisch verstellbaren Schreibtisch „e-Desk" her. Ein neues, noch vielseitiger verstellbares Schreibtischmodell soll auf den Markt gebracht werden.

IMPULS:

Marktforschung im Internet

Knecht und Käufer

Marktforschung? Entwicklungskosten? Ideen? Von wegen. Viele Unternehmen lassen ihre Aufgaben lieber günstig im Netz erledigen – von den eigenen Kunden. Von Angelika Slavik

Die Sache mit dem Glitzerzeug ist kompliziert. Ist es ein Kaufanreiz, wenn Duschgel schimmert? Sollte es dazu auch noch blau sein? Rosa? Oder kauft es dann keiner mehr, der älter als sieben Jahre alt ist?

Früher haben sie sich bei der Drogeriekette dm immer viele Gedanken gemacht, wenn die Eigenmarke Balea mit einem neuen Produkt auf den Markt kommen sollte. Es wurde eine Menge Zeit investiert, Marktforschung, Studien, Fokusgruppen, wie die meisten Unternehmen das eben so machen. Das kostet ganz ordentlich, aber die Gefahr, den Geschmack der Zielgruppe nicht zu treffen, ist dann immer noch nicht gebannt. Trotz des ganzen Aufwands. Diesmal aber soll das alles ganz anders laufen: Es soll billiger werden und schneller und am Ende sollen die Kunden ganz verrückt sein nach dem Zeug – weil sie es ja schließlich auch selbst entwickelt haben. Beim Online-Netzwerk Facebook.

Seit ein paar Wochen basteln Konsumenten dort am neuen Duschgel. Sie streiten über Inhaltsstoffe, Namen und über das Glitzerzeug natürlich. Immer wieder wird über die einzelnen Vorschläge abgestimmt. Am Ende werde das Produkt genau so im Regal stehen, wie die Facebook-Nutzer es haben wollen, heißt es bei dm. Derzeit ganz vorne: Blau, mit „samtiger Konsistenz", wie es heißt. Und, ganz genau: mit Glitzerzeug.

Catharina van Delden ist die Gründerin der Firma Innosabi, ein Unternehmen, das sich auf sogenannte Open-Innovation-Prozesse spezialisiert hat. Sie organisiert also Aktionen, mit denen Unternehmen ihre Entwicklungsprozesse öffnen: für externe Berater natürlich, aber immer öfter auch für Kunden. „Für die Firmen ist das eine gute Möglichkeit, mit geringem finanziellen Aufwand herauszufinden, was die Zielgruppe eigentlich wirklich will", sagt van Delden. Und es ist ein ziemlich einfaches Konzept, Kosten einzusparen: Marktforschung? Hat sich erübrigt. Produkttests? Machen die Kunden zu Hause. Marketing? Erledigen sie auch gleich mit – etwa wenn sie ihre Freunde einladen zum Duschgel-Testen oder zur Diskussion bei Facebook.

„In den meisten Fällen entsteht bei den Konsumenten eine enge, sehr emotionale Bindung an das Produkt, das sie selbst mitgestaltet haben", sagt van Delden. Anders ausgedrückt: Die Kunden übernehmen erst die ganze Arbeit. Und dann fühlen sie sich dem Produkt auch noch verpflichtet und wollen nicht mehr bei der Konkurrenz kaufen.

Kann Wirtschaft schöner sein? ...

Quelle: http://www.sueddeutsche.de/digital/marktforschung-im-internet-knecht-und-kaeufer-1.1084568

Sie sind Assistent in der Marketingabteilung der Soester Büromöbel AG. In einer Konferenz, die in der nächsten Woche stattfindet, soll die Entscheidung über die Einführung des elektrisch verstellbaren Schreibtisches „e-Desk" weiter vorangetrieben werden. Ihr Abteilungsleiter legt Ihnen gerade den obigen Artikel der Süddeutschen Zeitung auf den Schreibtisch. „Wäre das nicht auch ein Weg für uns? Denken Sie bis zur nächsten Konferenz mal darüber nach! Ich möchte gerne Ihr Urteil dazu hören."

HANDLUNGSAUFGABEN:

Arbeiten Sie die folgenden Kapitel des Schulbuches durch und verwenden Sie die Aufzeichnungen aus dem Unterricht zur Bearbeitung der Handlungsaufgaben!

1. Geben Sie den Konferenzteilnehmern einen vergleichenden Überblick über die Datenerhebungsverfahren und Methoden der Informationsgewinnung!
2. Erläutern Sie den Teilnehmern die in dem obigen Artikel beschriebene Art der Marktforschung und beurteilen Sie die Tauglichkeit dieses Verfahrens für den elektrisch verstellbaren Schreibtisch der Soester Büromöbel AG!
3. Die Marketingabteilung der Soester Büromöbel AG möchte die Marktforschung vor der Einführung des neuen Schreibtischmodells möglichst kostengünstig durchführen. Der Leiter der Marketingabteilung erwartet von Ihnen zur Konferenz einen begründeten und schriftlich ausgearbeiteten Vorschlag darüber, welches Datenerhebungsverfahren bzw. welche Methode der Informationsgewinnung am ehesten geeignet ist!

1 Notwendigkeit, Marktinformationen über Kunden zu gewinnen

1.1 Kunden als zentrale Marktteilnehmer[1]

Um das Unternehmen auf die verschiedenen Absatzbedingungen der Kundengruppen ausrichten zu können, brauchen die Unternehmen Informationen über ihre Kunden. In der nachfolgenden Übersicht werden beispielhaft wichtige Bereiche angeführt, über die Informationen benötigt werden. Aus den gewonnenen Daten erstellt das Unternehmen dann ein **Kundenprofil.** Das Kundenprofil hat besondere Bedeutung für den **Absatz der Waren,** für die **Risikosituation des Unternehmens** und es zeigt die **Abhängigkeit des Unternehmens von einzelnen Abnehmern** auf.

Bereiche (Beispiele)	**Benötigte Informationen**	
	Privatpersonen	**Unternehmen**
Wer sind unsere Käufer und welche potenziellen[2] Käufer kaufen nicht bei uns?	Wohnort, Alter, Beruf, Familienstand, Einkommens- und Besitzverhältnisse u. Ä.	Unternehmensgröße, Wirtschaftszweig, Abnehmerstufe (Hersteller, Wiederverkäufer, Großverbraucher), Unternehmensform, finanzielle Ausstattung (z. B. anhand von Bilanzen) u. Ä.
Welches Kaufverhalten haben die Kunden entwickelt?	■ Welche Mengen, Qualitäten, Preislagen, Größen, Einheiten usw. werden bevorzugt?	■ Welche Unternehmen kommen als Abnehmer in Betracht? ■ Wer ist für den Einkauf zuständig (Anzahl der entscheidenden Personen, Abteilungen, ...)?

1 Zuständig für die Erfassung der Daten ist die **Marktforschung.**

2 **Potenziell:** möglich, denkbar.

Bereiche (Beispiele)	Benötigte Informationen	
	Privatpersonen	**Unternehmen**
	■ Wie hoch ist der durchschnittliche Kaufbetrag? ■ Wann kaufen die Kunden (Stunde, Wochentag, Monat, Jahreszeit)? ■ Wie bzw. durch wen lassen sich die Betroffenen zu Einkäufen anregen? ■ Welche Gewohnheiten bestehen beim Verbrauch/Gebrauch der erworbenen Güter? ■ ...	■ Bestehen kapitalmäßige Verflechtungen oder sonstige Bindungen an andere Unternehmen? ■ Welchen Jahresbedarf hat ein bestimmter Abnehmer? Wie viel wurde bisher von uns bezogen? ■ Wo hat ein potenzieller Kunde bisher eingekauft? Bestehen langfristige Verträge? ■ Wie verhält es sich mit der Zahlungsmoral des Kunden? ■ ...
Welche Größenordnungen liegen bei den verschiedenen Kundengruppen vor?	■ Zahl der potenziellen Kunden (Personen, Haushalte). ■ Wie entwickelt sich die Zahl der Jugendlichen, Arbeitnehmer, Rentner, Haushalte, ...? ■ Welche Veränderungen der Lebensbedingungen sind zu erwarten? ■ ...	■ Anzahl der Unternehmen als potenzielle Kunden. ■ Gliederung der Unternehmen nach Größe, Rechtsform, Branche, ... ■ Entwicklung der Gesamtwirtschaft, von bestimmten Branchen, Einfluss der Globalisierung, ... ■ Welche Teilmärkte sind bereits gesättigt? ■ ...

1.2 Datenerhebungsverfahren und Methoden der Informationsgewinnung vergleichen

1.2.1 Begriff Marktforschung und die Träger der Marktforschung

(1) Begriff Marktforschung

Unternehmen, die ohne grundlegende Kenntnisse der Märkte und ohne sinnvolle Abstimmung der Marketinginstrumente Produkte auf den Markt bringen, laufen Gefahr, auf ihren Produkten ganz oder teilweise „sitzen zu bleiben“.

Werden hingegen **vor** dem Verkauf der Produkte Marktinformationen (z. B. über Kundenwünsche, Kaufkraft der Kunden, Verhalten der Konkurrenten, die Lage auf den Beschaffungsmärkten und allgemeine Marktdaten) beschafft, sind die Aussichten wesentlich besser, die Absatzpläne zu verwirklichen.

- **Marktforschung** ist die systematische Erforschung, Beschaffung und Aufbereitung von Marktinformationen.
- Marktforschung geschieht durch **Marktanalyse** und **Marktbeobachtung.**

Marktanalyse

Die **Marktanalyse** untersucht die Marktgegebenheiten zu einem **bestimmten Zeitpunkt.**

Eine Marktanalyse wird z. B. vorgenommen, wenn **neue Produkte** oder **weiterentwickelte Produkte** auf den Markt gebracht werden sollen. **Untersuchungsgegenstände** sind z. B.:

- Anzahl der Personen, Unternehmen und Verwaltungen, die als Käufer infrage kommen,
- Einkommens- und Vermögensverhältnisse der mutmaßlichen Käufer,
- persönliche Meinung der (möglichen) Käufer zum angebotenen Produkt,
- Beschaffung von Daten über die Konkurrenzunternehmen, die den zu untersuchenden Markt bereits beliefern (z. B. deren Preise, Lieferungs- und Zahlungsbedingungen, Qualitäten der angebotenen Erzeugnisse, Werbung).

Marktbeobachtung

- Die **Marktbeobachtung** hat die Aufgabe, Veränderungen auf den Märkten **laufend** zu erfassen und auszuwerten.
- Beobachtet werden zum einem die vorhandenen bzw. neu zu gewinnenden **Kunden** und zum anderen das **Verhalten der Konkurrenzunternehmen.**

Die **Fragestellungen** lauten z. B.:

Wie entwickelt sich die Zahl der Nachfrager, wie die mengen- und wertmäßige Nachfrage nach einem bestimmten Produkt?

Wie entwickeln sich die Einkommen, wie die Vermögensverhältnisse der Abnehmer?

Wie verändert sich die Einstellung der Käufer zum angebotenen Produkt?

Wie reagieren die Konkurrenzunternehmen auf absatzpolitische Maßnahmen (z. B. Preisänderungen, Werbemaßnahmen)?

Ziel der Marktbeobachtung ist die Ermittlung von Tendenzen, Veränderungen sowie Trends innerhalb eines bestimmten Zeitraums.

(2) Träger der Marktforschung

Die Träger der Marktforschung sind die Großbetriebe mit ihren wissenschaftlichen Stäben, wissenschaftliche Institute und vor allem Marktforschungsinstitute.

Marktforschungsinstitute sind gewerbliche Einrichtungen und Unternehmen, die sich im Auftrag von Industrie und Handel der Meinungsforschung und der Marktforschung widmen.

1.2.2 Datenerhebungsverfahren

(1) Begriffsdefinitionen

Informationen über Marktdaten (z. B. über die Kunden eines Unternehmens) können unmittelbar am Markt erhoben oder es kann auf bereits vorhandenes Datenmaterial zurückgegriffen werden. Im ersten Fall spricht man von **Primärforschung**[1] **(Feldforschung).** Sie ermittelt **Primärdaten.** Im zweiten Fall spricht man von **Sekundärforschung**[2] **(Schreibtischforschung).** Sie geht von Daten aus, die häufig bereits für andere Zwecke ermittelt worden sind. Man bezeichnet diese Daten als **Sekundärdaten.**

- Eine **Primärforschung (Feldforschung)** liegt vor, wenn **unmittelbar am Markt** Informationen gezielt zu einer bestimmten Fragestellung gewonnen und anschließend ausgewertet werden.
- Eine **Sekundärforschung (Schreibtischforschung)** liegt vor, wenn **aus bereits vorhandenen Zahlenmaterialien (Daten)** Informationen zu einer bestimmten Fragestellung gewonnen und anschließend ausgewertet werden.

(2) Primärforschung

Die Primärforschung gewinnt die Informationen direkt an ihrem Entstehungsort. Voraussetzung für die Gewinnung von Marktinformationen (z. B. über die Kunden) ist eine möglichst umfassende und genaue Planung aller erforderlichen Einzelschritte.

Der **Ablauf einer Primärerhebung** umfasst vier Phasen:

Phasen	Erläuterungen	Beispiele
Phase der Problemformulierung	Es ist zu klären, worin das Marketingproblem besteht. Anschließend sind die Erhebungsziele zu formulieren.	Rückgang von Bestellungen und Umsatzeinbruch. Erhebungsziel: Rückgewinnung von Kunden.
Phase der Informationsgewinnung	Auswahl der Methoden, mit denen die gewünschten Daten gewonnen werden sollen.	Befragung der Kundenmeinung über das Image des Unternehmens, der Qualität und Aktualität der Produkte mithilfe von Fragebogen und Interviews.
Phase der Informationsverarbeitung	Die gewonnenen Informationen werden aufbereitet, ausgewertet, interpretiert und dokumentiert.	Die Produkte haben mindere Qualität und sind technisch veraltet. Außerdem fehlt ein modernes Design.
Phase der Ergebnispräsentation	Die dokumentierten Ergebnisse werden den zuständigen Entscheidungsträgern präsentiert.	Der Geschäftsführung werden die Informationen mit einem Vorschlag zur Verbesserung der Produkte präsentiert.

1 **Primär:** an erster Stelle stehend, vorrangig.

2 **Sekundär:** an zweiter Stelle stehend, zweitrangig.

(3) Sekundärforschung

Gegenstand der Sekundärforschung ist die Beschaffung und Zusammenstellung des bereits vorhandenen Datenmaterials. Die Daten können aus **internen und externen Informationsquellen** stammen. Diese Form der Informationsgewinnung ist im Vergleich zur Gewinnung von Primärdaten schneller und kostengünstiger. Außerdem erweitert die Verfügbarkeit weltweiter elektronischer Netze (z. B. Internet) und Datenbanken die Möglichkeiten der Sekundärforschung, bei vergleichsweise geringen Kosten, erheblich.

Einen **Überblick über Quellen der Sekundärforschung** zeigt die folgende Aufstellung:

I. Unternehmensinterne Quellen	Beispiele für die darin enthaltenen Informationen
Umsatz- und Absatzstatistik	Umsatzstarke und umsatzschwache Artikel („Renner und Penner")
Auftragsstatistik	■ Veränderungen von Kundenwünschen ■ Schwankungen des Auftragsvolumens im Jahresverlauf
Vertreter- und Kundendienstberichte	■ Entwicklung neuer Modetrends ■ Angebote der Konkurrenz
Kostenrechnung	■ Deckungsbeiträge einzelner Produkte und Produktgruppen ■ Auswirkung von Marketingmaßnahmen

II. Unternehmensexterne Quellen

- Amtliche Quellen
  (z. B. Berichte des Statistischen Bundesamtes: Daten zur Entwicklung von Bevölkerung, Verbrauch, Preisen, Einkommen, Umsatz und Produktion einzelner Wirtschaftszweige, Konkurse, usw.; Statistische Landesämter: regionale Wirtschafts- und Bevölkerungsdaten; Kommunale statistische Ämter: Wirtschafts- und demografische Daten auf Kreis- und Stadtebene),
- Internationale Organisationen
  (z. B. EU, UN, OECD),
- Staatliche oder halbstaatliche Einrichtungen
  (z. B. Bundesversicherungsanstalt, IHK, Krankenkassen, Kraftfahrzeugbundesamt),
- Verbände und Organisationen
  (z. B. Zentralausschuss der Werbewirtschaft, Ring Deutscher Makler, Architektenkammer, Deutscher Direktmarketing Verband),
- Firmenveröffentlichungen
  (z. B. Geschäftsberichte, Prospekte),
- Wirtschaftswissenschaftliche Institute, Hochschulen, Fachzeitschriften u. Ä.,
- Onlinedienste
  (z. B. Ifo-Institut, statistische Ämter, Börsen, Suchhilfen im Internet),
- Externe Datenbanken.

1.2.3 Methoden der Informationsgewinnung

Methoden der Informationsgewinnung sind alle **Erhebungsinstrumente,** mit denen **Primärdaten** erfasst werden.

Im Folgenden werden drei Methoden der Informationsgewinnung skizziert:

- **Beobachtung,**
- **Befragung,**
- **Panelerhebung.**

1.2.3.1 Beobachtung

Bei der Beobachtung werden bestimmte Tatbestände im Augenblick ihres Auftretens planmäßig erfasst, ohne dass der Beobachtete darüber informiert wird. Die Beobachtung kann sich auf einen **Sachverhalt** oder auf das **Verhalten von Personen** beziehen.

Der wesentliche **Vorteil der Beobachtung** ist, dass das Geschehen im Moment der Handlung festgehalten wird, unter Berücksichtigung der speziellen Ausgangssituation.

Beispiele:

- Entwicklung des Produktbestandes,
- Kundenzählung zu bestimmten Tageszeiten,
- Verweildauer von Passanten vor einem Werbeplakat,
- Gesichtsmimik bei Produkttests,
- Zeitdauer beim Verkauf eines Produkts,
- Verweildauer eines Nutzers auf einer Internetseite (Clickstream).

Ein wesentlicher **Nachteil der Beobachtung** ist, dass sie die subjektive Wahrnehmung des Beobachtenden enthält, was zu erheblichen Verzerrungen führen kann **(„Beobachtungseffekt")**. Zudem ist die Beobachtung zur **Messung bestimmter subjektiver Sachverhalte** wie Meinungen, Präferenzen[1] und Einstellungen nicht geeignet.

1.2.3.2 Befragung

Die Befragung dient dazu, ausgewählten Personen zu vorgegebenen Sachverhalten Auskunft geben zu lassen. Durch die Befragung lassen sich Tatbestände ermitteln, die man nicht beobachten kann. Zwei wichtige **Voraussetzungen** müssen im Falle einer Befragung gegeben sein:

- die **Auskunftswilligkeit,** d.h. die Bereitschaft des Befragten, überhaupt zu antworten.
- die **Auskunftsfähigkeit,** d.h., der Befragte muss die Fragen verstehen, sich ausdrücken können und die Fähigkeit besitzen, über das betreffende Problem angemessen urteilen zu können.

Eine Befragung kann schriftlich, mündlich oder telefonisch erfolgen.

schriftliche Befragung	■ Hier werden den Versuchspersonen **Fragebogen**[2] zugeschickt, die sie nach Beantwortung ausgefüllt zurücksenden sollen. Da bei der schriftlichen Befragung keine Verständnis- bzw. Nachfragen möglich sind, sollte ein Fragebogen nur eingesetzt werden, wenn die Verständlichkeit hinreichend getestet wurde. ■ Die **Rücklaufquoten** liegen je nach Thema, Zielgruppe und Aktivierungsangebot (z.B. Teilnahme an einer Verlosung) zwischen 10 und 50 Prozent. ■ Ein wesentlicher **Nachteil des Fragebogens** ist, dass sich die Erhebungssituation nicht kontrollieren lässt, sodass die Fragebogen eventuell gar nicht von den Zielpersonen ausgefüllt werden.

1 **Präferenz**: Vorrang, Vorzug.

2 Ein Beispiel für einen Fragebogen finden Sie im „Beispiel" auf S. 337f.

Beispiel:

Fragebogen eines Schuhhauses zur Ermittlung des Unternehmensimages

Kundenbefragung Mo ❑ Di ❑ Mi ❑ Do ❑ Fr ❑ Sa ❑ Uhrzeit: 9-12 ❑ 12-16 ❑ 16-20 ❑

Sehr geehrte Kundin, sehr geehrter Kunde,

Ihre Meinung ist uns wichtig. Bitte beantworten Sie uns einige Fragen, damit wir in Zukunft **noch besser auf Ihre Wünsche eingehen** können.

Für Ihre Hilfe möchten wir uns herzlich bei Ihnen bedanken.

	Ihre persönliche Erwartung				**Erfüllung**			
	sehr wichtig	wichtig	weniger wichtig	nicht wichtig	☺☺	☺	😐	😒
1. Gestaltung der Schaufenster	❑	❑	❑	❑	❑	❑	❑	❑
2. Gestaltung der Verkaufsräume	❑	❑	❑	❑	❑	❑	❑	❑
3. aktuelles, modisches Angebot	❑	❑	❑	❑	❑	❑	❑	❑
4. freundliches, hilfsbereites Personal	❑	❑	❑	❑	❑	❑	❑	❑
5. fachkundige, ehrliche Beratung	❑	❑	❑	❑	❑	❑	❑	❑
6. hohe Warenqualität	❑	❑	❑	❑	❑	❑	❑	❑
7. übersichtliche Warenpräsentation	❑	❑	❑	❑	❑	❑	❑	❑
8. gutes Preis-/Leistungsverhältnis	❑	❑	❑	❑	❑	❑	❑	❑
9. Sauberkeit des Geschäfts	❑	❑	❑	❑	❑	❑	❑	❑

10. Die Wartezeiten sind: ❑ angemessen ❑ zu lang

11. Reklamationen (soweit beurteilbar) werden ☺☺ ❑ ☺ ❑ 😐 ❑ 😒 ❑ abgewickelt.

12. Anlass für meinen Besuch heute ist:

❑ ein geplanter/gezielter Kauf	❑ ein interessantes Warenangebot im Schaufenster
❑ ich wollte mich nur umschauen	❑ ein interessantes Warenangebot in der Eingangszone
❑ Sonstiges: ________________	❑ Ihre Werbung

13. Ihr Angebot an ______________________ finde ich (soweit beurteilbar ankreuzen):

	☺☺	☺	☺	😒
Damenschuhen	❑	❑	❑	❑
Herrenschuhen	❑	❑	❑	❑
Kinderschuhen	❑	❑	❑	❑
Sportschuhen	❑	❑	❑	❑
Hausschuhen	❑	❑	❑	❑

22 Merkur-Nr. 0620

14. Als welchen Modetyp würden Sie sich bezeichnen?
(Mehrfachnennungen möglich)

❑ jugendlich ❑ sportiv ❑ modebewusst
❑ flippig ❑ elegant ❑ klassisch

15. Meine Lieblingsmarken bei Schuhen sind: ______________________

Folgende Marken wünsche ich mir zusätzlich: ______________________

16. Wurden Sie über ergänzende Artikel (Pflege etc.) informiert? ❑ ja ❑ nein

17. Mein Besuch in diesem Geschäft hat mir Spaß gemacht:

❑ ohne Einschränkung ❑ trifft nicht zu
❑ mit Einschränkung ❑ Warum nicht: ______________________

18. Dieses Geschäft würde ich weiterempfehlen:

❑ ohne Einschränkung ❑ trifft nicht zu
❑ mit Einschränkung ❑ Warum nicht: ______________________

19. Wegen folgender Faktoren bin **ich lieber Kunde bei Ihnen** als bei Ihrer Konkurrenz:

____

____

20. Wegen folgender Faktoren **bin ich lieber Kunde bei Ihrer Konkurrenz** als bei Ihnen:

____

____

21. Für Ihre **Kritik/Anregungen/Wünsche** (Ware/Service) sind wir dankbar:

____

____

____

____

Alter:		**Geschlecht:**	**Kunde:**
❑ bis 25	❑ 46 – 55	❑ weiblich	❑ Ich bin Stammkunde/-kundin
❑ 26 – 35	❑ 56 – 65	❑ männlich	❑ Ich kaufe gelegentlich hier
❑ 36 – 45	❑ über 65	❑ divers	❑ Ich bin das erste Mal hier

Für Ihre Hilfe möchten wir uns herzlich bei Ihnen bedanken.

mündliche Befragung	■ Bei ihr werden die Informationen durch **Interviewer** erhoben. Der Interviewer füllt im Beisein des Befragten den standardisierten Fragebogen aus. Persönliche Interviews werden insbesondere bei komplexeren Fragestellungen eingesetzt, die der Befragte auf Anhieb oder ohne Hilfe des Interviewers nicht beantworten könnte. ■ Ein **wesentlicher Nachteil** des Interviews besteht darin, dass das Befragungsergebnis durch die **Befragungssituation** (z. B. Zeitpunkt, Ort der Befragung) und durch den **Interviewer selbst** (z. B. sein Sprachstil, sein äußeres Erscheinungsbild, Alter, Geschlecht) verzerrt werden kann **(Interviewereffekt).**
telefonische Befragung	■ Bei ihr wird der **Kontakt zwischen Interviewer und Befragten telefonisch** hergestellt. Wie beim persönlichen Interview sind Rückfragen möglich. ■ Marktforschungsinstitute führen Telefoninterviews nur noch mit **CATI (Computer Assisted Telephone Interview)** durch. Dabei wird die Verbindung zur Versuchsperson mit einem an einen Computer angeschlossenen Wählsystem hergestellt. Die Fragen des Fragebogens werden durch den Interviewer vom Bildschirm abgelesen und die Antworten gleich in den Computer eingegeben. ■ Ein **wesentlicher Nachteil** ist, dass auf Fragen mit umfangreichen Antworten verzichtet werden muss und optische Hilfen bei der Beantwortung nicht gegeben werden können.

1.2.3.3 Panelerhebung

Wenn der Absatz eines Produkts ständigen Schwankungen unterliegt, ist es sinnvoll, eine **Befragung in gleicher Weise** mit **denselben Versuchspersonen** zu **verschiedenen Zeitabschnitten** durchzuführen. Diese Vorgehensweise bezeichnet man als **Panelerhebung.** Mit der Panelerhebung können Veränderungen, die bei ein und derselben Person bzw. Personengruppe auftreten, festgestellt werden.

Beispiel: Verbraucherpanel[1]

Beim Haushaltspanel[2] füllen ausgewählte Haushalte einen Berichtsbogen mit Datum des Einkaufs, der Einkaufsstätte und des gekauften Produkts[3] (Produktgruppe, Marke, Preis, Menge usw.) für festgelegte Zeitabschnitte aus.

Mithilfe des Haushaltspanels können Käuferzahlen, Einkaufsmengen, Zusammensetzung von Einkäufen, Durchschnittspreise, Marktanteile usw. ermittelt werden.

Zusammenfassung

- Die Unternehmen brauchen Informationen über ihre Kunden. Die Daten werden von der **Marktforschung** ermittelt.
- Die **Marktforschung** bedient sich wissenschaftlicher Methoden, um die Gegebenheiten und die Entwicklungen auf den Absatzmärkten zu erforschen. Dies geschieht durch **Marktanalyse** und **Marktbeobachtung.**

1 Neben dem **Verbraucherpanel** unterscheidet man z. B. noch die **Medienpanels** (sie untersuchen die Werbeaktivitäten der Hersteller) oder das **Fernsehpanel** (es erfasst bei ausgewählten Haushalten, welches Fernsehprogramm gerade eingeschaltet ist).

2 Neben dem **Haushaltspanel** wird auch ein **Individualpanel** zur Gewinnung von Informationen über den persönlichen Bedarf eingesetzt.

3 Die Produkte werden in der Regel per Handscanner erfasst.

- Eine wichtige **Aufgabe der Marktforschung** ist die **Kundenstruktur** zu ermitteln.
- Informationen über Kunden werden mithilfe von **Datenerhebungsverfahren** gewonnen. Die Datenerhebungsverfahren geben an, ob die Informationen auf Primärdaten oder auf Sekundärdaten beruhen.
- **Primärforschung** liegt vor, wenn unmittelbar am Markt Informationen gewonnen und anschließend ausgewertet werden.
- **Sekundärforschung** liegt vor, wenn aus bereits vorhandenen Daten Erkenntnisse für die Marktanalyse, Marktbeobachtung und Marktprognose gewonnen werden.
- **Methoden der Informationsgewinnung** sind alle Erhebungsinstrumente, mit denen Primärdaten erfasst werden. Wichtige Methoden der Informationsgewinnung sind
  - Beobachtung,
  - Befragung und
  - die Panelerhebungen.

Übungsaufgaben

126 1. Um eine Entscheidung treffen zu können, soll Marktforschung betrieben werden. Informationen können mithilfe der Primärforschung oder mithilfe der Sekundärforschung beschafft werden.

Aufgaben:

1.1 Erläutern Sie die Begriffe Primärforschung und Sekundärforschung!

1.2 Begründen Sie, welche der beiden oben genannten Methoden kostengünstiger ist!

1.3 Erklären Sie, aus welchen Gründen sollten, bevor Primärerhebungen durchgeführt werden, Sekundärerhebungen vorgenommen werden!

1.4 Beschreiben Sie den Ablauf einer Primärforschung!

1.5 Beschreiben Sie jeweils an einem Beispiel die Vor- und Nachteile der internen und der externen Informationsbeschaffung!

2. Der französische Käsehersteller Dubois S. A. möchte die neue Käsesorte „Tête de Chèvre" auf den deutschen Markt bringen. Um die Absatzchancen zu untersuchen, wird intensive Marktforschung betrieben.

Aufgaben:

2.1 Erläutern Sie, warum die Marktforschung die Grundlage für Entscheidungen im Marketing liefert!

2.2. Erläutern Sie, warum der Käsehersteller vor allem Primärforschung betreiben muss!

2.3 Begründen Sie, warum die Dubois S.A. zunächst vor allem Marktanalyse (und nicht Marktbeobachtung) betreiben muss!

127 Die Soester Büromöbel AG ist mit dem Absatz ihrer Rollcontainer unzufrieden. Sie möchte deshalb eine Befragung bei ausgewählten Bürofachgeschäften durchführen, um zu erfahren, warum die Rollcontainer nur schleppend verkauft werden. Die Soester Büromöbel AG produziert ihre Rollcontainer ausschließlich in Holz.

Beispiel für Form und Daten eines Rollcontainers:

Form

Daten

Material:	Holz, E1-Gütespanplatte mit Melaminharzbeschichtung
Maße:	B 42 cm x T 48 cm x H 68 cm
Gewicht:	34 kg
Schube:	3 mit einer Hängeregistratur
Schubladen:	auf Rollauszügen geführt mit Auszugssperren
Montage:	montiert
Preis:	458,00 EUR
Lieferzeit:	14 Tage

Aufgaben:

1. Bilden Sie Gruppen und entwickeln Sie einen Fragebogen mit bis zu 10 Fragen! Der Fragebogen ist so zu gestalten, dass aus den Antworten erkennbar wird, welche Gründe entscheidend sind für den mangelnden Absatz der Rollcontainer.
2. Der Kauf von Rollcontainern soll in 10 großen Bürofachgeschäften beobachtet werden. Entwerfen Sie eine Anweisung für die Kundenbeobachtung!

128 Die Molkerei Rheinland AG möchte ihr Produktprogramm optimieren und beauftragt ein Marktforschungsinstitut in einer Langzeitstudie die Kaufgewohnheiten der Verbraucher (Art der Milchprodukte, Menge, bevorzugte Preisstellung, Geschmacksrichtungen ...) zu erforschen.

Aufgaben:

1. Beschreiben Sie, um welche Form der Informationsgewinnung es sich handelt!
2. Begründen Sie, ob eine Marktbeobachtung oder eine Marktanalyse vorliegt!
3. Erläutern Sie, auf welche Bereiche des Marketings die ermittelten Ergebnisse Auswirkungen haben können!

129

1. Stellen Sie die Vor- und Nachteile einer persönlichen, telefonischen und schriftlichen Befragung einander gegenüber!
2. Erläutern Sie den Unterschied zwischen einer Befragung und einer Panelerhebung!
3. Die Sportartikelfabrik Sport-Burr KG möchte eine mündliche Befragung ihrer Kunden durchführen. Ziel ist es, vom Kunden Informationen über Qualität, Haltbarkeit, Preis-Leistungs-Verhältnis, Termintreue und Kundendienst zu erfahren.

   Aufgaben:

   3.1 Entwickeln Sie in der Gruppe einen Interview-Fragebogen, gleichen Sie diesen mit anderen Gruppen ab und führen Sie das Interview durch!

   3.2 Beobachten Sie das Interviewgespräch und beschreiben Sie, welchen Einfluss der Interviewer auf das Befragungsergebnis ausgeübt hat!

Vorlage mvurl.de/suau

130 Lösen Sie die Handlungsaufgaben aus der Situation 1 auf S. 331!

Vorlage mvurl.de/kzs8

AS 4.1 Situation 2: Entstehung der Marketingkonzeption

Zur Mitte des letzten Jahrhunderts, kurz nach dem Ende des 2. Weltkriegs, lag die deutsche Wirtschaft in Trümmern. Die Gründer der Soester Büromöbel AG waren ursprünglich Tischler von Beruf und fingen in den Anfangstagen ihres Unternehmens, nach der Rückkehr aus der Kriegsgefangenschaft, in einer kleinen Schreinerwerkstatt im Zentrum von Soest an, Schreibtische zu bauen. Da ein Mangel an Gütern jeder Art herrschte, war es egal, was ein Produzent herstellte, Käufer fanden sich immer. Das Soester Möbelunternehmen verkaufte in der Folge sehr viele Schreibtische, erweiterte sein Angebot und wuchs so schnell, dass es Mitte der Neunzigerjahre in eine AG umgewandelt wurde. 2005 siedelte das Unternehmen in den neu gegründeten Soester Gewerbepark um. Es errichtete dort neue Fertigungsanlagen und ein Verwaltungsgebäude.

Impuls:

Mit dem einsetzenden „Wirtschaftswunder" in Deutschland und dem damit einhergehenden Wohlstand der deutschen Bevölkerung gab es Mitte der Sechzigerjahre immer mehr Unternehmen, die auch Möbel bzw. Schreibtische herstellten.

Ende der Achtzigerjahre öffneten sich viele Grenzen nach Asien und zum osteuropäischen Raum. Gleichzeitig wurden die Transportkosten, auch für große Entfernungen, immer günstiger. Dies führte dazu, dass die Welt „kleiner" wurde, und ermöglichte es vielen ausländischen Produzenten, ihre Produkte auf den deutschen Märkten anzubieten. Diese neue Konkurrenzsituation führte dazu, dass die Soester Büromöbel AG auf vielen Märkten ihre Produkte nicht mehr absetzen konnte.

Interpretieren Sie die Schaubilder!

HANDLUNGSAUFGABEN:

Arbeiten Sie die folgenden Kapitel des Schulbuches durch und verwenden Sie die Aufzeichnungen aus dem Unterricht zur Bearbeitung der Handlungsaufgaben!

1. Erklären Sie, welchen Einfluss die individuellen Bedürfnisse und Wünsche der Kunden bei der Gründung des Unternehmens hatten!
2. Überlegen Sie sich Möglichkeiten, wie die Soester Büromöbel AG Marktanteile zurückerobern könnte!

2 Marketing als eine Form der Unternehmensführung anwenden

2.1 Grundeinstellungen von Industrieunternehmen gegenüber dem Markt

Grundaufgabe eines jeden Unternehmens ist es, den Absatz seiner Ideen, Waren und Dienstleistungen so zu organisieren, dass es auf dem gewählten Markt erfolgreich ist. Bei der Frage, wie das zu bewerkstelligen ist, stehen der Unternehmensleitung prinzipiell zwei Vorgehensweisen zur Führung des Unternehmens zur Wahl:

- Sie kann das **Unternehmen** und die **Produktion der Erzeugnisse** zum **Ausgangspunkt des unternehmerischen Handelns** bestimmen **(Produktionskonzeption)**[1].
- Sie kann die **Bedürfnisse der Kunden** zum **Ausgangspunkt des unternehmerischen Handelns** bestimmen **(Marketingkonzeption).**[2]

(1) Produktionskonzeption

Die Produktionskonzeption geht davon aus, dass die Märkte noch nicht gesättigt sind. Die Denkrichtung lautet: Material beschaffen – kostengünstig und mit den geforderten Eigenschaften produzieren – so gut wie möglich verkaufen. Die Vorgehensweise bei der **Produktionskonzeption** verläuft somit **von innen nach außen in Materialflussrichtung**: Die Fertigung ist der Ausgangspunkt für das Angebot von Produkten. Die Produkte bedürfen intensiver Verkaufsunterstützungsmaßnahmen, um durch genügend Umsatz einen Gewinn zu erzielen.

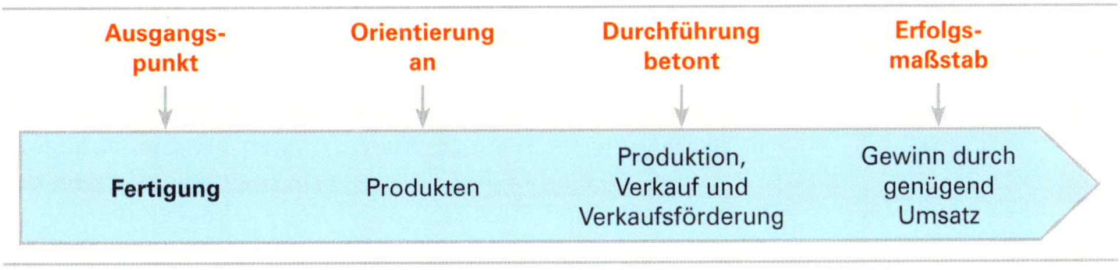

1 **Konzeption**: Grundvorstellung, Leitprogramm.

2 **Marketing** (engl.): Markt machen, d.h. einen Markt für seine eigenen Produkte schaffen bzw. ausschöpfen.

(2) Marketingkonzeption

Die Vorgehensweise bei der **Marketingkonzeption** verläuft von **außen nach innen**: Ausgangspunkt ist der Absatzmarkt. Der Bezugspunkt sind die Kundenbedürfnisse, die es in allen Unternehmensbereichen zu berücksichtigen gilt, um einen Gewinn durch Zufriedenstellung der Kunden zu erzielen.

Orientierung an den Kundenbedürfnissen heißt, dass das Unternehmen die Eigenschaften seiner Produkte und die Kundenbedürfnisse in Einklang zu bringen sucht und dabei die Kunden mehr zufriedenstellt, als die Konkurrenz es vermag.

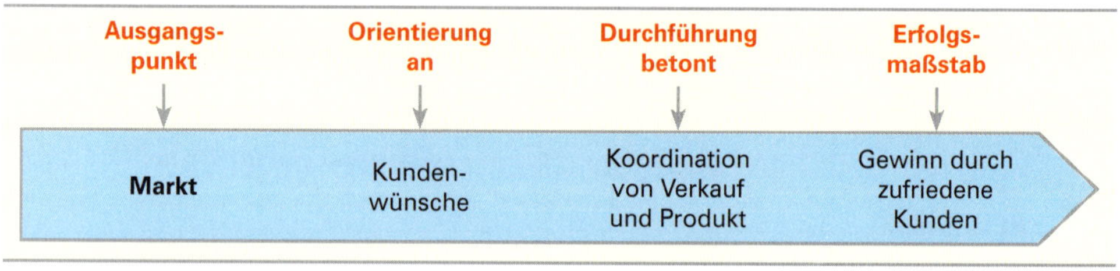

2.2 Entwicklung vom Verkäufer- zum Käufermarkt und der Begriff Marketing

(1) Entwicklung vom Verkäufer- zum Käufermarkt

Durch die zunehmende Sättigung der Bedürfnisse, den technischen Fortschritt und die Liberalisierung der Märkte kommt es derzeit zu einem **Überhang des Leistungsangebots.** Die Märkte entwickeln sich vom **Verkäufermarkt** zum **Käufermarkt.**

- Der **Verkäufermarkt** ist ein Markt, in dem die Nachfrage nach Gütern größer ist als das Güterangebot. Es besteht ein **Nachfrageüberhang.** Die **Marktmacht** hat der **Verkäufer.**
- Der **Käufermarkt** ist ein Markt, in dem das Angebot an Gütern größer ist als die Nachfrage nach Gütern. Es besteht ein **Angebotsüberhang.** Die **Marktmacht** hat der **Käufer.**

Der Wandel vom Verkäufer- zum Käufermarkt führt dazu, dass weniger die Produktion und ihre Gestaltung, sondern der Absatz der erzeugten Produkte zur Hauptaufgabe der Unternehmen wird.

Diese Veränderungen bleiben nicht ohne nachhaltige Auswirkungen auf die Durchführung des Absatzes. Während zu Zeiten des Verkäufermarktes vorrangig die Verteilung der Erzeugnisse das Problem war, kommt es nun darauf an, den Absatzmarkt systematisch zu erschließen.

Dies erfordert für das Erreichen der Unternehmensziele zunehmend die Ausrichtung aller Unternehmensfunktionen auf die tatsächlichen und die zu erwartenden Kundenbedürfnisse. Für diese Führungskonzeption wird das aus dem Amerikanischen übernommene Wort **Marketing** verwendet.

(2) Begriff Marketing

Die Marketingkonzeption besagt, dass der Schlüssel zur Erreichung des gesetzten Unternehmensziels darin liegt, die Bedürfnisse und Wünsche des Kunden zu ermitteln und diese dann wirksamer und wirtschaftlicher zufriedenzustellen als die Mitbewerber. Oberstes **Ziel des Marketings** ist die **Kundenzufriedenheit.**

Schlagworte zum Marketing
■ Entdecke Kundenwünsche und erfülle sie! ■ Erfülle Kundenbedürfnisse auf profitable Art! ■ Wir richten es, wie Sie es wollen! ■ Bei uns sind Sie der Boss!

Ein zufriedener Kunde

- kauft mehr und bleibt länger „treu",
- kauft bevorzugt vom gleichen Unternehmen, wenn dieses neue oder verbesserte Produkte auf den Markt bringt,
- denkt und spricht gut über das Unternehmen und seine Produkte,
- beachtet Marken, Werbe- und Preisangebote der Mitbewerber weniger stark,
- bietet dem Unternehmen gern neue Ideen zu Produkt und Service an.

- **Marketing** ist eine Konzeption, bei der alle Aktivitäten eines Unternehmens konsequent auf die Erfüllung der Kundenbedürfnisse ausgerichtet sind.
- Ziel der Marketingkonzeption ist die **Kundenzufriedenheit.**

2.3 Aufgaben des Marketings

Die Bewältigung der Marketingaufgaben ist als ein Prozess zu verstehen, der sich in folgende Phasen untergliedern lässt:

Phasen des Marketingprozesses	Erläuterungen
Marktforschung[1]	In dieser Phase gilt es, die gegenwärtige und zukünftige Situation des Unternehmens, des Marktes und des Umfeldes planmäßig und systematisch zu erforschen.
Planung der Marketingstrategie	Im Allgemeinen werden vier Gruppen von Marketing-Instrumenten unterschieden, die es je nach Marktgegebenheiten zu kombinieren gilt: ■ Produktpolitik, ■ Kontrahierungspolitik (Entgeltpolitik), ■ Kommunikationspolitik, ■ Distributionspolitik. Der Einsatz einer bestimmten Marketingstrategie (Marketingmaßnahme) hängt insbesondere von zwei Faktoren ab: ■ von dem „Lebensalter" der Produkte **(Konzept des Produktlebenszyklus)** und ■ vom Marktanteil des Produkts und den damit verbundenen Wachstumsaussichten **(Marktwachstums-Marktanteil-Portfolio)**.

1 Vgl. hierzu die Ausführungen auf S. 332ff.

Phasen des Marketingprozesses	Erläuterungen
Entwicklung einer Marketing-konzeption	Im Rahmen des Marketingkonzepts wird die Art und Weise festgelegt, wie das Unternehmen das absatzpolitische Instrumentarium einsetzt. Die jeweilige Kombination der Marketinginstrumente bezeichnet man als **Marketingmix.**
Marketing-Controlling[1]	Diese Phase liefert der Unternehmensleitung zum einen Informationen über den Grad der Zielverwirklichung. Hierzu werden insbesondere Kennziffern herangezogen, die aufzeigen sollen, ob die angestrebten Ziele erreicht wurden. Zum anderen gibt das Marketing-Controlling Auskunft über weiteren Planungs- und Handlungsbedarf.

Zusammenfassung

- Gegenüber dem Markt können die Unternehmen zwischen zwei Grundeinstellungen wählen: die **Produktionskonzeption** und die **Marketingkonzeption.**
- Herausragende Zielsetzung bei der Grundeinstellung des Unternehmens gegenüber dem Markt ist die **Orientierung an den Kundenbedürfnissen** (Marketingkonzeption).
- **Marketing** ist eine Konzeption, bei der alle Aktivitäten eines Unternehmens konsequent auf die Erfüllung der Kundenbedürfnisse ausgerichtet sind.
- Ziel der Marketingkonzeption ist die **Kundenzufriedenheit.**
- **Marketingaufgaben** sind als ein Prozess zu verstehen, der in folgenden Phasen abläuft:
  - **Marktforschung,**
  - **Planung der Marketingstrategien** (Produktpolitik, Kontrahierungspolitik, Kommunikationspolitik, Distributionspolitik),
  - **Entwicklung einer Marketingkonzeption** (Marketingmix) und
  - **Marketing-Controlling.**

Übungsaufgaben

131 1. Erklären Sie, welche Gründe für das Entstehen des Marketings maßgebend waren!

2. Charakterisieren Sie den Begriff Marketing mit eigenen Worten!

3. Die Bewältigung der Marketingaufgaben vollzieht sich in Phasen.

   Aufgabe:

   Nennen Sie diese Phasen in ihrer chronologischen[2] Abfolge und skizzieren Sie jeweils ihre grundlegenden Aufgaben!

4. Erläutern Sie, worin sich die Marketingkonzeption von der Produktionskonzeption unterscheidet!

132 Lösen Sie die Handlungsaufgaben aus der Situation 2 auf S. 343!

1 Aufgrund des Bildungsplans beschränken sich die Ausführungen im Bereich des Marketing-Controllings auf die Darstellung von **Marketingkennziffern.**

2 **Chronologisch**: zeitlich geordnet.

AS 4.1 Situation 3: Marketingziele festlegen

Die Soester Büromöbel AG möchte ihren bisherigen Marktanteil bei Regalsystemen innerhalb eines Jahres von 15 % auf 20 % erhöhen. Zur Erreichung dieses Ziels ist eine intensive Werbekampagne notwendig.

Impuls:

Welche Zusammenhänge drücken die nachfolgenden Abbildungen aus?

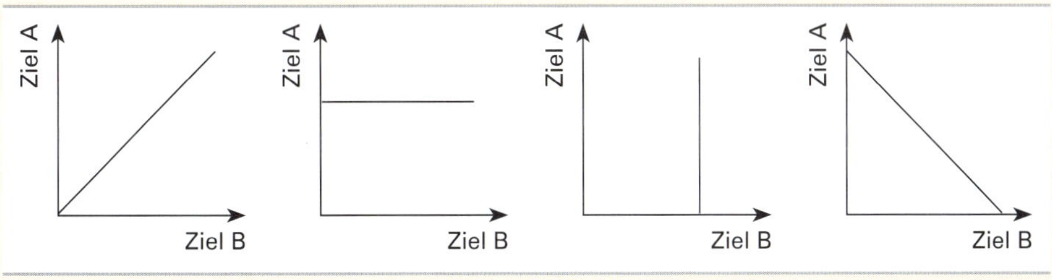

Handlungsaufgaben:

Arbeiten Sie die folgenden Kapitel des Schulbuches durch und verwenden Sie die Aufzeichnungen aus dem Unterricht zur Bearbeitung der Handlungsaufgaben!

1. Das übergeordnete Unternehmensziel der Soester Büromöbel AG ist die Gewinnmaximierung. Diskutieren Sie in der Klasse, ob das Marketingziel „Erhöhung des Marktanteils" und das Unternehmensziel „Gewinnmaximierung" zusammenpassen!
2. Als Mitarbeiter setzen Sie sich gegenüber der zögerlichen Geschäftsleitung dafür ein, das für die Werbekampagne notwendige Budget[1] zur Ausweitung des Marktanteils freizugeben.

   Entwerfen Sie eine Argumentationskette,[2] mit der Sie die Geschäftsleitung überzeugen können!

3 Marketingziele auswerten

(1) Begriff Marketingziele

- **Marketingziele** beschreiben eine angestrebte künftige **Marktposition,** die durch den **Einsatz der absatzpolitischen Instrumente** erreicht werden soll.
- Die Marketingziele leiten sich aus den **Unternehmenszielen** bzw. dem **Unternehmensleitbild** ab.

1 **Budget:** Haushaltsplan.

2 **Argumentation:** Beweisführung.

(2) Beispiel für die Festlegung von Marketingzielen

Auf der Grundlage des folgenden Beispiels soll gezeigt werden, wie eine Ableitung von Marketingzielen aus Unternehmenszielen erfolgen kann.

Beispiel:

Aus den Unternehmenszielen (vgl. S. 185) leitet die Sport-Burr KG folgende allgemeine Marketingziele ab:

- Wir bieten eine hohe Produkt- und Servicequalität an.
- Unsere Produkte sind zertifiziert und unsere Produktionsverfahren ressourcensparend und umweltfreundlich.
- Wir streben eine Erhöhung unseres Marktanteils am Gesamtmarkt für Sommer- und Wintersportgeräte an.
- Wir bieten attraktive Preise, die in der Regel unter denen der Mitbewerber liegen.
- Die Rentabilität und damit die Sicherung des Unternehmens steht im Vordergrund. Kein Verkauf um jeden Preis.
- Wir halten die vereinbarten Liefertermine ein, schaffen Vertrauen und streben langfristige Kundenbindungen an.

Aufgabe:

Formulieren Sie unter Berücksichtigung der Marketingziele für das Produktprogramm Wintersportgeräte preispolitische, produktpolitische, distributionspolitische und werbepolitische Teilziele!

Lösung: **Marketingziele für das Produktprogramm Wintersportgeräte (Auswahl)**

Preispolitische Teilziele	Produktpolitische Teilziele	Distributionspolitische Teilziele	Werbepolitische Teilziele
▪ Preisunterbietung der Konkurrenz um mindestens 3 % und höchstens 5 % bei vergleichbaren Sportgeräten. ▪ Forderung eines umsatzmaximalen Preises in Abhängigkeit von örtlichen Gegebenheiten. ▪ Preisdifferenzierung. ▪ …	▪ Hochwertige, den Konkurrenzunternehmen mindestens gleichwertige Produktqualität. ▪ Modernes, mit den Kundenbedürfnissen abgestimmtes Design. ▪ Hohe Funktionalität der Sportgeräte. ▪ Produktdifferenzierung. ▪ …	▪ Übernahme von 10 Sportgeschäften nahe der Ballungszentren innerhalb von 5 Jahren. ▪ Senkung der Logistikkosten um 10 % innerhalb von 2 Jahren. ▪ Steigerung des Marktanteils um jeweils 2 % pro Jahr. ▪ Einrichtung einer zentralen Serviceabteilung. ▪ Direktverkauf über das Internet. ▪ …	▪ Innovation und Zertifizierung der Sportgeräte hervorheben. ▪ Vertrauen bei den Kunden stärken. ▪ Deutlich machen, dass die Sportgeräte den Sportgeschäften (Kunden) beste Verkaufschancen bieten. ▪ Hohes Verantwortungsbewusstsein gegenüber Kunden und Gesellschaft herausstellen. ▪ Mit Spitzensportlern, die die Sportgeräte benutzen, Werbeveranstaltungen durchführen und damit das Unternehmensimage steigern. ▪ …

Übungsaufgaben

133 1. Die Ziele, die im Marketing angestrebt werden, leiten sich aus den Unternehmenszielen ab.

Aufgabe:

Erklären Sie diesen Sachverhalt anhand von zwei selbst gewählten Beispielen!

2. Erläutern Sie, in welchen Zielbeziehungen zueinander Marketingziele stehen können!

3. Auszug aus dem Konjunkturbericht[1] eines Marktforschungsinstituts:

> Das Marktforschungsinstitut sieht „erhebliche Abwärtsrisiken" für die deutsche Konjunktur. In seinem Bericht zur wirtschaftlichen Lage erklärt das Institut, die deutsche Wirtschaft entwickele sich mit merklich gedämpfter Dynamik. „Die Stimmung bei den Unternehmern hat sich weiter verschlechtert."
>
> Der Anstieg der Erwerbstätigkeit sei erstmals seit zweieinhalb Jahren zum Erliegen gekommen. Dadurch würden auch die Impulse für den privaten Konsum kleiner, der gleichwohl die Konjunktur auch in der zweiten Jahreshälfte weiter stützen werde.

Aufgabe:

Lesen Sie den Konjunkturbericht sorgfältig durch und interpretieren Sie, welche Auswirkungen der Konjunkturbericht auf die Marketingziele der Sport-Burr KG haben könnte!

134 Lösen Sie die Handlungsaufgaben aus der Situation 3 auf S. 347!

AS 4.1 Situation 4: Produktlebenszyklen bestimmen

Die Motorenwerke Anton Thomalla GmbH produzieren Motoren zum Betrieb von Blockheizkraftwerken in jeder Größe.

60 % des Umsatzes erzielen sie mit Motoren für Kleinblockheizkraftwerke für Einfamilienhäuser, die sie erst vor vier Jahren entwickelt hatten.

Mehrere Konkurrenzunternehmen produzieren im Moment die gleiche Art von Motoren.

Impuls:

Viele Produkte haben nur eine begrenzte Lebensdauer von der Markteinführung bis zur Aufgabe des Produkts.

Erläutern Sie, weshalb es für einen Produzenten wichtig ist, die Lebensdauer seiner Produkte, d. h. den Zeitabschnitt, in dem das Produkt Gegenstand von Angebot und Nachfrage ist, zu kennen!

Handlungsaufgabe:

Arbeiten Sie das folgende Kapitel des Schulbuches durch und verwenden Sie die Aufzeichnungen aus dem Unterricht zur Bearbeitung der Handlungsaufgabe!

Recherchieren Sie im Internet die Produktlebensdauer von einem iPhone der aktuellen Generation, Nivea Creme und einem VW Golf. Präsentieren Sie Ihre Ergebnisse!

---

1 Als **Konjunktur** bezeichnet man den Sachverhalt, dass die wirtschaftliche Entwicklung einer Volkswirtschaft in gewisser Regelmäßigkeit in mehrjährigen Auf- und Abwärtsbewegungen verläuft.

4 Absatzpolitische Instrumente untersuchen

4.1 Produktpolitik

4.1.1 Begriff Produkt

Das **Produkt** stellt die Leistung (Sachgüter und/oder Dienstleistungen) eines Anbieters dar, die dieser erbringt, um die Bedürfnisse und Ansprüche der Abnehmer zu befriedigen.

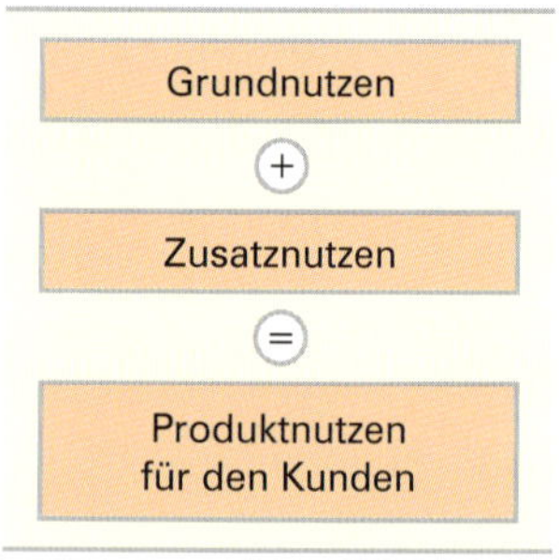

Die Gesamtheit der Leistungen eines Unternehmens bildet dessen **Produktprogramm.** Der ökonomische Erfolg eines Anbieters ist umso größer, je besser die von ihm angebotene Leistung die Bedürfnisse der Nachfrager befriedigen.

Inwieweit das Produkt den Bedürfnissen entspricht, ist immer eine subjektive Entscheidung der Nachfrager. Insoweit umfasst das Produkt einen **Grundnutzen (objektiven Nutzen),** z.B. ein T-Shirt dient der Bekleidung, und einen **Zusatznutzen (subjektiven Nutzen),** z.B. das T-Shirt einer bestimmten Marke befriedigt das Modebewusstsein bzw. das Geltungsstreben des Trägers.

Aus der **Sicht des Marketings** stellt ein **Produkt** (Sachgüter und/oder Dienstleistungen) eine Summe von nutzenstiftenden Eigenschaften dar.

Die meisten Unternehmen bieten in ihrem Produktprogramm mehrere Produkte an. Für die Unternehmensleitung stellt sich daher die Frage,

- **welches Produkt** man besonders fördern will und
- in welchem **Umfang** man **Marketinginstrumente** einsetzen soll.

Die Lösung dieser Fragestellungen hängt insbesondere von zwei Faktoren ab:

- vom „Lebensalter" der Produkte **(Konzept des Produktlebenszyklus)** und
- vom Marktanteil des Produkts sowie den damit verbundenen Wachstumsaussichten **(Marktwachstums-/Marktanteils-Portfolio).**

4.1.2 Konzept des Produktlebenszyklus

(1) Grundlegendes zum Konzept des Produktlebenszyklus

Hat ein Unternehmen ein neues Produkt entwickelt, steht es vor der Frage, mit welchen Marketingmaßnahmen es am Markt eingeführt und anschließend begleitet und gefördert werden soll. Die betriebswirtschaftliche Theorie hat hierzu das Konzept des Produktlebenszyklus entwickelt, das die „Lebensdauer" eines Produkts in verschiedene Phasen einteilt und für jede der Phasen ein entsprechendes **Marketingziel** vorschlägt.

Das **Modell des Lebenszyklus von Produkten** möchte den „Lebensweg" eines Produkts, gemessen an Umsatz und Gewinnhöhe, **zwischen der Markteinführung** des Produkts und dem **Ausscheiden aus dem Markt** in idealer Form darstellen.

(2) Phasen des Produktlebenszyklus

Der **Lebenszyklus eines Produkts** lässt sich in **vier unterscheidbare Phasen** gliedern.

Einführungsphase

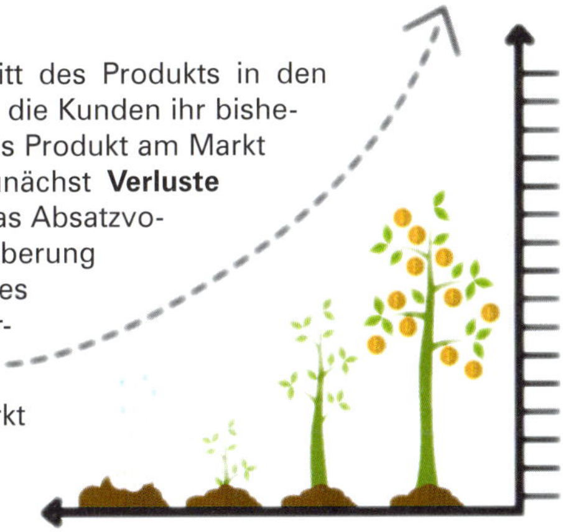

Die Einführungsphase beginnt mit dem Eintritt des Produkts in den Markt. In dieser Phase dauert es einige Zeit bis die Kunden ihr bisheriges Konsumverhalten geändert haben und das Produkt am Markt eingeführt ist. In diesem Stadium werden zunächst **Verluste** oder nur **geringe Gewinne** erwirtschaftet, da das Absatzvolumen niedrig und die Kosten für die Markteroberung hoch sind. Handelt es sich um ein wirklich neues Produkt, gibt es zunächst noch keine Wettbewerber.

Um dem Produkt den Durchbruch auf dem Markt zu ermöglichen, ist die **Werbung** das wirksamste Instrument. Daneben gilt es, das Verkaufsnetz auszubauen. Das neue Produkt wird meist nur in der **Grundausführung** hergestellt.

Marketingziel in der **Einführungsphase** ist, das Produkt bekannt zu machen und Erstkäufe herbeizuführen.

Wachstumsphase

Die Wachstumsphase tritt ein, wenn die Absatzmenge rasch ansteigt. Die Mehrheit der infrage kommenden Kunden beginnt zu kaufen. Die Chance auf hohe Gewinne lockt neue Konkurrenten auf den Markt. Die **Preise** bleiben aufgrund der regen Nachfrage **stabil** oder **fallen nur geringfügig.** Da sich die Kosten der Absatzförderung auf ein größeres Absatzvolumen verteilen und zudem die Herstellkosten aufgrund der größeren Produktionszahlen sinken, **steigen die Gewinne** in dieser Phase.

Die Werbung wird in dieser Phase noch nicht nennenswert herabgesetzt. In der Produktpolitik wird in der Regel so verfahren, dass die **Produktqualität verbessert, neue Ausstattungsmerkmale** entwickelt und das **Design aktualisiert** wird.

Marketingziel in der **Wachstumsphase** ist, einen größtmöglichen Marktanteil[1] zu erreichen.

Reife- und Sättigungsphase

Die Reife- und Sättigungsphase lässt sich in drei Abschnitte untergliedern. Im ersten Abschnitt **verlangsamt sich das Absatzwachstum,** im zweiten Abschnitt kommt es zur **Marktsättigung,** sodass der Umsatz in etwa konstant bleibt. Im dritten Reifeabschnitt wird der **Prozess des Absatzrückgangs** eingeleitet. Die Kunden fangen an, sich anderen Produkten zuzuwenden. Dies führt in der Branche zu Überkapazitäten und löst einen verschärften Wettbewerb aus. Die Gewinne gehen zurück. Die schwächeren Wettbewerber scheiden aus dem Markt aus.

1 Der **Marktanteil** ist die Absatzmenge, die ein Unternehmen an der gesamten Absatzmenge des Marktes für ein Produkt hat, ausgedrückt als Prozentsatz.

Die Wettbewerber versuchen in der Reife- und Sättigungsphase insbesondere durch

- **Produktmodifikationen**[1] wie Qualitätsverbesserungen (z.B. bessere Haltbarkeit, Zuverlässigkeit, Geschmack, Geschwindigkeit), **Verbesserung der Produktausstattung** (z.B. Schiebedach, heizbare Sitze, Klimaanlage) und/oder **Differenzierung des Produktprogramms** (z.B. Schokolade mit unterschiedlichem Geschmack, Formen, Verpackungen) neue Nachfrager zu gewinnen.
- Daneben werden **preispolitische Maßnahmen** (z.B. Sonderverkauf, hohe Rabatte, Hausmarken zu verbilligten Preisen) und servicepolitische Maßnahmen (z.B. Einrichtung von Beratungszentren, kürzere Lieferzeiten, großzügigere Lieferungs- und Zahlungsbedingungen) ergriffen.
- Außerdem werden **spezielle Werbemaßnahmen** eingesetzt, um bestehende Präferenzen[2] zu erhalten bzw. neue aufzubauen.

!

- **Marketingziel** in der **Reife- und Sättigungsphase** ist, einen **größtmöglichen Gewinn** zu erzielen, indem die Umsatzkurve „gestreckt" wird, bei gleichzeitiger **Sicherung des Marktanteils.**
- Da die hohen Kosten der Markteinführung und des Wachstums weitestgehend entfallen, verspricht diese Phase eine **hohe Rentabilität.**

Rückgangsphase (Degenerationsphase)

In der Rückgangsphase **sinkt die Absatzmenge** stark ab und **Gewinne** lassen sich nur noch **in geringerem Umfang** bzw. gar **nicht mehr erwirtschaften.** Die Anzahl der Wettbewerber sinkt. Die übrig gebliebenen Anbieter **verringern systematisch ihr Produktprogramm,** die Werbung wird zunehmend eingeschränkt, die **Distributionsorganisation wird ausgedünnt.** Auch starke Preissenkungen können sinnvoll sein.

Als Ursachen für einen Rückgang der Absatzzahlen können der technische Fortschritt, ein veränderter Verbrauchergeschmack oder Änderungen in der Einkommensverteilung, die ihrerseits zu Verschiebungen der Bedarfsstrukturen führt, angesehen werden.

!

Marketingziel in der **Rückgangsphase** ist, die Kosten zu senken und gleichzeitig den möglichen Gewinn noch „mitzunehmen".

(3) Gesamtdarstellung

Den Beginn und das Ende der einzelnen Abschnitte festzulegen, ist Ermessenssache. Je nach Produkttyp sind die Dauer der einzelnen Phasen und der Verlauf der Umsatz- und Gewinnkurven unterschiedlich. Der abgebildete Kurvenverlauf ist daher als ein Idealfall unter verschiedenen möglichen Verläufen anzusehen.

---

1 **Modifikation:** Abwandlung, Veränderung. Vgl. hierzu auch die Ausführungen auf S. 362.

2 **Präferenz:** Bevorzugung (z.B. bestimmte Produkte und/oder Verkäufer).

Umsatz- und Gewinnverlauf[1] im Produktlebenszyklus

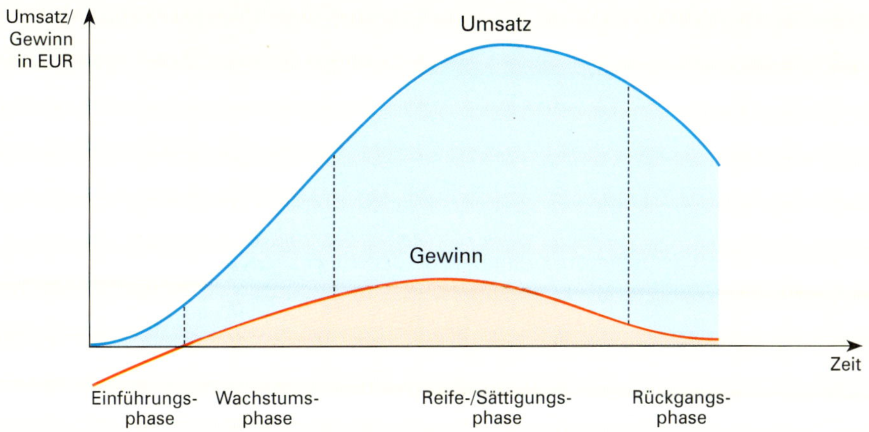

Die charakteristischen Merkmale der Produktlebenszyklus-Phasen sind in der nachfolgenden Übersicht zusammengestellt.

	Phasen des Produktlebenszyklus			
Merkmale	**Einführungs-phase**	**Wachstums-phase**	**Reife- und Sättigungsphase**	**Rückgangs-phase**
Umsatz	gering	schnell ansteigend	Spitzenabsatz	rückläufig
Kosten	hohe Kosten pro Kunde	durchschnittliche Kosten pro Kunde	niedrige Kosten pro Kunde	niedrige Kosten pro Kunde
Gewinne	negativ	steigend	hoch	fallend
Konkurrenten	nur einige	Zahl der Konkurrenten nimmt zu	gleichbleibend, Tendenz nach unten setzt ein	Zahl der Konkurrenten nimmt ab
Marketingziele	Produkt bekannt machen, Erstkäufe herbeiführen	größtmöglicher Marktanteil	größtmöglicher Gewinn bei gleichzeitiger Sicherung des Marktanteils	Kostensenkung und „Gewinn-mitnahme“
Marketing-investitionen	sehr hoch	hoch (degressiv ansteigend)	mittel (sinkend)	gering
Kernbotschaft der Werbung	neu, innovativ	Bestätigung des Verhaltens	verlässlich, bewährt	Schnäppchen

1 Der **reale** Gewinn errechnet sich als Differenz zwischen dem Umsatz zu konstanten Preisen und den Kosten zu konstanten Preisen.

23 Merkur-Nr. 0620

Übungsaufgaben

135 1. Erklären Sie, welche Zielsetzung das Konzept des Produktlebenszyklus verfolgt!

2. Zeigen Sie an einem Beispiel, wie der Lebenszyklus eines Produkts verlängert werden kann!

3. Die Lebensmittel Schelzig AG hat einen neuen Vollmilch-Schoko-Riegel auf den Markt gebracht. Der Schoko-Riegel hat die Einführungsphase glänzend überstanden und befindet sich jetzt am Beginn der Wachstumsphase.

Aufgabe:

Formulieren Sie mindestens drei Marketingstrategien, die in der Wachstumsphase von Bedeutung sind!

136 Lösen Sie die Handlungsaufgabe aus der Situation 4 auf S. 349!

AS 4.1 Situation 5: Portfolioanalysen durchführen

Die Soester Büromöbel AG stellt Büromöbel verschiedener Arten her. Die Marketingabteilung analysiert das Produktportfolio der Soester Büromöbel AG, um sinnvolle Strategien in Bezug auf die zukünftige Produktpolitik zu entwickeln. Aus Übersichtsgründen wird im Folgenden nur das Produktportfolio der Regalsysteme betrachtet.

Die folgenden Daten stehen Ihnen als Mitarbeiter der Marketingabteilung zur Verfügung:

Produktgruppe	Eigener Marktanteil	Marktanteil des Hauptkonkurrenten	Relativer Marktanteil	Marktwachstum	Umsatz in Mio. EUR
Regalsystem „Basic“	6,4 %	8,9 %	0,7	4,5 %	12
Regalsystem „Trend“	4,5 %	3,7 %	1,2	4,8 %	17
Regalsystem „Design“	9,3 %	6,6 %	1,4	2,1 %	24
Regalsystem „Boss“	8,7 %	2,4 %	3,6	1,3 %	22
Regalsystem „Luxus“	6,2 %	2,2 %	2,8	3,9 %	14

Das durchschnittliche Marktwachstum bei Regalsystemen beträgt 3,2 %.

Impuls:

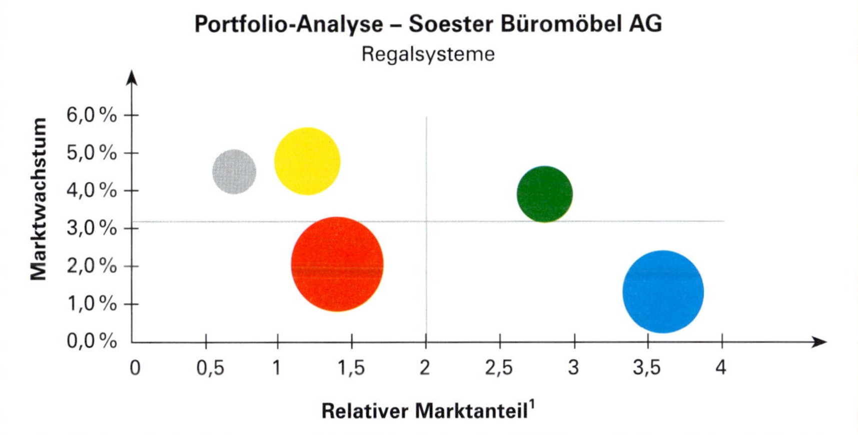

Welches Regalsystem stellt der rote Kreis dar? Interpretieren Sie die Grafik (die Größe der Kreise ist abhängig vom Umsatz)!

Handlungsaufgaben:

Arbeiten Sie die folgenden Kapitel des Schulbuches durch und verwenden Sie die Aufzeichnungen aus dem Unterricht zur Bearbeitung der Handlungsaufgaben!

1. Erläutern Sie, in welcher Phase des Produktlebenszyklus sich das Regalsystem „Design" befindet!
2. Geben Sie als Mitarbeiter der Marketingabteilung eine begründete Empfehlung für eine Portfolio-Strategie im Hinblick auf die Regalsysteme „Boss" und „Luxus" ab!

4.1.3 Portfolioanalyse

4.1.3.1 Konzept der Portfolioanalyse und -planung

Die Portfolioanalyse[2] sieht das Unternehmen als eine Gesamtheit von strategischen Geschäftseinheiten (SGE).

- Eine **strategische Geschäftseinheit (SGE)** umfasst eine genau abgrenzbare Gruppe von Produkten, für die es einen eigenen Markt und spezifische Konkurrenten gibt.
- Die **Portfolio-Methode** untersucht die gegenwärtige Marktsituation einer strategischen Geschäftseinheit sowie deren Entwicklungsmöglichkeit und stellt dies grafisch dar.

Mithilfe der Portfolio-Methode lassen sich **Strategien** entwickeln, mit deren Hilfe das Management eines Unternehmens entscheidet, welche **strategischen Geschäftseinheiten (SGE)** gefördert, welche erhalten und welche abgebaut werden.

1 Der **relative Marktanteil** ist der eigene Marktanteil bezogen auf den Marktanteil des Hauptkonkurrenten, z. B. für das Regalsystem „Basic" $\frac{6{,}4\,\%}{8{,}9\,\%} = \underline{\underline{0{,}7}}$.

2 **Portfolio** (hier): schematische Abbildung zusammenhängender Faktoren im Bereich der strategischen Unternehmensführung.

4.1.3.2 Marktwachstums-/Marktanteils-Portfolio[1]

(1) Aufbau

Die **Vier-Felder-Portfolio-Matrix,** die dem Marktwachstums-/Marktanteils-Portfolio zugrunde liegt, gliedert die SGE nach den Kriterien **Marktanteil** und **Marktwachstum** in eine Matrix ein. In der Matrix können die einzelnen SGE vier grundlegend unterschiedliche Positionen einnehmen, die in der Portfolio-Terminologie mit den Bezeichnungen **Questionmarks, Stars, Cashcows** und **Poor Dogs** belegt werden.

- Die **horizontale Achse** zeigt den (relativen) **Marktanteil der strategischen Geschäftseinheit** auf, d. h. den eigenen Marktanteil im Verhältnis zu dem größten Konkurrenten. Der Marktanteil dient als Maßstab für die Stärke des Unternehmens im Markt. Er wird wie folgt berechnet:

$$\text{relativer Marktanteil} = \frac{\text{Umsatzerlöse} \cdot 100}{\text{Umsatz des größten Konkurrenten}}$$

- Die **vertikale Achse** zeigt den **Grad der Wachstumsphase** (Marktwachstum) der Produkte an. Er wird wie folgt berechnet:

$$\text{Marktwachstum} = \frac{\text{erwartete Umsatzerhöhung des Gesamtmarktes}}{\text{derzeitiger Umsatz des Gesamtmarktes}}$$

(2) Darstellung des Modells im Einzelnen

Questionmarks (Fragezeichen)

Strategieempfehlung: **Offensivstrategie**

Hierunter versteht man Produkte, die neu auf dem Markt sind. Der relative Marktanteil ist (noch) gering. Man verspricht sich bei ihnen gute Wachstumschancen. Sie sollen daher besonders stark gefördert werden, was bedeutet, dass die Questionmarks einen hohen Finanzmittelbedarf haben. Der Begriff „Fragezeichen" ist äußerst treffend, denn die Unternehmensleitung muss sich nach einer gewissen Zeit fragen, ob sie weiterhin viel Geld in diese SGE stecken oder den fraglichen Markt verlassen soll.

1 Dieser Portfolio-Ansatz wurde von dem amerikanischen Beratungsunternehmen „Boston-Consulting-Group" entwickelt.

Stars (Sterne)

Strategieempfehlung: **Investitionsstrategie**

Aus dem anfänglichen „Fragezeichen", das Erfolg hat, wird ein „Star". Ein „Star" ist der Marktführer in einem Wachstumsmarkt. Er erfordert umfangreiche Finanzmittel, um mit dem Marktwachstum Schritt halten zu können. Im Allgemeinen bringen „Stars" schon Gewinne. Die generelle Strategie heißt, den Marktanteil leicht zu erhöhen bzw. zu halten.

Cashcows (Kühe, die bares Geld bringen)

Strategieempfehlung: **Abschöpfungsstrategie**

Da der Markt kaum wächst, kommt es darauf an, durch gezielte Erhaltungsinvestitionen die erreichte Marktposition zu halten. Dadurch lassen sich Finanzmittel erwirtschaften. Cashcows stellen deshalb die Finanzquelle eines Unternehmens dar. Man lässt sie so lange „laufen", wie sie noch Gewinn bringen.

Poor Dogs (arme Hunde)

Strategieempfehlung: **Desinvestitionsstrategie**[1]

Sie weisen nur noch einen geringen Marktanteil und eine geringe Wachstumsrate auf. Es bestehen keine Wachstumschancen mehr. Die Produktion der Poor Dogs sollte eingestellt werden.

Beachte:

Der **Marktanteil** und das **Marktwachstum eines Produkts** sind immer auch aus der **Sicht der Mitbewerber** zu sehen.

- Wird z. B. ein Produkt von einem Unternehmen neu in den Markt eingeführt (Questionmark), so trifft es in aller Regel auf gleichartige Produkte von Mitbewerbern, die bereits auf dem Markt sind und dort eventuell schon die Stellung eines Stars besitzen. Das neue Produkt muss sich daher seinen Marktanteil erobern, indem es Mitbewerber teilweise oder ganz aus dem Markt drängt oder sich einen neuen Markt schafft.

  Umgekehrt muss sich ein Produkt, das bereits als Cashcow auf dem Markt ist, gegen „Angriffe" der Mitbewerber behaupten, die neue Produkte auf den Markt bringen.

- Bei der Auswahl der Marketingstrategie hat das Unternehmen somit immer zu berücksichtigen, dass der Mitbewerber mit einer Gegenstrategie antwortet, damit sich seine Produkte am Markt behaupten können.

1 **Desinvestition:** Verringerung des Bestandes an Gütern.

(3) Beziehungen zwischen der Portfolioanalyse und dem Konzept des Produktlebenszyklus

Die Portfolioanalyse ergänzt das Konzept des Produktlebenszyklus. Die Matrix zeigt den Zusammenhang zwischen den beiden Konzeptionen sowie die inhaltliche Aussage des Marktwachstums-/Marktanteils-Portfolios auf.

Marktwachstum	Marktanteil: niedrig	Marktanteil: hoch
hoch	**„Fragezeichen"** **Lebenszyklus:** Einführungs- bzw. frühe Wachstumsphase **Strategie:** Offensivstrategie **Planungsziel:** Marktanteil des Produkts erhöhen oder Aufgabe	**„Stars"** **Lebenszyklus:** Wachstumsphase **Strategie:** Investitionsstrategie **Planungsziel:** Marktanteil halten bzw. leicht ausbauen
niedrig	**„Arme Hunde"** **Lebenszyklus:** Späte Reife- bzw. Degenerationsphase oder Flops in der Einführungsphase **Strategie:** Desinvestitionsstrategie **Planungsziel:** Abbau des Marktanteils bzw. Aufgabe des Produkts	**„Melkkühe"** **Lebenszyklus:** Reifephase **Strategie:** Defensivstrategie **Planungsziel:** Marktanteil halten bzw. leicht ausbauen

Die Darstellung stellt den **Idealfall eines Produktlebenszyklus** dar. In der Praxis kann es auch sein, dass sich das neue Produkt (Fragezeichen) auf dem Markt nicht durchsetzen kann und damit unmittelbar bei den Poor Dogs landet.

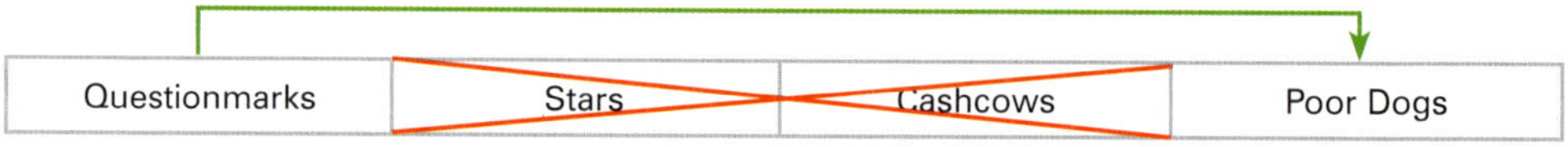

(4) Generelle Zielsetzung des Modells

Nachdem das Unternehmen alle seine strategischen Geschäftseinheiten in die Marktwachstums-/Marktanteils-Matrix eingeordnet hat, gilt es festzustellen, ob das Portfolio ausgeglichen ist.

Das Portfolio ist dann **ausgeglichen,** wenn das Wachstum eines Unternehmens gesichert ist und ein Risikoausgleich zwischen den verschiedenen SGE besteht. Ein Portfolio wäre dann **nicht ausgeglichen,** wenn in der Matrix zu viele „arme Hunde" oder „Fragezeichen" bzw. zu wenig „Sterne" und „Melkkühe" existieren.

Ziel eines Unternehmens muss es sein, die einzelnen **SGE so zu positionieren,** dass es zu einer möglichst optimalen Kombination von **„kapitalliefernden" SGE** (Stars und Cashcows) in **zurückgehenden Märkten** und **„kapitalverbrauchenden" SGE** (Questionsmarks) in **Wachstumsmärkten** kommt. Nur in diesem Fall kann der Unternehmenserfolg langfristig als gesichert angesehen werden.

(5) Beurteilung des Marktwachstums-/Marktanteils-Portfolios

Vorteile	Nachteile
Der Unternehmensleitung wird z. B. dazu verholfen, ■ die aktuelle Geschäftssituation zu erfahren, ■ Chancen und Risiken zu erkennen, ■ die Planungsqualität zu steigern, ■ die anstehenden Probleme schneller auszumachen, ■ die schwachen Geschäftseinheiten zu eliminieren und die vielversprechenden durch gezielte Investitionen zu fördern.	■ Es kann geschehen, dass sich die Unternehmensleitung zu stark auf die Wachstumsmärkte konzentriert und dabei andere Geschäftseinheiten vernachlässigt. ■ Die Verflechtungen zwischen den einzelnen SGE bleiben völlig unberücksichtigt. Es kann somit riskant sein, für eine SGE unabhängige, von den übrigen Bereichen „losgelöste" Entscheidungen zu treffen. Eine solche Entscheidung kann nämlich für eine SGE eine positive und für eine andere SGE eine negative Wirkung haben.

Zusammenfassung

- Aus Sicht des Marketings stellt ein **Produkt** eine Summe von **nutzenstiftenden Eigenschaften** dar.
- In Zeiten gesättigter Märkte rücken bei der **Gestaltung des Produktprogramms** absatzwirtschaftliche Überlegungen in den Vordergrund, wie z. B. Kaufmotive, Zusatznutzen, Marktnischen.
- Produktpolitische Entscheidungen orientieren sich am **Lebenszyklus eines Erzeugnisses.** Das Nachfolgeprodukt muss am Markt eingeführt werden, solange sich das aktuelle Erzeugnis noch in der Reifephase befindet.
- Die **Portfolioanalyse** ist ein Instrument der strategischen Planung. Sie ergänzt die Erkenntnisse aus der Lebenszyklus-Analyse und unterstützt die Unternehmensleitung bei programmpolitischen Entscheidungen.

Übungsaufgaben

137

1. Beschreiben Sie die Grundidee der Portfolio-Methode!
2. Skizzieren Sie die Grundaussage der vier strategischen Geschäftseinheiten des Marktwachstums-/Marktanteils-Portfolios!
3. Beschreiben Sie die generelle Strategie, die in den einzelnen Matrix-Feldern jeweils angemessen ist!

4. Die acht Kreise in dem vorgegebenen Marktwachstums-/Marktanteils-Portfolio symbolisieren die acht Geschäftseinheiten der Chemie Leverkusen AG.

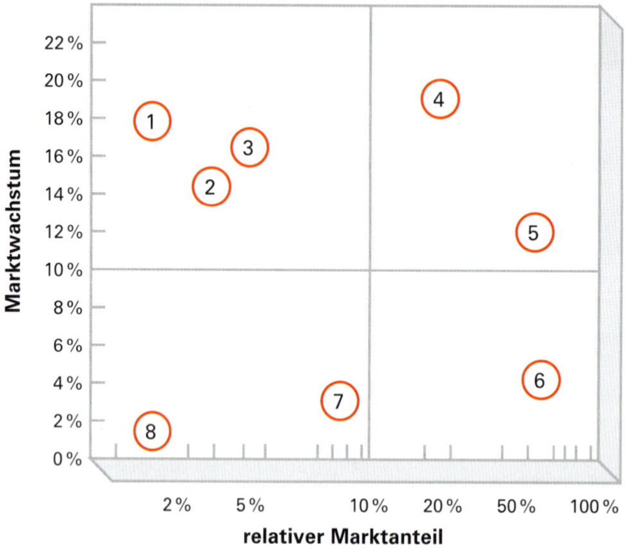

Hinweis:

- Die **vertikale Achse** zeigt das jährliche Marktwachstum der einzelnen Märkte.
- Die **horizontale Achse** zeigt den Marktanteil im Verhältnis zu dem des Marktführers.

(Nachweis: Kotler/Bliemel: Marketing-Management, S. 99)

Aufgabe:

Bewerten Sie die langfristigen Erfolgsaussichten der Chemie Leverkusen AG!

Vorlage

mvurl.de/f8ng

5. Übertragen Sie das Portfolio von Aufgabe 4 (ohne Kreise) in Ihr Hausheft. Tragen Sie anschließend die folgenden Daten der Limonadenwerke Leberer GmbH in das Portfolio ein:

Nr.	Produkt	Marktanteil	Marktwachstum
1	Zitronengetränk	40 %	16 %
2	Orangengetränk	5 %	14 %
3	Multivitaminsaft	2 %	12 %
4	Grapefruitsaft	8 %	5 %
5	Apfelsaft	20 %	6 %

Aufgaben:

5.1 Beurteilen Sie das Produktprogramm der Limonadenwerke Leberer GmbH!

5.2 Formulieren Sie Empfehlungen für die zukünftig anzuwendenden Marketingstrategien!

6. Erklären Sie, worin sich das Marktwachstums-/Marktanteils-Portfolio von der Theorie der Lebenszyklen der Produkte unterscheidet!

138 Lösen Sie die Handlungsaufgaben aus der Situation 5 auf S. 355!

4.1.4 Entscheidungen zum Produktprogramm

4.1.4.1 Überblick

Bei der Erstellung eines Produktprogramms sind insbesondere folgende **zentrale Fragestellungen** zu lösen:

- Mit welchen neuen Produkten kann die Position des Unternehmens am Markt gefestigt werden **(Produktinnovation)?**
- Mit welchen Anpassungen kann die Produktlebenskurve verlängert werden **(Produktmodifikation, Produktvariation)?**
- Welches Erzeugnis soll aus dem Produktprogramm entfernt werden **(Produkteliminierung)?**

4.1.4.2 Produktinnovation

Unter **Produktinnovation**[1] versteht man die Änderung des Produktprogramms durch Aufnahme neuer Produkte.

Die Überlegung hierzu ist, dass einerseits dem **technischen Fortschritt** Rechnung getragen werden muss, andererseits muss auf **veränderte Kundenwünsche** reagiert werden. Die Produktinnovation begegnet uns in Form

- der **Produktdiversifikation** und
- der **Produktdifferenzierung.**

(1) Produktdiversifikation[2]

Unter **Produktdiversifikation** versteht man die Erweiterung des Produktprogramms durch Aufnahme weiterer Produkte.

Um die Wirkung der produktpolitischen Maßnahmen zu veranschaulichen, wird angenommen, dass ein Hersteller bisher die beiden Erzeugnisgruppen A und B produziert mit den jeweiligen Varianten A_1 und A_2 bzw. B_1, B_2 und B_3.

Ausgangssituation:

A_1 A_2 B_1 B_2 B_3

Das Erzeugnisangebot erhält eine Ausweitung in der Breite, hier die Erzeugnisgruppe C mit den Varianten C_1 und C_2. Die Angebotspalette wird gezielt ausgedehnt durch neue Produkte auf neuen Märkten. Damit erhält das Unternehmen ein weiteres „Standbein" auf dem Markt. Diese Handlungsstrategie beruht auf der Erkenntnis, dass eine Risikostreuung notwendig ist und dadurch erreicht wird, dass der Umsatz aus mehreren voneinander unabhängigen Quellen geschöpft wird. Die Produktdiversifikation ist das wirksamste und nachhaltigste Mittel zur Wachstumssicherung des Unternehmens.

1 **Innovation:** Einführung von etwas Neuem; Neuerung.

2 **Diversifikation:** Veränderung, Vielfalt.

Grafisch lässt sich damit die Produktdiversifikation **gegenüber der Ausgangssituation** wie folgt darstellen:

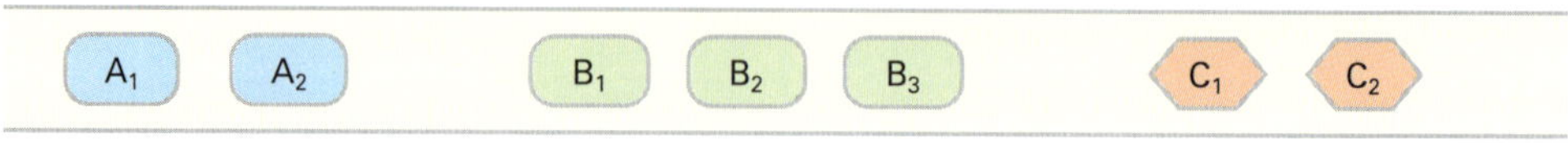

(2) Produktdifferenzierung

Bei der **Produktdifferenzierung** wird eine **Mehrzahl von Produkten** mit variierenden Merkmalen auf den Markt gebracht, um eine **zusätzliche** Nachfrage zu schaffen, wobei die Hauptcharakteristika der Produkte **gleichartig** bleiben.

Die Produktdifferenzierung lässt sich grafisch **im Vergleich zur Ausgangssituation** wie folgt darstellen:

Die Motivation für die Produktdifferenzierung liegt darin, dass bisher noch nicht erreichte Käuferschichten durch die verschiedenen Produktvarianten eines bereits auf dem Markt vorhandenen Produkts angesprochen werden können, welches in der Regel auf denselben Fertigungsmaschinen hergestellt werden kann. Es handelt sich um eine **Ausweitung des Erzeugnisangebots,** da das bisherige Erzeugnis nicht ersetzt, sondern durch weitere ergänzt wird. Das Basisprodukt wird in seinem wesentlichen Zweck nicht verändert.

Eine Differenzierung des Produkts erfolgt auch häufig über Dienstleistungen, um sich von den Erzeugnissen der Konkurrenz abzuheben, z. B. über besondere Leistungen des Kundendienstes, über Finanzdienstleistungen, kürzere Lieferzeiten.

4.1.4.3 Produktmodifikation (Produktvariation)

Bei der **Produktmodifikation (Produktvariation)** wird das Produkt verändert (modifiziert), um es in den Augen der Verbraucher weiterhin attraktiv erscheinen zu lassen.

Grafisch lässt sich die Produktmodifikation gegenüber der Ausgangssituation folgendermaßen darstellen:

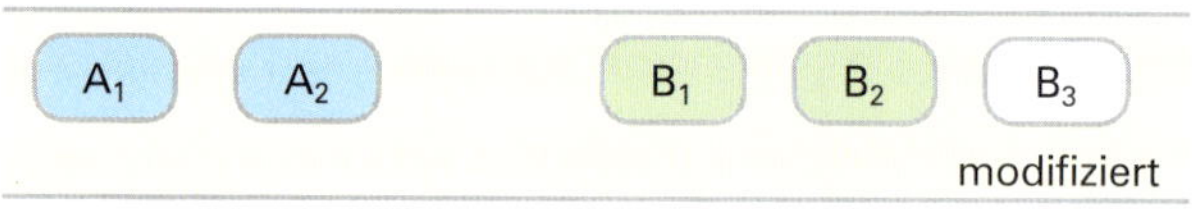

Das Produkt B_3 hat neue Eigenschaften, es wurde modifiziert.

Beispiel:

Ein Pkw-Modell erhält durch eine andere Anordnung der Scheinwerfer ein verändertes Aussehen. Das Modell mit der alten Scheinwerferanordnung wird vom Markt genommen.

Die Motivation für die Produktmodifikation ergibt sich durch die Änderung des Nachfrageverhaltens in einem Marktbereich (z. B. verbesserte Produkte der Konkurrenz, Änderung des Geschmacks). Ziel ist es, die Lebensdauer für ein Erzeugnis möglichst zu verlängern. Die mühsam aufgebauten positiven Einstellungen der Käufer zu einem Produkt lassen sich mit relativ geringem Aufwand auch auf das Nachfolgemodell übertragen. Es handelt sich um **keine Ausweitung des Erzeugnisangebots.**

4.1.4.4 Produkteliminierung

Unter **Produkteliminierung** versteht man die Herausnahme von Erzeugnissen und/ oder Dienstleistungen aus dem Produktprogramm.

Grafisch ergibt sich bei der Eliminierung einer Variante folgende Situation:

Der Eliminierung unterliegen insbesondere Produkte in der Endphase des „Lebenszyklus" oder jene, die sich nach der Markteinführung als Flops erwiesen haben.

Zusammenfassung

- Die Änderung des Produktprogramms durch Aufnahme neuer Produkte bezeichnet man als **Produktinnovation.**
- Bei der Erstellung des Produktprogramms sind insbesondere folgende zentrale Fragestellungen zu lösen:
  - Mit welchen weiteren Produkten **(Produktdiversifikation)** bzw. mit welchen Produktveränderungen **(Produktdifferenzierung)** kann die Position des Unternehmens am Markt gefestigt werden?
  - Mit welchen Anpassungen kann die Produktlebenskurve verlängert werden **(Produktmodifikation, -variation)?**
  - Welches Erzeugnis soll aus dem Produktprogramm entfernt werden **(Produkteliminierung)?**

Übungsaufgaben

139

1. Erläutern Sie die folgenden Maßnahmen der Produktpolitik: Produktdifferenzierung, Produktinnovation, Produkteliminierung!
2. Ein Unternehmer erzeugt als einziges Produkt ein Vitamingetränk, das in Portionsfläschchen zu drei Stück pro Packung über Fitnesscenter vertrieben wird.

   Aufgabe:

   Geben Sie jeweils ein konkretes Beispiel dafür an, wie das Unternehmen Produktdifferenzierung, Mehrmarkenpolitik[1] und Produktdiversifikation durchführen könnte!
3. Ein Unternehmen produziert Futter für Haustiere. In der letzten Rechnungsperiode wurde das Vogelfutter „Schrill" eliminiert.

   Aufgabe:

   Nennen Sie Gründe, die zu dieser Maßnahme geführt haben könnten!
4. 4.1 Erläutern Sie, warum Unternehmen durch eine umweltverträgliche Produktpolitik einen Wettbewerbsvorteil erlangen können!

   4.2 Nennen Sie drei Beispiele für eine umweltverträgliche Produktpolitik! Geben Sie auch an, welchen Zweck die genannten Maßnahmen verfolgen!

1 Das Produkt wird unter verschiedenen Namen (Marken) angeboten.

140 Die Angebotspalette der Flügge GmbH setzt sich aus eigenen Erzeugnissen (Dübel) und Handelswaren (Bohrmaschinen) zusammen. In einer Abteilungsleiterkonferenz wird über eine Verbesserung des Produktprogramms gesprochen. Unter anderem fallen folgende Fachbegriffe: Produktpflege, Produktfortschreibung, Produkterweiterung.

Aufgaben:

1. Erklären Sie diese Begriffe und bilden Sie je ein eigenes Beispiel!
2. Die Leiterin der Vertriebsabteilung, Frau Lanz, möchte das Angebotsprogramm erweitern. Sie schlägt vor, nicht nur Plastikdübel herzustellen, sondern auch Gips- und Metalldübel. Die Kapazität des Unternehmens müsse allerdings erweitert werden.
   2.1 Nennen Sie die Bezeichnung für diese Erweiterung der Angebotspalette!
   2.2 Erklären Sie, welchen Zweck bzw. welche Zwecke Frau Lanz mit ihrem Vorschlag verfolgt!
3. In der oben genannten Konferenz sagt Frau Lanz, dass das Angebotsprogramm keine feststehende Größe sein dürfe. Es müsse vielmehr immer wieder infrage gestellt und verändert werden.

   Begründen Sie, warum sich die Unternehmensleitung ständig überlegen muss, ob das Angebotsprogramm bereinigt und durch die Aufnahme neuer Produkte ergänzt werden soll!
4. Der Leiter des Fertigungsbereichs, Herr Moll, meint, dass die Aufgabe eines Erzeugnisses leichter sei als die Aufnahme neuer Erzeugnisse in das Produktprogramm.

   Beurteilen Sie diese Aussage!

AS 4.1 Situation 6: Preise gestalten

Die Sportartikelfabrik Sport-Burr KG stellt qualitativ hochwertige Nordic-Walking-Stöcke als Marktführer her. Sie produziert und verkauft jährlich 12000 Nordic-Walking-Stöcke. Die Nordic-Walking-Stöcke werden zu einem Einheitspreis von 38,00 EUR angeboten. Dieser Preis deckt alle Kosten ab und enthält einen Gewinn von 1,81 EUR. Die Konkurrenten bieten ähnliche Nordic-Walking-Stöcke zu Preisen zwischen 34,90 EUR und 35,99 EUR an.

Impuls:

Welche Art Preispolitik betreibt die Sport-Burr KG?

Handlungsaufgaben:

Arbeiten Sie die folgenden Kapitel des Schulbuches durch und verwenden Sie die Aufzeichnungen aus dem Unterricht zur Bearbeitung der Handlungsaufgaben!

Die Sport-Burr KG möchte den Verkaufspreis (Barverkaufspreis) der Nordic-Walking-Stöcke auf 41,80 EUR anheben. Die Abteilung „Marktforschung" warnt: Der (mengenmäßige) jährliche Absatz wird von bisher 12000 Stück auf 11000 Stück zurückgehen. (Die fixen Kosten betragen 175000,00 EUR monatlich, die variablen Kosten 20,00 EUR je Stück.)

1. Wie entscheidet die Sport-Burr KG, wenn sie vorrangig das Ziel vor Augen hat, einen möglichst großen Marktanteil zu erobern?

2. Wie entscheidet die Sport-Burr KG, wenn sie nach dem kurzfristigen Gewinnmaximierungsprinzip handelt? Belegen Sie Ihre Antwort mit Zahlen!
3. Fiele die Entscheidung zu 2. anders aus, wenn aufgrund der Preiserhöhung der Absatz um 3000 Stück zurückginge? Führen Sie den rechnerischen Nachweis!

4.2 Preisgestaltung

4.2.1 Preisstrategien

Preisstrategien sind das planvolle Vorgehen zur Durchsetzung eines bestimmten Preisniveaus auf dem Markt.

(1) Hochpreisstrategie

Bei der **Hochpreisstrategie** strebt der Anbieter an, langfristig einen hohen Preis für seine Produkte zu erzielen.

Bei der **Prämienpreisstrategie** stattet der Anbieter die Produkte mit einer „Prämie" aus, z. B. gleichbleibend hoher Qualitätsstandard, hohes Image, Verkauf in Exklusivläden bzw. Beratungszentren, langfristige Garantiezeiten für Ersatzteile, Reparaturservice innerhalb 24 Stunden u. Ä. Voraussetzung für die Prämienpreisstrategie ist, dass das Produkt eine Alleinstellung hat und der Nachfragerückgang zumindest sehr gering ist.

Beispiele:

Champagner, Hummer, Kaviar, Tafelsilber, Rolls-Royce, Porsche, Rolex-Uhren, Cartier-Schmuck, Bogner-Kleidung usw.

Eine weitere Form der Hochpreisstrategie stellt die Abschöpfungsstrategie **(Skimming-Strategie)**[1] dar. Diese Preisstrategie setzt, insbesondere bei Innovationsgütern, den Einführungspreis hoch an, um die Forschungs- und Entwicklungskosten schnell abzudecken. Das Unternehmen senkt den Preis aber jedesmal, wenn der Absatz zurückgeht, um jeweils die nächste Schicht preisbewusster Kunden für sich zu gewinnen. Ziel dieser Preisstrategie ist das Abschöpfen des Marktes.

(2) Niedrigpreisstrategie

Bei der **Niedrigpreisstrategie** strebt der Anbieter an, dass der geforderte Preis dauerhaft unter dem Preis vergleichbarer Produkte liegt.

Ziele einer Niedrigpreisstrategie können sein: Verdrängung von Wettbewerbern, Verhinderung des Markteintritts neuer Anbieter, Auslastung der Kapazität, Aufbau eines Niedrigpreisimages. Die Niedrigpreisstrategie wird

Beispiele für Unternehmen, die eine Niedrigpreisstrategie betreiben, sind:

Aldi, Norma, OBI, H&M, Ratiopharm (Herstellung von Generika).[2]

1 **To skim**: abschöpfen, absahnen.

2 Werden Medikamente, deren Schutzrechte abgelaufen sind, in der gleichen Zusammensetzung wie das Original hergestellt, so spricht man von **Generikapräparaten**.

vor allem zur **Verkaufsförderung (Promotion)** von Massenwaren, die keinen hohen Serviceanspruch haben, herangezogen. Diese Art von Preisstrategie bezeichnet man als **Promotionspreispolitik.**[1]

Die **Penetrationspreispolitik**[2] als eine Sonderart der Niedrigpreisstrategie, versucht mit kurzfristig niedrigen Preisen für neue Produkte schnell einen hohen Marktanteil zu erreichen. Nach der Markteinführung werden die Preise dann angehoben.

Die **Festsetzung eines niedrigen Preises** ist zweckmäßig,

- wenn die Preissensibilität[3] des Marktes hoch ist,
- niedrige Preise ein Marktwachstum stimulieren und
- ein niedriger Preis den Markteintritt von Konkurrenten verhindert.

4.2.2 Preispolitik

Preispolitik ist das Bestimmen der Absatzpreise.

Für die Preisfindung haben sich insbesondere drei Entscheidungskriterien als nützlich erwiesen:

- die **kostenorientierte Preisfindung,**
- die **nachfrageorientierte (abnehmerorientierte) Preisfindung** und
- die **wettbewerbsorientierte (konkurrenzorientierte) Preisfindung.**

4.2.2.1 Kostenorientierte Preispolitik

- Werden im Unternehmen **alle anfallenden** Kosten auf die Erzeugnisse verteil, spricht man von einer **Vollkostenrechnung.**[4]
- Werden hingegen zunächst nur solche Kosten berücksichtigt, die in einem direkten Verursachungszusammenhang mit den Erzeugnissen stehen **(variable Kosten),** handelt es sich um eine **Teilkostenrechnung.**

Das nachfolgende Beispiel stellt eine Kalkulation auf **Vollkostenbasis** dar.

Beispiel:

Bei der Weber Metallbau GmbH geht eine Anfrage nach einer Fassadengestaltung aus Stahl und Glas ein. Es soll ein verbindliches Preisangebot gemacht werden.

Der Auftrag für die Fassadengestaltung erfordert 50 000,00 EUR Fertigungsmaterial und 60 000,00 EUR Fertigungslöhne.

1 **Promotion:** Förderung.

2 **Penetration** (lat.): Durchdringung, Durchsetzung.

3 **Sensibilität:** Empfindlichkeit; sensibel: empfindsam, feinfühlig.

4 Die Vollkosten- und die Teilkostenrechnung wird in der Klasse 12 im Handlungsfeld 7 „Wertströme" dargestellt.

Die Gemeinkostenzuschlagssätze betragen:

Materialgemeinkostenzuschlag	5 %	Gewinnzuschlag	7,5 %
Fertigungsgemeinkostenzuschlag	150 %	Kundenskonto	2 %
Verwaltungsgemeinkostenzuschlag/ Vertriebsgemeinkostenzuschlag	15 %	Kundenrabatt	10 %

Aufgabe:

Berechnen Sie den Listenverkaufspreis (netto)!

Lösung:

	100%	Materialeinzelkosten	50 000,00 EUR	
	5%	+ Materialgemeinkosten[1]	2 500,00 EUR	
	105%	= **Materialkosten**		52 500,00 EUR
100%		Fertigungslöhne	60 000,00 EUR	
150%		+ Fertigungsgemeinkosten	90 000,00 EUR	
250%		= **Fertigungskosten**		150 000,00 EUR
	100%	**Herstellkosten**		202 500,00 EUR
	15%	+ Verwaltungs- und Vertriebsgemeinkosten		30 375,00 EUR
100%	115%	= **Selbstkosten**		232 875,00 EUR
7,5%		+ Gewinn		17 465,63 EUR
107,5%	98%	= **Barverkaufspreis**		250 340,63 EUR
	2%	+ Kundenskonto		5 108,99 EUR
90%	100%	= **Zielverkaufspreis**		255 449,62 EUR
10%		+ Kundenrabatt		28 383,29 EUR
100%		= **Listenverkaufspreis (netto)**		283 832,91 EUR

4.2.2.2 Nachfrageorientierte (abnehmerorientierte) Preispolitik

(1) Überblick

Um eine nachfrageorientierte Preispolitik betreiben zu können, bedarf es zuverlässiger Informationen über die Wechselwirkung zwischen der **Höhe des Preises** und der **zu erwartenden Nachfrage.** Mithilfe einer **Preis-Absatz-Funktion**[2] wird die Veränderung der Nachfragemenge nach einem Gut bei sich verändernden Preisen erfasst.

In den nachfolgenden Beispielen werden die Daten der Preis-Mengenentwicklung jeweils vorgegeben. Es werden zwei abnehmerorientierte preispolitische Maßnahmen (Entscheidungen) vorgestellt:

- die Festlegung der **preispolitischen Obergrenze** und
- die **Preisdifferenzierung.**

1 Der **Materialgemeinkostenzuschlagssatz** von 5 % besagt z. B., dass immer dann, wenn für 100,00 EUR Fertigungsmaterial verbraucht wurde, parallel und gleichzeitig 5,00 EUR Gemeinkosten im Materialbereich (z. B. Einkauf, Warenabnahme ...) anfallen. **Gemeinkosten** sind Kosten, die für alle Erzeugnisse gemeinsam anfallen. Sie können daher den einzelnen Erzeugnissen nur indirekt (z. B. über einen Prozentsatz) zugerechnet werden.

2 Die **Preis-Absatz-Funktion** gibt an, welche Menge ein einzelner Anbieter jeweils zu einem von ihm festgesetzten Preis absetzen kann.

(2) Festlegung der preispolitischen Obergrenze

Bei Preisänderungen ist im Normalfall mit folgenden Nachfragerreaktionen zu rechnen: Bei Preiserhöhungen springen die Kunden ab, bei Preissenkungen werden neue Kunden gewonnen.

Beispiel:

Die Weber Metallbau GmbH bietet ihren Artikel 220437 „Büroschere" (siehe S. 290) an. Aufgrund exakter Marktforschung kennt sie die Reaktionen ihrer Kunden auf Preisänderungen. Sie stellt fest, dass sie sich einer normalen Nachfrage gegenübersieht, d.h., bei Preiserhöhungen nimmt die mengenmäßige Nachfrage ab, bei Preissenkungen nimmt sie zu.

Die fixen Kosten für die Produktion der Büroschere belaufen sich auf 10000,00 EUR je Periode, die variablen Kosten auf 6,00 EUR je Stück. Der Verkaufserlös beträgt 10,00 EUR je Stück. Die Preis-Mengenentwicklung (Nachfragefunktion) ist der nachfolgenden Tabelle (Spalte 1 und 2) zu entnehmen.

Aufgabe:

Ermitteln Sie die preispolitische Obergrenze!

Lösung:

Erlös/St. in EUR	Absetzbare Menge	Umsatz in EUR	Kosten K_f: 10000,00 EUR k_v: 6,00 EUR/St.[1]	Gewinn/ Verlust in EUR
13,00	2000	26000,00	22000,00	4000,00
12,50	2500	31250,00	25000,00	6250,00
12,00	3000	36000,00	28000,00	8000,00
11,50	3500	40250,00	31000,00	9250,00
11,00	4000	44000,00	34000,00	10000,00
10,50	4500	47250,00	37000,00	10250,00
10,00	5000	50000,00	40000,00	10000,00
9,50	5500	52250,00	43000,00	9250,00
9,00	6000	54000,00	46000,00	8000,00
8,50	6500	55250,00	49000,00	6250,00

Ergebnis:

Den maximalen Gewinn in Höhe von 10250,00 EUR erzielt die Weber Metallbau GmbH bei einem Preis von 10,50 EUR pro Stück.

1 **Fixe Kosten**: Sind Kosten, die sich bei Änderung der Produktionsmenge in ihrer **absoluten Höhe nicht verändern**.
Variable Kosten: Sind Kosten, die sich bei Änderung der Produktionsmenge in ihrer **absoluten Höhe verändern**.
Die fixen und variablen Kosten werden in Klasse 12, im Handlungsfeld 7 behandelt.

(3) Preisdifferenzierung

Begriff Preisdifferenzierung und die Auswirkungen von Preisdifferenzierungen

Die **Preisdifferenzierung** hat das Ziel, den Gewinn zu erhöhen, indem das anbietende Unternehmen Teilmärkte bildet, auf welchen unterschiedliche Preise verlangt werden.

Die Bildung der **Teilmärkte** setzt voraus, dass es gelingt, jene Kunden, die bereit sind, den höheren Preis zu bezahlen, am Übergang zum günstigeren Teilmarkt zu hindern. Die Abgrenzung der Teilmärkte wird in erheblichem Maße dadurch erleichtert, dass sich die Konsumenten nicht konsequent rational[1] verhalten, sondern sich z.B. aus Prestigegründen in teurere Teilmärkte einordnen (z.B. bei Preisdifferenzierung in Verbindung mit Produktdifferenzierung).

Beispiel:

Angenommen, es gelingt, aus dem Gesamtmarkt (vgl. S. 368) zwei Teilmärkte zu bilden, auf welchen ein Preis von 12,00 EUR (Teilmarkt I, z.B. Verkauf über die Bürofachgeschäfte) und ein Preis von 10,50 EUR (Teilmarkt II, z.B. Direktverkauf an die Unternehmen) verlangt werden kann.

Aufgabe:

Ermitteln Sie, ob durch die Bildung von zwei Teilmärkten eine Gewinnsteigerung eintritt!

Lösung:

	Erlöse ohne Preisdifferenzierung in EUR	Erlöse mit 2 Teilmärkten und differenzierten Preisen in EUR	
Umsatzerlös	47 250,00	TM I (3 000 · 12,00)	36 000,00
		TM II (1 500 · 10,50)	15 750,00
			51 750,00
Kosten	37 000,00		37 000,00
Gewinn	10 250,00		14 750,00
Gewinnsteigerung			4 500,00

Arten der Preisdifferenzierung

Begriffe	Beispiele
Preisdifferenzierung in Verbindung mit Produktdifferenzierung	Relativ geringfügige Produktunterschiede mit erheblich unterschiedlichem Prestigewert, z.B. Ausstattung, Lackierung, PS-Zahl eines Pkw
Preisdifferenzierung nach Abnehmergruppen oder nach Verwendungszweck	Strom für private Haushalte – Strom für gewerbliche Verbraucher; normale Fahrkarten – Schülerfahrkarten; Alkohol – Spiritus; Dieselkraftstoff – Heizöl

1 **Rational:** vernünftig.

Begriffe	Beispiele
räumliche Preisdifferenzierung	Pkw-Preise im Ausland günstiger als im Inland; Benzin an Autobahntankstellen ist teurer als an einer Tankstelle in einer Stadt
zeitliche Preisdifferenzierung	Haupt- und Nebensaison; Tag-/Nachtstrom
zeitlich gestaffelte Preisdifferenzierung	Ein erfolgreiches Buch wird zunächst als Leinenband, dann in Halbleinen und anschließend als Taschenbuch verkauft
Preisdifferenzierung durch Bildung von Herstellerpräferenzen	Schaffung eines Markennamens, Bildung von Erst- und Zweitmarken, Herstellermarke, Händlermarke
Preisdifferenzierung nach Abnahmemenge	Großabnehmer erhalten Sonderpreise im Vergleich zu Kleinabnehmern, insbesondere im Energiesektor (Aluminiumherstellung)

4.2.2.3 Wettbewerbsorientierte (konkurrenzorientierte) Preispolitik

Wettbewerbsorientierte (konkurrenzorientierte) Preispolitik ist das Ausrichten des eigenen Preises an den Preisstellungen der Konkurrenten.

Grundsätzlich eröffnen sich einem Unternehmen, das seine Preispolitik an den Konkurrenten ausrichtet, drei Verhaltenswege:

- **Anpassung an den Leitpreis,**
- **Unterbietung des Leitpreises** und
- **Überbietung des Leitpreises.**

(1) Orientierung am Leitpreis

Sich auf einen Preiswettbewerb einzulassen, stellt keine sinnvolle Maßnahme dar, wenn die Wettbewerber stark und willens sind, ihre Preispositionen auf Biegen und Brechen zu verteidigen. In solchen Fällen ist es sinnvoll, sich den Preisvorgaben des Preisführers[1] bzw. dem Branchenpreis[2] unterzuordnen und sich durch andere Leistungsmerkmale (z. B. andere Qualitätsabstufungen, Sondermodelle, besondere Vertriebswege) von der Konkurrenz abzuheben.

Wird der **Leitpreis für die eigene Preisfindung herangezogen,** ändert das Unternehmen immer dann seine Preise, wenn der Preisführer dies tut.

Eine Preisänderung erfolgt dagegen nicht, wenn sich lediglich seine eigene Nachfrage- oder Kostensituation ändert.

1 Als **Preisführer** bezeichnet man einen Anbieter, dem sich bei Preisänderungen die übrigen Anbieter anschließen. Preisführer treten insbesondere in oligopolistischen Marktstellungen wie bei Öl, Stahl, Papier oder Kunstdünger auf.

2 Von einem **Branchenpreis** spricht man dann, wenn mehrere Unternehmen den Preis mit ihrer Marktmacht bestimmen. Diese Preisfindung herrscht vor allem auf oligopolistischen und polypolistischen Märkten mit homogenen Gütern vor.

Die Preisbildung nach Leitpreisen ist relativ beliebt. Wenn ein Unternehmen seine eigenen Kosten nur schwer ermitteln kann oder wenn Wettbewerbsreaktionen Ungewissheit auslösen, dann sieht es die Ausrichtung des eigenen Preises an den Konkurrenzpreisen als zweckmäßige Lösung an.

(2) Unter- und Überbietung des Leitpreises

- Bei der **Preisüberbietung** weicht das Unternehmen vom Leitpreis ab, indem es seine Produkte höherpreisig positioniert. Dies gelingt, wenn es aufgrund von Alleinstellungsmerkmalen besondere Erwartungshaltungen (z.B. in Bezug auf Qualität, Design, Markenimage) schafft und diese auch bedienen kann.
- Eine **Preisunterbietung** muss dann zugestanden werden, wenn z.B. gegenüber den Mitbewerbern bestimmte Produktvorteile fehlen oder die Weichen bei den absatzpolitischen Zielen auf Absatzsteigerung oder Erhöhung des Marktanteils gestellt sind.

Zusammenfassung

- Unter **Preisstrategien** versteht man ein planvolles Vorgehen zur Durchsetzung eines bestimmten Preisniveaus auf dem Markt.
- Als grundsätzliche Preisstrategien können gewählt werden:
  - **Hochpreisstrategie (Prämienstrategie).** Sie versucht langfristig einen hohen Preis für die Produkte zu erzielen, indem die Produkte mit einer „Prämie" ausgestattet werden.
  - **Niedrigpreisstrategie (Promotionspreispolitik).** Hier versucht der Unternehmer, dass der Preis für sein Produkt dauerhaft unter dem Preis vergleichbarer Produkte liegt.
- In der Einführungsphase eines Produkts kann die **Skimming-Strategie** (Einführungspreis zunächst hoch) oder die **Penetrations-Strategie** (Einführungspreis zunächst niedrig) herangezogen werden.
- Unter der **Preispolitik** versteht man das Herab- oder Heraufsetzen der Absatzpreise mit der Absicht, den Absatz und/oder Gewinn zu beeinflussen.
- Die **Preispolitik** kann **kostenorientiert, nachfrageorientiert** oder **wettbewerbsorientiert** ausgerichtet sein.
  - Die **kostenorientierte Preispolitik** richtet sich an den betrieblichen Daten aus, d.h., die angefallenen Kosten bestimmen den Verkaufspreis. Es sind insbesondere zwei Berechnungsmethoden zu unterscheiden: die **Vollkostenrechnung** und die **Teilkostenrechnung**.
  - Die **nachfrageorientierte Preispolitik** bestimmt den Preis mithilfe der Preis-Absatz-Funktion eines Produkts, d.h., es wird die Veränderung der Nachfragemenge nach dem Produkt bei variierenden Preisen erfasst. Nachfrageorientierte preispolitische Maßnahmen (Entscheidungen) sind z.B. die Festlegung der **preispolitischen Obergrenze** und die **Preisdifferenzierung**.
  - Die **wettbewerbsorientierte Preispolitik** richtet die Preisgestaltung an den Preisstellungen der Konkurrenten aus, wobei vor allem der **Leitpreis** sowie die **oberen** und **unteren Preisgrenzen** der Wettbewerber von Bedeutung sind.

Übungsaufgaben

141 1. Ein Unternehmen steht vor der Entscheidung, eine Zahncreme unter neuer Marke einzuführen.

Aufgaben:

1.1 Erläutern Sie, nach welchen Kriterien der Einführungspreis bestimmt werden könnte!

1.2 Treffen Sie eine begründete Entscheidung, für welchen Weg der Preisbestimmung Sie sich einsetzen würden!

2. Ein Hersteller von Skibindungen beabsichtigt, eine neuartige elektronische Skibindung auf den Markt zu bringen.

Aufgaben:

2.1 In der Einführungsphase plant das Unternehmen, eine Abschöpfungsstrategie anzuwenden. Erläutern Sie den Begriff!

2.2 Erläutern Sie die Gründe, die das Unternehmen zur Wahl dieser preispolitischen Strategie veranlasst haben könnten!

3. Erklären Sie, wodurch sich die Skimming-Strategie von der Prämienpreisstrategie unterscheidet!

4. Begründen Sie, ob es Ihrer Meinung nach im vorliegenden Fall sinnvoll wäre, dem Unternehmen zu raten, eine Penetrationspreispolitik zu betreiben!

5. Nennen Sie die Ziele, die mit einer Niedrigpreisstrategie verbunden sind!

6. Bei der Preisfestsetzung kann es für das Unternehmen vorübergehend sinnvoll sein, die Preise unter die allgemein angekündigte und geforderte Preisfestsetzung abzusenken.

   Begründen Sie die Richtigkeit der Aussage anhand von zwei selbst gewählten Beispielen!

142 Lösen Sie die Handlungsaufgaben aus der Situation 6 auf S. 364f.![1]

1 **Hinweis zur Lösung**: Zu den Begriffen **fixe Kosten** und **variable Kosten** siehe Fußnote S. 368.

AS 4.1 Situation 7: Kommunikation gestalten

Emmy Reisacher, die Inhaberin des Einzelhandelsunternehmens Beauty Moments Emmy Reisacher e. Kfr., möchte den Umsatz ihres Kosmetikinstituts erhöhen. Da der Industrie- und Gewerbepark Soest nicht über eine ausreichende Anzahl von Laufkundschaft verfügt, muss sie das Interesse von Neukunden auf eine andere Art wecken.

Emmy Reisacher warb bisher immer mit kleinen Anzeigen in dem Soester Anzeiger für ihre Dienstleistungen. Eine gute Freundin empfiehlt ihr, etwas kreativer und innovativer zu sein, um ihr Institut einer breiteren Öffentlichkeit bekannt zu machen. Daraufhin informiert sich Emmy Reisacher in Büchern und im Internet über aktuelle marketingpolitische Maßnahmen.

IMPULS:

Jeder Tablet-Computer ist eine Abspielfläche für digitale Anzeigen. Das klingt so schlicht, doch um dieses Geschäft umfassend zu betreiben, muss man eine komplexe Datenwirtschaft beherrschen und mit Dutzenden von Technologiefirmen zusammenarbeiten. Deren Aufgabe ist es, immer genauere Profile von Nutzergruppen zu erstellen, um dem Ideal näherzukommen, jedem Verbraucher nur noch die für ihn nützliche Werbung zu liefern. Dafür sammeln die Firmen alte Datenbestände aus der Zeit vor dem Internet und führen sie mit Profildaten zusammen, die jeder Nutzer am Computer, auf seinem Smartphone und auf dem iPad hinterlässt.

Quelle: http://www.zeit.de/2012/48/Medien-Zeitung-Journalismus/seite-3

Für welche Unternehmen ist die in dem Artikel erwähnte Werbung sinnvoll?

HANDLUNGSAUFGABEN:

1. Emmy Reisacher möchte für ihr Kosmetikinstitut eine Werbeanzeige in einer Zeitung aufgeben. Format: 50 mm hoch, 2-spaltig (88 mm breit). Zur Wahl stehen:
   - der **Soester Anzeiger.** Dies ist eine regionale Tageszeitung, die auch überregionale und internationale Informationen über Wirtschaft, Politik und Sport enthält. Jede Ausgabe wird von etwa 5 Personen gelesen.
   - das **Soester Wochenblatt.** Dies ist vorwiegend ein Anzeigenblatt mit einem nur geringen redaktionellen Anteil. Es wird wöchentlich einmal an alle lokalen Haushalte kostenlos verteilt. Jede Ausgabe wird im Durchschnitt von 2 Personen gelesen.

   Um die Kosten einer Werbeanzeige in verschiedenen Zeitungen vergleichen zu können, ermittelt man den sogenannten Tausenderpreis.

$$\textbf{Tausenderpreis} = \frac{\text{Preis der Werbeanzeige} \cdot 1\,000}{\text{Höhe der Auflage} \cdot \text{Leser pro Ausgabe}}$$

   Entscheiden Sie unter Berücksichtigung der Mediadaten (siehe S. 374) begründet, in welcher der beiden örtlichen Zeitungen das Inserat aufgegeben werden soll. Legen Sie Ihrer Entscheidung nicht nur die absoluten Kosten einer Anzeige und den Tausenderpreis zugrunde, sondern beziehen Sie auch qualitative Aspekte in Ihre Entscheidung ein!

Folgende **Mediadaten** sind bekannt:

	Soester Anzeiger	Soester Wochenblatt
Auflage	36 000 erscheint werktäglich	78 000 erscheint 1 x wöchentlich
Kosten einer Anzeige	2,03 EUR je mm, 1-spaltig	1,54 EUR je mm, 1-spaltig

2. Gestalten Sie die Werbeanzeige für das Kosmetikinstitut in dem oben genannten Format!

4.3 Kommunikationspolitik

Kommunikationspolitik[1] umfasst alle marketingpolitischen Maßnahmen, die das Unternehmen und seine Produkte in der Öffentlichkeit darstellen und bekannt machen.

4.3.1 Werbung

4.3.1.1 Begriff Werbung

Werbung sind alle Maßnahmen, die dazu dienen, auf ein Erzeugnis und/oder eine Dienstleistung aufmerksam zu machen und Kaufwünsche zu erzeugen.

Um den Erfolg der Werbung sicherzustellen und um die Werbemaßnahmen kontrollieren zu können, ist für jede Form der Werbung das Aufstellen eines Werbeplans notwendig.

4.3.1.2 Werbeplan

(1) Überblick

Im Werbeplan sind insbesondere folgende Fragen zu beantworten:

- Welche **Art der Werbung** soll durchgeführt werden?
- Welche **Werbemittel** und **Werbeträger** sind einzusetzen?
- Welche **Streuzeit** wird festgesetzt?
- Welche **Streugebiete** und **Streukreise** sind auszuwählen?
- Welche Beträge können für die Werbung eingesetzt werden **(Werbeetat)?**

(2) Arten der Werbung

Beispielhaft werden im Folgenden zwei Formen der Werbung angeführt.

1 Unter **Kommunikation** versteht man die Übermittlung von Informationen von einem Sender zu einem Empfänger.

Werbung nach der Anzahl der Umworbenen

Direktwerbung	Massenwerbung
- Einzelne Personen, Unternehmen, Behörden werden unmittelbar angesprochen, z. B. durch Werbebriefe, Reisende. - Social-Media-Marketing	- Die **gezielte Massenwerbung** möchte eine bestimmte Gruppe durch die Werbung ansprechen (z. B. eine Berufs- oder Altersgruppe, die Nichtraucher, die Autofahrer). - Die **gestreute Massenwerbung** wird mithilfe von Massenmedien (Rundfunk, Fernsehen, Zeitungen, Internet) betrieben.

Werbung nach der Anzahl der Werbenden

Alleinwerbung	Verbundwerbung	Gemeinschaftswerbung
Ein Unternehmen wirbt für seine Produkte.	Mehrere Unternehmen führen gemeinsam eine Werbeaktion durch.	Hier tritt ein ganzer Wirtschaftszweig als Werber auf.
Beispiel: Beauty Moments Emmy Reisacher e. Kfr. wirbt: *„Gesichtspflege bei Beauty Moments!"*	**Beispiel:** Das Einkaufszentrum Gänsbühl wirbt: *„10 % Rabatt in allen Geschäften!"*	**Beispiel:** Der Bundesverband Deutscher Milchviehhalter e. V. wirbt: *„Trinkt Milch!"*

(3) Werbemittel und Werbeträger

Werbemittel

Werbemittel sind Kommunikationsmittel (z. B. Wort, Bild, Ton, Symbol), mit denen eine Werbebotschaft dargestellt wird (z. B. Anzeige, Rundfunkspot, Plakate usw.).

Je nachdem, **welche Sinne angesprochen** werden sollen, gliedert man die Werbemittel in:

optische Werbemittel	Sie wirken auf das Sehen des Umworbenen (z. B. Plakate, Anzeigen, Schaufensterdekorationen, E-Mails und Short Message Service [SMS]).
akustische Werbemittel	Sie sprechen das Gehör an (z. B. Verkaufsgespräch, Werbevorführungen, Werbespots im Radio).
geschmackliche Werbemittel	Hier soll der Kunde durch eine Kostprobe von der Güte der Ware überzeugt werden. Die Kostproben sprechen den Geschmackssinn an.
geruchliche Werbemittel	Sie wirken auf den Geruchssinn der Kunden (z. B. Parfümproben).

Werden die verschiedenen Werbemittel kombiniert (z. B. Lebensmittelproben können gesehen und gekostet werden, Stoffproben können gesehen und gefühlt werden), so spricht man von **gemischten Werbemitteln.** Sie sind besonders werbewirksam, weil sie verschiedene Sinne des Menschen ansprechen.

Werbeträger

Der **Werbeträger** ist das Medium, durch das ein Werbemittel an den Umworbenen herangetragen werden kann.

Wichtige Werbeträger (Streumedien) sind:

Werbeträger

Printmedien	Hörfunk, Fernsehen, Kino	Plakatanschlagstellen, Nah- und Fernverkehrsmittel, Bandenwerbung	Internet, CD-Werbung[1], Social Media	Werbegeschenke
– Zeitungen, Zeitschriften – Werbebrief, Kundenzeitschrift – Prospekte, Kataloge				z. B. Einkaufstasche mit Firmenaufdruck

(4) Streuzeit

Durch die **Streuzeit** wird Beginn und Dauer der Werbung sowie der zeitliche Einsatz der Werbemittel und Werbeträger festgelegt.

Grundsätzlich hat ein Unternehmen drei Möglichkeiten für die zeitliche Planung von Werbeaktionen:

- **einmalig** bzw. **zeitlich begrenzt** und intensiv zu werben,
- **regelmäßig** zu werben (pro Tag, pro Woche, pro Monat),
- in **unregelmäßigen Abständen** kurz, aber intensiv zu werben.

Behaltenskurve bei Werbeabbruch nach einmaliger Veröffentlichung

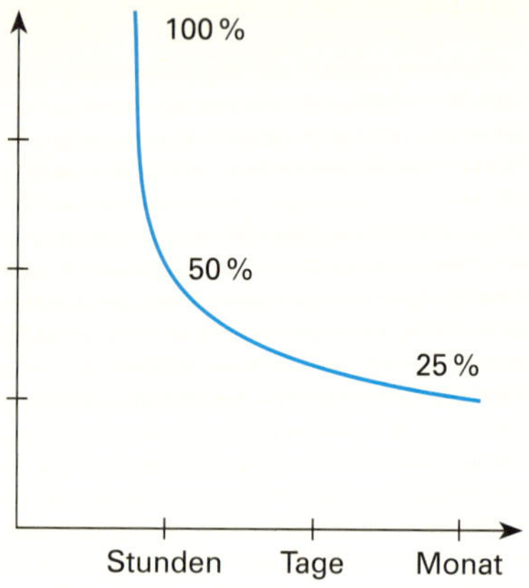

Vergleicht man die Wirkung von kurzzeitigen Werbeaktionen mit Werbeaktionen, die über einen längerfristigen Zeitraum angelegt sind, so gilt: Je länger und je häufiger geworben wird, desto schneller treten wirtschaftliche Werbewirkungen ein.

Die **Behaltenskurve** aus der Lernforschung zeigt, dass binnen weniger Stunden 50 % der empfangenen Informationen bereits wieder vergessen sind.

1 **Corporate Design (CD-Werbung)** stellt den Einsatz von Firmenlogo, Gestaltungselementen, Verpackungsmaterial, Farben und Bilder und sogar die Architektur des Unternehmensgebäudes in den Dienst der Werbung.

(5) Streukreis und Streugebiet

- Der **Streukreis** beschreibt den Personenkreis, der umworben werden soll. Der Personenkreis wird häufig noch nach **Zielgruppen** (z. B. Berufs-, Alters-, Kaufkraftgruppen, Geschlecht) untergliedert.
- Das **Streugebiet** (Werbeverbreitungsgebiet) ist das Gebiet, in welchem die Werbemaßnahmen durchgeführt werden sollen.

Streugebiete sind deswegen festzulegen, weil Art und Umfang des Bedarfs in den einzelnen Gebieten (beispielsweise sei auf die andersartigen Bedürfnisse von Stadt- und Landgemeinden hingewiesen) unterschiedlich sein können.

(6) Werbeetat

Richtet sich der Werbeetat nach der jeweiligen Finanzlage des Unternehmens, die wiederum eng mit dem Umsatz zusammenhängt, spricht man von **zyklischer**[1] **Werbung.** Das bedeutet, dass bei steigenden Umsätzen mehr, bei fallenden Umsätzen weniger geworben wird. Diese zyklische Werbung ist jedoch im Allgemeinen wenig sinnvoll, weil gerade dann geworben wird, wenn der Umsatz ohnedies steigt, die Werbung jedoch unterlassen wird, wenn der Umsatz fällt.

Aus diesem Grund wird die **antizyklische Werbung** empfohlen. Sinkt der Umsatz, werden die Werbeanstrengungen verstärkt, steigt der Umsatz, werden sie verringert. Die antizyklische Werbung erfüllt den Zweck, einen gleichbleibenden Absatz und Gewinn zu sichern.

Ist der Werbeetat festgelegt, ist die Frage zu klären, wie die zur Verfügung stehenden Werbegelder auf die einzelnen Produktgruppen aufzuteilen sind. Hier kann das Unternehmen auf die **Portfolioanalyse** zurückgreifen, und die Geldmittel nach der Marktsituation der einzelnen Produktgruppen zuordnen.

Beispiel:

Sieht die Geschäftsleitung für Produkte, die die Stellung eines Questionsmarks oder Stars innehaben, gute Wachstumschancen, so wird sie diesen Produkten einen hohen Werbebetrag zuweisen (Offensiv- bzw. Investitionsstrategie). Dagegen werden Cashcows weniger stark beworben, da hier eine Abschöpfungsstrategie sinnvoll ist.

Ein **Beispiel für einen einfachen Werbeplan** finden Sie auf S. 378.

1 **Zyklus:** regelmäßig wiederkehrende Erscheinung.

Werbeplan einschließlich der Werbeetatplanung für das 2. Quartal:

Soester Büromöbel AG

Nr.	Werbemittel/ Werbeträger	Reichweite in Tsd.	Umfang/ Dauer	Anzahl der Werbemaßnahmen	Kosten für 1000 Kontakte	Kosten für Gestaltung/ Druckvorlagen/ Dekoration insg.	Kosten für Werbeverbreitung insg.	Verteilung der Werbemaßnahmen auf die Monate[1]		
								April	Mai	Juni
1.	Anzeigen Titel/Ausgaben									
	1.1 Tageszeitung	180	$^1/_4$ Seite	10	8,40	1800,00	16920,00	5	2	3
	1.2 Anzeigenblatt	210	$^1/_2$ Seite	4	5,10	2200,00	6484,00	2	1	1
2.	Prospekte Titel/Ausgaben									
	2.1 Gewerbliche Büromöbel	22	6 Seiten	2	5,40	7200,00	7437,60	1	1	
	2.2 Schulmöbel für Kinder	22	4 Seiten	2	4,10	4400,00	4580,40	1		1
3.	Hörfunk Sender									
	3.1 Regio TV 1 3.2 Regio TV 2	3300 2400	30 Sekunden 45 Sekunden	5 8	1,12 1,30	380,00 290,00	2228,00 2786,00	2 3	2 3	1 2

1 Soll der Werbeplan für ein ganzes Jahr gelten, ist diese Spalte auf 12 Monate zu erweitern.

4.3.2 Verkaufsförderung

- Die Verkaufsförderung hat das Ziel, durch **Maßnahmen am Ort des Verkaufs (Point of Sale)** den Umsatz anzukurbeln.
- Die Aktionen sind **kurzfristig** und dienen der **Profilierung des Unternehmens.**

(1) Salespromotion[1]

Sie beinhaltet in der Regel eine **enge Zusammenarbeit zwischen Händler und Hersteller** – zu beiderseitigem Vorteil. Während der Hersteller durch die persönliche Ansprache der Zielgruppe (in der Regel Stammkunden des Händlers) wenig Streuverlust erleidet, profitiert der Händler vom Image einer großen Herstellermarke. Der Spielraum möglicher Salespromotion-Aktionen ist dabei sehr vielfältig. In der Regel lassen sich jedoch umsatz-, produkt- und imagebezogene Zielvorstellungen harmonisch miteinander verbinden.

Beispiele:

Eine Parfümerie lädt zu einer Typ- und Hautberatung ein und hat als Berater einen Visagisten eines Kosmetikherstellers im Haus.

In einem Haushaltswarengeschäft demonstriert ein bekannter Koch im Rahmen einer Kochvorführung die Verwendung von Küchengerätschaften eines bestimmten Herstellers. Zugleich werden Bücher dieses Kochs verkauft und zudem führt das Haushaltswarengeschäft eine Umtauschaktion „Alt gegen Neu" für Kochtöpfe dieses Herstellers durch. Jeder Kochtopf – gleich welcher Marke – wird beim Kauf eines neuen Kochtopfs dieses einen Herstellers mit 8,00 EUR vergütet.

(2) Merchandising

Der englische Begriff „merchandise" bedeutet Warenvertrieb, Verkauf, Vertriebsstrategie. Häufig wird der Begriff inzwischen mit dem gleichgesetzt, was man international als „Licensing" bezeichnet. Dies ist ein Marketingkonzept, bei welchem rund um ein Hauptprodukt Ableger desselben (Storys, Figuren, CDs, Trikots, Schlüsselanhänger, Fahnen usw.) vertrieben werden. Vorreiter dieses Konzeptes war der Walt-Disney-Konzern. Heute handelt es sich bei dem Hauptprodukt in der Regel um einen Kinofilm. Dies ist der klassische Bereich des Merchandising. Inzwischen sind auch andere Bereiche wie der Sport (Formel 1, Bundesliga), Autohersteller oder auch der Kulturbereich (Musicals) angesichts der Kürzung öffentlicher Mittel davon betroffen.

Der Kerngedanke besteht darin, durch Merchandising zusätzlich Produkte zu vermarkten, indem von beliebten bzw. bekannten Charakteren oder Produkten deren besondere Qualitätsvorstellung und Image auf die Ablegerprodukte übertragen werden. Ein positives Image wird also von einem Medium auf ein anderes übertragen.

Beispiele:

So trägt der Fan eines Bundesligaclubs einen Schal „seines" Vereins, der Besucher des Musicals ein T-Shirt, das es nur dort zu kaufen gibt und das Kind schläft in der Bettwäsche mit Motiven von Harry Potter. Und auch die Lebensmittelindustrie verwendet Packungsaufdrucke oder beigefügte Plastikfiguren, um ihre Produkte attraktiver zu machen.

1 **Salespromotion** (engl.): Verkaufsförderung; to promote: fördern, befördern, vorantreiben.

4.3.3 Public Relations (Öffentlichkeitsarbeit)

Die **Public Relations** wirbt für den guten Ruf, das Ansehen eines Unternehmens oder einer Unternehmensgruppe in der Öffentlichkeit.

Mithilfe der Öffentlichkeitsarbeit soll z. B. gezeigt werden, dass ein Unternehmen besonders fortschrittlich, sozial oder ein guter Steuerzahler ist oder dass es die Belange des Umweltschutzes in besonderem Maße berücksichtigt.

Beispiele:

Mittel der Public-Relations-Politik sind u. a. die Abhaltung von Pressekonferenzen, Tage der offenen Tür, Einrichtung von Sportstätten und Erholungsheimen, Spenden, Zeitungsanzeigen („Unsere Branche weist die Zukunft") oder Rundfunk- und Fernsehspots („Es gibt viel zu tun, packen wir's an!").

4.3.4 Weitere traditionelle Formen der Kommunikationspolitik

Kommunikationsform	Erläuterungen	Beispiele
Sponsoring	Beim Sponsoring stellt der Sponsor dem Gesponserten Geld oder Sachmittel zur Verfügung. Dafür erhält er Gegenleistungen, die zur Erreichung der Marketingziele beitragen sollen.	Trikotwerbung für einen Fußballclub; Förderung einer Kunstausstellung oder eines Konzerts; Unterstützung sozial Benachteiligter; Starten von Natur- und Artenschutzaktionen.
Product-Placement	Beim Product-Placement werden Produkte werbewirksam in die Handlung eines Kino- oder Fernsehfilms, eines Videos oder eines Rundfunkprogramms integriert, wobei das Marketing verschleiert wird, der Auftraggeber dafür aber bezahlen muss. Ziel des Product-Placements ist es, über das positive Image des ausgewählten Programms und der darin auftretenden Schauspieler einen Imagetransfer auf das Werbeobjekt zu erreichen. Der Bekanntheitsgrad von bereits eingeführten Marken soll dabei erhöht und neu eingeführte Produkte sollen vorgestellt werden.	In einem Spielfilm isst eine bekannte Schauspielerin zum Frühstück ein Müsli, wobei die Marke deutlich erkennbar ist; Platzierung eines bestimmten Autotyps in einem Film.
Direktmarketing	Direktmarketing umfasst alle Maßnahmen, die ein Unternehmen einsetzt, um mit dem Empfänger einen Kontakt herzustellen.	Werbung per E-Mail; Zusendung einer Nachricht per Post; Anruf durch ein Callcenter; Zusendung einer Kundenzeitschrift.

Kommunikationsform	Erläuterungen	Beispiele
Eventmarketing	Eventmarketing ist eine erlebnisorientierte Darstellung des Unternehmens und seiner Produkte in einer Mixtur aus Showaktionen, die den Erwartungshorizont der Zielgruppe treffen.	Ein Autohaus stellt ein neues Modell im Rahmen eines Familientages mit Essen, Trinken, Probefahrten, Spiele für Kinder, einer Band und einem bekannten Rennfahrer vor.

4.3.5 Internet als aktueller Kommunikationsweg

Durch das Internet haben sich die Märkte dynamisch verändert. Sie sind nicht mehr räumlich, sachlich oder zeitlich begrenzt, vielmehr in allen drei Aspekten weit ausgedehnt. Das schafft einen erheblichen Anpassungszwang hin zu einer **dialogorientierten Kommunikation.** Das sind alle Kommunikationswege, die einen direkten persönlichen Kontakt ermöglichen.

Das Ziel besteht darin, mögliche Kunden zu ermitteln und sie direkt anzusprechen. Dafür eignen sich einerseits die herkömmlichen Preisausschreiben oder Gewinnspiele, wenn es um die Erlangung von tatsächlichen Adressen geht, aber auch der **Unternehmensauftritt in sozialen Netzwerken,** wo sich bereits Millionen von Kunden tummeln, die auch noch freiwillig ihre Daten über ihre Profile oder durch ihr Verhalten preisgeben (z. B. „Gefällt mir"-Button). Mittels systematisch geplanter Interaktionen[1] in den sozialen Netzwerken werden die Kundeninformationen gewonnen und analysiert, um daraus gezielte Leistungsangebote zu entwickeln.

Das Internet ermöglicht es dem Kunden, über die traditionellen Kommunikationskanäle hinaus, aktuelle, kaufentscheidende Informationen über die Marktangebote zu beschaffen. Dieses veränderte Kundenverhalten zwingt die Unternehmen, ihre Marketingkonzepte und -instrumente an diese neu aufgestellte Zielgruppe anzupassen. Diese Zielgruppe – **Generation Internet** oder auch **Digital Natives** genannt –

- wuchs auf in der digitalen Welt,
- ist vertraut im Umgang mit interaktiven Medien,
- ist gut informiert,
- sucht in der Regel zunächst über Google,
- spielt lieber online statt am Wohnzimmertisch,
- liest die Onlineversion der Zeitung statt das Printmedium und
- ist über zahlreiche Absatzkanäle zu erreichen.

1 **Interaktieren:** sich wechselseitig in seinem Verhalten beeinflussen.

4.3.6 Unternehmensauftritt in sozialen Netzwerken

(1) Begriff soziale Netzwerke

Menschen vertrauen niemandem mehr als ihren Freunden aus dem sozialen Umfeld. Das Internet mit seinen sozialen Netzwerken (z.B. Instagram, X, TikTok, Xing, YouTube usw.) erweitert die realen Freunde um virtuelle Freunde. Es ist der Aufenthaltsort von Millionen von Menschen. Die sozialen Netzwerke haben damit die Nutzung des Internets verändert. Die Menschen verwenden das Internet nicht nur, um Informationen zu suchen, sie gestalten es aktiv mit durch ihre eigenen Beiträge. Verständlich, dass die Unternehmen dorthin wollen, wo ihre Kunden sind.

Soziale Netzwerke sind Plattformen im Internet, mit deren Hilfe Nutzer Nachrichten senden und empfangen, Bilder, Texte, Audio- und Videodateien austauschen, miteinander Spaß haben, sich verabreden, lachen und diskutieren.

Der Zugang zu den sozialen Netzwerken ist in der Regel für den Nutzer kostenlos. Die Einnahmen gewinnen die Betreiber aus der Vermarktung von Werbeflächen auf ihren Plattformen.

Um ein soziales Netzwerk nutzen zu können, muss der Nutzer zunächst ein Profil anlegen, bei dem er Name, Tätigkeit, Beruf, Interessen usw. angibt – genau die Informationen, die für die Gegenseite, die werbenden Unternehmen im Netzwerk, sehr kostbar und daher hoch willkommen sind.

(2) Möglichkeiten zur Gestaltung des Unternehmensauftritts

Frühere Werbung im Internet trat in Bannerform auf und sprang dem Nutzer direkt ins Auge. Unternehmensauftritte in sozialen Netzwerken sind ausgeklügelter, eher als Inhalt getarnt und werden daher nicht unmittelbar als Werbung wahrgenommen. Der Nutzer soll unbewusst auf die Werbung reagieren. Es liegt weder im Interesse des Werbenden noch im Interesse des Betreibers des sozialen Netzes, wenn der Nutzer gestört oder gar vertrieben wird.

- **Targeting**[1]

- **Targeting** ist eine **digitale Werbung,** die mithilfe von **Programmen** möglichst exakt auf die **Zielgruppe ausgerichtet** ist.
- **Ziel des Targeting** ist, die Zielgruppe mit möglichst geringem Streuverlust zu erreichen.

Da die Nutzer sozialer Netzwerke im Rahmen der Profilerstellung völlig freiwillig eine Fülle personenbezogener Daten mit hohem Wahrheitsgehalt von sich preisgeben, können diese Daten für eine zielgerichtete Werbung sehr einfach genutzt werden.

1 **Target** (englisch): Ziel.

Beispiel: Facebook

Der Ersteller eines Unternehmensauftritts bei Facebook kann seine Werbeeinschaltung gezielt spezifizieren, z. B. in Bezug auf

Ort	Durch die Beschränkung auf eine bestimmte Region ist der Auftritt nur für jene Nutzer sichtbar, die in dieser Region wohnen.
Demografie	Festlegungen auf Alter und Geschlecht sind möglich.
Interessen	Die Werbung richtet sich nur an jene Nutzer, die in ihrem Profil identische Interessen angeben (z. B. Sport, Kochen).
Bildung & Arbeit	Damit wird eine Beschränkung auf Berufsgruppen oder Bildungsniveau erreicht z. B. auf Schüler, Studenten, Akademiker.

Facebook unterstützt die Filterung beim Erstellen wirkungsvoll, indem es bei jeder Kriterienauswahl eine direkte Prognose darüber abgibt, wie viele Nutzer durch die augenblickliche Festlegung erreicht würden.

Damit erreicht der Unternehmensauftritt genau die gewünschte Zielgruppe. Der **Streuverlust wird minimiert** und die **Werbungskosten werden effizient** genutzt.

Reagiert der Benutzer auf den Unternehmensauftritt („Gefällt mir"-Button bei Facebook), gibt er indirekt eine weitere Rückmeldung an den Werbenden, der dadurch seine Informationen über die Zielkundschaft weiter präzisieren kann.

Virales[1] Marketing

Virales Marketing ist ein Marketingkonzept, das die Kunden veranlassen soll, in digitaler Form Werbekommunikation über Produkte und Dienstleistungen aus eigenen Stücken weiterzuverbreiten.

Beispiel:

Bekannt ist das Werbespiel **Moorhuhn** der Whiskymarke Johnnie Walker. Das Spiel erreichte eine weite Verbreitung und die Popularität färbte auf die Marke ab.

Virales Marketing nutzt z. B. die Strukturen sozialer Netzwerke,[2] um Werbebotschaften **virusartig zu verbreiten.** Damit dieser Verbreitungseffekt eintritt, muss der Nutzer das Bedürfnis haben, seine **Entdeckung im Internet** mit seinen **Freunden zu teilen.** Gut geeignet ist hierfür ein witziges, originelles Ausgangsmaterial.

(3) Erstellung eines Firmenauftritts bei Facebook

Die Erstellung eines Firmenauftritts bei Facebook ist einfach. Voraussetzung ist, dass man bei diesem sozialen Netzwerk registriert ist. Auf der Startseite findet sich (unten) der Link „Werbeanzeige erstellen". Von dort ab wird man Schritt für Schritt durch Facebook geführt.

(4) Chancen durch den Unternehmensauftritt

Nur ein einfacher Mausklick auf der Webseite des Unternehmens – schon ist der Nutzer im Unternehmensauftritt innerhalb des sozialen Netzwerks. Im Zusammenhang mit dem Internet: schnell weite Verbreitung finden („viral gehen").

1 **Viral:** In der Biologie und Medizin ein Begriff, der angibt, dass etwas im Zusammenhang mit Viren steht, z. B. viraler Infekt.

2 Weitere Übertragungskanäle sind E-Mails, Webseiten, Foren oder Chatrooms.

Dort steht ihm die ganze Spielwiese des sozialen Netzes zur Verfügung. Es gibt Foren, in denen Nutzer ihre Erfahrungen zu bestimmten Themen/Produkten einbringen können, Experten beantworten Fragen, Videos zeigen Schritt für Schritt, wie bestimmte Arbeiten durchgeführt werden usw.

Schnell, kostengünstig und zielbezogen wird so ein breites Publikum angesprochen, unterhalten und gebunden. Da Inhalte durch Empfehlungen von Freunden weiterverbreitet werden, sind sie automatisch mit einem Vertrauensvorschuss belegt.

(5) Risiken

Gefahr eines Imageschadens	■ Wird der Unternehmensauftritt nicht durch Aktualität, vertrauenswürdige Informationen und konstruktiven Umgang mit Kritik gestützt, besteht die Gefahr, dass der Auftritt außer Kontrolle gerät. ■ Negative Meinungen verbreiten sich rasch im Netz und schaden dem Unternehmensimage. 
Nutzer werden nicht erreicht	■ Nutzer suchen Netzwerke in erster Linie nicht deswegen auf, um sich über Produkte zu informieren oder etwas zu kaufen. Nutzer von sozialen Netzwerken wollen sich mit Freunden austauschen, Spaß haben, diskutieren. Hier wird „geliked“, kommentiert, geteilt. Traditionelle Werbeanzeigen funktionieren daher nicht in den sozialen Netzwerken. ■ Um Erfolg zu haben, müssen Unternehmen ein Verständnis dafür entwickeln, wie Nutzer in sozialen Netzwerken „ticken“. Gefragt ist ein Auftritt, der zum Mitmachen einlädt, der Gesprächsstoff liefert und zur Weiterempfehlung verführt.
fehlende Kontrolle über Nutzerbeiträge	■ Da der Nutzer (z. B. in Kommentaren) selbst aktiv wird, hat das Unternehmen weniger Kontrolle darüber, was an welcher Stelle geschrieben und verbreitet wird. Forenbeiträge zu löschen wird rasch als Zensur wahrgenommen. ■ Das Unternehmen muss sein Rollenverständnis ändern. Es muss sich darauf einlassen, die Kontrolle aufzugeben, um stattdessen zum Zuhörer, Kümmerer, Partner, Ratgeber und Moderator zu werden.

(6) Bedeutung sozialer Netzwerke

Steht ein Unternehmensauftritt innerhalb eines sozialen Netzwerkes auf dem Prüfstand, muss man sich darüber bewusst sein, dass soziale Netzwerke ihre eigenen Ziele und Spielregeln haben.

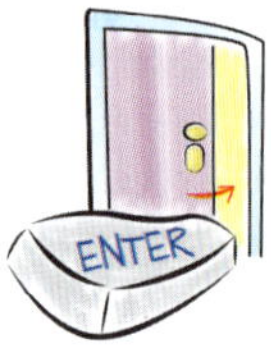

Es ist ein wenig wie ein „Tag der offenen Tür“ – nur eben digital: Auch ein solcher dient dem Unternehmensauftritt. In der Regel kommen vorwiegend solche Besucher, die von vornherein eine positive Grundhaltung (Affinität) zu diesem Unternehmen und dessen Leistung haben. Sie bummeln von einem Infostand zum anderen, informieren sich über die neusten Entwicklungen, schauen der ein oder anderen Vorführung zu und holen sich gezielt Ratschläge von Fachleuten für ihre persönlichen Aufgabenstellungen. Irgendwann sitzen sie im Cateringzelt und tauschen mit dem Nachbarn ihre Erfahrungen dieses Tages aus. War der Tag ereignisreich, unterhaltsam und informativ, dann übertragen sie all diese positiven Eindrücke auch auf die Firma. Und mehr oder weniger unbewusst fließt dies in die nächste Kaufentscheidung ein.

Zusammenfassung

- Die **Werbung** hat zum Ziel, bisherige und mögliche (potenzielle) Abnehmer auf die eigene Betriebsleistung (Waren, Erzeugnisse, Dienstleistungen) aufmerksam zu machen und Kaufwünsche zu erhalten bzw. zu erzeugen.
- Die **Public Relations** werben für den guten Ruf (das „Image") eines Unternehmens.
- Unter **Salespromotion** versteht man verkaufsfördernde Maßnahmen, bei denen in der Regel Händler und Hersteller zusammenarbeiten. Zielgruppe können daher der Handel sein (Verkäuferschulung, Beratung, Schaufensterdekoration, Displaymaterial) oder auch der Endkunde (Beratung, Produktproben, Preisausschreiben).
- **Merchandising** bedeutet, dass ein Nebenprodukt (Figur, Bettwäsche, Schlüsselanhänger, Bekleidung usw.) rund um ein Hauptprodukt (Sportler, Roman- oder Filmfigur) vertrieben wird.
- Zu den weiteren Kommunikationsmitteln gehören z. B. das **Sponsoring,** das **Product-Placement,** das **Direktmarketing,** das **Eventmarketing** und das **Internet.**

Übungsaufgaben

143 Die Lorenz OHG in Weinheim stellt Haushaltsgeräte her. Weil der Absatz an Geschirrspülmaschinen stagniert, soll die Produktpalette erweitert werden.

Aufgaben:

1. Die Geschäftsleitung der Lorenz OHG beschließt, einen neuen, energiesparenden „Ökospüler" auf den Markt zu bringen.
   1.1 Schlagen Sie der Geschäftsleitung begründet drei Werbemittel bzw. -medien vor, die geeignet sind, das neue Produkt erfolgreich auf den Markt zu bringen!
   1.2 Die Werbung sollte bestimmten Grundsätzen genügen. Nennen Sie drei wichtige Werbegrundsätze!
   1.3 In der Diskussion über die durchzuführenden Werbemaßnahmen fallen auch die Begriffe Streukreis und Streugebiet. Erläutern Sie diese Begriffe!
   1.4 Nach Meinung der Geschäftsleitung soll vor allem Massenwerbung und Alleinwerbung betrieben werden. Nennen Sie noch weitere Arten der Werbung a) nach der Zahl der Umworbenen und b) nach der Anzahl der Werbenden!
   1.5 Begründen Sie, warum die Lorenz OHG die unter 1.4 genannten Werbearten bevorzugt!
2. Die Lorenz OHG möchte den Erfolg ihrer geplanten Werbung kontrollieren. Unterbreiten Sie einen Vorschlag, wie eine Werbeerfolgskontrolle durchgeführt werden könnte!
3. Die Geschäftsleitung der Lorenz OHG prüft, ob auch Maßnahmen der Verkaufsförderung ergriffen werden sollen.
   3.1 Erläutern Sie, welche Maßnahmen zur Verkaufsförderung gehören!
   3.2 Schlagen Sie der Geschäftsleitung der Lorenz OHG Maßnahmen aus dem Bereich Salespromotion vor, um den Absatz des „Ökospülers" zu fördern!
4. Zur Absatzförderung trägt auch die Öffentlichkeitsarbeit – also Maßnahmen der Public Relations – bei.

   Begründen Sie diese Aussage!

5. Ein Autohändler plant eine Werbeaktion zur Vorstellung des „Autos des Jahres".
   5.1 Stellen Sie ein Veranstaltungsprogramm auf für ein Marketing-Event in der Ausstellungshalle und auf dem Freigelände des Automobilhändlers!
   5.2 Beschreiben Sie, wie Ihr Veranstaltungsprogramm die Aspekte Information, Emotion, Aktion und Motivation an die Zielgruppe vermitteln will!
6. Begründen Sie, warum die Ermittlung und Nutzung von Kundendaten ein Wettbewerbsvorteil für ein Unternehmen ist!
7. Begründen Sie, warum die traditionellen Marketingkonzepte durch die neusten Entwicklungen in der digitalen Welt des Internets wenig wirksam sind!
8. Wählen Sie einen unternehmenseigenen Internetauftritt (z. B. OTTO, OBI) und vergleichen Sie diesen mit dem Auftritt desselben Unternehmens innerhalb von Facebook! Beschreiben Sie, welche Unterschiede Sie feststellen können!

144 Lösen Sie die Handlungsaufgabe aus der Situation 7 auf S. 373 f.!

AS 4.1 Situation 8: Distribution gestalten

Emmy Reisacher, die Inhaberin des Einzelhandelsunternehmens Beauty Moments Emmy Reisacher e. Kfr., hat eine weitere Geschäftsidee, um ihren Umsatz zu erhöhen.

Bisher bietet sie ihre hochwertigen Bio-Kosmetikprodukte, die sich sehr gut verkaufen, nur in ihrem Kosmetikinstitut in dem Soester Industrie- und Gewerbepark an. Um mehr Kunden mit diesen Produkten versorgen zu können, möchte sie einen Internet-Kosmetikshop eröffnen.

Impuls:

Autor	Nachricht
Emmy85	Verfasst am: 15. 03. 20.. Titel: Neuer Kosmetik-Onlineshop
Anmeldungsdatum: 15. 03. 20.. Beiträge: 1	Hey bin neu hier im Forum und würde gerne auch meinen Kosmetikshop kurz vorstellen. Vielleicht findet ihr ja was Schönes. Für Kritik an der Seite bin ich auch immer offen =). www.beautymoments.de

Welche Methode wird von Emmy Reisacher hier gewählt, um Kunden auf ihren Online-Kosmetikshop aufmerksam zu machen?

Handlungsaufgabe:

Arbeiten Sie die folgenden Kapitel des Schulbuches durch und verwenden Sie die Aufzeichnungen aus dem Unterricht zur Bearbeitung der Handlungsaufgabe!

Recherchieren Sie im Internet nach vier weiteren Foren, in denen Händler beliebiger Produkte auf ihre Onlineshops hinweisen! Stellen Sie ein Forum vor, dessen Aufbau, Design und Strategie Sie für besonders gelungen halten. Begründen Sie Ihre Auswahl!

4.4 Distributionspolitik

Die **Distributionspolitik** legt fest, auf welchem Weg das Produkt an den Käufer herangetragen werden kann.

Aufgabe der Distributionspolitik ist, die Absatzorganisation aufzubauen und die Durchführung des Gütertransports[1] (Absatzlogistik) zu planen und abzuwickeln.

Die Festlegung der Absatzorganisation zeigt, welche Personen/Institutionen den Vertrieb der Leistungen vornehmen.

4.4.1 Werkseigener Absatz

4.4.1.1 Zentraler und dezentraler Absatz

Der werkseigene Absatz erfolgt durch die Geschäftsleitung oder durch Mitarbeiter und kann zentral oder dezentral aufgebaut sein.

Zentraler Absatz	Dezentraler Absatz
Ein zentraler Absatz liegt vor, wenn ein Unternehmen nur **eine Verkaufseinrichtung** besitzt. Der **Vorteil** ist, dass die Vertriebskosten verhältnismäßig niedrig sind. Die fehlende Kundennähe bewirkt jedoch häufig, dass nicht alle Absatzchancen wahrgenommen werden können.	Ein dezentraler Absatz ist gegeben, wenn ein Unternehmen **mehrere Verkaufsniederlassungen** an Orten mit hohem Bedarf unterhält. Der **Vorteil** ist, dass die Verkaufschancen voll ausgenutzt werden können und Transportwege verkürzt werden; andererseits entstehen hohe (vor allem fixe) Vertriebskosten.

4.4.1.2 Handlungsreisender

(1) Begriff Handlungsreisender

Handlungsreisende[2] sind **kaufmännische Angestellte,** die damit betraut sind, außerhalb des Betriebs Geschäfte **im Namen** und **für Rechnung des Arbeitgebers** zu vermitteln oder abzuschließen.

Handlungsreisende sind weisungsgebunden. Sie schließen **in fremdem Namen** und für **fremde Rechnung** Geschäfte (z.B. Kaufverträge) ab. Ist nichts anderes vereinbart, sind die Handlungsreisenden nur ermächtigt zum **Abschluss von Kaufverträgen** und zur **Entgegennahme von Mängelrügen.** In diesem Fall spricht man von **„Abschlussreisenden".**

Zur **Einziehung des Kaufpreises** (zum sog. „Inkasso") sind Handlungsreisende nur befugt, wenn hierzu vom Arbeitgeber ausdrückliche Vollmacht erteilt wurde **(„Inkassoreisende").**

1 Auf die Planung und Abwicklung des Gütertransports wird im Folgenden nicht eingegangen.

2 Das HGB spricht vom **Handlungsgehilfen.**

(2) Beispiel: Geschäftsablauf bei einem Handlungsreisenden mit Abschluss- und Inkassovollmacht

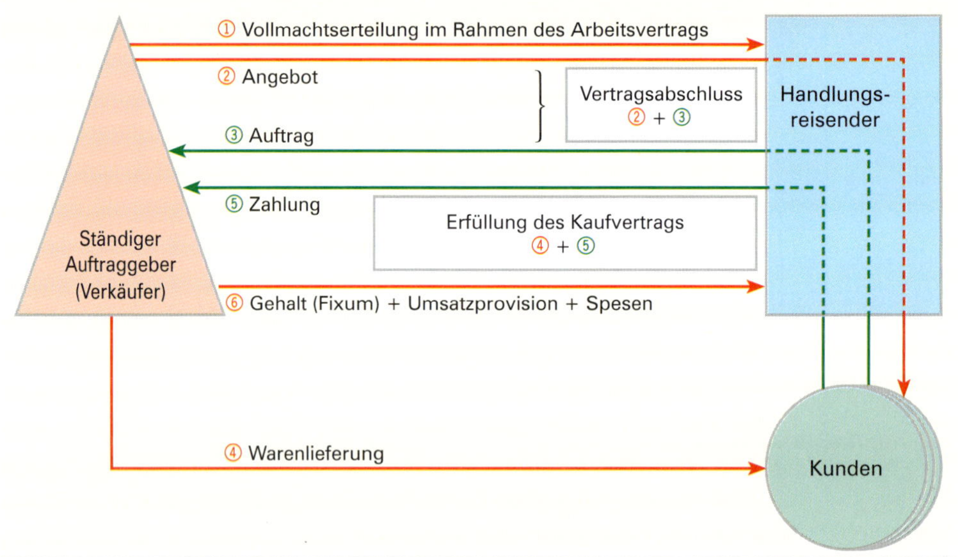

(3) Rechte und Pflichten des Handlungsreisenden

Handlungsreisende erhalten in aller Regel ein **festes Gehalt (Fixum).** Darüber hinaus steht den Handlungsreisenden als zusätzlicher Leistungsanreiz eine **Umsatzprovision** zu.

Handlungsreisende (kurz „Reisende" genannt) haben folgende **Aufgaben**:

- Erhaltung des bisherigen Kundenstamms,
- Werbung neuer Kunden (Erweiterung des Kundenstamms),
- Information der Kunden (z.B. über Neuentwicklungen, neue Produkte, Preisentwicklung),
- Information des Geschäftsherrn (Arbeitgebers) über die Marktlage (z.B. Berichte über Kundenwünsche),
- Entgegennahme von Mängelrügen.

(4) Bedeutung

Der **Vorteil** der Handlungsreisenden als eigene „Absatzorgane" ist vor allem darin zu sehen, dass bei guter Geschäftslage die Provisionskosten je Verkaufseinheit (z.B. Stück, kg, Dutzend) verhältnismäßig niedrig sind. Als weisungsgebundene Angestellte stehen die Handlungsreisenden außerdem dem Unternehmen ständig zur Verfügung.

Von **Nachteil** ist, dass bei zurückgehendem Absatz der Arbeitgeber hohe fixe Kosten zu tragen hat, da die Gehälter nicht ohne Weiteres gekürzt werden können.

4.4.1.3 Verkaufsniederlassungen und Vertriebsgesellschaften

Großunternehmen können eigene **Verkaufsniederlassungen** einrichten. Diese stellen „Verkaufsfilialen" dar. Preis- und verkaufspolitische Anweisungen erteilt die Zentrale.

Es können auch eigene **Vertriebsgesellschaften** (meist in der Rechtsform der GmbH) gegründet werden. Sie sind zwar rechtlich selbstständig, wirtschaftlich jedoch vom Gesamtunternehmen abhängig.

4.4.1.4 Electronic Commerce

(1) Begriff E-Commerce

Electronic Commerce bezeichnet Geschäftsvorgänge, bei denen die Beteiligten auf elektronischem Wege, insbesondere auf dem Weg über das Internet, ihre Geschäfte anbahnen und abwickeln.

Man unterscheidet dabei verschiedene Partner-Transaktionen:

B2C	Business-to-Consumer. Die Geschäftsbeziehung berührt auf der Verkäuferseite ein Unternehmen, auf der Käuferseite eine Privatperson.
B2B	Business-to-Business. Beide Partner sind Unternehmen.
B2A/B2G	Business-to-Administration/Business-to-Government, z. B. Steuererklärungen, Steuervoranmeldungen über das Programm **Elster** (**El**ektronische **St**euer**er**klärungen), Anträge auf Erlass eines Mahnbescheides, Ausschreibungen für Handwerksleistungen.

Online-Verkauf

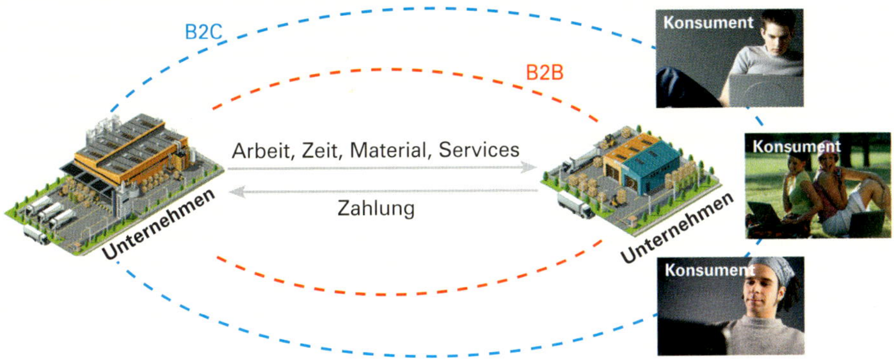

(2) Arten des E-Commerce

Der elektronische Commerce kann in verschiedenen Ausbaustufen betrieben werden. Die verschiedenen Ausbaustufen werden im Folgenden kurz dargestellt.

Internet als Informationsquelle

Spezialisierte Informationsanbieter	Portale
Beispiele hierfür sind die Fahrplanauskünfte der Deutschen Bahn AG, Telefonnummern, Wetterdienste, Börsen- und Wirtschaftsinformationen.	Portale sind Eingangspforten ins Internet, die z. B. von Providern erstellt werden (z. B. T-Online) oder auch von Suchmaschinen (z. B. Google).

Webvertising

Dies setzt sich zusammen aus Web-Advertising (Web-Reklame). Hierbei wird das Internet genutzt als Instrument zur Information der Kunden und zur Kommunikation mit ihnen als systematisch geplanter Teil der betrieblichen Kommunikationspolitik. Das Unternehmen stellt seine Produkte im Internet dar, bietet E-Mail- und Kontaktadressen, Gästebücher und ein Forum zum Austausch von Meinungen und Fragen an.

Electronic Shopping

Hierbei werden Produkte über das Internet an private Endkunden (B2C) oder an Unternehmen verkauft (B2B). Der Vertrieb erfolgt dabei über den traditionellen Weg via Post bzw. die Paketdienste oder ebenfalls über das Internet, z. B. bei Software.

	für Käufer	für Verkäufer
Vorteile	■ Permanente Öffnungszeiten ■ Rasche Suche nach Produkten durch Shop-eigene Suchmaschinen ■ Umfangreiches Angebot ■ Bequem von zu Hause aus erreichbar, keine Fahrten notwendig, keine Parkplatzsuche, Ware wird ins Haus gebracht ■ Einfache Preisvergleiche	■ Weltweites Absatzgebiet ■ Kundeninformationen als Basis für „one-to-one"-Marketing fallen quasi als „Abfallprodukt" an ■ Aufwendige Warenpräsentation und Ladeneinrichtung entfällt
Nachteile	■ In Deutschland zum Teil immer noch Befangenheit bezüglich der Sicherheit beim Zahlungsvorgang ■ Einkaufserlebnis entfällt ■ Kein Berühren des Produkts möglich ■ Keine persönliche Produktberatung durch qualifiziertes Verkaufspersonal	■ Hohe Unsicherheit ■ Hohe Anfangsinvestitionen

Electronic Data Interchange

Dies ist ein Verfahren des zwischenbetrieblichen Datenaustausches. Erkennt z. B. das Warenwirtschaftssystem des Kunden die Notwendigkeit einer Nachbestellung, dann werden die Bestelldaten direkt in das Warenwirtschaftssystem des Verkäufers eingeschleust. Eingriffe von Hand entfallen auf beiden Seiten. Dies führt zu einer Verringerung der Personalkosten und der Vermeidung von Übertragungsfehlern. Bisher allerdings werden solche Transaktionen vorwiegend innerhalb geschlossener Netze durchgeführt. Offene Netze, wie das Internet, verfügen noch nicht über die erforderlichen Sicherheitsstandards.

AS 4.1 Situation 9: Absatzorgane bestimmen

I. Sachverhalt[1]

Der Sport-Burr KG ist es gelungen, ein neues Sportgerät zu entwickeln, das eine Kombination zwischen Ski und Schlitten darstellt. An einen gepolsterten Sitz werden ein Paar Skier mithilfe von Gelenken so anmontiert, dass die Skier durch Gewichtsverlagerung verkantet werden können. Auf diese Weise erzielt man mit dem neuen Gerät ein Fahrverhalten, das dem Parallelschwingen des Skifahrers ähnlich ist. Die Sport-Burr KG nennt das neue Gerät „Snow-Swinger". Es wird weltweit patentiert.

Für den „Snow-Swinger" wurde ein möglicher Zielverkaufspreis ab Werk von 250,00 EUR ermittelt. Der empfohlene Ladenverkaufspreis soll 390,00 EUR betragen.

Da der Markt für Skier inzwischen eine gewisse Sättigung erreicht hat, setzt die Unternehmensleitung auf die Einführung des „Snow-Swinger" große Hoffnungen. Um beim Absatz des „Snow-Swinger" ein optimales Ergebnis zu erzielen, will die Unternehmensleitung bei der Aufstellung ihres Absatzplans deshalb auch die Effektivität[2] der bisherigen Verkaufsform überprüfen.

Impuls:

Die Produkte wurden bisher durch Reisende der Sport-Burr KG unmittelbar an den Einzelhandel verkauft. Man war der Meinung, dass der Reisende aufgrund seines Angestelltenverhältnisses, seiner Weisungsgebundenheit und seiner festen, geregelten Arbeitszeit die höchsten Leistungen erbringt. Außerdem erschien es als Vorteil, dass er ein festes Gehalt bezieht und dass man ihm durch die Gewährung einer Umsatzprovision einen Leistungsanreiz schaffen kann.

Ist diese Argumentation Ihrer Meinung nach schlüssig?

Handlungsaufgaben:

Arbeiten Sie die folgenden Kapitel des Schulbuches durch und verwenden Sie die Aufzeichnungen aus dem Unterricht zur Bearbeitung der Handlungsaufgaben!

Schon seit einiger Zeit ist die Unternehmensleitung mit dem von den Reisenden erzielten Ergebnis nicht mehr zufrieden. In einer Konferenz der Unternehmensleitung vertritt der Leiter der Marketingabteilung folgende Meinung:

„Die Leistungsintensität[3] bedingt wesentlich den wirtschaftlichen Erfolg des Absatzwegs. Ein Handelsvertreter kann als selbstständiger Unternehmer im Gegensatz zum Handlungsreisenden nur Einkommen erzielen, wenn er Umsätze tätigt, denn er erhält als Vergütung nur Provision. Er muss also unablässig für die von ihm vertretenen Unternehmen Geschäfte vermitteln. Sein eigenes geschäftliches Interesse treibt ihn zu immer neuen Bemühungen bei der Kundenbearbeitung. Er hat den ständigen Zwang zum Umsatz im Nacken. Der Erfolg ist ihm wichtiger als die Arbeitszeit."

Dagegen wendet der Leiter der Einkaufsabteilung ein, dass nach seiner Erfahrung Handelsvertreter am liebsten Großkunden bearbeiten und kleine Abnehmer wegen der geringen Provisionserwartung gern vernachlässigen.

1 Verfasser sind Werner Dorsch und Eckhard Klett.

2 **Effektivität** (lat.): Leistung.

3 **Intensität**: Stärke.

Die Unternehmensleitung muss in dieser Frage zu einer Entscheidung kommen, da bereits feststeht, dass der Verkauf über Handlungsreisende ausgereizt ist. Der Absatz des „Snow-Swinger" erfordert daher entweder eine Ausweitung der eigenen Absatzorgane oder die Übertragung des Absatzes an Handelsvertreter.

Sie sind Sachbearbeiter in der Marketingabteilung der Sport-Burr KG und sollen unter Berücksichtigung der nachfolgenden Zusatzangaben der Unternehmensleitung einen Vorschlag machen!

II. Zusatzangaben

1. Absatzprognose

Das Institut für Absatzförderung e.V., Köln, hat im Auftrag der Sport-Burr KG die Umsatzerwartungen der beiden Absatzorgane Handlungsreisender und Handelsvertreter ermittelt. Nach diesen Marktforschungsergebnissen hat die Sport-Burr KG in den ersten drei Jahren mit folgenden Umsätzen zu rechnen:

Gesamtumsatz 1.–3. Jahr	
Handlungsreisender	5 200 Stück
Handelsvertreter	4 320 Stück

2. Kostenerwartungen

Sport-Burr KG – Abteilung Rechnungswesen

	Handlungsreisender	Handelsvertreter
Einmalige Investition	200 000,00 EUR	40 000,00 EUR
Fixkosten jährlich	100 000,00 EUR	60 000,00 EUR
Variable Stückkosten	90,00 EUR	110,00 EUR

3. Entscheidungsbewertungstabelle

Anforderungen des Unternehmens	Diesen Anforderungen entspricht	
	der Handlungsreisende (Punkte)	der Handelsvertreter (Punkte)
1. Unmittelbarer Kontakt Hersteller – Einzelhändler	...	...
2. Einsatzbereitschaft	...	...
3. Möglichkeit zur Marktbeobachtung	...	...
4. Ansehen beim Kunden (Image)	...	...
5. Möglichkeit zum Vertrieb von Komplementärartikeln[1]	...	...
6. Branchenkenntnis	...	...
7. Möglichkeit zur Tätigkeitskontrolle	...	...
8. Weisungsgebundenheit	...	...
9. Eigeninteresse am Umsatz	...	...
10. Marktausschöpfung	...	...
11. Voller Einsatz für ein Produkt	...	...
12. Gewissenhaftigkeit	...	...
Gesamtpunkte	...	...

1 **Komplementärgüter** sind sich **gegenseitig ergänzende Güter** wie z. B. Bohrer und Bohrmaschine, Bleistift und Radiergummi.

4. Gewinnerwartung der Alternativen

	Handlungsreisender	Handelsvertreter
Umsatzerwartung in Stück Preis/Stück in EUR Erlöse in EUR	... ...	... ...
Investitionen in EUR Fixkosten in EUR (3 Jahre) Variable Stückkosten in EUR	... ...	... ...
Gesamtkosten in EUR	...	...
Gesamt-Stückkosten in EUR	...	...
Gewinn pro Stück in EUR	...	...
Gesamtgewinn in EUR	...	...

III. Aufgaben

1. Verwenden Sie die unter 3. vorgegebene Entscheidungsbewertungstabelle und gewichten Sie Ihre Bewertung durch die Vorgabe von jeweils 0–3 Punkten!
   Bearbeitungshinweis: Beachten Sie dabei die Zusatzangaben Nr. 1 und Nr. 2!
2. Berechnen Sie den voraussichtlichen Gesamtgewinn (4.), wenn sich die Sport-Burr KG für die Beibehaltung der Handlungsreisenden entscheidet!
3. Berechnen Sie den voraussichtlichen Gesamtgewinn, wenn die Sport-Burr KG künftig den Absatz über Handelsvertreter wählt!

4.4.2 Werksgebundener Absatz

Zur Vermeidung der hohen Kosten durch ein eigenes Vertriebssystem wird der Vertrieb häufig selbstständigen Kaufleuten übertragen, die als Vertragshändler, Franchisenehmer oder Handelsvertreter tätig werden. Diese Vertriebsorgane werden durch Verträge an den Hersteller gebunden. Sie tragen als selbstständige Kaufleute ihre Geschäftskosten selbst und erhalten vom Hersteller entweder eine Umsatzprovision oder eine Gewinnspanne von ihrem Warenverkauf.

4.4.2.1 Vertragshändler

Der **Vertragshändler** ist ein **rechtlich selbstständiger Händler,** der sich vertraglich dazu verpflichtet, die Ware für einen Hersteller in **eigenem Namen** und auf **eigene Rechnung** zu verkaufen.

In der Regel wird dem Vertragshändler vom Hersteller das Recht eingeräumt, dass er die Waren innerhalb eines bestimmten Gebiets allein verkaufen kann. Der Vertragshändler erhält dadurch einen Gebietsschutz (Exklusivvertrieb) und kann den bekannten Namen des Herstellers für die Werbung nutzen. Im Gegenzug verzichtet dann der Vertragshändler häufig darauf, Konkurrenzprodukte zu verkaufen.

Beispiel:

Eine Bäckerei wird Vertragshändler für Jakobs-Kaffee und verzichtet gleichzeitig darauf, Kaffee von anderen Herstellern zu verkaufen. Der Kaffeehersteller stellt die Kaffeemaschinen und das Kaffeegeschirr.

Als rechtlich selbstständiger Händler erzielt der Vertragshändler durch den Warenverkauf eine Gewinnspanne. Er erhält keine Provision vom Hersteller.

4.4.2.2 Franchising

(1) Begriff Franchising

- **Franchising** ist eine vertraglich geregelte Kooperation[1] zwischen rechtlich selbstständigen Unternehmen.
- Es ist ein besonderes Vertriebsbindungssystem, das in der Praxis zahlreiche Ausprägungsformen besitzt.

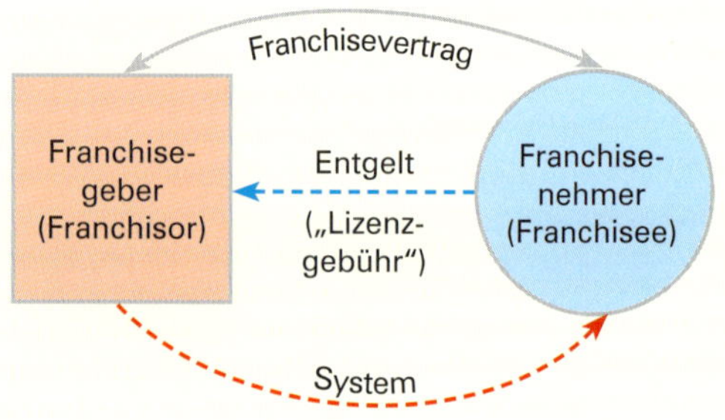

Der Franchisevertrag (im Grunde ein ganzes Bündel vereinbarter Rechte und Pflichten) wird zwischen dem **Franchisegeber** (meist ein Hersteller) und dem **Franchisenehmer** (z. B. ein Handels- oder ein sonstiger Dienstleistungsbetrieb) abgeschlossen.

(2) Merkmale des Franchisings

Folgende **Merkmale,** die nicht vollständig auf jedes System zutreffen müssen, sind zu nennen:

- Die Franchisenehmer bleiben **rechtlich selbstständig** und handeln in **eigenem Namen** und auf **eigene Rechnung;**
- der Franchisegeber erteilt dem Franchisenehmer das Recht, gegen Entgelt (beim Handel meist in die Warenpreise einkalkuliert) seine **Marke** und seine **Symbole,** seine **Marktkenntnisse** und seine **Waren** absatzpolitisch zu verwerten;
- der Franchisenehmer verpflichtet sich, die **Absatz- und Betriebsorganisationsrichtlinien** des Franchisegebers zu befolgen;
- der Franchisegeber hat **Kontroll- und Weisungsrechte;** er verpflichtet sich andererseits, den Franchisenehmer zu beraten und zu unterstützen;
- alle Franchisenehmer treten auf dem Markt einheitlich (z. B. Aufmachung der Ladengeschäfte) auf, sodass der **Eindruck eines Filialsystems** erweckt wird.

1 **Kooperation**: Zusammenarbeit verschiedener Partner.

(3) Leistungen aus dem Franchisevertrag

Der **Franchisegeber** entwickelt die Produkt-, Sortiments-, Verpackungs- und Servicekonzeption (z. B. Garantieleistungen, Kundendienst) und stellt sie dem Franchisenehmer zur Verfügung. Er führt Marktforschungsmaßnahmen durch, schult die Inhaber und Mitarbeiter der Franchisenehmerbetriebe, entwickelt Verkaufsförderungsaktionen und führt diese durch, gibt Richtlinien für das Rechnungswesen oder übernimmt die Aufgaben des Rechnungswesens (Buchführung, Statistik, Kalkulation).

Der **Franchisenehmer** setzt sein eigenes Kapital ein, entrichtet seine Franchisegebühren, beteiligt sich an den allgemeinen Kosten (z. B. Kosten der Werbung), setzt seine Arbeitskraft allein für den Franchisegeber ein und pflegt die Beziehungen zu den Kunden.

Beispiele:

McDonald's, Burger King, BackWerk, Tchibo, Hallo Pizza, Blume 2000, OBI

(4) Vor- und Nachteile des Franchisings

Vorteile	Nachteile
■ Absatzwirksames, weil einheitliches und werbewirksames Absatzkonzept ■ Stärkung von Kleinunternehmen zu marktstarken Gruppen ■ Rationelle (kostensparende) Nutzung einer zentralen EDV-Organisation ■ Umfassende Beratung und Unterstützung der Franchisenehmer durch den Franchisegeber ■ Rasche Durchdringung des Marktes, weil Franchising Aufbaukapital spart ■ Erleichtert Möglichkeit, sich selbstständig zu machen, da ausgereiftes Systemwissen vollständig zur Verfügung gestellt wird	■ Gefahr der Marktsättigung durch immer gleichbleibendes und als uniform empfundenes Angebot ■ Beim Franchising zwischen Hersteller und Einzelhandel wird der Großhandel ausgeschaltet ■ Starke Abhängigkeit des Franchisenehmers; deswegen Gefahr, dass Waren auch von anderen Lieferern bezogen werden; Gründung von verbundunabhängigen Unternehmen durch die Franchisenehmer, um sich aus der Vertriebsbindung teilweise zu lösen ■ Verstärkte Tendenz zur Monotonie der Märkte, damit geringer Wettbewerb

4.4.3 Ausgegliederter Absatz am Beispiel des Handelsvertreters

(1) Begriff Handelsvertreter

- **Handelsvertreter** sind **selbstständige Gewerbetreibende,** die ständig damit betraut sind, **im Namen** und **für Rechnung eines anderen Unternehmers** Geschäfte zu vermitteln oder abzuschließen [§ 84 I, S. 1 HGB].
- Der Handelsvertreter wird aufgrund eines **Vertretungsvertrags (Agenturvertrag)** tätig. Der Vertretungsvertrag ist auf **Dauer** ausgerichtet.

Beispielhaft für den Absatz der Güter beim Einsatz eines Handelsvertreters wird nachfolgend der Geschäftsablauf bei einem Handelsvertreter mit Abschluss-, aber ohne Inkassovollmacht dargestellt.

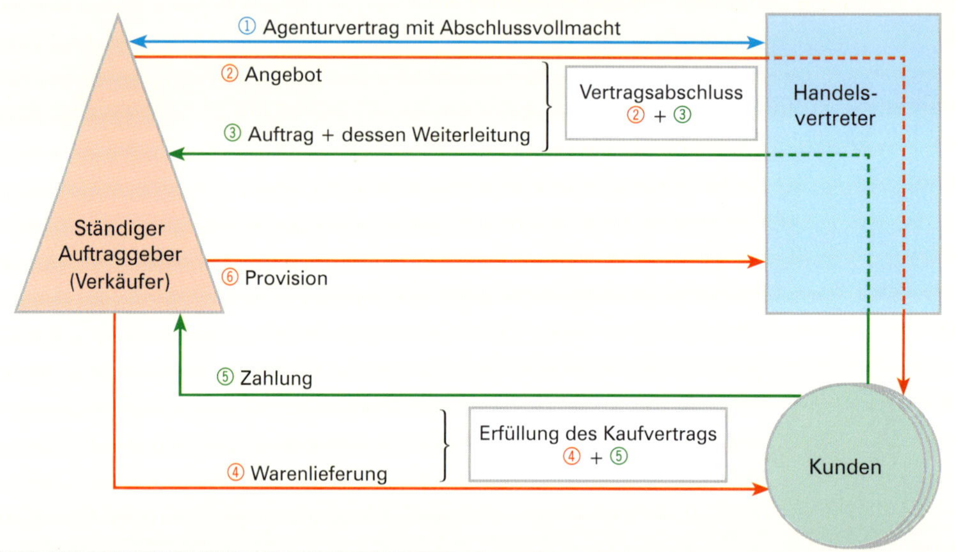

(2) Rechte und Pflichten

Rechte der Handelsvertreter	Pflichten der Handelsvertreter
■ Recht auf Bereitstellung von Unterlagen ■ Recht auf Provision ■ Ausgleichsanspruch nach Beendigung des Vertragsverhältnisses ■ Anspruch auf Ersatz von Aufwendungen ■ gesetzliches Zurückbehaltungsrecht	■ Sorgfaltspflicht ■ Bemühungspflicht ■ Benachrichtigungspflicht über Geschäftsvermittlungen bzw. -abschlüsse ■ Interessenwahrungspflicht ■ Schweigepflicht über Geschäfts- und Betriebsgeheimnisse ■ Einhaltung der Wettbewerbsabrede

Die Entscheidung, ob Handelsvertreter oder Handlungsreisende eingesetzt werden sollen, hängt – neben anderen Gründen – auch davon ab, wie hoch der erwartete bzw. geplante Umsatz ist.

- Bei einem **geringen Umsatz** ist es **häufig günstiger,** mit **Handelsvertretern** zu arbeiten, da **Kosten nur anfallen,** wenn **Aufträge hereingebracht** werden.
- Bei **höheren Umsätzen** ist im Regelfall der Einsatz von **Handlungsreisenden günstiger.**

(3) Kostenvergleich von Handelsvertreter und Handlungsreisender

Beispiel:

Ein Unternehmen steht vor der Wahl, entweder Handlungsreisende oder Handelsvertreter einzusetzen. Die Handlungsreisenden erhalten ein Fixum (Gehalt) von insgesamt 12 000,00 EUR im Monat und 4 % Provision, die Handelsvertreter lediglich 8 % Umsatzprovision. Es stellt sich die Frage, von welchem Umsatz an sich der Einsatz von Reisenden lohnt.

Grafische Lösung

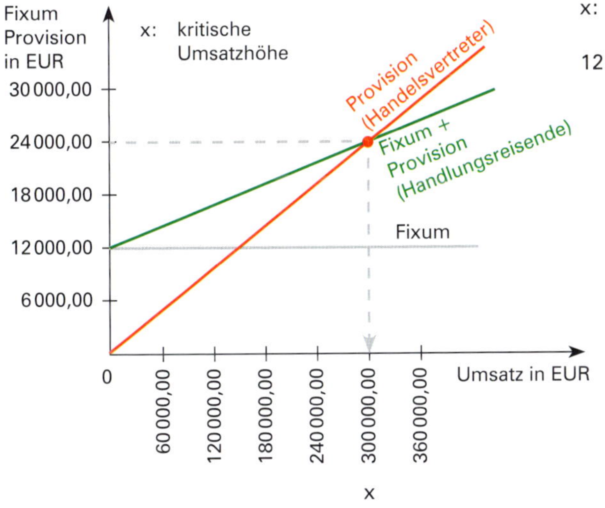

Mathematische Lösung

x: gesuchter Umsatz (kritische Umsatzhöhe)

$$12\,000{,}00 + 0{,}04\,x = 0{,}08\,x$$
$$0{,}04\,x = 12\,000{,}00$$
$$4\,x = 1\,200\,000{,}00$$
$$x = \underline{\underline{300\,000{,}00}}$$

Liegt der Umsatz über 300 000,00 EUR monatlich, lohnt sich der Einsatz von Handlungsreisenden; liegt er darunter, ist der Einsatz von Handelsvertretern kostengünstiger.

(4) Bedeutung von Handelsvertretern

Der **Vorteil** des **Einsatzes von Handelsvertretern** ist, dass sie – im Gegensatz zu den Handlungsreisenden – in der Regel in ihren Absatzgebieten ansässig sind. Sie haben somit einen engen Kontakt zur Kundschaft. Von Vorteil ist ferner, dass bei möglichen Absatzrückgängen die Vermittlungskosten (Provisionen) je Verkaufseinheit konstant bleiben, weil die Handelsvertreter in aller Regel lediglich Provisionen, aber kein Fixum erhalten.

Von **Nachteil** kann für den Auftraggeber sein, dass bei starken Umsatzerhöhungen die Provisionskosten höher sind als beim Einsatz von Handlungsreisenden.

Zusammenfassung

- Beim Absatz unterscheidet man zwischen Absatz mit **eigenen Absatzorganen** und Absatz mit **fremden Absatzorganen.**
  - Zum **werkseigenen Absatz** zählt der Verkauf durch
    - Geschäftsleitung
    - Handlungsreisende
    - Verkaufsniederlassungen
    - Vertriebsgesellschaften
    - E-Commerce
  - Zum **werksgebundenen Absatz** zählt der Verkauf durch
    - Vertragshändler
    - Franchising
- Zum **ausgegliederten Absatz** zählt der Verkauf durch Handelsvertreter.

Übungsaufgaben

145 Die Geschäftsleitung der Kolb & Co. KG steht vor der Entscheidung, entweder Handelsvertreter oder Handlungsreisende einzusetzen. Für die Handlungsreisenden muss sie monatlich insgesamt 20 000,00 EUR Fixum zahlen. Die Handlungsreisenden erhalten 4 % Umsatzprovision, die Handelsvertreter 9 %. Der erwartete Monatsumsatz beträgt durchschnittlich 500 000,00 EUR.

Aufgaben:

1. Weisen Sie rechnerisch nach, ob der Einsatz von Handlungsreisenden oder von Handelsvertretern kostengünstiger ist!
2. Ermitteln Sie zeichnerisch den kritischen Umsatz!
3. Nennen Sie Gründe, die – unabhängig von Kostenüberlegungen –
   3.1 für die Einstellung von Handlungsreisenden,
   3.2 für den Einsatz von Handelsvertretern sprechen!

Vorlage
mvurl.de/ycj8

146
1. Nennen und beschreiben Sie mindestens fünf wesentliche Merkmale des Franchisings!
2. Nennen Sie Ihnen bekannte Franchising-Systeme!
3. Arbeiten Sie – eventuell in Gruppen – wesentliche Vor- und Nachteile des Franchisings heraus, und zwar
   3.1 für den Franchisegeber,
   3.2 für den Franchisenehmer,
   3.3 für die Kunden des Franchisenehmers!

Vorlage
mvurl.de/5ck1

147
1. Die Lux-GmbH rechnet aufgrund der erstellten Marktprognose mit einer beträchtlichen Umsatzsteigerung. Aus diesem Grund soll der bisher übliche Verkauf der Geschirrspülmaschinen durch Handelsvertreter, überdacht werden. Es soll untersucht werden, ob der Einsatz von Handlungsreisenden sinnvoll ist.
   - Kosten für Handelsvertreter: 9 % Umsatzprovision.
   - Kosten für Handlungsreisende: monatliche fixe Kosten (Fixum und Spesen) 3 500,00 EUR und 3 % Umsatzprovision.

   Aufgaben:

   1.1 Berechnen Sie den kritischen Umsatz!
   1.2 Berechnen Sie die Kosten der beiden Absatzmittler bei einem geschätzten Jahresumsatz von 1,0 Mio. EUR!
   1.3 Erläutern Sie vier Gesichtspunkte, die außer den Kosten bei der Entscheidung für den günstigsten Absatzmittler zu berücksichtigen sind!
   1.4 Schlagen Sie der Geschäftsleitung den nach Ihrer Meinung für den Verkauf der neuen Geschirrspülmaschinen geeignetsten Absatzmittler vor. Berücksichtigen Sie dabei Ihre Lösungen zu den Aufgaben 1.2 und 1.3!
2. 2.1 Beschreiben Sie, welche Aufgaben die Distributionspolitik zu lösen hat!
   2.2 Zeigen Sie auf, welche Absatzorgane grundsätzlich möglich sind!
   2.3 Sie sind Distributionsmanager eines Textilunternehmens. Ihnen wird der Auftrag übertragen, für das spezielle Produkt „Jagdbekleidung" einen Distributionsplan zu erstellen.

   Aufgabe:

   Entwickeln Sie unter Verwendung der verschiedenen distributionspolitischen Instrumente eine Distributionsvariante!

148
1. Lösen Sie die Handlungsaufgabe aus der Situation 8 auf S. 386!
2. Lösen Sie die Handlungsaufgaben aus der Situation 9 auf S. 391 ff.!

Vorlage
mvurl.de/f6ez

AS 4.1 Situation 10: Marketingkonzeption (Marketingmix) entwickeln

Eine von der Soester Büromöbel AG durchgeführte Marktforschungsaktion für einen neuen, noch vielseitiger verstellbaren elektrischen Schreibtisch ergab, dass eine relativ große Nachfrage vorhanden wäre. Aus diesem Grund soll die Marketingabteilung eine Marketingkonzeption mit geeigneten Marketinginstrumenten entwickeln und der Geschäftsleitung vorlegen.

Impuls:

Bevor die Soester Büromöbel AG das fertige Produkt am Markt anbietet, sollte sie bestimmte Vorarbeiten leisten. Welche sind das?

Handlungsaufgabe:

Arbeiten Sie die folgenden Kapitel des Schulbuches durch und verwenden Sie die Aufzeichnungen aus dem Unterricht zur Bearbeitung der Handlungsaufgabe!

Erstellen Sie eine Marketingkonzeption für das neue Schreibtischmodell „e-Desk Vario+"!

Vorgaben bzw. Informationen, die Sie für Ihre Marketingkonzeption berücksichtigen müssen, sind:

- Die Zielgruppe für den Schreibtisch „e-Desk Vario+" sind Unternehmen, die anspruchsvolle Büromöbel benötigen.
- Die Produktgestaltung ist frei, es werden aber nur hochwertige Materialien verwendet.
- Die Herstellungskosten betragen maximal 500,00 EUR.
- Der eigene Marktanteil des alten Schreibtischmodells „e-Desk" beträgt 9,2 %, der relative Marktanteil (bezogen auf den Marktanteil des Hauptkonkurrenten) 2,7 %.
- Das Werbebudget, das zur Verfügung steht, wurde mit Umsatzzahlen des alten Schreibtischmodells bestimmt und beträgt 480 000,00 EUR.
- Die Distribution des alten Schreibtischmodells erfolgt über einen Onlineshop und Vertragshändler.
- Die Kommunikationspolitik muss die Zielgruppe berücksichtigen (Business-to-Business).

5 Eine Marketingkonzeption (Marketingmix) beschreiben

(1) Begriff Marketingkonzeption

- Die **Marketingkonzeption** legt die Art und Weise fest, wie ein Unternehmen das Marketinginstrumentarium einsetzt.
- Die jeweilige Kombination der Marketinginstrumente bezeichnet man als **Marketingmix.**

Die Marketinginstrumente bestehen aus vier Entscheidungsfeldern:

Je nach Marktsituation des Unternehmens müssen diese vier Instrumente innerhalb eines **Marketingmix** kombiniert werden. Es muss wohlüberlegt werden, welches Instrument mit welchen anderen wie lange und in welcher Stärke eingesetzt werden muss, damit die absatzpolitischen Ziele bestens erreicht werden.

(2) Festlegung der konkreten Marketingstrategie

Die Unternehmensziele haben einen unmittelbaren Einfluss auf die Festlegung der strategischen Marketingziele. Allerdings entstehen – wie die nebenstehende Grafik[1] zeigt – bei der Umsetzung der Marketingziele Zielkonflikte. So ist es unmöglich, das Ziel der Qualitätsführerschaft mit einer Niedrigpreisstrategie erreichen zu wollen. Und eine aggressive Preisstrategie ist nur mit Massenartikeln und nicht mit Nischenprodukten umsetzbar.

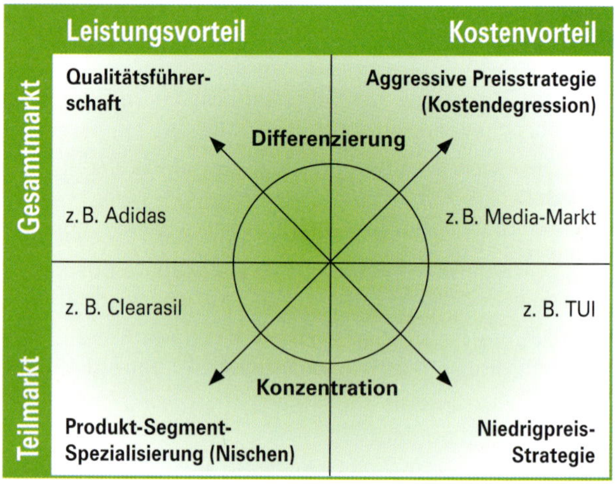

Beispiel:

Wichtigstes Unternehmensziel der Sport-Burr KG ist, Kundenzufriedenheit durch qualitativ hochwertige Sportgeräte zu erreichen. Sie stellt somit nicht den Kostenvorteil, sondern den Leistungsvorteil in den Vordergrund. Nur ein qualitativ hochwertiges Produktprogramm gewährleistet dauerhafte Kundenzufriedenheit.

1 Quelle in Anlehnung an Coca-Cola GmbH (Hrsg.): Marke, Markt und Marketing, Essen o. J., S. 23.

(3) Festlegung des Marketingmixes

Aus der Marketingstrategie kann der **Marketingmix** abgeleitet werden.

Beispiel:

Übungsaufgaben

149 1. Erläutern Sie, was unter einem Marketingkonzept zu verstehen ist!

2. Erklären Sie, warum eine eigenständige Produktgestaltung dazu beitragen kann, den preispolitischen Spielraum eines Unternehmens zu vergrößern!

150 Lösen Sie die Handlungsaufgabe aus der Situation 10 auf S. 399!

AS 4.1 Situation 11: Marketingkennziffern nutzen

Die Geschäftsleitung der Soester Büromöbel AG möchte von der Marketingabteilung Informationen über die Marktposition des Unternehmens haben.

Impuls:

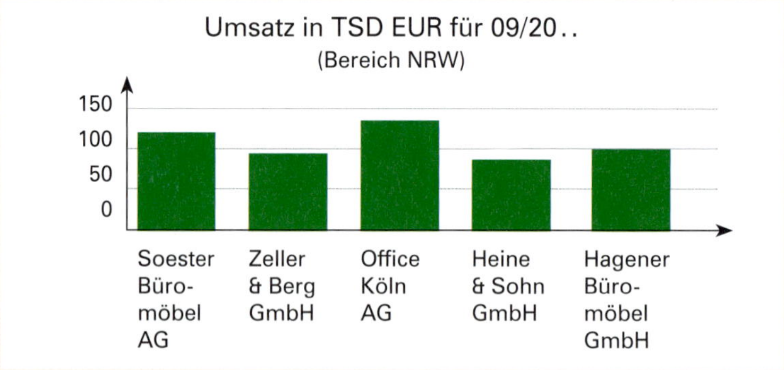

Interpretieren Sie die Grafik!

Handlungsaufgaben:

Arbeiten Sie die folgenden Kapitel des Schulbuches durch und verwenden Sie die Aufzeichnungen aus dem Unterricht zur Bearbeitung der Handlungsaufgaben!

1. Berechnen Sie den Umsatzmarktanteil der Soester Büromöbel AG und der vier Konkurrenzfirmen in Nordrhein-Westfalen mithilfe der folgenden Tabelle:

Firma	Umsatz in TSD EUR
Soester Büromöbel AG	123
Zeller & Berg GmbH	97
Office Köln AG	138
Heine & Sohn GmbH	89
Hagener Büromöbel GmbH	102
Gesamt	549

2. Stellen Sie die Marktanteile der Büromöbelhersteller in einem Kreisdiagramm grafisch dar!
3. Beschreiben Sie die Möglichkeiten, die die Marketingkennziffern der Marketingabteilung (den Controllern) ermöglichen!

6 Marketingkennziffern untersuchen und berechnen

6.1 Begriff und Arten von Marketingkennziffern

Kennziffern sind Verhältniszahlen oder absolute Zahlen, die einen Überblick über die Leistungen eines Unternehmens geben.

Durch die Verwendung von Kennziffern im Marketing soll die Vielzahl der Daten, die im Rahmen des Rechnungswesens sowie bei der Erhebung von Marktinformationen anfallen, zu wenigen zentralen Größen zusammengefasst werden. Die Auswahl der Kennziffern hat dabei so zu erfolgen, dass diese die Entwicklung des Unternehmens in zentralen Bereichen aufzeigen.

Grundsätzlich lassen sich nach der **Erfassbarkeit der Kennziffern** zwei Gruppen unterscheiden:

Arten von Kennziffern	Erläuterungen	Beispiele
quantitative Kennziffern	Diese Kennziffern geben **messbare Sachverhalte** aus Unternehmens- oder Marktdaten wieder.	Entwicklung des Umsatzes, Höhe des Marktanteils, Verlauf der Marketingkosten, Höhe des erzielten E-Commerceanteils.
qualitative Kennziffern	Diese Kennziffern möchten **nicht messbare Marktentwicklungen** erfassen.	Einstellung der Kunden zum Unternehmen, Kundenzufriedenheit, wahrgenommene Produktqualität, festgestelltes Beschwerdeverhalten gegenüber dem Unternehmen oder Dritten (z. B. Medien, Verbraucherschutzeinrichtungen), Markentreue, Wiederkaufsrate.

6.2 Aufgaben der Marketingkennziffern

(1) Überwachung und Beaufsichtigung

Um wettbewerbsfähig zu bleiben, ist es für jedes Unternehmen von grundsätzlicher Bedeutung zu erfahren, ob die Plandaten **erreicht wurden,** die es sich im Rahmen der Marketingplanung vorgenommen hatte. Da sich zwischen Planung und den tatsächlich erzielten Ergebnissen immer Abweichungen ergeben, muss analysiert werden, worauf die in den Kennziffern erfassten Abweichungen zurückzuführen sind. Abweichungen von Plandaten werden in der Praxis in einem **Bericht** an die Geschäftsleitung festgehalten.

Beispiele:

Es ist zu überprüfen, ob sich Umsatz, Gewinn, Marktanteil, Bekanntheitsgrad der Produkte der Planung entsprechend den Planvorgaben entwickelt haben.

(2) Planung und Steuerung

Ergebnisse, die sich aus der Überwachung der Marketingaktivitäten ergeben, sind anschließend mit dem Prozess der Planung zu verknüpfen. Es gilt zu überprüfen – insbesondere dann, wenn das erwartete Ergebnis nicht eingetreten ist –, ob die **gewählte Strategie** untauglich ist, ob ein **falsches Ziel** gesetzt wurde oder ob die vorhandene **Datenbasis unzureichend** war.

Die Marketingkennziffern geben den Controllern die Möglichkeit,

- **Unternehmensstrategien** zu entwickeln,
- **Plandaten** festzulegen,
- **Plandaten** zu kontrollieren,
- **Abweichungen** zu analysieren,
- **Berichte** zu erstellen.

Die Unterstützungsfunktion des Controllings endet mit Analysen und Empfehlungen. Die Entscheidung selbst wird letztendlich aber von der Unternehmensführung getroffen.

6.3 Beispiele für Marketingkennziffern

Ziel der nachfolgend angeführten Marketingkennziffern ist, einerseits den **Marketingbereich** zu **überwachen** und andererseits Daten zu liefern, die der **Planung und Steuerung des Unternehmens** dienen. Die Kennziffern erstrecken sich über alle Unternehmensbereiche und erfassen auch die für das Unternehmen bedeutsamen Marktdaten. Die Auswahl der Kennziffern ist betriebsindividuell.

(1) Kennziffern im Entscheidungsfeld Preispolitik

Der Vorteil preispolitischer Maßnahmen liegt darin, dass sie sich zumeist ohne zeitliche Verzögerung einsetzen lassen und auch die Reaktionszeit der Marktteilnehmer sehr zeitnah erfolgt. Aus diesem Grund ist die Preispolitik das zentrale und wirkungsvollste Instrument zur Steuerung von Umsatz, Gewinn und/oder Marktanteil.

Beispiele:

Kurzfristige Preisuntergrenze:

$$\text{Stückerlös (e)} = \text{variable Kosten je Einheit } (k_v)$$

Langfristige Preisuntergrenze:

$$\text{Stückerlös (e)} = \frac{\text{Gesamtfixkosten } (K_{fix})}{\text{erzeugte Menge}} + \text{variable Kosten je Einheit } (k_v)$$

$$\text{Produktdeckungsbeitragssatz} = \frac{\text{Deckungsbeitrag (DB)} \cdot 100}{\text{Umsatz des Produkts}}$$

(2) Kennziffern im Entscheidungsfeld Produktpolitik

Die Marketingkennziffern unterstützen hier unternehmerische Entscheidungen, indem sie z. B. Auskunft geben über Auftragseingang, Auftragsreichweite, Marktanteil, relativer Marktanteil.

Beispiele:

$$\text{Auftragseingangsquote} = \frac{\text{Auftragseingang Ist} \cdot 100}{\text{Auftragseingang Plan}}$$

$$\text{Auftragsreichweite} = \frac{\text{Auftragsbestand} \cdot 100}{\text{Jahresumsatz}}$$

$$\text{Marktanteil} = \frac{\text{Absatzvolumen} \cdot 100}{\text{Marktvolumen}}$$

$$\text{relativer Marktanteil (Wettbewerbsposition)} = \frac{\text{Marktanteil des Unternehmens} \cdot 100}{\text{Marktanteil des stärksten Konkurrenten}}$$

(3) Kennziffern im Entscheidungsfeld Kommunikationspolitik

Problematisch in diesem Entscheidungsfeld ist, dass sich z. B. das Ergebnis einer Werbekampagne einer ausschließlich quantitativen Messung entzieht. Der Zusatzumsatz ist zwar im Betrieb messbar, nicht jedoch die Bewusstseinsänderung im Kopf der Umworbenen.

Beispiele:

$$\text{Werbeaufwandsatz vom Umsatz} = \frac{\text{Werbeaufwand je Periode} \cdot 100}{\text{Umsatz je Periode}}$$

$$\text{Markterschließungsgrad} = \frac{\text{Umsatz} \cdot 100}{\text{potenzieller Umsatz}}$$

$$\text{Umwandlungsrate} = \frac{\text{Anzahl der Aufträge} \cdot 100}{\text{Anzahl der Angebote}}$$

$$\text{Konversionsrate}^{1} = \frac{\text{Anzahl der Käufer} \cdot 100}{\text{Anzahl der Websitebesucher}}$$

$$\text{Neukundenanteil} = \frac{\text{Neukunden} \cdot 100}{\text{Gesamtkunden}}$$

$$\text{Umsatz je Außendienstmitarbeiter} = \frac{\text{Umsatz}}{\text{Anzahl der Außendienstmitarbeiter}}$$

1 **Konversion**: Umwandlung.

Diese **aufgabenbezogenen Kennziffern** lassen sich ergänzen durch **prozessbezogene Kennziffern,** wie z. B.:

$$\text{Angebotsgrad} = \frac{\text{Anzahl der ausgeführten Aufträge} \cdot 100}{\text{Anzahl der abgegebenen Angebote}}$$

$$\text{Servicegrad} = \frac{\text{Anzahl der termingerecht ausgeführten Aufträge} \cdot 100}{\text{Anzahl aller zu erfüllenden Aufträge}}$$

(4) Kennziffern im Entscheidungsfeld Distributionspolitik

Im Vordergrund der Betrachtung stehen hier Informationen darüber, wie wirtschaftlich die Vertriebswege sind. Die Datenbasis hierfür entstammt der betrieblichen Kosten- und Leistungsrechnung.

Beispiele:

$$\text{Vertriebskostenquote} = \frac{\text{Vertriebskosten} \cdot 100}{\text{Umsatz}}$$

$$\text{Aufwand Außendienst} = \frac{\text{Aufwand Außendienst} \cdot 100}{\text{Umsatz}}$$

$$\text{Umsatzmarktanteil} = \frac{\text{Umsatz des Unternehmens} \cdot 100}{\text{Branchenumsatz}}$$

$$\text{E-Commerceanteil} = \frac{\text{Umsatz E-Commerce} \cdot 100}{\text{Umsatz}}$$

Zusammenfassung

- **Kennziffern** fassen Daten so zusammen, dass sie einen Überblick über die Leistung des gesamten Unternehmens oder einzelner Teilbereiche geben.
- **Marketingkennziffern** überprüfen zum einen die **Erfolgsfaktoren** eines Unternehmens und liefern zum anderen Daten zur **Planung und Steuerung** der zukünftigen Unternehmensentwicklung.

Übungsaufgaben

151
1. Beschreiben Sie die Aufgaben, die Kennziffern im Marketing übernehmen!
2. Erläutern Sie, wodurch sich die quantitativen Kennziffern von den qualitativen Kennziffern unterscheiden!
3. Erklären Sie, welche Zielsetzung die Kennziffern des Marketings verfolgen!
4. Der Marketingabteilung eines Industrieunternehmens liegen folgende Daten zur Auswertung vor:

	Vorjahr	Berichtsjahr
Zur Preis- und Produktpolitik		
Jahresumsatz des Unternehmens	8 670 000,00 EUR	8 930 100,00 EUR
Gesamtmarktumsatz (Branchenumsatz) pro Jahr	42 500 000,00 EUR	44 412 500,00 EUR
Jahresumsatz des Produkts Werkbänke	1 040 000,00 EUR	1 129 440,00 EUR
Auftragsbestand	1 257 150,00 EUR	1 357 375,00 EUR
Auftragseingang Plan	940 800,00 EUR	968 084,00 EUR
Auftragseingang Ist	777 456,00 EUR	855 786,00 EUR
Deckungsbeitrag des Produkts Werkbänke pro Jahr	270 540,00 EUR	361 421,00 EUR
Marktanteil des Marktführers	54,5 %	56,8 %
Zur Kommunikationspolitik		
Jahresumsatz des Unternehmens	11 560 000,00 EUR	12 368 560,00 EUR
Werbeaufwand/Jahr	450 840,00 EUR	509 016,00 EUR
Anzahl der Angebote	12 050	11 773
Anzahl der Aufträge	8 315	8 830
Gesamtkunden	3 690	3 820
Neukunden	66	204
Zur Distributionspolitik		
Vertriebskosten	971 040,00 EUR	875 150,00 EUR
Aufwand Außendienst	234 090,00 EUR	348 274,00 EUR
E-Commerceanteil	5,4 %	6,1 %

Aufgaben:

4.1 Berechnen Sie für das Berichts- und Vorjahr folgende Kennziffern:

4.1.1 Marktanteil,
4.1.2 Relativer Marktanteil,
4.1.3 Auftragseingangsquote,
4.1.4 Auftragsreichweite,
4.1.5 Produktdeckungsbeitragssatz Werkbänke,
4.1.6 Markterschließungsgrad,
4.1.7 Werbeaufwandssatz vom Umsatz,
4.1.8 Umwandlungsrate,
4.1.9 Neukundenanteil,
4.1.10 Vertriebskostenquote,
4.1.11 Aufwand Außendienst.

Vorlage
mvurl.de/22ip

4.2 Berechnen Sie bei den Kennziffern die prozentuale Abweichung zwischen Vor- und Berichtsjahr und beurteilen Sie die derzeitige Situation des Industrieunternehmens!

4.3 Treffen Sie eine begründete Entscheidung, welche Marketingmaßnahmen dazu geeignet sind, den Marktanteil, den Markterschließungsgrad sowie die Auftragseingangsquote zu verbessern!

4.4 Der Controllingabteilung liegen folgende Branchenkennziffern vor:

Markterschließungsgrad	78,0 %
Vertriebskostenquote	7,9 %
Werbeaufwandssatz vom Umsatz	8,4 %
Neukundenanteil	4,8 %
E-Commerceanteil	10,9 %

Aufgaben:

4.4.1 Interpretieren Sie die Branchenkennziffern im Vergleich mit denen des Industrieunternehmens!

4.4.2 Unterbreiten Sie einen Vorschlag, worauf das Marketing bei der gegebenen Situation besonders zu achten hat!

Hinweis: Es ist sinnvoll, diese Aufgabe in Teamarbeit zu lösen!

Vorlage

mvurl.de/ki5t

152 Lösen Sie die Handlungsaufgaben aus der Situation 11 auf S. 402!

Stichwortverzeichnis

C

D

E

F

R

S

T

U

Bilderverzeichnis

S. 25: thomaslerchphoto – Fotolia.com • **S. 26:** www.nrw.de (Landtag Nordrhein-Westfalen) • **S. 34:** Bunyos - www.colourbox.de • **S. 92:** Diego Cervo - www.colourbox.de • **S. 199:** dpa Globus 0948 • **S. 277:** pressmaster - www.colourbox.de • **S. 281:** pa-Globus 016308 • **S. 293:** Monkey Business – Fotolia.com • **S. 389:** vikpit74 – Fotolia.com • **S. 389:** vikpit74 – Fotolia.com •